Der Flächennutzungsplan als Steuerungsinstrument der Gemeinde

Europäische Hochschulschriften
Publications Universitaires Européennes
European University Studies

Reihe II
Rechtswissenschaft

Série II Series II
Droit
Law

Bd./Vol. 3909

PETER LANG
Frankfurt am Main · Berlin · Bern · Bruxelles · New York · Oxford · Wien

Andrea Rinsdorf

Der Flächennutzungsplan als Steuerungsinstrument der Gemeinde

PETER LANG
Europäischer Verlag der Wissenschaften

Bibliografische Information Der Deutschen Bibliothek
Die Deutsche Bibliothek verzeichnet diese Publikation in der Deutschen Nationalbibliografie; detaillierte bibliografische Daten sind im Internet über <http://dnb.ddb.de> abrufbar.

Zugl.: Regensburg, Univ., Diss., 2003

D 355
ISSN 0531-7312
ISBN 3-631-52411-0

www.peterlang.de

Vorwort

Die vorliegende Arbeit wurde im Herbst 2003 von der Juristischen Fakultät der Universität Regensburg als Dissertation angenommen. Sie wurde im Mai 2003 abgeschlossen, bis Dezember 2003 erschienene Rechtsprechung und Literatur wurden jedoch in den Fußnoten weitgehend berücksichtigt.

Mein besonderer Dank gilt Herrn Prof. Dr. Gerrit Manssen für die Betreuung der Dissertation und die rasche Erstkorrektur. Ganz besonders möchte ihm dafür danken, dass ich von 1998 bis 2002 an seinem Lehrstuhl tätig sein konnte. Die Arbeit dort hat mir viel Spaß gemacht und mich erst auf das Thema der vorliegenden Dissertation gebracht. Auch danke ich Herrn Prof. Dr. Udo Steiner für die zügige Erstellung des Zweitgutachtens.

Vor allem danke ich meinem Ehemann Thomas Ihrig, der mich bei der Erstellung der Dissertation durch seine kritischen inhaltlichen Anmerkungen unterstützt hat. Seine Aufmunterungen haben mir über die eine oder andere Krise hinweggeholfen.

Ganz herzlich danke ich auch meinen Eltern. Ihre finanzielle Unterstützung ermöglichte mir ein zügiges Studium und die schnelle Erstellung der Dissertation. Sie waren und sind immer für mich da und haben mir so Mut und Kraft für Ausbildung und Dissertation gegeben.

Inhaltsverzeichnis

A. Einführung

I. Eingrenzung der Themenstellung

Der Flächennutzungsplan ist nach der Konstruktion des Baugesetzbuchs eines der beiden zentralen Instrumente der Bauleitplanung. In der Praxis sehen die Gemeinden ihn oft nur als „Vorstufe" des Bebauungsplans und nicht als eigenständiges Steuerungsinstrument.[1] Die Gemeinden ändern den Flächennutzungsplan daher oft nur, wenn dies der Erlass eines beabsichtigten Bebauungsplans notwendig macht. Dies zeigt eine Untersuchung des Deutschen Instituts für Urbanistik.[2] Danach verfügen die meisten Gemeinden in den westlichen Bundesländern heutzutage über einen Flächennutzungsplan; auch in den östlichen Bundesländern haben die meisten Gemeinden mit der erstmaligen Aufstellung begonnen oder sind damit bereits fertig.[3] Die Lebensdauer eines Flächennutzungsplanes beträgt durchschnittlich 12 bis 14 Jahre.[4] Bei Städten mit 50000 bis 100000 Einwohnern beträgt die durchschnittliche Anzahl der Änderungsverfahren 43, bei Städten mit mehr als 100000 Einwohnern sogar 78.[5] Dabei wurden 56 % der Änderungsverfahren im Parallelverfahren durchgeführt, also aus Anlass einer Bebauungsplanung.[6] Ohne einen solchen Anlass entwickeln die Gemeinden den Flächennutzungsplans selten fort, auch wenn sich die städtebauliche Situation und Vorstellung der Gemeinde für das Gemeindegebiet verändert hat und nicht mehr mit dem alten Flächennutzungsplan übereinstimmt. Von der Mehrzahl der Gemeinden wird der Flächennutzungsplan also nicht aktiv fortgeschrieben[7] und als Instrument zur Steuerung der städtebaulichen Entwicklung nach Maßgabe veränderter Zielvorstellungen genutzt.[8]

Die rechtswissenschaftliche Literatur hat sich in der Vergangenheit selten ausschließlich mit dem Flächennutzungsplan beschäftigt. Während zu Anfangs überwiegend die Rechtsnatur des Flächennutzungsplans interessierte,[9] wurde der Flächennutzungsplan später insbesondere unter verfahrenrechtlichen Gesichtspunkten untersucht.[10] Weniger vom wissenschaftlichen denn vom Standpunkt

---

[1] Löhr, in: FS Schlichter, S. 229 (231); Lüers, UPR 1997, 348 (351).
[2] Zu den Ergebnissen dieser Untersuchung siehe ausführlich Bunzel/Meyer, Flächennutzungsplanung.
[3] Mitschang, in: Flächennutzungsplanung im Umbruch, S. 11 (20).
[4] Bunzel/Meyer, Flächennutzungsplanung, S. 69.
[5] Bunzel/Meyer, Flächennutzungsplanung, S. 75.
[6] Bunzel/Meyer, Flächennutzungsplanung, S. 77.
[7] Mitschang, in: Flächennutzungsplanung im Umbruch, S. 11 (21).
[8] Bunzel/Meyer, Flächennutzungsplanung, S. 72.
[9] Vgl. z. B. Martens, Die Rechtwirkungen des Flächennutzungsplans, 1969.
[10] Löhr, Die kommunale Flächennutzungsplanung, 1977.

des Praktikers wurde die Flächennutzungsplanung in den neunziger Jahren analysiert.[11] Im übrigen wurde und wird der Flächennutzungsplan überwiegend in der Kommentarliteratur oder am Rande einer Darstellung über den Bebauungsplan beschrieben. Neue Aufmerksamkeit zog der Flächennutzungsplan erst auf sich, als der Gesetzgeber ins Bau- und Raumordnungsgesetz 1998[12] die Regelung aufnahm, dass aus dem Flächennutzungsplan entwickelte Bebauungspläne weder anzuzeigen noch zu genehmigen sind,[13] mit dem Ziel, die Bedeutung des Flächennutzungsplans für die städtebauliche Entwicklung zu stärken. So fand im März 1999 eine wissenschaftliche Fachtagung statt, die sich ganz der „Flächennutzungsplanung der Gemeinden und ihrer verstärkten Bedeutung nach dem BauGB 1998" verschrieben hatte.[14] Weiterhin beschäftigt sich der Bericht einer unabhängigen Expertenkommission zur Novellierung des Baugesetzbuchs, die das Bundesministerium für Verkehr, Bau- und Wohnungswesen im Dezember 2001 berufen hatte, neben der Frage, inwieweit das Aufstellungsverfahren des Flächennutzungsplans bei der Umsetzung der Richtlinie 2001/42/EG des Europäischen Parlaments und des Rates über die Prüfung der Umweltauswirkungen bestimmter Pläne und Programme[15] in das nationale Recht verändert werden müsste, auch damit, welche Rolle dem Flächennutzungsplan im Rahmen des § 35 Abs. 3 Satz 3 BauGB zukünftig zukommen sollte und ob eine Befristung des Flächennutzungsplans sinnvoll wäre.[16]

Nachdem die Literatur der neunziger Jahre überwiegend die tatsächliche Lage des Flächennutzungsplans oder rechtliche Teilaspekte analysierte, soll die vorliegende Arbeit untersuchen, wie die Gemeinde den Flächennutzungsplan als Steuerungsinstrument einsetzen kann. Der Flächennutzungsplan gibt als gemeindliches Gesamtkonzept zur städtebaulichen Entwicklung und Ordnung die Bodennutzungsvorstellungen der Gemeinde wieder. Er liegt als Grobkonzept den gemeindeeigenen Bebauungsplänen und sonstigen Satzungen zugrunde, die die bauplanungsrechtliche Zulässigkeit von Vorhaben beeinflussen können, und kann damit zur Koordination von Bodennutzungsvorstellungen eingesetzt werden. Doch nicht nur die Gemeinde legt in Plänen Vorstellungen zur Bodennut-

---

[11] Koppitz/Schwarting/Finkeldei, Der Flächennutzungsplan in der kommunalen Praxis, 1995 bzw. 2. Auflage 1999, Hintzen, Umweltschutz in der Flächennutzungsplanung, 1995; Bunzel/Meyer, Die flächennutzungsplanung – Bestandsaufnahme und Perspektiven für die kommunale Praxis, 1995; Bunzel, Bauleitplanung und Flächenmanagement bei Eingriffen in Natur und Landschaft, 1999.

[12] BGBl. I 1997, S. 2141 ff., BGBl. I 1998 S. 137 ff.

[13] BT-Drks. 13/6392, S. 49.

[14] Vgl. den Bericht über die Tagung: Krämer, DVBl. 1999, 907 ff bzw. den Tagungsband „Flächennutzungsplanung im Umbruch?", herausgegeben von Willy Spannowsky und Stephan Mitschang.

[15] Abl. EG L 197/30 – Plan-UP-RL.

[16] Bundesministerium für Verkehr, Bau- und Wohnungswesen (Hrsg.), Novellierung des Baugesetzbuchs – Bericht der Unabhängigen Expertenkommission, Berlin 2002.

zung innerhalb der Gemeinde nieder. Auch Fachplanungen nehmen für ihre Projekte gemeindlichen Boden in Anspruch, Raumordnungsplanungen sollen die unterschiedlichen Bodennutzungen bereits auf überörtlicher Ebene koordinieren. Daneben können die Bodennutzungsvorstellungen benachbarter Gemeinden miteinander kollidieren. Inwieweit die Gemeinde mittels ihres Flächennutzungsplans Einfluss auf diese anderen Planungen nehmen und so ihren städtebaulichen Vorstellungen zum Durchbruch verhelfen kann, ist daher ebenfalls Gegenstand dieser Arbeit.

Dabei muss die Arbeit darauf beschränkt bleiben, die juristische Seite des Flächennutzungsplans zu untersuchen. Eine Untersuchung nämlich, die die Situation der Flächennutzungsplanung in der Praxis darstellt und Ratschläge für deren konkrete Umsetzung in der Praxis gibt, bedürfte zum einen einer umfassenden planerischen Praxiserfahrung sowie zum anderen der logistischen Möglichkeiten eines Instituts, das eine Vielzahl von Gemeinden und Planungsbüros über ihre Vorgehensweise befragen und analysieren könnte.

Auch würde es zu weit führen, sämtliche Aspekte der Flächennutzungsplanung anzusprechen. Nicht schwerpunktmäßig untersucht werden daher Fragen, die die Bebauungsplanung und die Flächennutzungsplanung gleichermaßen betreffen. Nicht eingegangen wird auch auf die Neuerungen der Richtlinie 2001/42/EG des Europäischen Parlaments und des Rates über die Prüfung der Umweltauswirkungen bestimmter Pläne und Programme[17]. Anlässlich dieser Richtlinie wird diskutiert, inwieweit es sich empfiehlt oder erforderlich ist, Umweltverträglichkeitsprüfungen[18], insbesondere die Überwachung von Umweltauswirkungen durch Pläne und Programme[19] auf Flächennutzungsplanebene[20] einzuführen. Diese Problematik würde nach einer ausführlichen Auseinandersetzung mit den europarechtlichen Grundlagen und der bisherigen Umsetzung von Umweltverträglichkeitsprüfungen im nationalen Recht verlangen und damit den Rahmen der Arbeit sprengen. Weiterhin werden Fragen zu allgemeinen Planungsgrundsätzen wie dem Grundsatz der Konfliktbewältigung, zur Abwägung oder zur Planerhaltung ebenso wenig ausführlich analysiert wie die Rechtschutzmöglichkeiten, die dem Bürger, einer staatlichen Stelle oder einer Gebietskörperschaft gegen einen fehlerhaften Flächennutzungsplan zur Verfügung stehen. Um den Rahmen der Arbeit nicht zu sprengen, kann sie sich auch nicht den besonderen Formen des Flächennutzungsplans widmen, wie sie sich in den §§ 203 ff. BauGB aber auch in § 9 Abs. 6 ROG finden. Hier muss der Leser

---

[17] Abl. EG L 197/30 – Plan-UP-RL.
[18] Vgl. Bericht zur Novellierung des Baugesetzbuchs, Rn. 56, 78.
[19] Vgl. Bericht zur Novellierung des Baugesetzbuchs, Rn. 90.
[20] Bislang schreibt § 2 Abs. 3 Nr. 3 UVPG lediglich für bestimmte Bebauungspläne eine Umweltverträglichkeitsprüfung sowie § 2a BauGB für bestimmte Bebauungspläne einen Umweltbericht vor.

auf die Literatur verwiesen werden, die sich (allein) mit den besonderen Formen des Flächennutzungsplans beschäftigt.[21]

Spielt bei der Untersuchung Landesrecht eine Rolle, so wird sich die Arbeit im wesentlichen auf das bayerische Recht beschränken. Regelmäßig finden sich entsprechende Normen aber auch im Landesrecht der anderen Bundesländer.

II. Zum Gang der Untersuchung

Um die rechtlichen Steuerungsmöglichkeiten der Gemeinde durch den Flächennutzungsplan beurteilen zu können, sind zunächst einige allgemeine Betrachtungen vorzunehmen (B.). In einem kurzen historischen Abriss ist die Entwicklung des Planungsinstruments Flächennutzungsplan darzustellen, dann ist ein kurzer Überblick darüber zu schaffen, welche verschiedenen Planungstypen es gibt und wie sich der Flächennutzungsplan darin einordnen lässt. Auf diese Weise können anschließend die Aufgaben des Flächennutzungsplans, wie sie sich aus dem Gesetz ergeben, besser nachvollzogen werden. Die Bewertung des Flächennutzungsplans und sein Durchsetzungsvermögen gegenüber anderen Planungen hängt auch davon ab, ob der Schutz des verfassungsrechtlich verankerten Selbstverwaltungsrechts die Aufgabe der Flächennutzungsplanung erfasst. In diesem Fall sind Beschränkungen der Flächennutzungsplanung bestimmten Qualitätsanforderungen unterworfen. Deshalb ist das Verhältnis des Flächennutzungsplans zum Selbstverwaltungsrecht der Gemeinden näher zu untersuchen. Schließlich ist ein kurzer Blick auf die Rechtsnatur des Flächennutzungsplans zu werfen, da nur so beurteilt werden kann, in welchem Umfang seine Planinhalte Bindungswirkungen zu entfalten vermögen.

Nach diesen allgemeinen Betrachtungen widmet sich die Arbeit der Frage, welchen Einfluss der Flächennutzungsplan auf andere Planungen hat, d. h. in welchem Verhältnis der Flächennutzungsplan zu anderen Planungen steht. Dabei sind drei Gruppen zu unterscheiden: Zunächst ist die Bedeutung des Flächennutzungsplans für andere gemeindeeigene Planungen zu untersuchen (C.). Hier spielen informelle städtebauliche Planungen, der Bebauungsplan und In-

---

[21] Vgl. Bunzel/Reitzig, DÖV 1998, 995 ff.; Funke/Schroer, ZG 1986, 256 ff.; Giegerich, JA 1988, 367 ff., Krajewski, DÖV 1978, 827 ff.; Goedecke, Regionaler Flächennutzungsplan, S. 86 ff.; Kilian/Müllers, VerwArch 1998, 25 ff.; Schmidt-Eichstaedt, NVwZ 1997, 846 ff; Schmidt-Eichstaedt/Reitzig, LKV 2000, 273 ff.; Spannowsky, DÖV 1997, 757 ff.; Spannowsky, UPR 1999, 409 ff. Monographien: Fischer-Heidlberger, Die Rechtstellung der Mitgliedsgemeinden in der Verwaltungsgemeinschaft, 1983; Horn, Das Regionale Flächennutzungskonzept – ein Beitrag zur Stärkung der räumlichen Planung in Verdichtungsräumen, 1998; Pilgrim, Manfred, Formen interkommunaler Zusammenarbeit auf dem Gebiet der Bauleitplanung, 1970, Schmitz/von Hessler/Groß, Modelle eines neuen Plantyps für Verdichtungsräume, 1998; Wesemann, Der Planungsverband nach § 4 Bundesbaugesetz, 1970. Sowie die einschlägige Kommentarliteratur.

nenbereichssatzungen eine Rolle. Danach wird das Verhältnis des Flächennutzungsplans zu Planungen anderer Planungsträger betrachtet. Es sind die Wechselwirkungen des Flächennutzungsplans mit den Bauleitplänen anderer Gemeinden, Fachplänen und Raumordnungsplänen zu analysieren (D.). Darüber hinaus ist zu untersuchen, inwieweit Einzelvorhaben, derer bauplanungsrechtliche Zulässigkeit sich nach §§ 29 ff. BauGB richtet, von den Inhalten des Flächennutzungsplans abhängig sind (E.).

Weiterhin ist aufzuzeigen, welche Rolle der Flächennutzungsplan im Bereich des Vorkaufsrechts spielt, das dazu dient, die Durchsetzung der gemeindlichen Planungen abzusichern, und wie er dadurch an Steuerungskraft gewinnt (F.).

Schließlich ist darzustellen, inwieweit der Flächennutzungsplan im Bereich der Eingriffs- und Ausgleichsflächenkonzepte eingesetzt werden kann (G.). Das Gesetz sieht die Schaffung solcher Konzepte nunmehr vor und trägt damit der immer größer werdenden Bedeutung von Umweltschutz und Freiflächenplanung Rechnung. Die Eingriffs- und Ausgleichsflächenkonzepte sollen zu einem gerechten Ausgleich zwischen den Interessen an Bodennutzungen, die dem Naturhaushalt Flächen entziehen und sie umgestalten, und den Interessen am Erhalt von Freiflächen, auf denen die Natur Entfaltungsmöglichkeiten hat, führen, den Flächenverbrauch Einhalt gebieten und in geordnete Bahnen lenken.

B. Grundsätzliches über den Flächennutzungsplan

Um später die konkreten Steuerungsmöglichkeiten des Flächennutzungsplans beurteilen zu können, sind vorab einige allgemeine Punkte zu klären. So ist die geschichtliche Entwicklung des Flächennutzungsplans für die historische Auslegung wichtig. Nur so kann die gegenwärtige Situation des Flächennutzungsplans richtig verstanden werden (I.). Weiterhin enthält das Rechtssystem eine Vielzahl von sonstigen Plänen. Um die Einflüsse, die der Flächennutzungsplan und diese Pläne aufeinander haben, beurteilen zu können, ist der Flächennutzungsplan zunächst in das System der Planungen einzuordnen (II.). Für die spätere Untersuchung der Steuerungsmöglichkeiten ist es auch unabdingbar, sich mit der Aufgabe des Flächennutzungsplans – wie sie das Gesetz vorsieht – auseinander zu setzen (III.). Sodann ist die verfassungsrechtliche Verankerung der gemeindlichen Flächennutzungsplanung zu untersuchen, da dies Auswirkungen auf ihre Gewichtigkeit hat. Denn wenn die Flächennutzungsplanung verfassungsrechtlich geschützt ist, erhöht dies die Anforderungen, die an Beschränkungen der Flächennutzungsplanung zu stellen sind (IV.). Zuletzt ist ein Blick auf die Rechtsnatur des Flächennutzungsplans zu werfen, da seine Wirkung auf andere Planungen oder Vorhaben und damit seine Steuerungskraft hiervon abhängen (V.).

I. Die historische Entwicklung der Flächennutzungsplanung

Bis zur Mitte des 19. Jahrhunderts bestand das Baurecht im wesentlichen aus bauordnungsrechtlichen Vorschriften; hoheitliche Regelungen über die Nutzung von Grund und Boden waren von geringer Bedeutung.[22] Mit der zunehmenden Industrialisierung und dem damit verbundenen Bevölkerungswachstum stieg die Bautätigkeit in den Städten stark an.[23] Es entstanden Gemenge aus Industriebetrieben, Gewerbebetrieben und Wohnungen, was zu ungesunden Wohnverhältnissen und Beengungen der wirtschaftlichen Entwicklung führte.[24] Damit verstärkte sich einerseits das Bedürfnis nach einer hoheitlichen Regelung der Bautätigkeit. Andererseits herrschte in der zweiten Hälfte des 19. Jahrhunderts der Gedanke des Liberalismus vor, dem auch der Grundsatz der Baufreiheit innewohnt.[25] Beschränkungen der Baufreiheit waren daher zunächst nur aus polizei-

---

[22] Hoppe, in: Hoppe/Bönker/Grotefels, § 1, Rn. 14. Ausführlich zur Entwicklung des öffentlichen Baurechts im Mittelalter und im Absolutismus: Ernst, BBauBl. 1953, 206 (207 ff.).

[23] Hoppe, in: Hoppe/Bönker/Grotefels, § 1, Rn. 15.

[24] Kabel, S. 67.

[25] Hoppe, in: Hoppe/Bönker/Grotefels, § 1, Rn. 15.

lichen Gründen zulässig, also zur Abwehr von Gefahren für die Allgemeinheit. Eine umfassende Planung fand nicht statt.

Da im 19. Jahrhundert und zu Beginn des 20. Jahrhunderts Deutschland noch sehr von der Selbständigkeit seiner Einzelstaaten geprägt war, entwickelten die Länder zu dieser Problematik unterschiedliche Lösungswege. Es würde zu weit führen, sämtliche Landesfacetten aufzuzeigen, so dass hier nur zwei Extrempositionen vorgestellt werden. Beispielhaft ist zum einen auf Preußen zu weisen, das besonders lange an der Beschränkung des Baurechts auf die gefahrabwehrrechtliche Komponente festhielt, sowie auf das Königreich Sachsen, das einen besonders umfassenden Neuansatz in seinem Baurecht verankerte, indem es mit der Aufstellung von Plänen einen Ausgleich der unterschiedlichen Bodennutzungsinteressen herbeizuführen versuchte.

In Preußen regelten die staatlichen Polizeibehörden die Bautätigkeit auf der Grundlage der polizeilichen Generalklausel des Preußischen Allgemeinen Landrechts.[26] Nach dem Prinzip der Gefahrenabwehr wurden Baupolizeiverordnungen erlassen, in denen insbesondere Straßen- und Baufluchtlinien zur Abgrenzung der Straßen und Plätze von den zu bebauenden Flächen enthalten waren.[27] Zur besseren Regelung dieser Fluchtlinien wurde in Preußen 1875 das Fluchtliniengesetz[28] geschaffen. Die Fluchtlinien dienten rein verkehrstechnischen Zwecken. Ziel war die Schaffung eines systematischen Verkehrsnetzes, nicht die gestaltende Förderung des Raumes.[29] Die Festsetzung der Fluchtlinien oblag den Gemeinden, wobei die Zustimmung der Ortspolizeibehörden eingeholt werden musste.[30] Sie erfolgte allein unter dem Gesichtspunkt der Gefahrenabwehr.[31] Art und Maß der baulichen Nutzung regelten weiterhin die Polizeibehörden selbst durch Baupolizeiverordnungen auf Grund der polizeilichen Generalklausel.[32] Wegen ihrer abwehrrechtlichen Ausrichtung waren diese Regelungen nicht auf eine umfassende gestalterische Interessenkoordination gerichtet und behielten so einen obrigkeitlichen Charakter.[33] An diesem System änderte auch das preußische Wohnungsgesetz von 1918[34] nichts Grundsätzliches. Zwar wurde die

---

[26] Widera, S. 90; Hoppe, in: Hoppe/Bönker/Grotefels, § 1, Rn. 15; Krautzberger, in: EZB, Einl. Rn. 7.

[27] Widera, S. 91; Schmidt-Aßmann, Grundfragen, S. 23; Hoppe, in: Hoppe/Bönker/Grotefels, § 1, Rn. 15.

[28] Gesetz, betreffend die Anlegung und Veränderung von Straßen und Plätzen in Städten und Ortschaften vom 2. Juli 1875 (Preußisches Fluchtliniengesetz), PrGS 1875, S. 561 ff. Ausführlich zum Fluchtliniengesetz siehe Schmidt-Aßmann, Grundfragen, S. 22 ff.

[29] Schmidt-Aßmann, Grundfragen, S. 23.

[30] § 1 Abs. 1, § 5 Abs. 1 Preußisches Fluchtliniengesetz. In Baden war bereits 1868 ein ähnliches Gesetz erlassen worden (vgl. dazu Krautzberger, in: EZB, Einl. Rn. 16).

[31] § 3 Abs. 1 Preußisches Fluchtliniengesetz.

[32] Hoppe, in: Hoppe/Bönker/Grotefels, § 1 Rn. 8

[33] Schmidt-Aßmann, Grundfragen, S. 29 ff.

[34] Preußisches Wohnungsgesetz vom 28.03.1918, PrGS 1918, S. 23 ff.

Fluchtlinienfestsetzung dahingehend erweitert, dass nun auch Grünanlagen, Spiel- und Erholungsflächen festgelegt werden konnten[35] und so eine Freiraumsteuerung möglich wurde. Indem die Gemeinde erstmals das Wohnungsbedürfnis[36] und die Gestaltung des Orts- und Landschaftsbildes[37] als Rechtfertigung für ihre Fluchtlinienfestsetzung heranziehen durfte, wurde ihr ein gestalterischer Spielraum eröffnet.[38] Aber eine Ausrichtung auf einen umfassenden Interessenausgleich war nicht erfolgt,[39] so dass das Gesetz in der Gefahrenabwehr verhaftet blieb.

Einen sehr modernen Ansatz schuf dagegen das Königreich Sachsen mit seinem Allgemeinen Baugesetz vom 1. Juli 1900.[40] Ziel des Gesetzes war es, eine Grundlage für die Aufstellung von Plänen zu schaffen, die alle raumbedeutsamen Belange berücksichtigen und so die unterschiedlichen Interessen ausgleichen konnten.[41] In den sogenannten Bebauungsplänen waren nicht nur die Fluchtlinien und damit die Verkehrswege zu regeln, sondern auch Bauweise, Baumaß und die Ordnung der Baunutzungsarten.[42] Das Aufstellungsverfahren sicherte die Ermittlung der betroffenen Belange.[43] Schließlich zeigte das Gesetz erste Ansätze einer zweistufigen Planung: Ortserweiterungspläne dienten als Grundlage für die nachfolgenden Bebauungspläne, wenn größere Projekte durchgeführt werden sollten, und bildeten damit eine erste vorbereitende Planungsstufe.[44] Der Ortserweiterungsplan wurde in der Novelle von 1932 im Flächenaufteilungsplan fortentwickelt, der sich nicht auf die Festlegung der Verkehrszüge beschränkte, sondern der auf lange Sicht die künftige Nutzung der Flächen für ein größeres Gebiet steuerte.[45] Während die Gemeinden für die Aufstellung der Bebauungspläne verantwortlich waren, waren die Polizeibehörden noch für den Ortserweiterungsplan zuständig.[46] Für die Aufstellung des Flächenaufteilungsplans waren dagegen regelmäßig die Einzelgemeinden, eine Mehrheit von Gemeinden oder sonstige Selbstverwaltungskörperschaften zuständig.[47]

---

[35] Vgl. Art. 1 Nr. 1 a), Nr. 2 Preußisches Wohnungsgesetz.
[36] Vgl. Art. 1 Nr. 3 b) Preußisches Wohnungsgesetz.
[37] Vgl. Art. 1 Nr. 3 a) Preußisches Wohnungsgesetz.
[38] Ähnlich Widera, S. 93.
[39] Schmidt-Aßmann, Grundfragen, S. 35; Berg, in: Deutsche Verwaltungsgeschichte IV, § 4, S. 432.
[40] Abgedruckt bei Rodriguez-Lores/Fehl, S. 258 ff.
[41] Schmidt-Aßmann, Grundfragen, S. 30; Breuer, in: FS Allg. Baugesetz Sachsen, S. 209 (221).
[42] § 16 Allgemeines Sächsisches Baugesetz.
[43] Schmidt-Aßmann, Grundfragen, S. 31 ff.
[44] § 38 Allgemeines Sächsisches Baugesetz. Vgl. Schmidt-Aßmann, Grundfragen, S. 32; Breuer, in: FS Allg. Baugesetz Sachsen, S. 263 (283 ff.).
[45] Krautzberger, in: EZB, Einl., Rn. 27; Breuer, in: FS Allg. Baugesetz Sachsen, S. 263 (290).
[46] Vgl. Schmidt-Aßmann, Grundfragen, S. 32, 54 ff.
[47] Schmidt-Aßmann, Grundfragen, S. 54 ff.; Krautzberger, in: EZB, Einl., Rn. 27.

In der Weimarer Republik versuchte man, ein reichseinheitliches Städtebaurecht zu entwickeln, was aber infolge des Machtwechsels im Jahr 1933 nicht zuende geführt werden konnte.[48] Angesichts der drängenden Probleme der Städte wurde schließlich am 22. September 1933 das Gesetz über die Aufschließung von Wohnsiedlungsgebieten[49] erlassen, das im wesentlichen auf den Vorarbeiten aus den Zeiten der Weimarer Republik aufbaute.[50] Das Gesetz ermächtigte die obersten Landesbehörden, Flächen zu Wohnsiedlungsgebieten zu erklären.[51] Für diese Gebiete waren Wirtschaftspläne zu erstellen, in denen Landesplanungsbehörden oder sonstige landesplanerische Organisationen die geordnete Nutzung des Bodens in Grundzügen regelten, wobei sie die Pläne mit den entsprechenden Plänen der angrenzenden Gebiete in Einklang zu bringen hatten.[52] Erst später wurde den Gemeinden die Zuständigkeit zur Aufstellung von Wirtschaftsplänen übertragen.[53] Schließlich ermächtigte die Verordnung über die Regelung der Bebauung vom 15. Februar 1936 (Bauregelungsverordnung)[54] zum Erlass von Baupolizeiverordnungen, in denen Baugebiete ausgewiesen werden konnten. Allerdings sah die Verordnung die städtebauliche Planung weiterhin als staatliche Aufgabe an.[55] Die reichsrechtliche Regelung war subsidiär gegenüber dem Landesrecht,[56] so dass Landesrecht fortgalt. Der Flächenaufteilungsplan und der Wirtschaftsplan sind damit Vorläufer des Flächennutzungsplans.[57]

Nach 1945 machten die zerstörten deutschen Städte eine schnelle Regelung des Wiederaufbaus nötig. In den meisten Ländern wurden sogenannte Aufbaugesetze erlassen, die sich an dem Lemgoer Entwurf orientierten.[58] Die Gesetze sahen meist den Erlass von zwei Plänen vor, einen Generalplan und einen Durchführungsplan, die die unmittelbaren Vorläufer unseres heutigen zweistufigen Bauleitplanungssystems sind. Zuständig für den Erlass waren meist die Ge-

---

[48] Schmidt-Eichstaedt, Städtebaurecht, S. 83; Widera, S. 96.
[49] Gesetz über die Aufschließung von Wohnsiedlungsgebieten vom 22.09.1933, RGBl. I, S. 659 i. d. F. v. 27.09.1938 RGBl. I S. 1246.
[50] Widera, S. 96.
[51] Widera, S. 87.
[52] § 2 Gesetz über die Aufschließung von Wohnsiedlungsgebieten.
[53] Siehe den Erlass vom 18.12.1935 (RGBl. I, S. 1515) und den Erlass vom 26.06.1935 (RGBl. I , S. 793). Ausführlich Widera, S. 97; Schmidt-Aßmann, Grundfragen, S. 58.
[54] Verordnung über die Regelung der Bebauung vom 15.02.1936, RGBl. I, S. 104 ff.
[55] Widera, S. 97, Hoppe, in: Hoppe/Bönker/Grotefels, Öffentliches Baurecht, § 1 Rn. 16.
[56] Widera, S. 97.
[57] Widera, S. 97; Hoppe, in: Hoppe/Bönker/Grotefels, Öffentliches Baurecht, § 1 Rn. 16; Krautzberger, in: EZB, Einl., Rn. 39.
[58] Schmidt-Eichstaedt, Städtebaurecht, S. 83. Das Zentralamt für Arbeit der britischen Zone veröffentlichte am 12.08.1947 den Entwurf eines Gesetzes über den Aufbau der deutschen Gemeinden, der als einheitliche Grundlage für die Gesetzgebungsarbeiten der Länder dienen sollte. Der Entwurf ist nach dem Ort benannt, in dem das Zentralamt seinen Sitz hatte (vgl. auch Krautzberger, in: EZB, Einl. Rn. 46).

meinden, denen die Angelegenheit teilweise sogar landesrechtlich als Selbstverwaltungsangelegenheit zugewiesen wurde.[59]

Nach langer Vorbereitungszeit wurde 1960 das Bundesbaugesetz[60] erlassen, das zum ersten Mal in der deutschen Rechtsgeschichte ein einheitliches Städtebaurecht schuf.[61] In seinem ersten Teil regelte es die Bauleitplanung, die grundsätzlich den Gemeinden oblag und die zwei Planungsstufen unterschied: Den Flächennutzungsplan und den Bebauungsplan. Während der vorbereitende Flächennutzungsplan ein Grobkonzept für die städtebauliche Entwicklung und Ordnung darstellt, setzt der rechtsverbindliche Bebauungsplan die Bodennutzung parzellenscharf fest. Diese Unterteilung ist während der nachfolgenden Änderungen des Bundesbaugesetzes beibehalten worden und in das Baugesetzbuch von 8. Dezember 1986 übernommen worden.

Im Ergebnis lassen sich somit mehrere geschichtliche Entwicklungen feststellen: Ab Mitte des 19. Jahrhunderts wird die Bebauung hauptsächlich durch die Festsetzung von Bau- und Fluchtlinien unter dem Aspekt der Gefahrenabwehr geordnet und beschränkt sich auf die Straßenführung. Mit dem zunehmenden Städtewachstum im Zeitalter der Industrialisierung entsteht aber das Bedürfnis nach einer umfassenden Bodennutzungsordnung, die die verschiedenen Nutzungsinteressen miteinander in Ausgleich bringt. Der Ausgleich erfolgt dadurch, dass man miteinander verträgliche Nutzungen gebietsweise zusammenfasst und neben baulichen Nutzungen auch von Bebauung freizuhaltende Auflockerungsflächen vorsieht.[62] Aus diesen Planungsaktivitäten erwächst die Erkenntnis, dass Einzelpläne durch ein planerisches Grobkonzept vorbereitet werden müssen.[63] Hieraus entwickelt sich ein mehrstufiges Planungssystem. Die staatliche Planung wird nach und nach den Gemeinden übertragen. Dabei verbleibt die Grobplanung im größerem Maße als die Einzelplanung in den Händen staatlicher Behörden.

II. Einordnung ins System der Raumplanung

Um die verschiedenen Interessen, die an die Inanspruchnahme des unvermehrbaren Bodens gestellt werden, zum Ausgleich zu bringen, haben sich Planungsentscheidungen als Steuerungsinstrument herausgebildet.[64] Das Ergebnis

---

[59] Widera, S. 101, 103.
[60] BGBl. I 1960, S. 341 ff.
[61] Krautzberger, in: EZB, Einl., Rn. 78.
[62] Ähnlich: Schmidt-Aßmann, Grundfragen, S. 60; Manssen, Stadtgestaltung, S. 85; Gaentzsch, in: HdkWP, S. 366.
[63] Kabel, S. 128.
[64] Siehe dazu B. I.

einer Planung[65] ist der Plan.[66] Die Planung ist durch vier Merkmale gekennzeichnet. Erstens kommt der planenden Stelle ein planerischer Gestaltungsspielraum zu.[67] Zweitens ist sie auf den Ausgleich einer Vielzahl von Interessen ausgerichtet, die es zu koordinieren gilt. Mittel hierfür ist die planerische Abwägung.[68] Drittens analysiert eine Planung die konkrete Lage; sie ist daher situationsbezogen.[69] Viertens beruht Planung auf einer prognostischen Einschätzung der zukünftigen Entwicklung und ist daher zukunftsgerichtet.[70] Auf Grund der Prognose wohnt jeder Planung allerdings eine Ungewissheit inne. Denn die Zukunft kann die Prognose bestätigen oder widerlegen. Jede Planung ist daher mit einem Unsicherheitsfaktor behaftet, so dass sich ihre periodische Überprüfung empfiehlt; dies bedingt die regelmäßige Fortschreibung der Pläne.[71]

Das deutsche Rechtssystem hat ein ausdifferenziertes System an Planungen entwickelt, die die Bodeninanspruchnahme steuern. Solche Planungen werden als Raumplanungen bezeichnet. Die Raumplanung bezieht zwar auch soziale, kulturelle, wirtschaftliche und finanzielle Gegebenheiten mit ein, ausgerichtet ist sie aber auf den Boden als unvermehrbaren Ausschnitt der Erdoberfläche. Sie soll einen Ausgleich aller privaten und öffentlichen Interessen an Grund und Boden schaffen.[72] Raumplanung ist daher gebietsbezogen. Sie lässt sich in Fachplanung und in Gesamtplanung unterteilen. Neben gesetzlich geregelten Raumplanungen werden immer häufiger auch informelle Pläne verwendet, d. h. Pläne, die nicht auf einem gesetzlich geregelten Verfahren beruhen. Im folgenden soll geklärt werden, was Gesamtplanungen (1.) und was Fachplanungen (2.) sind, sowie was unter informellen Plänen zu verstehen ist (3.).

---

[65] Zum Begriff des Finalprogramms für die gesetzlichen Normen, die zu einer Planung ermächtigen, im Gegensatz zum Begriff des Konditionalprogramms siehe Brohm, Öffentliches Baurecht, § 11, Rn. 2 ff.

[66] Wolff/Bachof/Stober, Verwaltungsrecht II, § 56, Rn. 4; Maurer, § 16, Rn. 14. Für eine Gleichsetzung der Begriffe: Hoppe, in: HdStR III, § 71, Rn. 3.

[67] BVerwG, Urteil vom 12.12.1969 – IV C 105.66, BVerwGE 301 (304); Wolff/Bachof/Stober, Verwaltungsrecht I, § 31, Rn. 57; Schmidt-Aßmann, in: FS Schlichter, S. 3 (11).

[68] BVerwG, Urteil vom 14.02.1975 – IV C 21.74, BVerwGE 48, 56 (63); Schmidt-Aßmann, in: FS Schlichter, S. 3 (11); Wolff/Bachof/Stober, Verwaltungsrecht I, § 31, Rn. 59; Badura, in: Erichsen, § 39, Rn. 25.

[69] Schmidt-Aßmann, in: FS Schlichter, S. 3 (15).

[70] Schmidt-Aßmann, in: FS Schlichter, S. 3 (4); Badura, in: Erichsen, § 39, Rn. 28.

[71] Schmidt-Aßmann, in: FS Schlichter, S. 3 (18 ff.).

[72] Battis, Öffentliches Baurecht und Raumordnungsrecht, S. 13 ff; Wolff/Bachof/Stober, Verwaltungsrecht I, § 38, Rn. 13.

1. Gesamtplanung

Gesamtplanungen sind Planungen, die für ein bestimmtes Plangebiet flächendeckend mehr oder weniger umfassende Nutzungsbestimmungen treffen.[73] Gesamtplanung ist als Raumplanung zum einen gebietsbezogen,[74] zum anderen dient sie dazu, sämtliche Raumnutzungsinteressen zu erfassen und damit überfachlich ein Bodennutzungskonzept zu erstellen,[75] sie ist somit zusammenfassend und überfachlich. Überfachlich bedeutet, dass die Gesamtplanung anders als die Fachplanung nicht auf die Umsetzung eines bestimmten fachlichen Nutzungsinteresses ausgerichtet ist, sondern dass der Gesamtplanungsträger selbst überlegt, welche Nutzungen er im Plangebiet fördern will. Der Gesamtplanung kommt als zusammenfassende Planung eine Koordinations- und Integrationsfunktion für eine Vielzahl künftiger raumbedeutsamer Planungen und Maßnahmen zu, indem sie die raumbedeutsamen Planungen und Maßnahmen verschiedener Träger öffentlicher Gewalt miteinander abwägt und die Nutzungsansprüche der Fachplanungen und anderer Planungen zusammenführt.[76] Gesamtplanung dient damit der Gestaltung der strukturellen Gesamtverhältnisse des Raumes.[77]

Die Gesamtplanung lässt sich in Raumordnungsplanung und Bauleitplanung unterteilen. Die Raumordnungsplanung ist – wie sich aus der Aufgabenstellung nach § 1 Abs. 1 Satz 1 ROG ergibt – eine übergeordnete Planung, die den Gesamtraum der Bundesrepublik Deutschland und seine Teilräume betrifft. Sie ist auf die Abstimmung der raumbedeutsamen Planungen und Maßnahmen verschiedener Träger öffentlicher Gewalt unter dem Aspekt der überörtlichen Auswirkungen ausgerichtet.[78] Die Beschreibung als übergeordnete Planung deutet auf die hierarchische Struktur der Gesamtplanung hin, infolge derer die Raumordnungspläne über den Bauleitplänen stehen.[79] Sie ist die förmlich-

---

[73] Brohm, JuS 1986, S. 776 (777); Kilian/Müllers, VerwArch 1998, S. 25 (29); Breuer, Planung, S. 42.

[74] Kilian/Müllers, VerwArch 1998, S. 25 (29); Peine, Öffentliches Baurecht, Rn. 9, Rinke, in: Kodal/Krämer, Kap. 31, Anm. 7.42, S. 924.

[75] Kilian/Müllers, VerwArch 1998, S. 25 (29); Breuer, Planung, S. 42; Peine, Öffentliches Recht, Rn. 9.

[76] Battis, Öffentliches Baurecht und Raumordnungsrecht, S. 14; Kilian/Müllers, VerwArch 1998, S. 25 (29); Hoppe, in: HdStR III, § 71, Rn. 10; Breuer,Planung, S. 42. Vgl. auch Runkel, in: Bielenberg/Runkel/Spannowsky, K § 1, Rn. 37 zum Unterfall der Raumordnungsplanung.

[77] Hendler, JuS 1979, S. 618 (619); Peine, Öffentliches Baurecht, Rn. 9.

[78] Peine, Öffentliches Baurecht, Rn. 9; Battis, Öffentliches Baurecht und Raumordnungsrecht, S. 14. Vgl. auch die Konkretisierung der Aufgabenstellung in § 1 Abs. 1 Satz 2 Nr. 1 ROG.

[79] Runkel, in: Bielenberg/Runkel/Spannowsky, K § 1, Rn. 38.

systematische Gestaltung des Raumes jenseits der Ortsebene.[80] Raumordnungsplanung findet sich in geringem Umfang auf Bundesebene.[81] Auf Landesebene gliedert sie sich regelmäßig in einen Landesentwicklungsplan, der sich auf das ganze Bundesland bezieht,[82] und in Regionalpläne, die für einzelne Regionen aufgestellt werden.[83] Über die Gestaltung dieser Plantypen finden sich im Raumordnungsgesetz in den §§ 6 ff. rahmenrechtliche Regelungen, die in Bayern im Bayerischen Landesplanungsgesetz umgesetzt werden sollen.

Die Bauleitplanung konkretisiert die überfachlich-raumgestaltenden Pläne unter örtlichen Gesichtspunkten.[84] Sie regelt die gesamte städtebauliche Entwicklung und koordiniert dabei die unterschiedlichen Nutzungsinteressen im Gemeindegebiet.[85] Nach § 1 Abs. 2 BauGB gliedern sich die Bauleitpläne in den Flächennutzungsplan als vorbereitenden Bauleitplan und in den Bebauungsplan als verbindlichen Bauleitplan.

2. Fachplanung

Fachplanungen[86] sind Planungen, die einzelne Sachfragen betreffen und die von Fachressorts bzw. Fachabteilungen aufgestellt werden. Sie gestalten den Raum unter speziellen fachlichen Aspekten.[87] Fachplanung bezieht sich auf einzelne, der Allgemeinheit oder öffentlichen Aufgaben dienende Objekte oder Maßnahmen des Aufgabenträgers.[88] Fachplanungen lassen sich in zwei Hauptgruppen einteilen: Die eine besteht aus für andere Planungsträger verbindlichen Planungen, die andere aus für andere Planungsträger abwägungsrelevanten Planungen.[89] Die erste Gruppe lässt sich in zwei verschiedene Unterarten[90] auftei-

---

[80] Peine, Öffentliches Baurecht, Rn. 9, Battis, Öffentliches Baurecht und Raumordnungsrecht, S. 14; Kilian/Müllers, VerwArch 1998, S. 25 (29).

[81] Vgl. § 18 ROG.

[82] Vgl. § 8 ROG. Für Bayern: Landesentwicklungsprogramm, vgl. Art. 13 ff. BayLplG a. F. Das Landesentwicklungsprogramm wird gem. Art. 14 Abs. 1 Satz 1 BayLplG a. F. von der obersten Landesplanungsbehörde im Benehmen mit den übrigen Staatsministern ausgearbeitet.

[83] Vgl. § 9 ROG. Für Bayern: Regionalpläne, vgl. Art. 17 ff. BayLplG a. F. Zuständige Planungsträger sind die regionalen Planungsverbände (Art. 18 Abs. 1 Satz 1 BayLplG), die gem. Art. 6 Abs. 1 BayLplG Zusammenschlüsse der Gemeinden und Landkreise einer Region sind.

[84] Hendler, JuS 1979, 618 (619); Kilian/Müllers, VerwArch 1998, S. 25 (29); Peine, Öffentliches Baurecht, Rn. 9.

[85] Kilian/Müllers, VerwArch 1998, S. 25 (29), Battis, Öffentliches Baurecht und Raumordnungsrecht, S. 14; Peine, Öffentliches Baurecht, Rn. 9.

[86] Zum Verhältnis von Fachplanung und Bauleitplanung siehe D. II.

[87] Brohm, JuS 1986, S. 776 (777); Peine, Öffentliches Baurecht, Rn. 10; Hoppe, in: HdStR III, § 71, Rn. 10.

[88] Rinke, in: Kodal/Krämer, Kap. 31, Anm. 7.41, S. 924

[89] Ähnlich Hendler, JuS 1979, 618 (620 ff.).

len: Zum einen fallen hierunter Pläne zur Errichtung spezieller Anlagen, die in einem förmlichen Verfahren, dem Planfeststellungsverfahren, aufgestellt werden.[91] Beispiel hierfür ist die Bundesfernstraßenplanung nach § 17 FStrG. Zum anderen gehören zu den verbindlichen Fachplanungen die Schutzgebietsfestsetzungen, die verbindliche Nutzungsregelungen in einem förmlichen Verfahren für bestimmte Gebiete treffen.[92] Hierzu gehört z. B. das Naturschutzgebiet i. S. v. § 23 BNatSchG. Zur zweiten Gruppe gehören räumliche Fachplanungen wie die Landschaftsplanung nach §§ 13 ff. BNatSchG.[93]

3. Informelle Planung

Ist das Verfahren zur Aufstellung eines Gesamtplans oder eines Fachplans gesetzlich geregelt, spricht man von förmlichen Planungen.[94] Unbenommen ist es der Verwaltung jedoch, weitere Pläne aufzustellen, um eigenen planerischen Überlegungen auf flexible Weise Ausdruck zu verleihen.[95] Diese Planungen, für die gesetzlich kein förmliches Verfahren vorgesehen ist und deren inhaltliche Voraussetzungen gesetzlich nicht festgeschrieben sind, werden meist als informelle Planungen bezeichnet.[96] Sie entfalten außerhalb des Verwaltungsressorts regelmäßig keine Bindungswirkung und haben deshalb nur behördeninterne Wirkung.[97] Informelle Planungen finden sich sowohl im Bereich der Fachplanung[98] als auch im Bereich der Gesamtplanung.[99]

---

[90] Brohm (JuS 1986, 776 (778) zählt zu den Fachplanungen als dritte Gruppe fachliche Entwicklungspläne, die auf der Grundlage der Landesplanungsgesetze aufgestellt werden. Sie nehmen aber wohl eher eine Zwitterstellung zwischen Gesamtplanung und Fachplanung ein, da sie zwar wegen ihrer fachlichen Ausrichtung nur in begrenzten Maße eine umfassende Koordinierung verschiedener Zwecke erreichen, andererseits das Gesetz sie unter die Aufgabenstellung der Raumordnung aus § 1 Abs. 1 ROG ordnet und damit unter die Zielsetzung der Gesamtplanung (ähnlich Erbguth, Rn. 74).

[91] Hendler, JuS 1979, 618 (621); Brohm, JuS 1986, 776 (778); Hoppe, in: HdStR III, § 71, Rn. 26; Breuer, Planung, S. 43.

[92] Brohm, JuS 1986, 776 (779); Hendler, JuS 1979, 618 (621); Peine, Öffentliches Baurecht, Rn. 10; Breuer, Planung, S. 43.

[93] Zum Verhältnis Bauleitplanung und Landschaftsplanung im Besonderen siehe G.

[94] Brohm, JuS 1986, 776 (778).

[95] Zum Begriff der informellen Planung im Bereich des Städtebaurecht siehe Schmidt-Aßmann, FS Schlichter, S. 3 (21 ff.).

[96] Krautzberger (BBauBl. 1986, 210) fasst hierunter Entwicklungspläne und städtebauliche Rahmenpläne; Brohm (JuS 1986, 776 (778)) spricht von nicht-förmlichen Planungen.

[97] Schmidt-Aßmann, in: FS Schlichter, S. 3 (22); Brohm, JuS 1986, 776 (778).

[98] Vgl. Brohm, JuS 1986, 776 (778).

[99] Zum Verhältnis des Flächennutzungsplans und der informellen Pläne siehe C. I.

4. Zwischenergebnis zu „Einordnung ins System der Raumplanung"

Der Flächennutzungsplan, der in einem förmlichen Verfahren erlassen wird, ist als vorbereitender Bauleitplan fester Bestandteil der Gesamtplanung. Ihm kommt daher im Rahmen des Systems der Planungen auf Grund seiner Zielsetzung, einen umfassenden Interessenausgleich herbeizuführen, Koordinations- und Integrationsfunktion auch gegenüber anderen Planungen zu.

III. Die Aufgaben der Flächennutzungsplanung

Um die verschiedenen Einsatzmöglichkeiten des Flächennutzungsplans als Steuerungsinstrument der Gemeinde im einzelnen abschätzen zu können, ist zu klären, welche Aufgabe dem Flächennutzungsplan nach dem Gesetz zukommt. Diese Frage regelt § 1 BauGB für die Bauleitplanung im allgemeinen, wie die amtliche Überschrift „Aufgabe, Begriff und Grundsätze der Bauleitplanung" zeigt (1.). Darüber hinaus regeln die §§ 5 ff. BauGB die Aufgabenstellung des Flächennutzungsplans genauer (2.).

1. Die Aufgaben der Bauleitpläne nach dem Baugesetzbuch

In § 1 BauGB sind die wesentlichen Aufgaben und Grundsätze der Bauleitpläne geregelt. § 1 Abs. 1 BauGB definiert die Aufgabe der Bauleitplanung (a)). In § 1 Abs. 3 BauGB und § 1 Abs. 5 Satz 1 BauGB wird die Aufstellung der Bauleitpläne an das Prinzip der städtebaulichen Entwicklung und Ordnung geknüpft, § 5 Abs. 1 Satz 1 BauGB betont, dass gerade im Flächennutzungsplan über die städtebauliche Entwicklung und Ordnung entschieden wird. Es ist zu untersuchen, welche Rolle das Prinzip im Bereich der Aufgabe der Bauleitpläne spielt (b)). Anschließend ist zu überlegen, wann die Gemeinde zur Bauleitplanung befugt ist und wann sich die Befugnis zur Pflicht verdichtet (c)).

a) Die Aufgabenzuweisung nach § 1 Abs. 1 BauGB

Aufgabe der Bauleitpläne ist gem. § 1 Abs. 1 BauGB, die bauliche und sonstige Nutzung der Grundstücke in der Gemeinde nach Maßgabe des Baugesetzbuchs vorzubereiten und zu leiten. Bauleitpläne sind nach § 1 Abs. 2 BauGB der Flächennutzungsplan als vorbereitender Bauleitplan und der Bebauungsplan als verbindlicher Bauleitplan. Im folgenden sind die einzelnen in § 1 Abs. 1 BauGB enthaltenen Merkmale zu erörtern (aa) – dd)).

aa) Die Grundstücke der Gemeinde als Regelungsgegenstand der Bauleitplanung

Nach dem Wortlaut des Gesetzes sind Regelungsgegenstand die Grundstücke in einer Gemeinde. Die Planungen beziehen sich aber weniger auf die Grundstücke im bürgerlich-rechtlichen Sinne als vielmehr auf die Flächen als solche, so dass die Gemeinde bei der Überplanung nicht an Grundstücksgrenzen gebunden ist. Dies ergibt sich aus § 5 BauGB und § 9 BauGB, die die möglichen Inhalte der Bauleitpläne umschreiben und die von zu überplanenden Flächen sprechen. Die Flächenteilstücke eines Grundstücks im bürgerlich-rechtlichen Sinne können unterschiedlichen Nutzungen zugeführt werden.[100] Überplanen kann die Gemeinde nur Flächen innerhalb ihres Gemeindegebiets.[101]

bb) Die Vorbereitung und Leitung der Nutzung

Umstritten ist, was die Begriffe Vorbereitung und Leitung der baulichen und sonstigen Nutzung bedeuten. Teilweise wird vertreten, Vorbereitung und Leitung kennzeichneten die beiden Arten der Bauleitpläne, wobei die Vorbereitung dem Flächennutzungsplan, die Leitung dem Bebauungsplan obliege.[102] Dafür spreche, dass der Gesetzgeber mit der Verwendung dieser Begriffe auf das Baurechtsgutachten des Bundesverfassungsgerichts vom 16. Juni 1954[103] Bezug habe nehmen wollen und dieses habe umsetzen wollen.[104] Das Bundesverfassungsgericht habe dort zwischen städtebaulichen Plänen unterschieden, die verbindliche Nutzungsregelungen treffen und die Bodennutzung leiten, und Plänen, die diese Pläne vorbereiten, eine Flächenaufteilung im Groben vornehmen und die Bebauung im allgemeinen festlegen.[105] Demgegenüber gehen andere von einem Bedeutungswandel der Begriffe aus. Leiten sei als Anregen, Zielbestimmen, Rahmensetzen und Steuern auszulegen.[106] Der Flächennutzungsplan habe auch leitende Elemente, da er im Außenbereich Einfluss auf die Nutzung des

---

[100] Söfker, in: EZB § 1 BauGB, Rn. 12; Gierke, in: Brügelmann, § 1 BauGB, Rn. 18; Gaentzsch, in: BK, § 1 BauGB, Rn. 9.

[101] Gierke, in: Brügelmann, § 1 BauGB, Rn. 31; Söfker, in: EZB, § 1 BauGB, Rn. 12; Dirnberger, in: Jäde/Dirnberger/Weiß, § 1 BauGB, Rn. 2.

[102] Gierke, in: Brügelmann, § 1 BauGB, Rn. 47.

[103] BVerfG, Rechtsgutachten vom 16.06.1954 – 1 PBvV 2/52, BVerfGE 3, 407 ff.

[104] Gierke, in: Brügelmann, § 1 BauGB, Rn. 47; Gaentzsch, in: BK, § 1 BauGB, Rn. 5. In § 1 Abs. 1 BBauG 1960 (BGB. I 1960, S. 341 ff.) hieß es: „Um die städtebauliche Entwicklung in Stadt und Land zu ordnen, ist die bauliche und sonstige Nutzung der Grundstücke nach Maßgabe dieses Gesetzes durch Bauleitpläne vorzubereiten und zu leiten."

[105] Vgl. BVerfG, Rechtsgutachten vom 16.06.1954 – 1 PBvV 2/52, BVerfGE 3, 407 (424).

[106] Schmidt-Aßmann, BauR 1978, 99 (100); Söfker, in: EZB, § 1 BauGB, Rn. 13.

Bodens über § 35 Abs. 3 Satz 1 Nr. 1, Abs. 3 Satz 3 BauGB nehme.[107] Dem Bebauungsplan wiederum komme auch vorbereitende Funktion zu, da die Umsetzung der Festsetzungen eines Bebauungsplans oftmals noch Durchführungsmaßnahmen aus dem Bereich der Bodenordnung bedürfe und der Bebauungsplan die Bodennutzung daher ebenfalls nur vorbereiten könne.[108] Der letztgenannten Ansicht ist Recht zu geben. Dass § 1 BauGB beiden Plantypen leitende Funktion zuspricht, zeigt sich am Oberbegriff der Bau*leit*pläne. Beiden Plänen ist nach dem Gesetz, wenn auch in unterschiedlichen Maße, Vorbereitung und Leitung der Bodennutzung zu eigen.

cc) Die Begriffe der baulichen und sonstigen Nutzung

Gegenstand der Planung i. S. v. § 1 Abs. 1 BauGB ist die bauliche oder sonstige Nutzung der Grundstücke. Bauliche Nutzung ist die Nutzung durch bauliche Anlagen oder ihnen gleichgestellte Anlagen entsprechend des Anlagenbegriffs des § 29 Abs. 1 BauGB,[109] wobei Nutzung nicht nur die Inanspruchnahme von Flächen für andere Nutzungen als die bestehenden ist, sondern auch das Belassen des Bodens im bisherigen Nutzungszustand.[110] Zu den sonstigen Nutzungen gehören z. B. Flächen für Wald oder Landwirtschaft. Fraglich ist, in welchem Umfang die Aufgabenstellung i. S. v. § 1 Abs. 1 BauGB sonstige, nicht-bauliche Nutzungen umfasst. Es wird vertreten, dass sonstige Nutzungen dem Anwendungsbereich des § 1 Abs. 1 BauGB nur unterfallen, wenn sie in einem Sachzusammenhang mit einer baulichen Nutzung stehen.[111] Zur Bekräftigung dieser Ansicht wird auf den Begriff des Bodenrechts in Art. 74 Abs. 1 Nr. 18 GG und auf das Rechtsgutachten des Bundesverfassungsgerichts vom 16. Juni 1954[112] verwiesen. Dort werde als Gegenstand der städtebaulichen Planung nur die Vorbereitung und Leitung der gesamten Bebauung in Stadt und Land, der ihr gehörigen baulichen Anlagen und Einrichtungen sowie der mit der Bebauung in Verbindung stehenden Nutzung des Bodens bezeichnet.[113] Der Gesetzgeber habe sich auf die vom Bundesverfassungsgericht vorgegebene Regelungskompetenz beschränken wollen.[114]

---

[107] Siehe dazu E. III.

[108] Söfker, in: EZB, § 1 BauGB, Rn. 13.

[109] Gierke, in Brügelmann, § 1 BauGB, Rn. 21.

[110] Gierke, in: Brügelmann, § 1 BauGB, Rn. 19.

[111] Söfker, in: EZB, § 1 BauGB, Rn. 12; Krautzberger, in: B/K/L, § 1 BauGB, Rn. 12. Ebenso wohl auch Kauch (DVBl. 1993, 1033 (1037)), die Freiflächenplanung im Bereich der Bauleitplanung nur als Annex zu einem an sich bodenbelastenden Regelungsbereich sieht.

[112] BVerfG, Rechtsgutachten vom 16.06.1954 – 1 PBvV 2/52, BVerfGE 3, 407 ff.

[113] Söfker, in: EZB, § 1 BauGB, Rn. 12.

[114] Söfker, in: EZB, § 1 BauGB, Rn. 12.

Richtigerweise können in einen Bauleitplan sonstige Nutzungen auch dann aufgenommen werden, wenn sie nicht in einem Sachzusammenhang mit einer baulichen Nutzung stehen. Der oben genannten Ansicht ist zwar Recht zu geben, dass der Gesetzgeber auf das Rechtsgutachten des Bundesverfassungsgericht Bezug nimmt und seine Gesetzgebungsbefugnis nach Art. 74 Abs. 1 Nr. 18 GG auf das Bodenrecht beschränkt sieht, wie es das Bundesverfassungsgericht definiert hat. Daraus ergibt sich aber keine einschränkende Auslegung des Begriffs der sonstigen Nutzung. An der Stelle der Bundesverfassungsgerichtsentscheidung, auf die sich die Gegenansicht bezieht, zitiert das Bundesverfassungsgericht die ihm gestellte Rechtsfrage, was unter Bodenrecht zu verstehen ist.[115] Das Bodenrecht umfasst nach der Antwort des Bundesverfassungsgerichts alle Vorschriften, die den Grund und Boden unmittelbar zum Gegenstand rechtlicher Ordnung haben, also die rechtlichen Beziehungen des Menschen zum Grund und Boden regeln.[116] Eine Beschränkung auf bauliche Nutzungen und Nutzungen, die mit diesen in Zusammenhang stehen, enthält seine Definition nicht. Weiter erläutert das Bundesverfassungsgericht, dass, soweit die Pläne verbindliche Kraft für den einzelnen Grundstückseigentümer haben, die Pläne bestimmen, in welcher Weise der Eigentümer sein Grundstück nutzen dürfe, insbesondere, ob er überhaupt bauen dürfe und in welcher Weise.[117] Aus dieser Definition wird deutlich, dass nach dem Bundesverfassungsgericht für den Eigentümer zwar in der Regel die Bebauungsfrage am interessantesten ist und deshalb als Beispiel gesondert erwähnt wird, dass der bodenrechtliche Bauleitplan aber auch sämtliche der sonstigen Nutzungen enthalten kann. Der Gesetzgeber bezieht sich ausdrücklich auf die Definition des Bundesverfassungsgerichts, nach der städtebauliche Planung im Bereich des Bodenrechts vorliegt, wenn die Planung eine unmittelbare Beziehung zum Grund und Boden hat, wenn die Pläne also festlegen, in welcher Weise der Eigentümer sein Grundstück nutzen darf, und die rechtlichen Beziehungen des Menschen zum Grund und Boden betroffen sind.[118] Ausdrücklich sieht er bauliche und sonstige Nutzungen vom Bodenrecht erfasst.[119] Dies hat sich im Wortlaut des Gesetzes niedergeschlagen: § 5 Abs. 1 Satz 1 BauGB spricht von der im Flächennutzungsplan darzustellenden Art der Bodennutzung, ohne zwischen baulicher und sonstiger oder gar sonstiger, mit der baulichen im Zusammenhang stehender Nutzung zu differenzieren.[120] Außerdem dient die Bauleitplanung als Gesamtplanung[121] zum Ausgleich sämtlicher Nutzungsinteressen am Grund und Boden, die sich nicht in der baulichen

---

[115] Vgl. BVerfG, Rechtsgutachten vom 16.06.1954 – 1 PBvV 2/52, BVerfGE 3, 407 (408, 423).
[116] BVerfG, Rechtsgutachten vom 16.06.1954 – 1 PBvV 2/52, BVerfGE 3, 407 (424).
[117] BVerfG, Rechtsgutachten vom 16.06.1954 – 1 PBvV 2/52, BVerfGE 3, 407 (424).
[118] BT-Drks. 7/336, S. 60.
[119] BT-Drks. 7/336, S. 60.
[120] Gaentzsch, in: BK, § 1 BauGB, Rn. 6. Siehe auch B. III. 2. a).
[121] Siehe dazu B. II. 3.

Nutzung erschöpfen, sondern z. B. auch die land- und forstwirtschaftliche Nutzungsbedürfnisse einschließen.[122] Schließlich zeigt die Hervorhebung der ökologischen Belange z. B. in § 1 Abs. 5 Satz 1 BauGB, dass Bauleitplanung die gesamte Bodennutzung umfasst einschließlich dem Bedürfnis nach Erhaltung naturbelassener Flächen und nicht nur die bauliche Nutzung und die damit im Zusammenhang stehende sonstige Nutzung.[123] Letztlich ist die oben gemachte Unterscheidung aber von geringer Bedeutung, da jede sonstige Nutzung, die eine bauliche Nutzung ausschließt, für den bauwilligen Grundeigentümer in einem Sachzusammenhang mit der baulichen Nutzung steht.

dd) Die Erfüllung der Bauleitplanung nach Maßgabe des Baugesetzbuchs

Die Aufgabe der Bauleitplanung ist gem. § 1 Abs. 1 BauGB nach Maßgabe des Baugesetzbuchs zu lösen. Hieraus leitet sich das sogenannte Kodifikationsprinzip und der Planmäßigkeitsgrundsatz ab. Das Kodifikationsprinzip besagt, dass die Bauleitplanung mittels der im Baugesetzbuch vorgesehenen Instrumente zu erfolgen hat.[124] Das Planmäßigkeitsprinzip bedingt, dass die Nutzung der Grundstücke gerade durch die in § 1 Abs. 2 BauGB genannten Bauleitpläne vorzubereiten und zu leiten ist und nicht durch sonstige Pläne vollständig ersetzt werden darf.[125] Das Planmäßigkeitsprinzip enthält mehrere Gebote für die planende Gemeinde:[126] Das Gebot positiver Planung verbietet es der Gemeinde, nur ad hoc von Fall zu Fall Einzelplanungen vorzunehmen.[127] Das Gebot typenkonformer Planung betont, dass die gesetzlich festgeschriebene Plantypik nicht durch sonstige formlose Plänen ersetzt werden darf.[128] Das Gebot konkreter Regelungen verlangt der Gemeinde konkrete Nutzungsentscheidungen ab; nur abstrakt-generelle Zielbestimmungen sind nicht zulässig.[129] Schließlich besagt das Gebot der Einräumigkeit, auch Gebot der äußeren Planeinheit genannt, dass Re-

---

[122] Herzner, S. 66; Gierke, in: Brügelmann, § 1 BauGB, Rn. 26; Gaentzsch, in: BK, § 1 BauGB, Rn. 6.

[123] Lüers, DVBl. 1998, 433 (445).

[124] Schmidt-Aßmann, BauR 1978, S. 99 (101); Söfker, in: EZB, § 1 BauGB, Rn. 12.

[125] Schmidt-Aßmann, BauR 1978, S. 99 (100); Söfker, in EZB § 1 BauGB, Rn. 12; Bönker, in: Hoppe/Bönker/Grotefels, Öffentliches Baurecht, § 5, Rn. 155.

[126] Grundlegend Schmidt-Aßmann, BauR 1978, 99 (101). Ausführlich siehe auch Gierke, in: Brügelmann, § 1 BauGB, Rn. 60.

[127] Schmidt-Aßmann, BauR 1978, 99 (101); Gierke, in: Brügelmann, § 1 BauGB, Rn. 66; Krautzberger, in: B/K/L, § 1 BauGB, Rn. 17. Zum Verbot der Negativplanung und zum Gebot der positiven Planung siehe auch B. III. 2. c) aa).

[128] Schmidt-Aßmann, BauR 1978, 99 (101); Gierke, in: Brügelmann, § 1 BauGB, Rn. 63.

[129] Schmidt-Aßmann, BauR 1978, 99 (101); Bönker, in: Hoppe/Bönker/Grotefels, § 5, Rn. 156; Krautzberger, in: B/K/L, § 1 BauGB, Rn. 19.

gelungen für ein bestimmtes räumliches Gebiet auf jeder Planungsebene nicht durch sich überschneidende Pläne festgelegt werden können.[130]

b) Das Prinzip der städtebaulichen Entwicklung und Ordnung

In § 1 Abs. 1 BBauG 1960 hieß es bis zur Gesetzesänderung von 1976, dass die bauliche und sonstige Nutzung durch Bauleitpläne vorzubereiten und zu leiten sei, um die städtebauliche Entwicklung in Stadt und Land zu ordnen.[131] Die Bauleitpläne dienten also der städtebaulichen Entwicklung und Ordnung. Das Prinzip der städtebaulichen Entwicklung und Ordnung ist nach dem Willen des Gesetzgebers der übergeordnete Leitbegriff der Bauleitplanung geblieben.[132] Zwar knüpft § 1 Abs. 1 BauGB nicht mehr ausdrücklich an die städtebauliche Entwicklung und Ordnung an. Nach § 1 Abs. 3 BauGB haben die Gemeinden aber weiterhin die Bauleitpläne aufzustellen, sobald und soweit es für die städtebauliche Entwicklung und Ordnung erforderlich ist. Im folgenden ist daher das Prinzip der städtebaulichen Entwicklung und Ordnung näher zu untersuchen (aa)).

Auch § 1 Abs. 5 Satz 1 BauGB nimmt Bezug auf das Prinzip der städtebaulichen Entwicklung. Nach allgemeiner Ansicht enthält er generelle Planungsziele,[133] die gleichberechtigt und gleichgewichtig nebeneinander stehen[134] und die durch die im beispielhaften Katalog des § 1 Abs. 5 Satz 2 BauGB aufgeführten Belange weiter konkretisiert werden.[135] Es ist zu erörtern, in welchem Verhältnis

---

[130] Schmidt-Aßmann, BauR 1978, 99 (101); Krautzberger, in: B/K/L, § 1 BauGB, Rn. 20.
[131] In § 1 Abs. 1 BBauG 1960 (BGBl. I 1960, S. 341 ff.) hieß es: „Um die städtebauliche Entwicklung in Stadt und Land zu ordnen, ist die bauliche und sonstige Nutzung der Grundstücke nach Maßgabe dieses Gesetzes durch Bauleitpläne vorzubereiten und zu leiten."
[132] BT-Drks. 7/5059, S. 2.
[133] Die allgemeinen Planungsziele des § 1 Abs. 5 Satz 1 BauGB sind als Abwägungsdirektiven in der Abwägung der Gemeinde zu berücksichtigen (Brohm, Öffentliches Baurecht, § 13, Rn. 1, 3; für eine Einordnung als strikte Zielvorgaben: Finkelnburg/Ortloff, S. 37). Das Bundesverwaltungsgericht hat die allgemeinen Planungsziele zunächst als Optimierungsgebote behandelt (BVerwG, Beschluss vom 20.08.1992 – IV NB 20.91, BVerwGE 90, 329 (332); so auch Pfeifer, DVBl. 1989, 337 (343)). Zum Begriff des Optimierungsgebots: BVerwG, Urteil vom 22.03.1985 – IV C 73.82, BVerwGE 71, 163 (165). Gegen ein Optimierungsgebot spricht, dass die Planungsziele sehr abstrakt formuliert sind und letztlich fast alle städtebaulichen Belange umfassen. § 1 Abs. 5 Satz 1 BauGB umschreibt vielmehr Abwägungsdirektiven, die dazu dienen, der Gemeinden den Weg zu weisen, was die Aufgabe der Bauleitplanung ist und welche Belange die Gemeinde zu berücksichtigen hat (Brohm, Öffentliches Baurecht, § 13, Rn. 9). Kritisch zum Begriff des Optimierungsgebots im Bauplanungsrecht: Gierke, in: Brügelmann, § 1 BauGB, Rn. 495; Berkemann, in: FS Schlichter, S. 27 (44 ff.).
[134] Erbguth/Wagner, Rn. 216.
[135] Erbguth/Wagner, Bauplanungsrecht, Rn. 212; Peine, Öffentliches Baurecht, Rn. 130; Brohm, Öffentliches Baurecht, § 13, Rn. 3, 4.

diese Regelungen zum Prinzip der städtebaulichen Entwicklung und Ordnung stehen (bb)).

aa) Der Begriff der städtebaulichen Entwicklung und Ordnung

Um sich dem Begriff der städtebaulichen Entwicklung und Ordnung nähern zu können, sind zunächst seine einzelnen Elemente zu untersuchen, also das Entwicklungsprinzip ((1)), das Ordnungsprinzip ((2)) und der Städtebau ((3)). Anschließend ist aufzuzeigen, welche Bedeutung die Elemente in der Zusammenschau für die Bauleitplanung haben ((4)).

(1) Das Entwicklungsprinzip

Nach dem Entwicklungsprinzip kann die Gemeinde mittels der Planung die bauliche Entwicklung selbst bestimmen,[136] indem sie mit ihrer Planung neue, noch nicht vorhandene Nutzungsmöglichkeiten anregt. Maßgeblich sind die Vorstellungen der Gemeinde über die weitere Entwicklung der Bodennutzungen innerhalb der Gemeinde, wobei sie im Rahmen ihres planerischen Ermessens die konkreten örtlichen Gegebenheiten und die berührten privaten und öffentlichen Interessen zu berücksichtigen hat.[137] Die Entwicklungsmöglichkeiten durch die Planung der Gemeinde geht dabei über eine Anregung von Nutzungen nicht hinaus, weil die Bauleitplanung eine reine Angebotsplanung ist. Denn sie ermöglicht den Eigentümern, ihre Grundstücke in der vorgesehenen Weise zu nutzen, zwingt aber nicht dazu, die geplante Nutzung zu verwirklichen. Zur Durchsetzung der gemeindlichen Planung stellt das Baugesetzbuch andere Instrumente wie die städtebaulichen Gebote der §§ 175 ff. BauGB zur Verfügung.[138]

---

[136] Söfker, in: EZB, § 1 BauGB, Rn. 14.

[137] BVerwG, Urteil vom 29.04.1964 – I C 30.62, BVerwGE 18, 247 (252); BVerwG, Urteil vom 30.06.1964 – I C 79.63, BVerwGE 19, 82 (86); Söfker, in: EZB, § 1 BauGB, Rn. 14; Gaentzsch, in: BK, § 1 BauGB, Rn. 18.

[138] Bönker, in: Hoppe/Bönker/Grotefels, § 5, Rn. 3; Gierke, in: Brügelmann, § 1 BauGB, Rn. 41; Söfker, in: EZB, § 1 BauGB, Rn. 14; Krautzberger, in: EZB, § 1 BauGB, Rn. 10. Zur Durchsetzung der Planungsvorstellungen der Gemeinde dienen z. B. die städtebaulichen Gebote der §§ 175 ff. BauGB.

Bei der gebietsbezogenen Bauleitplanung als Unterfall der Raumplanung handelt es sich nicht um eine Entwicklungsplanung im engeren Sinne. Entwicklungsplanungen im engeren Sinne sind Planungen, die über den räumlichen Bezug hinaus auch den Zeitfaktor und die Finanzierungsfrage mit einbeziehen (vgl. Wagener, DVBl. 1970, 93.

(2) Das Ordnungsprinzip

Das Prinzip der Ordnung bezieht sich darauf, dass die Gemeinde die unterschiedlichen Interessen an der Bodennutzung ausgleicht und städtebauliche Missstände, bei denen sich Nutzungen gegenseitig beeinträchtigen, abwehrt und verhindert.[139] Die Bauleitplanung dient in diesem Zusammenhang dazu, die in der Gemeinde sich anbahnenden und vollziehenden Nutzungswünsche der Eigentümer zu fördern und gegenseitige Beeinträchtigungen zu verhindern.[140] Unter dem Gesichtspunkt der Ordnung des städtebaulichen Baugeschehens ist die Bauleitplanung eine Auffangplanung, mit der die Gemeinde versucht, die in der Gemeinde und im größeren Raum wirksamen sozialen und wirtschaftlichen Kräfte zu erkennen, ihre räumlichen Bedürfnisse vorausschauend abzuschätzen und mit der darauf bezogenen Planung gleichsam aufzufangen.[141]

(3) Der Begriff des Städtebaulichen

Der Begriff des Städtebaus ist eng verknüpft mit der bundesrechtlichen Gesetzgebungskompetenz im Bereich des Bodenrechts nach Art. 74 Abs. 1 Nr. 18 GG, auf Grund derer der Bundesgesetzgeber das Bauplanungsrecht im Baugesetzbuch geregelt hat. Denn der Bundesgesetzgeber konnte weitergehende Regelungen als solche des Bodenrechts im Baugesetzbuch aus kompetenzrechtlichen Gründen nicht treffen. Daher muss die Bauleitplanung stets bodenrechtlich i. S. v. Art. 74 Abs. 1 Nr. 18 GG veranlasst sein, wobei als bodenrechtlich veranlasst jede Planung mit städtebaulichen Bezug gilt.[142] Die Begriffe „bodenrechtlich" und „städtebaulich" sind also weitgehend deckungsgleich.

Das Bodenrecht umfasst alle Vorschriften, die den Grund und Boden unmittelbar zum Gegenstand rechtlicher Ordnung haben, also die rechtlichen Beziehungen des Menschen zum Grund und Boden regeln.[143] Dazu gehören – wie bereits oben gezeigt[144] – verbindliche Pläne wie der Bebauungsplan und vorbereitende Pläne wie der Flächennutzungsplan.[145] Das Bodenrecht und damit der

---

139 Söfker, in: EZB, § 1 BauGB, Rn. 14.
140 Söfker, in: EZB, § 1 BauGB, Rn. 14.
141 BT-Drks. 7/2496, S. 28. Vgl. Bönker, in: Hoppe/Bönker/Grotefels, § 5, Rn. 3; Gierke, in: Brügelmann, § 1 BauGB, Rn. 40; Krautzberger, in: B/K/L, § 1 BauGB, Rn. 10.
142 So auch Gaentzsch, in: BK, § 1 BauGB, Rn. 7; Gierke, in: Brügelmann, § 1 BauGB, Rn. 29, 1041; Schmidt-Aßmann, BauR 1978, 99 (100); Manssen, Stadtgestaltung, S. 63; Reidt, in: Gelzer/Bracher/Reidt, Rn. 43. Zur Planungsbefugnis der Gemeinde siehe B. III. 1. c).
143 BVerfG, Rechtsgutachten vom 16.06.1954 – 1 PBvV 2/52, BVerfGE 3, 407 (424)
144 Siehe dazu B. III. 1. a) cc).
145 BVerfG, Rechtsgutachten vom 16.06.1954 – 1 PBvV 2/52, BVerfGE 3, 407 (424 ff.). Ausführlich zur Abgrenzung von Bauplanungsrecht, Bauordnungsrecht und weiteren bodenbezo-

Begriff des Städtebaus grenzt also die Bauleitplanung von der überörtlichen Raumordnungsplanung ab[146], die sich auf die Rahmengesetzgebungskompetenz nach Art. 75 Abs. 1 Nr. 4 GG begründet, und betont, dass die Bauleitplanung das Gemeindegebiet unter örtlichen Gesichtspunkten zu überplanen hat. Merkmal der Bauleitplanung als städtebaulicher Planung ist somit, dass sie sich mit den Nutzungsmöglichkeiten auf einem konkreten örtlichen Bereich unter Berücksichtigung der dortigen Situation beschäftigt und dies in ihren planerischen Festlegungen verarbeitet. Darauf, dass die Bauleitplanung als städtebauliche Planung nie losgelöst von den konkreten örtlichen Gegebenheiten von Grund und Boden erfolgen kann, deutet auch der Begriff des *Boden*rechts selbst hin.[147] Der Begriff des Städtebaulichen bedeutet also, dass die Gemeinde die konkrete Nutzung von Grund und Boden unter Berücksichtigung der konkreten örtlichen Gegebenheiten in der Gemeinde regelt.

Diese Auslegung bestätigt auch die historische Betrachtung[148]: Die Vorläufer der Bauleitplanung waren dazu entwickelt worden, die Grundstücksnutzungen innerhalb eines Stadtgebiets in verträglicher Weise miteinander abzustimmen und die Bedürfnisse der Stadtbewohner miteinander in Ausgleich zu bringen, wobei die konkreten örtlichen Gegebenheiten von Grund und Boden innerhalb des Stadtgebiets zu verarbeiten waren.

(4) Die Elemente des Prinzips der städtebaulichen Entwicklung und Ordnung in der Zusammenschau

Während also Entwicklung und Ordnung dafür stehen, dass die Gemeinde sowohl bestehende als auch neue Nutzungen in ihre Pläne aufnehmen kann, grenzt der Begriff des Städtebaus die Bauleitplanung von der Raumordnungsplanung ab und bestimmt, dass die Gemeinde die konkrete Nutzung von Grund und Boden unter Berücksichtigung der örtlichen Gegebenheiten in der Gemeinde regeln soll. Zusammen bilden diese drei Elemente das Prinzip der städtebaulichen Entwicklung und Ordnung, dass nach der Gesetzesbegründung den übergeordneten Leitbegriff der Bauleitplanung umschreibt.[149]

Bei der Auslegung des Prinzips der städtebaulichen Entwicklung und Ordnung ist zu berücksichtigen, dass der Gesetzgeber, als er 1960 ein bundesweit geltendes Bauleitplanungsrecht geschaffen hat, die damaligen Erfahrungen mit gemeindlichen Planungen umgesetzt hat. Historisch betrachtet ist die Bauleit-

---

genen Rechtsgebieten: Manssen, Stadtgestaltung, S. 47 ff; Gierke, in: Brügelmann, § 1 BauGB, Rn. 104k ff.

[146] BVerfG, Rechtsgutachten vom 16.06.1954 – 1 PBvV 2/52, BVerfGE 3, 407 (425 ff.).

[147] Ebenso Manssen, Stadtgestaltung, S. 87.

[148] Siehe dazu B. I.

[149] BT-Drks. 7/5059, S. 2.

planung aus der Erkenntnis entstanden, dass eine Regelung der Nutzungsinteressen im Gemeindegebiet nur durch die Aufstellung eines Gesamtplans und daraus abgeleiteter Einzelpläne erfolgen kann. Um dieses Ziel zu erreichen, müssen die berührten Interessen miteinander im Wege einer planerischen Abwägung in Ausgleich gebracht werden.[150]

Auch aus der Zuordnung der Bauleitplanung zur Gesamtplanung als Teil der Raumordnung lässt sich ableiten, dass im Rahmen einer planerischen Abwägung alle einschlägigen öffentlichen und privaten Belange miteinander in Ausgleich gebracht werden.[151] Anders als die Fachplanung steht die Bauleitplanung als Gesamtplanung nicht unter der Zielsetzung, ein bestimmtes fachliches Nutzungsinteresse zu verwirklichen. Fachplanung bedeutet, dass ein Planungsträger ein bestimmtes fachliches raumbeanspruchendes Nutzungsinteresse verwirklichen will und er in seiner fachplanerischen Abwägung alle dafür und dagegen sprechenden Belange abwägt.[152] Hingegen ist Ausgangspunkt der Gesamtplanung, dass sich die Gemeinde selbst unter Berücksichtigung der unterschiedlichen Nutzungsinteressen überlegt, welche Nutzungsmöglichkeiten sie in ihren Gemeindegebiet erhalten oder initiieren will, ohne auf die Durchsetzung eines bestimmten Nutzungsinteresses von vorneherein festgelegt zu sein.[153]

Die Tatsache, dass die Bauleitplanung einen Ausgleich aller betroffenen Interessen verlangt, spiegelt sich auch in den Bestimmungen des Baugesetzbuches wider. § 1 Abs. 6 BauGB verpflichtet die Gemeinde, alle öffentlichen und privaten Belange gegeneinander und untereinander gerecht abzuwägen und verlangt damit einen umfassenden Interessenausgleich aller in der konkreten Situation einschlägigen Belange. Dabei kommt den öffentlichen Belangen gegenüber den privaten Belangen nicht automatisch ein Vorrang zu.[154] Das Gebot der Abwägung erfordert, dass alle Belange in die Abwägung eingestellt werden, die nach Lage der Dinge in sie eingestellt werden müssen, dass die Gemeinde die Bedeutung der betroffenen Belange nicht verkennt und dass sie einen Ausgleich zwischen den von der Planung berührten Belangen in einer Weise vornimmt, die nicht zur objektiven Gewichtigkeit einzelner Belange außer Verhältnis steht.[155]

Die Orientierung der Bauleitplanung an einem umfassenden Ausgleich aller betroffenen Belange spiegelt sich auch im Grundsatz der Konfliktbewältigung wider. Danach muss ein Plan die ihm zurechenbaren Konflikte bewältigen, wozu sowohl die bereits bestehenden als auch die durch die Planung neu aufgeworfe-

---

[150] Siehe dazu B. I. Ausführlich zum historischen Hintergrund des Bodenrechts i. S. v. Art. 74 Abs. 1 Nr. 18 GG: Manssen, Stadtgestaltung, S. 81 ff.

[151] Siehe dazu B. II. 1.

[152] Siehe dazu B. II. 2.

[153] BVerwG, Beschluss vom 11.05.1999 – IV BN 15.99, ZfBR 1999, 279 (280); Kuschnerus, ZfBR 2000, 15 (18).

[154] BVerwG, Urteil vom 01.11.1974 – IV C 38.71, BVerwGE 47, 144 (148); Krautzberger, in: B/K/L, § 1 BauGB, Rn. 100.

[155] BVerwG, Urteil 12.12.1969 – IV C 105.66, BVerwGE 34, 301 (309).

nen Konflikte zählen.[156] Andererseits kann sich die Gemeinde auf einer Planungsebene in planerischer Zurückhaltung üben und Konflikte zwischen verschiedenen Belangen offen lassen, wenn diese Konflikte auf der niederrangigeren Planungsebene oder im Genehmigungsverfahren für das jeweilige Einzelvorhaben gelöst werden können.[157]

Um einen umfassenden Ausgleich aller Interessen zu erreichen, müssen unverträgliche Nutzungen voneinander getrennt werden.[158] Diesen Gedanken enthalten auch die planersatzartigen Vorschriften der §§ 34 und 35 BauGB: Vorhaben im unbeplanten Innenbereich oder Außenbereich sind dann zulässig, wenn sie keine unzumutbaren Konflikte für andere Nutzungen entstehen lassen. An diesen Vorgaben hat sich auch eine planerische städtebauliche Entwicklung und Ordnung zu orientieren.

Die Belange, die miteinander in einen umfassenden Ausgleich einzubeziehen sind, müssen einen konkreten örtlichen Bezug zum Boden haben. Dies folgt zum einen wiederum aus der Zuordnung der Bauleitplanung zur Gesamtplanung. Die Gesamtplanung ist als Teil der Raumordnung gebietsbezogen, knüpft also an die konkreten Gegebenheiten und Nutzungsbedürfnisse im jeweiligen Gemeindegebiet an.[159] Weiterhin ergibt sich dies – wie gezeigt[160] aus dem Begriff des Städtebaulichen selbst, der die Regelung der konkreten Nutzung von Grund und Boden unter Berücksichtigung der konkreten örtlichen Gegebenheiten in der Gemeinde verlangt.

Im Ergebnis fordert das Prinzip der städtebaulichen Entwicklung und Ordnung also einen umfassenden Interessenausgleich aller Belange, die einen örtlichen Bezug zur konkret zu überplanenden Fläche haben, die einen Bezug zum Boden haben und die nach einem umfassenden Ausgleich in einer Abwägung verlangen; dabei ist die städtebauliche Planung nicht einem einzelnen fachlichen Aspekt verpflichtet. Inhalt der Bauleitplanung ist sowohl die Lenkung bestehender Nutzungen als auch die Initiierung neuer Nutzungen innerhalb des Gemeindegebietes. Das Prinzip der städtebaulichen Entwicklung und Ordnung gleicht

---

[156] BVerwG, Urteil vom 01.11.1974 – IV C 38.71, BVerwGE 47, 144 (150); BVerwG, Urteil vom 07.05.1978 – IV C 79.76, BVerwGE 56, 110 (116); BVerwG, Urteil vom 09.03.1979 – IV C 41.75, BVerwGE 57, 297 (300); Weyreuther, BauR 1975, 1 (5); Reidt, in: Gelzer/Bracher/Reidt, Rn. 797; Brohm, Öffentliches Baurecht, § 14, Rn. 7; Krautzberger, in: B/K/L, § 1 BauGB, Rn. 115. Ausführlich zum Grundsatz der Konfliktbewältigung: Pfeifer, DVBl. 1989, 337 ff.

[157] BVerwG, Urteil vom 05.08.1983 – IV C 96.79, DVBl. 1984, 143 (144); Reidt, in: Gelzer/Bracher/Reidt, Rn. 798, 799; Krautzberger, in: B/K/L, § 1 BauGB, Rn. 31.

[158] Grundsatz der räumlichen Trennung, vgl. § 50 BImSchG. BVerwG, Urteil vom 05.07.1974 – IV C 50.72, BVerwGE 45, 309 (327). Krautzberger, in: B/K/L, § 1 BauGB, Rn. 1110 ff.; Brohm, Öffentliches Baurecht, § 14, Rn. 12 ff.

[159] Siehe dazu B. II.

[160] Siehe dazu B. III. 1. b) aa) (3).

damit einer Methode, von der die Gemeinde sich bei der Aufstellung ihrer Bauleitpläne leiten lassen soll.

bb) Die Planungsziele des § 1 Abs. 5 Satz 1 BauGB und die Belange des § 1 Abs. 5 Satz 2 BauGB

Das Prinzip der städtebaulichen Entwicklung und Ordnung gibt keinen festen Katalog von Belangen vor, die miteinander in Ausgleich zu bringen sind. In diesem Sinne sind § 1 Abs. 5 Satz 1 BauGB und § 1 Abs. 5 Satz 2 BauGB zu verstehen. Sie geben Anhaltspunkte für Belange, die regelmäßig bei einer Planung miteinander in Ausgleich gebracht werden müssen. Im folgenden sind die Vorgaben des § 1 Abs. 5 Satz 1 BauGB und des § 1 Abs. 5 Satz 2 BauGB zu betrachten ((1) – (4)).

(1) Die Gewährleistung einer nachhaltigen städtebaulichen Entwicklung

Nach § 1 Abs. 5 Satz 1 Var. 1 BauGB sollen Bauleitpläne eine nachhaltige städtebauliche Entwicklung gewährleisten. Der Begriff der Nachhaltigkeit stammt aus der Umweltpolitik und definiert eine Entwicklung, die den Bedürfnissen der heutigen Generation entspricht, ohne die Möglichkeiten künftiger Generationen zu gefährden, ihre eigenen Bedürfnisse zu befriedigen und ihren Lebensstil zu wählen.[161] Der Gesetzgeber wollte mit der Aufnahme des Nachhaltigkeitsgrundsatzes die Vorstellungen der Zweiten Konferenz der Vereinten Nationen über menschliche Siedlungen im Städtebaurecht verankern.[162] Dort wurde nachhaltige Entwicklung als Entwicklung definiert, die wirtschaftliche Entwicklung, Beschäftigungsmöglichkeiten und sozialen Fortschritt im Einklang mit der Umwelt gewährleistet.[163] Eine nachhaltige Entwicklung im Bereich der Bauleitplanung zielt damit auf eine räumliche Ordnung und Entwicklung ab, die ökologische, ökonomische und soziale Zielsetzungen miteinander in Ausgleich bringt.[164] Infolgedessen definiert § 1 Abs. 2 Satz 1 ROG für den Bereich der Raumordnungsplanung eine nachhaltige Raumentwicklung als eine, die die sozialen und wirtschaftlichen Ansprüche an den Raum mit seinen ökologischen Funktionen in Einklang bringt und zu einer dauerhaften, großräumig ausgewo-

---

[161] Definition der „Brundlandt-Kommission“, zitiert nach: Umweltbundesamt, Nachhaltiges Deutschland, S. 4.

[162] BT-Drks., 13/7589, S. 11.

[163] BT-Drks., 13/7589, S. 11; Bundesministerium für Raumordnung, Bauwesen und Städtebau, Abschlussdokumente – Habitat II, Kapitel II, Paragraph 29, S. 7.

[164] Krautzberger, UPR 2001, 130 (131); Schink, BauR 1998, 1163 (1164).

genen Ordnung führt.[165] Diese Definition ist auf den Begriff der Nachhaltigkeit in der Bauleitplanung übertragbar: Es ist nicht davon auszugehen, dass der Gesetzgeber mit dem Begriff im Baurecht etwas anderes gemeint hat als im Raumordnungsrecht, als er die Definition der Nachhaltigkeit zeitgleich mit der Aufnahme des Nachhaltigkeitsbegriffs in das Baugesetzbuch in das Raumordnungsgesetz aufgenommen hat.[166] Der Nachhaltigkeitsgrundsatz betont damit zum einen, dass die Bauleitplanung die betroffenen Belange in Ausgleich zu bringen und dabei auch umweltschutzrechtliche Aspekte einzubeziehen hat, zum anderen hebt er die zeitliche Dimension der Planung hervor, indem er zu langfristiger Planung aufruft, die auch die Bedürfnisse künftiger Generationen achtet.[167] Das Bauleitplanungsrecht greift damit die Staatszielbestimmung nach Art. 20a GG auf, nach der der Staat auch in Verantwortung für die künftigen Generationen die natürlichen Lebensgrundlagen zu schützen hat.[168]

Teilweise wird vertreten, dass der Nachhaltigkeitsgrundsatz nach der Gesetzesänderung von 1998[169] Bestandteil der allgemeinen Aufgabenstellung der Bauleitplanung geworden sei und als solcher das Ordnungsprinzip mit umfasse.[170] Bis 1998 habe § 1 Abs. 5 Satz 1 BauGB an eine geordnete städtebauliche Entwicklung angeknüpft,[171] seit 1998 spreche § 1 Abs. 5 Satz 1 BauGB von einer nachhaltigen städtebaulichen Entwicklung.

Die Ersetzung des Begriffs „geordnet" durch den Begriff „nachhaltig" hat nach dem Willen des Gesetzgebers aber nichts daran geändert, dass die Aufgabenstellung der Bauleitplanung sowohl an die städtebauliche Entwicklung als auch an die Ordnung geknüpft ist; vielmehr ergibt sich der Ordnungsauftrag weiterhin aus dem Wortlaut des § 1 Abs. 3 BauGB.[172] Das Prinzip der geordneten städtebaulichen Entwicklung ist nach dem Willen des Gesetzgebers der übergeordnete allgemeine Leitbegriff der Bauleitplanung geblieben.[173] Der Gesetzgeber wollte mit der Aufnahme des Nachhaltigkeitsprinzips an der Aufgabenstellung nichts verändern. Vielmehr war er sich bewusst, dass das Nachhal-

---

[165] Bunzel, Flächenmanagement, S. 14; Krautzberger/Stemmler, in: FS Hoppe, S. 317 (321).

[166] Schink, BauR 1998, 1163 (1164).

[167] Krautzberger, UPR 2001, 130 (131); Krautzberger/Stemmler, in: FS Hoppe, S. 317 (320); Schink, BauR 1998, 1163 (1164); Söfker, in: EZB, § 1 BauGB, Rn. 103; Gierke, in: Brügelmann, § 1 BauGB, Rn. 508.

[168] Krautzberger, UPR 2001, 130 (131); Krautzberger/Stemmler, in: FS Hoppe, S. 317 (322); Gierke, in: Brügelmann, § 1 BauGB, Rn. 508.

[169] Gesetz zur Änderung des Baugesetzbuchs und zur Neuregelung des Rechts der Raumordnung (BauROG) vom 18.08.1997 (BGBl. I 1997, S. 2081 ff.).

[170] Battis, Öffentliches Baurecht und Raumordnungsrecht, S. 94; Mitschang, DÖV 2000, 14 (17); Erbguth/Wagner, Rn. 214; Krautzberger, in: B/K/L, § 1 BauGB, Rn. 45.

[171] In § 1 Abs. 6 Satz BBauG 1976 (BGBl. I 1976, S. 2221) hieß es: „Die Bauleitpläne sollen eine geordnete städtebauliche Entwicklung (...) gewährleisten (...)." Diese Norm wurde in § 1 Abs. 5 Satz 1 BauGB 1986 (BGBl. I 1986, S. 2191 ff.) fortgeführt.

[172] BT-Drks. 13/7589, S. 14.

[173] BT-Drks. 7/5059, S. 2.

tigkeitsprinzip nur den Ausgleich verschiedener Belange betont, die Umsetzung dagegen in den Händen der Gemeinde liegt.[174] Der Begriff der Nachhaltigkeit hebt lediglich den zeitlichen Aspekt der Bauleitplanung hervor und setzt ein politisches Signal dafür, dass die Gemeinden ökologische Aspekte nicht vernachlässigen sollen.[175] Indem das Nachhaltigkeitsprinzip den besonderen Ausgleich sozialer, wirtschaftlicher und ökologischer Belange betont, verdeutlicht es lediglich den bereits nach dem Prinzip der städtebaulichen Entwicklung und Ordnung notwendigen Interessenausgleich, der durch die Bauleitplanung vorgenommen werden muss, zeigt der Gemeinde klarstellend verschiedene zu berücksichtigende Belange auf und beschreibt das Abwägungsgebot aus § 1 Abs. 6 BauGB[176]. Der Nachhaltigkeitsgrundsatz hebt die Dauerhaftigkeit hervor, die einer Planung zukommen soll. Die Planung soll zukunftsgewandt sein und darf nicht nur auf vorübergehende Interessen eingehen.[177] Diese Zukunftsorientierung war aber schon immer Bestandteil und Wesen der Planung.

Während das Ordnungsprinzip der Gemeinde aufzeigt, dass sie die sich in der Gemeinde abzeichnenden Nutzungen von Grund und Boden aufnehmen und in gemeinverträgliche Bahnen lenken soll, soll Nachhaltigkeit i. S. v. § 1 Abs. 5 Satz 1 Var. 1 BauGB also lediglich die Gemeinde zur Berücksichtigung von ökologischen Aspekten anhalten und ihr vor Augen halten, dass Planung nicht nur kurzfristigen und kurzlebigen Interessen dienen darf. Das Prinzip der Nachhaltigkeit führt in die Bauleitplanung keine neuen Gesichtspunkte ein, sondern ermahnt die Gemeinde, auch die in der Praxis bislang eher vernachlässigten Belange des Umweltschutzes zu berücksichtigen.

(2) Gewährleistung einer dem wohl der Allgemeinheit entsprechenden sozialgerechten Bodennutzung

Die Bauleitplanung soll außerdem gem. § 1 Abs. 5 Satz 1 Var. 2 BauGB eine dem Wohl der Allgemeinheit entsprechende sozialgerechte Bodennutzung gewährleisten. Bauleitpläne beeinflussen das von Art. 14 Abs. 1 Satz 1 GG verfassungsrechtlich geschützte Eigentum als Inhalts- und Schrankenbestimmungen. In Ausgestaltung der in Art. 14 Abs. 2 GG verankerten Sozialpflichtigkeit des Eigentums gehört es zu den Aufgaben der Bauleitplanung, die sozialen Bedürfnissen breiter Schichten der Bevölkerung, die mit der Nutzung von Grund und Boden verknüpft sind, zu berücksichtigen,[178] ohne die Interessen der Grundei-

---

[174] BT-Drks. 13/7589, S. 14.

[175] Kuschnerus, ZfBR 2000, 15 (19); Schink, BauR 1998, 1163 (1164); Gaentzsch, in: Berliner Schwerpunktekommentar, § 1 BauGB, Rn. 6.

[176] Kuschnerus, ZfBR 2000, 15 (19); Söfker, in: E/Z/B, § 1 BauGB, Rn. 103.

[177] Kuschnerus, ZfBR 2000, 15 (19).

[178] Gierke, in: Brügelmann, § 1 BauGB, Rn. 515; Hoppe, in: Hoppe/Bönker/Grotefels, § 7 Rn. 26.

gentümer zu vernachlässigen. Wegen der besonderen Bedeutung des begrenzten Guts Boden muss der Grundeigentümer in besonderem Maße Einschränkungen zum Wohl der Allgemeinheit hinnehmen.[179] Auch hieran wird das Merkmal der städtebaulichen Planung deutlich, die unterschiedlichen Nutzungsinteressen unter einen Hut zu bringen, und wird der Gemeinde ein Anstoß dafür gegeben, was sie in ihre Planungsüberlegungen einbeziehen muss.

(3) Beitrag der Beileitplanung zur Sicherung einer menschenwürdigen Umwelt und zum Schutz und zur Entwicklung der natürlichen Lebensgrundlagen

Weiterhin soll die Bauleitplanung gem. § 1 Abs. 5 Satz 1 Var. 3 BauGB dazu beitragen, eine menschenwürdige Umwelt zu sichern. Die Bindung der Träger öffentlicher Gewalt an die Achtung der Menschenwürde nach Art. 1 Abs. 1 GG hat hier ihren einfachgesetzlichen Niederschlag gefunden.[180] Der Aspekt stellt den Menschen und seine Bedürfnisse in den Mittelpunkt. Der gesamte menschliche Lebensraum, der durch die Bauleitplanung beeinflusst werden kann, soll so gestaltet werden, dass er der Sicherheit, der Gesundheit und dem Wohlbefinden der Menschen dient.[181] Mit Umwelt ist also nicht nur die unbebaute Natur gemeint, sondern auch die vom Menschen gestaltete Umwelt mit ihren wirtschaftlichen, kulturellen oder sozialen Bodennutzungen.[182]

Schließlich soll die Bauleitplanung gem. § 1 Abs. 5 Satz 1 Var. 4 BauGB dazu beitragen, die natürlichen Lebensgrundlagen zu schützen und zu entwickeln.[183] Hier sind nicht die Bedürfnisse des Menschen der Schutzmaßstab, sondern die natürlichen Lebensgrundlagen sind um ihrer selbst willen zu schützen und zu entwickeln.[184] Zu den natürlichen Lebensgrundlagen zählt die Gesamtheit der Elemente von Natur und Landschaft.[185] Ziel ist nicht nur, eine Verschlechterung der natürlichen Lebensgrundlagen zu verhindern, sondern auch,

---

[179] BVerfG, Beschluss vom 12.06.1976 – 1 BvL 19/76, BVerfGE 52, 1 (29f.); BVerwG, Beschluss vom 05.04.1993 – 4 NB 3. 91, BVerwGE 92, 231 (234); BVerwG, Urteil vom 26.08.1993 – 4 C 24.91, BVerwGE 94, 100 (105); Wendt, in: Sachs, Art. 14 GG, Rn. 112.

[180] Gierke, in: Brügelmann, § 1 BauGB, Rn. 521.

[181] Finkelnburg/Ortloff, S. 38; Söfker, in: EZB, § 1 BauGB, § 1 BauGB, Rn. 106, Gierke, in: Brügelmann, § 1 BauGB, Rn. 520; Krautzberger, in: B/K/L, § 1 BauGB, Rn. 46.

[182] Gierke, in: Brügelmann, § 1 BauGB, Rn. 520.

[183] Dieses Planungsziel entspricht der Staatszielbestimmung aus Art. 20a GG (vgl. Gierke, in: Brügelmann, § 1 BauGB, Rn. 475, 522).

[184] Finkelnburg/Ortloff, S. 39; Gierke, in: Brügelmann, § 1 BauGB, Rn. 523.

[185] Krautzberger, in: B/K/L, § 1 BauGB, Rn. 46; ausführlich: Gierke, in: Brügelmann, § 1 BauGB, Rn. 523 ff.

sie zu verbessern.[186] Die Bauleitplanung kann damit als Instrument des vorsorgenden Umweltschutzes eingesetzt werden.[187]

Trotz dieser naturschutzorientierten Planungsziele ist eine Bauleitplanung nur möglich, wenn sie einen städtebaulichen Bezug, also bodenrechtliche Relevanz aufweist: Sie bleibt also dem Ausgleich aller Bodennutzungsinteressen verpflichtet – eine allein am Naturschutz ausgerichtete Planung ist vom Aufgabenbereich nicht erfasst –, und hat sich an den konkreten Gegebenheiten in der Gemeinde zu orientieren. Darauf weist auch der Wortlaut der Planungsziele hin: Zum einen soll die Bauleitplanung zur Sicherung einer menschenwürdigen Umwelt bzw. zum Schutz und zur Entwicklung der natürlichen Lebensgrundlagen nur *beitragen*. Die Bauleitplanung hat also alle anderen im konkreten Fall betroffenen Belange genauso zu berücksichtigen, sie ist kein Instrument des reinen Umwelt- und Naturschutzrechts.[188] Zum anderen wollte der Gesetzgeber den Naturschutz in die Bauleitpläne ausdrücklich nur einführen, soweit dies im Rahmen der bauleitplanerischen Aufgabe erfolgen kann.[189]

(4) Die öffentlichen Belange i. S. v. § 1 Abs. 5 Satz 2 BauGB

Öffentliche Belange, die im Rahmen der Abwägung regelmäßig eine Rolle spielen, sind in § 1 Abs. 5 Satz 2 BauGB und § 1 a BauGB beispielhaft aufgezählt.[190] Aus den Belangen lässt sich ablesen, was nicht zu einer geordneten städtebaulichen Entwicklung zählt, nämlich ungesunde Wohn- und Arbeitsverhältnisse (vgl. § 1 Abs. 5 Satz 2 Nr. 1 BauGB) oder einseitige Bevölkerungsstrukturen (vgl. § 1 Abs. 5 Satz 2 Nr. 2 BauGB).[191] Auch der breit angelegte Fächer von Belangen, wie er in § 1 Abs. 5 Satz 2 BauGB zum Ausdruck kommt, ist dadurch beschränkt, dass ein Belang aus dem Katalog nur in die Abwägung eingestellt wird, wenn er von bodenrechtlicher Relevanz ist, also einen städtebaulichen Bezug hat. Er muss also einen konkreten örtlichen Bezug zur zu überplanenden Fläche haben und nach einem Ausgleich mit anderen Bodennutzungsinteressen verlangen.[192]

---

[186] BT-Drks. 10/4630, S. 60 ff.
[187] BT-Drks. 10/4630, S. 60 ff.
[188] Krautzberger, in: B/K/L, § 1 BauGB, Rn. 46; Gaentzsch, in: BK, § 1 BauGB, Rn. 48; Gierke, in: Brügelmann, § 1 BauGB, Rn. 477.
[189] BT-Drks. 10/4630, S. 61.
[190] Vgl. den Wortlaut „insbesondere" in § 1 Abs. 5 Satz 2 BauGB. Brohm, Öffentliches Baurecht, § 13, Rn. 13; Krautzberger, in: B/K/L, § 1 BauGB, Rn. 47; Söfker, in: EZB, § 1 BauGB, Rn. 108; Erbguth/Wagner, Bauplanungsrecht, Rn. 215; Battis, Öffentliches Baurecht und Raumordnungsrecht, S. 95.
[191] Manssen, Stadtgestaltung, S. 70.
[192] Krautzberger, in: B/K/L, § 1 BauGB, Rn. 101; Söfker, in: EZB, § 1 BauGB, Rn. 110; Dirnberger, in: Jäde/Dirnberger/Weiß, § 1 BauGB, Rn. 85. Insoweit kommt auch Manssen

c) Planungsbefugnis und Planungspflicht

§ 2 Abs. 1 Satz 1 BauGB weist die Aufstellung der Bauleitpläne den Gemeinden zur Wahrnehmung in eigener Verantwortung zu und nimmt damit darauf Bezug, dass die Gemeinden im Rahmen ihres Selbstverwaltungsrechtes gem. Art. 28 Abs. 2 Satz 1 GG tätig werden.[193] Nach § 1 Abs. 3 BauGB haben die Gemeinden Bauleitpläne aufzustellen, sobald und soweit es für die städtebauliche Entwicklung und Ordnung erforderlich ist.

Die Rechtsprechung zieht als Grundlage sowohl für die Planungsbefugnis, also dafür, wann die Gemeinden zur Planung befugt sind, wann eine Planung nicht verboten ist, als auch für die Planungspflicht, also dafür, wann sich diese Befugnis zur Planungspflicht verdichtet, wann eine Planung geboten ist, den Erforderlichkeitsgrundsatz des § 1 Abs. 3 BauGB heran. In den entschiedenen Fällen war allerdings letztlich immer die Frage der Planungsbefugnis entscheidungserheblich, so dass sich die Rechtsprechung bislang schwerpunktmäßig zur Planungsbefugnis geäußert hat. Nach der Rechtsprechung darf ein Plan nur aufgestellt werden, wenn die Planung für die städtebauliche Entwicklung und Ordnung erforderlich ist.[194] Mit Blick auf die Aufgabenstellung aus § 1 BauGB sei eine Planung nur dann gerechtfertigt, wenn hinreichend gewichtige städtebaulich beachtliche Allgemeinbelange für eine bestimmte Planung sprechen würden.[195] Die Planung dürfe keine städtebauliche Unordnung hervorrufen.[196] Eine Planungsbefugnis bestehe erst, wenn der Plan vernünftigerweise geboten sei.[197] Daher bewege sich z. B. eine Gefälligkeitsplanung, d. h. eine Planung, die nur im privaten Interesse des Eigentümers stehe, ohne städtebaulich gerechtfertigt zu sein, außerhalb der Befugnis der Gemeinde.[198] Andererseits dürfe die Gemeinde

---

(Stadtgestaltung, S. 75) zu keinem anderen Ergebnis. Manssen geht davon aus, dass die Belange in § 1 Abs. 5 S. 2 BauGB inhaltlich nicht zu beschränken sind, sondern ihre Begrenzung durch die fehlerfreie Abwägung selbst erhalten. Andererseits verweist er darauf, dass eine Festsetzung in einem Bebauungsplan nur dann von der Kompetenz des Bodenrechts erfasst ist, wenn sie einen spezifischen Bezug zur Nutzung von Grund und Boden hat und der von der Festsetzung betroffene Belang nach einem Interessenausgleich mit anderen Belangen verlangt (Stadtgestaltung, S. 87). Damit beschränkt er letztlich die in der Abwägung einschlägigen Belange auf solche, die einen Bodenbezug aufweisen, einen konkreten örtlichen Bezug zu der zu überplanenden Stelle haben und nach einem umfassenden Interessenausgleich verlangen.

[193] Siehe dazu B. IV.

[194] BVerwG, Urteil vom 22.01.1993 – VIII C 46.91, BVerwGE 92, 8 (14).

[195] BVerwG, Urteil vom 12.12.1969 – IV C 105.66, BVerwGE 34, 301 (305).

[196] BVerwG, Beschluss vom 20.11.1995 – IV NB 23.94, BauR 1996, 215 (216).

[197] BVerwG, Urteil vom 22.01.1993 – VIII C 46.91, BVerwGE 92, 8 (14).

[198] BVerwG, Urteil vom 12.12. 1969, BVerwGE 34, S. 301 (305); BVerwG, Beschluss vom 11.05.1999 – IV BN 15.99, NVwZ 1999, 1338 (1339).

hinreichend gewichtige private Belange zum Anlass einer Bauleitplanung nehmen, solange für die Gemeinde letztlich Gründe der städtebaulichen Entwicklung und Ordnung maßgeblich gewesen seien.[199] Auch nicht zur Planung befugt sei die Gemeinde, wenn sie eine unzulässige Negativplanung[200] betreibe, d. h. eine planerische Aussage nur vorschiebe und deren Verwirklichung gar nicht erstrebe.[201] Einer Bauleitplanung fehle es schließlich dann an der Erforderlichkeit, wenn die Planung aus kompetenziellen oder sonstigen rechtlichen oder tatsächlichen Gründen keine Aussicht auf Verwirklichung habe.[202] Mit Blick darauf, dass Planungspflicht und Planungsbefugnis beide an das Merkmal der Erforderlichkeit anknüpften, dürfte der Rahmen von Planungspflicht und Planungsbefugnis nicht darauf beschränkt sein, dass die Gemeinde nur dann planen dürfe und dann planen müsse, wenn dies aus objektiven Gründen zwingend geboten sei. Vielmehr müsse der Gemeinde eine planerische Gestaltungsfreiheit zukommen, da sonst die Grenzen der Planungsbefugnis zu eng gezogen werden würden.[203] Infolgedessen könne das Merkmal der Erforderlichkeit im Rahmen einer gerichtlichen Kontrolle nur dann verneint werden, wenn die Planung ein grober und einigermaßen offensichtlicher Missgriff sei.[204] Eine Planung sei bereits dann erforderlich, wenn die Aufstellung eines Bauleitplans nach der planerischen Konzeption der Gemeinde erforderlich sei.[205] Den Gemeinden stehe die Befugnis zu, im Rahmen des Gesetzes ihre eigene Städtepolitik zu betreiben.[206] Im Rahmen ihres planerischen Ermessens dürften sie sich selbst ihre städtebaulichen Ziele setzen.[207] Das planerische Konzept der Gemeinde sei wiederum an den Grundsätzen des § 1 Abs. 5 BauGB zu messen.[208]

Die ganz überwiegende Literatur folgt dem Weg der Rechtsprechung und weist wie die Rechtsprechung dem Merkmal der Erforderlichkeit sowohl einen Verbots- als auch einen Gebotscharakter zu.[209] Während die Planungsbefugnis

---

[199] VGH Bad.-Württ., Beschluss vom 05.06.1996 – VIII S 487.96, VBlBW 1996, 376.
[200] Siehe dazu B. III. 2. c) aa).
[201] BVerwG, Urteil vom 14.07.1972 – IV C 8.70, BVerwGE 40, 258 (263).
[202] BVerwG, Urteil vom 28.01.1999 – IV CN 5.98, BVerwGE 108, 248 (249).
[203] BVerwG, Urteil vom 12.12.1969 – IV C 105.66, BVerwGE 34, 301 (305).
[204] BVerwG, Urteil vom 03.06.1971 – IV C 64.70, BVerwGE 38, 152 (157).
[205] BVerwG, Urteil vom 07.05.1971 – IV C 76.68, DÖV 1971, 633 (634); BVerwG, Urteil vom 14.07.1972 – IV C 8.70, BVerwGE 40, 258 (263).
[206] BVerwG, Urteil vom 05.04.1993 – IV NB 3.91, BVerwGE, 92, 231 (235); BVerwG, Beschluss vom 11.05.1999 – IV BN 15/99, NVwZ 1999, 1338; BVerwG, Urteil vom 19.09.2002 – 4 CN 1.02, DVBl. 2003, 204 (205).
[207] BVerwG, Beschluss vom 11.05.1999 – IV BN 15.99, NVwZ 1999, 1338.
[208] BVerwG, Beschluss vom 16.12.1988 – IV NB 1.88, DVBl. 1989, 369 (370).
[209] Grundlegend: Weyreuther, DVBl. 1981, 369 (371 ff.). Vgl. auch Bunzel, ZfBR 1997, 61 (62); Reidt, in: Gelzer/Bracher/Reidt, Rn. 36 ff.; Erbguth/Wagner, Rn. 184 ff.; Dürr/König, Rn. 25 ff., Manssen, in: Öffentliches Recht in Bayern, 4. Teil, Rn. 183; Peine, Öffentliches Baurecht, Rn. 127; Brohm, Öffentliches Baurecht, § 12, Rn. 2; Krautzberger, in: B/K/L, § 1

im wesentlichen wie in der Rechtsprechung definiert wird, hat die Literatur zur Planungspflicht – auch mangels ausführlicher Rechtsprechung hierzu – eigene Definitionen entwickelt. Eine Planungspflicht bestehe, wenn die Bedürfnisse der Bürger an der Nutzung von Grund und Boden nicht anders als durch die Bauleitplanung in geordnete, für den Bürger überschaubare Bahnen gelenkt werden könnten.[210] Insbesondere sei eine Planungspflicht zu bejahen, wenn auf der Ebene der Bebauungsplanung die planersetzenden Vorschriften der §§ 34 und 35 BauGB die städtebauliche Entwicklung und Ordnung nicht mehr gewährleisten würden.[211] Die Planungspflicht bleibe eine rein objektive Pflicht, wie § 2 Abs. 3 BauGB klarstelle.[212] Anderseits bestehe eine Planungspflicht wegen der Pflicht zum konzeptgemäßen Verhalten, wenn das planerische Konzept eine Planung verlange.[213]

Die Herleitung sowohl der Planungspflicht als auch der Planungsbefugnis aus dem Erforderlichkeitsprinzip wird kritisiert. Verankere man Planungspflicht und Planungsbefugnis gleichermaßen im Erforderlichkeitsprinzip, so führe dies dazu, dass ein und derselbe Begriff unterschiedlich ausgelegt werden müsse.[214] Denn schon angesichts des Planungsermessens der Gemeinde müsse eine Planung auch dann möglich sein, wenn sie noch nicht geboten, also notwendig sei.[215] Die Planungsbefugnis sei nicht aus § 1 Abs. 3 BauGB herzuleiten, sondern bestehe für jede Planung innerhalb der Aufgabenstellung des § 1 Abs. 1 BauGB.[216] Es genüge ein Planungsbedarf im weiteren Sinne, wenn also die Planung auf dem Hintergrund der Vorstellungen und Belange des § 1 Abs. 5 BauGB vernünftig sei.[217] Eine Planungsbefugnis i. S. v. § 1 Abs. 3 BauGB liege dagegen erst vor, wenn ein Planungsbedarf im engeren Sinne bestehe, d. h., wenn die Planung vernünftigerweise geboten sei.[218]

Der zuletzt genannten Ansicht ist Recht zu geben. Die andere Meinung steht der Schwierigkeit gegenüber, dass der Gemeinde im Rahmen ihrer Planungsho-

---

BauGB, Rn. 25 ff.; W. Schrödter, in: Schrödter, § 1 BauGB, Rn. 33 ff.; Gaentzsch, in: BK, § 1 BauGB, Rn. 13 ff.; Söfker, in: EZB, § 1 BauGB Rn. 32 ff.

210 Bönker, in: Hoppe/Bönker/Grotefels, § 5, Rn. 164.

211 Dürr/König, Rn. 27; Gaentzsch, in: BK, § 1 BauGB, Rn. 15; Dirnberger, in: Jäde/Dirnberger/Weiß, § 1 BauGB, Rn. 17.

212 Erbguth/Wagner, Rn. 185; Brohm, Öffentliches Baurecht, § 12, Rn. 5; Krautzberger, in: B/K/L, § 1 BauGB, Rn. 27. Die Planungspflicht kann kommunalaufsichtlich durchgesetzt werden.

213 Reidt, in: Gelzer/Bracher/Reidt, Rn. 36, 49; Brohm, Öffentliches Baurecht, § 12, Rn. 5; Bönker, in: Hoppe/Bönker/Grotefels, § 5, Rn. 162; Erbguth/Wagner, Rn. 185; Söfker, in: EZB, § 1 BauGB, Rn. 39; Krautzberger, in: B/K/L, § 1 BauGB, Rn. 28.

214 Weyreuther, DVBl. 1981, 369 (371); Bender, in: FS Weyreuther, S. 125 (127).

215 Bender, in: FS Weyreuther, S. 125 (131).

216 Bender, in: FS Weyreuther, S. 125 (132). Ebenso Gierke, in: Brügelmann, § 1 BauGB, Rn. 223.

217 Bender, in: FS Weyreuther, S. 125 (133).

218 Bender, in: FS Weyreuther, S. 125 (134).

heit ein planerisches Ermessen zusteht. Um dies abzusichern, knüpft sie die Planungspflicht an das der Planung zugrundeliegende Konzept. Damit löst sie die Planungspflicht aber letztlich von objektiven Voraussetzungen und gibt es der Gemeinde in die Hand, ob sie planen will oder nicht.

Zudem regelt der Wortlaut des § 1 Abs. 3 BauGB eindeutig nur, wann eine Planungspflicht entsteht. Nicht eindeutig lässt sich aus dem Wortlaut ablesen, dass zugleich der Rahmen für die Planungsbefugnis gesteckt wird. Etwas anderes ergibt sich auch nicht aus den Gesetzesmaterialien. Der Gesetzgeber nahm zur Vorgängernorm des § 1 Abs. 3 BauGB zwar an, dass sie sicherstelle, dass Bauleitpläne erst, dann aber stets aufzustellen seien, wenn ein Bedürfnis dafür vorliege.[219] Andererseits betonte er, dass die Bauleitplanung mit Rücksicht auf Art. 28 Abs. 2 Satz 1 GG von den Gemeinden als Angelegenheit der örtlichen Gemeinschaft in eigener Verantwortung durchgeführt werde. Die Gemeinde sei Trägerin der Planungshoheit; zugleich sei die Planung danach – je nach Lage der Verhältnisse – eine Rechtspflicht der Gemeinde.[220] Nach dem Willen des Gesetzgebers sollten lediglich unnötige oder undurchführbare Pläne verhindert werden.[221] Aus diesen Äußerungen lässt sich nicht der Wille des Gesetzgebers ableiten, dass § 1 Abs. 3 BauGB stets Planungspflicht und Planungsbefugnis im Gleichlauf regelt.

Die Planungsbefugnis ergibt sich daher nicht aus dem Erforderlichkeitsbegriff des § 1 Abs. 3 BauGB, sondern bereits aus der Aufgabenstellung der Bauleitplanung nach § 1 Abs. 1 BauGB. Die Gemeinde ist zu jeder Planung befugt, die der städtebaulichen Entwicklung und Ordnung dient und die die bauliche und sonstige Nutzung der Flächen in der Gemeinde vorbereitet und leitet. Für die Planung muss ein hinreichend gewichtiger städtebaulicher Belang sprechen. Beispiele für städtebauliche Belange enthält § 1 Abs. 5 Satz 2 BauGB. Dabei ist eine Planung nicht nur dann gerechtfertigt, wenn öffentliche Belange für sie sprechen. Zwar stellte sich der Gesetzgeber vor, dass eine Planung aus im öffentlichen Interesse gelegenen Gründen zu rechtfertigen sei.[222] Aus der Systematik des § 1 Abs. 5 und Abs. 6 BauGB wird aber deutlich, dass private Belange gleichrangig neben öffentlichen Belangen stehen.[223] Solange ein Belang städtebaulicher Art ist, also einen konkret örtlichen Bezug hat, sich auf die Nutzung von Grund und Boden bezieht und nach einem Interessenausgleich mit anderen städtebaulichen Belangen verlangt, ist er zur Rechtfertigung einer Planung und damit zur Eröffnung der Planungsbefugnis geeignet. Die Planung darf also – wie

---

[219] BT-Drks. 3/336, S. 62. In der Vorgängernorm § 2 Abs. 1 BBauG 1960 (BGBl. I 1960, S. 341 ff.) hieß es: „Die Bauleitpläne sind von den Gemeinden in eigener Verantwortung aufzustellen, sobald und soweit es erforderlich ist."

[220] BT-Drks. zu 3/1794, S. 3.

[221] BT-Drks. 3/336, S. 62.

[222] BT-Drks. 3/336, S. 62.

[223] Manssen, Stadtgestaltung, S. 76.

bereits die Rechtsprechung festgestellt hat – weder eine reine Gefälligkeitsplanung noch eine unzulässige Negativplanung noch undurchführbar sein.

Eine Planung ist gem. § 1 Abs. 3 BauGB erforderlich, bzw. das Planungsermessen der Gemeinde verdichtet sich zur Planungspflicht, wenn ohne die Planung eine geordnete städtebauliche Entwicklung nicht mehr gewährleistet werden kann und die Bodennutzung nur durch die Bauleitplanung in geordnete, für den Bürger überschaubare Bahnen gelenkt werden kann, wenn die Befriedigung des Planungsbedürfnisses vernünftigerweise bereits in der Gegenwart geboten ist.

d) Zwischenergebnis zu „Die Aufgaben der Bauleitpläne nach dem Baugesetzbuch"

Im Mittelpunkt der Bauleitplanung steht das Prinzip der städtebaulichen Entwicklung und Ordnung. Es gibt der Gemeinde die Methode vor, nach der sie die Aufgabe der Bauleitplanung zu bewältigen hat, ist Bestandteil der Aufgabe der Bauleitplanung und umschreibt den Umfang der Planungsbefugnis der Gemeinde. Das Prinzip schreibt der Gemeinde keine bestimmten Bodennutzungen vor, sondern beschreibt, wie die Gemeinde Bauleitpläne auszugestalten hat. Die Bauleitplanung ist damit auf den überfachlichen Ausgleich von bodenbezogenen Nutzungsinteressen gerichtet, die in der konkreten örtlichen Situation Konflikte hervorrufen oder Konflikten ausgesetzt sind. Dies ergibt sich sowohl aus der historischen Entwicklung als auch aus der Auslegung der Rechts- und Gesetzessystematik. Der Gemeinde kommt dabei ein weiter Ermessensspielraum zu, der sich nur ausnahmsweise zur Planungspflicht verdichtet. Was letztlich die städtebauliche Entwicklung und Ordnung in den einzelnen Gemeindegebieten ist, wird erst durch die Bauleitpläne der Gemeinden konkretisiert.

2. Besonderheiten des Flächennutzungsplans

Das Prinzip der Zweistufigkeit, das in § 1 Abs. 2 BauGB festgelegt ist, weist die Aufgabe der Bauleitplanung dem Flächennutzungsplan als vorbereitenden und dem Bebauungsplan als verbindlichen Bauleitplan zu. Im folgenden soll erläutert werden, welche besondere Aufgabe dem Flächennutzungsplan in der Bauleitplanung zukommt (a)) und ob für den Flächennutzungsplan im Bereich der Planungspflicht und der Planungsbefugnis Besonderheiten gelten (b)). Den Inhalt des Flächennutzungsplans bilden nicht wie beim Bebauungsplan Festsetzungen, sondern Darstellungen; ihm ist anders als dem Bebauungsplan keine Begründung, sondern ein Erläuterungsbericht beigefügt. Um die Einsatzmöglichkeiten des Flächennutzungsplans abschätzen zu können, sind sein Inhalt (c)) und die Bedeutung des Erläuterungsberichts (d)) zu untersuchen. Schließlich ist der Flächennutzungsplan nach § 5 Abs. 1 Satz 1 BauGB stets für das ganze Gemeindegebiet aufzustellen. Es ist zu überlegen, welche Auswirkung deshalb Fehler einzelner Teile eines Flächennutzungsplans auf den restlichen Flächennutzungsplan haben (e)).

a) Die Aufgabe des Flächennutzungsplans

Aufgabe der Bauleitplanung ist gem. § 1 Abs. 1 BauGB die Vorbereitung und Leitung der baulichen und sonstigen Nutzung der Grundstücke in der Gemeinde nach Maßgabe des Baugesetzbuchs.[224] § 5 Abs. 1 Satz 1 BauGB konkretisiert und ergänzt die Aufgabenstellung für die Flächennutzungsplanung, indem er dem Flächennutzungsplan die Aufgabe zuweist, für das ganze Gemeindegebiet die sich aus der beabsichtigten städtebaulichen Entwicklung ergebende Art der Bodennutzung nach den voraussehbaren Bedürfnissen der Gemeinde in den Grundzügen darzustellen.

Die Gemeinde schafft in ihren Bauleitplänen ein Bodennutzungskonzept, dass das Prinzip der städtebaulichen Entwicklung und Ordnung umsetzt.[225] Sie gestaltet im Rahmen der Aufgabenstellung nach § 1 Abs. 1 BauGB die städtebauliche Entwicklung und Ordnung nach ihrem planerischen Ermessen und verleiht so ihrer Vorstellung vom zukünftigen Aussehen ihres Gemeindegebietes Ausdruck.[226] Letztlich stellt das Bodennutzungskonzept, wie es im Flächennutzungsplan enthalten ist, die für das Gemeindegebiet konkretisierte städtebauliche Entwicklung und Ordnung dar. Dies zeigt § 5 Abs. 1 Satz 1 BauGB selbst, der von der sich aus der beabsichtigten städtebaulichen Entwicklung ergebenden Art der Bodennutzung spricht, als auch aus § 214 Abs. 2 Nr. 2 BauGB, nach dem sich die geordnete städtebauliche Entwicklung aus dem Flächennutzungsplan ergibt. Als gemeindegebietumfassendes Konzept ist der Flächennutzungsplan Anknüpfungspunkt für die Entwicklung einer nachhaltigen Bauleitplanung i. S. v. § 1 Abs. 5 Satz 1 BauGB. Die Gemeinde muss alle sozialen, kulturellen, wirtschaftlichen und ökologischen Aspekte in ihre Entscheidung einbeziehen[227] und so ein Konzept schaffen, dass die unterschiedlichen Nutzungsbedürfnisse und -wünsche innerhalb des Gemeindegebietes berücksichtigt. Sie kann sowohl vorhandene Nutzungen erhalten als auch neue Nutzungen i. S. v. § 1 Abs. 1 BauGB fördern.[228]

---

[224] Siehe dazu B. III. 1. a).
[225] Siehe dazu B. III. 1. b).
[226] Bielenberg/Söfker, in: EZB, § 5 BauGB, Rn. 10; Grauvogel, in: Brügelmann, § 5 BauGB, Rn. 18; Gaentzsch, in: BK, § 5 BauGB, Rn. 7; W. Schrödter, in: Schrödter, § 5 BauGB, Rn. 8.
[227] Mitschang, DÖV 2000, S. 14 (19); Löhr, in: B/K/L, § 5 BauGB, Rn. 9. Zur Nachhaltigkeit siehe B. III. 1. b).
[228] Grauvogel, in: Brügelmann, § 5 BauGB, Rn. 18. Zum Begriff der Bodennutzung siehe B. III. 2. a).

Maßgeblich für das flächennutzungsplanerische Bodennutzungskonzept sind nach § 5 Abs. 1 Satz 1 BauGB die voraussehbaren Bedürfnisse der Gemeinde. Darin kommt die Zukunftsbezogenheit der Flächennutzungsplanung zum Ausdruck. Die Gemeinde muss die gegenwärtigen Bedürfnisse analysieren und eine Prognose über die zukünftigen erstellen.[229] Entscheidend ist, dass die Prognose in einer der jeweiligen Materie angemessenen und methodisch einwandfreien Weise erarbeitet wird; unerheblich ist, ob die Prognose durch die spätere Entwicklung bestätigt oder widerlegt wird.[230] Dabei hat die Gemeinde der Flächennutzungsplanung nach der Rechtsprechung regelmäßig einen Prognosezeitraum von 10 bis 15 Jahren zugrunde zu legen.[231] Hierin kommt der Grundsatz der Nachhaltigkeit zum Ausdruck, der eine auf Dauerhaftigkeit gerichtete Planung anstrebt, die sich nicht nur an kurzfristigen und gegenwärtigen Bedürfnissen orientiert.[232]

Die Art der Bodennutzung ist gem. § 5 Abs. 1 Satz 1 BauGB in Grundzügen darzustellen. Der Flächennutzungsplan ist im Verhältnis zum rechtsverbindlichen Bebauungsplan grobmaschiger.[233] Er ist nicht darauf gerichtet, wie der Bebauungsplan rechtsverbindlich mit Außenwirkung die Bodennutzungsmöglichkeiten festzusetzen. Das Gesetz spricht deshalb bewusst von Darstellungen im Gegensatz zu den Festsetzungen des Bebauungsplans.[234] Der Flächennutzungsplan muss dem Bebauungsplan, der gem. § 8 Abs. 2 Satz 1 BauGB grundsätzlich aus dem Flächennutzungsplan zu entwickeln ist,[235] einen hinreichend bestimmbaren Nutzungsrahmen vorgeben, zugleich muss er aber auch einen ausreichenden Gestaltungsraum für den nachfolgenden Bebauungsplan lassen.[236] Aus § 5 Abs. 2 BauGB lässt sich ablesen, dass zur Art der Bodennutzung, die § 5 Abs. 1 Satz 1 BauGB umfasst, unter anderem die Art der Bodennutzung im Sinne von Bauflächen und Baugebieten nach der Baunutzungsverordnung als auch das Maß der baulichen Nutzung gehören sowie Freiflächen, Versorgungseinrichtungen und Verkehrsflächen.[237] Der Flächennutzungsplan enthält daher regelmäßig die Zuordnung der einzelnen Bauflächen zueinander sowie die von der Bebau-

---

[229] Grauvogel, in: Brügelmann, § 5 BauGB, Rn. 19; W. Schrödter, in: Schrödter, § 5 BauGB, Rn. 11; Bielenberg/Söfker, § 5 BauGB, Rn. 13.

[230] BVerwG, Urteil vom 07.07.1978 – IV C 79.76, BVerwGE 56, 110 (121 ff.); Ringler, BBauBl. 1982, 684 (685). Siehe zum Funktionsloswerden eines Bauleitplans auch B. III. 2. b).

[231] Statt vieler: BayVGH, Urteil vom 28.07.1975 – 24 I 71, BayVBl. 1976, 305 (306).

[232] Zum Begriff der Nachhaltigkeit siehe B. III. 1. b).

[233] BVerwG, Urteil vom 15.03.1967 – IV C 205.65, BVerwGE 26, 287 (292).

[234] Grauvogel, in: Brügelmann, § 5 BauGB, Rn. 14.

[235] Siehe dazu C. II.

[236] BVerwG, Urteil vom 28.02.1975 – IV C 74.72, BVerwGE 48, 70 (74); Bielenberg/Söfker, in: EZB, § 5 BauGB, Rn. 12; Löhr, in: B/K/L, § 5 BauGB, Rn. 8; Gaentzsch, in: BK, § 5 BauGB, Rn. 10. Zum Entwicklungsgebot siehe C. II. 1.

[237] Vgl. Gaentzsch, in: BK, § 5 BauGB, Rn. 8.

ung freizuhaltenden Gebiete und die wesentliche Infrastruktur wie z. B. Verkehrsflächen und das System der Abwasserbeseitigung.[238] Die zeichnerische Genauigkeit der Flächenabgrenzungen im Flächennutzungsplan verursacht eine überschießende Genauigkeit, da sie zu – technisch bedingt – exakten und grundstücksscharf nachvollziehbaren Grenzen führt. Die heutige Kartentechnik führt dazu, dass die Umrisse der Darstellungen grundstücksgenau gezeichnet sind. Die parzellenscharfe, also grundstückscharfe Festlegung von Bereichen, innerhalb derer bestimmte Nutzungen zulässig sind, erfolgt aber nach der Konzeption des Gesetzes erst im Bebauungsplan, der erst aus dem Flächennutzungsplan zu entwickeln ist.[239] Tatsächlich dürfen daher nur der vorherrschende Charakter eines Bereichs und nur seine ungefähre Umgrenzung festgelegt werden, da die Aufgabe der Flächennutzungsplanung als Grundzügeplanung nicht die exakte Grenzziehung, sondern eine Bereichs- und Entwicklungscharakterisierung ist.[240]

Der Flächennutzungsplan ist nach § 5 Abs. 1 Satz 1 BauGB für das ganze Gemeindegebiet aufzustellen. Das Gebiet, das der Flächennutzungsplan überplant, ist deshalb mit dem Gemeindegebiet identisch. Unzulässig ist der Erlass eines Teil-Flächennutzungsplans für sachliche und räumliche Teile, also ein Flächennutzungsplan, der nicht allen Flächen innerhalb der Gemeinde eine Nutzung zuweist und damit Teile der Gemeinde unbeplant lässt. Dies gilt seit der Aufhebung des § 246 a Abs. 1 BauGB auch für die Gemeinden der fünf neuen Bundesländer.[241] Die Gemeinde soll so dazu gebracht werden, sich zunächst über das bauleitplanerische Gesamtkonzept für ihr gesamtes Gemeindegebiet klar zu werden, bevor sie beginnt, mit rechtsverbindlichen Bebauungsplänen rechtsverbindliche konkrete Nutzungsmöglichkeiten zu eröffnen.[242] Wenn sich die Gemeinde nicht vor Erlass der Bebauungspläne ein bauleitplanerische Gesamtkonzept überlegt, besteht die Gefahr, dass die dann aufgestellten Bebauungspläne später ein konzeptloses planerisches Stückwerk bilden.[243]

Ausnahmsweise lässt das Gesetz auch Flächennutzungspläne zu, die nicht das ganze Gemeindegebiet umfassen. So gelten gem. § 204 Abs. 2 Satz 1 BauGB Flächennutzungspläne fort, wenn Gemeinden in ihrem Gebiet oder Bestand geändert werden oder die Zuständigkeit für die Flächennutzungsplanung auf eine andere Körperschaft übertragen wird. Dies gilt gem. § 204 Abs. 2 Satz 2 BauGB auch für räumliche und sachliche Teile von Flächennutzungsplänen.[244] Weiter-

---

[238] BVerwG, Urteil vom 28.02.1975 – IV C 74.72, BVerwGE 48, 70 (75); W. Schrödter, in: Schrödter, § 5 BauGB, Rn. 13; Bielenberg/Söfker, in: EZB, § 5 BauGB, Rn. 12.
[239] Siehe dazu C. II.
[240] Löhr, in: B/K/L, § 5 BauGB, Rn. 8; Gaentzsch, in: BK, § 5 BauGB, Rn. 10.
[241] Vgl. Art. 1 Nr. 98 BauROG vom 18.08.1997, BGBl. 1997 I, S. 2081 ff.
[242] Grauvogel, in: Brügelmann, § 5 BauGB, Rn. 2.
[243] Koch, in: Koch/Hendler, § 14, Rn. 2.
[244] Ausnahmsweise kann sich ein Flächennutzungsplan auch über das Gebiet mehrerer Gemeinden erstrecken, wie z. B. der Flächennutzungsplan eines Planungsverbandes (§ 205

hin kann eine Gemeinde Flächen und sonstige Darstellungen gem. § 5 Abs. 1 Satz 2 HS. 1 BauGB aus dem Flächennutzungsplan ausnehmen, wenn dadurch die nach § 5 Abs. 1 Satz 1 BauGB darzustellenden Grundzüge nicht berührt werden und die Gemeinde beabsichtigt, die Darstellung zu einem späteren Zeitpunkt vorzunehmen. Das Ausnehmen kommt in räumlicher und in sachlicher Hinsicht in Betracht.[245] Der Gemeinde wird damit die Aufstellung des Flächennutzungsplans auch dann ermöglicht, wenn über die Nutzung einzelner Flächen noch keine Entscheidung getroffen werden kann, weil noch nicht alle Informationen zur Beurteilung der Fläche zur Verfügung stehen; dadurch kann das Aufstellungsverfahren beschleunigt werden.[246] Anwendungsbeispiele sind Flächen, die noch einer eingehenden Bodenuntersuchung bedürfen (Untersuchungsflächen), oder bei denen die Nutzungsmöglichkeiten von noch ausstehenden Fachplanungen abhängen.[247]

Das Ausnehmen darf gem. § 5 Abs. 1 Satz 2 HS. 1 BauGB die Grundzüge der Planung nicht berühren. Der Flächennutzungsplan muss auch ohne die ausgenommenen Darstellungen ein tragfähiges Bodennutzungskonzept für die geordnete städtebauliche Entwicklung der Gemeinde bilden und die Funktionen des Flächennutzungsplans wahrnehmen können.[248] Weiterhin dürfen sich die ausgenommen Teile nicht so auf den übrigen Inhalt des Flächennutzungsplans auswirken, dass der ausgenommene Teil später nicht überplant werden kann, ohne dass der übrige Teil geändert wird.[249] Die Gemeinde soll sich nämlich nicht der

---

BauGB), der gemeinsame Flächennutzungsplan nach § 204 Abs. 1 S. 1 BauGB oder der regionale Flächennutzungsplan nach § 9 Abs. 6 ROG.

245 Bielenberg/Söfker in: EZB, § 5 BauGB, Rn. 16. Der Gesetzgeber wollte den Gemeinden die gleichen Möglichkeiten einräumen, wie für die Genehmigungsbehörde nach § 6 Abs. 3 BauGB bestehen (BT-Drks. 10/4630, S. 67). Ein Ausnehmen allein in sachlicher Hinsicht wird selten vorliegen. Denn § 5 Abs. 1 S. 2 BauGB verlangt, dass ein tragfähiges Bodennutzungskonzept auch beim Ausnehmen von Flächen oder sonstigen Darstellungen im Flächennutzungsplan vorhanden ist. Da das Gesetz einen Mindestinhalt für den Flächennutzungsplan nicht verpflichtend vorsieht, wird es regelmäßig möglich sein, den Flächennutzungsplan zu erlassen, ohne das sachliche Teile ausgenommen werden müssen. Die sachlichen Teile können dann später im Ergänzungsverfahren dem Flächennutzungsplan zugefügt werden.

246 BT-Drks 10/4630, S. 67. Bis zur Einführung des § 5 Abs. 2 BauGB bestand in diesen Fällen nur die Möglichkeit, an den noch offenen Stellen eine eigentlich nicht gewünschte Darstellung festzulegen und dann bei der Verwaltungsbehörde anzuregen, die Flächen im Genehmigungsverfahren nach § 6 Abs. 3 S. 2 BBauG 1979 (BGBl. 1979 I, S. 949) auszunehmen und den Restflächennutzungsplan zu genehmigen (vgl. Grauvogel, in: Brügelmann, § 5 BauGB, Rn. 23).

247 BT-Drks. 10/4630, zu Nr. 9, S. 67; Löhr, in: B/K/L, § 5 BauGB, Rn. 2; W. Schrödter, in: Schrödter, § 5 BauGB, Rn. 15.

248 Reidt, in: Gelzer/Bracher/Reidt, Rn. 102; Gaentzsch, in: BK, § 5 BauGB, Rn. 13; Bielenberg/Söfker, in: EZB, § 5 BauGB, Rn. 16.

249 Reidt, in: Gelzer/Bracher/Reidt, Rn. 102; Bielenberg/Söfker, in: EZB, § 5 BauGB, Rn. 16; Jäde, in: Jäde/Dirnberger/Weiß, § 5 BauGB, Rn. 4.

Verpflichtung entziehen können, Nutzungskonflikte planungsrechtlich zu bewältigen.[250] Ein Ausnehmen ist daher nicht möglich, wenn der Restflächennutzungsplan mit dem auszunehmenden Teil derart verknüpft ist, dass abwägungsfehlerfrei nur gleichzeitig über beide Teile entschieden werden kann.[251] Andererseits sind einzelne Folgeänderungen des Flächennutzungsplans unschädlich, wenn es sich nur um Randkorrekturen handelt und die wesentlichen Planinhalte des Flächennutzungsplans unverändert bleiben.[252] Auch können, um die Funktion des Flächennutzungsplans als gemeindegebietsweites Grundkonzept zu bewahren, nur vereinzelt Flächen und sonstige Darstellungen ausgenommen werden, die für die im Flächennutzungsplan dargestellten Grundzüge der städtebaulichen Entwicklung von untergeordneter Bedeutung sind.[253] Der Begriff des Ausnehmens ist eng auszulegen. „Weiße Flecken" sollen auf der Planungskarte nicht entstehen,[254] also Flächen, für die keine bestimmte Nutzung dargestellt ist.

Gem. § 5 Abs. 1 Satz 2 HS. 2 BauGB muss die Gemeinde im Erläuterungsbericht die Gründe für das Ausnehmen darlegen. Auf diese Weise soll die Überprüfbarkeit der gemeindlichen Entscheidung über das Ausnehmen abgesichert werden.[255] Nach der Gesetzesbegründung sollte die Gemeinde hierfür in ihren Gründen darlegen, welche Darstellungen von Nutzungen einschließlich möglicher Alternativen in Betracht gezogen werden, sowie welche Untersuchungen oder Abstimmungen mit anderen Behörden noch durchzuführen sind, insbesondere mit Fachplanungsträgern, wenn die Entscheidung über die Fläche von Entwicklungen im Bereich von Fachplanungen abhängig ist.[256]

Schließlich muss die Gemeinde beabsichtigen, die Darstellung zu einem späteren Zeitpunkt vorzunehmen, § 5 Abs. 1 Satz 2 HS. 1 BauGB. Handelt die Gemeinde später nicht entsprechend ihrer früheren Absicht, so wird der Flächennutzungsplan dadurch nicht unwirksam.[257] Dafür spricht, dass der Wortlaut des § 5 Abs. 1 Satz 2 HS. 1 BauGB lediglich die Absicht als Voraussetzung für das Ausnehmen von Flächen anführt und nicht verlangt, dass die Gemeinde später entsprechend handelt. Zudem ist die Planung für das ausgenommene Gemeindegebiet dadurch abgesichert, dass die Gemeinde bereits gem. § 5 Abs. 1 Satz 1 BauGB zur späteren Vervollständigung verpflichtet ist; denn § 5 Abs. 1 Satz 2 HS. 1 BauGB befreit nicht von der Pflicht, einen Plan für das ganze Gemeinde-

---

250 BT-Drks. 10/4630, S. 67; BT-Drks. 10/6166, S. 128.

251 Löhr, NVwZ 1987, 361 (363); Bielenberg/Söfker, in: EZB, § 5 BauGB, Rn. 16; Gaentzsch, in: BK, § 5 BauGB, Rn. 13. Ähnlich zu § 6 Abs. 3 S. 2 BBauG 1979 (BGBl. 1979 I, S. 949 ff.): BVerwG, Beschluss vom 03.10.1984 – IV N1 und 2.84, NVwZ 1985, S. 487.

252 Reidt, in: Gelzer/Bracher/Reidt, Rn. 102; Bielenberg/Söfker, in: EZB, § 5 BauGB, Rn. 16.

253 Bielenberg/Söfker, in: EZB, § 5 BauGB, Rn. 16.

254 Löhr, NVwZ 1987, 361 (363); Arbeitskreis für Umweltrecht, NVwZ 1987, 395 (396).

255 Gaentzsch, in: BK, § 5 BauGB, Rn. 15.

256 BT-Drks., 10/6166, S. 152.

257 Reidt, in: Gelzer/Bracher/Reidt, Rn. 104; Jäde, in: Jäde/Dirnberger/Weiß, § 5 BauGB, Rn. 5; Gaentzsch, in: BK, § 5 BauGB, Rn. 14.

gebiet zu erlassen.[258] Kommt sie dieser Rechtspflicht nicht nach, dann kann die Pflicht kommunalaufsichtlich durchgesetzt werden.[259]

Über diese Möglichkeiten der Gemeinde hinaus darf die Genehmigungsbehörde gem. § 6 Abs. 3 BauGB räumliche und sachliche Teile des Flächennutzungsplans von der Genehmigung ausnehmen, wenn Versagungsgründe nicht ausgeräumt werden können. Damit kann ein Flächennutzungsplan auch wirksam werden, der nicht das ganze Gemeindegebiet überplant. Der Flächennutzungsplan bedarf gem. § 6 Abs. 1 BauGB der Genehmigung der höheren Verwaltungsbehörde. Die Genehmigung darf gem. § 6 Abs. 2 BauGB nur versagt werden, wenn der Flächennutzungsplan formell oder materiell rechtswidrig ist. Können Versagungsgründe nicht ausgeräumt werden, so räumt § 6 Abs. 3 BauGB der Genehmigungsbehörde die Möglichkeit ein, rechtswidrige räumliche oder sachliche Teile von der Genehmigung auszunehmen und den restlichen Teil zum Wirksamwerden zu verhelfen. Der Gesetzgeber hat bewusst darauf verzichtet, weitere Voraussetzungen in § 6 Abs. 3 BauGB festzulegen.[260] Nach seiner Vorstellung entsprechen die Anforderungen, die an den Flächennutzungsplan zu stellen sind, aus dem Teile von der Genehmigungsbehörde ausgenommen werden, denen des § 5 Abs. 1 Satz 2 BauGB, d. h., die Genehmigung des Flächennutzungsplans, aus der Teile ausgenommen werden, darf nicht die nach § 5 Abs. 1 Satz 1 BauGB darzustellenden Grundzüge berühren.[261]

Über diese Voraussetzung hinaus wird teilweise zusätzlich ein Betrittsbeschluss der Gemeinde zu dem genehmigten Restflächennutzungsplan für erforderlich gehalten.[262] Der Feststellungsbeschluss der Gemeinde über den ganzen Flächennutzungsplan umfasse nämlich nicht als Minus auch die Genehmigung nur eines Teils des Flächennutzungsplans, da es sein könne, dass die Gemeinde den Plan ohne die auszunehmenden Teile nicht gewollt hätte.[263] Dem kann nicht zugestimmt werden: Ein solcher Betrittsbeschluss ist nicht notwendig, da der Restflächennutzungsplan auch so nicht gegen den Willen der Gemeinde wirksam entstehen kann. Denn § 6 Abs. 3 BauGB setzt eine Teilbarkeit der auszunehmenden Flächen von den restlichen Flächen voraus. Eine solche liegt aber nur vor, wenn die Flächen zum einen vom Rest objektiv getrennt werden können, zum anderen wenn die Gemeinde im Zweifel auch einen Plan mit einem auf den fehlerfreien Teil beschränkten Inhalt beschlossen hätte, hätte sie von der

---

[258] Gaentzsch, in: BK, § 5 BauGB, Rn. 14; Jäde, in: Jäde/Dirnberger/Weiß, § 5 BauGB, Rn. 5; Grauvogel, in: Brügelmann, § 5 BauGB, Rn. 26. Zur Planungspflicht im allgemeinen siehe B. III. 1. c) und im speziellen für den Flächennutzungsplan B. III. 2. b).

[259] Jäde, in: Jäde/Dirnberger/Weiß, § 5 BauGB, Rn. 5; Gaentzsch, in: BK, § 5 BauGB, Rn. 14.

[260] BT-Drks. 10/4630, S. 69.

[261] BT-Drks. 10/4630, S. 69; Reidt, in: Gelzer/Bracher/Reidt, Rn. 855; Gierke, in: Brügelmann, § 6 BauGB, Rn. 81; Bielenberg, in: EZB, § 6 BauGB, Rn. 26; Gaentzsch, in: BK, § 6 BauGB, Rn. 15; Löhr, in: B/K/L, § 6 BauGB, Rn. 11.

[262] Bielenberg, in: EZB, § 6 BauGB, Rn. 27; Gierke, in: Brügelmann, § 6 BauGB, Rn. 84.

[263] Hendler, DVBl. 1985, S. 389 (390).

Unwirksamkeit gewusst; es ist auf den (hypothetischen) Willen der Gemeinde abzustellen.[264] Für die Voraussetzung der objektiven Teilbarkeit spricht, dass auch Hoheitsakte wie Verwaltungsakte oder Rechtsnormen, die in Teilen nichtig sind, nur wirksam werden, wenn sie teilbar sind. Hintergrund ist, dass nicht wirksam werden soll, was nicht sinnvoll alleine bestehen kann.[265] Gleiches muss für den Flächennutzungsplan als Hoheitsakt gelten, unabhängig davon, wie seine Rechtsnatur beurteilt wird.[266] Für die Abhängigkeit vom hypothetischen Willen der Gemeinde spricht, dass der Flächennutzungsplan nach dem Gesetz ein Akt ist, den die Gemeinde im Rahmen ihrer eigenen planerischen Gestaltungsfreiheit für das ganze Gemeindegebiet schafft. Dieses so geschaffene Gesamtkonzept darf nicht durch die Genehmigungsbehörde als Rechtsaufsichtsbehörde gegen den Willen der Gemeinde verändert werden. Im übrigen kann die Gemeinde eine Teilgenehmigung durch Zurückziehen ihres Genehmigungsantrags vermeiden bzw. das Wirksamwerden des teilgenehmigten Flächennutzungsplans immer dadurch verhindern, dass sie die Bekanntmachung unterlässt.[267] Wird der Flächennutzungsplan nach Genehmigung unter Ausnehmen einzelner Teile gem. § 6 Abs. 5 Satz 2 BauGB wirksam, dann ist die Gemeinde gem. § 5 Abs. 1 Satz 1 BauGB verpflichtet, den Plan nachträglich zu vervollständigen.[268]

Außerdem kann die Genehmigungsbehörde gem. § 6 Abs. 4 Satz 1 HS. 2 BauGB räumliche und sachliche Teile des Flächennutzungsplans vorweg genehmigen, wenn ein sachlich oder räumlich abtrennbarer Teil des Planes bereits genehmigungsreif ist, während die anderen Teile noch der Prüfung durch die Genehmigungsbehörde bedürfen.[269] Die Vorweggenehmigung ist eine endgültige Teilgenehmigung über den entschiedenen Teil. Über den restlichen Flächennutzungsplan ist innerhalb der gegebenenfalls verlängerten Genehmigungsfrist des § 6 Abs. 4 Satz 1 HS. 1 BauGB zu entscheiden, sonst tritt die Genehmigungsfiktion des § 6 Abs. 4 Satz 4 BauGB für den restlichen Teil ein. Voraussetzung für eine Vorweggenehmigung ist, dass hinreichend sicher ist, dass der vorwegzugenehmigende Teil für sich Bestand haben kann. Es muss also hinrei-

---

[264] Gierke, in: Brügelmann, § 6 BauGB, Rn. 80a, 81a.

[265] Vgl. zur Teilnichtigkeit von Normen BVerfG, Beschluss vom 12.11.1958 – 2 BvL 4, 26, 40/56, 1, 7/57, BVerfGE 8, 274 (301); BVerfG, Beschluss vom 17.03.1959 – 1 BvR 53/56, BVerfGE 9, 213 (217); BVerwG, Urteil vom 14.07.1972 – IV C 69.70, BVerwGE, 40, 268 (274). Vgl. zu Verwaltungsakten: § 44 Abs. 4 VwVfG: „Betrifft die Nichtigkeit nur einen Teil des Verwaltungsaktes, so ist er im ganzen nichtig, wenn der nichtige Teil so wesentlich ist, dass die Behörde den Verwaltungsakt ohne den nichtigen Teil nicht erlassen hätte."

[266] Siehe dazu B. V.

[267] Nds. OVG, Urteil vom 14.09.2000 – 1 L 2153/99, ZfBR 2001, S. 208 ff; W. Schrödter, in: Schrödter, § 6 BauGB, Rn. 14.

[268] Gierke, in: Brügelmann, § 6 BauGB, Rn. 85; Bielenberg, in: § 6 BauGB, Rn. 29; Gaentzsch, in: BK, § 6 BauGB, Rn. 17; Löhr, in: B/K/L, § 6 BauGB. Zur Planungspflicht beim Flächennutzungsplan siehe B. III. 2. b)

[269] Bielenberg, in: EZB, § 6 BauGB, Rn. 23.

chend sicher sein, dass diejenigen noch nicht genehmigten Teile keine Änderungen mehr erfahren, die sich auf die bereits vorweggenehmigten Teile auswirken,[270] dass der vorwegzugenehmigende Teil nicht die Grundzüge der Planung berührt.[271]

b) Planungsbefugnis und Planungspflicht bei der Flächennutzungsplanung

Die Planungsbefugnis zur Bauleitplanung leitet sich – wie oben dargestellt[272] – grundsätzlich aus § 1 Abs. 1 BauGB ab, die Planungspflicht aus § 1 Abs. 3 BauGB. Während sich die Befugnis zur Flächennutzungsplanung nach den oben dargestellten Grundsätzen richtet,[273] präzisiert § 8 Abs. 2 Satz 2 BauGB, wann eine Pflicht zur Flächennutzungsplanung besteht. Nach § 1 Abs. 3 BauGB sind Bauleitpläne aufzustellen, sobald und soweit es für die städtebauliche Entwicklung und Ordnung erforderlich ist. Nach § 8 Abs. 2 Satz 2 BauGB ist ein Flächennutzungsplan dann nicht erforderlich, wenn der Bebauungsplan ausreicht, um die städtebauliche Entwicklung zu ordnen. Dieser Bebauungsplan wird als selbständiger Bebauungsplan bezeichnet (vgl. § 214 Abs. 2 Nr. 1 BauGB). Aus § 8 Abs. 2 Satz 2 BauGB kann also geschlossen werden, dass die Aufstellung eines Flächennutzungsplans nur ausnahmsweise nicht erforderlich ist, dass die Gemeinde also zur Aufstellung eines Flächennutzungsplans für ihr Gemeindegebiet verpflichtet ist, wenn mittels Bebauungsplan die städtebauliche Entwicklung nicht geordnet werden kann.[274]

Ein Bebauungsplan genügt an Stelle eines Flächennutzungsplans zur städtebaulichen Entwicklung und Ordnung, wenn er entweder in der Lage ist, auch die Funktionen des Flächennutzungsplans zu übernehmen, oder wenn eine Erfüllung der Aufgaben des Flächennutzungsplans nicht notwendig ist.[275] Dabei muss er nicht zwingend das gesamte Gemeindegebiet umfassen.[276] Aufgabe des Flächennutzungsplans ist es unter anderem, die gemeindlichen Vorstellungen mit den Planungen Dritter zu koordinieren. Kein Koordinierungsbedarf, den nur ein

---

[270] Bielenberg, in: EZB, § 6 BauGB, Rn. 23; Gierke in: Brügelmann, § 6 BauGB, Rn. 87a; Gaentzsch, in: BK, § 6 BauGB, Rn. 17.

[271] W. Schrödter, in: Schrödter, § 6 BauGB, Rn. 15.

[272] Siehe dazu B. III. 1. c).

[273] Siehe dazu B. III. 1. c).

[274] Manssen, in: Becker/Heckmann/Kempen/Manssen, 4. Teil, Rn. 290; Dürr/König, Rn. 27; Bender, in: FS Weyreuther, S. 125 (134); Gierke, in: Brügelmann, § 1 BauGB, Rn. 225.

[275] Bielenberg/Runkel, in: EZB, § 8 BauGB, Rn. 12; Gierke, in: Brügelmann, § 8 BauGB, Rn. 164, 165.

[276] Finkelnburg, in: FS Weyreuther, S. 111 (117); Bielenberg/Runkel, in: EZB, § 8 BauGB, Rn. 12; Gierke, in: Brügelmann, § 8 BauGB, Rn. 169; W. Schrödter, in: Schrödter, § 8 BauGB, Rn. 12.

Flächennutzungsplan bewältigen könnte, besteht, wenn das Planungsgebiet sehr klein ist, so dass ein Bebauungsplan bereits zur Steuerung der Nutzungsansprüche an den Boden ausreicht, und wenn auch die Abstimmung mit benachbarten Gemeinden oder die Anpassung an die Ziele der Raumordnung einen Flächennutzungsplan nicht erfordert.[277] Ein Flächennutzungsplan ist daher nicht erforderlich, wenn die Siedlungstätigkeit im wesentlichen abgeschlossen ist, wenn ein Bebauungsplan in einer stagnierenden Kleingemeinde hauptsächlich Vorhandenes festsetzt und keine eigenen Entwicklungstendenzen aufzeigt.[278]

Teilweise wird vertreten, dass ein Flächennutzungsplan nach § 8 Abs. 2 Satz 2 BauGB nicht erforderlich sei, wenn der selbständige Bebauungsplan nur einen kleinen Teil des Gemeindegebiets erfasse, nur unbedeutende Festsetzungen enthalte und sich nur unwesentlich auf die städtebauliche Entwicklung im Gemeindegebiet auswirke.[279] Diese Ansicht beurteilt die Erforderlichkeit des Flächennutzungsplans also aus der Sicht des in Frage stehenden Bebauungsplans, nicht danach, ob gesehen für das gesamte Gemeindegebiet auf einen Flächennutzungsplan verzichtet werden kann. § 8 Abs. 2 Satz 2 BauGB setzt aber voraus, dass der Bebauungsplan entweder die flächennutzungsplanerischen Aufgaben mit übernimmt oder kein Bedarf an der Erfüllung dieser Aufgaben besteht. Dies ergibt sich aus dem Zusammenhang zwischen § 8 Abs. 2 Satz 1 BauGB und § 8 Abs. 2 Satz 2 BauGB sowie aus dem Prinzip der Zweistufigkeit. Der Flächennutzungsplan muss ein bauleitplanerisches Gesamtkonzept für das ganze Gemeindegebiet enthalten, um so über das Entwicklungsgebot[280] ein planerisches Stückwerk von Bebauungsplänen[281] zu verhindern. Auf den Flächennutzungsplan und damit auf das Prinzip der Zweistufigkeit und das Entwicklungsgebot kann nur verzichtet werden, wenn der Bebauungsplan auch die Aufgaben des Flächennutzungsplans erfüllt bzw. kein Bedarf an der Aufgabenerfüllung besteht. An die Stelle eines Flächennutzungsplans kann ein Bebauungsplan also nur treten, wenn er gesamtgemeindliche Ordnungskraft hat, nicht schon dann, wenn er lediglich ohne gesamtgemeindliche Auswirkung ist.[282] Maßgeblich ist also die Gesamtsituation in der Gemeinde und nicht, ob für den einzelnen Bebauungsplan ein Flächennutzungsplan erforderlich wäre.

---

277 Bielenberg/Runkel, in: EZB, § 8 BauGB, Rn. 12; Gierke, in: Brügelmann, § 8 BauGB, Rn. 164.

278 OVG Lüneburg, Urteil vom 08.09.1966 – 1 A 341.65, DVBl. 1967, S. 391 (392); Dürr/König, RN. 20; Bielenberg/Runkel, in: EZB, § 8 BauGB, Rn. 12; Gierke, in: Brügelmann, § 8 BauGB, Rn. 164, 165; Gaentzsch, in: BK, § 8 BauGB, Rn. 14.

279 BW VGH, Beschluss vom 27.07.1979 – III 3871/78, BRS 35, Nr. 19, S. 55 (56); BW VGH, Beschluss vom 12.11.1968 – II 703/67, ESVGH 19, 227 (229).

280 Siehe dazu C. II.

281 Siehe dazu B. III. 2. a).

282 Finkelnburg, in: FS Weyreuther, S. 111 (118); Gierke, in: Brügelmann, § 8 BauGB, Rn. 167; Bielenberg/Runkel, in: EZB, § 8 BauGB, Rn. 13.

Umstritten ist, ob ein Flächennutzungsplan auch dann nicht erforderlich i. S. v. § 8 Abs. 2 Satz 2 BauGB ist, wenn nicht nur ein, sondern mehrere Bebauungspläne erlassen werden, die jeweils nur kleine Teile des Gemeindegebietes umfassen. Dagegen wird der Wortlaut des § 8 Abs. 2 Satz 2 BauGB vorgebracht, der im Gegensatz zu Satz 1 desselben Absatzes nur von einem Bebauungsplan spricht, nicht von Bebauungsplänen.[283] § 8 Abs. 2 Satz 2 BauGB bilde eine eng auszulegende Ausnahme vom Prinzip der Zweistufigkeit. Eine zu großzügige Ausnahmenhandhabung würde zu einer punktuellen Überplanung des Gemeindegebiets führen, ohne dass vorher eine städtebauliche Ordnung festgelegt worden sei.[284] Andererseits spricht die Norm von „dem" Bebauungsplan, der ausreicht, so dass „ein" Flächennutzungsplan nicht mehr erforderlich ist. Diese Formulierung kann auch so ausgelegt werden, dass hier der Bebauungsplan nur als Gattungsbezeichnung im Singular verwendet wurde, ohne dass die Ersetzung des Flächennutzungsplans durch mehrere Bebauungspläne ausgeschlossen werden sollte. Dem Wortlaut kann daher kein Verbot mehrerer selbständiger Bebauungspläne entnommen werden. Für die Zulässigkeit mehrerer selbständiger Bebauungspläne spricht, dass ein Flächennutzungsplan nur dann erforderlich ist, wenn die betroffenen Interessen der Koordinierung bedürfen. Nach dem Sinn und Zweck des Flächennutzungsplans kann auf diesen immer dann verzichtet werden, wenn eine gemeindeweite Koordinierung nicht nötig ist. Ob die Festsetzung der vorhandenen Bebauung durch zwei kleine oder einen großen Bebauungsplan erfolgt, kann für das Vorliegen des § 8 Abs. 2 Satz 2 BauGB daher nicht entscheidend sein.[285] Nichtsdestotrotz ist die Aufstellung von mehr als einen Bebauungsplan ein Indiz dafür, dass ein Flächennutzungsplan zur Ordnung und Entwicklung der städtebaulichen Situation in der Gemeinde erforderlich ist.[286]

Die Planungspflicht für die Ergänzung und Änderung ergibt sich aus § 1 Abs. 3 BauGB, § 2 Abs. 4 BauGB. Nach § 2 Abs. 4 BauGB sind für die Änderung, Ergänzung und Aufhebung dieselben Normen maßgeblich, die auch für die Aufstellung gelten. § 8 Abs. 2 Satz 2 BauGB enthält für die Änderung und Ergänzung eines Flächennutzungsplans keine speziellere Aussage, da er nur gilt, wenn bisher noch gar kein Flächennutzungsplan aufgestellt worden ist.[287] Im Falle der Ergänzung oder Änderung existiert jedoch bereits ein Flächennutzungsplan. Wurden Flächen der Gemeinde vom Flächennutzungsplan zunächst nach § 5 Abs. 1 Satz 2 BauGB ausgenommen, so ist die Gemeinde zur Ergänzung des

---

[283] Finkelnburg, in: FS Weyreuther, S. 111 (119); BayVGH, Beschluss vom 28.10.1975 – 174 I 71, BayVBl. 1976, S. 174 (175).
[284] Finkelnburg, in: FS Weyreuther, S. 111 (119)
[285] Gaentzsch, in: BK, § 8 BauGB, Rn. 14.
[286] Bielenberg, in: EZB, § 8 BauGB, Rn. 12.
[287] Gierke, in: Brügelmann, § 8 BauGB, Rn. 163.

Plans um die ausgenommenen Flächen bereits nach § 5 Abs. 1 Satz 1 BauGB verpflichtet.[288]

Bisher ist davon ausgegangen worden, dass eine Gemeinde noch überhaupt keinen Flächennutzungsplan hat. Zu untersuchen ist, ob für die Aufhebung eines Flächennutzungsplans und den anschließenden Verzicht auf eine Neuaufstellung bzw. für den Verzicht auf die Neuaufstellung im Falle eines vorangegangenen nichtigen Flächennutzungsplans auch die Anforderungen des § 8 Abs. 2 Satz 2 BauGB gelten. Es wird vertreten, dass im Falle eines nichtigen oder aufgehobenen Flächennutzungsplans § 8 Abs. 2 Satz 2 BauGB nicht anwendbar sei. Grund dafür sei, dass die Gemeinde durch ihre vorangegangenen Planungen ja das Erfordernis eines Flächennutzungsplans anerkannt habe.[289] Dagegen spricht, dass es nicht auf die subjektive Einstellung der Gemeinde ankommen kann, ob eine Planungspflicht besteht.[290] Richtigerweise ist von folgendem auszugehen: Die Gemeinde kann, auch wenn die Voraussetzungen des § 8 Abs. 2 Satz 2 BauGB vorliegen, jederzeit einen Flächennutzungsplan erlassen und darin ihrem planerischen Konzept Ausdruck verleihen, wenn der Flächennutzungsplan durch einen städtebaulichen Belang gerechtfertigt ist und die Gemeinde damit zur Planung befugt ist.[291] Dafür spricht auch der Wortlaut des § 8 Abs. 2 BauGB, der lediglich regelt, wann ein Flächennutzungsplan erforderlich ist, also wann die Gemeinde einen solchen aufstellen muss, nicht, wann sie einen solchen aufstellen darf. Genauso gut kann sie aber auch wieder im Rahmen ihrer planerischen Gestaltungsfreiheit von einer Flächennutzungsplanung Abstand nehmen. Ob eine Neuaufstellung erforderlich ist, die Gemeinde also zur Aufstellung verpflichtet ist, richtet sich dann wieder nach § 8 Abs. 2 Satz 2 BauGB. Dies gilt sowohl bei einem nichtigen Flächennutzungsplan als auch nach der Aufhebung eines Flächennutzungsplans.

Auf diesem Hintergrund beantwortet sich auch die Frage, ob die Gemeinde nach einer gewissen Zeit zur Neuaufstellung ihrer Flächennutzungsplanung verpflichtet ist. Solange ein wirksamer Flächennutzungsplan existiert, liegt es in ihrem Ermessen, ob sie den Flächennutzungsplan durch einzelne Änderungen und Ergänzungen aktualisiert oder eine komplette Neuaufstellung vornimmt.[292] Nur unter den engen Voraussetzungen des § 1 Abs. 3 BauGB i. V. m. § 2 Abs. 4 BauGB kann sich das Ermessen zu einer Neuaufstellungspflicht verdichten.[293]

---

[288] Siehe oben B. III. 2. a).

[289] Gierke, in: Brügelmann, § 8 BauGB, Rn. 163; Bielenberg/Runkel, in: EZB, § 8 BauGB, Rn. 12.

[290] Siehe dazu B. III. 1. c).

[291] Siehe dazu B. III. 1. c).

[292] Bunzel/Meyer, Flächenmanagement, S. 209

[293] Zu Recht wird im Bericht zur Novellierung des Baugesetzbuchs die Einführung einer befristeten Geltung von Flächennutzungsplänen abgelehnt (vgl. dort Rn. 203 ff.): Neben dem verfahrenstechnischen Aufwand, der unabhängig davon, ob die Gemeinde tatsächlich einen veränderten Flächennutzungsplan nach Ablauf der Frist brauchen würde, nach Fristablauf

Bleibt zu überlegen, ob der Flächennutzungsplan wie ein Bebauungsplan funktionslos werden kann und damit wegen Unwirksamkeit des Flächennutzungsplans die Planungspflicht nach § 8 Abs. 2 Satz 2 BauGB wieder entsteht. Die Figur der Funktionslosigkeit ist im wesentlichen für die Bebauungspläne entwickelt worden. Die Festsetzungen eines Bebauungsplans treten außer Kraft, wenn die Verwirklichung der Festsetzungen wegen einer neuen tatsächlichen Entwicklung in evidenter Weise auf unabsehbare Zeit ausgeschlossen ist.[294] Grund dafür ist, dass der Bebauungsplan mehr als ein abstrakt-genereller Rechtssatz im herkömmlichen Sinne wirklichkeitsbezogen ist.[295] Bebauungspläne sind auf Geltung, auf konkrete Erfüllung angelegt.[296] Deshalb sind sie anfälliger, durch tatsächliche Entwicklungen in ihrer Funktion gestört und dadurch in ihrer Geltung in Frage gestellt zu werden.[297] Die Rechtsfigur der Funktionslosigkeit wird vielfach auch auf den Flächennutzungsplan angewendet.[298] Dagegen spricht jedoch, dass der Flächennutzungsplan kein rechtsverbindlicher Plan ist, der in Kraft tritt. Nach § 6 Abs. 5 Satz 2 BauGB wird der Flächennutzungsplan zwar wirksam mit Bekanntmachung der Genehmigung. Auch ist er auf Umsetzung durch den Bebauungsplan und damit quasi auf Erfüllung ausgerichtet. Insgesamt enthält er aber nur ein Entwicklungs- und Ordnungsprogramm, ohne selbst unmittelbar mit Außenwirkung Grundlage für die Umsetzung der dargestellten Nutzungen zu sein.[299] Wegen der Darstellung lediglich von Grundzügen ist er gerade für eine Vielzahl von unterschiedlichen Entwicklungen offen und damit für tatsächliche Veränderungen weniger anfällig. Zudem spricht § 5 Abs. 1 Satz 1 BauGB ausdrücklich davon, dass der Flächennutzungsplan nur von den voraussehbaren Bedürfnissen ausgehen kann. Damit schließt er gerade die Mög-

---

anfallen würde, wird dagegen zu Recht eingewandt, dass der Flächennutzungsplan dadurch geschwächt würde: Wenn der Flächennutzungsplan nämlich außer Kraft treten würde, ohne dass bereits ein neuer fertig aufgestellt worden ist, würde die steuernde Wirkung des Flächennutzungsplans über das Entwicklungsgebot durch die dann vermehrt notwendige Aufstellung von vorzeitigen Bebauungsplänen i. S. v. § 8 Abs. 4 S. 1 BauGB erheblich geschmälert.

[294] BVerwG, Urteil vom 29.04.1977 – IV C 39.75, BVerwGE 54, 5 (11). Im Anschluss daran: Brohm, Öffentliches Baurecht, § 8, Rn. 19; Reidt, in: Gelzer/Bracher/Reidt, Rn. 940; Dürr/König, Rn. 96; Bönker, in: Hoppe/Bönker/Grotefels, § 5, Rn. 147; Manssen, in: Becker/Heckmann/Kempen/Manssen, 4. Teil, Rn. 162; W. Schrödter, in: Schrödter, § 2 BauGB, Rn. 57; Löhr, in: B/K/L, § 10 BauGB, Rn. 8; Bielenberg, in: EZB, § 2 BauGB, Rn. 88; Grauvogel, in: Brügelmann, § 2 BauGB, Rn. 67. Zusammenfassend: Tysper, BauR 2001, 349 ff.

[295] BVerwG, Urteil vom 29.04.1977 – IV C 39.75, BVerwGE 54, 5 (9).

[296] BVerwG, Urteil vom 29.04.1977 – IV C 39.75, BVerwGE 54, 5 (9).

[297] BVerwG, Urteil vom 29.04.1977 – IV C 39.75, BVerwGE 54, 5 (9).

[298] Reidt, in: Gelzer/Bracher/Reidt, Rn. 940; W. Schrödter, in: Schrödter, § 2 BauGB, Rn. 57; Bielenberg, in: EZB, § 2 BauGB, Rn. 88. Vgl. auch BVerwG, Urteil vom 22.02.1974 – IV C 6.73, NJW 1974, 1010 ff.

[299] Auch im Fall des § 35 Abs. 1, 2, 3 S. 1 Nr. 1 BauGB wirkt der Flächennutzungsplan nur durch Anordnung einer gesetzlichen Norm. Siehe dazu E. III.

lichkeit ein, dass sich die Bedürfnisse wider der Prognose entwickeln, ohne dass der Flächennutzungsplan dadurch unwirksam wird.

c) Inhalt des Flächennutzungsplans

§ 5 BauGB beschreibt ausweislich der amtlichen Überschrift den Inhalt des Flächennutzungsplans. Kernstück sind die Darstellungen des Flächennutzungsplans, die gem. § 5 Abs. 1 Satz 1 BauGB die sich aus der beabsichtigen städtebaulichen Entwicklung ergebende Art der Bodennutzung wiedergeben (aa)). Daneben enthält der Flächennutzungsplan Kennzeichnungen i. S. v. § 5 Abs. 3 BauGB, nachrichtliche Übernahmen i. S. v. § 5 Abs. 4 Satz 1 BauGB und Vermerke i. S. v. § 5 Abs. 4 Satz 2 BauGB (bb)). Grundlage des Flächennutzungsplans ist eine Karte, in der durch Zeichnung, Farbe, Text und Schrift der planerische Wille der Gemeinde über die Bodennutzung niedergelegt ist.[300] Meist wird ein Maßstab von 1:5000 oder 1:10000 gewählt.[301] Die Karte kann durch einen textlichen Teil ergänzt werden.[302] Die Planzeichenverordnung[303] gibt Hinweise, wie Darstellungen, nachrichtliche Übernahmen und Vermerke zeichnerisch in Karten festzuhalten sind.

aa) Darstellungen

Die Darstellungen geben gem. § 5 Abs. 1 Satz 1 BauGB die von der Gemeinde beabsichtigte städtebauliche Entwicklung wieder. Die Darstellungen des Flächennutzungsplans sind damit Ausdruck des planerischen Willens der Gemeinde und bilden ein Grundzügekonzept, das die städtebauliche Entwicklung und Ordnung für das Gemeindegebiet konkretisiert.[304] Eine beispielhafte Aufzählung zulässiger Darstellungen ist in § 5 Abs. 2 BauGB enthalten.[305] Als wichtige E-

---

[300] Finkelnburg/Ortloff, S. 63; Koppitz/Schwarting/Finkeldei, Rn. 13; Gaentzsch, in: BK, § 5 BauGB, Rn. 20.

[301] Finkelnburg/Ortloff, S. 63; Koppitz/Schwarting/Finkeldei, Rn. 14.

[302] Da die verschiedenen Bodennutzungsarten in ihrer räumlichen Ausdehnung kaum durch Text hinreichend beschrieben werden können, ist ein lediglich aus Text bestehender Flächennutzungsplan kaum denkbar. Vgl. Battis, Öffentliches Baurecht und Raumordnungsrecht, S. 73; Grauvogel, in: Brügelmann, § 5 BauGB, Rn. 36; Bielenberg/Söfker, in: EZB, § 5 BauGB, Rn. 19.

[303] Verordnung über die Ausarbeitung der Bauleitpläne und die Darstellung des Planinhalts (Planzeichenverordnung 1990 – PlanzV 90) vom 18.12.1990, BGBl. I 1991 S. 58 ff.

[304] Battis, Öffentliches Baurecht und Raumordnungsrecht, S. 73; Bielenberg/Söfker, in: EZB, § 5 BauGB, Rn. 20; Gaentzsch, in: BK, § 5 BauGB, Rn. 17. Siehe dazu B. III. 2. a).

[305] Löhr, in: B/K/L, § 5 BauGB, Rn. 11; Grauvogel, in: Brügelmann, § 5 BauGB, Rn. 29; Brohm, Öffentliches Baurecht, § 6, Rn. 8. Ausführlich zu den Darstellungen i. S. v. § 5 Abs. 2 BauGB siehe Hintzen, S. 59 ff.

lemente eines Flächennutzungsplans werden insbesondere Bauflächen[306] und Infrastruktureinrichtungen[307] aber auch Flächen für die Freiraumgestaltung[308] aufgezählt. Die möglichen Darstellungen im Bereich der Bauflächen sind in der Baunutzungsverordnung näher umschrieben.[309] Umstritten ist, ob die Palette möglicher Darstellungen über die Beispiele des § 5 Abs. 2 BauGB hinaus dadurch begrenzt ist, dass jede Darstellung in eine Festsetzung i. S. v. § 9 Abs. 1 BauGB umgesetzt werden können muss. Dagegen wird eingewandt, dass der Flächennutzungsplan nicht nur Determinationsfunktion für den ihm folgenden Bebauungsplan habe, sondern auch Programmierungsfunktion für andere Verwaltungsentscheidungen. § 5 Abs. 2 BauGB sehe gerade auch Darstellungen für Nutzungen vor, die im Kompetenzbereich anderer Planungsträger stünden. Der Flächennutzungsplan müsse für Darstellungen aus diesem Bereich offen sein, auch wenn eine Umsetzung in einem Bebauungsplan wegen der abschließenden Aufzählung zulässiger Festsetzungen in § 9 Abs. 1 BauGB nicht möglich wäre.[310] Diese Ansicht übersieht, dass der Flächennutzungsplan ein Instrument zur Ordnung und Entwicklung des Städtebaus bleibt, auch wenn er Wirkung auf andere, nicht städtebauliche Planungen hat. Voraussetzung ist daher, dass die Darstellungen einen bodenrechtlichen Bezug haben und in einem verbindlichen Bauleitplan umgesetzt werden können.[311] Dafür spricht auch, dass das Prinzip der Zweistufigkeit des § 1 Abs. 2 BauGB, das sich im Entwicklungsgebot des § 8 Abs. 2 Satz 1 BauGB widerspiegelt, den Flächennutzungsplan mit dem Bebauungsplan verknüpft.[312]

Auch wenn im Flächennutzungsplan die beabsichtigte städtebauliche Entwicklung nur in Grundzügen dargestellt wird und die Darstellungen von geringerer Schärfe sind als die vollzugsfähigen Festsetzungen des Bebauungsplans,[313] so müssen sie doch eindeutig sein.[314] Zwar müssen die Darstellungen einen ausfüllungsfähigen Rahmen für Konkretisierungen in einem Bebauungsplan und für Planungen anderer Planungsträger bilden.[315] Unzulässig sind aber alternative Darstellungen, die bewusst eine Festlegung auf eine bestimmte Darstellung un-

---

306 Vgl. § 5 Abs. 2 Nr. 1 BauGB.
307 Vgl. § 5 Abs. 2 Nr. 2 bis 4 BauGB.
308 Vgl. § 5 Abs. 2 Nr. 5, Nr. 7 bis 10 BauGB.
309 Verordnung über die bauliche Nutzung der Grundstücke (Baunutzungsverordnung – BauNVO) in der Fassung der Bekanntmachung vom 23.01.1990, BGBl. I 1990 S. 132 ff.
310 Grauvogel, in: Brügelmann, § 5 BauGB, Rn. 29.
311 Brohm, Öffentliches Baurecht, § 6, Rn. 8; Löhr, in: B/K/L, § 5 BauGB, Rn. 11; Gaentzsch, in: BK, § 5 BauGB, Rn. 18.
312 Siehe dazu C. II.
313 BVerwG, Urteil vom 28.02.1975 – IV C 74.72, BVerwGE 48, 70 (74); Finkelnburg, S. 66; Löhr, in: B/K/L, § 5 BauGB, Rn. 12
314 Löhr, in: B/K/L, § 5 BauGB, Rn. 12; Bielenberg/Söfker, in EZB, § 5 BauGB, Rn. 19; Grauvogel, in: Brügelmann, § 5 BauGB, RN. 33.
315 Bielenberg/Söfker, in: EZB, § 5 BauGB, Rn. 20

terlassen, z. B. weil es sich um ein Untersuchungsgebiet handelt, für das noch nicht alle Informationen vorliegen, um eine Abwägung in Richtung einer bestimmten Darstellung vornehmen zu können.[316] Unzulässig sind auch Reservebauflächen, d. h. Flächen, die zwar Bauflächen sein sollen, aber noch nicht zur Bebauung herangezogen werden sollen.[317] Denn Darstellungen sind gem. § 5 Abs. 1 Satz 1 BauGB nur im Rahmen der vorhersehbaren Bedürfnisse möglich und dürfen deshalb nicht über den prognostizierten Bedarf hinausgehen.[318] Schließlich kann eine Darstellung von weiteren Darstellungen überlagert werden. D. h., eine Darstellung legt für einen bestimmten Flächenabschnitt eine Grundnutzung fest, zugleich weisen andere Darstellungen demselben Flächenabschnitt andere mit ihr verträgliche Nutzungen zu und überlagern sie so.[319] Dies bestätigt § 2 Abs. 1 Satz 3 PlanZV 90, der davon spricht, dass die Darstellungsarten miteinander verbunden werden können.

Die Darstellungen, die im Katalog des § 5 Abs. 2 BauGB beispielhaft aufgezählt sind, enthalten stets positive Nutzungszuweisungen für die so überplanten Flächen. Eine Gemeinde hat aber oft nicht nur den Wunsch, Flächen bestimmte Nutzungen zuzuweisen, sondern auch, bestimmte, ihr nicht genehme Nutzungen von Flächen fernzuhalten. In diesem Zusammenhang stellt sich die Frage, ob die Gemeinde Darstellungen wie solche über Flächen für die Landwirtschaft nach § 5 Abs. 2 Nr. 9 lit. a BauGB in den Flächennutzungsplan aufnehmen darf, wenn ihr eigentliches Ziel ist, die überplanten Flächen von anderen Nutzungen freizuhalten, um die Fläche für eine noch ungewisse künftige Entwicklung offen zu halten (sogenannte Freihalteplanung).[320]

Nach dem Gebot positiver Planung und dem damit korrespondierenden Verbot der Negativplanung darf der Wille der Gemeinde nicht allein darauf gerichtet sein, mit der Planung bestimmte Vorhaben zu verhindern, sondern sie muss mit ihren Darstellungen bestimmten Flächen bestimmte Nutzungsmöglichkeiten

---

[316] Grauvogel, in: Brügelmann, § 5 BauGB, Rn. 33; Bielenberg/Söfker, in: EZB, § 5 BauGB, Rn. 19,22. Seit der Einführung des § 5 Abs. 1 S. 2 BauGB kann die Gemeinde entsprechende „unsichere" Flächen zunächst aus dem Flächennutzungsplan ausnehmen.

[317] Bielenberg/Söfker, in: EZB, § 5 BauGB, Rn. 22; Grauvogel, in: Brügelmann, § 5 BauGB, Rn. 34.

[318] Gaentzsch, in: BK, § 5 BauGB, Rn. 21.

[319] Z. B. die Darstellungen einer Konzentrationszone mit Ausschlussgebiet, das Flächen für die Landwirtschaft überlagert. Vgl. Wagner, DVBl. 1996, 370 (373); Lüers, ZfBR 1996, 297 (299); Söfker, in: EZB, § 35 BauGB, Rn. 124.

[320] In der Literatur wird die Frage des Freihaltebelangs meist nur im Rahmen des § 35 Abs. 1 BauGB in der Hinsicht erörtert, ob der Freihaltebelang als öffentlicher Belang einem privilegierten Vorhaben entgegenstehen kann (vgl. Hoppe, DVBl. 1991, 1277 (1279), der sich gegen einen Freihaltebelang ausspricht; Birk, NVwZ 1989, 905 (912), der eine Freihalteplanung für zulässig erachtet). Das Bundesverwaltungsgericht (Urteil vom 26.10.1989 – IV C 28.86, NVwZ 1991, 161 (162)) hat diese Frage bislang offengelassen.

zuweisen.[321] Dieses Verbot der reinen Verhinderungsplanung wird als Ausfluss des Planmäßigkeitsprinzips bezeichnet.[322] Jede Darstellung hat also eine positive Seite, indem sie eine Fläche für eine bestimmte Nutzung offen hält. Zum anderen zeigt sie aber auch, dass im Rahmen des planerischen Willens der Gemeinde alle Nutzungen unerwünscht sind, die die Verwirklichung der festgelegten Nutzung erschweren oder gar unmöglich machen. Deshalb macht die Darstellung neben einer positiven Aussage für ein Flächenstück auch eine negative Aussage für dasselbe Flächenstück. Dass jede Darstellung eine positive Nutzungsfestlegung enthalten muss, ist auch aus dem beispielhaften Katalog des § 5 Abs. 2 BauGB i. V. m. der Baunutzungsverordnung zu schließen. Dieser enthält nur planerische Aussagen, die einer Fläche positiv eine bestimmte Nutzung zuweisen. Es ist nicht möglich, dass die Gemeinde in einem Plan eine Darstellung schafft, die allein zum Inhalt hat, wie eine Fläche nicht genutzt werden darf. Eine Besonderheit gilt allein im Rahmen des § 35 Abs. 3 Satz 3 BauGB: Nach dieser Norm kann eine Darstellung im Flächennutzungsplan, die für eine bestimmte Fläche eine bestimmte Nutzung vorsieht, auf andere Flächen im Plangebiet die Wirkung haben, das dort die Nutzung nicht möglich ist.[323]

Nicht verboten ist eine Planung, die dadurch ein negatives Planungsziel verfolgt, dass sie im wesentlichen die Bewahrung der vorhandenen Situation festschreibt, obwohl ihr Hauptzweck die Verhinderung einer anderen städtebaulichen Entwicklung ist. Eine unzulässige Verhinderungsplanung liegt in einem solchen Fall nur dann vor, wenn die positive Aussage der Planung von der Gemeinde nur vorgeschoben wird, um einen Nutzungswunsch zu durchkreuzen, ohne die von der Planung vorgesehenen Nutzungen wirklich verfolgen zu wollen. Um ein negatives Planungsziel verfolgen zu können, muss daher auch die dargestellte Nutzung dem planerischen Willen der Gemeinde entsprechen.[324] Die Zulässigkeit einer Planung und des dahinter stehenden Planungsziels beantwortet sich danach, ob für die Planung eine Planungsbefugnis besteht, ob die Planung also einem hinreichend gewichtigem städtebaulichem Belang dient.[325] Ob der Hauptzweck des Planungsziels positiver oder negativer Art ist, spielt keine

---

[321] BVerwG, Urteil vom 14.07.1972 – IV C 8.70, BVerwGE 40, 258 (263); BVerwG, Beschluss vom 18.12.1990 – IV NB 8.90, NVwZ 1991, 875 (876); Bönker, in: Hoppe/Bönker/Grotefels, § 5 BauGB, Rn. 159 ff.; Brohm, Öffentliches Baurecht, § 14, Rn. 6; Gierke, in: Brügelmann, § 1 BauGB, Rn. 66.

[322] Bönker, in: Hoppe/Bönker/Grotefels, § 5 BauGB, Rn. 159 ff.; Gierke, in: Brügelmann, § 1 BauGB, Rn. 66.

[323] Siehe dazu E. III. 2. c).

[324] BVerwG, Beschluss vom 18.12.1990 – IV NB 8.90, NVwZ 1991, 875 (877); Bönker, in: Hoppe/Bönker/Grotefels, § 5 BauGB, Rn. 159 ff.; Brohm, Öffentliches Baurecht, § 14, Rn. 6; Gierke, in: Brügelmann, § 1 BauGB, Rn. 66.

[325] Siehe dazu B. III. 1. c); B. III. 2. b). BVerwG, Beschluss vom 18.12.1990 – IV NB 8.90, NVwZ 1991, 875 (876); Brohm, Öffentliches Baurecht, § 14, Rn. 5; Gaentzsch, in: BK, § 1 BauGB, Rn. 7; Gierke, in: Brügelmann, § 1 BauGB, Rn. 66.

Rolle.[326] Dass auch Darstellungen möglich sind, die das Vorhandene bewahren, um Veränderungen zu verhindern, zeigen die Planungsleitsätze des § 1 Abs. 5 Satz 2 Nr. 4, Nr. 5 BauGB und § 1 Abs. 5 Satz 3 BauGB. § 1 Abs. 5 Satz 2 Nr. 4 und Nr. 5 BauGB nennen als abwägungserhebliche Belange die Erhaltung bereits vorhandener Ortsteile. Nach § 1 Abs. 5 Satz 3 BauGB sollen bereits landwirtschaftlich, als Wald oder für Wohnzwecke genutzte Flächen nur ausnahmsweise für andere Nutzungen vorgesehen werden, grundsätzlich soll also das Vorhandene bewahrt werden.

Im Ergebnis kann die Gemeinde also in ihrem Flächennutzungsplan grundsätzlich nur Darstellungen aufnehmen, die sich auf eine bestimmte, auf der Fläche zu verwirklichende oder zu bewahrende Nutzung beziehen. Ob der Zweck, der hinter dieser Planung steht, schwerpunktmäßig in der Verhinderung anderer Nutzungen liegt oder in der Verwirklichung der festgelegten Nutzung, hat auf die Wirksamkeit des Plans dann keine Auswirkung, wenn die als zulässig festgelegte Nutzung dem planerischen Willen der Gemeinde entspricht und nicht nur vorgeschoben ist.

Eine Planung mit dem Ziel, eine Fläche von einer anderen Nutzung freizuhalten, ist folglich zulässig, wenn für die „vorübergehende" Planung ein hinreichend gewichtiger städtebaulicher Belang spricht und die als zulässig dargestellte Nutzung von der Gemeinde gewollt und nicht lediglich vorgeschoben ist. Die Gemeinde muss die als zulässig dargestellte Nutzung tatsächlich verwirklichen oder bewahren wollen. Sie muss also die „vorübergehende" Nutzung in ihr planerisches Konzept integrieren. Dass die Gemeinde möglicherweise nicht für immer an dieser Planung festhalten wird, schadet nicht. Denn der Flächennutzungsplan ist gem. § 5 Abs. 1 Satz 1 BauGB nur darauf gerichtet, die Bodennutzungsbedürfnisse zu berücksichtigen, die sich innerhalb des dem Plan zugrundeliegenden Prognosezeitraums ergeben. Die gemeindliche Flächennutzungsplanung muss also keineswegs darauf gerichtet sein, „für alle Ewigkeit" die Nutzungsbedürfnisse festzulegen.

bb) Kennzeichnungen, nachrichtliche Übernahmen, Vermerke

Flächen sollen gem. § 5 Abs. 3 Nr. 1 BauGB gekennzeichnet werden, wenn bei ihrer Bebauung besondere bauliche Vorkehrungen gegen äußere Einwirkungen oder wenn bei ihnen besondere bauliche Sicherungsmaßnahmen gegen Naturgewalten erforderlich sind. Weiterhin sollen gem. § 5 Abs. 3 Nr. 2 BauGB Flächen gekennzeichnet werden, wenn unter ihnen der Bergbau umgeht oder wenn sie für den Abbau von Mineralien bestimmt sind. Schließlich sollen gem. § 5 Abs. 3 Nr. 3 BauGB Flächen gekennzeichnet werden, deren Böden erheblich mit umweltgefährdenden Stoffen belastet sind. Kennzeichnungen haben also

---

[326] BVerwG, Beschluss vom 18.12.1990 – IV NB 8.90, NVwZ 1991, 875 (876).

Hinweis- bzw. Warnfunktion, indem sie darauf aufmerksam machen, dass die besondere Beschaffenheit einer Fläche und damit bestimmte tatsächliche oder rechtliche Gesichtspunkte Einfluss auf deren Nutzung haben.[327] Der Hinweis bzw. die Warnung richten sich sowohl an den potentiellen Nutzer der Fläche, an die Genehmigungsbehörden und Träger öffentlicher Belange als auch an die Gemeinde selbst, wenn sie aus dem Flächennutzungsplan Bebauungspläne entwickelt.[328]

Nachrichtliche Übernahmen gem. § 5 Abs. 4 Satz 1 BauGB geben Planungen und Nutzungsregelungen wieder, die nach anderen gesetzlichen Vorschriften festgesetzt sind, sowie nach Landesrecht denkmalgeschützte Mehrheiten von baulichen Anlagen. Auf diese Weise informiert der Flächennutzungsplan über alle raumbedeutsamen Nutzungsmöglichkeiten und kann sie koordinieren, unabhängig davon, auf welchem Gesetz sie beruhen.[329] Fremdplanungen können auf diese Weise im Flächennutzungsplan kenntlichgemacht werden.[330] Planungen und Nutzungsregelungen sind festgesetzt, wenn sie mit Außenwirkung rechtsverbindlich sind.[331] § 5 Abs. 4 Satz 1 BauGB erfasst insbesondere Planungen, die in Form von Planfeststellungsbeschlüssen ergehen,[332] aber auch sonstige Planungen wie Landschaftspläne oder Abwasserbeseitigungspläne.[333] Zu den Nutzungsregelungen gehören z. B. Wasserschutzgebiete oder Landschafts- und Naturschutzgebiete.[334]

Als Vermerk werden gem. § 5 Abs. 4 Satz 2 BauGB solche Planungen und Nutzungen i. S. v. § 5 Abs. 4 Satz 1 BauGB aufgenommen, die bisher nur in Aussicht genommen worden sind. In Aussicht genommen ist eine Planung, wenn sie beabsichtigt und im Entwurf schon vorhanden ist.[335] Der Vermerk

---

[327] Koppitz/Schwarting/Finkeldei, Rn. 37; Hintzen, S. 76; Grauvogel, in: Brügelmann, § 5 BauGB, Rn. 123; Bielenberg/Söfker, in: EZB, § 5 BauGB, Rn. 19, 63; W. Schrödter, in: Schrödter, § 5 BauGB, Rn. 43.

[328] Koppitz/Schwarting/Finkeldei, Rn. 37; Grauvogel, in: Brügelmann, § 5 BauGB, Rn. 123; Bielenberg/Söfker, in: EZB, § 5 BauGB, Rn. 63.

[329] Koppitz/Schwarting/Finkeldei; Rn. 40; Gaentzsch, in: § 5 BauGB, Rn. 39; Löhr, in: B/K/L, § 5 BauGB, Rn. 44; Bielenberg/Söfker, in: EZB, § 5 BauGB, Rn. 19, 63. Ausführlich zum Verhältnis von Flächennutzungsplan und Fachplanungen siehe D. II.

[330] Kauch/Roer, S. 118; Hintzen, S. 78.

[331] Kauch/Roer, S. 120; Bielenberg/Söfker, in: EZB, § 5 BauGB, Rn. 69.

[332] Kauch/Roer, S. 119; Koppitz/Schwarting/Finkeldei, Rn. 40; W. Schrödter, in: Schrödter, § 5 BauGB, Rn. 48; Bielenberg/Söfker, in: EZB, § 5 BauGB, Rn. 69. Eine Auflistung der einschlägigen Fachplanungsgesetze findet sich z. B. bei Hintzen, S. 79.

[333] Kauch/Roer, S. 119; W. Schrödter, in: Schrödter, § 5 BauGB, Rn. 48.

[334] Kauch/Roer, S. 119; Bielenberg/Söfker, in: EZB, § 5 BauGB, Rn. 69; W. Schrödter, in: Schrödter, § 5 BauGB, Rn. 48. Eine Auflistung der einschlägigen Gesetze findet sich z. B. bei Hintzen, S. 79.

[335] Kauch/Roer, S. 128; Bielenberg/Söfker, in: EZB, § 5 BauGB, Rn. 71; Grauvogel, in: Brügelmann, § 5 BauGB, Rn. 147.

dient ebenfalls zur umfassenden Information über die möglichen Bodennutzungen.[336]

§ 5 Abs. 3 BauGB, § 5 Abs. 4 Satz 1 und Satz 2 BauGB sind als Soll-Vorschrift formuliert, so dass Kennzeichnung, nachrichtliche Übernahme und Vermerk nur in atypische Einzelfällen unterlassen werden dürfen.[337] Im Gegensatz zu den Darstellungen sind Kennzeichnungen, nachrichtliche Übernahmen und Vermerke also keine zwingenden Bestandteile des Flächennutzungsplans; sie sind nicht Ausdruck des gemeindlichen planerischen Willens[338] und gehören damit auch nicht zu der von der Gemeinde im Flächennutzungsplan niedergelegten städtebaulichen Entwicklung und Ordnung im eigentlichen Sinne.[339]

d) Der Erläuterungsbericht

Gem. § 5 Abs. 5 BauGB ist dem Flächennutzungsplan ein Erläuterungsbericht beizufügen. Der Erläuterungsbericht ist nicht Teil des Flächennutzungsplans. Das Gesetz spricht deshalb vom „Beifügen“ des Erläuterungsberichts bzw. unterscheidet in § 3 Abs. 2 Satz 1 BauGB hinsichtlich der Gegenstände der öffentlichen Auslegung und in § 6 Abs. 5 Satz 3 BauGB hinsichtlich des Einsichtsnahmerechts zwischen Entwurf des Flächennutzungsplans und dem Erläuterungsbericht.[340] Der Erläuterungsbericht enthält weder textliche Darstellungen noch die Legende des Flächennutzungsplans.[341] Aus § 6 Abs. 5 Satz 2 BauGB kann geschlossen werden, dass er nicht an der Rechtswirksamkeit des Flächennutzungsplans teilnimmt.[342] Andererseits nimmt er nach allgemeiner Ansicht an allen Verfahrensschritten des Planaufstellungsverfahrens teil und ist bei Änderungen des Flächennutzungsplans fortzuschreiben.[343] § 214 Abs. 1 Satz 1 Nr. 2, Satz 2 BauGB zeigt schließlich, dass ein fehlerhafter oder fehlender Erläuterungsbericht Einfluss auf die Wirksamkeit des Flächennutzungsplans hat.

---

[336] Kauch/Roer, S. 128.
[337] Zur Kennzeichnung: Bielenberg/Söfker, in: EZB, § 5 BauGB, Rn. 63; Gaentzsch, in: BK, § 5 BauGB, Rn. 35. Zur nachrichtlichen Übernahme: Kauch/Roer, S. 120; Löhr, in: B/K/L, § 5 BauGB, Rn. 44; Bielenberg/Söfker, in: EZB, § 5 BauGB, Rn. 70. Zum Vermerk: Kauch/Roer, S. 129; Bielenberg/Söfker, in: EZB, § 5 BauGB, Rn. 70; Löhr, in: B/K/L, § 5 BauGB, Rn. 44.
[338] Koppitz/Schwarting/Finkeldei, Rn. 37; Grauvogel, in: Brügelmann, § 5 BauGB, Rn. 123; Gaentzsch, in: § 5 BauGB, Rn. 36.
[339] Bielenberg/Söfker, in: EZB, § 5 BauGB, Rn. 70.
[340] Bielenberg/Söfker, in: EZB, § 5 BauGB, Rn. 76; Grauvogel, in: Brügelmann, § 5 BauGB, Rn. 153; Gaentzsch, in: BK, § 5 BauGB, Rn. 40.
[341] Hoppe, DVBl. 1991, 1277 (1285); Gaentzsch, in: BK, § 5 BauGB, Rn. 40.
[342] Finkelnburg/Ortloff, S. 63.
[343] BVerwG, Urteil vom 22.05.1987 – IV C 57.84, BVerwGE 77, 300 (306); Bielenberg/Söfker, in: EZB, § 5 BauGB, Rn. 76; Gaentzsch, in: BK, § 5 BauGB, Rn. 40; Grauvogel, in: Brügelmann, § 5 BauGB, Rn. 153.

Die Vorschrift des § 5 Abs. 5 BauGB über den dem Flächennutzungsplan beigefügten Erläuterungsbericht und die des § 9 Abs. 8 Satz 1 BauGB über die dem Bebauungsplan beigefügte Begründung sind an systematisch vergleichbarer Stelle geregelt. Nach allgemeiner Ansicht hat deshalb der Erläuterungsbericht für den Flächennutzungsplan eine ähnliche Bedeutung wie die Begründung nach § 9 Abs. 8 BauGB für den Bebauungsplan, so dass sich § 9 Abs. 8 Satz 2 BauGB auf den Inhalt des Erläuterungsberichts übertragen lässt. Entsprechend § 9 Abs. 8 Satz 2 BauGB sind daher im Erläuterungsbericht die Ziele, Zwecke und wesentlichen Auswirkungen des Flächennutzungsplans darzulegen.[344] Der Erläuterungsbericht dokumentiert also nicht nur wie Gesetzesmaterialien für Gesetze den subjektiven Willen des „historischen" Plangebers.[345] Im Erläuterungsbericht sind vielmehr neben den Gründen, die die Gemeinde zu den Darstellungen veranlasst haben, die Kernpunkte der Planung anzugeben. Deshalb sind der wesentliche Anlass, die tragenden Gründe für die Planung, die Grundgedanken und Leitziele darzulegen; die Gemeinde hat sich mit den Fragen, denen eine für die Planung maßgebliche Bedeutung zukommt, auseinander zu setzen.[346]

Anforderungen an den Erläuterungsbericht ergeben sich auch daraus, dass Abwägungsvorgang und Abwägungsergebnis insbesondere für die Rechtskontrolle durch den Erläuterungsbericht nachvollziehbar werden müssen.[347] In ihm sind daher die tatsächlichen Verhältnisse und die berührten privaten und öffentlichen Belange aufzuführen und zu bewerten. Darüber hinaus können Ausnahmegründe für textliche Darstellungen, die als Soll-Vorschriften formuliert sind, erläutert werden.[348] Weiterhin sind gem. § 5 Abs. 1 Satz 2 HS. 2 BauGB die Gründe anzugeben, warum Flächen oder sonstige Darstellungen vom Flächennutzungsplan ausgenommen werden. Insgesamt dient er der Verdeutlichung des Planinhalts und dem Bürger zum besseren Verständnis.[349] Im Erläuterungsbericht kann außerdem eine Verbindung zu gemeindlichen informellen Planungen hergestellt werden, die die gemeindliche Entwicklung unter sozialen, ökonomischen oder ökologischen Gesichtspunkten betrachten, ohne bodenrechtlicher Natur zu sein.[350] Schließlich kann die Gemeinde im Erläuterungsbericht auch

[344] BVerwG, Urteil vom 22.05.1987 – IV C 57.84, BVerwGE 77, 300 (306); Bielenberg/Söfker, in: EZB, § 5 BauGB, Rn. 75; Gaentzsch, in: BK, § 5 BauGB, Rn. 40. Vgl. zum Inhalt eines Erläuterungsberichts auch : Oberste Baubehörde im Bayerisches Staatsministerium des Innern (Hrsg.), Planungshilfen für die Bauleitplanung: Hinweise zur Ausarbeitung und Aufstellung der Bauleitpläne, Fassung 2000, S. 62 ff.

[345] BVerwG, Urteil vom 22.05.1987 – 4 C 57.84, BVerwGE 77, S. 300 (306); Grauvogel, in: Brügelmann, § 5 BauGB, Rn. 151.

[346] Koppitz/Schwarting/Finkeldei, Rn. 59; Bielenberg/Söfker, in: EZB, § 5 BauGB, Rn. 75; Grauvogel, in: Brügelmann, § 5 BauGB, Rn. 51.

[347] Gaentzsch, in: BK, § 5 BauGB, Rn. 40.

[348] Hoppe, DVBl. 1991, 1277 (1287); Gaentzsch, in: BK, § 5 BauGB, Rn. 40.

[349] Gaentzsch, in: BK, § 5 BauGB, Rn. 40.

[350] Bielenberg/Söfker, in: EZB, § 5 BauGB, Rn. 11; Löhr, in: B/K/L, § 5 BauGB, Rn. 9.

ihre Vorstellung über die zeitliche Umsetzung der Darstellungen oder über deren Finanzierung äußern.[351] Bis zu den Änderungen des Baugesetzbuchs 1986 erlaubte § 5 Abs. 3 BBauG 1976, in den Darstellungen des Flächennutzungsplans selbst Aussagen über die zeitliche Umsetzung zu treffen.[352] Teilweise wird angenommen, dass dies weiterhin möglich sei.[353] Dagegen spricht jedoch, dass der Gesetzgeber ausdrücklich diese Möglichkeit durch Streichung des § 5 Abs. 3 BBauG 1976 abschaffen wollte.[354] Richtigerweise können zeitliche Vorstellungen nunmehr nur noch im Erläuterungsbericht geäußert werden.

e) Auswirkungen von Fehlern einzelner Teile des Flächennutzungsplans auf die Wirksamkeit des restlichen Flächennutzungsplans

Der Flächennutzungsplan stellt für das ganze Gemeindegebiet die beabsichtigte Art der Bodennutzung in Grundzügen dar. Nur ausnahmsweise können Flächen oder sonstige Darstellungen ausgenommen werden. Zu untersuchen ist, ob dies bewirkt, dass der Flächennutzungsplan bei Fehlern einzelner Teile im Ganzen unwirksam ist oder ob ein Flächennutzungsplan auch in Teilen wirksam und in Teilen unwirksam sein kann.

In Rechtsprechung und Literatur wird diese Frage nicht diskutiert, vereinzelt wird ohne Diskussion angenommen, der Flächennutzungsplan könne auch teilunwirksam sein.[355] Dagegen wird allgemein angenommen, dass ein Bebauungsplan dann teilnichtig sei, wenn der gültige Teil des Planes für sich betrachtet noch eine den Anforderungen des § 1 BauGB gerecht werdende, sinnvolle städtebauliche Entwicklung und Ordnung bewirken kann und die Gemeinde nach ihrem im Planungsverfahren zum Ausdruck gekommenen Willen im Zweifel einen Plan dieses eingeschränkten Inhalts beschlossen hätte.[356] Allgemein gilt, dass eine Rechtsnorm dann teilweise unwirksam ist, wenn die Restregelung auch ohne den nichtigen Teil sinnvoll bleibt (Grundsatz der Teilbarkeit) und mit

---

[351] BT-Drks. 10/4630, S. 68; Grauvogel, in: EZB, § 5 BauGB, Rn. 140.

[352] In § 5 Abs. 3 BBauG 1976 (BGBl. I 1976, S. 2221 ff.) hieß es: „Im Flächennutzungsplan kann die beabsichtigte Reihenfolge für die Verwirklichung der Planung dargestellt werden."

[353] Löhr, in: B/K/L, § 5 BauGB, Rn. 5; W. Schrödter, in: Schrödter, § 5 BauGB, Rn. 12.

[354] BT-Drks. 10/4630, S. 68.

[355] So z. B. BW VGH, Urteil vom 02.03.1993 – V S 2091.92, NVwZ 1994, 797 (798); Stock, in: EZB, § 214 BauGB, Rn. 110.

[356] BVerwG, Urteil vom 14.07.1972 - IV C 69.70, BVerwGE 40, 268 (274); BVerwG, Beschluss vom 08.08.1989 – IV NB 2.89, NVwZ 1990, 159 (160); W. Schrödter, in: Schrödter, § 10 BauGB, Rn. 27; Kalb, in: EZB, § 10 BauGB, Rn. 264; Löhr, in: EZB, § 10 BauGB, Rn. 8; Schmidt, in: Eyermann, § 47 VwGO, Rn. 94.

Sicherheit angenommen werden kann, dass die Norm auch ohne diesen Teil erlassen worden wäre (Grundsatz des mutmaßlichen Willens des Normgebers).[357]

Unabhängig von der Frage, welche Rechtsnatur der Flächennutzungsplan hat,[358] stellt sich die Frage der Teilwirksamkeit auch für den Flächennutzungsplans. Denn § 6 Abs. 5 Satz 2 BauGB, nach dem der Flächennutzungsplan mit der Bekanntmachung wirksam wird, zeigt, dass der Flächennutzungsplan jedenfalls nach einem bestimmten formalen Akt Wirksamkeit entfalten kann. Aus den Vorschriften der §§ 214 ff. BauGB, die regeln, wann Verstöße gegen Vorschriften des Baugesetzbuchs den Flächennutzungsplan in seiner Rechtswirksamkeit nicht beeinträchtigen, ist zu schließen, dass ein fehlerhafter Flächennutzungsplan sonst nicht wirksam ist. Aufgrund dieser Tatsache lassen sich die Grundsätze, die für die Teilnichtigkeit einer Norm gelten, grundsätzlich auf den Flächennutzungsplan übertragen.

Der Grundsatz der Teilbarkeit setzt voraus, dass die Norm überhaupt teilbar ist. Im Bereich des Flächennutzungsplans gibt der Gesetzgeber in § 5 Abs. 1 Satz 1 BauGB vor, dass der Flächennutzungsplan für das ganze Gemeindegebiet ein Grundzügekonzept zur Verfügung stellen muss. Flächen und sonstige Darstellungen dürfen nur ausnahmsweise unter den Voraussetzungen des § 5 Abs. 1 Satz 2 BauGB ausgenommen werden. Auch in den Fällen des § 6 Abs. 3 BauGB dürfen räumliche oder sachliche Teile des Flächennutzungsplans nur unter den Voraussetzungen des § 5 Abs. 1 Satz 2 BauGB von der Genehmigung ausgenommen werden. Ausdrücklich hat der Gesetzgeber den sogenannten Teil-Flächennutzungsplan abgeschafft.[359] Damit kann nur in den engen Grenzen, in denen ein Ausnehmen der nichtigen Teile nach § 5 Abs. 1 Satz 2 BauGB und § 6 Abs. 3 BauGB möglich wäre, eine Teilbarkeit bejaht werden. Folglich ist ein in Teilen fehlerhafter Flächennutzungsplan ganz unwirksam, wenn die Voraussetzungen für ein Ausnehmen der fehlerhaften Teile nicht vorliegen.

f) Zwischenergebnis zu „Besonderheiten des Flächennutzungsplans“

Der Flächennutzungsplan ist ein das ganze Gemeindegebiet umfassendes Grundzügekonzept, in dem sich die von der Gemeinde beabsichtigte städtebauliche Entwicklung und Ordnung konkretisiert. Ein Ausnehmen von sachlichen oder räumlichen Teilen ist nur ausnahmsweise möglich. Fehlerhafte Teile wirken sich regelmäßig auf die Wirksamkeit des restlichen Flächennutzungsplans negativ aus. Erst durch den Flächennutzungsplan bekommt die städtebauliche Entwicklung und Ordnung in einer Gemeinde ein Gesicht. Die städtebaulichen

---

[357] Hufen, § 30, Rn. 19; Schmidt, in: Eyermann, § 47 VwGO, Rn 94; Gerhardt, in: Schoch/Schmidt-Aßmann/Pietzner, § 47 VwGO, Rn. 110.

[358] Siehe dazu B. V.

[359] Siehe dazu B. III. 2. a).

Entwicklung und Ordnung ist kein aus sich heraus feststehendes Nutzungskonzept einer Gemeinde, sondern wird erst durch den gemeindlichen Flächennutzungsplan geschaffen. Das Gesetz betont die Rolle des Flächennutzungsplans als städtebauliches Entwicklungs- und Ordnungskonzept, indem es der Gemeinde eine grundsätzliche Planungspflicht auferlegt. Mit den der Gemeinde zur Verfügung stehenden Darstellungsmitteln kann der Flächennutzungsplan verschiedenste positive wie negative städtebauliche Planungsziele verwirklichen. Beigefügt wird dem Flächennutzungsplan ein Erläuterungsbericht, der zwar nicht Teil des Flächennutzungsplans ist, dafür aber eine wichtige Hilfe für die Auslegung der zeichnerischen und textlichen Darstellungen ist. Nach alledem ist der Flächennutzungsplan nach der Vorstellung des Gesetzes ein zentrales Steuerungsinstrument der Gemeinde im Bauplanungsrecht.

IV. Verfassungsrechtliche Verankerung der Flächennutzungsplanung im Recht der Gemeinden auf Selbstverwaltung gem. Art. 28 Abs. 2 Satz 1 GG

Die Bauleitpläne sind von den Gemeinden gem. § 2 Abs. 1 Satz 1 BauGB in eigener Verantwortung aufzustellen. Diese Formulierung deutet auf das gemeindliche Selbstverwaltungsrecht aus Art. 28 Abs. 2 Satz 1 GG hin. Um die Stellung der Flächennutzungsplanung später umfassend bewerten und insbesondere auch das Verhältnis zu den Planungen anderer Planungsträger einschätzen zu können, ist im folgenden zu untersuchen, was unter dem Recht der Selbstverwaltung gem. Art. 28 Abs. 2 Satz 1 GG zu verstehen ist (1.) und ob die Flächennutzungsplanung hierunter fällt (2.).

1. Das Recht der Gemeinden auf Selbstverwaltung nach Art. 28 Abs. 2 Satz 1 GG

Das Recht auf Selbstverwaltung ist eine institutionelle Garantie, also eine Garantie öffentlichrechtlicher Rechtskomplexe.[360] Es ist kein Grundrecht der Gemeinde. Dies ist aus der Stellung des Art. 28 Abs. 2 Satz 1 GG im Kapitel des Grundgesetzes über die Staatsorganisation zu schließen; die Grundrechte finden sich in den Art. 1 bis 19 GG.[361] Die institutionelle Garantie des gemeindlichen Selbstverwaltungsrechts wird in drei Aspekte aufgegliedert:[362] Erstens ist sie

[360] Lissack, § 1, Rn. 87.

[361] Stern, Staatsrecht I, S. 404; Clemens, NVwZ 1990, 834 (835); Blümel, in: FG von Unruh, S. 265 (267).

[362] Stern, Staatsrecht I, S. 408 ff.; im Anschluss an diesen z. B.: Lissack, § 1 Rn. 87; Tettinger, in: Mangoldt, Art. 28 GG, Rn. 154 ff.; Löwer, in: von Münch/Kunig, Art. 28 GG, Rn. 41 ff; Pieroth, in: Jarass/Pieroth, Art. 28 GG, Rn. 11.

institutionelle Rechtssubjektsgarantie; d. h. die Gemeinden sind zwar nicht individuell, aber als Institution zu gewährleisten.[363] Zweitens besteht eine objektive Rechtsinstitutionsgarantie; d. h. den Gemeinden wird gewährleistet, dass sie die kommunalen Aufgaben unter kommunaler Eigenverantwortung erledigen können. Drittens kommt der Gemeinde eine subjektive Rechtstellungsgarantie zu; d. h. der Gemeinde wird Rechtsschutz gegenüber Verletzungen ihres Selbstverwaltungsrechts in Form von Verletzungen der institutionellen Rechtssubjektsgarantie und der objektiven Rechtsinstitutionsgarantie gewährt. In diesem Sinne eröffnet Art. 93 Abs. 1 Nr. 4 b GG den Gemeinden die kommunale Verfassungsbeschwerde als Rechtsbehelf. Für die spätere Einordnung der Flächennutzungsplanung[364] in das gemeindliche Recht auf Selbstverwaltung ist im wesentlichen die objektive Rechtsinstitutionsgarantie von Interesse; d. h. ob die Flächennutzungsplanung unter die vom Recht auf Selbstverwaltung erfassten Angelegenheiten der örtlichen Gemeinschaft fällt. Deshalb soll im folgenden nur die objektive Rechtsinstitutionsgarantie untersucht werden. Dazu ist darzustellen, welche Angelegenheiten der örtlichen Gemeinschaft im Rahmen der Gesetze die Gemeinde regeln darf (a)) und was unter eigenverantwortliche Wahrnehmung zu verstehen ist (b)).

a) Alle Angelegenheiten der örtlichen Gemeinschaft im Rahmen der Gesetze

Das Selbstverwaltungsrecht der Gemeinden erstreckt sich auf alle Angelegenheiten der örtlichen Gemeinschaft. Im folgenden ist zunächst zu überlegen, wie sich die Angelegenheiten der örtlichen Gemeinschaft näher bestimmen lassen (aa)), sodann, unter welchen Voraussetzungen der Gesetzgeber auf die Wahrnehmung dieser Aufgaben einwirken darf und unter welchen Umständen er die Erfüllung örtlicher Angelegenheiten auf andere Verwaltungseinheiten übertragen darf (bb)).

aa) Angelegenheiten der örtlichen Gemeinschaft

Das Grundgesetz zählt in Art. 28 Abs. 2 Satz 1 GG zu den Aufgaben der Gemeinden, die von ihrem Recht auf Selbstverwaltung umfasst werden, alle Angelegenheiten der örtlichen Gemeinschaft. Dagegen beschreibt es die Angelegenheiten, die vom Recht der Gemeindeverbände auf Selbstverwaltung i. S. v. Art. 28 Abs. 2 Satz 2 GG umfasst sind, nicht näher. Diese grundgesetzliche Gegen-

---

[363] So auch BVerfG, Beschluss vom 12.05.1992 – 2 BvR 470, 650, 707/90, BVerfGE 86, 90 (107).
[364] Siehe dazu B. IV. 2.

überstellung hat dazu geführt, dass einige die Definition der Angelegenheiten der örtlichen Gemeinschaft in Abgrenzung zu den Aufgaben der Gemeindeverbände vornehmen, während andere die Aufgabenbereiche nicht voneinander trennen und eine Abgrenzung für die Definition nicht für erforderlich halten.

Das in den siebziger Jahren entwickelte Verbundmodell geht von einem funktionalen Selbstverwaltungsverständnis aus.[365] Eine Abgrenzung zwischen örtlichen und überörtlichen Aufgaben sei gar nicht möglich. Den Gemeinden werde in Art. 28 Abs. 2 Satz 1 GG, den Gemeindeverbänden in Art. 28 Abs. 2 Satz 2 GG ein Selbstverwaltungsrecht zugewiesen, in dessen Rahmen auf der einen Seite kreisangehörige Gemeinden und Kreise, auf der anderen Seite kreisfreie Städte die Selbstverwaltungsangelegenheiten wahrnähmen. Ob kreisangehörige Gemeinden oder Kreise die Aufgaben wahrnähmen, hinge davon ab, wer die Aufgabe gemessen am Übermaßverbot am funktionsgerechtesten erfüllen könne, da das Selbstverwaltungsrecht keinen bestimmten Aufgabenbestand, sondern nur eine bestimmte Art der Aufgabenwahrnehmung garantiere.[366] Das gemeindliche Selbstverwaltungsrecht verlange lediglich nach einer funktionsgerechten Einschaltung und Mitwirkung der Gemeinden im Rahmen der Aufgabenwahrnehmung durch die Gemeindeverbände.[367] Dagegen spricht jedoch der Wortlaut des Art. 28 Abs. 1 Satz 1 und Satz 2 GG: Während den Gemeinden nach Satz 1 ausdrücklich alle Angelegenheiten der örtlichen Gemeinschaft zu gewährleisten sind, wird den Kreisen gerade kein bestimmter Aufgabenbereich garantiert; den Aufgabenbereich der Kreise hat der Gesetzgeber zu bestimmen. Art. 28 Abs. 1 Satz 1 und Satz 2 GG gehen also von unterschiedlichen Aufgabenbereichen für Gemeinden und Kreise aus, wobei nur die gemeindlichen Aufgaben dem örtlichen Bereich entspringen.[368]

Einen anderen Ansatzpunkt wählt deshalb zu Recht die Gegenmeinung: Während die Kreise gem. Art. 28 Abs. 2 Satz 2 GG nur solche Aufgaben wahrnehmen können, die ihnen durch Gesetz als Selbstverwaltungsaufgaben übertragen worden sind, nehmen die Gemeinden gem. Art. 28 Abs. 2 Satz 1 GG alle Angelegenheiten der örtlichen Gemeinschaft als Selbstverwaltungsaufgaben wahr.[369] In Art. 28 Abs. 2 Satz 1 GG kommt das Universalitätsprinzip, der Grundsatz der Allzuständigkeit der Gemeinden, zum Ausdruck. Nach diesem Grundsatz sind

---

[365] Vgl. auch Burmeister, der eine neue eigenständige Interpretation des Selbstverwaltungsrechts der Gemeinden vornimmt und vom Selbstverwaltungsrecht alle Angelegenheiten erfasst sieht, die einen örtlichen Bezug haben (S. 70 ff.).

[366] Pappermann, DVBl. 1976, S. 766 (769); ders., JuS 1973, 689 (690).

[367] Roters, S. 31; Pappermann, JuS 1973, 689 (691).

[368] BVerfG, Beschluss vom 23.11.1988 – 2 BvR 1619, 1628/82, BVerfGE 79, 127 (152); Widera, S. 35; Blümel, VVDStRL 36 (1978), 171 (241ff.); von Mutius, in: FG von Unruh, S. 227 (245).

[369] BVerfG, Beschluss vom 23.11.1988 – 2 BvR 1619, 1628/83, BVerfGE 79, 127 (150); Knemeyer, DVBl. 1984, S. 23 (25 f.).

die Gemeinden befugt, sich aller Angelegenheiten der örtlichen Gemeinschaft ohne besonderen Kompetenztitel anzunehmen.[370]

Zur Bestimmung der Angelegenheiten der örtlichen Gemeinschaft können verschiedene Kriterien herangezogen werden. Zum einen ist den historischen Erscheinungsformen der Selbstverwaltung Rechnung zu tragen.[371] Zum anderen gibt der Begriff der örtlichen Gemeinschaft selbst Kriterien vor: Eine Angelegenheit i. S. v. Art. 28 Abs. 2 Satz 1 GG hat sowohl einen räumlichen als auch einen soziologischen Bezugspunkt. Der räumliche Bezugspunkt, die Örtlichkeit, zeigt, dass es sich um eine Aufgabe handeln muss, die gerade im gemeindlichen Gebiet anfällt und nicht zugleich eine Aufgabe im Gesamtgebiet der größeren Organisationseinheit Gemeindeverband ist, wobei die Auswirkung einer Angelegenheit der örtlichen Gemeinschaft über die Gemeindegrenzen hinaus aus ihr noch keine überörtliche Aufgabe macht.[372] Überörtliche und gesamtstaatliche Aufgaben bedürfen meist einer gleichmäßigen und einheitlichen Behandlung im gesamten Staatsgebiet.[373] Die soziologische Komponente, die örtliche Gemeinschaft, verlangt nach einem in einem wirtschaftlich, ökologisch, strukturell gleichförmigen und emotional überschaubaren Raum entstandenen Zusammenhang nachbarschaftlicher Verbundenheit.[374] Auch das Bundesverfassungsgericht bezieht sich auf die räumliche und die soziologische Seite des gemeindlichen Selbstverwaltungsrechts, wenn es zur Ermittlung der Angelegenheiten der örtlichen Gemeinschaft auf alle diejenigen Bedürfnisse und Interessen abstellt, die in der örtlichen Gemeinschaft wurzeln oder auf sie einen spezifischen Bezug haben.[375] Angelegenheiten der örtlichen Gemeinschaft seien solche, die den Gemeindeeinwohnern gerade als solchen gemeinsam seien, indem sie das Zusam-

---

[370] BVerfG, Beschluss vom 23.11.1988 – 2 BvR 1619, 1628/83, BVerfGE 79, 127 (146), Lissack, § 1, Rn. 67; von Mutius, in: FG von Unruh, S. 227 (244 f.); Schmidt-Aßmann, in: FS Sendler, S. 121 (130). Für Eingriffe in die Grundrechte des Bürgers benötigt die Gemeinde allerdings trotzdem einer gesetzlichen Grundlage (vgl. Manssen, Stadtgestaltung, S. 134 ff. mit Darstellung des Streitstandes zur Frage des Gesetzesvorbehalts).

[371] BVerfG, Beschluss vom 29.04.1958 – 2 BvL 25/56, BVerfGE 7, 358 (364), BVerfG, Beschluss vom 12.07.1960 – 2 BvR 373, 442/60, BVerfGE 11, 266 (274); BVerfG, Beschluss vom 17.01 1979 – 2 BvL 6/76, BVerfGE 50, 195 (201); BVerfG, Beschluss vom 12.01.1982 – 2 BvR 113/81, BVerfGE 59, 216 (226); BVerfG, Beschluss vom 23.06.1987 – 2 BvR 826/83, BVerfGE 76, 107 (118); BVerfG, Beschluss vom 23.11.1988 – 2 BvR 1619, 1628/83, BVerfGE 79, 127 (146) ;Widera, S. 70 ff; Nierhaus, in: Sachs, Art. 28 GG, Rn. 49; Lissack, § 1 Rn. 72.

[372] Knemeyer, in: FG von Unruh, S. 209 (222); Clemens, NVwZ 1990, 834 (840 f.)

[373] Knemeyer, in: FG von Unruh, S. 209 (222).

[374] Von Mutius, in: FG von Unruh, S. 227 (245); Schmidt-Jortzig, Kommunalrecht, Rn. 468.

[375] BVerfG, Urteil vom 30.07.1958 – 2 BvG 1/58, BVerfGE 8, 122 (134); BVerfG, Beschluss vom 17.01 1979 – 2 BvL 6/76, BVerfGE 50, 195 (201); BVerfG, Urteil vom 24.07.1979 – 2 BvK 1/78, BVerfGE 52, 95 (120); BVerfG, Beschluss vom 23.11.1988 – 2 BvR 1619, 1628/83, BVerfGE 79, 127 (151).

menleben und –wohnen der Menschen in der (politischen) Gemeinde betreffen.[376]

Ähnliche Kriterien ergeben sich aus der Funktion des Selbstverwaltungsrechts der Gemeinden. Das Selbstverwaltungsrecht der Gemeinden dient zum einen der Schaffung überschaubarer Verwaltungseinheiten (verwaltungsorganisatorische Funktion).[377] Zum anderen hat das Selbstverwaltungsrecht eine politisch-demokratische Funktion: Auf kommunaler Ebene soll das Volk selbst oder durch von ihm gewählte Organe eine räumlich begrenzte Staatsgewalt ausüben können.[378] Auf diese Weise wird der Bürger nicht nur unmittelbar in das Staatsganze integriert, indem er an der Gestaltung seiner nächsten Umgebung mitwirkt, sondern der Staat selbst profitiert davon, dass der Bürger die Bereiche zur Diskussion bringt, die ihn selbst unmittelbar berühren und in die er selbst den besten Einblick hat.[379] Um eine solche Einbindung zu erreichen, muss sich aber die Selbstverwaltung auch von ihrem Aufgabenzuschnitt her dem Bürger so darstellen, dass er sie überschauen und sich mit ihr identifizieren kann.[380]

Bis zu seiner „Rastede-Entscheidung" stellte das Bundesverfassungsgericht darauf ab, ob die örtliche Gemeinschaft die Aufgabe auch eigenverantwortlich und selbständig bewältigen könne.[381] Damit war die Leistungs- und Verwaltungskraft der Gemeinde gemeint. Nunmehr ist nach dem Bundesverfassungsgericht die Verwaltungskraft der Gemeinde kein geeignetes Kriterium, um die Angelegenheiten der örtlichen Gemeinschaft zu ermitteln.[382] In der Literatur wird teilweise weiterhin vertreten, dass die Leistungsfähigkeit einer Gemeinde den Aufgabenkreis begrenze. Denn ansonsten könne zu Lasten größerer Gemeinden nur der kleinste gemeinsame Nenner aller Gemeinden im „Schutzbereich" der Angelegenheiten der örtlichen Gemeinschaft liegen, da kleine Gemeinden nicht alle Aufgaben, die eine große Gemeinde eigenverantwortlich wahrnehmen könne, bewältigen könnten, Art. 28 Abs. 2 Satz 1 GG erfasse aber nur Aufgaben, die von den Gemeinden auch eigenverantwortlich wahrgenommen werden könnten.[383]

---

[376] BVerfG, Beschluss vom 23.11.1988 – 2 BvR 1619, 1628/83, BVerfGE 79, 127 (151 f.).

[377] Von Mutius, in: FG von Unruh, S. 227 (244).

[378] BVerfG, Beschluss vom 23.11.1988 – 2 BvR 1619, 1628/83, BVerfGE 79, 127 (148; 153); von Mutius, in: FG von Unruh, S. 227 (244); Schmidt-Aßmann, in: FS Sendler, S. 121 (123); Schink, VerwArch 1990 (81), S. 385 (406). Dieser Gedanke liegt auch Art. 11 Abs. 4 BV zugrunde.

[379] Schink, VerwArch 1990 (81), S. 385 (406).

[380] Schmidt-Aßmann, in: FS Sendler, S. 121 (129).

[381] BVerfG, Urteil vom 30.07.1958 – 2 BvG 1/58, BVerfGE 8, 122 (134); BVerfG, Beschluss vom 17.01 1979 – 2 BvL 6/76, BVerfGE 50, 195 (201); BVerfG, Urteil vom 24.07.1979 – 2 BvK 1/78, BVerfGE 52, 95 (120).

[382] BVerfG, Beschluss vom 23.11.1988 – 2 BvR 1619, 1628/83, BVerfGE 79, 127 (152).

[383] Schink, VerwArch 1990 (81), S. 385 (405).

Dieser Meinung ist zunächst zuzugeben, dass nicht für jede Gemeinde dieselben Angelegenheiten zu den geschützten i. S. v. Art. 28 Abs. 2 Satz 1 GG gehören können.[384] Dies folgt daraus, dass nicht in jeder Gemeinde die gleichen räumlichen und soziologischen Verhältnisse herrschen und die Angelegenheiten der örtlichen Gemeinschaft von Größe (Einwohnerzahl, flächenmäßiger Ausdehnung) und Struktur der Gemeinden beeinflusst werden.[385] Der Aufgabenkreis der örtlichen Gemeinschaft ist kein ein für allemal und für alle Gemeinden gleichermaßen feststehender.[386] Obwohl Größe und Struktur Elemente sind, die die Verwaltungskraft und Leistungsfähigkeit einer Gemeinde beeinflussen, sind Verwaltungskraft und Leistungsfähigkeit dennoch keine zulässigen Kriterien.[387] So umfasst die Gewährleistung der Selbstverwaltung nach Art. 28 Abs. 2 Satz 3 GG auch die Grundlagen der finanziellen Eigenverantwortung. Hieraus ist zu schließen, dass die Finanzierung den Aufgaben anzupassen ist und nicht umgekehrt. Das Abstellen auf die Leistungsfähigkeit gäbe dem Staat die Möglichkeit, über die Finanzzuweisungen die gemeindlichen Angelegenheiten zu beeinflussen.[388] Deshalb können Verwaltungskraft und Leistungsfähigkeit nicht die Grenze der Angelegenheiten der örtlichen Gemeinschaft bilden. Sie können lediglich Rückschlüsse auf Größe und Struktur einer Gemeinde zulassen und Indiz dafür sein, was die Angelegenheiten der örtlichen Gemeinschaft sind.

Enthält eine Aufgabe sowohl überörtliche als auch örtliche Bezüge, so ist nach allgemeiner Ansicht nach dem Schwerpunkt der Aufgabe zu entscheiden.[389] Dem Gesetzgeber kommt nach dem Bundesverfassungsgericht bei der Einschätzung der örtlichen Bezüge einer Aufgabe ein Einschätzungsspielraum zu, so dass das Gericht die gesetzgeberische Entscheidung nur auf ihre Vertretbarkeit hin überprüfe.[390] Gegen einen Einschätzungsspielraum des Gesetzgeber bei der Qualifikation einer Aufgabe als eine der örtlichen Gemeinschaft spricht aber, dass nach Art. 28 Abs. 2 Satz 1 GG die Angelegenheiten der örtlichen Gemeinschaft lediglich im Rahmen der Gesetze gewährt werden, dass danach aber nicht das Gesetz selbst die Natur einer Aufgabe bestimmt. Vielmehr besteht

---

[384] Ebenso BVerfG, Beschluss vom 23.11.1988 – 2 BvR 1619, 1628/83, BVerfGE 79, 127 (152); Schmidt-Aßmann, in: FS Sendler, S. 121 (129); Nierhaus, in: Sachs, Art. 28 GG, Rn. 41; Lissack, § 1, Rn. 72.

[385] BVerfG, Beschluss vom 23.11.1988 – 2 BvR 1619, 1628/83, BVerfGE 79, 127 (151 f.); Lissack, § 1, Rn. 72; Nierhaus, in: Sachs, Art. 28 GG, Rn. 41.

[386] BVerfG, Beschluss vom 23.11.1988 – 2 BvR 1619, 1628/83, BVerfGE 79, 127 (152).

[387] Lissack, § 1, Rn. 72.

[388] Lissack, § 1, Rn. 72.

[389] Knemeyer, in: FG von Unruh, S. 209 (222); Clemens, NVwZ 1990, 834 (840); Funke/Schroer, ZG 1986, S. 256 (260). Das Bundesverfassungsgericht spricht insoweit vom „relevanten örtlichen Charakter" einer Aufgabe, vgl. BVerfG, Beschluss vom 23.11.1988 – 2 BvR 1619, 1628/83, BVerfGE 79, 127 (153).

[390] BVerfG, Beschluss vom 23.11.1988 – 2 BvR 1619, 1628/83, BVerfGE 79, 127 (153 f.); ähnlich Reißig, S. 52. Vgl. auch Manssen, Stadtgestaltung, S. 131 ff.

der Unterschied zu Art. 28 Abs. 2 Satz 2 GG, der den Gemeindeverbänden das Recht auf Selbstverwaltung im Rahmen ihres gesetzlichen Aufgabenbereiches nach Maßgabe der Gesetze gewährt, gerade darin, dass die Tatsache, ob eine Angelegenheit eine solche der örtlichen Gemeinschaft ist, nicht im Ermessen des Gesetzgebers steht.

bb) Im Rahmen der Gesetze

Das Recht der Gemeinden, alle Angelegenheiten der örtlichen Gemeinschaft in eigener Verantwortung zu regeln, wird ihnen nur im Rahmen der Gesetze gewährleistet. Zu untersuchen ist, unter welchen Voraussetzungen der Gesetzgeber gemeindliche Aufgaben entziehen oder beschränken kann.[391]

Meist werden die Angelegenheiten der örtlichen Gemeinschaft in zwei Gruppen von Aufgaben eingeteilt: Solche, die zum Kernbereich (Wesensgehalt) des Selbstverwaltungsrechts, und solche, die zum Randbereich zählen. Der Kernbereich sei unantastbar; Aufgaben, die hierzu gehörten, könnten der Gemeinde nicht entzogen werden. Aufgaben aus dem Randbereich seien der Regelung des Gesetzgebers im Rahmen des Übermaßverbotes zugänglich.[392] Der absolute Schutz erfasse aber nur „generelle Eingriffe"; werde dagegen in eine Aufgabe individuell eingegriffen, also nur einzelnen Gemeinden entzogen, dann sei dies unter Einhaltung des Grundsatzes der Verhältnismäßigkeit zulässig, wenn ein ausreichend gewichtiger Grund vorliege.[393] Das sogenannte Kompensationsmodell präzisiert diesen Ansatz dahingehend, dass der Entzug von Aufgaben des Randbereichs den Gemeinden im Rahmen der Verhältnismäßigkeitsprüfung durch Mitwirkungsrechte an den Entscheidungen der nunmehr zuständigen Verwaltungseinheiten auszugleichen sei. Je ortsbezogener eine Aufgabe sei, des-

---

[391] Knemeyer (in: FG von Unruh, S. 209 (224)) nimmt an, dass sich die Einschränkung des Selbstverwaltungsrechts durch Gesetze nur auf die Eigenverantwortlichkeit bezieht, nicht dagegen auf den Aufgabenbestand. Richtigerweise kann aber sowohl der Aufgabenbestand als auch der Umfang der Eigenverantwortlichkeit durch Gesetz geregelt werden (vgl. Schmidt-Jortzig, Kommunalrecht, Rn. 488; von Mutius, in: FG von Unruh, S. 227 (250)). Angesichts der Weite der Angelegenheiten der örtlichen Gemeinschaft, die gerade nicht durch die Leistungsfähigkeit aus sich heraus beschränkt sind, muss dem Gesetzgeber die Möglichkeit eröffnet werden, unter bestimmten Voraussetzungen Aufgaben auf leistungsstärkere Verwaltungseinheiten zu übertragen.

[392] BVerfG, Urteil vom 20.03.1952 – 1 BvR 267/51, BVerfGE 1, 167 (178); BVerfG, Beschluss vom 02.12.1958 – 1 BvL 27/55, BVerfGE 8, 332 (359); BVerfG, Beschluss vom 26.11.1963 – 2 BvL 12/62, BVerfGE 17, 172 (182); Stern, Staatsrecht I, S. 416; Schmidt-Jortzig, Kommunalrecht, Rn. 517.

[393] BVerfG, Beschluss vom 07.10.1980 – 2 BvR 584, 598, 599, 604/76, BVerfGE 56, 298 (313); Widera, S. 128; Funke/Schroer, ZG 1986, S. 256 (263); Gaentzsch, in: HdkWP, Band 3, S. 364 (371).

to strengere Anforderungen seien im Rahmen des Übermaßverbots und im Ausgleich durch Mitwirkungsrechte zu stellen.[394]

Schwierigkeiten bereitet die Bestimmung des Kernbereichs. Teilweise wird angenommen, dass zum Kernbereich ein bestimmbarer Aufgabenbestand gehört. Welche Aufgaben hierzu gehören, wird zum einen im Wege der historischen Auslegung ermittelt. Maßgeblich sei, welche Bedeutung die Aufgabe für die Gemeinde in verfassungsrechtlicher und verfassungspolitischer Hinsicht unter Berücksichtigung der geschichtlichen Entwicklung gehabt habe.[395] Daneben habe die aktuelle Bedeutung einer Aufgabe, die die Gemeinden wahrnehmen, Berücksichtigung zu finden.[396] Zum anderen wird die Substraktionsmethode herangezogen, nach der die Bedeutung der Selbstverwaltung vor und nach der gesetzlichen Regelung zu untersuchen ist. Eine Verletzung liege dann vor, wenn ein typisches Aufgabenfeld oder eine der Kommunalhoheiten der Gemeinde voll entzogen werde oder wenn der verbleibende Rest nicht mehr für eine sinnvolle eigenverantwortliche Tätigkeit ausreiche.[397] Letztlich gelingt es aber nicht, allgemeingültige Kriterien zur Bestimmung des Kernbereichs aufzustellen.[398] Der historischen Methode haftet das Manko an, dass neu entstandene Aufgaben, die möglicherweise für die Gemeinden in der heutigen Gesellschaft von erheblicher Bedeutung sind, keinen Schutz erhalten, während bedeutungslos gewordene Aufgaben, geschützt sind.[399] Stellt man auf die aktuelle Bedeutung einer Aufgabe ab, so befindet man sich zwangsläufig in einer Abwägung, die weiterer Kriterien bedarf, um die Bedeutung einer Aufgabe feststellen zu können.

Einen neuen Weg geht daher zu Recht das Bundesverfassungsgericht.[400] Den Kernbereich des Selbstverwaltungsrechts macht allein das Universalitätsprinzip, also der Grundsatz der Allzuständigkeit der Gemeinde, aus. Zum Kernbereich gehört kein gegenständlich bestimmter oder nach feststehenden Merkmalen bestimmbarer Aufgabenkatalog, sondern die Befugnis, sich aller Angelegenheiten der örtlichen Gemeinschaft, die nicht durch Gesetz bereits anderen Trägern öffentlicher Verwaltung übertragen sind, ohne besonderen Kompetenztitel anzunehmen.[401] Dafür spricht der Wortlaut des Art. 28 Abs. 2 Satz 1 GG, der keinen Anhaltspunkt für besonders schützenswerte Aufgaben gibt. Der Gesetzgeber

---

[394] Blümel, VVDStRL 36 (1978), S. 171 (248); Widera, S. 39 ff; Giegerich, JA 1988, S. 367 (368).

[395] BVerfG, Beschluss vom 29.04.1958 – 2 BvL 25/56, BVerfGE 7, 358 (364); BVerfG, Beschluss vom 12.07.1960 – 2 BvR 373, 442/60, BVerfGE 11, 266 (274); BVerfG, Beschluss vom 26.11.1963 - BvL 12/62, BVerfGE 17, 172 (182).

[396] Widera, S. 73 ff.

[397] BVerwG, Urteil vom 22.11.1957 – BVerwG VII C 69.57, BVerwGE 6, 19 (25).

[398] Vgl. hierzu Ipsen, ZG 1994, S. 194 (197).

[399] Widera, S. 72.

[400] BVerfG, Beschluss vom 23.11.1988 – 2 BvR 1619, 1628/83, BVerfGE 79, 127 (146). Ähnlich bereits Manssen, Stadtgestaltung, S. 120 ff.

[401] BVerfG, Beschluss vom 23.11.1988 – 2 BvR 1619, 1628/83, BVerfGE 79, 127 (146).

kann daher den Aufgabenbestand durch Gesetz beeinflussen, wobei die Wesensgehaltsgarantie ihm eine Grenze setzt: Das Selbstverwaltungsrecht darf nicht ausgehöhlt werden.[402] Allerdings greift diese Grenze erst dann, wenn der den Gemeinden nach Aufgabenentzug verbleibende Aufgabenbestand eine sinnvolle Selbstverwaltung nicht mehr erlaubt.[403] Dies ähnelt der oben erwähnten Substraktionsmethode bei der Ermittlung des Kernbereichs.[404]

Während das Bundesverfassungsgericht für die Zulässigkeit von individuellen Eingriffen in das Selbstverwaltungsrecht auf das Verhältnismäßigkeitsprinzip abstellt[405], leitet es die Grenzen der abstrakt-generellen Regelungsbefugnis aus dem in Art. 28 Abs. 2 Satz 1 GG festgelegten Aufgabenverteilungsprinzip ab. In Art. 28 Abs. 2 Satz 1 GG sei die Entscheidung des Grundgesetzgebers festgelegt, dass grundsätzlich die Gemeinden die Angelegenheiten der örtlichen Gemeinschaft regeln dürften.[406] Denn mit der Einräumung des Selbstverwaltungsrechts für die Gemeinden habe sich der Gesetzgeber dafür entschieden, dass nicht nur eine effiziente Verwaltung Maßstab für die Aufgabenverteilung sein solle, sondern auch die bürgernahe Wahrnehmung der Aufgaben im Rahmen einer dezentralen Aufgabenansiedlung beachtet werden müsse.[407] Eine Abweichung vom Aufgabenverteilungsprinzip zugunsten der Gemeinden sei nur dann erlaubt, wenn Gründe des Gemeinwohlinteresses dafür sprechen.[408] Aus der Entscheidung des Grundgesetzgebers für eine dezentrale Aufgabenansiedlung ergebe sich, dass nicht schon Verwaltungsvereinfachung oder Effektivierung durch Zuständigkeitskonzentration als Grund genüge. Erst die Gefahr, dass die Aufgabenerfüllung anders nicht mehr sichergestellt werden könne oder dass ein Belassen der Aufgabe bei den Gemeinden zu einem unverhältnismäßigen Kostenanstieg führen würde, erlaube einen Aufgabenentzug.[409] Dem Gesetzgeber komme dabei eine Argumentationslast zu; er müsse begründen, warum eine Ausnahme vom Aufgabenverteilungsprinzip zu machen sei.[410] Hinsichtlich der Einschätzung, ob ein Gemeinwohlinteresse die Neuverteilung einer Aufgabe mit örtlichen Bezug zu rechtfertigen vermöge, komme dem Gesetzgeber ein Einschät-

[402] BVerfG, Beschluss vom 23.11.1988 – 2 BvR 1629, 1628/83, BVerfGE 79, 127 (143; 146).
[403] BVerfG, Beschluss vom 23.11.1988 – 2 BvR 1619, 1628/83, BVerfGE 79, 127 (148).
[404] Schoch, VerwArch 1990 (81), S. 18 (31).
[405] BVerfG, Beschluss vom 07.10.1980 – 2 BvR 584, 598, 599, 604/76, BVerfGE 56, 298 (313); BVerfG, Beschluss vom 23.06.1987 – 2 BvR 826/83, BVerfGE 76, 107 (119).
[406] BVerfG, Beschluss vom 23.11.1988 – 2 BvR 1619, 1628/83, BVerfGE 79, 127 (150).
[407] BVerfG, Beschluss vom 23.11.1988 – 2 BvR 1619, 1628/83, BVerfGE 79, 127 (148 f.).
[408] BVerfG, Beschluss vom 23.11.1988 – 2 BvR 1619, 1628/83, BVerfGE 79, 127 (153).
[409] BVerfG, Beschluss vom 23.11.1988 – 2 BvR 1619, 1628/83, BVerfGE 79, 127 (153). Diese Ausführungen deuten darauf hin, dass allein Verwaltungsvereinfachungsargumente im Rahmen der Angemessenheitsprüfung im Sinne des Verhältnismäßigkeitsprinzips einen Aufgabenentzug nicht zu rechtfertigen vermögen (vgl. Schink, VerwArch 1990 (81), S. 385 (401); Ipsen, ZG 1994, 194 (211).
[410] BVerfG, Beschluss vom 23.11.1988 – 2 BvR 1619, 1628/83, BVerfGE 79, 127 (154); so auch interpretiert von Schmidt-Aßmann, in: FS Sendler, S. 121 (136).

zungsspielraum zu; das Gericht überprüfe diese Entscheidung nur auf ihre Vertretbarkeit, wobei die gerichtliche Kontrolle um so intensiver sei, je mehr die gemeindliche Selbstverwaltung als Folge der gesetzlichen Regelung an Substanz verliere.[411] Damit stellt das Bundesverfassungsgericht nicht mehr auf das Übermaßverbot ab.[412]

Ein Teil der Lehre will ebenfalls nicht auf das Übermaßverbot als Grenze für die gesetzgeberische Befugnis zurückgreifen und begründet dies damit, dass der Schutz des Selbstverwaltungsrechts nicht der eines Grundrechts sei, sondern der einer institutionellen Garantie. Hier habe der Gesetzgeber eine Ausgestaltungsbefugnis, die nicht am Übermaßverbot zu messen sei.[413] Denn nur, wo der Staat konkret-individuell in Rechte anderer eingreife, sei Raum für das Übermaßverbot.[414]

Richtigerweise ist aber das Übermaßverbot sowohl Grenze bei konkret-individuellen Eingriffen als auch bei abstrakt-generellen Aufgabenveränderungen, wobei dem Gesetzgeber ein Einschätzungsspielraum zuzugestehen ist. Das Übermaßverbot ist als Teil des Rechtsstaatsprinzips in allen Tätigkeitsgebieten der öffentlichen Gewalt anwendbar, also auch bei der Gesetzgebung.[415] Art. 93 Abs. 1 Nr. 4 b GG, der den Gemeinden im Falle der Verletzung ihres Selbstverwaltungsrechts einen verfassungsrechtlichen Rechtsbehelf einräumt, zeigt, dass das Schutzbedürfnis der Gemeinden vom Verfassungsgeber dem des Bürgers angenähert ist. Für die Anwendung des Übermaßverbots verbunden mit einem Einschätzungsspielraum des Gesetzgebers auch jenseits konkret-individueller Eingriffe spricht schließlich die Ähnlichkeit zwischen der gesetzgeberischen Befugnis zur Ausgestaltung der institutionellen Garantie und der zur Ausgestaltung einer Institutsgarantie, wie sie in Art. 14 Abs. 1 Satz 2 GG enthalten ist. Auch bei der generell-abstrakten Ausgestaltung des Eigentums ist der Gesetzgeber an das Übermaßverbot gebunden,[416] wobei ihm ein Einschätzungsspielraum

---

[411] BVerfG, Beschluss vom 23.11.1988 – 2 BvR 1619, 1628/83, BVerfGE 79, 127 (154 f.).
[412] Schoch, VerwArch 1990 (81), S. 19 (32 f.); Schink, VerwArch 1990 (81), S. 385 (400).
[413] Schmidt-Aßmann, in: FS Sendler, S. 121 (135 f.); Clemens, NVwZ 1990, 834 (836).
[414] So Clemens, NVwZ 1990, 834 (836) mit Verweis auf eine Entscheidung Bundesverfassungsgerichts zum Haushaltsrecht. Dort sei das Verhältnismäßigkeitsprinzip auch nicht anzuwenden, da kein Eingriff in Rechts- oder Freiheitsbereiche vorliege, so dass ein Gestaltungsfreiraum für politisches Handeln bestehe. Dies sei auf die Ausgestaltungsbefugnis im Rahmen der institutionellen Garantie übertragbar. Clemens übersieht jedoch, dass die Haushaltspolitik als Grundlage für jedes politisches Handeln einen besonders großen Freiraum benötigt. Dies ist nicht zu vergleich mit der Ausgestaltungsbefugnis des Gesetzgebers nach Art. 28 Abs. 2 S. 1 GG.
[415] Schink, VerwArch 1990 (81), S. 385 (402); Ipsen, ZG 1994, S. 194 (208 f.); Stern, Staatsrecht I, S. 861.
[416] Wendt, in: Sachs, Art. 14 GG, Rn. 85; Bryde, in: von Münch/Kunig, Art. 14 GG, Rn.62; Papier, in: Maunz/Dürig, Art. 14 GG, Rn. 307.

hinsichtlich der Eignung der Regelung zur Erreichung des erstrebten Ziels zukommt.[417]

Letztlich führen beide Ansatzpunkte wohl zu gleichen Ergebnissen. Denn die Begründung, die der Gesetzgeber zur Rechtfertigung seiner gesetzlichen Regelung zu geben hat, um darzulegen, dass die gesetzliche Ausgestaltung des Selbstverwaltungsrechts durch ein Gemeinwohlinteresse gerechtfertigt ist, wird sich auf die Eignung der Regelung zur Erreichung des erstrebten Zwecks beziehen und zur Abwägung mit den Folgen der Durchbrechung des Aufgabenverteilungsprinzips für die Gemeinden führen. Dies entspricht im wesentlichen dem Verhältnismäßigkeitsprinzip mit Einschätzungsspielraum des Gesetzgebers, bei dem die Verhältnismäßigkeit im engeren Sinne nur auf ihre Vertretbarkeit überprüft wird.[418]

Einen Anhaltspunkt, welche Gesichtpunkte bei einem einen Eingriff rechtfertigenden Gemeinwohlbelang zu berücksichtigen sind, enthält Art. 28 Abs. 2 Satz 1 GG selbst. Kernpunkt zur Bestimmung der Selbstverwaltungsaufgaben sind die Angelegenheiten der örtlichen Gemeinschaft. Je mehr überörtliche Bezüge eine Angelegenheit der örtlichen Gemeinschaft aufweist, desto geringer ist ihre Schutzwürdigkeit und desto geringer muss das Gewicht des Gemeinwohlbelangs sein.[419] Der örtliche Bezug ist von den räumlich-soziologischen Verhältnissen der jeweiligen Gemeinden abhängig. Die Beschränkung der gemeindlichen Angelegenheiten ist gerechtfertigt, wenn ausreichend schutzwürdige überörtliche Interessen und Gemeinwohlbelange für eine Übertragung der Angelegenheit der örtlichen Gemeinschaft auf eine überörtliche Verwaltungseinheit bzw. für eine Beschränkung sprechen.[420]

b) Eigenverantwortlichkeit

Gem. Art. 28 Abs. 2 Satz 1 GG muss den Gemeinden die eigenverantwortliche Wahrnehmung der Angelegenheiten der örtlichen Gemeinschaft gewährleistet werden. Eigenverantwortlichkeit ist die Fähigkeit, die Aufgaben im Rahmen der Rechtsordnung frei von Zweckmäßigkeitserwägungen anderer Verwaltungsträger wahrzunehmen.[421] Die Eigenverantwortlichkeit kommt in den Gemeindehoheiten zum Ausdruck: Der Gemeinde kommt die Finanzhoheit[422], Personalhoheit[423], Organisationshoheit[424] und Rechtsetzungshoheit[425] zu. Nach der Gebiets-

417 Papier, in: Maunz/Dürig, Art. 14 GG, Rn. 312 ff.

418 Ähnlich Schink, VerwArch 1990 (81), S. 385 (400); Lissack, § 1, Rn. 107; Manssen, VerwArch 1991 (24), S. 33 (38).

419 Ipsen, ZG 1994, 194 (210).

420 Ähnlich Blümel, in: FG von Unruh, S. 265 (286); Widera, S. 40 ff.

421 Lissack, § 1, Rn. 77; Schmidt-Aßmann, in: FS Sendler, S.121 (132).

422 Lissack, § 1, Rn. 79; Stern, Staatsrecht I, S. 413. Vgl. Art. 22 Abs. 2 GO.

423 Lissack, § 1, Rn. 80; Stern, Staatsrecht I, S. 413. Vgl. Art. 42 ff. GO.

hoheit bezieht sich die eigenverantwortliche Aufgabenwahrnehmung auf das Gebiet der Gemeinde.[426] Die in diesem Zusammenhang meist ebenfalls erwähnte Planungshoheit ist das Recht zur eigenverantwortlichen Ordnung und Gestaltung des Gebietes.[427]

2. Einordnung der Flächennutzungsplanung in das Recht der Gemeinden auf Selbstverwaltung

Die Flächennutzungsplanung wird zu Recht als Angelegenheit der örtlichen Gemeinschaft bezeichnet.[428] Dieses Ergebnis ergibt sich unter Anwendung der oben ermittelten Kriterien[429]: Betrachtet man die geschichtliche Entwicklung[430], gehörte die Bauleitplanung zwar nicht schon immer zu den Selbstverwaltungsaufgaben der Gemeinden. Die Flächennutzungsplanung lässt sich aber unter Berücksichtigung der räumlich-soziologischen Aspekte den Angelegenheiten der örtlichen Gemeinschaft zuordnen. So ist gem. § 5 Abs. 1 Satz 1 BauGB ein Flächennutzungsplan gerade für das gesamte Gemeindegebiet aufzustellen. Der Plan bezieht sich auf die gemeindlichen Flächen und regelt die Nutzung der Flächen innerhalb des Gemeindegebietes, die regelmäßig von den dort ansässigen Gemeindemitgliedern genutzt werden. Gem. § 1 Abs. 5 Satz 2 BauGB sind bei der Aufstellung der Bauleitpläne die Bedürfnisse der Bevölkerung im Bereich des Wohnens, Arbeitens, der Kultur und der sozialen Lage zu berücksichtigen. Auch hieraus wird deutlich, dass der Flächennutzungsplan ebenso wie der Bebauungsplan die Interessen der Gemeindeeinwohner in ihrer Verbundenheit verarbeitet.[431] Zwar hat der Flächennutzungsplan auch zahlreiche überörtliche Bezüge als Brückenstück zwischen überörtlicher und örtlicher Planung, indem er die überörtliche Gesamtplanung umsetzt[432] und Fachplanungen berücksichtigt[433],

---

[424] Lissack, § 1, Rn. 81; Stern, Staatsrecht I, S. 414. Zur Organisationshoheit siehe auch BVerfG, Beschluss vom 26.10.1994 - 2 BvR 445/91, DVBl. 1995, S. 290 ff.; Frenz, VerwArch 1995 (86), S. 378 ff.

[425] Lissack, § 1, Rn. 85; Stern, Staatsrecht I, S. 414. Vgl. Art. 23 S. 1 GO.

[426] Lissack, § 1, Rn. 78; Stern, Staatsrecht I, S. 414. Vgl. Art. 22 Abs. 1 GO.

[427] Lissack, § 1, Rn. 82, Stern, Staatsrecht I, S. 414. Die Planungshoheit umschreibt wohl eine Aufgabe im Sinne einer Angelegenheit der örtlichen Gemeinschaft als dass sie die Art und Weise der Aufgabenerfüllung beschreibt (vgl. Lissack, § 1, Rn. 82).

[428] Widera, S. 87; Giegerich, JA 1988, S. 367 (369); Hoppe, in: FG von Unruh, S. 555 (562); Funke/Schroer, ZG 1986, S. 256 (260). Auch das Bundesverfassungsgericht setzt in seinem Beschluss vom 07.10.1980 – 2 BvR 584, 598, 599, 604/76 (BVerfGE 56, 298 (312)) voraus, dass die Bauleitplanung als Planungshoheit als ganzes eine Angelegenheit der örtlichen Gemeinschaft ist und lässt lediglich offen, ob sie auch zum unantastbaren Kernbereich gehört.

[429] Siehe dazu B. IV. 1. a) aa).

[430] Siehe dazu B. I.

[431] Widera, S. 86; Funke/Schroer, ZG 1986, S. 256 (260).

[432] Siehe dazu D. III.

und dadurch, dass die Darstellungen des Flächennutzungsplans in den Grenzgebieten der Gemeinde Auswirkungen auf andere Gemeinden haben.[434] Dennoch liegt der Schwerpunkt der Aufgabe der Flächennutzungsplanung im Bereich der Gestaltung des Gemeindegebietes als vorbereitenden Bauleitplan, aus dem die Gemeinde den rechtsverbindlichen Bebauungsplan mit den Nutzungen für die einzelnen Gemeindeflächen entwickelt. Schließlich spricht auch die politisch-demokratische Seite des Selbstverwaltungsrechts für eine Angelegenheit der örtlichen Gemeinschaft. Denn die Gestaltung der Bodennutzung, die Aufgabe der Flächennutzungsplanung ist, ist für die Bürger ein überschaubarer Bereich, der ihr unmittelbares Lebensumfeld beeinflusst. Mit ihren persönlichen Erfahrungen und Kenntnissen der örtlichen Eigenarten können sie zur besseren Erfüllung der Aufgabe der Flächennutzungsplanung beitragen. Auch deshalb liegt der Schwerpunkt der Flächennutzungsplanung im Bereich der örtlichen Gemeinschaft.

Da nach der hier vertretenen Ansicht der Kernbereich nur als Wesensgehaltsschranke eine Rolle spielt, ist Grenze für die Ausgestaltung der Flächennutzungsplanung bzw. für den Entzug der Aufgabe der Grundsatz der Verhältnismäßigkeit unter Berücksichtigung des Aufgabenverteilungsprinzips des Art. 28 Abs. 2 Satz 1 und 2 GG. Da zum Kernbereich der Angelegenheiten der örtlichen Gemeinschaft kein fest umrissener Aufgabenbestand gehört, erübrigt sich die umstrittene Frage, ob die Flächennutzungsplanung zum Kernbereich oder zum Randbereich gehört.[435]

Dass die Flächennutzungsplanung als eine Angelegenheit der örtlichen Gemeinschaft zum gemeindlichen Selbstverwaltungsrecht gehört, ist bei der Ausgestaltung der Flächennutzungsplanung durch gesetzliche Regelungen oder bei der gesetzlichen Übertragung der Flächennutzungsplanung auf einen anderen Rechtsträger zu beachten. Der Grundsatz der Allzuständigkeit und das Recht auf eigenverantwortliches Handeln verbieten es anderen Rechtsträgern ohne gesetzlich verliehene Kompetenz in die Flächennutzungsplanung einzugreifen. Andererseits beziehen sich überörtliche und örtliche Gesamtplanung genauso wie die Fachplanung auf den unvermehrbaren Boden. Setzen überörtliche Gesamtplanung oder Fachplanung für die Gemeinden verbindliche Nutzungsbestimmungen, dann wirken sie in das Selbstverwaltungsrecht der Gemeinden hinein. Wegen der verfassungsrechtlichen Verankerung des Selbstverwaltungsrechts der Gemeinden ist auf die gemeindlichen Planungsvorstellungen, so wie sie im Flä-

---

433 Siehe dazu D. II.

434 Widera, S. 84; Funke/Schroer, ZG 1986, 256 (260). Siehe dazu D. I.

435 Für eine Zugehörigkeit zum Kernbereich: BW StGH, Urteil vom 08.05.1976 – GR 2, 8/75, DÖV 1976, 595 (597); Funke/Schroer, ZG 1986, 256 (260); Hoppe, in: Ernst/Hoppe, Rn. 175; Brohm, DÖV 1989, 429 (431); Widera, S. 124. Für eine Zugehörigkeit zum Randbereich: Schmidt-Aßmann, VerwArch 1980 (71), S. 117 (130); Köstering, DÖV 1981, 689 (691); Hamann, S. 24.

chennutzungsplan Ausdruck gefunden haben, im Sinne einer Verhältnismäßigkeitsprüfung gebührend Rücksicht zu nehmen.[436]

V. Rechtsnatur des Flächennutzungsplans

Hauptstreitpunkt war lange, ob und unter welche allgemeine Rechtsfigur der Flächennutzungsplan eingeordnet werden kann. Denn dies hat Auswirkung auf den Rechtsschutz, den andere gegen einen fehlerhaften Plan erwirken können.

Um die Schwierigkeit, die sich bei der Bestimmung der Rechtsnatur des Flächennutzungsplans ergibt, richtig verstehen zu können, muss man sich zunächst damit beschäftigen, was Plan und Planung sind.[437] Planen ist das vorausschauende Setzen von Zielen und gedankliches Vorwegnehmen der zu ihrer Verwirklichung erforderlichen Verhaltensweisen.[438] Der Plan ist das Ergebnis des Planungsvorgangs.[439] Der Planungsträger muss eine Prognose aufstellen, wie sich die tatsächlichen Gegebenheiten entwickeln werden und wie unter Beachtung dieser Gegebenheiten ein bestimmtes Ziel erreicht werden kann. Ein Plan ist daher stets zukunftsgerichtet und dient dazu, widerstreitende Interessen miteinander in Ausgleich zu bringen. Wegen der Ungewissheit, die jedem zukunftsgerichteten Verhalten zukommt, obliegt dem Planenden ein Einschätzungsspielraum, welche Ziele er mit welchen Mitteln erreichen möchte.[440] Angesichts der Vielgestaltigkeit der Bereiche, in denen Pläne verwendet werden,[441] lässt sich der Plan nicht einer bestimmten Rechtsnormkategorie zuordnen. Der Plan ist vielmehr eine bestimmte Art, eine gestellte Aufgabe zu lösen, er ist nicht mit einer bestimmten Handlungsform der Verwaltung verknüpft.[442] Welche Rechtsnatur ein Plan hat, kann gesetzlich ausdrücklich festgelegt sein.[443] Ist dies nicht der Fall, so ist darauf abzustellen, wie er inhaltlich ausgestaltet ist, welchen materiellen Charakter der Plan hat.[444]

Während § 10 BauGB festlegt, dass der Bebauungsplan als Satzung zu erlassen ist, sagt das Baugesetzbuch nichts über die Rechtsnatur des Flächennutzungsplans. Teilweise wurde vertreten, dass der Flächennutzungsplan eine Viel-

---

436 Vgl. Paßlick, S. 72. Aber auch BVerwG, Urteil vom 15.05.2003 – 4 CN 9/01, NVwZ 2003, 1263 ff.

437 Siehe dazu B. II.

438 Wolf/Bachof/Stober, Verwaltungsrecht II, § 56, Rn. 6.

439 Maurer, § 16, Rn. 14.

440 Wolf/Bachof/Stober, Verwaltungsrecht II, § 56, Rn 4; Maurer, § 16, Rn. 14; Badura, in: Erichsen, § 39, Rn. 1. Zum Charakter des Planens siehe auch B. II.

441 Zu den verschiedenen Planarten vgl. Maurer, § 16, Rn. 15 ff..

442 Wolf/Bachof/Stober, Verwaltungsrecht II, § 56, Rn. 7; Maurer, § 16, Rn. 13.

443 So ergeht der Planfeststellungsbeschluss als Verwaltungsakt gem. §§ 72 Abs. 1, 35, 74 Abs. 1 VwVfG, der Bebauungsplan als Satzung gem. § 10 BauGB.

444 Wolf/Bachof/Stober, Verwaltungsrecht II, § 56, Rn. 22.

zahl von dinglichen Verwaltungsakten sei.[445] Nach § 35 VwVfG ist aber ein Verwaltungsakt nur eine hoheitliche Maßnahme, die zur Regelung eines Einzelfalls dient und die auf unmittelbare Rechtswirkung nach außen gerichtet ist. Der Flächennutzungsplan benötigt aber zum einen eine Brückennorm wie § 35 Abs. 3 Satz 1 Nr. 1 BauGB oder § 7 BauGB, um eine Wirkung in Bezug auf einen anderen Rechtsträger zu erzielen; er selbst enthält keine unmittelbar auf einen anderen Rechtsträger wirkende Regelung. Zum anderen stellt er eine generelle Regelung dar, die sich auf eine Ankündigung beschränkt.[446] Andere sahen in dem Flächennutzungsplan einen öffentlich-rechtlichen Vertrag.[447] Der öffentlich-rechtliche Vertrag, der in §§ 54 ff. VwVfG geregelt ist, setzt aber zwei sich gegenüberstehende Vertragspartner voraus, die sich über die Herbeiführung eines Rechtserfolges einigen.[448] Der Flächennutzungsplan wird jedoch einseitig von der Gemeinde erlassen, anderen Planungsträgern wird in § 7 BauGB lediglich ein Widerspruchsrecht eingeräumt.[449] Oftmals wurde der Flächennutzungsplan auch als Rechtsnorm eingeordnet.[450] Ein Rechtssatz ist jedoch eine abstrakt-generelle Regelung, mit dem Anspruch auf Verbindlichkeit.[451] Dem Flächennutzungsplan fehlt es aber an einem ausreichenden Grad an Verbindlichkeit. Nach § 1 Abs. 2 BauGB ist nur der Bebauungsplan verbindlich, während der Flächennutzungsplan ein rein vorbereitender Plan ist.[452] Zwar wirkt er teilweise auch gegenüber anderen Rechtsträgern; die Wirkung hat er aber nicht aus sich heraus, sondern erst die Brückennormen des Baugesetzbuches verschaffen sie ihm.[453] Auch aus dem Entwicklungsgebot des § 8 Abs. 2 Satz 1 BauGB kann nicht gefolgert werden, dass der Flächennutzungsplan als „Rechtsgrundlage" für die Satzung „Bebauungsplan" dient und deshalb selbst als Rechtsnorm zu erlassen ist. Der Bebauungsplan ist kein Vollzug der Darstellungen des Flächennutzungsplans, sondern die planerische Fortentwicklung von dessen Grundkonzeption.[454] Darüber hinaus fehlt es den grobmaschigeren Darstellungen an Schärfe, um der Verbindlichkeit eines Rechtssatzes gerecht werden zu können.[455]

---

[445] Niehues, DÖV 1965, S. 319 (323).
[446] Grauvogel, in: Brügelmann, § 5 BauGB, Rn. 157.
[447] Hering, DVBl. 1961, 217 (220).
[448] Maurer, § 14, Rn. 6.
[449] Löhr, S. 134; Grauvogel, in: Brügelmann, § 5 BauGB, Rn. 158.
[450] Löhr, S. 146.
[451] BVerwG, Beschluss vom 20.07.1990 – 4 N 3/88, NVwZ 1991, S. 262 (263); Wolff/Bachof/Stober, Verwaltungsrecht I, § 24, Rn. 10.
[452] BVerwG, Beschluss vom 20.07.1990 – 4 N 3/88, NVwZ 1991, 262 (263).
[453] Reidt, in: Gelzer/Bracher/Reidt, Rn. 109; BVerwG, Beschluss vom 20.07.1990 – 4 N 3/88, NVwZ 1991, 262 (263).
[454] BVerwG, Urteil vom 28.02.1975 – IV C 74.72, BVerwGE 48, 70 (74); BVerwG, Beschluss vom 20.07.1990 – 4 N 3/88, NVwZ 1991, 262 (263); Bielenberg/Söfker, in: EZB, § 5 BauGB, Rn. 7. Siehe zum Verhältnis des Flächennutzungsplans zum Bebauungsplan C. II.
[455] BVerwG, Beschluss vom 20.07.1990 – 4 N 3/88, NVwZ 1991, 262 (263).

Zu Recht geht die herrschende Meinung daher davon aus, dass der Flächennutzungsplan ein Hoheitsakt sui generis ist.[456] Teilweise wird er auch als qualifizierter Sachverhalt, aus dem das Gesetz in einzelnen Beziehungen rechtliche Folgerungen zieht,[457] oder als Handlung mit örtlichen Bezug bezeichnet.[458] Diesen Meinungen ist allen gemeinsam, dass sie den Flächennutzungsplan als eine Handlungsform verstehen, die sich nicht unter die allgemeinen staatlichen Handlungskategorien subsumieren lässt.

Was den Rechtsschutz gegen den Flächennutzungsplan betrifft, so ist gegen ihn also weder ein Verfahren nach § 47 VwGO möglich, da er zu keinem der aufgezählten Hoheitsakte gezählt werden kann, noch eine Anfechtungsklage nach § 42 Abs. 1 VwGO, da er nicht in der Form des Verwaltungsakts erlassen wird. Auch für die Feststellungsklage wird es meist an den Voraussetzungen fehlen, insbesondere an der Klagebefugnis oder am Rechtsverhältnis i. S. v. § 43 Abs. 1 VwGO.[459]

VI. Zwischenergebnis zu „Grundsätzliches über den Flächennutzungsplan"

Der Flächennutzungsplan bildet als Gesamtplan ein überfachliches Nutzungskonzept für das Gemeindegebiet, in dem die unterschiedlichen Bodennutzungsinteressen zum Ausgleich gebracht werden. Er ist nach dem einfachen Gesetz eines der zentralen Steuerungsinstrumente des Bauplanungsrechts. Die hohe Bedeutung, die der Gesetzgeber der Flächennutzungsplanung im Planungssystem zumisst, kommt in der grundsätzlichen Planungspflicht der Gemeinde zum Ausdruck. Die Darstellungen des Flächennutzungsplans beinhalten die Konkretisierung dessen, was die städtebauliche Entwicklung und Ordnung innerhalb des ganzen Gemeindegebiets ist. Sie müssen grundsätzlich positiv eine bestimmte Nutzung festlegen; trotzdem kann die Gemeinde auch Planungsziele mit einer Darstellung verfolgen, die schwerpunktmäßig im Ausschluss von Nutzungen

---

[456] BVerwG, Beschluss vom 20.07.1990 – 4 N 3/88, NVwZ 1991, 262 (263); Reißig, S. 71 ff.; Reidt, in: Gelzer/Bracher/Reidt, Rn. 110; Brohm, Öffentliches Baurecht, § 6, Rn. 12; Löhr, in: B/K/L, § 5 BauGB, Rn. 45; Grauvogel, in: Brügelmann, § 5 BauGB, Rn. 158; Gaentzsch, in: BK, § 5 BauGB, Rn. 3. Für die Erstarkung des Flächennutzungsplans zum Rechtssatz und der damit verbundenen Rechtsschutzmöglichkeit des § 47 VwGO: Kment, NVwZ 2003, 1047 (1055).

[457] Bönker, in: Hoppe/Bönker/Grotefels, § 5 Rn. 148; Manssen, in: Becker/Heckmann/Kempen/Manssen, 4. Teil, Rn. 297; Bielenberg/Söfker, in: EZB, § 5 BauGB, Rn. 8.

[458] Martens, S. 100.

[459] Vgl. Gerhardt, in: Schoch/Schmidt-Aßmann/Pietzner, § 47 VwGO, Rn. 18. Zum Fall der Gemeindenachbarklage vgl. BVerwG, Urteil vom 08.09.1972 – IV C 17.71, BVerwGE 40, 323 (325 ff.).

liegen, die mit der Darstellung unvereinbar sind. Das einfache Gesetz ermöglicht es den Gemeinden, im Flächennutzungsplan ein Nutzungskonzept nach ihren Vorstellungen und Bedürfnissen zu schaffen. Die im Flächennutzungsplan dargestellten Bodennutzungen manifestieren für alle anderen Planungsträger und Nutzungsinteressenten sichtbar die gemeindlichen Vorstellungen zur städtebaulichen Entwicklung und Ordnung. Der Flächennutzungsplanung kommt als Angelegenheit der örtlichen Gemeinschaft über das verfassungsrechtlich verankerte gemeindliche Selbstverwaltungsrecht besondere Bedeutung zu. Einschränkungen durch andere Planungen sind daher an diesen Maßstäben zu messen. Andererseits kann die nach außen nicht wirksame Flächennutzungsplanung Wirkung gegenüber Dritten nur haben, wenn dies gesetzlich durch eine Brückennorm festgelegt ist.

C. Das Verhältnis der Flächennutzungsplanung zu anderen gemeindeeigenen Planungen

Aufgabe der Flächennutzungsplanung ist es, ein gemeindegebietsweites Grundzügekonzept zur Bodennutzung vorzugeben. Die Bodennutzung ist aber auch Gegenstand anderer gemeindlicher Planungen wie der informellen städtebaulichen Planungen (I.), der Bebauungsplanung (II.) oder der Innenbereichssatzungen, die die Bebaubarkeit von Außenbereichsgrundstücken ohne Erlass eines Bebauungsplans beeinflussen (III.).

I. Flächennutzungsplan und sonstige informelle städtebauliche Pläne

Im Bereich der gemeindlichen Raumplanung werden häufig informelle Planungen[460] zur Vorbereitung förmlicher Planungen oder zur Vermittlung zwischen verschiedenen Planungsebenen verwendet.[461] Im Gegensatz zur Bauleitplanung sind informelle Planungen nicht auf die Festlegung von Raumnutzungsentscheidungen beschränkt. Vielmehr können sie bodenrechtliche Fragen mit Finanzierungsfragen (Investitionsplanungen) oder anderen Sachkonzepten wie Infrastrukturkonzepten oder Einzelhandelskonzepten verknüpfen.[462]

Auch wenn die Begrifflichkeiten sehr offen sind, werden meist zwei Fallgruppen unterschieden: Die sogenannte städtebauliche Entwicklungsplanung zeigt die Zielvorstellungen für den Gesamtbereich gemeindlicher Tätigkeiten oder für Teilbereiche auf und stimmt sie aufeinander ab.[463] Sie hat die Aufgabe, den Rahmen zu setzen für eine insbesondere den sozialen, kulturellen und wirtschaftlichen Erfordernissen dienende städtebauliche Entwicklung und Ordnung des Gemeindegebietes einschließlich der raumwirksamen Investitionen der Ge-

---

[460] Zum Begriff siehe B. II. 3. Im Regierungsentwurf zur Änderung des Bundesbaugesetzes fand sich zunächst eine ausführliche Regelung städtebaulicher Entwicklungspläne (§ 1 a Abs. 4 BBauG-Regierungsentwurf, BT-Drks. 7/2496, S. 4). Hiervon wurde aber im Verlauf des Gesetzgebungsverfahrens Abstand genommen, um dem Eindruck entgegenzuwirken, die städtebauliche Entwicklungsplanung sei eine dritte Bauleitplanungsebene (BT-Drks. 7/4793, S. 24).

[461] Koppitz/Schwarting/Finkeldei, Rn. 70; Bunzel/Meyer, S. 101; Gaentzsch, in: BK, § 1 BauGB, Rn. 4.

[462] Koppitz/Schwarting/Finkeldei, Rn. 71; Mitschang, in: Flächennutzungsplanung im Umbruch, S. 11 (15); Schmidt-Aßmann, in: FS Schlichter, S. 3 (22); Wagener, DVBl. 1970, 93; Söfker, in: EZB, § 1 BauGB, Rn. 174; Gaentzsch, in: BK, § 1 BauGB, Rn. 4.

[463] Vgl. die Definition in § 1 Abs. 4 a BBauG – Änderungsvorschlag des Ausschusses für Raumordnung, Bauwesen und Städtebau (15. Ausschuss), BT-Drks. 7/4793, S. 60. Im Anschluss daran z. B.: Koppitz/Schwarting/Finkeldei, Rn. 74; Krautzberger, in: B/K/L, § 1 BauGB, Rn. 78.

meinde und deren Zeit- und Rangfolge.[464] Als ressortübergreifende, koordinierende Planung der gesamtheitlichen Entwicklung ihres Planungsbereiches dient sie dazu, die verschiedenen Fachplanungen auf eine Zielvorstellung auszurichten und miteinander abzustimmen.[465] Die sogenannte städtebauliche Rahmenplanung dient dazu, die städtebaulichen Entwicklungspläne und den Flächennutzungsplan für Teilräume oder sachliche Teilbereiche zu differenzieren und zu präzisieren, um damit u. a. die Entwicklung der Bebauungspläne aus dem Flächennutzungsplan zu erleichtern, oder für nicht qualifiziert überplante Bebauungsplangebiete bauliche Entwicklungs-, Gestaltungs- und Ordnungskonzepte zu erarbeiten.[466] Hierzu gehören insbesondere Verkehrs- oder Freiraumkonzeptionen.[467]

Nach dem Planmäßigkeitsgrundsatz, der in der Zweistufigkeit der Bauleitpläne gem. § 1 Abs. 2 BauGB zum Ausdruck kommt, dürfen informelle Planungen nicht an die Stelle der Bauleitpläne treten.[468] Dass sie aber zur Ergänzung oder Vorbereitung von Bauleitplänen zulässig sind, zeigt sich an § 1 Abs. 5 Satz 2 Nr. 10 BauGB und § 3 Abs. 1 Satz 2 Nr. 2 BauGB, die informelle Planungen im Abwägungsvorgang bzw. im bauleitplanerischen Aufstellungsverfahren zulassen.[469]

Informelle Planungen sind Verwaltungsinterna der Gemeinde ohne Außenwirkung.[470] Nach § 1 Abs. 5 Satz 2 Nr. 10 BauGB sind von der Gemeinde beschlossene informelle städtebauliche Planungen in der bauleitplanerischen Abwägung zu berücksichtigen. Damit wird klargestellt, dass informelle Planungen zwar eine große Bedeutung auch im Rahmen der Bauleitplanung haben, dass sie aber nicht verbindlich sind, sondern nur abwägungserhebliche Belange darstel-

---

[464] Vgl. die Definition in § 1 Abs. 4 a BBauG – Änderungsvorschlag des Ausschusses für Raumordnung, Bauwesen und Städtebau (15. Ausschuss), BT-Drks. 7/4793, S. 60. Im Anschluss dran z. B. Koppitz/Schwarting/Finkeldei, Rn. 74; Bunzel/Meyer, S. 101 ff.; Krautzberger, in: B/K/L, § 1 BauGB, Rn. 78. Ausführlich auch Dolde/Keinath, S. 46 ff.

[465] Koppitz/Schwarting/Finkeldei, Rn.74; Mitschang, in: Flächennutzungsplanung im Umbruch, S. 11 (14).

[466] Krautzberger, BBauBl. 210; Albers, S. 100; Koppitz/Schwarting/Finkeldei, Rn. 71. Ausführlich auch Dolde/Keinath, S. 50 ff.; Kissel, S. 12 ff.

[467] Koppitz/Schwarting/Finkeldei, Rn. 71; Mitschang, in: Flächennutzungsplanung im Umbruch, S. 11 (13).

[468] Finkelnburg, in: FS Weyreuther, S. 111 (112); Schmidt-Aßmann, in: FS Schlichter, S. 3 (20). Vgl. II. 3. a) aa).

[469] Finkelnburg, in: FS Weyreuther, S. 111 (112); Gaentzsch, in: BK, § 1 BauGB, Rn. 4. Auch die Streichung der ausdrücklichen Erwähnung der städtebaulichen Entwicklungsplanung in § 1 Abs. 5 BBauG 1976 (BGBl. I 1976, S. 2221 ff.) durch das Baugesetzbuch 1986 (BGBl. I 1986, S. 2191 ff.) machte nach dem Willen des Gesetzgebers informelle Planung nicht unzulässig (vgl. BT-Drks. 10/6166, S. 146 ff.).

[470] Schmidt-Aßmann, in: FS Schlichter, S. 3 (22); Krautzberger, in: B/K/L, § 1 BauGB, Rn. 81; Vgl. II. 2. c).

len.[471] Um überhaupt abwägungserheblich zu sein, muss der informelle Plan – wie jeder Plan[472] – auf einer dem Rechtsstaatsprinzip entsprechenden Abwägung beruhen.[473] Weicht die Gemeinde von informellen Planungen ab, so ist sie, anders als dies noch in § 1 Abs. 5 Satz 2 BBauG 1976[474] geregelt war, nicht gesetzlich verpflichtet, ihre Gründe hierfür im Erläuterungsbericht darzulegen. Ob Gründe im Erläuterungsbericht angegeben werden, richtet sich heutzutage vielmehr nach den allgemein für abwägungserhebliche Belange geltenden Grundsätzen,[475] da die informellen städtebaulichen Planungen abwägungserhebliche Belange i. S. v. § 1 Abs. 5 Satz 2 Nr. 10 BauGB sind.

Die städtebauliche informelle Planung kann auch Auswirkung auf die Gestaltung des Aufstellungsverfahrens eines Flächennutzungsplans haben. Gem. § 3 Abs. 1 Satz 2 Nr. 2 BauGB kann von der Unterrichtung der Bürger über die Planung und Erörterung der ins Auge gefassten Planung in einer frühzeitigen Bürgerbeteiligung nach § 3 Abs. 1 Satz 1 BauGB abgesehen werden, wenn Unterrichtung und Erörterung bereits zuvor auf anderer Grundlage erfolgt sind. Wird also bereits bei der Aufstellung einer informellen Planung ein Verfahren durchgeführt, dessen Bürgerbeteiligung der i. S. v. § 3 Abs. 1 BauGB gleicht, dann kann das flächennutzungsplanerische Verfahren nach Maßgabe des § 3 Abs. 1 Satz 2 Nr. 2 BauGB verkürzt werden.[476] Voraussetzung ist, dass die Ziele und Zwecke der informellen Planung den allgemeinen Zielen und Zwecken der anschließenden Flächennutzungsplanung entsprechen; dann rechtfertigt sich die Verkürzung des flächennutzungsplanerischen Verfahrens daraus, dass die Bürgerbeteiligung im Rahmen der informellen Planung auch zur Information der Bürger über die Flächennutzungsplanung und zur Vorbereitung der flächennutzungsplanerischen Abwägung nach § 1 Abs. 6 BauGB ausreicht.[477] Auch wenn § 4 BauGB, in dem die Beteiligung der Träger öffentlicher Belange geregelt ist, keine Ausnahmevorschrift wie die des § 3 Abs. 1 Satz 2 Nr. 2 BauGB enthält, muss doch entsprechendes auch hier gelten.[478] Denn wenn der Zweck des Beteiligungsverfahrens i. S. v. § 4 BauGB bereits im Rahmen der Aufstellung einer

---

[471] BT-Drks. 13/6392, S. 130. Vgl. Bönker, in: Hoppe/Bönker/Grotefels, § 5, Rn. 8; Schmidt-Aßmann, in: FS Schlichter, S. 3 (23); Krautzberger, in: B/K/L, § 1 BauGB, Rn. 81.
[472] Vgl. BVerwG, Urteil vom 14.02.1975 – IV C 21.74, BVerwGE 48, 56 (63); BVerwG, Urteil vom 07.07.1978 – IV C 79.76, BVerwGE 56, 110 (122).
[473] Schmidt-Aßmann, in: FS Schlichter, S. 3 (25); Dolde/Keinath, S. 53; W. Schrödter, in: Schrödter, § 1 BauGB, Rn. 83.
[474] BGBl. I 1976, S. 2221 ff.
[475] Siehe dazu B. III. 2. d). Vgl. auch Söfker, in: EZB, § 1 BauGB, Rn. 175.
[476] BT-Drks. 10/4630, S. 64; Bielenberg, in: EZB, § 3 BauGB, Rn. 19; Battis, in: B/K/L, § 3 BauGB, Rn. 10; W. Schrödter, in: Schrödter, § 3 BauGB, Rn. 19.
[477] BT-Drks. 10/4630, S. 64; Battis, in: B/K/L, § 3 BauGB, Rn. 8; Bielenberg, in: EZB, § 3 BauGB, Rn. 19.
[478] Koppitz/Schwarting/Finkeldei, Rn. 73; Mitschang, in: Flächennutzungsplanung im Umbruch, S. 11 (14); Krautzberger, in: B/K/L, § 1 BauGB, Rn. 84.

informellen städtebaulichen Planung erreicht wurde, ist eine weitere Beteiligung nicht mehr erforderlich.

Die städtebauliche informelle Planung kann also zu einem verkürzten Flächennutzungsplanverfahren beitragen; insbesondere kann sie zu einer frühzeitigen Abstimmung mit anderen Fachplanungsträgern genutzt werden.[479] Aus den gesetzlichen Regelungen des § 1 Abs. 5 Satz 2 Nr. 10 BauGB und § 3 Abs. 1 Satz 2 Nr. 2 BauGB wird darüber hinaus deutlich, dass die informelle Planung dazu eingesetzt werden kann, wichtige Daten für die Flächennutzungsplanung aufzubereiten und innerhalb der Gemeinde eine Vorstellung über die beabsichtigte künftige Planung, die im Flächennutzungsplan wiedergegeben werden soll, zu bilden.[480]

Nicht wenige Gemeinden neigen dazu, im flexibleren – da weder mit inhaltlichen Vorgaben verknüpft noch an ein bestimmtes Verfahren gebunden – informellen Plan aktuelle Entwicklungstendenzen und Entwicklungsvorstellungen der Gemeinde niederzuschreiben. Auf die Fortschreibung des meist möglichst weitgefassten Flächennutzungsplans wird im wesentlichen verzichtet. Sind Abänderungen wegen der Aufstellung eines Bebauungsplans nötig, so werden die Darstellungen des Flächennutzungsplans parallel zur Aufstellung des Bebauungsplans[481] geändert.[482]

Das Dilemma des Flächenutzungsplans wird darin gesehen, dass er sowohl auf aktuelle Entwicklungen flexibel reagieren soll, als auch Bestand haben und die Entwicklung längerfristig steuern soll.[483] Richtig ist, dass der Flächennutzungsplan regelmäßig den sich wandelnden gemeindlichen Vorstellungen von der städtebaulichen Entwicklung und Ordnung anzupassen ist und nicht nur ausnahmsweise auf der Grundlage informeller Planungen teilaktualisiert werden sollte. Der Flächennutzungsplan beeinflusst nach dem Entwicklungsgebot des § 8 Abs. 2 Satz 1 BauGB die Gestaltung der Bebauungspläne[484] und hat nach § 7 BauGB Wirkung auf Fachplanungen anderer Planungsträger[485]. Deshalb ist er dazu geeignet, die Vorstellungen der Gemeinde mit denen der Fachplanungsträgern zu koordinieren.[486] Ein Flächennutzungsplan, der nicht den aktuellen ge-

---

[479] Mitschang, in: Flächennutzungsplanung im Umbruch, S. 11 (15); Schmidt-Aßmann, in: FS Schlichter, S. 3 (23).

[480] Bunzel/Meyer, S. 101; Bunzel, ZfBR 1997, 61 (68); Mitschang, in: Flächennutzungsplanung im Umbruch, S. 11 (13 ff.).

[481] Zum Parallelverfahren siehe C. II. 1. b).

[482] So das Ergebnis einer Studie des Deutschen Instituts für Urbanistik, vgl. Bunzel/Meyer, S. 102.

[483] Löhr, in: FS Schlichter, S. 229 (239). Zu den Anforderungen an ein mehrebeniges Plansystem vgl. Albers, S. 90 ff.

[484] Siehe dazu C. II. 1.

[485] Siehe dazu D. II.

[486] Löhr, FS Schlichter, S. 229 (240).

meindlichen Vorstellungen von der Bodennutzung entspricht, ist aber in seiner Steuerungsfunktion geschwächt.[487]

Seine Einbindung in ein förmliches Verfahren ist kein Nachteil, sondern seine Stärke. Durch seine eingeschränkte Flexibilität und sein förmliches Verfahren kann er für das gesamte Gemeindegebiet eine in sich stimmige Planung schaffen und ist zugleich vor kurzsichtigen Änderungen zugunsten von momentanen Nutzungsbedürfnissen geschützt. Bei der Entwicklungsplanung, die jederzeit auf eine Neuerung reagieren kann, besteht die Gefahr, dass sie zwar zunächst alle Nutzungsansprüche innerhalb des Gebietes aufeinander abstimmt, dass dieses ausgewogene System aber durch zahlreiche Abänderungen verloren geht. Das förmliche Verfahren, das zur Ermittlung sämtlicher betroffener Interessen und Belange zwingt und durch die Beteiligung der Öffentlichkeit einer gewissen Kontrolle des Bürgers unterfällt, ist weniger anfällig für kurzsichtige Änderungen. Schließlich schafft der Flächennutzungsplan mit seiner eingeschränkten Flexibilität für den Rechtsverkehr eine Vertrauensbasis, wie die Nutzung der Flächen innerhalb des Prognosezeitraums vermutlich aussehen wird. Gerade diese Beständigkeit führt zu voraussehbaren Bodenmarktentwicklungen, so dass die Bewertung einer Fläche nach § 4 Abs. 2 WertV an die Darstellungen eines Flächennutzungsplans geknüpft werden kann.[488]

Im Ergebnis kommt den informellen Plänen eine ergänzende Rolle im Verhältnis zum Flächennutzungsplan zu, indem sie Abwägungsmaterial vorbereiten und Verfahrensschritte abkürzen helfen. Außerdem können durch die Fortschreibung der informellen Pläne aktuelle Entwicklungen beobachtet, Material gesammelt und die aktuellen Bedürfnisse regelmäßig mit den festgeschriebenen Vorstellungen der Flächennutzungsplanung und dem Stand ihrer Umsetzung verglichen werden. Wenn sich die tatsächlichen oder die rechtlichen Hintergründe der ursprünglichen Vorstellungen zum Flächennutzungsplan umfassend ändern, kann unter Rückgriff auf die aktualisierten informellen Pläne eine schnelle Neuaufstellung oder Änderung des Flächennutzungsplans betrieben werden.

II. Flächennutzungsplan und Bebauungsplan

§ 1 Abs. 2 BauGB unterteilt die Bauleitpläne in den vorbereitenden Flächennutzungsplan und den verbindlichen Bebauungsplan. Dieses Prinzip der Zweistufigkeit[489] verdeutlicht das Entwicklungsgebot nach § 8 Abs. 2 Satz 1 BauGB: Bebauungspläne sind aus dem Flächennutzungsplan zu entwickeln. Der Bebauungsplan, der verbindlich festsetzt, für welche Nutzungen eine Fläche innerhalb

[487] Bunzel/Meyer, S. 103.
[488] Bunzel/Meyer, S. 103; Bunzel, ZfBR 1997, 61 (68).
[489] Siehe dazu B. III. 1. a).

der Gemeinde zur Verfügung steht (so § 8 Abs. 1 Satz 1 BauGB und § 9 Abs. 1 BauGB), muss sich aus dem Flächennutzungsplan ableiten lassen, der in Grundzügen die beabsichtigte städtebauliche Entwicklung und die damit angestrebte Nutzung des Bodens darstellt (§ 5 Abs. 1 Satz 1 BauGB)[490]. Daran knüpft auch § 10 Abs. 2 BauGB an, der solche Bebauungspläne einer Genehmigungspflicht unterwirft, die nicht aus dem Flächennutzungsplan entwickelt werden. Damit wollte der Gesetzgeber die Rolle des Flächennutzungsplans im Bauleitplangefüge hervorheben.[491] Das Verhältnis von Flächennutzungsplan und Bebauungsplan wird im wesentlichen durch das Entwicklungsgebot geprägt. Daher ist zu untersuchen, was unter dem Entwicklungsgebot zu verstehen ist (1.) und welche Ausnahmen das Gesetz davon zulässt (2.).

1. Entwicklungsgebot

Bebauungspläne sind nach § 8 Abs. 2 Satz 1 BauGB aus dem Flächennutzungsplan zu entwickeln. Ziel des Entwicklungsgebots aus § 8 Abs. 2 Satz 1 BauGB ist es, die Gemeinde zu veranlassen, ihre städtebauliche Entwicklung auf der Grundlage einer in sich stimmigen Grundkonzeption für das ganze Gemeindegebiet zu steuern.[492] Bevor verbindliche Aussagen über die Zulässigkeit einer Nutzung auf einer konkreten Fläche getroffen werden können, muss ein gemeindegebietsumfassendes Grundzügekonzept klären, welche Ansprüche miteinander in Einklang zu bringen sind und wie deshalb die Nutzungen im Ge-

---

[490] Siehe dazu B. III. 2. a). Der Flächennutzungsplans als gemeindegebietserfassendes Konzept hat auch durch den vorhabenbezogenen Bebauungsplan an Bedeutung gewonnen. Der vorhabenbezogene Bebauungsplan einschließlich des in ihm aufgegangenen Vorhaben- und Erschließungsplans ist wie jeder gewöhnliche Bebauungsplan an die Vorschriften des § 8 BauGB gebunden. Vgl. zum Vorhaben- und Erschließungsplan § 12 Abs. 3 S. 1 und S. 2 BauGB. Für den vorhabenbezogenen Bebauungsplan gelten die Vorschriften des § 8 BauGB ohne besondere gesetzliche Klarstellung unmittelbar aus seiner gesetzlichen Qualifizierung (vgl. BT-Drks. 13/6392, S. 52; Brohm, Öffentliches Baurecht, § 7, Rn. 25; Manssen, in: Becker/Heckmann/Kempen/Manssen, 4. Teil, Rn. 307; Krautzberger, in: EZB, § 12 BauGB, Rn. 130; Krautzberger, in: B/K/L, § 12 BauGB, Rn. 27). Der vorhabenbezogene Bebauungsplan, der in Zusammenarbeit mit privaten Vorhabensträgern erarbeitet wird, wird in besonderem Maße auch von Einzelinteressen getragen. Um bei verstärkten Einsatz von vorhabenbezogenen Bebauungsplänen eine ausgewogene, alle Nutzungsinteressen berücksichtigende Planung im Gemeindegebiet zu gewährleisten, ist das Entwicklungsgebot von besonderer Bedeutung. Die Flächennutzungsplanung hilft über das Entwicklungsgebot Fehlentwicklungen zu verhindern. Zudem kann der Investor am Flächennutzungsplan frühzeitig ersehen, ob seine Planungswünsche Aussicht auf Verwirklichung in einem vorhabenbezogenen Bebauungsplan haben. Vgl. Mitschang, in: Flächennutzungsplanung im Umbruch, S. 11 (28 ff.).

[491] BT-Drks. 13/6392, S. 36 (49). Siehe hierzu auch Lüers, UPR 1997, 348 (351); Runkel, ZfBR 1999, 298 (299).

[492] BVerwG, Beschluss vom 03.10.1984 – 4 N 4.84, BVerwGE 70, 171 (177).

meindegebiet im Groben anzuordnen sind. Der Flächennutzungsplan hat dadurch im Verhältnis zum Bebauungsplan eine Determinationsfunktion[493] und eine Programmierungsfunktion, d. h. er dient der Steuerung der städtebaulichen Entwicklung im ganzen Gemeindegebiet und trifft die Entscheidungsprämissen für das weitere Verwaltungshandeln[494].

Das Entwicklungsgebot verlangt zum einen, dass sich die Festsetzungen der Bebauungspläne inhaltlich aus den Darstellungen des Flächennutzungsplans ableiten – materielle Seite des Entwicklungsgebots (a)), zum anderen, dass der Flächennutzungsplan vor den Bebauungsplänen existiert – formelle Seite des Entwicklungsgebots (b)).[495]

a) Materielle Aspekte des Entwicklungsgebots

In materiell-rechtlicher Hinsicht bewirkt das Entwicklungsgebot, dass der Bebauungsplan inhaltlich aus dem Flächennutzungsplan zu entwickeln ist. In welchem Umfang sich die Gemeinde mit ihren Darstellungen im Hinblick auf spätere Festsetzungen über das Entwicklungsgebot bindet, ist im folgenden zu untersuchen (aa)). In § 214 Abs. 2 BauGB ist geregelt, wann Verstöße gegen das Entwicklungsgebot unbeachtlich sind. Welche Schlüsse hieraus für das Verhältnis von Flächennutzungsplan und Bebauungsplan zu ziehen sind, ist anschließend zu erörtern (bb)).

aa) Das Entwickeln der Festsetzungen des Bebauungsplans aus den Darstellungen des Flächennutzungsplans

Das Entwicklungsgebot verlangt gem. § 8 Abs. 2 Satz 1 BauGB, dass der Bebauungsplan inhaltlich aus dem Flächennutzungsplan entwickelt wird. Die Festsetzungen eines Bebauungsplans, mit denen eine bestimmte Fläche überplant wird, müssen sich aus den entsprechenden Darstellungen des Flächennutzungsplans ableiten. Das Maß der Bindung ergibt sich aus den unterschiedlichen Funktionen der beiden Plantypen.[496] Aufgabe des Flächennutzungsplans ist gem. § 5 Abs. 1 Satz 1 BauGB, in Grundzügen die sich aus der beabsichtigten städte-

---

493 Löhr, S. 15; Grauvogel, in: Brügelmann, § 5 BauGB, Rn. 5; W. Schrödter, in: Schrödter, § 5 BauGB, Rn. 2

494 Schimanke, DVBl. 1979, 616 (617).

495 Wesentlich für die Auslegung des Entwicklungsgebots ist die Grundsatzentscheidung des Bundesverwaltungsgerichts vom 28.02.1975 – IV C 74.72, BVerwGE 48, 70 ff. Dieser Entscheidung hat sich die Literatur angeschlossen, vgl. auch Finkelnburg, in: FS Weyreuther, S. 111 (114); Runkel, ZfBR 1999, 298 (300); Gierke, in: Brügelmann, § 8 BauGB, Rn. 142; Gaentzsch, in: BK, § 8 BauGB, Rn. 13.

496 BVerwG, Urteil vom 28.02.1975 – IV C 74.72, BVerwGE 48, 70 (73).

baulichen Entwicklung ergebende Art der Bodennutzung nach den voraussehbaren Bedürfnissen der Gemeinde darzustellen.[497] Die Flächennutzungsplanung ist also eine grobmaschige Planung, die im Wege der Prognose lang- und mittelfristige Bedürfnisse feststellt und die Schlussfolgerungen hieraus in Planaussagen fasst; sie hat die Nutzungsansprüche mit Blick auf das gesamte Gemeindegebiet zu erfassen. Aufgabe des Bebauungsplans ist es hingegen, verbindlich und parzellenscharf festzulegen, welcher Nutzung ein Grundstück gegenwärtig zugeführt werden darf. Er ist endgültig und vollzugsfähig.[498]

Wegen der prognostischen Unsicherheit, die den Darstellungen des Flächennutzungsplans anhaftet, sowie wegen der Unterschiede in der Genauigkeit der Planaussagen der beiden Bauleitplantypen in räumlicher und gegenständlicher Hinsicht, sind die Festsetzungen eines Bebauungsplans keine genaue Umsetzung der Darstellungen des Flächennutzungsplans; vielmehr sind die Grundzüge des Flächennutzungsplans im Wege einer eigenen planerischen Entscheidung der Gemeinde zu konkretisieren und planerisch fortzuentwickeln.[499] Abweichungen von den Darstellungen des Flächennutzungsplans sind daher sowohl in gegenständlicher als auch in räumlicher Hinsicht möglich.[500] Sie sind zulässig, wenn sie sich aus dem – im Verhältnis zwischen Flächennutzungsplan und Bebauungsplan vorliegenden – Übergang in eine stärker verdeutlichende Planstufe rechtfertigen, und wenn der Bebauungsplan trotz der Abweichung der Grundkonzeption des Flächennutzungsplans nicht widerspricht.[501] Auf diese Weise wird sichergestellt, dass die Konzeption der Gemeinde zur städtebaulichen Entwicklung und Ordnung, wie sie der Flächennutzungsplan enthält, nicht beeinträchtigt und ein planerisches Stückwerk von Bebauungsplänen verhindert wird. Für die Beurteilung, ob eine Abweichung zulässig ist, ist die planerische Vorstellung der Gemeinde, wie sie sich aus den Darstellungen des Flächennutzungsplans und dem Erläuterungsbericht[502] ergibt, maßgeblich. Denn im Flächennutzungsplan hat die Gemeinde ihr in der Verfassung verankertes Recht ausgeübt, die städtebauliche Entwicklung und Ordnung im Rahmen ihres planerischen Ermessens zu gestalten. Folglich muss auch die Zulässigkeit von Abweichungen am Willen der Gemeinde gemessen werden. So kann auch eine räumlich gesehen geringfügige Abweichung von einer Darstellung eines Flächennutzungsplans unzulässig sein, wenn dadurch das hinter dieser Darstellung liegende Konzept unterlaufen wird.[503]

---

[497] Siehe dazu B. III. 2. a).
[498] BVerwG, Urteil vom 28.02.1975 – IV C 74.72, BVerwGE 48, 70 (74).
[499] BVerwG, Urteil vom 28.02.1975 – IV C 74.72, BVerwGE 48, 70 (74).
[500] BVerwG, Urteil vom 28.02.1975 – IV C 74.72, BVerwGE 48, 70 (74 ff.).
[501] BVerwG, Urteil vom 28.02.1975 – IV C 74.72, BVerwGE 48, 70 (75).
[502] Vgl. BVerwG, Urteil vom 22.05.1987 – 4 C 57.84, BVerwGE 77, 300 (306).
[503] Das OVG Lüneburg (Urteil vom 18.03.1999 – 1 K 5335/97, NVwZ-RR 1999, 563 ff.) entschied, dass ein Grünzug, der zwei Wohnbaugebiete voneinander trennte, nicht durch eine Straße durchschnitten werden dürfe, da sonst das Konzept des Flächennutzungsplans, das ge-

Aus den unterschiedlichen Funktionen der Pläne lassen sich einige Kriterien ableiten, von welchen Entscheidungen des Flächennutzungsplans Abweichungen zulässig sind und von welchen nicht. Zu den Grundentscheidungen eines Flächennutzungsplans gehört das Verhältnis von Bauflächen und Freiflächen zueinander, das nur in geringen Maße zu Lasten der Freiflächen durch die ausführende Bebauungsplanung verändert werden darf.[504] Im Flächennutzungsplan wird nicht nur aufgezeigt, welche Flächen als Bauflächen neu zu erschließen sind, sondern auch, wo ein funktionierendes System von Freiflächen zu schaffen bzw. zu erhalten ist. Hierfür stehen unter anderem § 1 Abs. 5 Satz 3 BauGB, nach dem bereits landwirtschaftlich oder als Wald genutzte Flächen nur ausnahmsweise anderen Funktionen zugeführt werden dürfen, und die Bodenschutzklausel des § 1 a Abs. 1 BauGB, nach der eine Planung darauf ausgerichtet werden soll, möglichst wenig Boden zu versiegeln. Schließlich zeigt das System der Ausgleichs- und Eingriffsflächen des § 1 a Abs. 2 Nr. 2, Abs. 3 BauGB[505] die Wichtigkeit, auch Freiflächen aktiv zu planen. Auch die Zuordnung der Bauflächen i. S. v. § 1 Abs. 1 BauNVO zueinander gehört zu den wesentlichen Grundprinzipien, die der Flächennutzungsplan vorentscheidet.[506] Dies zeigt sich zum einen daran, dass diese Flächen bereits in der ersten Nummer des § 5 Abs. 2 BauGB aufgeführt werden. Zum anderen unterscheiden sich Wohnbauflächen, gemischte, gewerbliche und Sonderbauflächen regelmäßig durch den Grad der Emissionen, die von den möglichen Nutzungen ausgehen. Die grobe Zuordnung der verschiedenen Bauflächen zueinander ist daher eine Entscheidung, die mit Blick auf das gesamte Gebiet getroffen werden muss, um die Auswirkungen aneinandergrenzender Flächen bereits frühzeitig berücksichtigen zu können.[507]

Eine Festsetzung des Bebauungsplans für eine bestimmte Fläche ist regelmäßig dann aus den Darstellungen des Flächennutzungsplans für eben diese Fläche entwickelt, wenn sie zu der im Flächennutzungsplan festgelegten Darstellungskategorie gehört, die einer der Nummern des § 5 Abs. 2 BauGB zuzuordnen ist. Dann besitzen Festsetzung und Darstellung die gleiche Nutzungsqualität. Der Übergang von einer Kategorie in eine andere wird regelmäßig nur dann zulässig sein, wenn die Nutzungsart ähnlich bleibt und lediglich die Funktion modifiziert

---

rade die verkehrliche Trennung der beiden Gebiete durch den Grünzug beabsichtigte, unterlaufen werden würde.

504 BVerwG, Urteil vom 28.02.1975 – IV C 74.72, BVerwGE 48, 70 (75). Vgl. dazu auch BayVGH, Urteil vom 16.5.1997 – 1 N 95.2163, NVwZ-RR 1998, 550 (551). Siehe dazu auch B. III. 1. a).

505 Siehe dazu G.

506 Siehe dazu B. III. 1. a).

507 BVerwG, Urteil vom 28.02.1975 – IV C 74.72, BVerwGE 48, 70 (75); Bielenberg/Runkel, in: EZB, § 8 BauGB Rn. 10. Siehe dazu auch B. III. 1. a).

wird.[508] Insbesondere für die Entwicklung aus Darstellungen des Flächennutzungsplans, die einem der Gebietstypen der Baunutzungsverordnung entsprechen, gilt, dass eine Festsetzung regelmäßig mit dem Entwicklungsgebot vereinbar ist, wenn der im Bebauungsplan festgesetzte Gebietstyp mit dem Gebietstyp, der im Flächennutzungsplan dargestellt ist, artverwandt ist oder er sich auf eine verhältnismäßig kleine Fläche eines nicht artverwandten Gebietstyps bezieht und wenn er zugleich die Festschreibung einer tatsächlichen Entwicklung ist.[509] Abweichungen vom im Flächennutzungsplan dargestellten Gebietstyp sind auch dann denkbar, wenn die abweichende Festsetzung einen verhältnismäßig kleinen Teil umfasst und der im Flächennutzungsplan vorgesehenen Nutzung dient. So wird regelmäßig jeder im Flächennutzungsplan dargestellte Gebietstyp im Bebauungsplan zulässigerweise dadurch fortentwickelt, dass der Gebietstyp für den Großteil der Fläche übernommen wird, ein untergeordneter Teil der Fläche aber als Sondergebiet für eine Nutzung festgesetzt ist, die auch im dargestellten Gebietstyp zulässig oder ausnahmsweise zulässig wäre und die durch das Sondergebiet an einer bestimmten Stelle gebündelt wird, um dort der Hauptfunktion des dargestellten Gebietstyps zu dienen.[510] Weiterhin werden in das Grobkonzept des Flächennutzungsplans meist nur Flächen für überörtlichen Verkehr und örtliche Hauptverkehrszüge (vgl. § 5 Abs. 2 Nr. 3 BauGB) sowie größere Freiflächen (vgl. § 5 Abs. 2 Nr. 5 BauGB) aufgenommen. Eine zulässige Konkretisierung stellt daher die Festsetzung von Nutzungen dar, die sich regelmäßig unabhängig von der Gebietsart in jedem Gebiet finden wie öffentliche Grün-, Park- und Verkehrsflächen aber auch typische Gemeinbedarfsflächen.[511] Zulässig sind auch Festsetzungen, die die für das dargestellte Gebiet eigentlich typische Nutzung auf einer verhältnismäßig kleinen Fläche ausschließen, um die von der Nutzung aufgeworfenen Auswirkungen auf Natur und Landschaft oder sonstige Belange auszugleichen oder zu mindern, oder um die gebietstypischen infrastrukturellen Einrichtungen zur Verfügung zu stellen.[512] Eine derartige nähere

---

[508] So entschied das OVG Münster (Urteil vom 28.07.1999 – 7a D 42/98.NE, NVwZ-RR 2000, 573 (575)), dass ein zulässiges Entwickeln vorliege, wenn im Flächennutzungsplan eine Fläche für die Landwirtschaft dargestellt werde und im Bebauungsplan eine Ausgleichsmaßnahme festgesetzt werde, die darin bestehe, dass nunmehr spezifische landwirtschaftliche Betätigungen mit extensiver Bewirtschaftung von Grünland oder Obstwiesen zulässig sei. Anders sei dies, wenn die Ausgleichsmaßnahme eine Aufforstung verlange, da dann eine andere Kategorie der Darstellung im Flächennutzungsplan zugrunde zu legen sei. Vgl. auch Menger, VerwArch 1980, 87 (89), der die Ansicht vertritt, dass ein zulässiges Entwickeln regelmäßig dann überschritten ist, wenn ein Wechsel der Darstellungskategorien des § 5 Abs. 2 BauGB erfolgt.

[509] VGH Bad.-Württ., Urteil vom 18.09.1998 – 8 S 290/98, BRS 60 Nr. 9, S. 35 (37); VGH Bad.-Württ., Urteil vom 20.05.1998 – 3 S 2784/96, BRS 60 Nr. 56, S. 211 (214).

[510] Bielenberg/Runkel, in: EZB, § 8 BauGB, Rn. 10.

[511] VGH Bad.-Württ., Urteil vom 18.09.1998 – 8 S 290/98, BRS 60 Nr. 9, S. 35 (37); Bielenberg/Runkel, in: EZB, § 8 BauGB, Rn. 10.

[512] OVG Münster, Urteil vom 30.06.1999 – 7 a D 184/97.NE, NuR 2000, 55 (56).

Ausgestaltung des Gebietes ist gerade Aufgabe der Bebauungsplanung. Schließlich sind räumliche Veränderungen in der Regel in den Randbereichen schon wegen der fehlenden Parzellenschärfe des Flächennutzungsplans möglich.[513]

bb) Beachtlichkeit von Verstößen gegen die materielle Seite des Entwicklungsgebots

Verstößt die Gemeinde gegen das Entwicklungsgebot, so ist der Bebauungsplan grundsätzlich nichtig. Um diese Fehlerfolge abzumildern, hat der Gesetzgeber in § 214 Abs. 2 Nr. 2 und Nr. 3 BauGB Vorschriften geschaffen, die die Beachtlichkeit von Verstößen im Bereich des Entwicklungsgebots betreffen. Im folgenden ist zu analysieren, in welchem Umfang das Entwicklungsgebot durch die Unbeachtlichkeitsvorschriften abgeschwächt wird und der Flächennutzungsplan dadurch an Steuerungskraft verliert. Dazu ist § 214 Abs. 2 Nr. 2 BauGB zu untersuchen, der den Fall betrifft, dass gegen das Entwicklungsgebot verstoßen wurde, indem sich die Festsetzungen nicht als aus den Darstellungen inhaltlich entwickelt ableiten lassen ((1)), und § 214 Abs. 2 Nr. 3 BauGB, der den Fall erfasst, dass der Bebauungsplan aus einem aus formellen Gründen unwirksamem Flächennutzungsplan entwickelt worden ist ((2)). Wie bereits an anderer Stelle dargestellt,[514] ist ein fehlerhafter Flächennutzungsplan grundsätzlich unwirksam. Es ist der Frage nachzugehen, ob der Rechtsgedanke des § 214 Abs. 2 Nr. 2 oder Nr. 3 BauGB auch anwendbar ist, wenn der Bebauungsplan aus einem Flächennutzungsplan entwickelt wurde, der aus anderen als den in § 214 Abs. 2 Nr. 3 BauGB aufgeführten Gründen unwirksam ist, und so gegen das Entwicklungsgebot verstößt ((3)).

(1) Die Beachtlichkeitsvorschrift des § 214 Abs. 2 Nr. 2 BauGB

Nach § 214 Abs. 2 Nr. 2 BauGB ist ein fehlerhaftes Entwickeln des Bebauungsplans, das grundsätzlich zu dessen Nichtigkeit führt,[515] unbeachtlich, wenn hierbei die sich aus dem Flächennutzungsplan ergebende geordnete städtebauliche Entwicklung nicht beeinträchtigt wird. Aus dieser Norm sind zwei Dinge zu schließen: Erstens führt ein Verstoß gegen das Entwicklungsgebot nicht zwingend zu einer Beeinträchtigung der sich aus dem Flächennutzungsplan ergeben-

---

[513] BVerwG, Urteil vom 28.02.1975 – IV C 74.72, BVerwGE 48, 70 (75). Vgl. dazu auch BayVGH, Urteil vom 16.5.1997 – 1 N 95.2163, NVwZ-RR 1998, 550 (551).
[514] Siehe dazu B. III. 2. e).
[515] Siehe zur Wirkung von Fehlern auf die Wirksamkeit des Flächennutzungsplans B. III. 2. e).

den geordneten städtebaulichen Entwicklung.[516] Nach der Vorstellung des Gesetzgebers, die hinter § 214 Abs. 2 Nr. 2 BauGB steht, dient das Entwicklungsgebot dazu, die Einbindung des Bebauungsplans in die sich aus dem Flächennutzungsplan ergebende geordnete städtebauliche Entwicklung sicherzustellen. Führt die Verletzung des Entwicklungsgebots nicht zu einer Beeinträchtigung der sich aus dem Flächennutzungsplan ergebenden geordneten städtebaulichen Entwicklung, so wird das gesetzgeberische Ziel des Entwicklungsgebots trotzdem erreicht. Der Gesetzgeber will einen Bebauungsplan deshalb trotz des Verstoßes erhalten.[517] Für die Beurteilung, ob eine Beeinträchtigung der sich aus dem Flächennutzungsplan ergebenden geordneten städtebaulichen Entwicklung vorliegt, ist die Auswirkung entscheidend, die der Bebauungsplan auf die planerische Konzeption des Flächennutzungsplans für den größeren Raum hat, also für das gesamte Gemeindegebiet oder für einen über das Bebauungsplangebiet hinausreichenden Ortsteil.[518] Ob ein Bebauungsplan dagegen aus dem Flächennutzungsplan entwickelt worden ist, bemisst sich nach der planerischen Konzeption des Flächennutzungsplans für den engeren Bereich des Bebauungsplans;[519] das Entwicklungsgebot selbst bezieht sich also auf den engeren Bereich des Bebauungsplans.[520]

Zwar enthält § 214 Abs. 2 Nr. 2 BauGB nach seinem Wortlaut keine subjektiven Tatbestandsmerkmale, die seinen Anwendungsbereich einschränken würden. Trotzdem ist § 214 Abs. 2 Nr. 2 BauGB so auszulegen, dass er nicht den Fall erfasst, dass sich die Gemeinde wissentlich über das Entwicklungsgebot hinwegsetzt. Ein bewusster Verstoß ist stets beachtlich. Unschädlich ist dagegen, wenn sie sich unsicher ist, ob ihre Auffassung über die Reichweite des Entwickelns noch im Rahmen des Gesetzes liegt.[521] Denn Sinn und Zweck des § 214 Abs. 2 Nr. 2 BauGB ist es gerade, das Risiko, Fehler bei der Auslegung des unbestimmten Rechtsbegriffs „Entwickeln“ zu machen, abzumildern.[522] Wenn

[516] BVerwG, Urteil vom 26.02.1999 – 4 CN 6.98, ZfBR 1999, 223 (225); Battis, in: B/K/L, § 214 BauGB, Rn. 12; Lemmel, in: BK, § 214 BauGB, Rn. 33; Stock, in: EZB, § 214 BauGB, Rn. 110; Schmaltz, in: Schrödter, § 214 BauGB, Rn. 37.
[517] Runkel, ZfBR 1999, 298 (300).
[518] BVerwG, Urteil vom 26.02.1999 – 4 CN 6.98, ZfBR 1999, 223 (225); Lemmel, in: BK, § 214 BauGB, Rn. 33; Stock, in: EZB, § 214 BauGB, Rn. 110; W. Schrödter, in: Schrödter, § 214 BauGB, Rn. 37.
[519] BVerwG, Urteil vom 26.02.1999 – 4 CN 6.98, ZfBR 1999, 223 (225); Battis, in: B/K/L, § 214 BauGB, Rn. 12; Lemmel, in: BK, § 214 BauGB, Rn. 33; Stock, in: EZB, § 214 BauGB, Rn. 110; Schmaltz, in: Schrödter, § 214 BauGB, Rn. 37.
[520] BVerwG, Urteil vom 26.02.1999 – 4 CN 6.98, ZfBR 1999, 223 (225); Lemmel, in: BK, § 214 BauGB, Rn. 33; Stock, in: EZB, § 214 BauGB, Rn. 110; W. Schrödter, in: Schrödter, § 214 BauGB, Rn. 37.
[521] Runkel, ZfBR 1999, 298 (302); Schmaltz, in: Schrödter, § 214 BauGB, Rn. 38; Lemmel, in: BK, § 214 BauGB, Rn. 33; Stock, in: EZB, § 214 BauGB, Rn. 112; Dürr, in: Brügelmann, § 214 BauGB, Rn. 35; Battis, in: B/K/L, § 214 BauGB, Rn. 11.
[522] BT-Drks. 8/2885, S. 36; Stock, in: EZB, § 214 BauGB, Rn. 109.

sich die Gemeinde dagegen aus Rechtsgleichgültigkeit gar nicht um ein Entwickeln kümmert oder bewusst von einem Entwickeln absieht, greift der Sinn und Zweck des § 214 Abs. 2 Nr. 2 BauGB nicht ein, so dass eine Unbeachtlichkeit nicht gerechtfertigt ist.

(2) Die Beachtlichkeitsvorschrift des § 214 Abs. 2 Nr. 3 BauGB

Auch § 214 Abs. 2 Nr. 3 BauGB erklärt einen bestimmten Fehlertypus im Bereich des Entwicklungsgebots für unbeachtlich: Wird ein Bebauungsplan aus einem unwirksamen Flächennutzungsplan entwickelt, dann liegt ein Verstoß gegen § 8 Abs. 2 Satz 1 BauGB vor. Denn nach der Konzeption des § 8 BauGB darf ein Bebauungsplan ohne Entwicklung aus einem wirksamen Flächennutzungsplan nur unter den Voraussetzungen der § 8 Abs. 2 Satz 2 oder Abs. 4 BauGB erlassen werden.[523] Nach § 214 Abs. 2 Nr. 3 BauGB ist das Entwickeln aus einem unwirksamen Flächennutzungsplan dann ein unbeachtlicher Fehler, wenn der Flächennutzungsplan wegen der Verletzung von Verfahrens- oder Formvorschriften einschließlich des § 6 BauGB unwirksam war und sich der Fehler des Flächennutzungsplans erst nach Bekanntmachung des Bebauungsplans herausstellt. Der Flächennutzungsplan muss also wegen der Verletzung von Verfahrens- und Formvorschriften des Baugesetzbuchs, die gem. § 214 Abs. 1 BauGB grundsätzlich beachtlich sind und noch nicht gem. § 215 Abs. 1 Nr. 1 BauGB unbeachtlich geworden sind,[524] oder wegen der Verletzung von landesrechtlichen Verfahrens- oder Formvorschriften[525] unwirksam sein. Sinn und Zweck der Unbeachtlichkeitsregel ist es, einen Bebauungsplan, der aus einem materiell ordnungsgemäßen Flächennutzungsplan entwickelt wurde und damit grundsätzlich auf einem zulässigen Bodennutzungskonzept für das gesamte Gemeindegebiet beruht, zu erhalten.[526]

Es wird deshalb vertreten, dass ein Entwickeln aus einem Flächennutzungsplan nach § 214 Abs. 2 Nr. 3 BauGB auch dann möglich sei, wenn unter Verletzung des § 6 Abs. 3 BauGB[527] Flächen aus dem Flächennutzungsplan herausgenommen worden seien und der Flächennutzungsplan daher fehlerhaft sei; denn

[523] Siehe dazu C. II. 2. a) und b).
[524] Dürr, in: Brügelmann, § 214 BauGB, Rn. 37; Schmaltz, in: Schrödter, § 214 BauGB, Rn. 39.
[525] § 214 Abs. 2 Nr. 3 BauGB verstößt nicht gegen landesgesetzgeberische Kompetenzen, indem er auch Verfahrens- und Formfehler nach Landesrecht erfasst. Denn insoweit handelt es sich nicht um eine Unbeachtlichkeitserklärung von landesrechtlichen Vorschriften, sondern um die Regelung, wann auf das bundesrechtliche Gebot, einen Bebauungsplan aus einem wirksamen Flächennutzungsplan zu entwickeln, verzichtet werden kann (vgl. BVerwG, Urteil vom 03.02.1984 – 4 C 17.82, BVerwGE 68, 369 (374)).
[526] Runkel, ZfBR 1999, 298 (300).
[527] Siehe zu § 6 Abs. 3 BauGB auch B. III. 2. a).

auch § 6 Abs. 3 BauGB sei ausdrücklich von den Verfahrensvorschriften i. S. v. § 214 Abs. 2 Nr. 3 BauGB erfasst.[528] Teilweise wird § 214 Abs. 2 Nr. 3 BauGB auch auf Verstöße gegen § 5 Abs. 1 Satz 2 BauGB[529] ausgedehnt, da das Herausnehmen von Flächen nach dieser Norm unter den gleichen Voraussetzungen erfolgen könne wie nach § 6 Abs. 3 BauGB.[530]

Die Auffassungen verkennen jedoch, dass § 6 Abs. 3 BauGB und insbesondere § 5 Abs. 1 Satz 2 BauGB keine (reinen) Verfahrens- oder Formvorschriften sind. § 5 Abs. 1 Satz 1 BauGB setzt materiell-rechtlich voraus, dass der Flächennutzungsplan ein Grundzügekonzept für das gesamte Gemeindegebiet enthält. Von dieser Voraussetzung macht § 5 Abs. 1 Satz 2 BauGB eine eng begrenzte materiell-rechtliche Ausnahme.[531] Auch § 6 Abs. 3 BauGB ist keine reine Verfahrensvorschrift.[532] Er betrifft zwar auch die Genehmigungspflicht als Teil des Aufstellungsverfahrens. Ob die Genehmigung sich aber auf das Wirksamwerden nur eines Teils des Flächennutzungsplanes beschränken darf, ist eine materiell-rechtliche Frage; denn hier wird der Plan selbst als Grundzügekonzept für das gesamte Gemeindegebiet verändert. § 214 Abs. 2 Nr. 3 BauGB schließt zwar grundsätzlich dem Wortlaut nach den gesamten § 6 BauGB ein. Nach Sinn und Zweck der Norm, einen materiell ordnungsgemäßen, aber an formellen Fehlern leidenden Flächennutzungsplan als Grundlage für den zu entwickelnden Bebauungsplan zu erhalten, und nach dem Willen des Gesetzgebers[533] wird aber durch die ausdrückliche Nennung des § 6 BauGB in § 214 Abs. 2 Nr. 3 BauGB lediglich klargestellt, dass Genehmigungs- und Bekanntmachungsfehler, die gem. § 214 Abs. 1 Nr. 3 BauGB beachtlich sind und den Flächennutzungsplan unwirksam machen, als Verstöße gegen Verfahrens- und Formvorschriften in den Anwendungsbereich des § 214 Abs. 2 Nr. 3 BauGB fallen.

Damit gilt folgendes: Wird rechtswidriger Weise eine Teilgenehmigung erteilt, obwohl keine Versagungsgründe i. S. v. § 6 Abs. 3 i. V. m. Abs. 2 BauGB vorliegen, dann ist der gesamte Flächennutzungsplan für sich genommen ein materiell-rechtmäßiges Gesamtkonzept, der nur wegen eines Verstoßes gegen die Genehmigungsvorschriften nicht voll wirksam geworden ist. Die rechtswidrige Teilgenehmigung, die das Inkrafttreten eines Teils des materiell ordnungsgemäßen Flächennutzungsplans verhindert, soll nicht das Entwickeln aus dem inhaltlich einwandfreien Flächennutzungsplan verhindern. Wird hingegen eine Teilgenehmigung erteilt, weil Versagungsgründe i. S. v. § 6 Abs. 3 i. V. m. Abs. 2 BauGB bestehen, werden aber zugleich die Grundzüge der Planung durch das

---

528 Lemmel, in: BK, § 214 BauGB, Rn. 34; Schmaltz, in: Schrödter, § 214 BauGB, Rn. 39.
529 Siehe zu § 5 Abs. 1 S. 1 BauGB auch B. III. 2. a).
530 Lemmel, in: BK, § 214 BauGB, Rn. 34.
531 Bracher, in: Gelzer/Bracher/Reidt, Rn. 1138. Siehe zu § 5 Abs. 1 S. 2 BauGB auch B. III. 2. a).
532 Siehe zu § 6 Abs. 3 BauGB auch B. III. 2. a).
533 Vgl. BT-Drks. 8/2885, S. 46.

Ausnehmen der Fläche berührt, so dass eine Teilgenehmigung gem. § 6 Abs. 3 BauGB nicht hätte erteilt werden dürfen, dann liegt ein materiell-rechtlicher Fehler des Flächennutzungsplans vor. Denn der „Teilflächennutzungsplan" verstößt gegen § 5 Abs. 1 Satz 1 BauGB. Aus einem solchen Plan ist kein Entwickeln möglich.

Das Entwickeln eines Bebauungsplans aus einem aus formellen Gründen unwirksamen Flächennutzungsplan ist gem. § 214 Abs. 2 Nr. 3 BauGB nur unbeachtlich, wenn sich die Unwirksamkeit des Flächennutzungsplans nach Bekanntmachung des Bebauungsplans herausstellt. Bekanntmachung des Bebauungsplans bedeutet, dass entweder die Erteilung der Genehmigung des Bebauungsplans oder, wenn dies nicht erforderlich ist, der Beschluss des Bebauungsplans bekannt gemacht wird.[534] Die Unwirksamkeit des Bebauungsplans hat sich für die Gemeinde herausgestellt, wenn ihr die Umstände, die den Verfahrens- oder Formfehler begründen, bekannt werden und wenn aufgrund dieser Umstände bei objektiver Betrachtung kein Zweifel mehr an der Unwirksamkeit des Flächennutzungsplans bestehen kann.[535] Unbeachtlich bleiben allerdings formelle Fehler, die bereits vor dem Herausstellen des Fehlers gem. § 215 Abs. 1 Nr. 1 BauGB unbeachtlich geworden waren.[536]

Klarstellend ist anzumerken, dass § 214 Abs. 2 Nr. 3 BauGB auch auf den Fall anwendbar ist, dass die Änderung eines Flächennutzungsplans aus Verfahrens- oder Formfehlern i. S. v. § 214 Abs. 1 Nr. 3 BauGB unwirksam ist. Sinn und Zweck der Vorschrift ist, das Entwickeln aus einem Flächennutzungsplan nicht allein daran scheitern zu lassen, dass ein inhaltlich einwandfreier Flächennutzungsplan wegen Verfahrens- oder Formfehlern nichtig ist. Dies ist aber nicht nur bei Verfahrens- oder Formfehlern sinnvoll, die sich auf den gesamten Plan erstrecken und im Rahmen der vollständigen Neuaufstellung eines Plans entstanden sind, sondern auch bei Verfahrens- oder Formfehlern, die nur die Änderung des Plans nichtig machen.[537]

(3) Folge eines aus materiell-rechtlichen Gründen (teil-) unwirksamen Flächennutzungsplans

Umstritten ist, ob ein beachtlicher Verstoß gegen § 8 Abs. 2 Satz 1 BauGB vorliegt, wenn ein Bebauungsplan aus einem Flächennutzungsplan entwickelt wurde, der im betreffenden Teilbereich aus materiellen Gründen unwirksam

---

[534] Vgl. § 10 Abs. 3 S. 1 BauGB.
[535] Bracher, in: Gelzer/Bracher/Reidt, Rn. 1139; Lemmel, in: BK, § 214 BauGB, Rn. 34; Stock, in: EZB, § 214 BauGB, Rn. 121; Schmaltz, in: Schrödter, § 214 BauGB, Rn. 40; Dürr, in: Brügelmann, § 214 BauGB, Rn. 38.
[536] Stock, in: EZB, § 214 BauGB, Rn. 121.
[537] VGH Mannheim, Urteil vom 17.10.1989 – 5 S 2774/88, NVwZ-RR 1990, 290.

ist.[538] Grundsätzlich ist ein Entwickeln des Bebauungsplans aus den Darstellungen des Flächennutzungsplans mangels Wirksamkeit dann nicht möglich. Der VGH Mannheim[539] und im Anschluss an ihn ein Teil der Lehre[540] vertreten die Ansicht, dass auch in diesem Fall der Fehler nach § 214 Abs. 2 Nr. 2 BauGB unbeachtlich sei, wenn die sich aus dem Flächennutzungsplan ergebende geordnete städtebauliche Entwicklung nicht beeinträchtigt werde. Dies sei mit dem Wortlaut der Norm ebenso vereinbar wie mit ihrem Sinn und Zweck. Andere halten § 214 Abs. 2 Nr. 2 BauGB nicht auf diesen Fall anwendbar.[541]

Der zuletzt genannten Ansicht ist Recht zu geben. Der Vergleich von § 214 Abs. 2 Nr. 2 und Nr. 3 BauGB zeigt, dass nach dem Gesetz ein Entwickeln aus einem aus materiellen Gründen (teil-) unwirksamen Flächennutzungsplan nicht möglich ist. § 214 Abs. 2 Nr. 3 BauGB stellt gerade klar, dass ausnahmsweise nur aus einem formell unwirksamen Flächennutzungsplan entwickelt werden darf. Sinn und Zweck des § 214 Abs. 2 Nr. 2 BauGB ist es, Auslegungsschwierigkeiten der Gemeinde hinsichtlich des unbestimmten Rechtsbegriffs „Entwickeln" abzumildern,[542] nicht hingegen statt eines Entwickelns aus konkreten Darstellungen ein bloßes Einfügen in das Grobkonzept des (teil-)unwirksamen Flächennutzungsplans zu erlauben. Schließlich regelt den speziellen Fall, dass ein Bebauungsplan vor einem wirksamen Flächennutzungsplan erlassen werden soll, § 8 Abs. 4 Satz 1 BauGB: Nur in engen Ausnahmefällen soll ein Bebauungsplan möglich sein, bevor die Darstellungen des Flächennutzungsplans planreif geworden sind.

(4) Zwischenergebnis zu „Beachtlichkeit von Verstößen gegen die materielle Seite des Entwicklungsgebots"

Zwar wird das Entwicklungsgebot durch die Unbeachtlichkeitsvorschriften abgeschwächt. Da aber sowohl § 214 Abs. 2 Nr. 2 BauGB als auch § 214 Abs. 2 Nr. 3 BauGB einen Fehler im Bereich des Entwicklungsgebots nur für unbeachtlich erklären, wenn das städtebauliche Entwicklungs- und Ordnungskonzept der Gemeinde, wie es im Flächennutzungsplan seinen Ausdruck gefunden hat, nicht beeinträchtigt wird, wird der Flächennutzungsplan durch die Beachtlichkeitsvorschriften als Steuerungsinstrument nicht gänzlich ausgehebelt, sondern entfaltet weiterhin Steuerungswirkung.

---

[538] Zur Teilunwirksamkeit eines Flächennutzungsplans siehe B. III. 2. e).

[539] VGH Mannheim, Urteil vom 02.03.1993 – 5 S 2091/92, NVwZ 1994, 797 (798).

[540] Dürr, in: Brügelmann, § 214 BauGB, Rn. 36; Schmaltz, in: Schrödter, § 214 BauGB, Rn. 38; Stock, in: EZB, § 214 BauGB, Rn. 109.

[541] Ebenso Bracher, in: Gelzer/Bracher/Reidt, Rn. 1136; Lemmel, in: BK, § 214 BauGB, Rn. 33.

[542] BT-Drks. 8/2885, S. 35; Stock, in: EZB, § 214 BauGB, Rn. 109.

Kritisch und problematisch zu sehen sind auf diesem Hintergrund allerdings die Vorschläge der vom Bundesministerium für Verkehr, Bau- und Wohnungswesen eingesetzten Expertenkommission zu Novellierung des Baugesetzbuchs. Diese schlägt eine Neugestaltung des § 214 Abs. 2 BauGB vor, nach der die Wahrung der (sich aus dem Flächennutzungsplan ergebenden) geordneten städtebaulichen Entwicklung nicht mehr ausdrücklich als Erfordernis für die Unbeachtlichkeit eines Verstoßes gegen § 8 Abs. 2 bis 4 BauGB genannt werden soll. Als Begründung wird angeführt, dass die Wahrung der geordneten städtebaulichen Entwicklung wegen § 1 Abs. 1 und Abs. 3 BauGB und § 8 Abs. 1 Satz 1 BauGB ohnehin Wirksamkeitsvoraussetzung jeder städtebaulichen Planung und Satzung sei.[543] Diese Ansicht übersieht aber, dass mit ihrem Vorschlag die klarstellende Wirkung, dass der Flächennutzungsplan für das Gemeindegebiet die Konkretisierung der städtebaulichen Entwicklung und Ordnung enthält, entfiele und ihr Änderungsvorschlag möglicherweise Bestrebungen Raum geben würde, die Festsetzungen des Bebauungsplans bei Verstoß gegen das Entwicklungsgebot nicht mehr an das Konzept des Flächennutzungsplans für den größeren Raum zu binden. Auf das Merkmal der Wahrung der sich aus dem Flächennutzungsplan ergebenden städtebaulichen Entwicklung und Ordnung sollte im Rahmen des § 214 Abs. 2 BauGB daher nicht verzichtet werden.

cc) Zwischenergebnis zu „Materielle Aspekte des Entwicklungsgebots“

Der Flächennutzungsplan spielt als das das Gemeindegebiet umfassende Grundzügekonzept eine zentrale und wichtige Rolle. Auf Grund des Entwicklungsgebots gilt, dass je allgemeiner die Darstellungen des Flächennutzungsplans gehalten sind, desto flexibeler können daraus Bebauungspläne entwickelt werden, je genauer die Flächennutzungspläne sind, desto weniger Spielraum bleibt den Gemeinden bei der Umsetzung in den Bebauungsplan.[544] Die Gemeinde wird über das Entwicklungsgebot für den engeren Bereich des Bebauungsplans an die Darstellungen des Flächennutzungsplans gebunden. Andererseits sieht es der Gesetzgeber als Aufgabe des Flächennutzungsplans an, ein das gesamte Gemeindegebiet umspannendes Konzept aufzustellen. Wird dieses gesetzgeberische Ziel eingehalten, verzichtet der Gesetzgeber auf die Sanktionierung von Verstößen im Rahmen der Beachtlichkeitsvorschriften des § 214 Abs. 2 Nr. 2 und Nr. 3 BauGB. Die Steuerungskraft des Flächennutzungsplans bleibt trotz dieser Abschwächung des Entwicklungsgebots erhalten, da die Festsetzungen des Bebauungsplans weiterhin mit der planerischen Konzeption des Flä-

---

[543] Bericht zur Novellierung des Baugesetzbuchs, Rn. 140, Rn. 165

[544] HessVGH, Beschluss vom 03.06.1970 – IV N 9/68, BRS 23, Nr. 21, S. 45 (48); Fickert/Fieseler, § 1 BauNVO, Anm. 70.3; Bielenberg/Runkel, in: EZB, § 8 BauGB, Rn. 10.

chennutzungsplans für den größeren Raum vereinbar sein müssen. Auf der Grundlage dieser Normen kann der Flächennutzungsplan daher seiner Aufgabe, eine geordnete städtebauliche Entwicklung im Gemeindegebiet zu verwirklichen, gerecht werden und die bauliche und sonstige Nutzung im Gemeindegebiet vorbereiten und leiten.

b) Formelle Aspekte des Entwicklungsgebots, insbesondere Parallelverfahren

Die formelle Seite des Entwicklungsgebots bestimmt, dass ein Bebauungsplan grundsätzlich nur dann aufgestellt werden darf, wenn bereits ein Flächennutzungsplan existiert. Der Flächennutzungsplan muss also zeitlich vor dem Bebauungsplan erlassen worden sein. Damit wird die materielle Seite des Entwicklungsgebots abgesichert. Allerdings können die Verfahren zur Aufstellung von Flächennutzungsplan und Bebauungsplan nach § 8 Abs. 3 Satz 1 BauGB auch parallel durchgeführt werden. Ausnahmsweise kann der Bebauungsplan nach § 8 Abs. 3 Satz 2 BauGB sogar vor dem Flächennutzungsplan bekannt gemacht werden. Im folgenden ist zu untersuchen, welche Auswirkungen diese Vorschriften auf die materielle Seite des Entwicklungsgebots haben (aa)) und wann Verstöße gegen die genannten Vorschriften beachtlich sind (bb)).

aa) Der Erlass eines Bebauungsplans nach § 8 Abs. 3 BauGB

Der zeitliche Zusammenhang zwischen Bebauungsplan und Flächennutzungsplan im Entwicklungsgebot wurde von der Rechtsprechung schon früh großzügig ausgelegt. In seinen Gesetzesänderungen reagierte der Gesetzgeber regelmäßig auf die Rechtsprechung zum Entwicklungsgebot.

So entschied das Bundesverwaltungsgericht in seinem Grundsatzurteil vom 28. Februar 1975[545], dass die Änderung des Flächennutzungsplans auch gleichzeitig mit der Aufstellung des Bebauungsplans erfolgen könne. In der Folgezeit wurde diese Auffassung dadurch ergänzt, dass das Entwicklungsgebot keine bestimmte verfahrensrechtliche Reihenfolge verlange. Es komme allein darauf an, dass der Bebauungsplan objektiv aus dem Flächennutzungsplan entwickelt sei. Nicht das Planen als Tätigkeit sei Maßstab für das Entwicklungsgebot, sondern der Plan als Ergebnis des Planens. Der Inhalt des Bebauungsplans müsse im Zeitpunkt seines Inkrafttretens dem zu dieser Zeit wirksamen Flächennutzungsplan in einer Weise entsprechen, dass von einem Entwickeltsein die Rede sein könne.[546]

---

[545] BVerwG, Urteil vom 28.02.1975 – IV C 74.72, BVerwGE 48, 70 (80).
[546] BVerwG, Urteil vom 29.09.1978 – 4 C 30.76, BVerwGE 56, 283 (286).

Mit der Bundesbaugesetznovelle vom 6. Juli 1979[547] reagierte der Gesetzgeber und stellte in § 8 Abs. 3 BauGB klar, dass eine gleichzeitige Aufstellung, Änderung oder Ergänzung von Flächennutzungsplan und Bebauungsplan dem Gesetz entspreche; das sogenannte Parallelverfahren wurde im Gesetz verankert. Voraussetzung war, dass der Bebauungsplan nicht vor dem Flächennutzungsplan genehmigt wurde, um sicherzustellen, dass die übergreifenden planerischen Entscheidungen, die sich aus dem Flächennutzungsplan ergeben, für den Bebauungsplan im Moment seines Wirksamwerdens vorliegen.[548]

Das Bundesverwaltungsgericht schränkte schließlich seine Rechtsprechung zum Parallelverfahren wieder ein. Das Parallelverfahren verlange zwar keinen zeitlichen Gleichlauf der Verfahren von Flächennutzungsplan und Bebauungsplan, es setze aber voraus, dass Flächennutzungsplan und Bebauungsplan mit Rücksicht aufeinander aufgestellt oder geändert würden. Wenn der entsprechende Teilbereich des Flächennutzungsplans, aus dem der Bebauungsplan zu entwickeln sei, feststehe, dann könne der Bebauungsplan bereits aus dem Flächennutzungsplan entwickelt werden, auch wenn der Rest des Flächennutzungsplans noch in der Diskussion sei. Ein Parallelverfahren liege daher vor, wenn die Verfahren des Flächennutzungsplans und des Bebauungsplans in einem zeitlichen Zusammenhang und in gezielt inhaltlicher Abstimmung aufeinander und nicht nur mit zufälliger inhaltlicher Übereinstimmung aufgestellt worden seien.[549]

Diese Rechtsprechung wollte der Gesetzgeber ausdrücklich mit der Gesetzesänderung von 1986[550] umsetzen, als er § 8 Abs. 3 Satz 1 und Satz 2 BauGB einführte.[551] Gem. § 8 Abs. 3 Satz 1 BauGB kann seitdem mit der Aufstellung, Änderung, Ergänzung oder Aufhebung eines Bebauungsplans gleichzeitig auch der Flächennutzungsplan aufgestellt, geändert oder ergänzt werden. Nach § 8 Abs. 3 Satz 2 BauGB kann der Bebauungsplan sogar vor dem Flächennutzungsplan bekannt gemacht werden, wenn nach dem Stand der Planungsarbeiten anzunehmen ist, dass der Bebauungsplan aus den künftigen Darstellungen des Flächennutzungsplans entwickelt sein wird.

Der vorgezogene Bebauungsplan im Parallelverfahren i. S. v. § 8 Abs. 3 BauGB weicht die materielle Seite des Entwicklungsgebots nicht auf. § 8 Abs. 3 Satz 2 BauGB verlangt, dass der Flächennutzungsplan so weit vorangeschritten sein muss, dass ein Entwickeltsein aus den Darstellungen des Flächennutzungsplans absehbar ist. Weiterhin wollte der Gesetzgeber die Rechtsprechung umsetzen, nach der ein Parallelverfahren voraussetzt, dass zwischen der Aufstellung des Bebauungsplans und der des Flächennutzungsplans ein zeitlicher Zusam-

---

[547] BGBl. I 1979, S. 949.

[548] BT-Drks. 8/2451, S. 17.

[549] BVerwG, Beschluss vom 03.10.1984 – 4 N 4.84, BVerwGE 70, 171 (178, 179).

[550] BGBl. I 1986, S.2191 ff.

[551] BT-Drks. 10/4630, S. 70 unter Bezugnahme auf BVerwG, Urteil vom 03.10.1984 – IV N 4.84, BVerwGE 70, 171 (178; 179).

menhang besteht und eine gezielt inhaltliche Abstimmung aufeinander im Sinne des Entwickelns erfolgt und nicht nur zufällige Übereinstimmungen entstehen.[552] Inhaltlich sollte also das Entwicklungsgebot nicht verkürzt werden. Auch aus dem Vergleich des § 8 Abs. 3 BauGB mit § 8 Abs. 4 BauGB ist zu schließen, dass das Parallelverfahren allein eine Verfahrenserleichterung bringen, aber keine Abstriche von der materiellen Seite des Entwicklungsgebots machen will. Denn § 8 Abs. 3 BauGB spricht lediglich den zeitlichen Aspekt des Entwicklungsgebots an und erweitert diesen in Satz 2 dahingehend, dass ein Bebauungsplan sogar vor dem Flächennutzungsplan erlassen werden kann. Voraussetzung bleibt, dass der Bebauungsplan aus den künftigen Darstellungen des Flächennutzungsplans entwickelt sein wird. § 8 Abs. 4 BauGB gestattet im Gegensatz dazu den Erlass eines Bebauungsplans, wenn noch gar kein Flächennutzungsplan existiert bzw. noch kein Flächennutzungsplan von der nunmehr zuständigen Planungsstelle erlassen worden ist; hier ist ein vorausschauendes Entwickeln aus dem Flächennutzungsplan also nicht möglich.[553] Zwischen diesen beiden Fallgruppen wollte der Gesetzgeber unterscheiden. Auch die Gesetzesbegründung zum Baugesetzbuch 1986 bestätigt, dass der Gesetzgeber mit der Erweiterung des Parallelverfahren nur Verfahrenserleichterungen schaffen wollte, ohne Abstriche an die inhaltliche Entwicklung des Bebauungsplans aus dem Flächennutzungsplan zuzulassen.[554]

Ein Bebauungsplan kann gem. § 8 Abs. 3 Satz 2 BauGB vor dem Flächennutzungsplan bekannt gemacht werden, wenn nach dem Stand der Planungsarbeiten anzunehmen ist, dass der Bebauungsplan aus den künftigen Darstellungen des Flächennutzungsplans entwickelt sein wird. Der Flächennutzungsplan muss also „Planreife" erlangt haben.[555] Es wird vertreten, dass hierfür sowohl materielle als auch formelle Planreife erforderlich sei. Formelle Planreife liege analog § 33 Abs. 1 Nr. 1 BauGB vor, wenn die öffentliche Auslegung durchgeführt sei und die Träger öffentlicher Belange beteiligt worden seien.[556] Gegen die formelle Planreife als Voraussetzung spricht jedoch, dass nach dem Wortlaut des § 8 Abs. 3 BauGB lediglich absehbar sein muss, welche Darstellungen im Flächennutzungsplan enthalten sein werden und ob die Festsetzungen mit Rücksicht auf diese Darstellungen im Sinne eines Entwickelns getroffen werden. Hingegen schreibt § 8 Abs. 3 BauGB zum notwendigen Verfahrensstand des Flächennutzungsplans selbst nichts Genaues vor. In diesem Sinne spricht auch die Gesetzesbegründung ausdrücklich nur davon, dass § 8 Abs. 3 BauGB eine Verfah-

---

[552] BT-Drks. 10/4630, S. 70 unter Bezugnahme auf BVerwG, Urteil vom 03.10.1984 – IV N 4.84, BVerwGE 70, 171 (178; 179).
[553] Siehe dazu auch C. II. 2. b).
[554] BT-Drks. 10/4630, S. 70.
[555] Peine, JZ 1987, 322 (326); Gaentzsch, in: BK, § 8 BauGB, Rn. 15; Bielenberg/Runkel, in: EZB, § 8 BauGB, Rn. 17.
[556] W. Schrödter, in: Schrödter, § 8 BauGB, Rn. 13.

renserleichterung bringen soll, wenn eine inhaltliche Abstimmung der Bauleitpläne bereits vor Wirksamwerden des Flächennutzungsplans möglich ist.[557] Ein Mindestverfahrensstand ist also nicht Voraussetzung für die Anwendung des Parallelverfahrens nach § 8 Abs. 3 Satz 2 BauGB; es genügt materielle Planreife.[558]

Aus der Formulierung des § 8 Abs. 3 Satz 2 BauGB ist zu schließen, dass es allein darauf ankommt, dass der betreffende Teilbereich des Flächennutzungsplans, auf den sich der Bebauungsplan bezieht, „planreif" ist. Nicht notwendig ist, dass bereits sämtliche Darstellungen des Flächennutzungsplans absehbar sind. Es genügt also eine „Teilplanreife". Teilplanreife liegt vor, wenn absehbar ist, dass die noch nicht planreifen Bereiche des Flächennutzungsplans später keine Änderung der sich auf den Bebauungsplan beziehenden Darstellungen nach sich ziehen können.[559] Es wird vertreten, dass auch eine informelle Planung[560] Auskunft über die zu erwartende inhaltliche Ausgestaltung des Flächennutzungsplans, seine Planreife und damit das zu erwartende Entwickeltsein des Bebauungsplans geben könne.[561] Eine informelle Planung nach § 1 Abs. 5 Satz 2 Nr. 10 BauGB ist aber allein abwägungserhebliches Material für die Erstellung des Flächennutzungsplans und kann damit wegen des Abwägungsgebots des § 1 Abs. 6 BauGB keine feste Aussage über den zukünftigen Inhalt des Flächennutzungsplans treffen. Maßgeblich kann allein sein, inwieweit sich aus dem Stand des Flächennutzungsplanverfahrens selbst ableiten lässt, dass für den auch im Rahmen des Bebauungsplans maßgeblichen Teilbereich eine bestimmte Darstellung festgelegt werden wird. Nur dann besteht ausreichende Sicherheit, dass das Entwicklungsgebot gewahrt werden wird.

Werden diese Voraussetzungen eingehalten, dann kann der Flächennutzungsplan seiner Funktion, eine ausgewogene, auf das gesamte Gemeindegebiet bezogene städtebauliche Entwicklung und Ordnung zu sichern, auch dann gerecht werden, wenn bereits vor seinem Wirksamwerden verbindliche Festsetzungen in einem Bebauungsplan getroffen werden.[562]

---

557 BT-Drks. 10/4630, S. 70.

558 Ebenso: Bielenberg/Runkel, in: EZB, § 8 BauGB, Rn. 17.

559 VGH München, Urteil vom 11.11.1998 – 26 N 97.3102, NuR 1999, 391 (392); Reidt, in: Gelzer/Bracher/Reidt, Rn. 216; Gierke, in: Brügelmann, § 8 BauGB, Rn. 160; Jäde, in: Jäde/Dirnberger/Weiß, § 8 BauGB, Rn. 10; Gaentzsch, in: BK, § 8 BauGB, Rn. 15; Bielenberg/Runkel, in: EZB, § 8 BauGB, Rn. 17.

560 Siehe dazu C. I.

561 Löhr, in: B/K/L, § 8 BauGB, Rn. 9; Söfker, § 1 BauGB, Rn. 177.

562 Vgl. auch Seewald, DÖV 1981, 849 (852 ff.).

bb) Beachtlichkeit von Fehlern im Parallelverfahren

Ob ein Verstoß gegen die Vorschriften des Parallelverfahrens beachtlich ist, richtet sich nach § 214 Abs. 2 Nr. 4 BauGB. Danach ist die Verletzung der Vorschriften über das Verhältnis des Bebauungsplans zum Flächennutzungsplan für die Rechtswirksamkeit des Bebauungsplans unbeachtlich, wenn im Parallelverfahren gegen § 8 Abs. 3 BauGB verstoßen worden ist, ohne dass die geordnete städtebauliche Entwicklung beeinträchtigt worden ist. Die Norm setzt damit zunächst voraus, dass überhaupt ein Parallelverfahren durchgeführt wurde, dass also die einzelnen Abschnitte beider Planverfahren in einem dem Zweck angemessenen zeitlichen Bezug zueinander stehen und dass im jeweiligen Fortgang der beiden Verfahren eine inhaltliche Abstimmung zwischen den beiden Planentwürfen möglich und gewollt ist.[563] Ein beachtlicher Verstoß gegen das Entwicklungsgebot ist es, wenn ein Flächennutzungsplan, der nicht mit dem Bebauungsplan in einem Parallelverfahren aufgestellt wird, nach dem Bebauungsplan wirksam wird und Bebauungsplan und Flächennutzungsplan dann in zufälliger Übereinstimmung miteinander stehen.[564]

§ 214 Abs. 2 Nr. 4 BauGB erklärt Verstöße gegen § 8 Abs. 3 BauGB im Parallelverfahren für unbeachtlich, wenn die geordnete städtebauliche Entwicklung durch den Verstoß nicht beeinträchtigt wird.[565] Typischer Fehler ist der Erlass eines Bebauungsplans vor Wirksamwerden eines Flächennutzungsplans, obwohl noch gar keine Planreife eingetreten war. Umstritten ist, wann eine Beeinträchtigung der geordneten städtebaulichen Entwicklung durch den Verstoß gegen § 8 Abs. 3 BauGB vorliegt. Teilweise wird vertreten, dass Nummer 4 auf die generelle städtebauliche Entwicklung abstelle. Es komme nicht auf den Inhalt des späteren Flächennutzungsplans an. Eine geordnete städtebauliche Entwicklung sei jede, die mit den Grundsätzen des § 1 Abs. 5 und Abs. 6 BauGB vereinbar sei. Eine solche dürfe der Bebauungsplan nicht beeinträchtigen. Die Frage der Unbeachtlichkeit entscheide sich nach den Verhältnissen im Zeitpunkt des Inkrafttretens des Bebauungsplans. Deshalb sei die geordnete städtebauliche Entwicklung, wie sie sich aus dem erst später in Kraft tretenden Flächennutzungsplan ergebe, unerheblich.[566] Nach einer anderen Ansicht ist hingegen die städtebauliche Entwicklung und Ordnung maßgeblich, die sich aus dem später wirk-

---

[563] BVerwG, Beschluss vom 03.10.1984 – 4 N 4.84, BVerwGE 70, 171 (177).

[564] BVerwG, Beschluss vom 03.10.1984 – 4 N 4.84, BVerwGE 70, 171 (179); Stock, in: EZB, § 214 BauGB, Rn.124 ff.; Lemmel, in: BK, § 214 BauGB, Rn. 35.

[565] BVerwG, Beschluss vom 03.10.1984 – 4 N 4.84, BVerwGE 70, 171 (175).

[566]; BayVGH, Urteil vom 11.11.1998 – 26 N 97.3102, NuR, 1999, 391 (392); Reidt, in: Gelzer/Bracher/Reidt, Rn. 1141; Dürr, in: Brügelmann, § 214 BauGB, RN. 41; Schmaltz, in: Schrödter, § 214 BauGB, Rn. 42; Stock, in: EZB, § 214 BauGB, Rn. 126 ff.

samwerdenden Flächennutzungsplan ergibt.[567] Dieser Ansicht ist Recht zu geben. Die zuerst genannte Ansicht gibt keine Antwort darauf, welchen konkreten Gegebenheiten die städtebauliche Entwicklung zu entnehmen ist. Die Grundsätze des § 1 Abs. 5 und 6 BauGB sagen nichts über die gesamtgemeindliche geordnete städtebauliche Entwicklung im konkreten Fall aus. Zum anderen ist Ziel des § 8 Abs. 2 Satz 1 BauGB, die Gemeinde anzuhalten, ihre städtebauliche Entwicklung auf der Grundlage einer in sich stimmigen Grundkonzeption für das ganze Gemeindegebiet zu steuern. Wird dieses Anliegen trotz Verstoßes eingehalten, dann soll der Bebauungsplan nicht allein deswegen unwirksam sein.[568] § 214 Abs. 2 Nr. 4 BauGB toleriert deshalb einen Bebauungsplan trotz Fehlern im Bereich des Entwicklungsgebots nur, wenn im Ergebnis die im Bebauungsplan festgesetzte Nutzung nicht gegen die (gegebenenfalls später) im Flächennutzungsplan festgelegte beabsichtigte städtebauliche Entwicklung und Ordnung für das Gesamtgemeindegebiet verstößt.[569] Maßgeblich muss deshalb die konkrete Vorstellung der Gemeinde über die geordnete städtebauliche Entwicklung sein, und nicht eine „generelle" geordnete städtebauliche Entwicklung. Das sich diese gegebenenfalls erst nach Inkrafttreten des Bebauungsplans herauskristallisiert, schadet nicht. Ein nachträgliches Wirksamwerden nach Fehlerwegfall ist dem Baurecht nicht fremd. Auch § 215 Abs. 1 BauGB zeigt, dass ein zunächst beachtlicher Fehler im Verlauf der Zeit durchaus unbeachtlich werden kann.

Bleibt zu untersuchen, ob die Unbeachtlichkeitsregelung des § 214 Abs. 2 Nr. 4 BauGB auch eingreift, wenn der Flächennutzungsplan zwar (teil-)planreif ist, der Bebauungsplan aber gegen die materielle Seite des Entwicklungsgebots verstößt, indem seine Festsetzungen sich nicht als aus den künftigen Darstellungen des Flächennutzungsplans im engeren Bereich entwickelt erweisen, während der Bebauungsplan gesehen auf die planerische Konzeption des Flächennutzungsplans für den größeren Raum, also für das gesamte Gemeindegebiet oder für einen über das Bebauungsplangebiet hinausreichenden Ortsteil, keine beeinträchtigende Wirkung hat. Dafür, dass auch der letzte Fall von § 214 Abs. 2 Nr. 4 BauGB und nicht von § 214 Abs. 2 Nr. 2 BauGB[570] erfasst ist, spricht, dass § 8 Abs. 2 Satz 1 BauGB, auf den sich § 214 Abs. 2 Nr. 2 BauGB bezieht, im Parallelverfahren von § 8 Abs. 3 Satz 2 BauGB keine direkte Anwendung findet. Denn im Parallelverfahren darf der Bebauungsplan aus künftigen Darstellungen entwickelt werden, während § 8 Abs. 2 Satz 1 BauGB bereits wirksamgewordene Darstellungen voraussetzt. Daher handelt es sich um einen Verstoß im Paral-

---

[567] So: Dolde, BauR 1990, 1 (5); Bönker, in: Hoppe/Bönker/Grotefels, § 17, Rn. 95; Battis, B/K/L, § 214 BauGB, Rn. 14.

[568] BVerwG, Beschluss vom 03.10.1984 – 4 N 4.84, BVerwGE 70, 171 (177).

[569] BVerwG, Beschluss vom 03.10.1984 – 4 N 4.84, BVerwGE 70, 171 (177).

[570] Siehe dazu C. II. 1. a) aa).

lelverfahren gegen § 8 Abs. 3 BauGB, auf den § 214 Abs. 2 Nr. 4 BauGB anwendbar ist.

cc) Zwischenergebnis zu „Formelle Aspekte des Entwicklungsgebots, insbesondere Parallelverfahren"

Das Parallelverfahren, das in § 8 Abs. 3 Satz 2 BauGB sogar einen vorgezogenen Bebauungsplan erlaubt, weicht das Entwicklungsgebot in materieller Hinsicht nicht auf. Die Steuerungsfunktion, die dem Flächennutzungsplan für das Gemeindegebiet zukommt, ist damit nicht beschränkt. Auch die Unbeachtlichkeitsvorschrift des § 214 Abs. 2 Nr. 4 BauGB macht einen Verstoß gegen die Vorschrift des § 8 Abs. 3 BauGB im Parallelverfahren nur dann unbeachtlich, wenn die sich aus dem (später wirksam werdenden) Flächennutzungsplan ergebende geordnete städtebauliche Entwicklung nicht beeinträchtigt wird.

2. Ausnahmen vom Entwicklungsgebot

Das Entwicklungsgebot des § 8 Abs. 2 BauGB wird auch in materiellrechtlicher Hinsicht durchbrochen. Regelungen, wann ein Bebauungsplan auch ohne Flächennutzungsplan aufgestellt werden kann, finden sich in § 8 Abs. 2 Satz 2 BauGB (a)) und in § 8 Abs. 4 BauGB (b)).

a) Der selbständige Bebauungsplan

Gem. § 8 Abs. 2 Satz 2 BauGB ist ein Flächennutzungsplan nicht erforderlich, wenn der Bebauungsplan ausreicht, um die städtebauliche Entwicklung zu ordnen. In der Beachtlichkeitsvorschrift des § 214 Abs. 2 Nr. 1 BauGB wird dies als selbständiger Bebauungsplan bezeichnet. Auch wenn der selbständige Bebauungsplan unmittelbar nach der gesetzlichen Verankerung des Entwicklungsgebots in § 8 Abs. 2 Satz 1 BauGB zu finden ist, handelt es sich genaugenommen nicht um eine Ausnahme vom Entwicklungsgebot, sondern eine Ausnahme vom Prinzip der Zweistufigkeit des § 1 Abs. 2 BauGB.[571] § 8 Abs. 2 Satz 2 BauGB legt fest, wann keine Pflicht zur Flächennutzungsplanung i. S. v. § 1 Abs. 3 BauGB besteht, wann also auf die Zweistufigkeit verzichtet wird.[572] Wird ein Flächennutzungsplan nicht aufgestellt, so kann der Bebauungsplan folglich

[571] BVerwG, Urteil vom 28.02.1975 – 4 C 74.72, BVerwGE 48, 70 (78 ff.); Finkelnburg/Ortloff, § 8, S. 87; Löhr, in: B/K/L, § 8 BauGB, Rn. 7.
[572] Siehe dazu B. III. 2. b).

auch nicht aus dem Flächennutzungsplan entwickelt werden.[573] Soweit die Gemeinde die Anforderungen an die Aufstellung eines selbständigen Bebauungsplans nicht richtig beurteilt, ist dieser Fehler für den Bebauungsplan gem. § 214 Abs. 2 Nr. 1 Var. 1 BauGB unbeachtlich.[574]

b) Der vorzeitige Bebauungsplan

Nach § 8 Abs. 4 Satz 1 BauGB kann ein Bebauungsplan aufgestellt, geändert, ergänzt oder aufgehoben werden, bevor der Flächennutzungsplan aufgestellt ist, wenn dringende Gründe es erfordern und wenn der Bebauungsplan der beabsichtigten städtebaulichen Entwicklung des Gemeindegebiets nicht entgegensteht. Mit dieser Norm wird das Entwicklungsgebot durchbrochen, da der Bebauungsplan im Gegensatz zum Verfahren nach § 8 Abs. 3 Satz 2 BauGB nicht mit Rücksicht auf einen in der Aufstellung befindlichen Flächennutzungsplan entwickelt werden muss. Im folgenden soll erläutert werden, in welchem Verhältnis der Flächennutzungsplan zum vorzeitigen Bebauungsplan steht (aa)). Dann werden die einzelnen Voraussetzungen für den Erlass eines vorzeitigen Bebauungsplans untersucht (bb)), insbesondere auch, ob die Gemeinde sich bewusst sein muss, dass sie einen vorzeitigen Bebauungsplan erlässt (cc)). Anschließend ist zu überlegen, welche Wirkung die Beachtlichkeitsvorschrift des § 214 Abs. 2 Nr. 1 BauGB hat (dd)).

aa) Das Verhältnis des vorzeitigen Bebauungsplans zum Flächennutzungsplan

Voraussetzung für den vorzeitigen Bebauungsplan ist, dass noch kein Flächennutzungsplan wirksam erlassen worden ist. Von der Norm wird also nicht nur der Fall erfasst, dass der Flächennutzungsplan gänzlich fehlt, sondern auch der Fall, dass der Flächennutzungsplan unwirksam ist.[575] Auch in letzterem Fall kann die Aufstellung eines Bebauungsplans noch vor der Aufstellung eines wirksamen Flächennutzungsplans aus dringenden Gründen erforderlich sein. Sobald ein wirksamer Flächennutzungsplan vorliegt, kann die Gemeinde einen damit nicht übereinstimmenden Bebauungsplan nur noch im Parallelverfahren in

---

[573] BVerwG, Urteil vom 28.02.1975 – 4 C 74.72, BVerwGE 48, 70 (78 ff.); Finkelnburg/Ortloff, § 8, S. 87; Löhr, in: B/K/L, § 8 BauGB, Rn. 7.

[574] Zur näheren Auslegung des Begriffs der unrichtigen Beurteilung siehe C. II. 2. b) dd).

[575] BVerwG, Beschluss vom 18.12.1991 – 4 N 2/89, NVwZ 1992, 882 (883); BVerwG, Urteil vom 26.02.1999 – 4 C 6/98, NVwZ 2000, 197 ff., Gierke, in: Brügelmann, § 8 BauGB, Rn. 175; Löhr, in: B/K/L, § 8 BauGB, Rn. 11; Bielenberg/Runkel, in: EZB, § 8 BauGB, Rn. 7, 19.

inhaltlicher Abstimmung mit der Änderung des Flächennutzungsplans erlassen.[576]

Existiert noch kein wirksamer Flächennutzungsplan, befindet sich aber ein Entwurf in Aufstellung, dann ist der Erlass eines vorzeitigen Bebauungsplans unter den Voraussetzungen des § 8 Abs. 4 Satz 1 BauGB vor dem Wirksamwerden des Flächennutzungsplans möglich, solange die Darstellungen des Flächennutzungsplans für den Bereich des Bebauungsplans noch nicht planreif i. S. v. § 8 Abs. 3 Satz 2 BauGB sind.[577] Umstritten ist, ob ein vorzeitiger Bebauungsplan auch noch zulässig ist, nachdem die betreffenden Darstellungen eines Flächennutzungsplanentwurfs planreif geworden sind. Teilweise wird vertreten, dass die Gemeinde ab diesem Zeitpunkt zwischen dem vorzeitigen Bebauungsplan und dem parallel erarbeiteten Bebauungsplan wählen dürfe.[578] Richtigerweise ist nach Planreife aber nur noch eine Aufstellung des Bebauungsplans im Parallelverfahren möglich.[579] Dafür spricht, dass § 8 Abs. 4 Satz 1 BauGB eine Abweichung vom Entwicklungsgebot des § 8 Abs. 2 Satz 1 BauGB nur dann zulässt, wenn eine Einhaltung aus besonderen Gründen nicht ohne Nachteile erzwungen werden kann. Wenn aber der Flächennutzungsplan bereits für den in Frage stehenden Bereich die Planreife erreicht hat, ist eine Entwicklung aus den künftigen Darstellungen des Flächennutzungsplans möglich. Dann besteht kein Grund mehr für einen vorzeitigen Bebauungsplan. Der Bebauungsplan kann mit Rücksicht auf den Entwurf des Flächennutzungsplans aufgestellt werden; eine inhaltliche Abstimmung der beiden Verfahren im Sinne des Parallelverfahrens ist angesichts der besonderen Bedeutung, die der zweistufigen Planung und damit dem Entwicklungsgebot zukommt, zumutbar.

Nicht erforderlich ist für die Aufstellung eines vorzeitigen Bebauungsplans, dass ein zeitgleich laufendes Flächennutzungsplanverfahren, in dessen Rahmen die für den Bebauungsplan relevanten Darstellungen noch nicht planreif sind, während der Aufstellung ruht.[580] Denn auch während eines Flächennutzungsplanverfahrens kann es aus dringenden Gründen erforderlich sein, einen Bebau-

---

576 BT-Drks. 8/2451, S. 17.

577 Siehe dazu C. II. 1. a) aa).

578 Finkelnburg, in: FS Weyreuther, S. 111 (121).

579 So auch W. Schrödter, in: Schrödter, § 8 BauGB, Rn. 15; ebenso Gierke, in. Brügelmann, § 8 BauGB, Rn. 175 unter Bezugnahme auf das Bundesverwaltungsgericht (Beschluss vom 03.10.1984 – 4 N 4.84, E 70, 171 (175)). Das Bundesverwaltungsgericht hat dort aber deshalb ein Ausschlussverhältnis angenommen, weil die damaligen Fassungen von § 8 Abs. 3 und Abs. 4 BauGB unterschiedliche Anwendungsbereiche hatten. Der alte § 8 Abs. 3 BauGB setzte voraus, dass auch bei gleichzeitig durchgeführten, inhaltlich aufeinander abgestimmten Flächennutzungs- und Bebauungsplanverfahren der Flächennutzungsplan vorher genehmigt und bekannt gemacht werden musste. In diesem Fall war aber ein vorzeitiger Bebauungsplan gar nicht mehr zulässig.

580 So aber BayVGH, Beschluss vom 15.01.1997 – 26 N 95.2907, Juris Nr. MWRE105689700.

ungsplan vor Planreife zu erlassen. In diesem Fall ist es irrelevant, ob das Flächennutzungsplanverfahren währenddessen weitergeführt wird oder nicht.

Schließlich ist § 8 Abs. 4 Satz 1 BauGB auch auf solche Flächen anwendbar, die bislang gem. § 5 Abs. 1 Satz 2 BauGB, § 6 Abs. 3 BauGB oder § 6 Abs. 4 Satz 1 BauGB aus der Flächennutzungsplanung herausgenommen worden sind. Für diese Flächen existiert noch kein Flächennutzungsplan. Selbstverständlich dürfen die Festsetzungen des Bebauungsplans aber nicht die Probleme regeln, die bislang die Vervollständigung des Flächennutzungsplans in diesem Bereich verhindert haben.[581]

Gilt bei Gebiets- oder Bestandsänderungen von Gemeinden oder anderen Veränderungen der Zuständigkeit für die Aufstellung von Flächennutzungsplänen ein Flächennutzungsplan gem. § 204 Abs. 2 BauGB fort, kann gem. § 8 Abs. 4 Satz 2 BauGB ein vorzeitiger Bebauungsplan aufgestellt werden, bevor der Flächennutzungsplan ergänzt oder geändert ist. Hintergrund der Regelung ist, dass aus den gem. § 204 Abs. 2 BauGB fortgeltenden Flächennutzungsplänen zwar weiterhin Bebauungspläne entwickelt werden können. Meist wird aber nach der Änderung des Gebietes oder des Bestandes von Gemeinden oder der Übertragung der Zuständigkeit für die Flächennutzungsplanung auf einen anderen Planungsträger ein Bedürfnis nach einem Flächennutzungsplan für das gesamte Gebiet bestehen, der die fortgeltenden Flächennutzungspläne ersetzt. Dabei kann ein Bebauungsplan, der sich nicht aus dem fortgeltenden Flächennutzungsplan entwickeln lässt, bereits vor Planreife des neuen Flächennutzungsplans wünschenswert sein. In diesen Fällen gestattet § 8 Abs. 4 Satz 2 BauGB einen vorzeitigen Bebauungsplan, obwohl ein wirksamer Flächennutzungsplan für das betreffende Gebiet besteht. Voraussetzung ist wie in § 8 Abs. 4 Satz 1 BauGB, dass dringende Gründe dies erfordern und der vorzeitige Bebauungsplan der beabsichtigten städtebaulichen Entwicklung des Gebiets, für das nunmehr ein einziger Flächennutzungsplan aufzustellen ist, nicht entgegensteht.[582]

bb) Dringende Gründe und Vereinbarkeit mit der beabsichtigten städtebaulichen Entwicklung

Für die Aufstellung eines vorzeitigen Bebauungsplans müssen gem. § 8 Abs. 4 Satz 1 BauGB dringende Gründe sprechen. Obwohl der Gesetzgeber den früheren Begriff des zwingenden Grundes durch den des dringenden Grundes ausgewechselt hat, um geringere Anforderungen an die Aufstellung eines vorzeiti-

---

581 W. Schrödter, in: Schrödter, § 8 BauGB, Rn. 16; Gierke, in: Brügelmann, § 8 BauGB, Rn. 176.

582 Reidt, in: Gelzer/Bracher/Reidt, Rn. 204; Löhr, in: B/K/L, § 8 BauGB, Rn. 14; W. Schrödter, in: Schrödter, § 8 BauGB, Rn. 22a; Bielenberg/Runkel, in: EZB, § 8 BauGB, Rn. 26; Gaentzsch, in: BK, § 8 BauGB, Rn. 18.

gen Bebauungsplans zu stellen,[583] lassen sich inhaltliche Unterschiede zwischen den zwei Begriffen kaum ausmachen.[584] Dies hängt damit zusammen, dass der rechtliche Hintergrund, der zur Bestimmung des Begriffes heranzuziehen ist, derselbe geblieben ist: Die Möglichkeit, einen vorzeitigen Bebauungsplan aufzustellen, dient dazu, einen Ausgleich zwischen den Bedürfnissen nach verbindlichen Festsetzungen für die Nutzung einer Gemeindefläche einerseits und nach einer ganzheitlichen, die gesamte Gemeinde erfassenden Planung andererseits zu schaffen.[585] Dabei genügt es nicht, dass eine Situation vorliegt, die eine Pflicht zur Bebauungsplanung nach § 1 Abs. 3 BauGB hervorzurufen vermag.[586] Denn das Gesetz nimmt es in Kauf, dass einerseits zwar eine Pflicht zur Bebauungsplanung besteht, andererseits aber zur Wahrung des Zweistufigkeitsprinzips die Aufstellung eines Flächennutzungsplans abgewartet werden muss, da nur durch die zweistufige Planung eine ganzheitliche Planung, die alle Flächenansprüche in Ausgleich bringt, gesichert werden kann.[587] Folglich ist eine vorzeitige Bebauungsplanung nur dann möglich, wenn eine geordnete städtebauliche Entwicklung eher durch das Warten auf den Flächennutzungsplan als durch einen vorzeitigen – verbindlichen – Bebauungsplan für ein Teilgebiet der Gemeinde gefährdet ist. Anders ausgedrückt muss das öffentliche Interesse an der Durchführung einer städtebaulich relevanten Maßnahme gegenüber einem Abwarten des Flächennutzungsplans aus objektiven Gründen überwiegen.[588] Ein dringender Grund liegt z. B. vor, wenn Erweiterungen oder Neuansiedlungen von Gewerbebetrieben zur Sicherung oder Neuschaffung von Arbeitsplätzen ohne vorzeitigen Bebauungsplan nicht durchgeführt werden können oder wenn besonders dringend erforderliche Infrastrukturmaßnahmen einen vorzeitigen Bebauungsplan nötig machen.[589] Unerheblich ist für das Vorliegen eines dringenden Grundes, ob ein Flächennutzungsplan, aus dem der Bebauungsplan entwickelt werden könnte, nur deshalb nicht besteht, weil die Gemeinde die rechtzeitige Aufstellung schuldhaft verzögert hat. Denn der Erlass eines vorzeitigen Bebauungsplan rechtfertigt sich allein daraus, dass nur so eine städtebauliche Notlage beendigt werden kann. Da die Beendigung der städtebaulichen Notlage

[583] BT-Drks. 8/2451, S. 17.
[584] Gaentzsch, in: BK, § 8 BauGB, Rn. 16; Gierke, in: Brügelmann, § 8 BauGB, Rn. 182.
[585] Reidt, in: Gelzer/Bracher/Reidt, Rn. 207.
[586] Reidt, in: Gelzer/Bracher/Reidt, Rn. 208.
[587] Reidt, in: Gelzer/Bracher/Reidt, Rn. 208.
[588] BVerwG, Urteil vom 14.12.1984 – 4 C 54/81, NVwZ 1985, 745 (746); Reidt, in: Gelzer/Bracher/Reidt, Rn. 207; Bielenberg/Runkel, in: EZB, § 8 BauGB, Rn. 20; Gaentzsch, in: BK, § 8 BauGB, Rn. 16.
[589] Bielenberg/Runkel, in: EZB, § 8 BauGB, Rn. 21; VGH Bad.-Württ., Beschluss vom 27.01.1972 – II 217/70, BRS 25 Nr. 18, S. 56 (58) im Falle eines kirchlichen Zentrums. Vgl. auch BT-Drks. 8/2451, S. 17.

im öffentlichen Interesse liegt, spielt es keine Rolle, ob der Gemeinde eine Verzögerung vorgeworfen werden kann.[590]

Ein vorzeitiger Bebauungsplan ist gem. § 8 Abs. 4 Satz 1 BauGB nur zulässig, wenn er der beabsichtigten städtebaulichen Entwicklung nicht entgegensteht. Mit dieser Regelung soll sichergestellt werden, dass sich der Bebauungsplan in die gemeindlichen Vorstellungen zum Gesamtkonzept für das Gemeindegebiet einfügt. Auch wenn noch kein Flächennutzungsplan i. S. v. § 5 Abs. 1 Satz 1 BauGB darstellt, welche Art der Bodennutzung sich aus der beabsichtigten städtebaulichen Entwicklung nach den voraussehbaren Bedürfnissen der Gemeinde für das ganze Gemeindegebiet ergibt, soll ein Rest an Entwicklung des Bebauungsplans aus den das ganze Gemeindegebiet umfassenden Planungen sichergestellt werden. Sobald sich also Planungsabsichten manifestieren, ist der vorzeitige Bebauungsplan hieran gebunden. Welche städtebauliche Entwicklung beabsichtigt ist, kann sich aus in Aufstellung befindlichen Flächennutzungsplanentwürfen oder aus informellen Planungen ergeben.[591] Ein in Aufstellung befindlicher Flächennutzungsplanentwurf ist aber im Rahmen des § 8 Abs. 4 Satz 1 BauGB im Gegensatz zu § 8 Abs. 3 Satz 2 BauGB keine zwingende Voraussetzung.[592]

Das Bundesverwaltungsgericht[593] vertritt die Ansicht, dass um so geringere Anforderungen an das Vorliegen eines dringenden Grundes gestellt werden müssen, desto genauer vorhergesagt werden kann, dass der vorzeitige Bebauungsplan mit der beabsichtigten städtebaulichen Entwicklung vereinbar sein wird. Diese Auslegung vermengt jedoch die zwei Voraussetzungen für die Zulässigkeit eines vorzeitigen Bebauungsplans miteinander.[594] § 8 Abs. 4 Satz 1 BauGB unterscheidet ausdrücklich zwischen dem Vorliegen dringender Gründe und dem Nichtentgegenstehen der beabsichtigten städtebaulichen Entwicklung. Je genauer die beabsichtigte städtebauliche Entwicklung durch Flächennutzungsplanentwürfe erkennbar wird, desto weiter ist die Flächennutzungsplanung vorangeschritten. In diesen Fällen wird aber meist in naher Zukunft ein Parallelverfahren möglich und somit ein Durchbrechen des Entwicklungsgebots vermeidbar sein. Daher dürfen die Anforderungen an die Gründe, die eine Aufstellung eines Bebauungsplans ohne inhaltliche Abstimmung i. S. d. Parallelverfahrens rechtfertigen, keinesfalls weniger hoch sein, als wenn noch keine genauen Vorstellungen von der späteren Flächennutzungsplanung bestehen.

---

[590] BVerwG, Beschluss vom 14.12.1984 – 4 C 54/81, NVwZ 1985, 745 (746).

[591] Finkelnburg, in: FS Weyreuther, S. 111 (121); Reidt, in: Gelzer/Bracher/Reidt, Rn. 212; Bielenberg/Runkel, in: EZB, § 8 BauGB, Rn. 25; W. Schrödter, in: Schrödter, § 8 BauGB, Rn. 19; Gaentzsch, in: BK, § 8 BauGB, Rn. 16.

[592] Finkelnburg, in: FS Weyreuther, S. 111 (121); Peine, JZ 1987, 322 (326). Siehe dazu auch C. II. 1. b) aa).

[593] BVerwG, Urteil vom 14.12.1984 – 4 C 54/81, NVwZ 1985, 745 (746); ebenso: Bielenberg/Runkel, in: EZB, § 8 BauGB, Rn. 23; W. Schrödter, in: Schrödter, § 8 BauGB, Rn. 17.

[594] Gierke, in: Brügelmann, § 8 BauGB, Rn. 187.

Auch wenn ein vorzeitiger Bebauungsplan zulässigerweise aufgestellt worden ist, bleibt die Pflicht der Gemeinde zur Flächennutzungsplanung bestehen.[595] Die Gemeinde ist bei der Aufstellung des Flächennutzungsplans nicht an den vorzeitigen Bebauungsplan gebunden. Sie kann also auch abweichende Darstellungen vorsehen, wenn sie ihre planerischen Ziele gewechselt hat. Allerdings sind die Festsetzungen des Bebauungsplans und die Folgen abweichender Darstellungen für das Grundeigentum in der Abwägung zu berücksichtigen.[596]

cc) Subjektive Voraussetzungen für den Erlass eines vorzeitigen Bebauungsplans

Der Gemeinde kommt bei der Bestimmung der dringenden Gründe kein Beurteilungsspielraum zu.[597] Für die gegenteilige Annahme liefert zum einen § 8 Abs. 4 Satz 1 BauGB selbst keinen Anhaltspunkt. Zum anderen heißt es in § 214 Abs. 2 Nr. 1 BauGB zwar, dass eine fehlerhafte Beurteilung des Vorliegens dringender Gründe durch die Gemeinde unbeachtlich ist. Damit wird der Gemeinde aber kein Beurteilungsspielraum zugestanden, sondern wird der Verstoß gegen § 8 Abs. 4 Satz 1 BauGB dann für unbeachtlich erklärt, wenn die Gemeinde sich nicht absichtlich über die dringenden Gründe hinweggesetzt hat.[598] § 214 Abs. 2 Nr. 1 BauGB mildert also Auslegungsfehler ab, die gerade dadurch entstehen, dass der Gemeinde kein Beurteilungsspielraum zukommt.

Welche subjektiven Voraussetzungen im Rahmen des § 8 Abs. 4 Satz 1 BauGB erforderlich sind, ist dann entscheidend, wenn die Gemeinde einen Bebauungsplan aus einem nichtigen Flächennutzungsplan entwickelt hat, ohne von der Nichtigkeit zu wissen, und wenn die Voraussetzungen des § 8 Abs. 4 Satz 1 BauGB vorgelegen waren. Müsste sich die Gemeinde im Rahmen des § 8 Abs. 4 Satz 1 BauGB der Vorzeitigkeit nicht bewusst sein, dann ist ein solcher aus einem nichtigen Flächennutzungsplan entwickelter Bebauungsplan wirksam. Dass die Gemeinde sich bewusst sein müsse, dass sie einen vorzeitigen Bebauungsplan aufstelle, wird mit der Begründung vertreten, dass es insbesondere für die Abwägung maßgeblich sei, ob ein Bebauungsplan an einen Flächennutzungsplan wegen des Entwicklungsgebots gebunden sei oder nicht.[599] Überzeugender ist die gegenteilige Auffassung.[600] Richtig ist zwar, dass der gemeindlichen Ab-

---

[595] Gierke, in: Brügelmann, § 8 BauGB, Rn. 179.
[596] Gierke, in: Brügelmann, § 8 BauGB, Rn. 180.
[597] BVerwG, Beschluss vom 18.08.1982 – 4 N 1.81, BVerwGE 66, 116 (119).
[598] BT-Drks. 8/2885, S. 45; BVerwG, Beschluss vom 18.08.1982 – 4 N 1.81, BVerwGE 66, 116 (119 ff.); Gierke, in: Brügelmann, § 8 BauGB, Rn. 183.
[599] Gierke, in: Brügelmann, § 8 BauGB, Rn. 192; ähnlich Schmaltz, in: Schrödter, § 214 BauGB, Rn. 36.
[600] BVerwG, Urteil vom 14.12.1984 – 4 C 54/81, NVwZ 1985, 745 (747); BVerwG, Beschluss vom 18.12.1991 – 4 N 2/89, NVwZ 1992, 882 (883); Weyreuther, DÖV 1983, 575

wägung vom Entwicklungsgebot Grenzen gesetzt werden. Anliegen des § 8 Abs. 4 Satz 1 BauGB ist es aber, einen Bebauungsplan, der dringend erforderlich ist und der mit der städtebaulichen Entwicklung vereinbar ist, zu erhalten. Das Entwicklungsgebot[601] verfolgt letztlich das gleiche Ziel, wie das zweite Tatbestandsmerkmal des § 8 Abs. 4 Satz 1 BauGB, nämlich die Gemeinde zu einer geordneten städtebaulichen Entwicklung gesehen auf das gesamte Gemeindegebiet anzuhalten. Daher darf ein Bebauungsplan nicht daran scheitern, dass sich die Gemeinde zwar fälschlicherweise an den Flächennutzungsplan gebunden fühlte, im übrigen aber der Bebauungsplan einer ordnungsgemäßen Abwägung i. S. v. § 1 Abs. 6 BauGB entspricht und die städtebauliche Entwicklung nicht beeinträchtigt.[602]

Allerdings wird bei fehlendem Bewusstsein der Gemeinde über die Vorzeitigkeit dem Bebauungsplan regelmäßig ein anderer Fehler anhaften. Seit der Änderung des Baugesetzbuchs von 1998[603] unterfallen Bebauungspläne nämlich weder einem Anzeige- noch einem Genehmigungsverfahren, es sei denn, es handelt sich um einen selbstständigen Bebauungsplan nach § 8 Abs. 2 Satz 2 BauGB, einen Bebauungsplan, der im Parallelverfahren nach § 8 Abs. 3 Satz 2 BauGB vor dem Flächennutzungsplan bekannt gemacht wird, oder einen vorzeitigen Bebauungsplan nach § 8 Abs. 4 BauGB. In den letztgenannten Fällen ist eine Genehmigung des Bebauungsplans gem. § 10 Abs. 2 Satz 1 BauGB erforderlich. Fehlt diese Genehmigung, so ist der Bebauungsplan fehlerhaft. Dieser Fehler ist gem. § 214 Abs. 1 Satz 1 Nr. 3 BauGB beachtlich, kann aber gem. § 215 a Abs. 1 Satz 1 BauGB durch ein ergänzendes Verfahren behoben werden, da die Erteilung der Genehmigung für den ansonsten fehlerfreien Bebauungsplan die Grundzüge der Planung nicht berührt.[604]

dd) Beachtlichkeit von Fehlern nach § 214 Abs. 2 Nr. 1 BauGB

Fraglich ist, wie § 214 Abs. 2 Nr. 1 BauGB auf dem Hintergrund auszulegen ist, dass sich die Gemeinde beim Erlass eines vorzeitigen Bebauungsplans der Voraussetzungen des § 8 Abs. 4 BauGB, insbesondere der dringenden Gründe,

---

(579); Reidt, in: Gelzer/Bracher/Reidt, Rn. 207; Battis, in: B/K/L, § 8 BauGB, Rn. 11; W. Schrödter, in: Schrödter, § 8 BauGB, Rn. 20.

[601] Vgl. Runkel, ZfBR 1999, 298 (300).

[602] BVerwG, Urteil vom 14.12.1984 – 4 C 54/81, NVwZ 1985, 745 (747); BVerwG, Beschluss vom 18.12.1991 – 4 N 2/89, NVwZ 1992, 882 (883); Weyreuther, DÖV 1983, 575 (579); Reidt, in: Gelzer/Bracher/Reidt, Rn. 207; Battis, in: B/K/L, § 8 BauGB, Rn. 11; W. Schrödter, in: Schrödter, § 8 BauGB, Rn. 20.

[603] BGBl. I 1998, S. 137 ff.

[604] Battis, in: B/K/L, § 215 a BauGB, Rn. 3; Schmaltz, in: Schrödter, § 215 a BauGB, Rn. 8. Gem. § 215 a Abs. 2 BauGB kann der Bebauungsplan auch mit Rückwirkung in Kraft gesetzt werden.

nicht bewusst sein muss. Nach § 214 Abs. 2 Nr. 1 BauGB ist es unbeachtlich, wenn die Gemeinde die Anforderungen an die in § 8 Abs. 4 BauGB bezeichneten dringenden Gründe für die Aufstellung eines vorzeitigen Bebauungsplans nicht richtig beurteilt. Das Bundesverwaltungsgericht[605] und ein Teil der Lehre[606] gehen davon aus, dass das Fehlen dringender Gründe auch dann unbeachtlich ist, wenn die Gemeinde sich nicht bewusst war, dass sie einen vorzeitigen Bebauungsplan erlässt, der Bebauungsplan aber der beabsichtigten städtebaulichen Entwicklung nicht entgegensteht. Nicht richtig beurteilt i. S. v. § 214 Abs. 2 Nr. 1 BauGB umfasse auch, dass überhaupt nicht beurteilt worden sei.[607] Der Gesetzgeber habe lediglich den Fall von der Heilung ausschließen wollen, dass die Gemeinde sich bewusst über die Voraussetzungen des § 8 Abs. 4 BauGB hinwegsetze.[608] Im übrigen wolle der Gesetzgeber einen Bebauungsplan, der mit der beabsichtigten städtebaulichen Entwicklung übereinstimme, nicht an dem Fehlen dringender Gründe scheitern lassen.[609]

Dieser Meinung wird zu Recht widersprochen.[610] § 214 Abs. 2 Nr. 1 BauGB setzt – im Gegensatz zu § 8 Abs. 4 BauGB selbst – voraus, dass die Gemeinde sich darüber im klaren ist, dass sie einen vorzeitigen Bebauungsplan erlässt. Der Gesetzgeber wollte mit der Unbeachtlichkeitsregel des § 214 Abs. 2 Nr. 1 BauGB nicht den Fehler unbeachtlich werden lassen, dass sich die Gemeinde bewusst über das Fehlen der dringenden Gründe hinwegsetzt; vielmehr wollte er mit ihr einen Bebauungsplan, der nicht aus einem wirksamen Flächennutzungsplan entwickelt wurde und der auch nicht aus dringenden Gründen geboten war, nur dann aufrechterhalten, wenn die Gemeinde einem Auslegungsfehler in Bezug auf das Vorliegen dringender Gründe unterlegen war. Dies ergibt sich aus der Begründung des Gesetzgebers, in der es ausdrücklich heißt, dass es unschädlich ist, wenn die Gemeinde über das Vorliegen der dringenden Gründe im Irrtum war.[611] Ein Irrtum setzt aber gerade irgendwie geartete Überlegungen der Gemeinde über dringende Gründe voraus. Weiterhin zeigen das System der Zweistufigkeit und das damit verbundene Entwicklungsgebot sowie seine Ausnahmen, dass nur in engen Ausnahmefällen ein Bebauungsplan ohne zuvor ergangenen wirksamen Flächennutzungsplan zulässig ist.[612]

---

[605] BVerwG, Urteil vom 14.12.1984 – 4 C 54/81, NVwZ 1985, 745 (746); BVerwG, Beschluss vom 18.12.1991 – 4 N 2/89, NVwZ 1992, 882 (884).
[606] Battis, in: B/K/L, § 214 BauGB, Rn. 11; Stock, in: EZB, § 214 BauGB, Rn. 107; Lemmel, in: BK, § 214 BauGB, Rn. 32.
[607] BVerwG, Urteil vom 14.12.1984 – 4 C 54/81, NVwZ 1985, 745 (746).
[608] BVerwG, Urteil vom 14.12.1984 – 4 C 54/81, NVwZ 1985, 745 (747); Stock, in: EZB, § 214 BauGB, Rn. 105.
[609] BVerwG, Urteil vom 14.12.1984 – 4 C 54/81, NVwZ 1985, 745 (747).
[610] So Bracher, in: Gelzer/Bracher/Reidt, Rn. 1132; Dürr, in: Brügelmann, § 214 BauGB, Rn. 34 i. V. m. 33; Schmaltz, in: Schrödter, § 214 BauGB, Rn. 35.
[611] BT-Drks. 8/2885, S. 45.
[612] Dolde, NJW 1986, S. 814 (821).

ee) Zwischenergebnis zu „Ausnahmen vom Entwicklungsgebot“

Der vorzeitige Bebauungsplan ergeht als echte Ausnahme vom Entwicklungsgebot; selbst ein in Aufstellung befindlicher Flächennutzungsplan ist nicht erforderlich. Er stellt einen Ausgleich zwischen dem Planungsbedürfnis, das im Rahmen des § 1 Abs. 3 BauGB zur Bebauungsplanungspflicht gereichen würde, und dem Prinzip der Zweistufigkeit her. Um die Steuerungswirkung des Flächennutzungsplans möglichst umfassend zu schützen, sind dabei die Tatbestandsmerkmale des § 8 Abs. 4 BauGB ebenso wie die der Beachtlichkeitsvorschrift des § 214 Abs. 2 Nr. 4 BauGB eng auszulegen.

3. Zwischenergebnis zu „Flächennutzungsplan und Bebauungsplan“

Im Flächennutzungsplan findet sich die städtebauliche Entwicklung und Ordnung für das Gebiet einer konkreten Gemeinde. Das Entwicklungsgebot stellt die Umsetzung dieses Grundzügekonzepts sicher, das die unterschiedlichen Nutzungsansprüche bereits im Groben miteinander in Ausgleich bringt. Indem der Flächennutzungsplan die Bebauungspläne im Rahmen des Entwicklungsgebots an die Vorgaben seiner planerischen Entscheidungen bindet, wird ein planerisches Stückwerk auf Bebauungsplanebene vermieden, das in finanzieller Hinsicht weniger lukrative, aber für die Gemeinschaft wichtige Nutzungsinteressen unberücksichtigt ließe oder miteinander unverträgliche Nutzungen einander aussetzen würde. Die Koordinierungsfunktion des Flächennutzungsplans ist besonders wichtig geworden, seitdem die Gemeinden in ihren Plänen nicht mehr nur überwiegend den Bestand der Bodennutzungen festschreiben, sondern durch ihre Darstellungen neue Nutzungen anstoßen wollen. Dabei hat mit Blick auf die immer mehr ausgreifenden überbauten Flächen eine ganzheitliche Steuerung durch den Flächennutzungsplan an Bedeutung gewonnen.[613]

Auf Grund der zentralen Stellung des Entwicklungsgebots sind Abweichungen nur ausnahmsweise gestattet. Der selbständige Bebauungsplan als Ausnahme vom Prinzip der Zweistufigkeit hat angesichts des heutigen Zuschnitts der Gemeinden nur noch einen kleinen Anwendungsbereich.[614] Die mit der Zeit eingeführten Aufweichungen des Entwicklungsgebots beispielsweise durch die Einführung geringerer Anforderungen an den vorzeitigen Bebauungsplan oder durch die Ausweitung des Parallelverfahrens sind wegen der zentralen Stellung des Entwicklungsgebots eng auszulegen. Noch kann nicht davon gesprochen werden, dass das Entwicklungsgebot durch das Parallelverfahren auf eine rein

---

[613] So auch Gierke, in: Brügelmann, § 8 BauGB, Rn. 155.
[614] Vgl. II. 3. b) bb).

formale Anwendung reduziert, inhaltlich jedoch außer Kraft gesetzt worden sei.[615] Denn im Parallelverfahren ist der vorgezogene Bebauungsplan nur zulässig, wenn die entsprechende Darstellung bereits planreif ist. Darüber hinaus verlangt die zur Aufstellung des Bebauungsplans parallele Änderung eines Flächennutzungsplans, dass die Änderung des Konzepts in gerechter Abwägung aller Belange bezogen auf das gesamte Gemeindegebiet erfolgt und sich in dieses einfügt. Weitere Aufweichungen durch den Gesetzgeber würden allerdings die Steuerungswirkung des Flächennutzungsplans empfindlich schwächen.

Die Vorschriften des § 214 Abs. 2 BauGB erklären Verstöße gegen das Entwicklungsgebot für unbeachtlich, wenn die städtebauliche Entwicklung und Ordnung trotz Verstoßes gegen das Entwicklungsgebots nicht beeinträchtigt wird. Damit sind Fehler regelmäßig nur unbeachtlich, wenn die Konzeption des Flächennutzungsplans insgesamt erhalten bleibt.

Dieses ausdifferenzierte System von Vorschriften gewährleistet eine Steuerung der Bebauungsplanung in der Gemeinde durch den Flächennutzungsplan.

III. Flächennutzungsplan und Innenbereichssatzungen

Gibt es keinen Bebauungsplan, dann bestimmt sich die Zulässigkeit von Bauvorhaben im Innenbereich nach § 34 BauGB, im Außenbereich nach § 35 BauGB. Während der Innenbereich für die bauliche Nutzung zur Verfügung steht, soll der Außenbereich grundsätzlich von Bebauung frei bleiben. Nach § 34 Abs. 1 Satz 1 BauGB ist ein Vorhaben innerhalb der im Zusammenhang bebauten Ortsteile zulässig, wenn es sich nach Art und Maß der baulichen Nutzung, nach der Bauweise und der Überbauung in die Eigenart der näheren Umgebung einfügt und die Erschließung gesichert ist. § 34 Abs. 2 BauGB erklärt die Baunutzungsverordnung für anwendbar, wenn die Eigenart der näheren Umgebung einem Baugebiet im Sinne der Baunutzungsverordnung entspricht. Will die Gemeinde eine andere Nutzungsart zulässig machen, so muss sie sich des Bebauungsplans bedienen. § 34 Abs. 4 BauGB eröffnet die Möglichkeit, die Bebauung ohne Aufstellung eines Bebauungsplans durch Satzung zu beeinflussen. Durch die Innenbereichssatzungen des § 34 Abs. 4 BauGB kann der Begriff der im Zusammenhang bebauten Ortsteile durch die Gemeinde ausgestaltet werden.

Der Gemeinde stehen in § 34 Abs. 4 Satz 1 BauGB drei verschiedene Arten von Innenbereichssatzungen zur Verfügung: Nach § 34 Abs. 4 Satz 1 Nr. 1 BauGB kann die Gemeinde die Grenzen für die im Zusammenhang bebauten Ortsteile festlegen, nach § 34 Abs. 4 Satz 1 Nr. 2 BauGB kann sie bebaute Bereiche im Außenbereich als im Zusammenhang bebaute Ortsteile festlegen, wenn die Flächen im Flächennutzungsplan als Bauflächen dargestellt sind, nach § 34 Abs. 4 Satz 1 Nr. 3 BauGB kann sie einzelne Außenbereichsflächen in die

---

[615] So Peine, JZ 1987, 322 (326); Löhr, in: B/K/L, § 8 BauGB, Rn. 2.

im Zusammenhang bebauten Ortsteile einbeziehen, wenn die einbezogenen Flächen durch die bauliche Nutzung des angrenzenden Bereichs entsprechend geprägt werden. Die verschiedenen Satzungsarten können gem. § 34 Abs. 4 Satz 2 BauGB miteinander verbunden werden. Die drei Arten von Innenbereichssatzungen werden im folgenden vorgestellt (1. bis 3.). Entsprechend dem Ziel der Arbeit wird dabei der Schwerpunkt auf das Verhältnis der Satzungen zum Flächennutzungsplan gelegt. Auf die einzelnen Voraussetzungen für den Erlass der Satzungen wird nicht detailliert eingegangen, da dies den Umfang der Arbeit sprengen würde.

1. Klarstellungssatzung

In einer Klarstellungssatzung kann die Gemeinde gem. § 34 Abs. 1 Satz 1 Nr. 1 BauGB die Grenzen für im Zusammenhang bebaute Ortsteile festlegen. Zunächst wird der Begriff der Klarstellungssatzung kurz vorgestellt (a)). Anschließend ist zu untersuchen, in welchem Verhältnis die Klarstellungssatzung zum Flächennutzungsplan steht (b)).

a) Begriff

In der Klarstellungssatzung – auch Abgrenzungssatzung genannt – werden die Grenzen für die im Zusammenhang bebauten Ortsteile festgelegt. Die Gemeinde legt in der Satzung fest, welche Flächen zum Innenbereich gehören. Sinn und Zweck der Regelung ist es, in Zweifelsfällen Klarheit über die Zuordnung von Flächen zum Innenbereich zu schaffen; die Satzung schafft aber regelmäßig keine neuen Baurechte.[616] Voraussetzung ist daher, dass ein im Zusammenhang bebauter Ortsteil i. S. v. § 34 Abs. 1 Satz 1 BauGB besteht. Die Gemeinde hat die Grenzen des im Zusammenhang bebauten Ortsteils grundsätzlich den tatsächlichen Gegebenheiten entsprechend festzulegen. Ihr steht jedoch ein Beurteilungsspielraum in Zweifelsfällen zu, in denen sie auch Außenbereichsflächen zu Innenbereichsflächen machen kann; eindeutig dem Außenbereich zugehörige Flächen darf die Gemeinde hingegen nicht zu Innenbereichsflächen erklären, so dass vielfach von einer deklaratorischen Satzung gesprochen wird, da sie wegen des geringen Beurteilungsspielraums in Zweifelsfällen überwiegend vorhandene Baurechte klarstellt und nur ausnahmsweise Baurechte konstitutiv festlegt.[617]

---

[616] BT-Drks. 13/6392, S. 35; BayVGH, Urteil vom 28.05.1993 – 1 N 92.537, BayVBl. 1993, 624 (625); Schink, DVBl. 1999, S. 367 (368); Greiving, VerwArch 1998, 585 (587); Jeand'Heur, NVwZ 1995, 1174 (1175); Schlichter/Hofherr, in: BK, § 34 BauGB, Rn. 86.

[617] Ob der Gemeinde ein Beurteilungsspielraum zukommt, ist umstritten. Dürr (in: Brügelmann, § 34 BauGB, Rn. 69) geht davon aus, dass durch die Satzung in Zweifelsfällen nicht nur einbezogene Außenbereichsflächen zu Innenbereichsflächen werden, sondern die nicht

Verfahrensrechtliche Vorgaben macht § 34 BauGB für den Erlass der Satzung keine, außer dass § 34 Abs. 5 Satz 4 BauGB auf die Bekanntmachungsvorschrift des § 10 Abs. 3 BauGB verweist. Im übrigen richtet sich der Satzungserlass nach den allgemeinen landesrechtlichen Regelungen.[618]

b) Das Verhältnis von Klarstellungssatzung und Flächennutzungsplan zueinander

Einzige materiell-rechtliche Voraussetzung für den Erlass einer Klarstellungssatzung ist das Vorliegen eines im Zusammenhang bebauten Ortsteils. § 34 Abs. 4 Satz 3 BauGB macht inhaltliche Vorgaben nur für die Satzungen nach § 34 Abs. 4 Satz 1 Nr. 2 und Nr. 3 BauGB; diese müssen ausdrücklich mit einer geordneten städtebaulichen Entwicklung vereinbar sein. Dass das Gesetz für die Klarstellungssatzung keine entsprechende Anordnung trifft, liegt an deren Anwendungsbereich. Festgelegt werden können nur die Grenzen des Innenbereichs, wobei der Gemeinde nur in Zweifelsfällen ein eigener Beurteilungsspielraum zusteht.[619] Angesichts dieser engen Voraussetzungen ist eine weitere Bindung der Gemeinde beim Erlass der Satzung nicht notwendig. Auch die Darstellungen des Flächennutzungsplans spielen daher bei Erlass der Klarstellungssatzung keine Rolle. Die Zulässigkeit von Vorhaben nach der planersatzartigen Vorschrift des § 34 Abs. 1 Satz 1 BauGB legitimiert sich unmittelbar aus dem Gesetz; die Darstellungen des Flächennutzungsplans haben im Anwendungsbereich des § 34 Abs. 1 BauGB keine Auswirkung auf die bauplanungsrechtliche Zulässigkeit eines Vorhabens.[620] Da sich der gesetzliche Anwendungsbereich des § 34 Abs. 1 Satz 1 BauGB durch den Erlass einer Klarstellungssatzung nur geringfügig verändert, ist auch eine Bindung der Klarstellungssatzung an den Flächennutzungsplan nicht angezeigt.[621]

---

von der Satzung erfassten Innenbereichsflächen zu Außenbereichsflächen werden. Ebenso: BayVGH, Urteil vom 28.05.1993 – 1 N 92.537, BayVBl. 1993, 624 (625); Jeand'Heur, NVwZ 1995, 1174 (1178); Greiving, VerwArch 1998, 585 (588); Schink, DVBl. 1999, 367 (369); wohl auch Hofherr, in: FS Schlichter, S. 371 (376). Andere gestehen der Gemeinde keinen solchen Gestaltungsspielraum zu (vgl. Söfker, in: EZB, § 34 BauGB, Rn. 99; Krautzberger, in: B/K/L § 34 BauGB, Rn. 64; Jäde, in: Jäde/Dirnberger/Weiß, § 34 BauGB, Rn. 40.

[618] Söfker, in: EZB, § 34 BauGB, Rn. 98; Schink, DVBl. 1999, S. 367 (369 ff.). Vgl. im Gegensatz dazu § 34 Abs. 5 S. 1 und S. 2 BauGB für die Satzungen gem. § 34 Abs. 4 S. 1 Nr. 2 und Nr. 3 BauGB.

[619] Siehe zum Beurteilungsspielraum der Gemeinde beim Erlass einer Klarstellungssatzung C. III. 1. a).

[620] Siehe dazu E. II.

[621] Ähnlich Dürr, in: Brügelmann, § 34 BauGB, Rn. 73.

2. Entwicklungssatzung

Mit der Entwicklungssatzung können bebaute Bereiche im Außenbereich als im Zusammenhang bebaute Ortsteile festgelegt werden, wenn die Flächen im Flächennutzungsplan als Bauflächen dargestellt sind. Im folgenden soll zunächst kurz aufgezeigt werden, was unter einer Entwicklungssatzung zu verstehen ist (a)). Danach wird erläutert, in welchem Verhältnis die Satzung zum Flächennutzungsplan[622] steht (b)).

a) Begriff

Im Gegensatz zur Klarstellungssatzung schafft die Entwicklungssatzung – auch Festlegungssatzung genannt – stets neue Baurechte, indem sie Außenbereichsflächen den Zulässigkeitsvoraussetzungen des § 34 Abs. 1 und 2 BauGB unterwirft. Der Entwicklungssatzung kommt somit konstitutive Wirkung zu.[623]

Die Satzung erfasst solche bebaute Bereiche im Außenbereich, die eine Ortsteilqualität i. S. v. § 34 Abs. 1 BauGB noch nicht erreicht haben.[624] Die vorhandene Bebauungsstruktur muss aber ein so großes städtebauliches Gewicht haben und damit ihre Umgebung so sehr prägen, dass die Anwendung des § 34 Abs. 1 Satz 1 bzw. Abs. 2 BauGB auf die durch die Entwicklungssatzung fingierten Innenbereichsflächen handhabbar ist und der vorhandene Siedlungsansatz zu einem Ortsteil i. S. v. § 34 Abs. 1 Satz 1 BauGB weiterentwickelt werden kann.[625] Weiterhin ist eine Entwicklungssatzung nur dann zulässig, wenn die Flächen im Flächennutzungsplan als Bauflächen dargestellt sind. Darüber hinaus muss die Satzung gem. § 34 Abs. 4 Satz 3 HS. 1 BauGB mit einer geordneten städtebaulichen Entwicklung vereinbar sein, d. h. sie muss auf den Ausgleich aller Belange, die einen örtlichen Bezug zur konkret zu überplanenden Stelle haben, die selbst nach einem umfassenden Ausgleich verlangen und die einen Bezug zur Nutzung von Grund und Boden haben, im Rahmen einer Abwägung i. S. v. § 1 Abs. 6 i. V. m. § 1 Abs. 5 BauGB gerichtet sein.[626] Zur ge-

---

[622] Zum Verhältnis Innenbereichssatzung und Bebauungsplan siehe Greiving, VerwArch, 1998, 585 (590); Reidt, in: Gelzer/Bracher/Reidt, Rn. 2246; Dürr, in: Brügelmann, § 34 BauGB, Rn. 67.

[623] Schink, DVBl. 1999, 367 (368); Greiving, VerwArch 1998, 585 (590); Schlichter/Hofherr, in: BK, § 34 BauGB, Rn. 85.

[624] Schink, DVBl. 1999, 367 (370); Söfker, in: EZB, § 34 BauGB, Rn. 101; Jäde, in: Jäde/Dirnberger/Weiß, § 34 BauGB, Rn. 42.

[625] Greiving, VerwArch 1998, 585 (589); Schink, DVBl. 1999, 367 (370); Reidt, in: Gelzer/Bracher/Reidt, Rn. 2241; Schlichter/Hofherr, in: BK, § 34 BauGB, Rn. 86; Dürr, in: Brügelmann, § 34 BauGB, Rn. 70; Söfker, in: EZB, § 34 BauGB, Rn. 101.

[626] Greiving, VerwArch 1998, 585 (594); Schink, DVBl. 1999, 367 (372, 373); Reidt, in: Gelzer/Bracher/Reidt, Rn. 2245; Söfker, in: EZB, § 34 BauGB, Rn. 106; Dürr, in: Brügelmann, §

naueren Steuerung der baulichen Nutzungen kann die Satzung gem. § 34 Abs. 4 Satz 3 HS. 2 BauGB einzelne Festsetzungen i. S. v. § 9 Abs. 1, 2 und 4 BauGB enthalten.[627] Schließlich können Festsetzungen anderer Planungen sowie Denkmäler gem. § 9 Abs. 6 BauGB i. V. m. § 34 Abs. 4 Satz 4 BauGB nachrichtlich übernommen werden.[628]

Das Verfahren zur Aufstellung der Entwicklungssatzung richtet sich gem. § 34 Abs. 5 Satz 1 BauGB nach den Vorschriften über das vereinfachte Bauleitplanverfahren gem. § 13 Nr. 2 und Nr. 3 BauGB. Damit werden die betroffenen Bürger und die Träger öffentlicher Belange in das Aufstellungsverfahren einbezogen. Die Satzung wird gemäß § 10 Abs. 3 BauGB i. V. m. § 34 Abs. 5 Satz 4 BauGB ortsüblich bekannt gemacht.

b) Das Verhältnis von Entwicklungssatzung und Flächennutzungsplan zueinander

Das Verhältnis von Entwicklungssatzung und Flächennutzungsplan bringt § 34 Abs. 4 Satz 1 Nr. 2 BauGB selbst zum Ausdruck. Voraussetzung für eine Entwicklungssatzung ist, dass die Flächen im Flächennutzungsplan als Bauflächen dargestellt sind. Bauflächen sind gem. § 1 Abs. 1 BauNVO Flächen, die die für die Bebauung vorgesehenen Flächen nach der allgemeinen Art ihrer baulichen Nutzung als Wohnbauflächen, gemischte Bauflächen, gewerbliche Bauflächen oder Sonderbauflächen darstellen. Eine Entwicklungssatzung kann auch erlassen werden, wenn im Flächennutzungsplan ein Baugebiet dargestellt ist, da die Baugebiete i. S. v. § 1 Abs. 2 BauNVO Konkretisierungen der Bauflächen i. S. v. § 1 Abs. 1 BauNVO sind.

Mit dieser Verknüpfung der Entwicklungssatzung mit den Darstellungen des Flächennutzungsplans wird die Satzung an die gemeindlichen Entwicklungsziele gebunden.[629] Dem Wortlaut des § 34 Abs. 4 Satz 1 Nr. 2 BauGB nach muss die

---

34 BauGB, Rn. 73. Siehe zum Prinzip der städtebaulichen Entwicklung und Ordnung B. III. 1. b).

[627] Die Innenbereichssatzung darf nicht die Funktion des Bebauungsplans übernehmen. Deshalb sind nur einzelne Festsetzungen möglich. Nicht zulässig ist es, dass erst die Festsetzungen zu einer bestimmten baulichen Entwicklung führen, da dies Aufgabe eine Bebauungsplans ist und nach dem bebauungsplanerischen Verfahren verlangt. Die Festsetzungen dürfen nur dazu dienen, eine bestimmte bereits in der vorhandenen Bebauung angelegte Entwicklung zu unterstützen. Siehe dazu Reidt, in: Gelzer/Bracher/Reidt, Rn. 2247; Hofherr, in: FS Schlichter, S. 371 (383); Schink, DVBl. 1999, 367 (373); Jäde, in: Jäde/Dirnberger/Weiß, § 34 BauGB, Rn. 53.

[628] Ausführlich zu den Festsetzungen anderer Planungen und nachrichtlichen Übernahmen siehe Gerhards, BauR 1990, 667 (673); Schink, DVBl. 1999, 367 (373); Söfker, in: EZB, § 34 BauGB, Rn. 108.

[629] BT-Drks. 10/4630, S. 87; Gerhards, BauR 1990, 667 (671); Greiving, VerwArch 1998, 585 (590).

Fläche (lediglich) als Baufläche im Flächennutzungsplan dargestellt sein. Darüber hinaus muss die Entwicklungssatzung im festgelegten Bereich über § 34 Abs. 1 und 2 BauGB aber auch eine Bebauung weiterführen, die mit der konkret dargestellten Baufläche bzw. mit dem konkret dargestellten Baugebiet vereinbar ist.[630] Etwas anderes würde dem Planmäßigkeitsgrundsatz[631] widersprechen, nach dem die Gemeinde die Baurechtslage nur auf der Grundlage der gesetzlich geregelten Pläne regeln darf; die Gemeinde darf mit den Innenbereichssatzungen nicht ihr gesamtgemeindliches städtebauliches Entwicklungs- und Ordnungskonzept, wie es sich aus dem Flächennutzungsplan ergibt, umgehen.[632] Da im Flächennutzungsplan gem. § 5 Abs. 1 Satz 1 BauGB die städtebauliche Entwicklung und Ordnung für die Gemeinde konkretisiert wird,[633] wird durch die Bindung der Satzung an den Flächennutzungsplan die Einordnung in die beabsichtigte städtebauliche Entwicklung und Ordnung i. S. v. § 5 Abs. 1 Satz 1 BauGB gewährleistet.[634] Damit hat für das Verhältnis von Entwicklungssatzung und Flächennutzungsplan § 34 Abs. 4 Satz 3 HS. 1 BauGB, nach dem die Entwicklungssatzung mit der städtebaulichen Entwicklung vereinbar sein muss, keine eigenständige Bedeutung.

Die Verknüpfung von Flächennutzungsplan und Entwicklungssatzung kommt in der entsprechenden Anwendung des Entwicklungsgebots i. S. v. § 8 Abs. 2 Satz 1 BauGB zum Ausdruck: Vereinbar ist eine Bebauung, die innerhalb des in der Satzung festgelegten Bereichs nach § 34 Abs. 1 und Abs. 2 BauGB zulässig ist, mit den Darstellungen des Flächennutzungsplans, wenn sie – wäre sie in einem Bebauungsplan festgesetzt worden – als aus dem Flächennutzungsplans i. S. v. § 8 Abs. 2 Satz 1 BauGB entwickelt anzusehen wäre.[635] Dies ist z. B. der Fall, wenn die bestehende Bebauung schon einem Baugebiet entspricht, das aus der Darstellung des Flächennutzungsplans gem. § 8 Abs. 2 Satz 1 BauGB entwickelt werden könnte.[636] Weiterhin ist die durch die Satzung ermöglichte Bebauung mit dem Flächennutzungsplan vereinbar, wenn die bestehende Bebauung zwar noch „inhomogen" ist, also keinem der Baugebiete des § 1 Abs. 2 BauNVO entspricht und damit auch nicht eindeutig aus der dargestellten Baufläche hergeleitet werden kann, aber die Siedlungsansätze über einzelne Festsetzungen

---

[630] Greiving, VerwArch 1998, 585 (5901); Reidt, in: Gelzer/Bracher/Reidt, Rn. 2243; Söfker, in: EZB, § 34 BauGB, Rn. 105; Dürr, in: Brügelmann, § 34 BauGB, Rn. 71.

[631] Siehe dazu B. III. 1. a).

[632] Gerhards, BauR 1990, 667 (671); Greiving, VerwArch 1998, 585 (591).

[633] Zur Aufgabe der Flächennutzungsplanung siehe B. III. 2. a).

[634] BT-Drks. 10/4630, S. 87; Greiving, VerwArch 1998, 585 (594); Schink, DVBl. 1999, 367 (371); Söfker, in: EZB, § 34 BauGB, Rn. 105.

[635] Gerhards, BauR 1990, 667 (672); Reidt, in: Gelzer/Bracher/Reidt, Rn. 2244; Dürr, in: Brügelmann, § 34 BauGB, Rn. 71; Söfker, in: EZB, § 34 BauGB, Rn. 105. Strenger wohl Greiving, VerwArch 1998, 585 (591).

[636] Greiving, VerwArch 1998, 585 (591); Dürr, in: Brügelmann, § 34 BauGB, Rn. 71; Krautzberger, in: B/K/L, § 34 BauGB, Rn. 67.

gem. § 34 Abs. 4 Satz 3 HS. 2 BauGB zu einer mit der Darstellung vereinbaren Bebauung hingeführt werden können.[637] Stimmt die beabsichtigte Entwicklungssatzung nicht mit dem Flächennutzungsplan überein, so kann die Gemeinde den Flächennutzungsplan unter Einhaltung der allgemeinen Vorschriften parallel ändern. Der Flächennutzungsplan muss allerdings vor der Entwicklungssatzung wirksam werden. § 8 Abs. 3 Satz 1 BauGB oder § 8 Abs. 4 BauGB sind nicht entsprechend anwendbar,[638] da es für die Übertragung dieser Ausnahmevorschriften auf die Entwicklungssatzung einer ausdrücklichen Regelung bedurft hätte.

3. Abrundungssatzung

Durch die Abrundungssatzung – auch Einbeziehungssatzung oder Ergänzungssatzung genannt – kann die Gemeinde gem. § 34 Abs. 4 Satz 1 Nr. 3 BauGB einzelne Außenbereichsflächen in die im Zusammenhang bebauten Ortsteile einbeziehen, wenn die einbezogenen Flächen durch die bauliche Nutzung des angrenzenden Bereichs entsprechend geprägt sind. Auch hier soll zunächst wieder erörtert werden, was unter einer Abrundungssatzung zu verstehen ist (a)), und im Anschluss daran, in welchem Verhältnis die Abrundungssatzung und der Flächennutzungsplan[639] zueinander stehen (b)).

a) Begriff

Die Abrundungssatzung begründet konstitutiv Baurechte, indem sie Flächen, die zum Außenbereich gehören, dem Innenbereich zuordnet, so dass sich die Zulässigkeit von Vorhaben nach § 34 Abs. 1 bzw. Abs. 2 BauGB richtet.[640] Mit Hilfe der Abrundungssatzung darf die Gemeinde gem. § 34 Abs. 4 Satz 1 Nr. 3 BauGB aber nur einzelne Außenbereichsflächen in den Innenbereich einglie-

---

[637] Gerhards, BauR, 1990, 667 (672); Schink, DVBl. 1999, 367 (373); Söfker, in: EZB, § 34 BauGB, Rn. 106; so wohl jetzt auch Dürr, in: Brügelmann, § 34 BauGB, Rn. 74, 75. Zu Recht verweist jedoch Gerhards (BauR 1990, 667 (672)) darauf, dass in diesen Fällen genau zu prüfen ist, ob die städtebauliche Lage nicht nur durch einen Bebauungsplan geregelt werden kann.

[638] Dürr, in: Brügelmann, § 34 BauGB, Rn. 71; Schlichter/Hofherr, in: BK § 34 BauGB, Rn. 88; Söfker, in: EZB, § 34 BauGB, Rn. 105. Anders die alte Rechtslage in § 34 Abs. 2 a BBauG 1979 (BGBl. I 1979, S. 949 ff), nach der § 8 Abs. 3 und 4 BauGB ausdrücklich anwendbar waren.

[639] Zum Verhältnis Innenbereichssatzung und Bebauungsplan siehe Dürr, in: Brügelmann, § 34 BauGB, Rn. 67.

[640] Gerhards, BauR 1990, 667 (668); Schink, DVBl. 1999, 376 (370); Söfker, in: EZB, § 34 BauGB, Rn. 115.

dern.[641] Weiterhin ist Voraussetzung, dass die einzelnen einzubeziehenden Außenbereichsflächen an den Innenbereich angrenzen und durch die bauliche Nutzung des angrenzenden Bereichs entsprechend geprägt werden; die Umgebungsbebauung muss also ausreichend Kriterien für die Beurteilung der Vorhaben auf den einbezogenen Außenbereichsgrundstücken nach § 34 Abs. 1 bzw. Abs. 2 BauGB bieten.[642] Schließlich muss die Satzung gem. § 34 Abs. 4 Satz 3 HS. 1 BauGB mit einer geordneten städtebaulichen Entwicklung vereinbar sein, d. h. sie muss auf den Ausgleich aller Belange, die einen örtlichen Bezug zur konkret zu überplanenden Stelle haben, die selbst nach einem umfassenden Ausgleich verlangen und die einen Bezug zur Nutzung von Grund und Boden haben, im Rahmen einer Abwägung i. S. v. § 1 Abs. 6 i. V. m. § 1 Abs. 5 BauGB gerichtet sein.[643]

In die Satzung kann die Gemeinde gem. § 34 Abs. 3 Satz 2 HS. 2 BauGB einzelne Festsetzungen i. S. v. § 9 Abs. 1, 2 oder 4 BauGB aufnehmen.[644] Nachrichtlich können die Festsetzungen anderer Planungen bzw. landesrechtliche Denkmäler gem. § 9 Abs. 6 BauGB i. V. m. § 34 Abs. 4 Satz 4 BauGB übernommen werden. Darüber hinaus können gem. § 34 Abs. 4 Satz 5 BauGB naturschutzrechtliche Ausgleichsregelungen gem. §§ 1 a, 9 Abs. 1 a BauGB getroffen werden.

Da die Vorschriften des vereinfachten Bauleitplanverfahrens i. S. v. § 13 Nr. 2 und Nr. 3 BauGB gem. § 34 Abs. 4 Satz 5 BauGB anwendbar sind, sind sowohl die Bürger als auch die Träger öffentlicher Belange in das Aufstellungsverfahren einzubeziehen. Die Satzung ist gem. § 9 Abs. 8 BauGB i. V. m. § 34 Abs. 4 Satz 5 BauGB zu begründen. Sie bedarf der Genehmigung der höheren Verwaltungsbehörde gem. § 34 Abs. 5 Satz 2 und Satz 3 BauGB nur, wenn sie nicht aus dem Flächennutzungsplan entwickelt wurde. Die Genehmigung oder der Beschluss über die Satzung sind gem. § 10 Abs. 3 BauGB i. V. m. § 34 Abs. 5 Satz 4 BauGB bekannt zu geben.

---

641 Zum Auslegung des Begriffs „einzelne Außenbereichsflächen" siehe Dürr, in: Brügelmann, § 34 BauGB, Rn. 72; Söfker, in: EZB, § 34 BauGB Rn. 116.

642 Siehe hierzu ausführlich bei Schink, DVBl. 1999, 367 (372); Söfker, in: EZB, § 34 BauGB, Rn. 117; Dürr, in: Brügelmann, § 34 BauGB, Rn. 72 a.

643 Greiving, VerwArch 1998, 585 (594); Schink, DVBl. 1999, 367 (372, 373); Reidt, in: Gelzer/Bracher/Reidt, Rn. 2245; Söfker, in: EZB, § 34 BauGB, Rn. 120 mit 106; Dürr, in: Brügelmann, § 34 BauGB, Rn. 73. Siehe zum Prinzip der städtebaulichen Entwicklung und Ordnung B. III. 1. b).

644 Zum Umfang der zulässigen Festsetzungen siehe bereits FN. 527.

b) Das Verhältnis von Abrundungssatzung und Flächennutzungsplan zueinander

Im Gegensatz zur Entwicklungssatzung nach § 34 Abs. 4 Satz 1 Nr. 2 BauGB wird die Abrundungssatzung in § 34 Abs. 4 Satz 1 Nr. 3 BauGB nicht ausdrücklich an die Darstellungen des Flächennutzungsplans gebunden. Vielmehr zeigen § 34 Abs. 5 Satz 2 und Satz 3 BauGB, nach denen eine Genehmigung der Satzung durch die höhere Verwaltungsbehörde nötig ist, wenn sie nicht aus den Darstellungen entwickelt wird, im Umkehrschluss, dass sich die Bebauung, die im Geltungsbereich der Abrundungssatzung nach § 34 Abs. 1 und Abs. 2 BauGB zulässig ist, nicht zwingend entsprechend § 8 Abs. 2 Satz 1 BauGB als aus den Darstellungen des Flächennutzungsplans entwickelt zeigen muss.

Andererseits muss die Satzung gem. § 34 Abs. 4 Satz 3 HS. 1 BauGB mit einer geordneten städtebaulichen Entwicklung vereinbar sein. Der Flächennutzungsplan enthält wiederum gem. § 5 Abs. 1 Satz 1 BauGB die für das Gemeindegebiet von der Gemeinde beabsichtigte geordnete städtebauliche Entwicklung, konkretisiert also das Prinzip der städtebaulichen Entwicklung und Ordnung für das Gemeindegebiet.[645] Teilweise wird daher angenommen, die Darstellungen des Flächennutzungsplans seien als Ausdruck der von der Gemeinde beabsichtigten geordneten städtebaulichen Entwicklung immer verbindlich, so dass die Gemeinde auch die Abrundungssatzung aus dem Flächennutzungsplan i. S. v. § 8 Abs. 2 Satz 1 BauGB entwickeln müsse.[646] Dagegen spricht, dass im Umkehrschluss aus § 34 Abs. 5 Satz 3 BauGB die Satzung nicht zwingend aus der entsprechenden Darstellung im Flächennutzungsplan i. S. v. § 8 Abs. 2 Satz 1 BauGB entwickelt sein muss. Andere gehen davon aus, dass eine Satzung nur dann nicht mit der städtebaulichen Entwicklung vereinbar sei, wenn die nach § 34 Abs. 1 bzw. Abs. 2 BauGB zulässige bauliche Nutzung gegen eine „qualifizierte" Darstellung verstoße. Eine solche Darstellung liege vor, wenn für die betreffenden Flächen im Flächennutzungsplan eine mit der Einbeziehung in den Innenbereich nicht zu vereinbarende, städtebaulich bedeutsame Funktion vorgesehen sei.[647] Das Gesetz binde die Abrundungssatzung deshalb nicht über das Entwicklungsgebot an den Flächennutzungsplan, weil sie sich meist nur auf kleine Bereiche beziehe und deshalb Abweichungen vom Flächennutzungsplan dessen Grundkonzeption unberührt lassen würden.[648]

---

[645] Siehe zur Aufgabe der Flächennutzungsplanung B. III. 1. a).
[646] Reidt, in: Gelzer/Bracher/Reidt, Rn. 2252; Gerhards, BauR 1990, 667 (670).
[647] Tyczewski, in: Handbuch des öffentlichen Baurechts, Kapitel A, Rn. 77; Greiving, VerwArch 1998, 585 (595); Schink, DVBl. 1999, 367 (373); Krautzberger, in: B/K/L, § 34 BauGB, Rn. 71.
[648] Dürr, in: Brügelmann, § 34 BauGB, Rn. 73.

Richtigerweise ist von folgenden Überlegungen auszugehen: Nach dem Planmäßigkeitsgrundsatz[649] darf die Gemeinde die Baurechtslage nur auf der Grundlage der gesetzlich geregelten Pläne regeln; folglich darf sie aber auch nicht mit den Innenbereichssatzungen ihr gesamtgemeindliches städtebauliches Entwicklungs- und Ordnungskonzept umgehen.[650] Eine Satzung ist dann nicht mehr mit der im Flächennutzungsplan niedergelegten städtebaulichen Entwicklung und Ordnung vereinbar, wenn diese städtebauliche Entwicklung und Ordnung durch die infolge der Satzung zulässige Bebauung beeinträchtigt wird. Das ist, wie aus den Beachtlichkeitsvorschriften des § 214 Abs. 2 Nr. 2 und Nr. 4 BauGB[651] zu schließen ist, nicht bereits der Fall, wenn das Entwicklungsgebot nicht eingehalten wurde. Eine Verletzung des Entwicklungsgebots liegt nämlich bereits vor, wenn die durch die Satzung zulässige Bebauung nicht als aus der für die entsprechende Fläche geltenden Darstellung entwickelt angesehen werden kann. Die geordnete städtebauliche Entwicklung, wie sie sich aus dem Flächennutzungsplan ergibt, wird durch die auf Grund der Satzung zulässige Bebauung dagegen erst dann beeinträchtigt, wenn sie Auswirkung auf die planerische Konzeption des Flächennutzungsplans für den größeren Raum hat, also für das gesamte Gemeindegebiet oder für einen über den das Satzungsgebiet betreffenden Ortsteil hinaus.[652]

Der zweiten obengenannten Meinung ist daher im Ergebnis, nicht aber in der Begründung zuzustimmen, dass eine Abrundungssatzung mit der städtebaulichen Entwicklung nicht vereinbar ist, wenn die konkrete Darstellung im gemeindlichen Gesamtkonzept eine wesentliche Rolle einnimmt (qualifizierte Darstellung) und wenn durch die Satzung eine Bebauung zulässig würde, die die Umsetzung der Darstellung in der Zukunft vereiteln würde. Denn in diesem Fall beeinträchtigt die Satzung die sich aus dem Flächennutzungsplan ergebenden geordnete städtebauliche Entwicklung.

4. Zwischenergebnis zu „Flächennutzungsplan und Innenbereichssatzungen"

Die Innenbereichssatzungen hängen in unterschiedlichen Maße vom Flächennutzungsplan ab. Während die Klarstellungssatzung völlig unabhängig von den Darstellungen des Flächennutzungsplans ist, muss die infolge der Entwicklungssatzung zulässige Bebauung als aus den Darstellungen des Flächennutzungsplans entwickelt angesehen werden können. Die Abrundungssatzung darf hinge-

---

649 Siehe dazu B. III. 1. a).
650 Gerhards, BauR 1990, 667 (671); Greiving, VerwArch 1998, 585 (591).
651 Siehe dazu C. II. a) bb).
652 Siehe dazu C. II. 1. a) bb).

gen lediglich das gemeindegebietsweite Grundkonzept des Flächennutzungsplans nicht beeinträchtigen.

Problematisch und kritisch zu sehen ist allerdings, dass die Abrundungssatzung nicht auch im engeren Satzungsbereich entsprechend dem Entwicklungsgebot gem. § 8 Abs. 2 Satz 1 BauGB an die Darstellungen des Flächennutzungsplans gebunden ist. Denn die besondere Aufgabe des Flächennutzungsplans muss heutzutage wegen des stetig steigenden Bedarfs an bebaubaren Flächen darin liegen, eine Freiraumstruktur insbesondere im Außenbereich aufrechtzuerhalten und ein gemeindegebietsweites Konzept durchzusetzen, um so langfristig Natur und Landschaft auch für spätere Generationen zu bewahren und zu erhalten. Jede Einbruchstelle schwächt dieses Freiraumkonzept und führt zu einer schleichenden Ausweitung der Bebauung.

IV. Zwischenergebnis zu „Das Verhältnis der Flächennutzungsplanung zu anderen gemeindeeigenen Planungen"

Im Bereich der gemeindeeigenen Planungen nimmt der Flächennutzungsplan eine bedeutende Rolle ein. Er stellt das Konzept zur städtebaulichen Entwicklung und Ordnung, das die Gemeinde für das gesamte Gemeindegebiet verfolgt, in Grundzügen vor. Informelle Planungen können ihn schon wegen des Planmäßigkeitsgrundsatzes nur ergänzen und sind deshalb nur abwägungserhebliches Material. Der Flächennutzungsplan vermag die Bebauungsplanung zu steuern und ein Stückwerk von verbindlichen Einzelplänen zu vermeiden. Er diszipliniert die Gemeinde durch das Entwicklungsgebot zur ganzheitlichen Planung, die nicht nur Bebauung vorsieht, sondern auch ein Freiraumkonzept enthält. Schließlich steuert er auch die Entwicklungs- und Abrundungssatzungen, die in einfachen Fällen statt eines Bebauungsplans die Bebaubarkeit des Außenbereichs verändern können. Auch wenn durch die Abrundungssatzung nur geringe Veränderungen der Bebaubarkeit vorgenommen werden können und damit die Durchsetzungskraft des Flächennutzungsplans nur in kleinen Teilen abgeschwächt wird, ist die fehlende Bindung der Satzung an den Flächennutzungsplan über das Entwicklungsgebot kritisch zu sehen.

D. Das Verhältnis der Flächennutzungsplanung zu Planungen anderer Planungsträger

Die Bodennutzung der einen Fläche kann die Nutzung einer anderen Fläche innerhalb des Gemeindegebiets beeinflussen. Ebenso kann auch die Fläche einer benachbarten Gemeinde berührt werden. Daraus entsteht das Bedürfnis, gegenläufige Nutzungsvorstellungen benachbarter Gemeinden auszugleichen. Zudem sind Gemeinden nicht die einzigen öffentlichen Planungsträger, die mit ihren Planungen die Bodennutzung regeln. Fachplanung und überörtliche Gesamtplanung enthalten ebenfalls Vorstellungen über die Bodennutzung innerhalb eines Gemeindegebiets. Damit stehen sowohl die Gemeinden untereinander in Konkurrenz als auch die Fachplanungsträger und Raumordnungsplanungsträger in Konkurrenz zur Gemeinde. Im folgenden ist zu untersuchen, in welchem Verhältnis infolgedessen der Flächennutzungsplan einer Gemeinde zu den Bauleitplänen anderer Gemeinden (I.), zu Fachplänen (II.) und zu Raumordnungsplänen (III.) steht.

I. Flächennutzungsplan und Bauleitpläne benachbarter Gemeinden

Jede Gemeinde nimmt die Bauleitplanung bezogen auf ihr Gemeindegebiet vor. Um den Ausgleich zwischen den verschiedenen Bedürfnissen und Planungsvorstellungen der benachbarten Gemeinden sicherzustellen, besteht eine interkommunale Abstimmungspflicht. Die interkommunale Abstimmungspflicht hat eine formelle und eine materielle Seite: Die formelle Seite der Abstimmungspflicht sichert den benachbarten Gemeinden in § 4 BauGB ein verfahrensrechtliches Beteiligungsrecht zu (1.), nach § 2 Abs. 2 BauGB müssen die Bauleitpläne benachbarter Gemeinden materiell-rechtlich aufeinander abgestimmt werden (2.).

1. Formelle Abstimmungspflicht

§ 4 Abs. 1 Satz 1 BauGB sichert den Trägern öffentlicher Belange, die durch die Bauleitplanung berührt werden, eine frühzeitige Beteiligung im Aufstellungsverfahren zu. Die Träger öffentlicher Belange können zu den beabsichtigten Planungen Stellungnahmen abgeben, die gem. § 4 Abs. 3 Satz 1 BauGB in der gemeindlichen Abwägung zu berücksichtigen sind. Träger öffentlicher Belange sind die Behörden oder sonstigen Stellen, denen durch Gesetz oder auf Grund eines Gesetzes öffentliche Aufgaben zugewiesen worden sind und die aufgrund der ihnen obliegenden Aufgaben einen Bezug zur Bauleitplanung haben.[653] Dazu gehören auch die benachbarten Gemeinden, die durch die planerischen Entscheidungen einer anderen Gemeinde dergestalt beeinflusst werden, dass von der anderen Gemeinde vorgesehene Nutzungen negative Auswirkungen auf eigene geplante Nutzungen haben können und damit die eigene Planung in Frage stellen.

Verstöße gegen § 4 BauGB sind gem. § 214 Abs. 1 Satz 1 Nr. 1 BauGB nur beachtlich, wenn sämtliche Träger öffentlicher Belange nicht beteiligt worden sind. Unbeachtlich ist die Nichtbeteiligung nur einzelner Träger öffentlicher Belange.

2. Materielle Abstimmungspflicht

Gem. § 2 Abs. 2 BauGB sind die Bauleitpläne benachbarter Gemeinden aufeinander abzustimmen. Hintergrund dieser Regelung ist, dass die Planung einer Gemeinde Ausstrahlungswirkung auf die Planung einer anderen Gemeinde haben kann. Bestimmt z. B. eine Gemeinde eine Nutzung, die wegen ihrer Emissionen auf angrenzenden nachbargemeindlichen Flächen die Verwirklichung einer empfindlichen Nutzung negativ beeinflusst, so kann dies in der Planung der Nachbargemeinde, die gerade diese kollidierende Nutzung für die angrenzende Fläche ins Auge gefasst hat, nicht unberücksichtigt bleiben. Aus der Formulierung des § 2 Abs. 2 BauGB kommt allerdings zum Ausdruck, dass die Planungen der Gemeinden gleichrangig sind. Es wird nicht der Gemeinde, die zuerst plant, automatisch ein Vorrang eingeräumt. Deshalb setzt die Abstimmung i. S. v. § 2 Abs. 2 BauGB nach allgemeiner Ansicht zu Recht nur voraus, dass die aufstellende Gemeinde ihren Plan so ausarbeitet, dass von einem Abgestimmtsein als Zustand gesprochen werden kann,[654] d. h., § 2 Abs. 2 BauGB gibt kein bestimmtes Abstimmungsergebnis vor, sondern gebietet lediglich, dass sich eine planende Gemeinde mit den Belangen der Nachbargemeinden auseinandersetzt.

Die materielle Abstimmungspflicht nach § 2 Abs. 2 BauGB verpflichtet die planende Gemeinde also dazu, die Belange ihrer Nachbarn in der Abwägung zu berücksichtigen[655] und auf die berechtigten Interessen ihrer Nachbarn Rücksicht zu nehmen.[656] Sie stellt damit einen Unterfall des Abwägungsgebots aus § 1

[653] Gaentzsch, in: BK, § 4 BauGB, Rn. 3; Bielenberg, in: EZB, § 4 BauGB, Rn. 5, 10; Grauvogel, in: Brügelmann, § 4 BauGB, Rn. 2, 10.

[654] BVerwG, Urteil vom 08.09.1972 – IV C 17.71, BVerwGE 40, 323 (328).

[655] BVerwG, Urteil vom 15.12.1989 – IV C 36.86, BVerwGE 84, 209 (216; 218); Uechtritz, BauR 1999, 572 (574); Gaentzsch, WiVerw 1985, 235 (236); Reidt, LKV 1994, 93; Battis, in: B/K/L, § 2 BauGB, Rn. 9; Grauvogel, in: Brügelmann, § 2 BauGB, Rn. 38.

[656] BVerwG, Urteil vom 08.09.1972 – IV C 17.71, BVerwGE 40, 323 (331); Grauvogel, in: Brügelmann, § 2 BauGB, Rn. 38. Zur Frage, inwieweit § 2 Abs. 2 BauGB einen öffentlichen Belang i. S. v. § 35 Abs. 3 BauGB bildet: Siehe BVerwG, Urteil vom 01.08.2002 – 4 C 5.01, DVBl. 2003, 62 ff.; Uechtritz, NVwZ 2003, 176 (177); Wurzel/Probst, DVBl. 2003, 197 ff.

Abs. 6 BauGB sowie des § 4 Abs. 3 Satz 1 BauGB dar, der klarstellt, dass die Stellungnahmen der beteiligten Träger als öffentliche Belange in der Abwägung zu berücksichtigen sind. Als Spezialregelung schließt § 2 Abs. 2 BauGB die materiell-rechtliche Präklusionsvorschrift des § 4 Abs. 3 Satz 2 BauGB aus.

Die interkommunale Abstimmungspflicht nach § 2 Abs. 2 BauGB ist Ausfluss der gemeindlichen Planungshoheit, die Teil des Selbstverwaltungsrechts nach Art. 28 Abs. 2 Satz 1 GG ist.[657] Denn sowohl die planende Gemeinde als auch die Nachbargemeinde haben nach Art. 28 Abs. 2 Satz 1 GG das Recht zur Bauleitplanung. Keine der Gemeinden hat ein höherrangigeres Planungsrecht, vielmehr kann jede Gemeinde verlangen, dass die Nachbargemeinde ihre eigenen Planungsvorstellungen und –möglichkeiten, die letztlich im Verfassungsrecht wurzeln, in der Abwägung berücksichtigt.

Die Planungshoheit als Teil des Selbstverwaltungsrechts verleiht den Gemeinden die Stellung, sich gegen jede Planung zu wehren, die sich rechtswidrig auf ihre Planungshoheit auswirkt.[658] Verletzt die Bauleitplanung einer Gemeinde daher das interkommunale Abstimmungsgebot, kann die verletzte benachbarte Gemeinde dagegen auf dem Rechtsweg vorgehen.[659] Wann die interkommunale Abstimmungspflicht verletzt ist, bestimmt sich nach der Abwägungsfehlerlehre, da die interkommunale Abstimmung ein Unterfall der Abwägung nach § 1 Abs. 6 BauGB ist. Daher ist die interkommunale Abstimmungspflicht verletzt, wenn gar nicht abgestimmt wurde, wenn nicht alle Belange in die Abstimmung eingestellt worden sind, die nach Lage der Dinge in sie eingestellt hätten werden müssen, wenn die Bedeutung der betroffenen Belange verkannt oder wenn der Ausgleich zwischen den von der Planung berührten Belangen in einer Weise vorgenommen wird, der zur objektiven Gewichtigkeit einzelner Belange außer Verhältnis steht.[660] Damit ist zum einen zu untersuchen, wann die Belange der Gemeinde abstimmungspflichtig sind, also wann ein Belang in die Abwägung eingestellt werden muss, und zum anderen, wann die weitere Abstimmung der Belange fehlerhaft vorgenommen wird.

Entgegen des Wortlauts des § 2 Abs. 2 BauGB kann ein Abstimmungsbedarf aber nicht nur dann bestehen, wenn die benachbarte Gemeinde selbst bereits Bauleitpläne oder planerische Vorstellungen hat, sondern auch, wenn noch

---

[657] Siehe zum Recht auf Selbstverwaltung B. IV.

[658] BVerwG, Urteil vom 08.09.1972 – IV C 17.71, BVerwGE 40, 323 (329 ff.); BVerwG, Urteil vom 15.12.1989 – IV C 36.86, BVerwGE 84, 209 (215); Uechtritz, BauR 1999, 572 (573).

[659] Ausführlich zum Rechtsschutz gegen Bebauungspläne: Uechtritz, BauR 1999, 572 (584 ff.). Zum Rechtsschutz gegen Bebauungspläne und Flächennutzungsplan: Rauch, BayVBl. 1980, S. 612 (615 ff.); Hoppe, in: FS von Unruh, S. 555 (578).

[660] Grundlegend zur Abwägungsfehlerlehre: BVerwG, Urteil vom 12.12.1969 – IV C 105.66, BVerwGE 34, 301 (309). Vgl. auch Finkelnburg/Ortloff, S. 32 ff., S. 185 ff., Reidt, in: Gelzer/Bracher/Reidt, Rn. 609 ff; Hoppe, in: FS Wolff, S. 306 (320). Ob ein Abwägungsfehler beachtlich ist, richtet sich nach § 214 Abs. 3 BauGB und § 215 Abs. 1 Nr. 2 BauGB.

nichts derartiges besteht.[661] Denn die Gemeinden stehen sich – wie gesagt – einander im Verhältnis der Gleichordnung gegenüber.[662] Keiner gemeindlichen Planung kommt von vorneherein ein höheres Gewicht zu. Denn Sinn und Zweck des § 2 Abs. 2 BauGB ist es, die Einbeziehung der städtebaulichen Belange der Nachbargemeinden in die Abwägung nach § 1 Abs. 6 BauGB bei der Aufstellung oder Veränderung von Bauleitplänen abzusichern, damit die Verflechtungen der Gemeinden untereinander städtebaulich verträglich weiterentwickelt werden, nicht, einer früher vorhandenen Planung zwingenden Vorrang gegenüber nachfolgenden zu verleihen.[663] Hat die Nachbargemeinde keinen Bauleitplan, dann überprüft die planende Gemeinde nur, ob und wie sich ihre Bauleitplanung auf die bestehende bauliche und sonstige Nutzung des Bodens im benachbarten Gebiet auswirkt.

Da sich die gemeindliche Bauleitplanung nur auf das eigene Gemeindegebiet bezieht, kollidieren die benachbarten Gemeinden nicht dadurch, dass sie unterschiedliche Nutzungen für ein und dieselbe Fläche vorsehen. Aus diesem Grund ist die Auswirkung auf die gemeindenachbarliche Planungshoheit oft nur rein faktischer Natur. Allerdings kann sich durch die Pläne der einen Gemeinde das Abwägungsmaterial der benachbarten Gemeinde für eigene Planungen erheblich verändern, wenn z. B. die Beschaffenheit einer Nutzung Einfluss auf die Nutzung angrenzender Flächen hat und damit deren Nutzungsspektrum verändert. In diesen Fällen besteht regelmäßig eine Abstimmungspflicht. Andererseits dürfen die Anforderungen an den Abstimmungsprozess nicht überspannt werden. Eine Veränderung des Abwägungsmaterials ohne Berücksichtigung ihrer Belange müssen die Nachbargemeinden dann nicht hinnehmen, wenn die Planung unmittelbare Auswirkungen von gewichtiger Art auf die nachbarliche städtebauliche Entwicklung und Ordnung hat.[664] Als benachbart i. S. v. § 2 Abs. 2 BauGB gilt nicht nur die räumlich unmittelbar angrenzende Gemeinde, sondern jede Gemeinde, die durch die Bauleitplanung unmittelbare Auswirkungen von gewichtiger Art erleiden kann.[665] Ihre Planung muss die Gemeinde daher nicht nur darauf ausrichten, dass sie innerhalb ihres Gemeindegebietes mit den Zielen aus § 1

---

[661] BVerwG, Urteil vom 08.09.1972 – IV C 17.71, BVerwGE 40, 323 (331); BVerwG, Urteil vom 15.12.1989 – IV C 36.86, BVerwGE 84, 209 (215); BVerwG, Beschluss vom 09.01.1995 – 4 NB 42.94, ZfBR 1995, 148 (149). Vgl. auch Bielenberg, in: EZB, § 2 BauGB Rn. 71; Gaentzsch, WiVerw 1985, 235 (237). Anders die frühere Rechtsprechung, z. B. Bad.-Württ. VGH, Urteil vom 27.02.1987 – 5 S 2472/86, BauR 1987, 416 (417).

[662] BVerwG, Urteil vom 15.12.1989 – IV C 36.86, BVerwGE 84, 209 (215); Reidt, in: Gelzer/Bracher/Reidt, Rn. 695.

[663] Vgl. BT-Drks. 3/336, S. 62.

[664] BVerwG, Urteil vom 08.09.1972 – IV C 17.71, BVerwGE 40, 323 (331); BVerwG, Urteil vom 15.12.1989 – IV C 36.86, BVerwGE 84, 209 (216); BayVGH, Urteil vom 04.09.1984 - 1 B 82 A.439, BayVBl. 1985, 83 (85); Jäde, in: Jäde/Dirnberger/Weiß, § 2 BauGB, Rn. 8; Uechtritz, BauR 1999, 572 (574).

[665] Reidt, in: Gelzer/Bracher/Reidt, Rn. 696; Bielenberg, in: EZB, § 2 BauGB, Rn. 70.

Abs. 5 Satz 1 und Satz 2 BauGB vereinbar ist, sondern sie muss auch die Auswirkungen ihrer Nutzungsvorstellungen auf die Nachbargemeinde an den Zielen des § 1 Abs. 5 Satz 1 und Satz 2 BauGB messen.[666] Voraussetzung dafür, dass ein Belang der Nachbargemeinde, auf den die Planung einer anderen eine unmittelbare Auswirkung gewichtiger Art hat, einzubeziehen ist, ist, dass er städtebaulicher Art ist.[667] Anhaltspunkte für relevante städtebauliche Belange enthält § 1 Abs. 5 Satz 2 BauGB.[668] Schließlich sind die Auswirkungen nicht von gewichtiger Art, wenn die Veränderung des Abwägungsmaterials nur dazu führt, dass Erwartungen und Hoffnungen des Nachbarn in Bezug auf eine bestimmte Planung enttäuscht werden.[669]

Teilweise wird die Beschränkung der Abstimmung auf Fälle, in denen eine Planung unmittelbare Auswirkung gewichtiger Art hat, kritisiert und wird eine Verletzung des Planungsrechts dann angenommen, wenn die planende Gemeinde mit ihrer Planung gegen die Planungsziele des § 1 Abs. 5 Satz 1 und 2 BauGB verstößt und dadurch in die Planungshoheit der anderen eingegriffen wird.[670] Diese Formel hilft jedoch nicht weiter, da sie offen lässt, wann Verstöße gegen die Planungsziele des § 1 Abs. 5 BauGB zu Eingriffen in die Planungshoheit führen. Angesichts der unzähligen unmittelbaren und mittelbaren Auswirkungen geringfügiger Art, die jede Planung auf benachbarte Flächen haben kann, muss die Abstimmungspflicht begrenzt werden, um die planende Gemeinde von der Ermittlung jeder noch so geringen Auswirkung zu entlasten.[671] Auf das Kriterium der unmittelbaren Auswirkung gewichtiger Art kann daher nicht verzichtet werden.

Die städtebaulichen Belange der Nachbargemeinden müssen von der planenden Gemeinde mit dem richtigen Gewicht in die Abwägung eingestellt werden. Je größer die Einflussnahme der Planung auf das benachbarte Gebiet ist, desto mehr greift sie in die Planungshoheit der benachbarten Gemeinde ein und desto höher ist das Interesse der benachbarten Gemeinde, von dieser Planung verschont zu werden, zu bewerten.[672] Das Interesse steigt auch um so mehr, je mehr die Planung in örtliche Versorgungs- oder sonstige örtliche Aufgaben der benachbarten Gemeinde mit städtebaulichen Bezug, die vom Selbstverwaltungsrecht des Art. 28 Abs. 2 Satz 1 GG erfasst werden, eingreift und diese erschwert.[673] Darüber hinaus nimmt die Gewichtigkeit der gemeindenachbarlichen Belange zu, wenn die benachbarte Gemeinde ihre planerischen Vorstellungen

---

666 Rauch, BayVBl. 1980, 612 (615); Kilian/Müllers, VerwArch 1998, 25 (41).
667 Uechtritz, BauR 1999, 572 (574).
668 Reidt, in: Gelzer/Bracher/Reidt, Rn. 693. Siehe auch B. III. 1. b).
669 BVerwG, Urteil vom 08.09.1972 – IV C 17.71, BVerwGE 40, 323 (331); Jäde, in: Jäde/Dirnberger/Weiß, § 2 BauGB, Rn. 12.
670 Rauch, BayVBl. 1980, 612 (615).
671 Uechtritz, BauR 1999, 572 (574).
672 Reidt, LKV 1994, 93 (94); Uechtritz, BauR 1999, 572 (575).
673 Reidt, LKV 1994, 93 (94); Uechtritz, BauR 1999, 572 (575).

bereits in einem Bauleitplan zum Ausdruck gebracht hat oder sich ein Bauleitplan in Aufstellung befindet, der bereits hinreichend konkret die Vorstellungen der Gemeinde widerspiegelt. Denn dann hat die benachbarte Gemeinde vor der anderen Gemeinde und in Abstimmung mit den damals erkennbaren städtebaulichen Belangen und Vorstellungen der anderen ihre Befugnisse aus ihrer Planungshoheit wahrgenommen. Dem berechtigten Vertrauen der benachbarten Gemeinde, dass eine andere Gemeinde keine ihrer Planung gegenläufige Planung betreiben wird, muss die andere Gemeinde in der Abwägung Belange von einigem Gewicht entgegensetzen.[674] Damit gilt zwar nicht ein Prioritätsprinzip, das späteren, gegenläufigen Planungen zwingend entgegensteht; vorhandene Planungen sind aber ein wichtiger abwägungserheblicher Gesichtspunkt. Die nachfolgenden Planungen sind durch die Planung der Nachbarin „vorbelastet".[675] Existiert in der Nachbargemeinde noch keine Bauleitplanung, so sind bei der Abstimmung auch städtebauliche informelle Planungen der Nachbargemeinde zu berücksichtigen. Allerdings muss den Planungsvorstellungen, wie sie in Bauleitplänen oder Bauleitplanentwürfen zum Ausdruck kommen, ein höheres Gewicht zugemessen werden. Dafür spricht zum einen, dass sie einem gesetzlich geregelten Beteiligungsverfahren unterliegen und mit bestimmten gesetzlich geregelten inhaltlichen Anforderungen verknüpft sind, zum anderen, dass den Bauleitplänen schon nach dem Gesetz durch ihre ausdrückliche Benennung in § 2 Abs. 2 BauGB eine hervorgehobene Rolle zukommt. Ein Verstoß gegen § 2 Abs. 2 BauGB liegt vor, wenn die Auswirkungen gewichtiger Art auf die nachbarliche Planungshoheit unzumutbar, also unverhältnismäßig sind.[676]

3. Zwischenergebnis zu „Flächennutzungsplan und Bauleitpläne benachbarter Gemeinden"

Stellt eine Gemeinde einen Flächennutzungsplan auf oder ergänzt oder ändert sie einen bereits bestehenden, dann muss sie ihrer formellen und materiellen Abstimmungspflicht nachkommen, wenn der Plan unmittelbare Auswirkungen gewichtiger Art auf eine Nachbargemeinde hat. Damit wird sichergestellt, dass nicht nur innerhalb des Gemeindegebiets ein in sich stimmiges Konzept entwickelt wird, sondern dass auch die Konzepte benachbarter Gemeinden miteinander koordiniert werden. Das Vorhandensein eines nachbargemeindlichen Bau-

---

[674] BVerwG, Urteil vom 08.09.1972 – IV C 17.71, BVerwGE 40, 323 (330); Gaentzsch, WiVerw 1985, 235 (237); Uechtritz, BauR 1999, 572 (574); Reidt, in: Gelzer/Bracher/Reidt, Rn. 695; Finkelnburg/Ortloff, S. 40 ff.

[675] Gaentzsch, in: BK, § 2 BauGB, Rn. 14.

[676] Uechtritz, BauR 1999, 572 (575); Reidt, in: Gelzer/Bracher/Reidt, Rn. 692; Battis, in: B/K/L, § 2 BauGB Rn. 9; Bielenberg, in: EZB, § 2 BauGB, Rn. 71; Jäde, in: Jäde/Dirnberger/Weiß, § 2 BauGB, Rn. 12.

leitplans ist nicht zwingend erforderlich, um die Abstimmungspflicht auszulösen.

Besteht in einer Nachbargemeinde ein Flächennutzungsplan, entspricht dieser aber nicht den gegenwärtigen Planungsvorstellungen der Nachbargemeinde, so kann es dazu kommen, dass die planende Gemeinde eine ordnungsgemäße eigene Bauleitplanung entwickelt, die zwar mit dem alten Flächennutzungsplan der Nachbargemeinde übereinstimmt, aber nicht mit deren neuen Planungsvorstellungen. Will eine Gemeinde bereits vorhandenen Bodennutzungen besondere Funktionen zuweisen oder neue noch nicht vorhandene Nutzungen fördern, kann sie mit ihrer Flächennutzungsplanung Einfluss auf spätere planerische Ideen ihrer Nachbarn nehmen. Denn sobald die Gemeinde ihre Nutzungsvorstellungen in Darstellungen eines Flächennutzungsplans gefasst hat, müssen andere Gemeinden, deren planerische Vorstellungen Auswirkungen gewichtiger Art auf die Pläne ihres Nachbarn haben, einen erhöhten Begründungsaufwand betreiben, warum trotzdem eine gegenläufige Planung zu verfolgen ist. Nur durch eine stets den aktuellen planerischen Vorstellungen der Gemeinde entsprechende Flächennutzungsplanung kann eine Gemeinde daher „gemeindegebietsweit" ihren Interessen besonderes Gewicht verleihen.

II. Flächennutzungsplan und Fachplan

Neben den gemeindlichen Bauleitplänen existiert auch eine Vielzahl von bodenbeanspruchenden Maßnahmen anderer Planungsträger, die meist Infrastrukturmaßnahmen zum Gegenstand haben. Diese Fachplanungen[677] stehen in Konkurrenz zur Bauleitplanung der Gemeinden. Sowohl Fachplan als auch gemeindlicher Bauleitplan weisen nämlich einer gemeindlichen Fläche eine bodenbeanspruchende Nutzung zu. Die Nutzungsvorstellungen der Gemeinde und des Fachplanungsträgers für dieselbe Fläche können dabei miteinander kollidieren, oder eine fachplanerische Nutzung kann auf anderen angrenzenden gemeindlichen Flächen neue bodenrechtliche Spannungen mit den dort in einem Bauleitplan vorgesehenen Nutzungen herbeiführen.

Im folgenden soll zunächst kurz dargestellt werden, inwieweit die Gemeinden und Fachplanungsträger bei den Planungsmaßnahmen des anderen jeweils formell zu beteiligen sind (1.). Im Anschluss daran wird erläutert, wie die Inhalte des Flächennutzungsplans und der Fachpläne miteinander abzustimmen sind und wie sie sich gegenseitig beeinflussen (2.).

---

[677] Siehe zum Begriff der Fachplanung auch B. II. 2.

1. Formelle Beteiligung

Die formelle Beteiligung dient der Ermittlung der in die Abwägung des Planungsträgers einzustellenden Belange.[678] Sie dient damit der Information der unterschiedlichen Behörden und Stellen, die raumbeanspruchende Maßnahmen und Planungen vornehmen.[679] Außerdem kann die Beteiligung zur Koordination der verschiedenen Interessen und Bedürfnisse beitragen und so eine Abstimmung der unterschiedlichen Planungsträger ermöglichen.[680]

a) Beteiligung der Gemeinde im fachplanerischen Aufstellungsverfahren

Nach vielen fachplanerischen Gesetzen hat der Fachplanungsträger von den Behörden, deren Aufgabenbereich durch ein Vorhaben berührt wird, Stellungnahmen einzuholen, in denen die Behörden ihn über ihre betroffenen Belange in Kenntnis setzen können;[681] wird der Fachplan in einem Planfeststellungsverfahren festgestellt, dann regeln die Verwaltungsverfahrensgesetze eine Beteiligung der betroffenen Behörden.[682]

Ist ein solches Beteiligungsrecht weder gesetzlich geregelt noch durch den Verweis auf das Planfeststellungsverfahren vorgeschrieben, so ist den Gemeinden wegen ihrer verfassungsrechtlich in Art. 28 Abs. 2 Satz 1 GG abgesicherten Planungshoheit[683] ein Beteiligungsrecht einzuräumen, das ihnen Information und Anhörung sichert.[684] Die Einbeziehung der möglicherweise in ihrer Bauleitplanung betroffenen Gemeinden ist damit abgesichert.

---

[678] Vgl. insbesondere § 4 Abs. 3 S. 1 BauGB.

[679] Zur Informationsfunktion der Beteiligung nach § 4 BauGB: Finkelnburg/Ortloff, S. 50; Reidt, in: Gelzer/Bracher/Reidt, Rn. 552; Gaentzsch, in: BK, § 4 BauGB, Rn. 2.

[680] Zur Koordinationsfunktion der Beteiligung nach § 4 BauGB: Finkelnburg/Ortloff, § 6, II, 4, b), S. 50; Battis, in: B/K/L, § 4 BauGB Rn. 2; Gaentzsch, in: BK, § 4 BauGB, Rn. 2.

[681] Vgl. z. B. § 17 Abs. 3 a FStrG.

[682] Vgl. § 73 Abs. 2 BVwVfG bzw. Art. 73 Abs. 2 BayVwVfG.

[683] Zur Planungshoheit siehe oben B. IV.

[684] BVerwG, Urteil vom 07.07.1978 – IV C 79.76, BVerwGE 56, 110 (137); Stüer, UPR 1998, 408 (412). Stüer weist darauf hin, dass auch im einfachen Verwaltungsverfahren eine Beteiligung über § 13 Abs. 2 S. 2 BVwVfG bzw. die entsprechenden landesrechtlichen Vorschriften wie Art. 13 Abs. 2 S. 2 BayVwVfG gesichert sei. Ausführlich zur Beteiligung der Gemeinden im Fachplanungsverfahren Kauch/Roer, S. 82 ff.

b) Beteiligung der Fachplanungsträger im bauleitplanerischen Aufstellungsverfahren

Will eine Gemeinde einen Flächennutzungsplan aufstellen oder verändern, so hat sie die Träger öffentlicher Belange nach § 4 BauGB zu beteiligen.[685] Zu den Trägern öffentlicher Belange gehören auch die Fachplanungsträger, da deren Aufgabenbereich, nämlich die Planung einer bodenbeanspruchenden Maßnahme, durch die anderweitige Verplanung der Fläche in den Darstellungen des Flächennutzungsplans berührt wird. Die Gemeinde hat gem. § 4 Abs. 1 BauGB die Stellungnahmen der Fachplanungsträger möglichst frühzeitig einzuholen. Die Stellungnahmen sind innerhalb der Frist i. S. v. § 4 Abs. 2 Satz 1 BauGB der Gemeinde zuzuleiten. Darin sollen die Fachplanungsträger sich auf ihren Aufgabenbereich beschränken (§ 4 Abs. 2 Satz 2 HS. 1 BauGB). Sie haben der Gemeinde z. B. Aufschluss über ihre eigenen Fachplanungsvorstellungen und Fachplanungsmaßnahmen zu geben (§ 4 Abs. 2 Satz 2 HS. 2 BauGB). Führt die Gemeinde unter den Voraussetzungen des § 13 BauGB ein vereinfachtes Verfahren durch, so hat sie den berührten Trägern öffentlicher Belange gem. § 13 Nr. 3 BauGB zumindest Gelegenheit zur Stellungnahme innerhalb angemessener Frist zu geben.

2. Das inhaltliche Verhältnis von Flächennutzungsplan und Fachplan

Die formelle Beteiligung gibt den Planungsträgern die Möglichkeit, ihre betroffenen Belange zur Kenntnis des Planungsträgers, der einen neuen Plan aufstellt, zu bringen. Im folgenden ist zu untersuchen, welchen inhaltlichen Einfluss die Belange und Planungen einer Gemeinde bzw. eines Fachplanungsträgers auf die Planung des jeweils anderen haben.

Dabei stellt sich die Frage, ob ein bereits vor der Aufstellung des Fachplans existierender Flächennutzungsplan (vorlaufender Flächennutzungsplan) für den Fachplan bindend ist bzw. ob ein bereits wirksam erlassener Fachplan (vorlaufender Fachplan) noch gegenläufige Darstellungen eines nachfolgenden Flächennutzungsplans für dieselbe Fläche zulässt. Für den zuerst genannten Fall regelt § 7 Satz 1 BauGB[686], dass ein öffentlicher Planungsträger, der nach § 4 BauGB oder § 13 BauGB beteiligt worden ist, seine Planung dem Flächennutzungsplan insoweit anzupassen hat, als er diesem Plan nicht widersprochen hat. Konkurrenzen können zwischen Fachplan und Flächennutzungsplan aber nicht

---

[685] Ausführlich zur Beteiligung von Fachplanungsträgern im gemeindlichen Bauleitplanverfahren Kauch/Roer, S. 55 ff.

[686] Zu Sonderregelungen des Verhältnisses der Bauleitplanung zu einzelnen Fachplanungen siehe ausführlich Kauch/Roer, S. 147 ff.

nur dadurch auftreten, dass für ein und dieselbe Fläche unterschiedliche Nutzungen vorgesehen werden, sondern auch dadurch, dass die Gemeinde eine Nutzung, die eine Fachplanung auf der einen Stelle vorsieht, an einer anderen Stelle einplant.

Konkret wird daher im folgenden untersucht, welche Auswirkung ein vorlaufender Flächennutzungsplan auf die nachfolgende Fachplanung hat, wenn der Fachplanungsträger dem Flächennutzungsplan nicht widerspricht (a)) bzw. wenn er ihm widerspricht (b)). Im Anschluss daran wird überlegt, welche Auswirkung umgekehrt der vorlaufende Fachplan auf den nachfolgenden Flächennutzungsplan hat (c)). Zuletzt soll erörtert werden, welchen Einfluss eine Fachplanung der Gemeinde durch Bauleitplanung auf die Vorstellungen des Fachplanungsträgers hat (d)).

a) Auswirkung des vorlaufenden Flächennutzungsplans auf einen nachfolgenden Fachplan ohne Widerspruch des Fachplanungsträgers

Die Anpassungspflicht nach § 7 Satz 1 BauGB trifft öffentliche Planungsträger, die nach § 4 BauGB oder § 13 BauGB beteiligt worden sind und die dem Flächennutzungsplan nicht widersprochen haben. Es ist also die Frage zu klären, was unter öffentlichen Planungsträgern als Widerspruchsberechtigten und Anpassungspflichtigen zu verstehen ist (aa)). Genauer zu erläutern ist außerdem, welche Wirkung die Anpassungspflicht auf den Planungsträger hat (bb)).

aa) Öffentliche Planungsträger als Widerspruchsberechtigte und Anpassungspflichtiger

Die Anpassungspflicht wendet sich an öffentliche Planungsträger, die als Träger öffentlicher Belange gem. § 4 BauGB oder § 13 BauGB am Aufstellungsverfahren des Flächennutzungsplans beteiligt worden sind. Planungsträger ist der Rechtsträger, dessen Behörden und Stellen als öffentliche Aufgaben raumbedeutsame Planungen rechtsverbindlich vornehmen.[687] Planungen sind rechtsverbindlich, wenn ihnen aufgrund ihres Rechtscharakters Außenwirkung zukommt. Eine rein verwaltungsintern wirkende Planung wie z. B. die Linienbestimmung i. S. v. § 16 Abs. 1 Satz 1 FStrG genügt nicht.[688] Öffentliche Fachplanungsträger, die einen rechtsverbindlichen Plan erstellen, werden dagegen von diesem Begriff erfasst. Diese sind nach § 7 BauGB sowohl widerspruchsberech-

---

[687] Kauch/Roer, S. 150; Dörries, S. 112; Kraft, in: Flächennutzungsplanung im Umbruch, S. 153 (166); Löhr, in: B/K/L, § 7 BauGB, Rn. 1; Bielenberg/Runkel, in: EZB, § 7 BauGB, Rn. 4; Gaentzsch, in: BK, § 7 BauGB, Rn. 5.
[688] Kauch/Roer, S. 160 ff.

tigt als auch anpassungspflichtig. Die öffentlichen Planungsträger werden aber gem. § 7 Satz 1 BauGB nur dann von der Anpassungspflicht erfasst, wenn sie im flächennutzungsplanerischen Aufstellungsverfahren tatsächlich nach § 4 BauGB oder § 13 BauGB beteiligt worden sind. Wird ein Fachplanungsträger nicht beteiligt, dann ist er im Umkehrschluss wie ein Planungsträger zu behandeln, der dem Flächennutzungsplan widersprochen hat, da die Anpassungspflicht nur soweit gilt, wie die gesetzliche Anordnung reicht.[689]

Es würde den Rahmen dieser Arbeit sprengen, den Begriff des öffentlichen[690] Planungsträgers umfassend zu beleuchten. Da Fachpläne allerdings häufig durch Planfeststellungsbeschlüsse erlassen werden und in diesem Bereich umstritten ist, wer der widerspruchsberechtigte und anpassungspflichtige Planungsträger i. S. v. § 7 Satz 1 BauGB ist, soll diese Frage hier näher untersucht werden. Im Rahmen von Plänen, die durch Planfeststellungsbeschlüsse wirksam festgestellt werden, stehen sich zwei verschiedene Stellen gegenüber: Der Träger des Vorhabens reicht den Plan ein,[691] die Planfeststellungsbehörde stellt den Plan, gegebenenfalls unter Veränderungen, fest.[692] Teilweise wird vertreten, dass der Vorhabensträger anpassungsverpflichtet und widerspruchsberechtigt sei,[693] da die Planfeststellungsbehörde eher die Rolle einer Plangenehmigungsbehörde einnehme.[694] Andere vertreten die Ansicht, dass zwar grundsätzlich der Vorhabensträger anpassungspflichtig und widerspruchsberechtigt sei; sobald aber ein Planfeststellungsverfahren anhängig sei, sei auch die Planfeststellungsbehörde widerspruchsberechtigt und anpassungspflichtig.[695] Schließlich wird vertreten, dass nur die Planfeststellungsbehörde der öffentliche Planungsträger und als solcher anpassungspflichtig und widerspruchsberechtigt sei,[696] da es nur der Planfeststellungsbehörde zustehe, im Rahmen der Abwägung planerisch gestaltend vorzugehen. Der Träger des Vorhabens sei lediglich mittelbar dadurch gebunden, dass sein Antrag auf Plangenehmigung nur dann Erfolg haben könne, wenn er sich an die Anpassungspflicht halte.[697] Der Vorhabensträger könne keine rechtsverbindliche Planung setzen.[698] Zwar werde auch er planerisch bei der Ausarbeitung des Planentwurfs tätig,[699] eine Planung i. S. v. § 7 Satz 1 BauGB liege aber

---

[689] Siehe dazu D. II. 2. b).
[690] Zur Frage, ob auch privatrechtlich organisierte Fachplanungsträger als öffentliche Planungsträger tätig werden können, siehe Kauch/Roer, S. 163 ff.
[691] Vgl. § 73 Abs. 1 S. 1 BVwVfG, Art. 73 Abs. 1 S. 1 BayVwVfG.
[692] Vgl. §§ 74, 75 BVwVfG, Art. 74, 75 BayVwVfG.
[693] Reidt, in: Gelzer/Bracher/Reidt, Rn. 114; Kühling/Herrmann, Rn. 42, 211; W. Schrödter, in: Schrödter, § 7 BauGB, Rn. 7.
[694] Gaentzsch, in: BK, § 7 BauGB, Rn. 6.
[695] Gaentzsch, in: BK, § 7 BauGB, Rn. 6; Bielenberg/Runkel, in: EZB, § 7 BauGB, Rn. 4.
[696] Gierke, in: Brügelmann, § 7 BauGB, Rn. 94, Kauch/Roer, S. 154, 160.
[697] Gierke, in: Brügelmann, § 7 BauGB, Rn. 94.
[698] Kauch/Roer, S. 160.
[699] Kauch/Roer, S. 154.

erst vor, wenn sie durch den Planfeststellungsbeschluss rechtsverbindlich geworden sei. Dem Planentwurf Rechtsverbindlichkeit zu verleihen, liege aber allein in der Hand der Planfeststellungsbehörde.[700]

Richtigerweise ist danach zu differenzieren, dass der Vorhabensträger von Anfang an und die Planfeststellungsbehörde erst ab Anhängigkeit eines Planfeststellungsverfahrens anpassungspflichtige und widerspruchsberechtigte öffentliche Planungsträger sind.

Das Argument, der Träger des Vorhabens könne deshalb kein Fachplanungsträger i. S. v. § 7 Satz 1 BauGB sein, weil er die Planung nicht selbst verbindlich erlassen könne, überzeugt nicht. Auch der Bebauungsplan bedarf z. B. zur Erlangung der Verbindlichkeit dann der Genehmigung einer höheren Verwaltungsbehörde, wenn er nicht aus dem Flächennutzungsplan entwickelt wurde (§ 10 Abs. 2 Satz 1 BauGB). Dennoch ist die Gemeinde gem. § 2 Abs. 1 Satz 1 BauGB für den Bebauungsplan in alleiniger Verantwortung zuständig und damit Träger der Bebauungsplanung. Die Bedeutung des Vorhabensträgers im Planfeststellungsverfahren zeigt sich auch daran, dass das Verfahren nur durch einen Antrag des Vorhabensträgers auf Feststellung des eingereichten Planentwurfs in Gang gesetzt werden kann. Er muss, um mit seinem Antrag Erfolg zu haben, seinen Plan wegen § 7 BauGB in Übereinstimmung mit dem Flächennutzungsplan entwerfen. Dann muss ihm aber auch ein Widerspruchsrecht eingeräumt werden, das es ihm ermöglicht, sich Planungsalternativen offen zu halten. Schließlich ist für die Plandurchführung der Vorhabensträger und nicht die Planfeststellungsbehörde verantwortlich.

Andererseits ist zuzugeben, dass die Planfeststellungsbehörde nicht nur den eingereichten Plan auf Richtigkeit überprüft, sondern auch die Planung des Vorhabensträgers in einer eigenen Abwägung nachvollzieht und ihr damit eine eigene gestalterische Planungshoheit zukommt. Sie kann den eingereichten Plan sogar verändert genehmigen. An den Antrag des Vorhabensträgers ist sie nicht streng gebunden.[701] Folglich muss es der Planfeststellungsbehörde auch möglich sein, sich Planungsalternativen für ihren Abwägungsvorgang offen zu halten, indem sie die Anpassungspflicht an den Flächennutzungsplan durch Widerspruch verhindert. Daher ist auch die Planfeststellungsbehörde öffentlicher Planungsträger und damit neben dem Vorhabensträger widerspruchsberechtigt, sobald das Planfeststellungsverfahren anhängig ist.

Die Anpassungspflicht tritt im Ergebnis nur ein, wenn weder der Vorhabensträgers noch die Planfeststellungsbehörde dem Flächennutzungsplan widersprochen haben.

---

[700] Kauch/Roer, S. 160.

[701] Vgl. § 74 Abs. 2 S. 2 BVwVfG, Art. 74 Abs. 2 S. 2 BayVwVfG. BVerwG, Urteil vom 14.02.1975 – IV C 21.74, BVerwGE 48, 56 (59); Kühling/Herrmann, Rn. 42.

bb) Die Anpassungspflicht

Die nicht widersprechenden öffentlichen Planungsträger haben gem. § 7 Satz 1 BauGB ihre Planungen dem Flächennutzungsplan anzupassen. Fachplanungen, die eine Fläche innerhalb eines Gemeindegebietes in Anspruch nehmen, dürfen also nicht den Darstellungen des Flächennutzungsplans zuwiderlaufen. Mehrheitlich wird vertreten, dass ein Fachplan dann an den Flächennutzungsplan angepasst ist, wenn er sich an die inhaltlichen Bindungen des Flächennutzungsplans hält, die für einen Bebauungsplan im Rahmen des Entwicklungsgebots gem. § 8 Abs. 2 Satz 1 BauGB gelten.[702] Nach anderer Ansicht ist die Anpassungspflicht nicht mit dem Entwicklungsgebot vergleichbar,[703] sondern hat nur die Wirkung eines qualifizierten Berücksichtigungsgebots.[704]

Die letztgenannte Meinung würdigt die Systematik des § 7 BauGB nicht ausreichend. Dass § 7 Satz 1 BauGB nicht nur ein qualifiziertes Berücksichtigungsgebot festlegt, zeigt nämlich ein Vergleich mit § 7 Satz 5 BauGB. Nach § 7 Satz 5 BauGB ist ein nachträglicher Widerspruch, also die Loslösung von der Anpassungspflicht, nach Änderung der Sachlage nur möglich, wenn die für die abweichende Fachplanung geltend gemachten Belange die sich aus der Flächennutzungsplanung ergebenden Belange nicht nur unwesentlich überwiegen. Der nachträgliche Widerspruch hat also zur Folge, dass ein qualifiziertes Berücksichtigungsgebot für städtebauliche Belange entsteht. Würde die Anpassungspflicht selbst lediglich ein solches Berücksichtigungsgebot begründen, dann würde ein nachträglicher Widerspruch für die Fachplanung keine Vorteile gegenüber der Anpassungspflicht bringen.

Der zuerst genannten Ansicht, die die inhaltliche Bindung mit dem Entwicklungsgebot vergleicht, ist Recht zu geben. Anpassen bedeutet, dass die Fachplanungsträger die Darstellungen des Flächennutzungsplans beachten müssen; eine Überwindung der städtebaulichen Vorstellungen, die in den Darstellungen festgelegt sind, ist in der fachplanerischen Abwägung ohne vorherigen Widerspruch nicht möglich. Dabei richtet sich der Grad der Bindung nach Inhalt und Aussageschärfe der Darstellungen des Flächennutzungsplans.[705] Die Darstellungen sind nur gemeindegebietsscharfe Nutzungsregelungen; dagegen enthalten die Fachplanungen endgültige Nutzungsregelungen ähnlich der Festsetzungen eines Bebauungsplans. Wie bei der Umsetzung des Flächennutzungsplans in einen die

---

[702] Erbguth, NVwZ 1989, 608 (611); Kraft, in: Flächennutzungsplanung im Umbruch, S. 153 (168); Dörries, S. 114; Reidt, in: Gelzer/Bracher/Reidt, Rn. 113; Gaentzsch, in: BK, § 7 BauGB, Rn. 4; Bielenberg/Runkel, in: EZB, § 7 BauGB, Rn. 10; Löhr, B/K/L, § 7 BauGB, Rn. 3.

[703] Gierke, in: Brügelmann, § 7 BauGB, Rn. 105; Kühling, Rn. 212.

[704] Kühling, Rn. 212.

[705] Siehe auch C. II. 1. cc). Gierke, in: Brügelmann, § 7 BauGB, Rn. 106.

konkrete Bodennutzung parzellenscharf festlegenden Bebauungsplan[706] besteht daher auch für die Fachplanung ein Gestaltungsspielraum bei der Festlegung einer konkreten fachplanerischen Bodennutzung. Die Fachplaner dürfen die Darstellungen also nicht nur in einem gewissen Rahmen konkretisieren, sondern auch von ihnen abweichen, solange das Grundkonzept des Flächennutzungsplans für den engeren Bereich erhalten bleibt. Der Fachplan darf also wie der Bebauungsplan die Darstellungen des Flächennutzungsplans planerisch fortentwickeln.[707] Die Anpassungspflicht verpflichtet den Fachplanungsträger dabei weder dazu, die dem Flächennutzungsplan zugrundeliegenden Entwicklungsziele zu fördern,[708] noch zwingt sie ihn, eine Fachplanung auch wirklich vorzunehmen.[709] Die Anpassungspflicht führt im Ergebnis zu einer gesetzlich eingeräumten Vorrangstellung der Flächennutzungsplanung gegenüber der Fachplanung

Eine Stimme in der Literatur beschränkt die Anpassungspflicht insoweit, dass Darstellungen des Flächennutzungsplans nur dann die Bindungswirkung des § 7 Satz 1 BauGB auszulösen vermögen, wenn sie hinreichend konkret sind, wenn hinter ihnen ein qualifizierter Planungswille steht.[710] Der Wortlaut des § 7 Satz 1 BauGB gibt aber keinen Hinweis darauf, dass der Gesetzgeber die Anpassungspflicht nur auf solche konkret standortbezogene Darstellungen[711] beschränken wollte. Außerdem dient § 7 Satz 1 BauGB dazu, die Fachplanungsbehörden dazu anzuhalten, bereits im Aufstellungsverfahren eines Flächennutzungsplans ihre eigenen Planungsvorstellungen vorzutragen. Auf diese Weise sollen die verschiedenen Interessen frühzeitig miteinander abgestimmt werden. Um die Fachplanungsträger zu einem entsprechenden Verhalten zu motivieren, droht ihnen im Falle der Passivität die Anpassungspflicht.[712] Geschützt wird damit die Funktion des Flächennutzungsplans, ein gemeindegebietsweites Nutzungskonzept zu schaffen. Dieser Schutz ist aber nur dann wirksam, wenn jede Art der Darstellung von der Anpassungspflicht erfasst ist. Der Konkretisierungsgrad der Darstellung hat lediglich Auswirkung auf ihren Bindungsgrad.

---

[706] Siehe dazu C. II. 1. a) aa).

[707] Siehe dazu C. II. 1. a) aa). Ebenso: Kraft, Flächennutzungsplanung im Umbruch, S. 153 (168); Dörries, S. 114; Kauch/Roer, S. 171; Gaentzsch, in: BK, § 7 BauGB, Rn. 4; Bielenberg/Runkel, in: EZB, § 7 BauGB, Rn. 10.

[708] Kauch/Roer, S. 171 ff.. Die Verpflichtung der Bebauungsplanung, die städtebaulichen Ziele des Flächennutzungsplans zu fördern, ergibt sich aus § 1 Abs. 5 S. 1 BauGB, nicht aus dem Entwicklungsgebot.

[709] Gierke, in: Brügelmann, § 7 BauGB, Rn. 107; Bielenberg/Runkel, § 7 BauGB, Rn. 10.

[710] Gierke, in: Brügelmann, § 7 BauGB, Rn. 101, unter Bezugnahme auf die Rechtsprechung zu § 35 BauGB (vgl. BVerwG, Urteil vom 20.01.1984 – 4 C 43.81, BVerwGE 68, 311 (313 ff.)). Siehe dazu E. III. 2. b).

[711] Siehe dazu E. III. 2. b).

[712] Weiblen, S. 106; Gaentzsch, in: BK, § 7 BauGB, Rn. 4.

Die Anpassungspflicht entsteht mit dem Wirksamwerden eines Flächennutzungsplans.[713] Durch einen Flächennutzungsplan, der wegen eines beachtlichen Fehlers i. S. v. §§ 214 ff. BauGB unwirksam ist, wird sie nicht ausgelöst.[714] Weiterhin reicht es nicht aus, dass der Flächennutzungsplan bereits einen Zustand der formellen und materiellen Planreife erreicht hat.[715] Ein in Aufstellung befindlicher Plan ist aber mit einem besonders hohen Gewicht in die fachplanerische Abwägung einzustellen, da sich hier die Ausübung des verfassungsrechtlich geschützten Rechts der Gemeinde auf Flächennutzungsplanung konkretisiert hat.[716]

cc) Zwischenergebnis zu „Auswirkung des vorlaufenden Flächennutzungsplans auf einen nachfolgenden Fachplan ohne Widerspruch des Fachplanungsträgers"

Für das Verhältnis des Flächennutzungsplans zur Fachplanung bedeutet die Anpassungspflicht somit eine der Flächennutzungsplanung gesetzlich eingeräumte Vorrangstellung gegenüber der Fachplanung. Der Umfang ist mit dem Entwicklungsgebot vergleichbar.

b) Auswirkung des vorlaufenden Flächennutzungsplans auf einen nachfolgenden Fachplan nach Widerspruch des Fachplanungsträgers

Sobald und soweit ein Fachplanungsträger[717] Widerspruch gegen den Flächennutzungsplan einlegt, ist er von der Anpassungspflicht befreit. Im folgenden soll die Frage geklärt werden, welche Voraussetzung ein Widerspruch i. S. v. § 7 BauGB hat (aa)) und welche Wirkung er auf das Verhältnis von Fachplanung und Flächennutzungsplanung hat (bb)).

aa) Voraussetzungen für einen wirksamen Widerspruch

Der Widerspruch ist in § 7 Satz 1 BauGB nur ansatzweise geregelt. Im übrigen müssen daher die Voraussetzungen aus Sinn und Zweck der Anpassungspflicht und des Widerspruchs hergeleitet werden.

---

[713] Gierke, in: Brügelmann, § 7 BauGB, Rn. 97.
[714] Kauch/Roer, S. 172; Gierke, in: Brügelmann, § 7 BauGB, Rn. 99.
[715] So aber Bielenberg/Runkel, § 7 BauGB, Rn. 13.
[716] Ebenso Gierke, in: Brügelmann, § 7 BauGB, Rn. 97.
[717] Siehe dazu D. II. 2. a) aa).

Der Widerspruch ist eine empfangsbedürftige öffentlich-rechtliche Willenserklärung gegenüber der Gemeinde.[718] § 7 Satz 1 BauGB schreibt keine besondere Form für den Widerspruch vor. Aus Beweisgründen empfiehlt es sich jedoch, ihn schriftlich einzulegen.[719] Darüber hinaus ist der Widerspruch hinreichend bestimmt[720] zu begründen.[721] Widerspricht der Fachplanungsträger ohne Angabe von Gründen, so ist der Widerspruch unwirksam.[722] Denn nur wenn die Gemeinde die mit ihrer Planung kollidierenden fachplanerischen Belange erfährt, kann sie diese in ihrer bauleitplanerischen Abwägung berücksichtigen und ihre Koordinierungsaufgabe erfüllen. Aufgabe des Flächennutzungsplans ist nicht nur, ein gemeindeweites städtebauliches Konzept zu entwerfen, sondern auch, die eigenen Raumansprüche im Gemeindegebiet mit denen anderer zu koordinieren.[723] Der Fachplanungsträger muss diejenigen Belange angeben, die von der Flächennutzungsplanung der Gemeinde beeinträchtigt werden; er kann also nur solche Belange als Gründe geltend machen, die im Zusammenhang mit seiner Planung stehen.[724]. Daher kann der Fachplanungsträger den Darstellungen des Flächennutzungsplans gem. § 7 Satz 1 BauGB auch im Sinne eines Teilwiderspruchs nur soweit widersprechen, als sie im Gegensatz zu seinen fachplanerischen Belangen stehen.[725]

Ein Widerspruch erfolgt regelmäßig frühestens im Beteiligungsverfahren nach § 4 BauGB oder § 13 BauGB, da der Fachplanungsträger zu diesem Zeit-

---

[718] Bielenberg/Runkel, in: EZB, § 7 BauGB, Rn. 6; Gaentzsch, in: BK, § 7 BauGB, Rn. 8; Löhr, in: B/K/L, § 7 BauGB, Rn. 8. Gierke (in: Brügelmann, § 7 BauGB, Rn. 111) vertritt die Ansicht, dass der Widerspruch ein Verwaltungsakt gegenüber der Gemeinde ist, der den Fachplanungsträger von seiner Bindung an den Flächennutzungsplan befreit. Diese Ansicht übersieht jedoch, dass der Widerspruch keine unmittelbare Rechtswirkung gegenüber der Gemeinde hat. Der Widerspruch verdeutlicht der Gemeinde nur, dass fachplanerische Belange sie in ihrer eigenen Planung beeinflussen. Dass die fachplanerischen Belange durch den Widerspruch ein besonderes Gewicht in der Abwägung erhalten, ist eine rein faktische Auswirkung des Widerspruchs (ähnlich: Dörries, S. 113).

[719] Bielenberg/Runkel, in: EZB, § 7 BauGB, Rn. 7; Gaentzsch, in: BK, § 7 BauGB, Rn. 8; Löhr, in: B/K/L, § 7 BauGB, Rn. 8; Gierke, in: Brügelmann, § 7 BauGB, Rn. 119.

[720] Dörries, S. 113.

[721] Bielenberg/Runkel, in: EZB, § 7 BauGB, Rn. 8; Gaentzsch, in: BK, § 7 BauGB, Rn. 8; Löhr, in: B/K/L, § 7 BauGB, Rn. 9.

[722] Ebenso wohl Schlarmann, S. 298; Gaentzsch, in: BK, § 7 BauGB, Rn. 8; Löhr, in: B/K/L, § 7 BauGB, Rn. 9; Bielenberg/Runkel, in: EZB, § 7 BauGB, Rn. 7. Löhr und Bielenberg/Runkel halten den Widerspruch allerdings nicht für unwirksam sondern lediglich für unbeachtlich. Da beides dazu führt, dass der Widerspruch nicht die Anpassungspflicht beseitigen kann, besteht kein wesentlicher Unterschied zwischen den Begrifflichkeiten. A. A. Kauch/Roer, § 7, B. I. 1. a) bb) (3) (aa), S. 166.

[723] Weiblen, S. 106; Gaentzsch, in: BK, § 7 BauGB, Rn. 8; W. Schrödter, in: Schrödter, § 7 BauGB Rn. 1.

[724] Kühling/Herrmann, Rn. 216; Gierke, in: Brügelmann, § 7 BauGB, Rn. 123; Löhr, in: B/K/L, § 7 BauGB, Rn. 9.

[725] Kauch/Roer, S. 172, Löhr, in: B/K/L, § 7 BauGB, Rn. 3.

punkt offiziell von der Flächennutzungsplanung erfährt.[726] Er ist bereits hier sinnvoll, wenn die Gemeinde bestimmte Planungsabsichten in diesem frühen Planungsstadium als unverzichtbar bezeichnet und eine Abstimmung der Fachplanungsträger mit der Gemeinde keinen Erfolg verspricht. Gem. § 7 Satz 2 BauGB ist der Widerspruch spätestens bis zum abschließenden Beschluss der Gemeinde über den Flächennutzungsplan einzulegen.

Ein rein vorsorglicher Widerspruch des Fachplanungsträgers in einer Phase, in der er selbst noch nicht absehen kann, ob, wo und wie ein fachplanerisches Vorhaben verwirklicht werden könnte, ist nicht zulässig.[727] Eine Ansicht[728] lässt für einen Widerspruch ernsthafte Planungsabsichten ausreichen, die noch nicht soweit konkretisiert sind, dass sie in die Gesamtplanung des Flächennutzungsplans eingefügt werden könnten. Dieser Ansicht kann nicht zugestimmt werden. Vielmehr muss die Fachplanung bereits soweit konkretisiert sein, dass ein Ausgleich der Belange im Flächennutzungsplan geschaffen werden könnte. Ist dies noch nicht der Fall, dann bleibt dem Fachplanungsträger die Möglichkeit zum nachträglichen Widerspruch nach Änderung der Sachlage, sobald seine Vorstellungen hinreichend konkretisiert sind.[729] Denn Sinn und Zweck des § 7 BauGB ist es, die Fachplanungsträger dazu zu bewegen, der betroffenen Gemeinde frühzeitig Informationen an die Hand zu geben, die es ihr ermöglichen, ihre Planung mit den fachplanerischen Vorstellungen abzustimmen. Nur so kann die Koordinationsfunktion des Flächennutzungsplans sichergestellt werden[730] und nur dann ist ein Widerspruch mit der Wirkung, dass die Anpassungspflicht entfällt, verhältnismäßig mit Blick darauf, dass eine dann von der Flächennutzungsplanung losgelöste Fachplanung zu einer Beschränkung des Selbstverwaltungsrechts der Gemeinde führt.

Keine Wirkung hat ein Widerspruch, der mit höherrangigem Recht nicht vereinbar ist. Beispielsweise kann ein Fachplanungsträger nicht aus Gründen widersprechen, die mit den Zielen der Raumordnung nicht vereinbar sind. Denn die Gemeinde muss diese von Gesetzes wegen gem. § 1 Abs. 4 BauGB beachten und ihren Flächennutzungsplan daran ausrichten. Der Fachplanungsträger soll sich nicht von seiner Anpassungspflicht lösen können, nur weil die Darstellungen wegen der Ziele der Raumordnung in einer bestimmten Weise ergehen

---

[726] Bielenberg/Runkel, in: EZB, § 7 BauGB, Rn. 8; Gaentzsch, in: BK, § 7 BauGB, Rn. 9; Löhr, in: B/K/L, § 7 BauGB, Rn. 11; a. A. Gierke, in: Brügelmann, § 7 BauGB, Rn. 132.

[727] Kühling/Herrmann, Rn. 219; Gierke, in: Brügelmann, § 7 BauGB, Rn. 117; Gaentzsch, in: BZ, § 7 BauGB, Rn. 8; Bielenberg/Runkel, § 7 BauGB, Rn. 7.

[728] Langer, VerwArch 1989, 352 (358).

[729] Siehe dazu D. II. 2. b) cc).

[730] Weiblen, S. 106; Kühling/Herrmann, Rn. 219; Gierke, in: Brügelmann, § 7 BauGB, Rn. 117.

mussten und deshalb die gemeindliche Planung die Fachplanung nicht in deren Sinne vorsehen konnte.[731]

Ein Einigungsversuch hat dem Widerspruch nicht vorauszugehen.[732] Dafür spricht zum einen, dass der Gesetzgeber nur für den nachträglichen Widerspruch i. S. v. § 7 Satz 3 BauGB einen Einigungsversuch vorsieht. Hätte er einen solchen auch beim Widerspruch nach § 7 Satz 1 BauGB für erforderlich gehalten, so hätte er auch dort eine derartige Regelung geschaffen. Zum anderen ist die Situation beim nachträglichen Widerspruch eine andere als beim anfänglichen Widerspruch im Rahmen des Flächennutzungsplanaufstellungsverfahrens. Ändert sich die Sachlage und will der Fachplanungsträger sich deshalb von der Anpassungspflicht lösen, dann soll zunächst versucht werden, zwischen Fachplanungsträger und Gemeinde einen einvernehmlichen Interessenausgleich zu schaffen. Erst wenn dies scheitert, soll eine Loslösung möglich sein. Dagegen besteht vor einem anfänglichen Widerspruch im Rahmen des Flächennutzungsplanaufstellungsverfahrens die Möglichkeit zum Austausch der gegenseitigen Interessen bereits im Beteiligungsverfahren nach § 4 BauGB und im späteren planerischen Abwägungsvorgang. Ein weitergehender Einigungsversuch ist daher nicht nötig.

Wird ein Widerspruch eingelegt, so wird die Gemeinde in der Regel eine intensive Abstimmung mit dem Fachplanungsträger suchen, um dessen Loslösung von der Anpassungspflicht zu vermeiden und ein ganzheitliches Konzept für das Gemeindegebiet zu schaffen.[733] Kommen die Gemeinde und der Fachplanungsträger im Rahmen von Einigungsgesprächen zu einer einvernehmlichen Lösung, so besteht für den Fachplanungsträger wieder eine Anpassungspflicht an die infolgedessen geschaffenen Darstellungen, da er dem Flächennutzungsplan mit den geänderten Darstellungen trotz Beteiligung nicht widersprochen hat.[734]

bb) Wirkung des Widerspruchs

Der Fachplanungsträger löst sich von der Anpassungspflicht, indem er Widerspruch einlegt. Die Vorrangigkeit der Flächennutzungsplanung vor nachfolgenden Fachplanungen, die die Anpassungspflicht zur Folge gehabt hätte, ist damit außer Kraft gesetzt. § 7 BauGB enthält keine konkrete Regelung, in welchem Verhältnis Flächennutzungsplan und Fachplan dann stehen. Im folgenden ist deshalb zu untersuchen, welche Wirkung der Widerspruch auf den Erlass des

---

[731] W. Schrödter, in: Schrödter, § 7 BauGB, Rn. 2; Bielenberg/Runkel, in: EZB, § 7 BauGB, Rn. 7. Zum Verhältnis der Bauleitplanung zur Raumordung siehe D. III.

[732] So aber Gierke, in: Brügelmann, § 7 BauGB, Rn. 129.

[733] Kühling/Herrmann, Rn. 217; Gaentzsch, in: BK, § 7 BauGB, Rn. 10. Versucht die Gemeinde dies nicht von sich aus, dann kann auch die Genehmigungsbehörde eine Einigung vermitteln (Löhr, in: B/K/L, § 7 BauGB, Rn. 12).

1[734] Kühling/Herrmann, Rn. 217; Gaentzsch, in: BK, § 7 BauGB, Rn. 10.

Flächennutzungsplans ((1)) und welche er auf den nachfolgenden Fachplan hat ((2)).

(1) Wirkung auf den Flächennutzungsplan

Der Widerspruch bindet die Gemeinde nicht strikt an die fachplanerischen Vorstellungen. In der Abwägung i. S. v. § 1 Abs. 6 BauGB hat sie die bis dahin erkennbaren fachplanerischen Vorstellungen und Belange mit ihrem jeweiligen Gewicht einzustellen.[735] Der Widerspruch verhindert mangels entsprechender gesetzlicher Anordnung noch nicht per se eine den fachplanerischen Vorstellungen zuwiderlaufende Flächennutzungsplanung. Das Baugesetzbuch begründet gerade keinen durch den Widerspruch ausgelösten Vorrang der nachfolgenden Fachplanung, sondern verschiebt die endgültige Konfliktlösung, wenn sie nicht einvernehmlich während des Bauleitplanverfahrens erfolgt, auf das nachfolgende Fachplanungsverfahren.[736] Dafür, dass die fachplanerischen Vorstellungen Teil der Abwägung der Gemeinde werden, spricht die Regelung des § 4 BauGB: In den Stellungnahmen der Träger der öffentlichen Belange sind gem. § 4 Abs. 2 Satz 2 HS. 2 BauGB insbesondere beabsichtigte oder bereits eingeleitete Planungsverfahren aufzuführen. § 4 Abs. 3 Satz 1 BauGB stellt klar, dass diese Belange in der Abwägung nach § 1 Abs. 6 BauGB zu berücksichtigen sind; eine darüber hinausgehende Bindung der Gemeinde sieht das Baugesetzbuch nicht vor. Schließlich spricht hierfür auch, dass der Widerspruch oftmals in einem frühen Stadium der Fachplanung erfolgt, in dem die Planungsziele noch nicht so stark konkretisiert sind, als dass sicher davon ausgegangen werden könnte, dass die Fachplanung in jedem Fall der Flächennutzungsplanung widersprechen wird.[737]

Die Abwägung der Gemeinde muss fehlerfrei erfolgen.[738] Je konkreter die Fachplanungsziele zum Zeitpunkt des Beschlusses der Gemeinde über den Flächennutzungsplan sind, desto höher sind sie zu gewichten. Die Gemeinde muss auf hinreichend konkretisierte und verfestigte Planungsabsichten der konkurrierenden Fachplanungsträger Rücksicht nehmen.[739] Dabei ist der Prioritätsgrundsatz im Falle konkurrierender Fachplanungen ein wichtiges Abwägungskriteri-

---

[735] OVG Münster, Urteil vom 11.01.1999 – 7 A 2377/96, NuR 1999, 704 (706); Reidt, in: Gelzer/Bracher/Reidt, Rn. 119; Weiblen, S. 112; Gaentzsch, in: BK, § 7 BauGB Rn. 13; Gierke, in: Brügelmann, § 7 BauGB, Rn. 141; Löhr, in: B/K/L, § 7 BauGB, Rn. 13.
[736] Gaentzsch, WiVerw 1985, 235 (244); Weiblen, S. 112.
[737] Gaentzsch, in: BK, § 7 BauGB Rn. 13; Bielenberg/Runkel, in: EZB, § 7 BauGB, Rn. 9.
[738] Weiblen, S. 112; Gierke, in: Brügelmann, § 7 BauGB Rn. 141; Gaentzsch, in: BK, § 7 BauGB Rn. 13; Bielenberg/Runkel, in: EZB, § 7 BauGB, Rn. 9.
[739] BVerwG, Beschluss vom 05.11.2002 – 9 VR 14.02, BauR 2003, 205 (206).

um.[740] Liegen die Voraussetzungen des § 5 Abs. 1 Satz 2 BauGB vor, so kann die Gemeinde die betroffenen Flächen auch vorübergehend aus dem Flächennutzungsplan ausnehmen.[741] Im übrigen sind hinreichend konkretisierte Fachplanungsabsichten gem. § 5 Abs. 4 Satz 2 BauGB im Flächennutzungsplan zu vermerken. Dies hat zur Folge, dass im Flächennutzungsplan Bodennutzungen dargestellt werden können, die der späteren Fachplanung zuwiderlaufen. Auch wenn die flächennutzungsplanerische Abwägung unter Zurückstellung der fachplanerischen Belange fehlerfrei erfolgt ist, kann später nach weiterer Konkretisierung der Fachplanungsziele ein gegenläufiger Fachplan wirksam erlassen werden. Voraussetzung ist, dass er die Flächennutzungsplanung als abwägungserheblichen Belang überwindet.[742]

Bleibt zu überlegen, ob der vorlaufende Flächennutzungsplan nach einer später erlassenen gegenläufigen Fachplanung „überholt" ist. In der Literatur wird vertreten, dass die Gemeinde nicht nur gem. §§ 1 Abs. 3, 2 Abs. 4 BauGB die Pflicht zur Änderung oder Ergänzung des Flächennutzungsplans habe,[743] sondern dass der Flächennutzungsplan funktionslos und damit unwirksam sei, sobald das fachplanerische Vorhaben durchgeführt sei, also rein tatsächlich wegen Umsetzung des Fachplans die Fläche anders genutzt werde, als dies bei einer Umsetzung des Flächennutzungsplans der Fall sein könne.[744]

Nicht gefolgt werden kann dieser Auffassung, soweit sie ein Unwirksamwerden des Flächennutzungsplans infolge von Funktionslosigkeit annimmt. Wie bereits dargelegt,[745] kann ein Flächennutzungsplan nicht wie ein Bebauungsplan funktionslos und damit unwirksam werden. Diese Auffassung bestätigen § 7 Satz 6 BauGB und § 5 Abs. 4 Satz 1 BauGB. Der Gesetzgeber geht in § 7 Satz 6 BauGB davon aus, dass nach einer in zulässiger Weise von einem Flächennutzungsplan abweichenden Planung eine Änderung oder Ergänzung des Flächennutzungsplans die Differenz aus dem Weg räumen soll.[746] § 5 Abs. 4 Satz 1 BauGB sieht als Ordnungsvorschrift[747] vor, dass Fachplanungen im Flächennutzungsplan nachrichtlich übernommen werden sollen, und schließt damit nicht aus, dass im Flächennutzungsplan auch Bodennutzungen dargestellt werden, die

---

740 BVerwG, Beschluss vom 05.11.2002 – 9 VR 14.02, BauR 2003, 205 (206); Vallendar, UPR 2003, 41 (44); Kirchberg/Boll/Schütz, NVwZ 2002, 500 (553).

741 Siehe dazu B. III. 2. a).

742 Gierke, in: Brügelmann, § 7 BauGB, Rn. 142; Bielenberg/Runkel, in: EZB, § 7 BauGB, Rn. 6, 9.

743 Dörries, S. 115 f.; Weiblen, Dritter Teil, S. 114; Gaentzsch, in: BK, § 7 BauGB, Rn. 22; Gierke, in: Brügelmann, § 7 BauGB, Rn. 164.

744 Dörries, S. 116; Weiblen, S. 114; Gierke, in: Brügelmann, § 7 BauGB, Rn. 164.

745 Siehe dazu B. III. 2. b).

746 Einer ähnlichen Argumentation folgt die Literatur für die Kollision von privilegierter Fachplanung und Bebauungsplan. Vgl. Kauch/Roer, S. 198; Schlarmann, S. 67 ff.

747 Siehe auch zum Charakter des § 5 Abs. 4 BauGB als Ordnungsvorschrift: Breuer, Planung, S. 201; Kauch/Roer, S. 123 ff.

im Widerspruch zum Fachplan stehen; vielmehr wäre andernfalls die nachrichtliche Übernahme nicht nötig, da die Fachplanung bereits in den Darstellungen des Flächennutzungsplans enthalten wäre.[748]

Zuzustimmen ist der Ansicht aber, dass die Gemeinde eine Pflicht zur Neuplanung bzw. Planungsänderung gem. §§ 1 Abs. 3, 2 Abs. 4 BauGB hat, wenn ein Planungsbedürfnis durch die veränderte Sachlage entstanden ist, dessen Befriedigung vernünftigerweise bereits in der Gegenwart geboten ist; ein solches Bedürfnis besteht, wenn nur durch eine neue Bauleitplanung die Bodennutzung in geordnete, für den Bürger überschaubare Bahnen gelenkt werden kann.[749] Das ist der Fall, wenn auf lange Zeit nicht absehbar ist, ob statt oder neben der Fachplanung die dargestellte Nutzung verwirklicht werden kann; denn dann lenkt der Flächennutzungsplan die Bodennutzung gerade nicht mehr in eine geordnete Bahn, weil der Flächennutzungsplan wegen der ebenfalls bestehenden Fachplanung dem Bürger nicht erkennbar machen kann, welcher Bodennutzung die Fläche zugeführt werden soll. Insbesondere, wenn das fachplanerische Vorhaben erhebliche Konflikte auch für Nutzungen, die auf benachbarten Flächen dargestellt werden, hervorruft, ist eine neue bauleitplanerische Klärung der Nutzungskonflikte für die Umgebung des fachplanerischen Vorhabens vonnöten. Zudem ist der Flächennutzungsplan ein Gesamtkonzept für das Gemeindegebiet. Indem aber infolge der Fachplanung die Flächen für die bauleitplanerisch dargestellten Nutzungen wegfallen, kann ein Bedürfnis entstehen, die Nutzungsverteilung im Gemeindegebiet insgesamt zu verändern und den von der Fachplanung verdrängten Nutzungen andernorts Raum zu geben, um wieder zu einem ausgewogenen Konzept zu gelangen.

(2) Wirkung auf die nachfolgende Fachplanung

Widerspricht der Fachplanungsträger den Darstellungen des Flächennutzungsplans, so muss er seine Planung den Darstellungen nicht anpassen. Er muss aber die Darstellungen des Flächennutzungsplans als Konkretisierung der gemeindlichen städtebaulichen Entwicklung und Ordnung in seiner Abwägung berücksichtigen.[750] Dabei gilt hier – wie bei allen planerischen Entscheidungen -

---

[748] Vgl. Gaentzsch, WiVerw 1985, 235 (243). Siehe dazu auch D. II. 2. c) bb) (1).

[749] Siehe dazu B. III. 1. b).

[750] BVerwG, Urteil vom 14.02.1969 – IV C 215.65, BVerwGE 31, 263 (266); BVerwG, Urteil vom 11.04.1986 – 4 C 51.83, BVerwGE 74, 124 (133); Paetow, UPR 1990, 321 (323); Erbguth, NVwZ 1989, 608 (611); Kauch/Roer, S. 174; Dörries, S. 114 ff.; Gierke, in: Brügelmann, § 7 BauGB Rn. 136; Bielenberg/Runkel, in: EZB, § 7 BauGB, Rn. 9; Gaentzsch, in: BK, § 7 BauGB, Rn. 2, 12; Löhr, in: B/K/L, § 7 BauGB, Rn. 15. § 16 Abs. 3 S. 3 FStrG und § 13 Abs. 3 S. 1 WaStrG räumen der Fachplanung einfachgesetzlich einen relativen Gewichtungsvorrang ein. Damit können sich die gemeindlichen Belange gegenüber der Linienbestimmung des Bundesverkehrsministers nur durchsetzen, wenn ihnen im Einzelfall situations-

das Abwägungsgebot.[751] In der Gewichtung der Belange im Rahmen der Abwägung ist zu berücksichtigen, dass der Flächennutzungsplan sich aus der gemeindlichen Planungshoheit ableitet,[752] die Teil des Selbstverwaltungsrechts i. S. v. Art. 28 Abs. 2 Satz 1 GG[753] ist.

Die Rechtsprechung spricht daher auch davon, dass die fachplanerische Abwägung die Planungshoheit verletzt, wenn eine hinreichend bestimmte Planung nachhaltig gestört wird und nicht ordnungsgemäß in der Abwägung überwunden wird.[754] Der Flächennutzungsplan ist als gemeindegebietsweites Grundzügekonzept eine hinreichend bestimmte Planung. Eine nachhaltige Störung entsteht, wenn die Fachplanung die Umsetzung der dargestellten Bodennutzung beeinträchtigt.

In der Regel wird ein Fachplanungsträger die gemeindlichen Belange im Rahmen seiner Abwägung überwinden können, da ihm aufgrund seines planerischen Ermessens ein erheblicher Spielraum bei der Gewichtung der einzelnen Belange und bei der abschließenden Abwägung zukommt.[755] Die Fachplanung ist jedoch nach der Abwägungsfehlerlehre fehlerhaft, wenn die sich aus dem Flächennutzungsplan ergebenden städtebaulichen Belange gar nicht abgewogen wurden, wenn nicht alle Belange in die Abwägung eingestellt worden sind, die nach Lage der Dinge in sie eingestellt werden müssen, wenn die Bedeutung der betroffenen Belange verkannt oder wenn der Ausgleich zwischen den von der Planung berührten Belangen in einer Weise vorgenommen wird, die zur objektiven Gewichtigkeit einzelner Belange außer Verhältnis steht.[756] So dürfen als Folge des Gebots der gegenseitigen Rücksichtnahme von der Gemeinde bereits konkret in Betracht gezogene Planungsmöglichkeiten nicht unnötigerweise verbaut werden.[757]

---

bedingt ein größeres Gewicht beizumessen ist. Vgl. dazu Gaentzsch, WiVerw 1985, 235 (242); Kauch/Roer, S. 175; Dürr, in: Kodal/Krämer, Kapitel 36, Anm. 16.

[751] Kauch/Roer, S. 174; Gierke, in: Brügelmann, § 7 BauGB, Rn. 18, 136.

[752] BVerfG, Beschluss vom 07.10.1980 – 2 BvR 584, 598, 599, 604/76, BVerfGE 56, 298 (313 f.); BVerwG, Urteil vom 14.02.1969 – IV C 215.65, BVerwGE 31, 263 (266); BVerwG, Urteil vom 11.04.1986 – 4 C 51.83, BVerwGE 74, 124 (133); Dörries, S. 114; Kauch/Roer, S. 174.

[753] Zur Planungshoheit als Teil des Selbstverwaltungsrechts der Gemeinden siehe auch B. IV.

[754] BVerwG, Urteil vom 11.04.1986 – 4 C 51.83, BVerwGE 74, 124 (132); BVerwG, Urteil vom 16.12.1988- 4 C 40.86, BVerwGE 81, 95 (106).

[755] Siehe auch Paetow, UPR 1990, 321 (232). Zum Überprüfungsumfang im Bereich von Planfeststellungsbeschlüssen und der Planungshoheit der Gemeinde: Kirchberg/Boll/Schütz, NVwZ 2002, 550 (555)

[756] Grundlegend zur Abwägungsfehlerlehre: BVerwG, Urteil vom 12.12.1969 – IV C 105.66, BVerwGE 34, 301 (309). Vgl. auch Finkelnburg/Ortloff, S. 32 ff., S. 185 ff., Reidt, in: Gelzer/Bracher/Reidt, Rn. 609 ff. Ob ein Abwägungsfehler beachtlich ist, richtet sich nach § 214 Abs. 3 BauGB und § 215 Abs. 1 Nr. 2 BauGB.

[757] BVerwG, Beschluss vom 05.11.2002 – 9 VR 14.02, BauR 2003, 205 (206); BVerwG, Urteil vom 21.03.1996 – 4 C 26.94, BVerwGE 71, 150 (156); Vallendar, UPR 2003, 41 (43).

Hingewiesen sei darauf, dass anders als im Rahmen des interkommunalen Abstimmungsgebots[758] die gemeindliche Planungshoheit nicht schon verletzt wird, wenn die städtebaulichen Belange, wie sie sich aus § 1 Abs. 5 BauGB ergeben, nicht ordnungsgemäß in der fachplanerischen Abwägung berücksichtigt werden, sondern dass die Gemeinde sich nur auf die nicht ordnungsgemäße Abwägung der städtebaulichen Belange, wie sie sich in einer gemeindlichen Planung konkretisiert haben, berufen kann. Denn nur dann hat die Gemeinde ihr Recht auf Flächennutzungsplanung, das Bestandteil des Rechts auf Selbstverwaltung i. S. v. Art. 28 Abs. 2 Satz 1 GG ist, tatsächlich ausgeübt und damit gleichsam aktualisiert. Das weitergehende Abwägungsgebot im Rahmen des interkommunalen Abstimmungsgebots nach § 2 Abs. 2 BauGB rechtfertigt sich dagegen aus der Gleichordnung der benachbarten Gemeinden.[759]

cc) Der nachträgliche Widerspruch

Macht eine Veränderung der Sachlage eine von einem bestehenden Flächennutzungsplan abweichende Fachplanung erforderlich, so kann der Fachplanungsträger unter den Voraussetzungen des § 7 Satz 3 bis 5 BauGB nachträglich widersprechen. Die Sachlage hat sich verändert, wenn neue Tatsachen oder neues Abwägungsmaterial entstanden sind, die die Fachplanung beeinflussen können, wenn neue Ermittlungsmethoden die Gewinnung neuer Erkenntnisse möglich machen oder wenn eine neue Rechtslage eine Planungspflicht begründet.[760] Eine neue Sachlage entsteht auch dann, wenn sich die Fachplanung nach Wirksamwerden des Flächennutzungsplans so weit konkretisiert, dass das Bedürfnis nach einer Abweichung vom Flächennutzungsplan erkennbar wird; ein vorsorglicher Widerspruch schon während des bauleitplanerischen Aufstellungsverfahrens ist deshalb nicht zulässig.[761] Maßgeblicher Zeitpunkt, nach dem die Änderung der Sachlage eingetreten sein muss, ist der Beschluss der Gemeinde über den Flächennutzungsplan, da bis zu diesem Zeitpunkt gem. § 7 Satz 2 BauGB der anfängliche Widerspruch eingelegt hätte werden können.[762]

Ausnahmsweise entsteht eine neue Sachlage i. S. v. § 7 BauGB auch ohne objektive Veränderung der Sachlage, wenn der Fachplanungsträger erst nachträglich Kenntnis erlangt und die Sachlage ihm auch nicht früher hätte bekannt sein müssen.[763] Ob eine Veränderung der Sachlage vorliegt, bestimmt sich aus der

[758] Siehe dazu D. I. 2.
[759] BVerwG, Urteil vom 15.12.1989 – IV C 36.86, BVerwGE 84, 209 (215).
[760] Gierke, in: Brügelmann, § 7 BauGB, Rn. 150, 151; Bielenberg/ Runkel, in: EZB, § 7 BauGB, Rn. 16, 17; Gaentzsch, in: BK, § 7 BauGB, Rn. 14, 15; Löhr, in: B/K/L, § 7 BauGB, Rn. 17.
[761] Gierke, in: Brügelmann, § 7 BauGB, Rn. 152. Siehe auch D. II. 2. b) aa).
[762] Bielenberg/Runkel, in: EZB, § 7 BauGB, Rn. 16.
[763] Bielenberg/Runkel, in: EZB, § 7 BauGB, Rn. 16; Gaentzsch, in: BK, § 7 BauGB, Rn. 14.

Sicht des Fachplanungsträgers,[764] nicht aus der der Gemeinde. Eine gegenteilige Ansicht[765] geht davon aus, dass, wenn die Gemeinde von den Tatsachen, die dem Fachplanungsträger selbst nicht bekannt gewesen sind, gewusst hat und sie sie ordnungsgemäß in die Abwägung eingestellt hat, der Fachplanungsträger nicht widersprechen kann. Diese Ansicht verkennt aber den Sinn und Zweck des nachträglichen Widerspruchs. Der nachträgliche Widerspruch soll es zwar auch den Gemeinden ermöglichen, ihre Planung auf der Grundlage des neuen Abwägungsmaterials zu überdenken. Daneben soll der nachträgliche Widerspruch aber dem Fachplanungsträger die Möglichkeit geben, seine Fachplanung doch noch ohne Anpassungspflicht durchzuführen. Maßgeblich ist damit, ob der Fachplanungsträger einen Widerspruch eingelegt hätte, wenn er bereits vor dem Beschluss der Gemeinde i. S. v. § 7 Satz 2 BauGB von der richtigen Sachlage Kenntnis gehabt hätte.[766]

Deshalb ist eine abweichende Planung erforderlich i. S. v. § 7 Satz 3 BauGB, wenn der Fachplanungsträger bei Kenntnis der neuen Sachlage im Zeitpunkt des § 7 Satz 2 BauGB einen anfänglichen Widerspruch eingelegt hätte, um seine eigenen planerischen Belange zu sichern.[767] Erforderlich i. S. v. § 7 Satz 3 BauGB bedeutet dagegen nicht, dass eine abweichende Planung auf Grund der veränderten Sachlage zwingend geboten sein muss.[768]

Wenn die veränderte Sachlage eine abweichende Planung erforderlich macht, so hat sich der Fachplanungsträger gem. § 7 Satz 3 BauGB unverzüglich, also ohne schuldhaftes Zögern,[769] mit der Gemeinde ins Benehmen zu setzen. Der Planungsträger und die Gemeinde sollen im Einvernehmen ihre unterschiedlichen Planungsvorstellungen abgleichen, indem sie ihre Interessen in einem Abstimmungsverfahren koordinieren, und die Gemeinde gegebenenfalls im Anschluss daran ihre Bauleitpläne entsprechend ändert.[770] Scheitert der Einigungsversuch, finden Planungsträger und Gemeinde also keine einvernehmliche Lösung, dann kann der Planungsträger gem. § 7 Satz 4 BauGB nachträglich widersprechen.

Weitere Voraussetzung für einen Widerspruch ist gem. § 7 Satz 5 BauGB, dass die für die abweichende Fachplanung geltend gemachten Belange die sich aus dem Flächennutzungsplan ergebenden städtebaulichen Belange nicht nur unwesentlich überwiegen. Ein Widerspruch ist also nur unter gegenüber dem anfänglichen Widerspruch verschärften Voraussetzungen möglich. Während es

---

[764] Gierke in: Brügelmann, § 7 BauGB, Rn. 153. Widersprüchlich: Kauch/Roer, S. 169.
[765] So Gaentzsch, in: BK, § 7 BauGB, Rn. 14.
[766] Kauch/Roer, S. 169; Gierke, in: Brügelmann, § 7 BauGB, Rn. 153.
[767] Gaentzsch, in: BK, § 7 BauGB, Rn. 15; Bielenberg/Runkel, in: EZB, § 7 BauGB; Rn. 18.
[768] Gaentzsch, in: BK, § 7 BauGB, Rn. 15; Bielenberg/Runkel, in: EZB, § 7 BauGB; Rn. 18.
[769] Gaentzsch, in: BK, § 7 BauGB, Rn. 17; Bielenberg/Runkel, in: EZB, § 7 BauGB, Rn. 19. Vgl. § 121 Abs. 1 S. 2 BGB.
[770] Bielenberg/Runkel, in: EZB, § 7 BauGB, Rn. 19; Gaentzsch, in: BK, § 7 BauGB, Rn. 19; Gierke, in: Brügelmann, § 7 BauGB, Rn. 154, 156.

für einen anfänglichen Widerspruch genügt, dass der Fachplanungsträger fachplanerische Belange aufweist, die durch eine gegenteilige Flächennutzungsplanung beeinträchtigt werden, ist ein nachträglicher Widerspruch nur zulässig, wenn die geltendgemachten fachplanerischen Belange bereits absehbar die städtebaulichen Belange, wie sie sich im Flächennutzungsplan niedergeschlagen haben, nicht nur unwesentlich überwiegen.[771] Damit wollte man die Stellung der Gemeinde nach Beschluss über den Flächennutzungsplan gegenüber späteren Fachplanungen stärken.[772]

Schwierigkeiten bereitet allerdings die Feststellung, wann genau nun ein Überwiegen vorliegt. Da sowohl der Gemeinde als auch dem Fachplanungsträger bei der Einschätzung des Gewichts eines Belangs ein planerischer Gestaltungsspielraum zukommt, ist es möglich, dass sowohl die fachplanerische Abwägung als auch die gemeindliche Abwägung bei Berücksichtigung der Belange des jeweils anderen zu konträren, aber jeweils rechtmäßigen Abwägungsergebnissen kommen.[773] Es wird deshalb vertreten, dass ein wesentliches Überwiegen der fachplanerischen Belange nur dann vorliegen könne, wenn die Gemeinde nach neuer Sachlage ihre bisherige Flächennutzungsplanung so nicht aufrechterhalten dürfte.[774] Gegen diese Definition spricht aber, dass dann letztlich das Gericht planerische Abwägungsüberlegungen darüber anstellen müsste, wie die Gemeinde wohl geplant hätte, falls sich die Gemeinde nicht dazu geäußert hat, warum sie die neue Sachlage nicht zur Veränderung des Flächennutzungsplans bewegt. Die Abwägung der fachplanerischen und städtebaulichen Belange nach § 7 Satz 5 BauGB ist aber ein vorgezogener Teil der allgemeinen planerischen Abwägung,[775] die das Gericht nicht an Stelle der Gemeinde treffen darf.[776] Weiterhin stellt auch das Gesetz selbst nicht darauf ab, ob die Gemeinde nach der neuen Sachlage den Flächennutzungsplan unverändert erlassen könnte, sondern ob der Fachplanungsträger genug Gründe vorbringen kann, warum fachplaneri-

---

[771] BT-Drks. 10/6166, S. 147; BVerwG, Beschluss vom 18.12.1995 – 4 NB 8/95, NVwZ 1997, 173 (174); Erbguth, NVwZ 1989, 608 (611); Kauch/Roer, S. 170; Bielenberg/Runkel, in: EZB, § 7 BauGB, Rn. 20; Gierke, in: Brügelmann, § 7 BauGB, Rn. 158; Gaentzsch, in: BK, § 7 BauGB, Rn. 20. Gaentzsch weist daraufhin, dass die Beurteilung dieser Frage für den Fachplanungsträger im Planfeststellungsverfahren im allgemeinen erst nach dem Anhörungsverfahren möglich sein wird. Insoweit missverstehen Bielenberg/Runkel ihn, wenn sie daraus schließen, dass er einen bestimmten Verfahrensstand für den nachträglichen Widerspruch als unabdingbare Voraussetzung festlegen wolle.

[772] BT-Drks. 10/6166, S. 147.

[773] Gaentzsch, in: BK, § 7 BauGB, Rn. 21.

[774] Langer, VerwArch 1989, 352 (376); Gaentzsch, in: BK, § 7 BauGB, Rn. 21; W. Schrödter, in: Schrödter, § 7 BauGB, Rn. 12.

[775] Ähnlich zum Verhältnis der Abwägung nach § 7 S. 4 BauGB und § 1 Abs. 6 BauGB: Bielenberg/Runkel, in: EZB, § 7 BauGB, Rn. 20. Anders: Gierke, in: Brügelmann, § 7 BauGB, Rn. 160, der die Abwägung i. S. v. § 7 S. 5 BauGB für eine nachvollziehende hält.

[776] BVerwG, Urteil vom 12.12.1969 – IV C 105.66, BVerwGE 34, 301 (308); Brohm, Öffentliches Baurecht, § 13, Rn. 23.

sche Belange die städtebaulichen Belange, wie sie im alten Flächennutzungsplan zum Ausdruck kommen, überwinden können.

Im Ergebnis verleiht § 7 Satz 5 BauGB den sich aus dem Flächennutzungsplan ergebenden städtebaulichen Belangen damit einen grundsätzlichen Vorrang vor den fachplanerischen Belangen, da der Widerspruch und damit die Loslösung von der Anpassungspflicht nur mit erhöhten Begründungsaufwand auf Seiten des Fachplanungsträgers möglich ist.[777] Nach allgemeiner Ansicht überwiegen fachplanerische Belange dann nicht nur unwesentlich, wenn sie im konkreten Fall eindeutig und deutlich, also zweifelsfrei überwiegen.[778] Die fachplanerischen Belange müssen im Einzelfall belegbar höherrangig, also gewichtiger sein.[779] Das Gewicht der fachplanerischen Belange muss aber nicht so groß sein, dass es zwangsläufig in jeder Abwägung zu deren Vorrang führt.[780] Im Zweifelsfall liegt kein nicht nur unwesentliches Überwiegen der fachplanerischen Belange vor.

Wird unter dieser Voraussetzung ein Widerspruch eingelegt, dann ist der Fachplanungsträger nicht mehr i. S. d. Anpassungspflicht an den Flächennutzungsplan gebunden. Stattdessen hat er wie beim anfänglichen Widerspruch die städtebaulichen Belange neben fachplanerischen und sonstigen öffentlichen und privaten Belange in seine Abwägung einzustellen.[781] Die Gemeinde ist nach Wirksamwerden der Fachplanung unter den gleichen Voraussetzungen zur Änderung ihres Flächennutzungsplans gem. § 1 Abs. 3 i. V. m. § 2 Abs. 4 BauGB verpflichtet, wie sie dies nach einem anfänglichen Widerspruch ist.[782]

dd) Befreiung von der Anpassungspflicht durch Verzicht der Gemeinde

Auch wenn die Voraussetzungen für einen nachträglichen Widerspruch nicht vorliegen, kann der Fachplanungsträger von der Anpassungspflicht befreit werden, wenn die Gemeinde auf die Einhaltung verzichtet.[783] § 7 BauGB begründet

---

[777] Erbguth, NVwZ 1989, 608 (611); Kauch/Roer, S. 170. So wohl auch BVerwG, Beschluss vom 18.12.1995 – 4 NB 8/95, NVwZ 1995, 173 (174).
[778] Löhr, in: B/K/L, § 7 BauGB, Rn. 18; Bielenberg/Runkel, in: EZB, § 7 BauGB, Rn. 20.
[779] Erbguth, NVwZ 1989, 608 (611); Kauch/Roer, S. 170.
[780] Bielenberg/Runkel, in: EZB, § 7 BauGB, Rn. 20.
[781] Siehe dazu D. II. 2. b) bb) (2).
[782] Siehe dazu D. II. 2. b) bb) (1).
[783] So auch Bielenberg/Runkel, in: EZB, § 7 BauGB, Rn. 19; Bad.-Württ. VGH, Beschluss vom 28.07.1986 – 5 S 2110/85, NuR 1986, 340 (341); Bad.-Württ. VGH, Beschluss vom 09.05.1995 – 5 S 2153/94, NVwZ-RR, 1996, 17; Bad.-Württ. VGH, Urteil vom 18.11.1996 – 5 S 432/96, NVwZ-RR 1998, 99 (100).

nämlich die Anpassungspflicht zum Schutz der gemeindlichen Planungshoheit. Auf die Einhaltung dieser ihrem Schutz dienenden Norm kann sie verzichten.[784]

Nicht ausreichend für einen Verzicht ist es aber, wenn eine Gemeinde lediglich im Fachplanungsverfahren keine Einwände gegen die Fachplanung erhebt.[785] Der Verzicht ist nämlich eine öffentlich-rechtliche Willenserklärung. Eine Willenserklärung kann zwar konkludent erfolgen; allein das Unterlassen, Einwände zu erheben, hat aber noch nicht den Erklärungsgehalt eines Verzichts. Würde man in dem bloßen Unterlassen, Einwände im Fachplanungsverfahren zu erheben, einen Verzicht sehen, so käme dies einer materiellen Präklusion gleich. Eine materielle Präklusion von der Art, dass ein Unterlassen einer Handlung innerhalb einer Frist mit dem Ausschluss von Rechten verknüpft wird, kann angesichts ihrer weitreichenden Folgen nur durch eine gesetzliche Regelung angeordnet werden.[786]

ee) Zwischenergebnis zu „Auswirkung des vorlaufenden Flächennutzungsplans auf einen nachfolgenden Fachplan nach Widerspruch des Fachplanungsträgers"

Der Widerspruch beendet also die in § 7 Satz 1 BauGB gesetzlich angeordnete Vorrangstellung des Flächennutzungsplans. Widerspricht der Fachplanungsträger nicht bis zum Beschluss der Gemeinde i. S. v. § 7 Satz 2 BauGB, kann er die Anpassungspflicht nur in Übereinstimmung mit der Gemeinde außer Acht lassen; ein nachträglicher Widerspruch i. S. v. § 7 Satz 4 BauGB ist nur unter erschwerten Bedingung möglich. Ein Widerspruch hindert die Gemeinde nicht an einer Flächennutzungsplanung, die von den Vorstellungen des Fachplanungsträgers abweicht. Sobald allerdings eine Fachplanung in rechtmäßiger Weise wirksam erlassen worden ist, kann sich das Planungsermessen der Gemeinde zur Pflicht verdichten, den Flächennutzungsplan abzuändern.

c) Auswirkung des vorlaufenden Fachplans auf den nachfolgenden Flächenutzungsplan

Der Flächennutzungsplan ist ein Hoheitsakt sui generis ohne Außenwirkung.[787] Deshalb kann er gegenüber anderen Planungsträgern keine Bindungs-

---

[784] Bad.-Württ. VGH, Beschluss vom 28.07.1986 – 5 S 2110/85, NuR 1986, 340 (341); Bad.-Württ. VGH, Beschluss vom 09.05.1995 – 5 S 2153/94, NVwZ-RR, 1996, 17.

[785] So aber BayVGH, Urteil vom 15.12.1987 – Nr. 9 N 87.00667, NuR 1988, 248 (249).

[786] Vgl. als Beispiel für eine materielle Präklusionsvorschrift § 73 Abs. 4 S. 3 BVwVfG, Art. 73 Abs. 4 S. 3 BayVwVfG.

[787] Siehe dazu B. V.

wirkung entfalten, wenn nicht eine gesetzliche Regelung dies anordnet.[788] Im folgenden ist zu erörtern, ob das Gesetz den Darstellungen des Flächennutzungsplans Bindungswirkung für die vorlaufende Fachplanung verleiht (aa)). Danach wird erläutert, welche Wirkung die vorlaufende Fachplanung im Gegenzug auf den nachfolgenden Flächennutzungsplan hat (bb)).

aa) Wirkung des nachfolgenden Flächennutzungsplans auf den vorlaufenden Fachplan

§ 7 BauGB bestimmt, dass öffentliche Planungsträger ihre Planungen, wenn sie nicht widersprechen, dem Flächennutzungsplan anzupassen haben. Teilweise wird vertreten, dass die Anpassungspflicht auch für Fachplanungen bestehe, die bereits vor Wirksamwerden des Flächennutzungsplans bestanden hätten. Dafür spreche, dass § 7 BauGB nicht zwischen beabsichtigten und festgesetzten Planungen unterscheide. Auch § 1 Abs. 4 BauGB, in dem eine Anpassungspflicht im Verhältnis Bauleitplanung und Raumordnungsplanung statuiert sei, zwinge die Gemeinden zur Anpassung auch vorlaufender Planungen.[789] Genauso müssten die Fachplanungsträger eben bis zum Beschluss der Gemeinde über den Flächennutzungsplan Widerspruch einlegen, um sich von der Bindung zu befreien. Nicht erfasst seien allerdings Planungen, mit deren Durchführung bereits begonnen worden sei.[790] Eine Gegenansicht will die Anpassungspflicht zumindest nicht auf bestandskräftig festgestellte Planfeststellungsbeschlüsse anwenden; im übrigen bestehe für die Fachplanungsträger im Zeitpunkt des Wirksamwerdens des Flächennutzungsplans ein Widerspruchsrecht gegen die Anpassungspflicht.[791] Mit der Bestandskraft entstehe aber ein Vertrauen in die Rechtsbeständigkeit der Fachpläne, das eine Anpassungspflicht verbiete.[792] Andere wiederum wenden § 7 Satz 1 BauGB nur auf Fachplanungen an, die nach dem Flächennutzungsplan wirksam werden.[793]

Richtigerweise besteht für Fachplanungen, die vor dem Flächennutzungsplan wirksam festgesetzt worden sind, unabhängig von deren Bestandskraft keine

---

[788] BVerwG, Beschluss vom 20.07.1990 – 4 N 3/88, NVwZ 1991, 262 (263); Schlarmann, S. 304; Gierke, in: Brügelmann, § 7 BauGB, Rn. 96. Anders im Verhältnis zwischen einem rechtsverbindlichen Fachplan und einem Bebauungsplan als rechtsverbindlicher Satzung i. S. v. § 10 Abs. 1 BauGB. Hier stellt sich die Frage, ob der Bebauungsplan nicht aus sich heraus als Rechtsnorm die Fachplanung auch nachträglich binden kann. Vgl. hierzu ausführlich Kauch/Roer, S. 111 ff.

[789] Siehe dazu D. III.

[790] Schlarmann, S. 303.

[791] Paetow, UPR 1990, 321 (323); W. Schrödter, in: Schrödter, § 7 BauGB, Rn. 8.

[792] W. Schrödter, in: Schrödter, § 7 BauGB, Rn. 8.

[793] Kauch/Roer, S. 147; Erbguth, NVwZ 1989, 608 (610); Kühling/Herrmann, Rn. 214; Gierke, in: Brügelmann, § 7 BauGB, Rn. 107; Löhr, in: B/K/L, § 7 BauGB, Rn. 4.

Anpassungspflicht. § 7 Satz 1 BauGB statuiert für den Flächennutzungsplan keinen allgemeinen gesetzlichen Vorrang vor der Fachplanung. Sinn und Zweck des § 7 BauGB ist es nur, die Fachplanungsträger durch die drohende Anpassungspflicht im Zusammenwirken mit dem Beteiligungsverfahren nach § 4 BauGB und § 13 BauGB dazu zu veranlassen, ihre Absichten umfassend gegenüber der Gemeinde offen zu legen, so dass diese die verschiedenen Nutzungsvorstellungen koordinieren kann.[794] Mit Außenwirkung und Rechtsverbindlichkeit versehene Fachplanungen werden aber in allgemeiner Weise bekannt gemacht und sind deshalb der Gemeinde auch ohne Tätigwerden der Planungsträger zugänglich, so dass sie für ihre Koordinierungsaufgabe auf deren Mitwirkung nicht angewiesen ist. Auch ist ein Vergleich mit § 1 Abs. 4 BauGB nicht möglich: Denn während Raumordnungsplanung und Bauleitplanung Bestandteile einer Gesamtplanungshierarchie sind, stehen Fachplanung und Bauleitplanung zueinander in einem aliud-Verhältnis. Während sich die Fachplanung auf die Verwirklichung sektoraler Ziele beschränkt, will die Bauleitplanung als Gesamtplanung ein alle Nutzungsansprüche koordinierendes Gesamtkonzept vorlegen. Fachplanung und Bauleitplanung stehen zueinander also nicht in einem Konkretisierungsverhältnis im Sinne einer allgemeineren zu einer spezielleren Planung.[795] Die auch nachträgliche Anpassungspflicht des § 1 Abs. 4 BauGB fußt aber gerade auch auf dem Konkretisierungsverhältnis zwischen Raumordnungsplanung und Bauleitplanung und begründet deshalb für bestehende Bauleitpläne eine Anpassungspflicht an die Ziele der Raumordnung. Dass der vorlaufende Fachplan vom nachfolgenden Flächennutzungsplan nicht beeinflusst wird, bestätigt schließlich auch § 5 Abs. 4 Satz 1 BauGB: Festgesetzte Planungen sind nachrichtlich zu übernehmen; von einer weitergehenden Einflussnahme ist nicht die Rede.[796]

§ 7 BauGB regelt damit nicht das Konkurrenzverhältnis von vorlaufendem Fachplan und nachfolgendem Flächennutzungsplan. Eine weitere gesetzliche Regelung, die eine Anpassungspflicht der Fachplanung an den Flächennutzungsplan begründen könnte, existiert nicht. Daher zwingt der nachfolgende Flächennutzungsplan bestehende Fachpläne nicht zur nachträglichen Anpassung.

bb) Wirkung des vorlaufenden Fachplans auf den nachfolgenden Flächennutzungsplan

Zur Frage, ob die Gemeinde bei Aufstellung oder Änderung ihres Flächennutzungsplans an einen vorlaufenden Fachplan gebunden ist, findet sich im Bauge-

---

[794] Weiblen, S. 106; Kauch/Roer, S. 146.
[795] Kauch/Roer, S. 116; Gierke, in: Brügelmann, § 7 BauGB, Rn. 48.
[796] Löhr, in: B/K/L, § 7 BauGB, Rn. 4.

setzbuch keine Regelung wie die für das Verhältnis von vorlaufenden Flächennutzungsplan und nachfolgenden Fachplan in § 7 BauGB. Im folgenden ist zu untersuchen, ob sonstige Normen des Baugesetzbuchs Anhaltspunkte für das Konkurrenzverhältnis liefern ((1)) und inwieweit Schlüsse für das Verhältnis zwischen vorlaufenden Fachplan und nachfolgenden Flächennutzungsplan aus der Rechtsform der Pläne gezogen werden können ((2)). Da sich der Planfeststellungsbeschluss, in dessen Form viele Fachpläne erlassen werden, als Verwaltungsakt nicht in die allgemeine Rechtsnormenhierarchie eingliedern lässt, ist sein Verhältnis zu nachfolgenden Flächennutzungsplänen gesondert zu betrachten ((3)). Schließlich ist zu überlegen, ob die Besonderheiten des Flächennutzungsplans mit Blick auf das Selbstverwaltungsrecht der Gemeinden nach einer Korrektur der so gefundenen Ergebnisse verlangen ((4)).

(1) Aussagen des Baugesetzbuchs

In § 5 Abs. 4 Satz 1 BauGB heißt es, dass Planungen und sonstige Nutzungsregelungen, die nach anderen gesetzlichen Vorschriften festgesetzt sind, nachrichtlich in den Flächennutzungsplan übernommen werden sollen. Ziel der nachrichtlichen Übernahme ist, dass der Flächennutzungsplan umfassend darüber informiert, welche raumbeanspruchenden Planungen im Gemeindegebiet verwirklicht werden können.[797] Als Ordnungsvorschrift schließt § 5 Abs. 4 Satz 1 BauGB aber nicht aus, dass der Flächennutzungsplan neben den nachrichtlichen Übernahmen auch eigene gegenläufige planerische Darstellungen der Gemeinde enthält.[798] Damit hilft die Norm bei der Bestimmung des Verhältnisses von vorlaufenden Fachplan und nachfolgenden Flächennutzungsplan nicht weiter.

Eine Teilregelung enthält § 1 a Abs. 2 Nr. 1 BauGB: Darstellungen von Landschaftsplänen und sonstigen Plänen insbesondere des Wasser-, Abfall- oder Immissionsschutzrechts sind in der Abwägung zu berücksichtigen. § 1 a Abs. 1 Nr. 1 BauGB stellt also für den Bereich der Umweltfachplanungen klar, dass diese keine Bindungswirkung für den nachfolgenden Flächennutzungsplan haben, sondern abwägungserhebliche Belange bilden.

(2) Aufschlüsse aus der Rechtsnatur der Fachpläne

Ermöglicht ein bundesrechtliches Fachgesetz eine Verbindlicherklärung einer der in § 1 a Abs. 2 Nr. 1 BauGB aufgezählten Umweltfachplanungen oder einer sonstigen Fachplanung, dann ist die Gemeinde bei ihren Planungen hieran ge-

---

797 Siehe dazu B. III. 2. c) bb).

798 Breuer, S. 201; Kauch/Roer, S. 123 ff. Siehe dazu auch D. II. 2 b) bb) (1).

bunden.[799] Landesrechtliche Pläne haben aus kompetenzrechtlichen Gründen[800] nur Vorrang, wenn sich die Verbindlichkeit aus einer bundesgesetzlichen Regelung herleiten lässt.[801] Ergehen die Fachplanungen in der Form einer Bundesrechtsverordnung oder eines Bundesgesetzes, dann ist die Gemeinde bei der Aufstellung oder Änderung des Flächennutzungsplanes an die Festsetzungen des Fachplans gebunden. Denn die Gemeinde hat gem. Art. 20 Abs. 3 GG höherrangige Rechtsnormen zu beachten.[802] Dies gilt auch im Aufstellungs- und Änderungsverfahren eines Flächennutzungsplans, der zumindest in Rechtsnorm ähnlicher Weise wirksam wird und über das Entwicklungsgebot für den Bebauungsplan Bindung entfaltet. Da der Bebauungsplan als Rechtssatz in die Normenhierarchie eingeordnet ist und als Satzung mit höherrangigen Rechtsverordnungen und Gesetzen übereinstimmen muss, macht ein Flächennutzungsplan nur Sinn, wenn er ebenfalls die höherrangigen Normen einhält.[803] Im übrigen sind sonstige Pläne in der Abwägung lediglich als abwägungserhebliche Belange zu berücksichtigen.

(3) Besonderheiten des Planfeststellungsbeschlusses

Besonderheiten weisen Fachplanungen auf, die als Planfeststellungsbeschluss erlassen werden. Hier greift zwar der Gedanke des Vorrangs der höherrangigen Norm nicht, da weder der Planfeststellungsbeschluss als Verwaltungsakt noch der Flächennutzungsplan als Hoheitsakt sui generis Teil der Normenhierarchie sind.[804] Andererseits zeichnet sich ein Planfeststellungsbeschluss dadurch aus, dass er in Bestandskraft erwachsen kann und damit die Verwirklichung eines darauf beruhenden Vorhabens dauerhaft ist.

Teilweise wird vertreten, dass die nachfolgende Bauleitplanung der vorlaufenden Fachplanung in Form eine Planfeststellungsbeschlusses nicht widersprechen dürfe,[805] wobei die Bindung der Bauleitplanung an die Fachplanung teilweise wiederum auf privilegierte Fachplanungen i. S. v. § 38 BauGB beschränkt

---

[799] Vgl. z. B. § 29 Abs. 4 i. V. m. Abs. 1 S. 3 Nr. 2 KrW-/AbfG. Ausführlicher: Erbguth/Wagner, Rn. 85; Krautzberger, in: EZB, § 1 a BauGB, Rn. 70.

[800] Ausführlich zur Kompetenzabgrenzung im Baurecht: Manssen, Stadtgestaltung, S. 47 ff.

[801] Erbguth/Wagner, Fußnote 84 bei Rn. 85; Krautzberger, in: EZB, § 1 a BauGB, Rn. 70.

[802] Ähnlich für den als Rechtsnorm erlassenen Bebauungsplan und als Rechtsverordnung erlassene Fachplanungen: Kauch/Roer, S. 110 ff.

[803] So auch BVerwG, Urteil vom 21.10.1999 – 4 C 1.99, NuR 2000, 231; Louis/Wolf, NuR 2002, 455 (456); Hermanns/Hönig, NuR 2001, 27 (31).

[804] Ähnlich für den als Rechtsnorm erlassenen Bebauungsplan und den als Verwaltungsakt erlassenen Planfeststellungsbeschluss: Kauch/Roer, S. 112 ff.

[805] BVerwG, Urteil vom 16.12.1988 – 4 C 48.86, BVerwGE 81, 111 (116); Erbguth, NVwZ 1989, 608 (610); Gierke, in: Brügelmann, § 7 BauGB, Rn. 40.

wird.[806] Für die Vorrangigkeit der Fachplanung spreche der Grundsatz der zeitlichen Priorität. Ein Planfeststellungsbeschluss sei mit rechtsgestaltender Wirkung ausgestattet, die in Bestandskraft erwachse und die ein Vertrauen in die Rechtsbeständigkeit des Beschlusses begründe. Das Vertrauen in die Rechtsbeständigkeit sei als Teil des Prinzips der Rechtssicherheit im Rechtsstaatsprinzip und damit in Art. 20 Abs. 3 GG verankert.[807] In Bezug auf die privilegierte Fachplanung gelte zusätzlich § 38 BauGB. Nach § 38 BauGB seien die §§ 29 ff. BauGB auf die aufgezählten Planfeststellungsbeschlüsse und Plangenehmigungen nicht anwendbar. Folge dieser Norm sei, dass Fachplanungen nicht mit den Festsetzungen eines Bebauungsplans übereinstimmen müssten. Die Bauleitplanung sei lediglich als abwägungserheblicher Belang gem. § 38 Satz 1 HS. 2 BauGB in der fachplanerischen Abwägung zu berücksichtigen. Wenn aber der vorlaufende Bebauungsplan keine Bindung gegenüber einem nachfolgenden Fachplan entfalte, so entfalte erst Recht im umgekehrten Fall der nachfolgende Bebauungsplan keine Bindung gegenüber einem vorlaufenden Fachplan.[808] Dann aber müsse der Bebauungsplan nach § 38 BauGB analog oder per argumentum a maiore ad minus aus § 38 BauGB an die vorlaufende Fachplanung in Form eines Planfeststellungsbeschlusses gebunden sein.[809] Wenn aber schon der als Rechtsnorm ergehende Bebauungsplan keine Bindung gegenüber der Fachplanung entfalte, dann sei erst recht der nachfolgende Flächennutzungsplan ohne Bindungswirkung für die vorlaufende Fachplanung.[810] Die Fachplanung sei dann aber nicht nur vorrangig, sondern verhindere, dass eine Bauleitplanung im Widerspruch zu ihr erlassen werde.[811] Teilweise wird diese Sperrwirkung eines Planfeststellungsbeschlusses erst ab dem Zeitpunkt angenommen, zu dem der Plan im Planfeststellungsverfahren ausgelegt werde. Denn nach vielen Fachgesetzen trete mit der Auslegung des Plans eine Veränderungssperre in Kraft,[812] die dem Plan entgegenstehende Vorhaben verbiete. Damit sei aber auch ein gegenläufiger Bauleitplan nicht mehr sinnvoll aufzustellen.[813]

Gegen die zuletzt genannte Meinung, dass bereits mit Beginn des Planaufstellungsverfahrens ein der Fachplanung widersprechendes Bauleitplanverfahren nicht mehr möglich sei, ist anzuführen, dass zwar Veränderungssperren kraft Gesetzes oft verbieten, die zu überplanende Fläche so zu verändern, dass das geplante Vorhaben erschwert wird. Dies hindert die Gemeinde aber nicht, ihre eigenen Flächennutzungsplanvorstellungen voranzutreiben, solange noch kein wirksamer Planfeststellungsbeschluss erlassen worden ist. Denn das flächennut-

---

[806] Gierke, in: Brügelmann, § 7 BauGB, Rn. 40.
[807] Kauch/Roer, S. 114; Erbguth, NVwZ 1989, 608 (610).
[808] Erbguth, NVwZ 1989, 608 (610); Dörries, S. 111.
[809] Dörries, S. 104.
[810] Erbguth, NVwZ 1989, 608 (610); Dörries, S. 111.
[811] Dörries, S. 111.
[812] Vgl. z. B. § 9 a FStrG
[813] Reidt, in: Gelzer/Bracher/Reidt, Rn. 83.

zungsplanerische Aufstellungsverfahren erschwert die Fachplanung noch nicht. Zwar sind die städtebaulichen Belange der Gemeinde um so gewichtiger in der fachplanerischen Abwägung zu bewerten, je fortgeschrittener und konkreter die Pläne sind, so dass der Begründungsaufwand in der fachplanerischen Abwägung zunimmt. Von einem Erschweren des geplanten Vorhabens, an das die gesetzlichen Veränderungssperren regelmäßig anknüpfen, kann aber nicht gesprochen werden, da erst die Umsetzung von dem Fachplanungsvorhaben entgegenstehenden Vorhaben deren tatsächliche Verwirklichung erschwert. Den Gemeinden bleibt also in jedem Fall die Möglichkeit, ihren Vorstellungen durch Weiterbetreiben des Aufstellungsverfahren höhere Bedeutung zu verleihen.[814]

Grundsätzlich ist der Meinung, dass Fachpläne, die in Form von Planfeststellungsbeschlüssen ergehen, anderslautenden nachfolgenden Flächennutzungsplänen entgegenstehen, zuzustimmen. Zu Recht wird auf § 38 BauGB verwiesen, nach dem ein Bebauungsplan lediglich abwägungserheblicher Belang im Rahmen der Aufstellung von in § 38 BauGB aufgezählten Fachplanungen ist. Hieraus lässt sich schließen, dass der nachfolgende Bebauungsplan erst recht keine Bindungswirkung gegenüber dem vorlaufenden Fachplan hat und das dies erst recht für den Flächennutzungsplan als vorbereitenden Hoheitsakt zu gelten hat. Dafür spricht auch der Grundsatz der zeitlichen Priorität: Sobald ein Planfeststellungsbeschluss wirksam geworden ist, darf in seine Rechtsbeständigkeit Vertrauen gesetzt werden. Von einer Änderung der Rechtslage bleibt ein solcher Akt unberührt. Weiterhin dürfen für ein und denselben Raum keine sich widersprechenden Nutzungsregelungen geschaffen werden, da sonst eine unklare, da widersprüchliche Rechtslage entsteht;[815] eine unklare, widersprüchliche Rechtslage ist nicht mit dem Rechtsstaatsprinzip des Art. 20 Abs. 3 GG vereinbar.

(4) Überprüfung des Ergebnisses mit Blick auf das Selbstverwaltungsrecht der Gemeinden

Das Ergebnis, dass bestimmte Fachplanungen für die nachfolgende Flächennutzungsplanung verbindlich sind, ist auf dem Hintergrund der Planungshoheit der Gemeinde zu überprüfen. Die Planungshoheit der Gemeinde ist verfassungsrechtlich in Art. 28 Abs. 2 Satz 1 GG verankert; sie wird im Rahmen der Gesetze gewährleistet. Der in Übereinstimmung mit den Gesetzen erlassene Fachplan ist zwar eine zulässige Begrenzung des gemeindlichen Selbstverwaltungsrechts. Die Verantwortung für die eigenen Angelegenheiten der örtlichen Gemeinschaft

---

[814] Selbstverständlich muss die Gemeinde beim Betreiben ihres Aufstellungsverfahrens auf die hinreichend konkretisierte Planungsabsicht des Fachplanungsträgers die gebotene Rücksicht nehmen. Vgl. BVerwG, Beschluss vom 05.11.2002 – 9 VR 14.02, BauR 2003, 205 (206); Vallendar, UPR 2003, 41 (43).

[815] Gierke, in: Brügelmann, § 7 BauGB, Rn. 6.

darf aber auch nicht weiter als nötig eingegrenzt werden.[816] Damit bleiben in jedem Fall solche planerischen Darstellungen der Gemeinde zulässig, die inhaltlich der bestehenden fachplanerischen Zweckbestimmung einer Fläche nicht zuwiderlaufen und die bei Umsetzung in Festsetzungen eines Bebauungsplans die Fachplanungen nicht unmöglich machen oder hindern.[817]

Fraglich ist, ob Darstellungen, die nicht mit der fachplanerischen Zweckbestimmung vereinbar sind, damit gänzlich unzulässig sind. Allgemein wird vertreten, dass eine subsidiäre Bauleitplanung unzulässig sei - also eine Planung, deren Darstellungen oder Festsetzungen der Zweckbestimmung des fachplanerischen Vorhabens zuwiderliefen -, selbst wenn der Plan aufschiebend bedingt durch die Aufhebung der Privilegierung ergehe.[818] Die überplante Fläche stehe der gemeindlichen Planungshoheit erst wieder zur Verfügung, wenn die Privilegierung durch einen Entwidmungsakt aufgehoben werde oder der Fachplan funktionslos werde.[819]

Diese Ansicht mag zwar auf Festsetzungen eine Bebauungsplans zutreffen; für die Darstellungen eines Flächennutzungsplans kann ihr nicht gefolgt werden.[820] Zum einen ist der Flächennutzungsplan ein Hoheitsakt sui generis ohne Außenwirkung.[821] Als innergemeindliches Handlungsinstrument beeinträchtigt er deshalb den Rechtsverkehr nicht, und kann deshalb auch eine auf eine zukünftige Sach- und Rechtslage zugeschnittene Planung enthalten.[822] Der Flächennutzungsplan legt keine unmittelbar geltenden Nutzungsregelungen fest, sondern entwirft gem. § 5 Abs. 1 Satz 1 BauGB ein gemeindeweites Nutzungskonzept, dessen Umsetzung in unmittelbar geltende Bebauungspläne auf einen Zeitraum von zehn bis fünfzehn Jahren ausgelegt ist. Damit steht er nicht in unmittelbarer Konkurrenz zur Fachplanung, die eine konkrete, unmittelbar geltende Nutzungsregelung trifft. Der Flächennutzungsplan ist also nicht auf Darstellungen beschränkt, die sofort in einen Bebauungsplan umgesetzt werden können. Vielmehr kann er auch eine bestimmte zukünftige städtebauliche Entwicklung wie den Wegfall einer entgegenstehenden Fachplanung in seinen Darstellungen berücksichtigen und damit Nutzungen festlegen, die wegen ihrer Abweichung vom Fachplan gegenwärtig in rechtlich zulässiger Weise nicht umgesetzt

---

[816] Siehe zur Begrenzung der Planungshoheit der Gemeinde B. IV. 1. a) bb).

[817] BVerwG, Urteil vom 16.12.1988 – 4 C 48.86, BVerwGE 81, 111 (116); Koch, in: FS Schlichter, S. 461 (470); Birk, in: FS Gelzer, S. 1 (4); Kraft, DVBl. 2000, 1326 (1327).

[818] BVerwG, Urteil vom 16.12.1988 – 4 C 48.86, BVerwGE 81, 111 (116); Koch, in: FS Schlichter, S. 461 (470); Birk, in: FS Gelzer, S. 1 (4); Kraft, BauR 1999, 829 (839).

[819] BVerwG, Urteil vom 16.12.1988 – 4 C 48.86, BVerwGE 81, 111 (118); Kraft, DVBl. 2000, 1326 (1329 ff.); Kuschnerus, ZfBR 2000, 300 (304). Zum Anspruch einer Gemeinde auf Entwidmung: Schwind, DVBl. 2003, 839 (841 ff.).

[820] Auch die Zulässigkeit eines subsidiären Bebauungsplans bejahend: Brohm, NVwZ 1985, 1 (4); Brohm, in: FS Blümel, S. 79 (92 ff.); Schmidt-Eichstaedt, NVwZ 2003, 129 (133).

[821] Siehe dazu B. V.

[822] Dörries, S. 112.

werden können.[823] Über ihre zeitlichen Vorstellungen kann die Gemeinde im Erläuterungsbericht Auskunft erteilen.[824]

Voraussetzung für die Aufnahme solcher Darstellungen ist, dass die Gemeinde planungsbefugt ist, dass also für die Darstellungen hinreichend gewichtige städtebauliche Belange sprechen.[825] Es darf nicht von vorneherein ausgeschlossen sein, dass die Fläche im Prognosezeitraum wieder voll umfänglich der gemeindlichen Planungshoheit zur Verfügung steht. Will die Gemeinde auf den Fall vorbereitet sein, dass sie infolge Wegfalls einer Fachplanung ihre Planungshoheit im vollen Umfang wiedergewinnt, dann empfiehlt es sich für sie, ihre Vorstellungen über eine zukünftige Nutzung in den Darstellungen des Flächennutzungsplans niederzulegen und in ihr Grundzügekonzept einzufügen. Nach Wegfall des Fachplans kann sie dann um so schneller durch Bebauungsplan eine Nutzung zulassen, die von der nach §§ 34, 35 BauGB zulässigen abweicht. Die Gemeinde darf also im Rahmen des § 5 Abs. 1 Satz 1 BauGB[826] Darstellungen für Flächen schaffen, deren Nutzung gegenwärtig durch einen fachplanerischen Planfeststellungsbeschluss festgesetzt ist, oder sich auf die nachrichtliche Übernahme dieser Planungen zu beschränken.

cc) Zwischenergebnis zu „Auswirkung des vorlaufenden Fachplans auf den nachfolgenden Flächennutzungsplan“

Besteht bereits ein Fachplan, wenn die Gemeinde einen Flächennutzungsplan aufstellt oder ändert, dann zwingt der neue Flächennutzungsplan den Fachplan nicht zur Anpassung. Die Flächennutzungsplanung ist nicht darauf beschränkt, den Fachplan zu übernehmen. Ihr kommt ein erheblicher Gestaltungsspielraum zu, zukünftige Veränderungen in die Planung einzubeziehen, um später nach Wegfall der Fachplanung schnell reagieren zu können. Gerade auf dem Hintergrund der Ansicht des Bundesverwaltungsgerichts,[827] dass eine subsidiäre Bebauungsplanung nicht möglich ist, kann die Gemeinde durch den Einsatz des Flächennutzungsplans die daraus folgende Beschränkung ihrer Planungshoheit abmildern.

---

[823] Gaentzsch, WiVerw 1985, 235 (243); Brohm, NVwZ 1985, 1 (4).
[824] Vgl. hierzu bereits IV. 1. a) cc).
[825] Siehe dazu B. III. 1. b) aa).
[826] Zur Planungspflicht bei erstmaliger Aufstellung eines Flächennutzungsplans siehe B. III. 2. b).
[827] BVerwG, Urteil vom 16.12.1988 – IV C 48.86, BVerwGE 81, 111 (116).

d) Fachplanung durch Flächennutzungsplanung

Bislang wurde der Frage nachgegangen, wie sich die gemeindliche Flächennutzungsplanung zur Fachplanung anderer öffentlicher Planungsträger verhält, wenn beide auf ein und derselben Fläche unterschiedliche Nutzungen vorsehen. Nun soll untersucht werden, ob und wie die Gemeinde selbst Flächen für Fachplanungen in ihren Bauleitplänen vorsehen kann, insbesondere wenn das Gesetz die Fachplanung eigentlich in den Kompetenzbereich eines anderen Planungsträgers verweist.

Diese Frage stellt sich insbesondere im Bereich der Straßenplanung, wenn die Gemeinde eine Straßentrasse festlegt,[828] so dass die Straßenplanung als Beispiel dienen soll. Im Bereich der Straßenplanung gibt es drei verschiedene Situationen: Handelt es sich um Straßenbauvorhaben von rein örtlicher Bedeutung, so ist die Gemeinde als Straßenbaulastträgerin für Planung und Umsetzung des Vorhabens zuständig; das ihr zur Verfügung stehende Mittel ist die Bauleitplanung.[829] Bei Straßenbauvorhaben mit überörtlicher Bedeutung besteht oft die Möglichkeit, dass der eigentlich notwendige Planfeststellungsbeschluss durch einen Bebauungsplan, der dann wegen § 8 Abs. 2 Satz 1 BauGB durch einen Flächennutzungsplan vorzubereiten ist, ersetzt wird.[830] Ist die Gemeinde als Straßenbaulastträgerin zuständige Vorhabensträgerin und damit Fachplanungsträgerin[831], dann steht ihr, wenn die Voraussetzungen für eine Ersetzung vorliegen, ein Wahlrecht zwischen Bauleitplanung und Planfeststellungsverfahren zu.[832] Ist sie nicht die fachplanerische Vorhabensträgerin, dann hat ein Bebauungsplan der Gemeinde nur Ersetzungswirkung, wenn der zuständige Vorhabensträger auf ein Planfeststellungsverfahren verzichtet. Stellt die Gemeinde in einer solchen Situation einen Bebauungsplan auf und setzt so fest, wo und wie die Straßentrasse durch das Gemeindegebiet geführt wird, dann bleibt der Bebauungsplan eine reine Angebotsplanung, d. h. dem Vorhabensträger kommt die Letztentscheidung darüber zu, ob er das Vorhaben nun tatsächlich verwirklicht. Der Bebauungsplan zwingt ihn nicht zur Umsetzung des geplanten Vorhabens.[833] Ist die Gemeinde nicht zugleich fachplanerische Vorhabensträgerin,

---

[828] Zur Zulässigkeit sogenannter isolierter Bebauungspläne vgl. BVerwG, Urteil vom 03.06.1971 – IV C 64.70, BVerwGE 38, 152 (155 ff.).

[829] Gemeindestraßen und Ortstraßen, die gem. Art. 46 BayStrWG überwiegend örtliche Funktion haben, werden von den Gemeinden mittels Bauleitplanung umgesetzt. Dazu Fickert, BauR 1988, 678 (679). Sobald eine Umweltverträglichkeitsprüfung für eine Ortstraße durchgeführt werden muss, ist ein Planfeststellungsverfahren durchzuführen, vgl. Art. 36 Abs. 3 BayStrWG.

[830] Vgl. § 17 Abs. 3 S. 1 BauGB, Art. 38 Abs. 3 BayStrWG.

[831] Zum Begriff des öffentlichen Fachplanungsträger i. S. v. § 7 BauGB siehe D. II. 2. a) aa).

[832] Fickert, BauR 1988, 678 (681); Kühling/Herrmann, Rn. 225.

[833] Schlarmann, S. 241; Menke, NVwZ 1999, 950 (952).

kann die Gemeinde also mittels ihrer Bauleitplanung nicht das „Ob“ einer Fachplanung bestimmen;[834] ist sie zugleich Vorhabensträgerin, ist sie für „Ob“ und „Wie“ der Straßenplanung zuständig und kann dafür die Bauleitplanung heranziehen.

Zu untersuchen ist nun, ob die Gemeinde das „Wie“ einer Fachplanung mittels des Flächennutzungsplans (und daraus entwickelter Bebauungspläne) beeinflussen kann, wenn der zuständige fachplanerische Vorhabensträger seinen Vorhabensplan durch Planfeststellungsbeschluss festsetzen will. Dafür sprechen die in § 5 Abs. 2 Nr. 3, Nr. 4 und Nr. 7 BauGB aufgezählten Darstellungen. § 5 Abs. 2 Nr. 3, Nr. 4 und Nr. 7 BauGB sehen Darstellungen wie solche über Flächen für überörtlichen Verkehr, Versorgungs-, Entsorgungs- und Beseitigungsanlagen sowie für Wasserflächen und Häfen vor. Diese Projekte werden typischerweise durch Fachpläne in Form von Planfeststellungsbeschlüssen geregelt.[835] Für die aufgezählten Sachgebiete sind aber meist andere Stellen als die Gemeinde die fachplanerischen Vorhabensträger. Dennoch hat der Gesetzgeber der Gemeinde die Möglichkeit zur Darstellung entsprechender Nutzungen in ihrem Flächennutzungsplan eingeräumt und dabei in § 5 Abs. 2 Nr. 3, Nr. 4 und Nr. 7 BauGB keinen Anhaltspunkt dafür gegeben, dass entsprechende Darstellungen nur möglich sein sollen, wenn der eigentliche Vorhabensträger kein Planfeststellungsverfahren durchführen lässt. Weiterhin zeigt die Anpassungspflicht des § 7 BauGB, dass der Flächennutzungsplan der Fachplanung hinsichtlich der Bodennutzung Vorgaben machen kann.[836] Schließlich dient die Bauleitplanung gem. § 1 Abs. 5 Satz 1 BauGB dazu, eine nachhaltige städtebauliche Entwicklung zu gewährleisten. Zu den städtebauliche Entwicklungsbedürfnissen gehört aber gerade auch die Sicherung von raumbeanspruchenden Verkehrswegen und Versorgungs-, Entsorgungs- und Beseitigungsanlagen, die zahlreiche Konflikte mit anderen Nutzungsansprüchen hervorrufen und das heutige menschliche Zusammenleben prägen. Um der Gemeinde ein ganzheitliches Bodennutzungskonzept zu ermöglichen, das alle Bodennutzungsansprüche koordiniert, muss die Gemeinde Fachplanungen nach ihren Vorstellungen in das Gemeindegebiet integrieren und den Fachplanungsträger dadurch veranlassen können, sich mit diesen Vorschlägen auseinander zu setzen.

Voraussetzung für die Aufnahme solcher Darstellungen ist, dass die Gemeinde planungsbefugt ist, d. h., dass für die Planung hinreichend gewichtige städtebauliche Belange sprechen.[837] Dies ist angesichts des oben nachgewiesenen Be-

---

[834] Paetow, UPR 1990, 323 (325).

[835] Vgl. z. B. § 17 FStrG, § 32 KrW-/AbfG, § 31 WHG.

[836] Vgl. BVerwG, Urteil vom 03.06.1971 – IV C 64.70, BVerwGE 38, 152 (156 ff.) zum Bebauungsplan.

[837] BVerwG, Urteil vom 18.10.1985 – 4 C 21.80, BVerwGE 72, 172 (173 ff.); Gaentzsch, WiVerw 1985, 235 (245); Paetow, UPR 1990, 321 (325); jeweils unter Bezugnahme auf den Erforderlichkeitsgrundsatz des § 1 Abs. 3 BauGB. Siehe zur Herleitung der Planungsbefugnis B. III. 1. b).

dürfnisses nach entsprechenden Darstellungen für eine nachhaltige städtebauliche Entwicklung und Ordnung regelmäßig der Fall. Die Planungsbefugnis fehlt nur, wenn bereits ein Planfeststellungsbeschluss vorhanden ist, oder wenn das Planfeststellungsverfahren noch betrieben wird, es sei denn, die Realisierung einer von der Gemeinde verfolgten Alternativplanung erscheint noch möglich,[838] da für eine Planung, deren Verwirklichung nicht durchführbar ist, keine Planungsbefugnis besteht.[839]

Hat der Fachplanungsträger den Darstellungen des Flächennutzungsplans anfänglich oder nachträglich widersprochen, dann hat er den im Flächennutzungsplan festgelegten Alternativstandort für das fachplanerische Vorhaben in seiner Abwägung zu berücksichtigen.[840] Es wird vertreten, dass die in einem Bauleitplan dargestellte Trassenvorstellung stets Vorrang gegenüber den Vorstellungen des Fachplanungsträgers habe. Der Gemeinde komme eine planungsrechtliche Ersetzungsbefugnis zu. Dem Fachplanungsträger sei nämlich regelmäßig nur an dem Bau der Straße im Gemeindegebiet zur Erreichung eines bestimmten Straßennetzes gelegen. Wie genau die Trasse verlaufe, liege nicht in seinem Interesse. Demgegenüber müssten die gemeindlichen Vorstellungen und subjektiven Einschätzungen von der Fachplanungsbehörde respektiert werden. Sei also die gemeindliche Trasse abwägungsfehlerfrei festgelegt worden, so sei ihr der Vorzug zu geben.[841]

Dagegen spricht jedoch zum einen § 38 Satz 1 HS. 2 BauGB. Für das Verhältnis des Fachplans zum Bebauungsplan wird ausdrücklich festgelegt, dass die Festsetzungen des Bebauungsplans lediglich abwägungserhebliche Belange sind. Dem Bebauungsplan soll gerade kein Vorrang zukommen; vielmehr trifft die Fachplanungsbehörde in ihrer Abwägungsentscheidung die Letztentscheidung über die örtliche Lage des Fachplanungsvorhabens. Dasselbe muss erst recht für die Darstellungen des Flächennutzungsplans als Hoheitsakt sui generis ohne Außenwirkung und Rechtsverbindlichkeit gelten. Außerdem trifft § 7 BauGB eine abschließende Entscheidung darüber, wann ein Fachplanungsträger an den Flächennutzungsplan gebunden ist.

Anderseits darf nicht übersehen werden, dass der Flächennutzungsplan Ergebnis der Planungshoheit und Bestandteil des gemeindlichen Selbstverwaltungsrechts ist.[842] Sind die Darstellungen eines Flächennutzungsplans abwägungsfehlerfrei zustande gekommen, kommt ihnen daher einiges Gewicht zu. Der Fachplanungsträger muss dann fachplanerische Belange von erheblichen

---

[838] BVerwG, Urteil vom 18.10.1985 – 4 C 21.80, BVerwGE 72, 172 (174); Gaentzsch, WiVerw 1985, 235 (245); Paetow, UPR 1990, 321 (325).
[839] Siehe dazu B. III. 1. c).
[840] Siehe dazu D. II. 2. b) bb) (2)
[841] Brohm, Staatliche Straßenplanung, S. 31 ff., insbesondere S. 40; Brohm, Öffentliches Baurecht, § 12, Rn. 27, Brohm, JuS 1986, 776 (781).
[842] Siehe dazu B. IV.

Gewicht vorbringen, um in seiner Abwägung die Alternativplanung der Gemeinde hinter seinen eigenen Standortvorstellungen zurücktreten zu lassen.[843] Damit kann der Flächennutzungsplan als Instrument dafür dienen, auf die Vorstellungen von Fachplanungsträgern erheblichen Einfluss zu nehmen.

3. Zwischenergebnis zu „Flächennutzungsplan und Fachplan"

Formelle und materielle Beteiligung der Gemeinden und Fachplanungsträger im Planungsverfahren des jeweils anderen bilden ein in sich stimmiges Berücksichtigungs- und Koordinationssystem.[844] Die formelle Beteiligung dient dabei der Sammlung von Abwägungsmaterial, das den Inhalt der jeweiligen Planung beeinflusst.

Der Fachplanung kommt aber im Verhältnis zur Flächennutzungsplanung dadurch eine hohe Durchsetzungsfähigkeit zu, dass sie sich letzten Endes durch einen Widerspruch von der Anpassungspflicht befreien kann. Die Gemeinden sollten aber nicht übersehen, dass die Fachplanungen zwar außerhalb der Anpassungspflicht nicht an den Flächennutzungsplan gebunden sind, dass die planerischen Vorstellungen der Gemeinde, wie sie im Flächennutzungsplan zum Ausdruck kommen, aber im Abwägungsvorgang der Fachplanungsträger nicht ignoriert werden dürfen. Je gründlicher die Gemeinden sich überlegen, welche Nutzungen innerhalb ihres Gemeindegebietes Platz finden sollen, desto mehr Gewicht hat die Planung innerhalb der fachplanerischen Abwägung. Gerade dort, wo die Gemeinden durch ein auch die fachplanerischen Belange beachtendes Konzept fachplanerische Standorte für nachfolgende Fachplanungen in ihren Flächennutzungsplan integrieren, können sie auf das „Wie" einer Fachplanung erheblichen Einfluss nehmen. Schließlich gewinnt die Flächennutzungsplanung dadurch an Bedeutung, dass städtebauliche Belange – anders als bei der interkommunalen Abstimmungspflicht – nur in Form von hinreichend bestimmten Planungen wie der Flächennutzungsplanung Eingang in die fachplanerische Abwägung finden können. Damit kann eine Gemeinde auf eine Fachplanung nur Einfluss nehmen, wenn sie eine aktualisierte Flächennutzungsplanung hat.

Doch auch von der Fachplanung in Anspruch genommene Flächen sind für die Flächennutzungsplanung der Gemeinde nicht völlig verloren. Zum einen können die Gemeinden durch ergänzende Flächennutzungsdarstellungen auf die Ausgestaltung der Fachplanung und damit auf die Bodennutzung Einfluss neh-

---

[843] Ähnlich für die Bebauungsplanung: Paetow, UPR 1990, 321 (326); Dürr, in: Brügelmann, § 38 BauGB, Rn. 22. Brohm (Öffentliches Baurecht, § 12, Rn. 27) hat seine Ansicht zur planungsrechtlichen Ersetzungsbefugnis mittlerweile insoweit modifiziert, dass er nunmehr ebenfalls der Fachplanung den Vorrang einräumt, wenn sowohl die gemeindliche als auch die fachplanerische Trassenfestlegung abwägungsfehlerfrei erfolgt sind.

[844] Vgl. Paetow, UPR 1990, 323 (322).

men. Zum anderen können sie durch subsidiäre Flächennutzungsplanung bereits Vorstellungen manifestieren, wie eine Fläche nach Aufgabe der Fachplanung genutzt werden kann.

III. Flächennutzungsplan und Raumordnungspläne

Die Gesamtplanung setzt sich aus Raumordnungsplanung und Bauleitplanung zusammen.[845] Während der Flächennutzungsplan Darstellungen enthält, die den Flächen innerhalb des Gemeindegebietes unterschiedliche Nutzungen zuweisen, legt das Landesentwicklungsprogramm als Plan i. S. v. § 8 Abs. 1 Satz 1 ROG, Art. 13 Abs. 1 BayLplG für das gesamte Landesgebiet Ziele zur Entwicklung, Ordnung und Sicherung des Raumes fest. Der Regionalplan wiederum bezieht sich als Plan i. S. v. § 9 Abs. 1 Satz 1 ROG, Art. 17 Abs. 1 BayLplG auf die Entwicklung, Ordnung und Sicherung des jeweiligen Regionalplangebietes, das die Gebiete mehrerer Gemeinden umfasst. Damit schaffen die Festlegungen der Raumordnungspläne und die Darstellungen des Flächennutzungsplans Nutzungsregelungen für dieselben Räume. Die Nutzungsvorstellungen der raumordnerischen und bauleitplanerischen Planungsträger können dabei miteinander kollidieren.

Für das Verhältnis der verschiedenen Gesamtplanungsebenen liefert das Gegenstromprinzip Anhaltspunkte. Das Gegenstromprinzip, das in § 1 Abs. 3 ROG legaldefiniert wird, ist ein allgemeines, dem Planungsrecht selbst eigenes Prinzip[846] und beschreibt die wechselseitigen Beziehungen der Gesamtplanungsebenen zueinander.[847] Gem. § 1 Abs. 3 ROG besagt das Gegenstromprinzip, dass die Entwicklung, Ordnung und Sicherung der Teilräume sich in die Gegebenheiten und Erfordernisse des Gesamtraumes einfügen soll, ebenso wie die Entwicklung, Ordnung und Sicherung des Gesamtraums die Gegebenheiten und Erfordernisse seiner Teilräume berücksichtigen soll. Gedanke dieser Regelung ist, dass jeder Teilraum Bestandteil eines übergeordneten Gesamtraumes ist. Ein Landesgebiet, das mit den anderen Landesgebieten den Gesamtraum der Bundesrepublik bildet, lässt sich in verschiedene Regionalplangebiete unterteilen, die Regionalplangebiete erfassen ihrerseits mehrere Gemeindegebiete. Das Gegenstromprinzip will sicherstellen, dass die Planungen der Teilräume auf die Gegebenheiten und Erfordernisse des übergeordneten Raumes Rücksicht nehmen, bzw. dass die Gesamtraumplanungen auf die Gegebenheiten und Erforder-

---

[845] Siehe zur Begriffsbestimmung B. II. 1.

[846] Bartlsperger, Gegenstromprinzip, S. 29 (31); Runkel, in: Bielenberg/Runkel/Spannowsky, K § 1 Rn. 97.

[847] Runkel, in: Bielenberg/Runkel/Spannowsky, K § 1 Rn. 98. Das Verhältnis von Raumordnungsplanung und Fachplanung ist in § 14 ROG rahmenrechtlich beschrieben (vgl. Bartlsperger, Gegenstromprinzip, S. 29 (32); Runkel, in: Bielenberg/Runkel/Spannowsky, K § 1, Rn. 98).

nisse ihrer Teilräume Rücksicht nehmen. Eine Planungsebene darf also nicht völlig losgelöst von den Planungsvorstellungen einer anderen planen.

Zu untersuchen ist nun, ob und wie das Gesetz das Verhältnis von Flächennutzungsplanung und Raumordnungsplanung über das Gegenstromprinzip hinaus ausgestaltet. Dabei stellt sich zum einen die Frage, ob und wie die konkurrierenden Planungsträger bei der Planung des jeweils anderen verfahrensrechtlich beteiligt werden (1.), zum anderen, ob und wie die Flächennutzungsplanung inhaltlichen Einfluss auf einen Raumordnungsplan nehmen kann (2.) bzw. welchen Einfluss die Raumordnungsplanung auf die Flächennutzungspläne hat (3.).

1. Formelle Beteiligung

Das Gegenstromprinzip verlangt, dass sich die Planungsträger gegenseitig verfahrensrechtlich in ihren Planaufstellungs- oder Planänderungsverfahren beteiligen. Dies wird meist als Gegenstromverfahren bezeichnet.[848] Dadurch, dass das Gegenstromprinzip verfahrensrechtlich die Berücksichtigung der gemeindlichen Belange in der höherrangigen Planung sicherstellt, sichert es das gemeindliche Selbstverwaltungsrecht aus Art. 28 Abs. 2 Satz 1 GG ab.[849]

Im folgenden soll nun genauer untersucht werden, in welcher Weise die Gemeinde im raumordnerischen Planaufstellungs- oder Planänderungsverfahren nach dem Gesetz beteiligt wird (a)) und welche Beteiligungsregelungen das bauleitplanerische Verfahren enthält (b)).

a) Beteiligung der Gemeinde im raumordnerischen Aufstellungsverfahren

Die Beteiligung der Gemeinde im raumordnerischen Aufstellungsverfahren ist bereits in den rahmenrechtlichen Vorschriften des Raumordnungsgesetzes vorgesehen. Für die Raumordnungspläne i. S. v. § 8 Abs. 1 Satz 1 ROG und i. S. v. § 9 Abs. 1 Satz 1 ROG bestimmt § 7 Abs. 5 ROG, dass die Beteiligung der öffentlichen Stellen, für die eine Beachtenspflicht nach § 4 Abs. 1 ROG begründet werden soll, bei der Aufstellung von Zielen der Raumordnung vorzusehen ist. Zu den öffentlichen Stellen gehören gem. § 3 Nr. 5 ROG auch die Gemeinden als Gebietskörperschaften. Ziele der Raumordnung sind von den Gemeinden als öffentlichen Stellen i. S. v. § 3 Nr. 5 ROG bei ihren raumbedeutsamen Planungen und Maßnahmen gem. § 4 Abs. 1 Satz 1 ROG zu beachten. Die Flächennutzungsplanung ist eine raumbedeutsame Planung i. S. v. § 3 Nr. 6 ROG,

---

[848] Braese, Das Gegenstromverfahren, S. 49 ff.; Bartlsperger, Gegenstromverfahren, S. 29 (36); Runkel, in: Bielenberg/Runkel/Spannowsky, K § 1, Rn. 107.

[849] Peine, Raumplanungsrecht, Rn. 44; Bartlsperger, Gegenstromprinzip, S. 29 (34).

da durch sie der Raum in Anspruch genommen wird und die räumliche Entwicklung oder Funktion eines Gebietes beeinflusst wird. Sie dient gem. § 1 Abs. 1 BauGB i. V. m. § 5 Abs. 1 Satz 1 BauGB dazu, gemeindegebietsweit die Bodennutzung zu ordnen und zu entwickeln.

Nach § 9 Abs. 4 ROG ist darüber hinaus in den landesrechtlichen Planungsgesetzen vorzusehen, dass die Gemeinden und Gemeindeverbände oder deren Zusammenschlüsse in einem förmlichen Verfahren an der Regionalplanung beteiligt werden, wenn die Regionalplanung nicht durch Zusammenschlüsse von Gemeinden und Gemeindeverbänden zu regionalen Planungsgemeinschaften erfolgt. Noch wurde das bayerische Landesplanungsgesetz nicht an die Regelungen des Raumordnungsgesetzes angepasst. Es finden sich aber bereits in der bisherigen Fassung Regelungen, die diesen Anforderungen entsprechen. So erfolgt in Bayern die Regionalplanung gem. Art. 6 Abs. 2 BayLplG durch entsprechende regionale Planungsverbände.

Nach Art. 14 Abs. 2 Satz 1 BayLplG ist den Gemeinden daher zwar im Aufstellungsverfahren für das bayerische Landesentwicklungsprogramm grundsätzlich Gelegenheit zur Stellungnahme zu geben, wenn die Festlegungen des Plans eine unmittelbare Anpassungspflicht für sie begründen. Diese Verfahrensposition nehmen aber gem. Art. 14 Abs. 2 Satz 4 BayLplG i. V. m. Art. 6 Abs. 5 BayLplG die regionalen Planungsverbände als Zusammenschlüsse von Gemeinden und Gemeindeverbänden an Stelle ihrer gemeindlichen Verbandsmitglieder wahr. Eine Anpassungspflicht für die Gemeinde enthält § 1 Abs. 4 BauGB.[850] Danach hat die Gemeinde ihren Flächennutzungsplan an die Ziele der Raumordnung anzupassen. Unmittelbar ist diese Anpassungspflicht, wenn das Landesentwicklungsprogramm nicht nur allgemeine Ziele enthält, die erst durch die Regionalplanung in konkrete Aussagen für eine bestimmte Gemeinde umgesetzt werden müssen.[851]

Gem. Art. 8 Abs. 5 Satz 2 Alt. 2 BayLplG sind allerdings die Gemeinden, für die das Landesentwicklungsprogramm eine unmittelbare Anpassungspflicht auslöst, vom Planungsverband zu beteiligen. Die Beteiligung erfolgt, indem die betroffenen Gemeinden gegenüber dem Planungsverband ihre Stellungnahmen abgeben. Der Planungsverband leitet zwar nicht die gemeindlichen Stellungnahmen selbst an die Landesplanungsbehörde weiter; er wertet diese aber aus und wägt die Belange aller betroffenen Mitgliedsgemeinden mit den Belangen des Planungsverbands ab. Daraus entwickelt der Planungsverband eine eigene Stellungnahme.[852] Zur Sicherung der Rechte der anpassungspflichtigen Gemeinden ist der Planungsverband, der an Stelle der Gemeinden Stellungnahmen abgibt, zur Abgabe seiner Stellungnahme verpflichtet.[853] Andernfalls würde das Selbst-

[850] Siehe dazu D. III. b).
[851] Heigl/Hosch, Art. 14 BayLplG, Rn. 20.
[852] Heigl/Hosch, Art. 6 BayLplG, Rn. 28 ff.
[853] Heigl/Hosch, Art. 6 BayLplG, Rn. 32.

verwaltungsrecht der Gemeinden mangels ausreichender gemeindlicher Beteiligung am Aufstellungsverfahren in unzulässiger Weise beeinträchtigt, so dass ein eigenständiges Beteiligungsrecht gem. Art. 28 Abs. 2 Satz 1 GG[854] entstehen würde.[855] Denn soweit das Landesentwicklungsprogramm unmittelbare Anpassungspflichten gegenüber einer Gemeinde auslöst, begrenzt es das Recht der Gemeinde auf Selbstverwaltung. Eine solche Begrenzung kann dadurch abgemildert werden, dass die Gemeinde zumindest am Verfahren beteiligt wird. Die nur mittelbare Beteiligung der Gemeinde an der Landesplanung über die Stellungnahmen der Regionalplanungsverbände rechtfertigt sich aus dem überörtlichen Interesse daran, dass die Landesplanungsbehörde durch die Vorarbeiten des regionalen Planungsverbandes entlastet wird. Außerdem sind die gemeindlichen Rechte auch dadurch geschützt, dass die Gemeinden als Mitglieder des regionalen Planungsverbandes an der aus den gemeindlichen und gemeindeverbandlichen Positionen zu entwickelnden Stellungnahme des Regionalplanungsverbandes mitwirken können. Sie haben nämlich über ihre gem. Art. 8 Abs. 8 Satz 1 BayLplG in der Verbandsversammlung stimmberechtigten Verbandsräte Einfluss auf die Entscheidungsvorgänge. Für die Gemeinde besteht der Vorteil dieser Konstruktion darin, dass die gleichgerichteten Interessen von Verbandsgemeinden durch den regionalen Planungsverband mit mehr Nachdruck vertreten werden können.[856]

Wird ein Aufstellungsverfahren für einen Regionalplan betrieben, dann sind die Gemeinden zum einen dadurch am Entscheidungsprozeß beteiligt, dass sie als Mitglieder des regionalen Planungsverbandes gem. Art. 6 Abs. 2, 8 Abs. 6 und 8, 18 Abs. 1 Satz 1 BayLplG an der Ausarbeitung und Beschlussfassung über einen Regionalplan mitwirken. Zum anderen sind gem. Art. 8 Abs. 5 Satz 2 Alt. 1 BayLplG die Verbandsmitgliedergemeinden, für die voraussichtlich eine Anpassungspflicht begründet wird, an der Ausarbeitung von Zielen der Raumordnung gesondert zu beteiligen. Dies erfolgt dadurch, dass ihnen innerhalb einer angemessenen Frist Gelegenheit zur Stellungnahme gewährt wird.[857]

b) Beteiligung der Raumordnungsplanungsträger im bauleitplanerischen Aufstellungsverfahren

Die Beteiligung von Behörden und sonstigen Trägern öffentlicher Belange im bauleitplanerischen Aufstellungsverfahren regelt § 4 BauGB. Zu beteiligen sind diejenige Behörden und Träger öffentlicher Belange, deren Aufgabenbereich

---

[854] Zum gemeindlichen Selbstverwaltungsrecht siehe B. IV.

[855] BVerfG, Beschluss vom 07.10.1980 – 2 BvR 584, 598, 599, 604/76, BVerfGE 56, 298 (320 ff.); Brohm, DÖV 1989, 429 (436).

[856] Heigl/Hosch, Art. 6 BayLplG, Rn. 28.

[857] Heigl/Hosch, Art. 6 BayLplG, Rn. 15.

durch die Planung berührt wird. Dazu gehören auch die für die Landesplanung zuständigen Stellen,[858] also die gem. Art. 18 Abs. 1 Satz 1 BayLplG für die Regionalpläne zuständigen regionalen Planungsverbände und die gem. Art. 14 Abs. 1 Satz 1 BayLplG für das Landesentwicklungsprogramm zuständige oberste Landesplanungsbehörde.

Die Gemeinde hat deren Stellungnahmen gem. § 4 Abs. 1 Satz 1 BauGB einzuholen. Ihnen ist als Träger öffentlicher Belange gem. § 4 Abs. 2 BauGB eine Frist von einen Monat, die im Einzelfall verlängert werden kann, einzuräumen. In ihren Stellungnahmen sollen sich die Träger der Raumordnungsplanung auf ihren Aufgabenbereich beschränken und über ihre beabsichtigten und eingeleiteten Planungen Auskunft geben (§ 4 Abs. 2 Satz 2 BauGB).

c) Zwischenergebnis zu „Formelle Beteiligung"

Die wechselseitige Beteiligung von Gemeinden und Landes- bzw. Regionalplanungsträgern ist umfassend einfachgesetzlich geregelt. Damit hat die Gemeinde Einfluss darauf, dass der Landes- bzw. Regionalplanungsträger über die gemeindlichen Interessen und Planungsvorstellungen Bescheid weiß und sie in seiner Abwägung und damit in seiner Planung berücksichtigen kann. Auch in umgekehrter Richtung ist sichergestellt, dass die Gemeinden frühzeitig von den landes- und regionalplanerischen Vorstellungen Kenntnis erlangen. In den gesetzlichen Regelungen wurde damit das Gegenstromprinzip in Form des Gegenstromverfahrens umgesetzt.

2. Materiell-rechtlicher Einfluss der Raumordnungspläne auf den Flächennutzungsplan

Das Gegenstromprinzip i. S. v. § 1 Abs. 3 ROG regelt – wie oben dargestellt[859] –, dass keine Planungsebene losgelöst von den Planungsvorstellungen der anderen planen darf. Andererseits kommt einer höherrangigen Planungsebene kein genereller Vorrang zu, sondern auch die höherrangige Ebene muss die Belange der niederrangigeren Ebene berücksichtigen. Eine Kollisionsregel zugunsten einer Ebene enthält das Gegenstromprinzip gerade nicht.[860] Stattdessen verpflichtet es die Ebenen zu einer gegenseitigen Abstimmung und verlangt als

---

[858] Bielenberg, in: EZB, § 4 BauGB, Rn. 8;

[859] Siehe oben D. III. am Anfang.

[860] Braese, Das Gegenstromverfahren, S. 36; Battis, Öffentliches Baurecht und Raumordnungsrecht, S. 31; Peine, Raumplanungsrecht, Rn. 43.

eine Art Abwägungsdirektive die Berücksichtigung der Belange des anderen in der planerischen Abwägung.[861]

Raumordnungspläne enthalten Festlegungen zur Raumstruktur, so § 7 Abs. 2 ROG. Mit diesen Festlegungen soll nach der Leitvorstellung des § 1 Abs. 2 Satz 1 ROG eine nachhaltige Raumentwicklung herbeigeführt werden. In einem Raumordnungsplan können zum einen gem. § 2 Abs. 3 HS. 2 ROG Grundsätze der Raumordnung aufgenommen werden; das sind gem. § 3 Nr. 3 ROG allgemeine Aussagen zur Entwicklung, Ordnung und Sicherung des Raums in oder auf Grund von § 2 ROG, die Vorgaben für nachfolgende Abwägungs- oder Ermessensentscheidungen machen. Zum anderen enthalten Raumordnungspläne Ziele der Raumordnung, wie sich aus § 7 Abs. 1 Satz 3 ROG und § 3 Nr. 2 ROG ablesen lässt. Ziele der Raumordnung sind gem. § 3 Nr. 2 ROG verbindliche Vorgaben in Form von räumlich und sachlich bestimmten oder bestimmbaren, vom Träger der Landes- oder Regionalplanung abschließend abgewogenen textlichen oder zeichnerischen Festlegungen in Raumordnungsplänen zur Entwicklung, Ordnung und Sicherung des Raumes. Sie sind gem. § 7 Abs. 1 Satz 3 ROG als solche in den Raumordnungsplänen zu kennzeichnen. Grundsätze und Ziele unterscheiden sich vor allem im Grad der Konkretheit ihrer Aussagen, welche Raumnutzungen oder Raumfunktionen einer Fläche im Plangebiet zukommt.

Eine Regelung über das Verhältnis von Grundsätzen der Raumordnung zu raumbedeutsamen Planungen, zu denen auch der Flächennutzungsplan gehört,[862] enthält § 4 Abs. 2 ROG. Mit dem Verhältnis von Zielen der Raumordnung zu raumbedeutsamen Planungen beschäftigt sich § 4 Abs. 1 ROG. Im Unterschied zu § 4 Abs. 2 ROG konstituiert § 4 Abs. 1 ROG keine Berücksichtigungspflicht, sondern eine Beachtenspflicht. Auch das Baugesetzbuch selbst regelt in § 1 Abs. 4 BauGB das Verhältnis der Ziele der Raumordnung zu den Darstellungen des Flächennutzungsplans, indem es bestimmt, dass die Bauleitpläne den Zielen der Raumordnung anzupassen sind. Im nachfolgenden wird daher zunächst erläutert, wie sich der Flächennutzungsplan zu den Zielen der Raumordnung verhält (a) bis c)), sodann, wie er sich zu den Grundsätzen der Raumordnung verhält (d)).

Drei Konstellationen gibt es dabei im Verhältnis zwischen Darstellungen des Flächennutzungsplans und Zielen der Raumordnungspläne zu untersuchen. Erstens stellt sich die Frage, wie die Gemeinde die Inhalte der Raumordnungspläne in den Darstellungen eines Flächennutzungsplans umzusetzen hat, den sie aus städtebaulichen Gründen neu aufstellt oder abändert (a)) zweitens, ob die Gemeinde einen bereits bestehenden Flächennutzungsplan nachträglich im Sinne später erlassener Ziele der Raumordnung verändern muss (b)). Kurz angesprochen werden soll schließlich drittens noch die viel diskutierte Frage der Erstpla-

---

861 Braese, Das Gegenstromverfahren, S. 36 ff.; Bartlsperger, Gegenstromprinzip, S. 29 (33, 35).

862 Siehe dazu D. III. 1. b).

nungspflicht der Gemeinde, also der Fall, dass noch kein Flächennutzungsplan besteht (c)).

a) Aufstellung oder Änderung eines Flächennutzungsplans nach der Festlegung von Zielen der Raumordnung

Ausgangspunkt soll der Fall sein, dass vor der Aufstellung oder Änderung eines Flächennutzungsplans bereits ein Ziel der Raumordnung existiert. Nach § 4 Abs. 1 Satz 1 ROG sind Ziele der Raumordnung von den öffentlichen Stellen bei ihren raumbedeutsamen Planungen und Maßnahmen zu beachten. Die Gemeinde ist eine öffentliche Stelle i. S. v. § 4 Abs. 1 Satz 1 ROG i. V. m. § 3 Nr. 5 ROG, die Flächennutzungsplanung eine raumbedeutsame Planung i. S. v. § 4 Abs. 1 Satz 1 ROG i. V. m. § 3 Nr. 6 ROG.[863] § 1 Abs. 4 BauGB begründet die Pflicht, den Flächennutzungsplan an die Ziele der Raumordnung anzupassen. Um zu verstehen, welche Wirkung ein Ziel auf die Planung der Gemeinde hat, ist zunächst kurz zu untersuchen, was genau unter einem Ziel der Raumordnung zu verstehen ist (aa)). Im Anschluss daran werden die Beachtenspflicht des § 4 Abs. 1 Satz 1 ROG (bb)) und die Anpassungspflicht nach § 1 Abs. 4 BauGB untersucht (cc)).

aa) Ziele der Raumordnung

In § 3 Nr. 2 ROG werden Ziele der Raumordnung als verbindliche Vorgaben in Form von räumlich und sachlich bestimmten oder bestimmbaren, vom Träger der Landes- oder Regionalplanung abschließend abgewogenen textlichen oder zeichnerischen Festlegungen in Raumordnungsplänen zur Entwicklung, Ordnung und Sicherung des Raumes bezeichnet. Ziele der Raumordnung können nur in Raumordnungsplänen festgelegt werden. Zu diesen zählen nach § 3 Nr. 7 ROG sowohl der Raumordnungsplan für das gesamte Landesgebiet nach § 8 ROG, in Bayern das Landesentwicklungsprogramm nach Art. 13 Abs. 1 Satz 1 BayLplG, als auch die Regionalpläne nach § 9 ROG, in Bayern geregelt in Art. 17 BayLplG. Die planerischen Aussagen weisen Plangebietsteilen entweder zeichnerisch in den Kartenwerken der Pläne oder durch eine textliche Planaussage eine Nutzung oder Funktion zu. Daneben können zeichnerische Aussagen auch durch textliche Zielfassungen ergänzt werden.

Sinn und Zweck der Ziele der Raumordnung ist gem. § 3 Nr. 2 ROG die Entwicklung, Ordnung und Sicherung des Raumes. Damit wird letztlich auf die Aufgabenstellung der Raumordnung aus § 1 Abs. 1 Satz 1 ROG, die in der Entwicklung, Ordnung und Sicherung der Raum in Anspruch nehmenden Interessen

[863] Siehe D. III. 1. a).

liegt, Bezug genommen und der Anwendungsbereich der Ziele definiert. Ein Ziel der Raumordnung liegt daher vor, wenn die festgelegte Funktion oder Nutzung Raumbezug hat. Soziale oder wirtschaftspolitische Förderprogramme können nicht Gegenstände der Ziele sein, sondern nur konkrete Raumnutzungsentscheidungen.[864]

Die Aussagen müssen zudem räumlich und sachlich bestimmt oder bestimmbar sein. Damit wird dem rechtstaatlichen Bestimmtheitsgebot Ausdruck verliehen.[865] Räumliche Bestimmtheit oder Bestimmbarkeit bedeutet, dass die planerische Aussage deutlich machen muss, wo im Plangebiet sie Geltung hat. Dabei genügt es, wenn die planerische Aussage einen häufig auftretenden Nutzungskonflikt bei bestimmten Flächenkategorien generell regelt und sich diese abstrakte Regelung im Anwendungsfall durch die örtlichen Gegebenheiten zu einer bestimmten Planausführung konkretisiert.[866] Auch in sachlicher Hinsicht muss die Aussage zumindest bestimmbar sein. Da die Aussage eine Art Handlungsanweisung für andere Planungsträger ist, muss erkennbar sein, welche Raumnutzung in einem bestimmten Plangebietsteil zu verwirklichen ist bzw. welche Raumfunktion ein Plangebietsteil wahrzunehmen hat und welche Raumnutzungen damit für zulässig erklärt werden können.[867]

Ziele der Raumordnung liegen nur vor, wenn sie vom Landes- bzw. Regionalplanungsträger abschließend abgewogen worden sind, wenn der Landes- bzw. Regionalplanungsträger mit den Zielen eine landesplanerische Letztentscheidung getroffen hat. Die Planaussage muss das Ergebnis einer Abwägung sein, die den allgemeinen Anforderungen an Abwägungsvorgang und Abwägungsergebnis entspricht.[868] § 7 Abs. 7 Satz 2 ROG zeigt, dass die Abwägung durch die Landes- und Regionalplanungsträger nicht dieselben Belange berücksichtigt, die bei der Bauleitplanung zu berücksichtigen sind, sondern dass sie grobmaschiger ist. Nur die auf der Ebene der Raumordnungsplanung erkennbaren und hier bedeutsamen Belange sind zu berücksichtigen.[869] Diese Interpretation stützt auch § 1 Abs. 1 Satz 2 Nr. 1 ROG, der für die Aufgabenstellung der Raumordnungsplanung ergänzt, dass die auf der jeweiligen Planungsebene auftretenden Konflikte auszugleichen sind. Einbezogen werden also nur raumbezogene Spannungen, die großräumige, auf der Landes- oder Regionalplanungsebene angesiedelte Konflikte hervorrufen; kleinräumige Konflikte sind auf der je-

---

864 Paßlick, S. 100 f., Spiecker, S. 68; Runkel, in: EZB, § 1 BauGB, Rn. 53, 55.
865 Runkel, in: EZB, § 1 BauGB, Rn. 50 a.
866 Paßlick, S. 115; Goppel, BayVBl. 1998, 289.
867 Spieker, S. 76; Grooterhorst, NuR 1986, 276 (283); Runkel, in: EZB, § 1 BauGB, Rn. 50 a.
868 BVerwG, Beschluss vom 20.08.1992 – 4 NB 20.91, BVerwGE 90, 329 (334); Goppel, BayVBl. 1998, 289. Unter Bezugnahme auf die Rechtsprechung des Bundesverwaltungsgerichts zur bauleitplanerischen Abwägung im Urteil vom 12.12.1969 – IV C 105.66, BVerwGE 34, 301 (309 ff.) z. B.: Paßlick, S. 134 ff.; Spiecker, S. 77 ff.; Runkel, in: EZB, § 1 BauGB, Rn. 51 a.
869 Spieker, Zweites Kapitel, B. II. 3., S. 80.

weils rangniedrigeren Ebene auszuräumen.[870] Eine abschließende Abwägung im Sinne einer landesplanerischen Letztentscheidung bedeutet also, dass eine verbindliche Vorgabe geschaffen wird, in der alle spezifisch landesplanerischen Konflikte und Gesichtspunkte verarbeitet worden sind.[871]

bb) Beachtenspflicht nach § 4 Abs. 1 Satz 1 ROG

Die Ziele der Raumordnung sind gem. § 4 Abs. 1 Satz 1 ROG von der Gemeinde als öffentlicher Stelle i. S. v. § 3 Nr. 5 ROG bei ihrer Flächennutzungsplanung als raumbedeutsamer Planung i. S. v. § 3 Nr. 6 ROG zu beachten. Beachten bedeutet, dass die Gemeinde die Ziele nicht durch Abwägung überwinden kann, sondern dass sie an deren Inhalte gebunden ist.[872] Die Beachtenspflicht spiegelt sich in der Definition des Ziels in § 3 Nr. 2 ROG wider: Ein Ziel setzt verbindliche Vorgaben, die im Rahmen einer für die Planungsebene abschließenden Abwägung getroffen werden. Das Ziel bindet aber nur soweit, wie es keine Konkretisierung durch die nachfolgende Planungsebene zulässt.[873] Das Maß der Bindung hängt vom planerischen Willen des Raumplanungsträgers ab und ist durch Auslegung zu ermitteln.[874]

Um die Bedeutung der Beachtenspflicht für die Flächennutzungsplanung richtig beurteilen zu können, sind zwei Punkte zu klären: Zum einen ist zu untersuchen, welche Verhaltenspflichten die Gemeinde bei der Aufstellung oder Änderung ihres Flächennutzungsplans auf Grund der Beachtenspflicht treffen ((1)), zum anderen ist zu untersuchen, welche Regelungsdichte einem Ziel zukommen darf, d. h. wie viel Konkretisierungsspielraum ein Ziel der Gemeinde lassen muss ((2)). Anschließend sollen Überlegungen dazu angestellt werden, was die Umsetzung der Ziele durch die Gemeinde bedeutet ((3)).

(1) Verhaltenspflichten der Gemeinde im Rahmen der Beachtenspflicht

Die Beachtenspflicht kann in drei verschiedene Verhaltenspflichten unterteilt werden: In eine generelle Unterlassenspflicht, eine Pflicht zur Rücksichtnahme und eine spezielle Handlungspflicht.[875] Die generelle Unterlassenspflicht besagt, dass innerhalb des räumlichen und sachlichen Geltungsbereichs der Ziele der

---

[870] Runkel, in: Bielenberg/Runkel/Spannowsky, K § 1, Rn. 51.

[871] BVerwG, Beschluss vom 20.08.1992 – 4 NB 20.91, BVerwGE 90, 329 (334); Runkel, in: EZB, § 1 BauGB, Rn. 51 b. Ausführlich: Spiecker, S. 77 ff.

[872] Dyong, in: Cholewa/Dallhammer/Dyong/von der Heide/Arenz, § 4 ROG, Rn. 11.

[873] BT-Drks. 13/6392, S. 81; Goppel, BayVBl. 1998, 289 (290); Dyong, in: Cholewa/Dallhammer/Dyong/von der Heide/Arenz, § 4 ROG, Rn. 11.

[874] BVerwG, Beschluss vom 20.08.1992 – 4 NB 20.91, BVerwGE 90, 329 (334).

[875] Einteilung nach Runkel, in: Bielenberg/Runkel/Spannowsky, K § 4, Rn. 77.

Raumordnung keine raumbedeutsame Planung durchgeführt werden darf, die das Ziel unmöglich machen oder beeinträchtigen könnte, die Zielerreichung insgesamt also gefährden oder erschweren würde.[876] Rücksichtnahmepflicht bedeutet, dass die Gemeinde auch außerhalb des Zielgeltungsbereichs keine Darstellungen schaffen darf, die negative Auswirkungen auf die Umsetzung des Ziels haben.[877] Will die Gemeinde also Darstellungen in ihren Plan aufnehmen, die Flächen außerhalb des unmittelbaren räumlichen Geltungsbereich des Ziels betreffen, darf sie keine Nutzungen auf den benachbarten Flächen darstellen, die die Verwirklichung des Ziels beeinträchtigen. Eine spezielle Handlungspflicht trifft die Gemeinde mit Blick auf bestehende Ziele der Raumordnung dann, wenn sie erstmals einen Plan aufstellt oder einen bereits vorhandenen ändert. Handlungspflicht bedeutet, dass die Gemeinde solche Darstellungen innerhalb des Geltungsbereichs des Ziels zu entwickeln hat, die dessen planerische Vorgaben aktiv umsetzen.[878]

Diese Pflichten treffen die Gemeinde selbstverständlich nur für solche Ziele, deren Inhalt die Gemeinde innerhalb ihres Aufgabenbereichs nach § 1 Abs. 1 BauGB umzusetzen vermag.[879] Der Umfang, in dem die Gemeinde in ihrer eigenen Planung an ein Ziel der Raumordnung gebunden ist, richtet sich nach dessen konkreten Inhalt und dessen Aussagedichte.[880]

(2) Grenzen der inhaltlichen Dichte eines Ziele der Raumordnung

Für die Größe des Einflusses, den ein Raumordnungsplan auf den Flächennutzungsplan haben kann, ist entscheidend, wie genaue Raumnutzungs- und Raumfunktionsentscheidungen der Raumordnungsplan in seinen Zielen trifft. Die Aussageintensität eines Ziels hat – wie dargestellt[881] – eine räumliche und eine sachliche Seite. In räumlicher Hinsicht kann mit unterschiedlicher Genau-

---

[876] Runkel, in: Bielenberg/Runkel/Spannowsky, K § 4, Rn. 79.

[877] Runkel, in: Bielenberg/Runkel/Spannowsky, K § 4 Rn. 102.

[878] Runkel, in: Bielenberg/Runkel/Spannowsky, K § 4, Rn. 86. Runkel (in: Bielenberg/Runkel/Spannowsky, K § 4, Rn. 87) behandelt unter dem Aspekt des Umfangs der Handlungspflicht, auch den Fall, dass ein Ziel der Raumordnung zwar nicht durch den räumlichen und inhaltlichen Bereich der geänderten Darstellungen erfasst, sondern einer Darstellung, die nicht verändert werden soll, widerspricht und durch eine zielkonforme umgesetzt werden könnte. Dieser Aspekt ist aber richtigerweise nicht mit der Frage gleichzustellen, ob die Darstellung, die die Gemeinde abändern will, das Ziel umsetzen muss, sondern der Frage, ob die Gemeinde auch dann zur Umsetzung verpflichtet ist, wenn sie keine Planungstätigkeit entfaltet. Verfahrensgegenstand in einem Änderungsverfahren ist der zu ändernde Plan nämlich nur, soweit er von der Änderung erfasst wird (vgl. zum Verfahrensgegenstand Bielenberg, in: EZB, § 2 BauGB, Rn. 86). Ebenso: Gierke, in: Brügelmann, § 1 BauGB, Rn. 442.

[879] Runkel, in: Bielenberg/Runkel/Spannowsky, K § 4, Rn. 84.

[880] Vgl. Runkel, in: Bielenberg/Runkel/Spannowsky, K § 4 Rn. 85, 89.

[881] Siehe oben D. III. 2. a) aa).

igkeit festgelegt werden, wo eine Nutzung ermöglicht werden soll bzw. eine raumbedeutsame Funktion von einem Gebiet wahrgenommen werden soll. Dabei wird zwischen übergemeindlichen, gemeindescharfen, gebietsscharfen (oder auch bereichsscharf genannten) und parzellenscharfen Festlegungen unterschieden.[882] Übergemeindliche Festlegungen umfassen großflächige Räume, die sich nicht auf das Gebiet einer Gemeinde beschränken.[883] Gemeindescharfe Festlegungen beziehen sich global auf das gesamte Gebiet einer Gemeinde und legen in der Regel nicht fest, wo in einem Gemeindegebiet die der Festlegung entsprechenden Nutzungen zuzulassen sind.[884] Gebiets-(bereichs-)scharfe Festlegungen weisen einzelnen Gemeindegebietsteilen konkrete Raumfunktionen bzw. Raumnutzungen zu.[885] Parzellenscharfe Raumnutzungs- oder Raumfunktionsentscheidungen beziehen sich bereits auf die einzelnen Grundstücke innerhalb eines Gemeindegebietes.[886] Die Schärfe eines Zieles in sachlicher Hinsicht äußert sich darin, inwieweit die Raumnutzungs- oder Raumfunktionsentscheidung noch eine weitere Ausdifferenzierung der zulässigen Bodennutzungen durch die Bauleitplanung zulässt.[887]

Bereichsscharfe Festlegungen kommen in ihrer Regelungsdichte an die Schärfe der Darstellungen des Flächennutzungsplans heran. Die Regelungsdichte solcher Ziele ist zwangsläufig sehr hoch und lässt für gestalterische Umsetzungen der Gemeinde im Rahmen ihrer Flächennutzungsplanung nur wenig oder keinen Raum. Damit wird die Flächennutzungsplanung, die ja Teil des Selbstverwaltungsrechts der Gemeinden nach Art. 28 Abs. 2 Satz 1 GG ist, erheblich reglementiert. Umstritten ist daher die Zulässigkeit bereichsscharfer Ziele.

Teilweise wird vertreten, dass bereichs(-gebiets-)scharfe Festlegungen dann unzulässig seien, wenn sie das Gebiet einer Gemeinde flächendeckend überziehen würden und der Gemeinde damit keinerlei Spielraum für eigene Planungsvorstellungen bleibe. Das Gebot, sich auf die Rahmensetzung zu beschränken, gelte tendenziell.[888] Die Anforderungen, die an die eine Festlegung rechtfertigenden Gründe zu stellen seien, seien um so höher zu stecken, je dichter die planerische Aussage sei.[889] Die Rechtsprechung vertritt die Ansicht, dass diese einer Gemeinde im Vergleich zu anderen Gemeinden auferlegte Sonderbelastung aus überörtlichen Interessen von höherem Gewicht erforderlich sein und noch substantieller Raum für eine konkretisierende Bauleitplanung verbleiben müs-

[882] Grundlegend: Schmidt-Aßmann, Fortentwicklung, S. 54 ff.
[883] Brohm, DVBl. 1980, 653; Gierke, in: Brügelmann, § 1 BauGB, Rn. 412, 413.
[884] Brohm, DVBl. 1980, 653; Gierke, in: Brügelmann, § 1 BauGB, Rn. 412, 414.
[885] Brohm, DVBl. 1980, 653; Gierke, in: Brügelmann, § 1 BauGB, Rn. 412, 415.
[886] Brohm, DVBl. 1980, 653; Gierke, in: Brügelmann, § 1 BauGB, Rn. 412, 416.
[887] Brohm, DVBl. 1980, 653 (654).
[888] Paßlick, S. 93.
[889] Halama, in: FS Schlichter, S. 201 (219); Kilian/Müllers, VerwArch 1998, 25 (66); Gierke, in: Brügelmann, § 1 BauGB, Rn. 410, 415, 416.

se.[890] Teilweise wird auch vertreten, dass der Gemeinde im Zusammenhang mit bereichs- und parzellenscharfen Festlegungen eine planungsrechtliche Ersetzungsbefugnis zustehe. D. h., Festlegungen könnten nur das „Ob" einer Raumnutzungsentscheidung bestimmen, das „Wie" und „Wo" stehe immer zur Disposition der Gemeinde. Damit werde sichergestellt, dass die Raumordnungsplanung nur Richtlinien vorgebe.[891] Schließlich wird vertreten, dass bereichsscharfe Festlegungen zwar zulässig, zumindest parzellenscharfe Festlegungen aber unzulässig seien.[892]

Zur Beantwortung dieser Streitfrage ist zunächst zu untersuchen, welche Grenzen sich aus der verfassungsrechtlichen Verankerung von Raumordnungsrecht und Bauleitplanungsrecht bzw. aus den einfachgesetzlichen Regelungen und dem Selbstverwaltungsrecht der Gemeinden ergeben. Dabei weist das Zusammenspiel von höherrangiger und niederrangiger Planung darauf hin, dass die höherrangigeren Raumordnungspläne grobe Festlegungen treffen müssen, die für eine Konkretisierung durch die niederrangigeren Bauleitpläne noch offen sind.[893]

Die unterschiedlichen verfassungsrechtlichen Grundlagen von Raumordungsrecht und Bauleitplanungsrecht zeigen, dass zwischen Raumordnungsplanung und Bauleitplanung inhaltliche Abstufungen bestehen. Während die gesetzlichen Regelungen des Bauplanungsrechts auf der konkurrierenden Gesetzgebungskompetenz des Bundes für das Bodenrecht gem. Art. 74 Abs. 1 Nr. 18 GG beruhen, stützt sich das Raumordungsrecht auf das nach Art. 75 Abs. 1 Nr. 4 GG erlassene Bundesrahmenrecht und auf ergänzende und ausfüllende landesrechtliche Vorschriften. Das Raumordnungsrecht hat von seiner verfassungsrechtlichen Verankerung her eine andere Aufgabenstellung als das Bauplanungsrecht. Merkmal des Bodenrechts ist die unmittelbare, auch dem Bürger gegenüber verbindliche Bodennutzungsregelung. Die Flächennutzungsplanung ist als vorbereitende Planung notwendiger Bestandteil des Bodenrechts.[894] Die Bauleitplanung betrifft gem. § 1 Abs. 1 BauGB die Vorbereitung und Leitung der unmittelbaren Nutzung des Bodens. Ihr Interessen- und Steuerungsbereich ist allein das Gemeindegebiet. Die Raumordnungsplanung hingegen wirkt nur innerhalb der öffentlichen Verwaltung.[895] Aufgabenstellung der Raumordnungsplanung ist die zusammenfassende, übergeordnete Steuerung raumbedeutsamer Entwicklungen und Nutzungsansprüche gesehen auf das jeweilige Raumordnungsplanungsge-

[890] BVerfG, Beschluss vom 23.06.1987 – 2 BvR 826/83, BVerfGE 76, 107 (119); BVerwG, Beschluss vom 20.08.1992 – 4 NB 20.91, BVerwGE 90, 329 (335 ff.).
[891] Brohm, DVBl. 1980, 653 (659); ähnlich Schmidt-Aßmann, NVwZ 1987, 265 (274).
[892] Höhnberg, ZfBR, 1986, 214 (216); Grooterhorst, NuR 1986, 276 (282).
[893] BVerwG, Beschluss vom 20.08.1992 – 4 NB 20.91, BVerwGE 90, 329 (334); Brohm, DVBl. 1980, 653 (655); Paßlick, S. 70; Gierke in: Brügelmann, § 1 BauGB, Rn. 374.
[894] BVerfG, Rechtsgutachten vom 16.06.1954 – 1 PBvV 2/52, BVerfGE 3, 407 (424 ff.).
[895] BVerfG, Rechtsgutachten vom 16.06.1954 – 1 PBvV 2/52, BVerfGE 3, 407 (425).

biet.[896] Damit können und dürfen Raumordnungspläne keine Festlegungen treffen, die den Regelungsgegenstand der Bauleitplanung betreffen.[897] Andererseits kann der Kompetenzordnung des Grundgesetzes eben nur entnommen werden, dass die Raumordnung nicht die Aufgabe der Bauleitplanung wahrnehmen darf, indem sie die unmittelbare Zulässigkeit von Nutzungen für das ganze Gemeindegebiet regelt. Ist ein Ziel zur Steuerung raumbedeutsamer Entwicklungen und Nutzungsansprüchen nötig und aus überörtlichen Gründen mit Blick auf das raumordnerische Planungsgebiet gerechtfertigt, dann ist es auch von der Aufgabenstellung der Raumordnung erfasst und verstößt nicht gegen die kompetenzrechtliche Ordnung, auch wenn es der Gemeinde keinen Gestaltungsspielraum bei der Umsetzung mehr lässt.

Die Begrenzung der raumordnerischen Festlegungen auf grobe Rahmenfestlegungen spiegelt sich in der Definition des § 3 Nr. 2 ROG und den übrigen Bestimmungen des Raumordnungsgesetzes wider. In § 3 Nr. 2 ROG werden Ziele als Vorgaben bezeichnet. Der Begriff der Vorgabe weist darauf hin, dass das einem anderen Vorgegebene noch von diesem umzusetzen ist, also ein Ausfüllungsbedarf besteht. Auch die Tatsache, dass ein Ziel der Raumordnung aus einer Abwägung hervorgeht, die gem. § 7 Abs. 7 Satz 2 ROG nur solche öffentlichen und privaten Belange berücksichtigt, die auf der jeweiligen Planungsebene erkennbar und von Bedeutung sind, zeigt, dass auf einer unterstufigen Planungsebene andere Belange das Ziel weiter gestalten können.[898] Dass Ziele aber von unterschiedlicher Schärfe sein können, lässt sich daraus ablesen, dass sie gem. § 3 Nr. 2 BauGB sowohl bestimmte als auch bestimmbare Festlegungen sein können.[899]

Andererseits ist die Bauleitplanung eine Angelegenheit der örtlichen Gemeinschaft[900] i. S. v. Art. 28 Abs. 2 Satz 1 GG, die die Gemeinde eigenverantwortlich im Rahmen der Gesetze regelt. Zielfestlegungen in Raumordnungsplänen beruhen auf gesetzlichen Regelungen und können auf Grund der Ähnlichkeiten der Regelungsgegenstände von Bauleitplanung und Raumordnungsplanung das Selbstverwaltungsrecht der Gemeinden erheblich einschränken. Die Festlegung von Zielen mit Bereichsschärfe entzieht allerdings nicht den Gemeinden als Institution eine Aufgabe, sondern beschränkt nur die Aufgabenwahrnehmung der einzelnen, von der Festlegung betroffenen Gemeinde. Diese individuelle Beeinträchtigung einer Gemeinde in ihrem Selbstverwaltungsrecht ist am Verhältnis-

---

896 Vgl. § 1 Abs. 1 ROG.
897 BVerfG, Rechtsgutachten vom 16.06.1954 – 1 PBvV 2/52, BVerfGE 3, 407 (414, 424); BVerwG, Beschluss vom 20.08.1992 – 4 NB 20.91, BVerwGE 90, 329 (334); Paßlick, S. 69; Runkel, in: Bielenberg/Runkel/Spannowsky, K § 3, Rn. 109; Gierke, in: Brügelmann, § 1 BauGB, Rn. 366.
898 So bereits zur Rechtslage vor Erlass des BauROG von 1998: Wahl, DÖV 1981, 597 (603).
899 Vgl. auch Runkel, in: Bielenberg/Runkel/Spannowsky, K § 3, Rn. 117.
900 Zum Begriff der Angelegenheit der örtlichen Gemeinschaft siehe B. IV. 1. a) aa), zur Flächennutzungsplanung im besonderen B. IV. 2.

mäßigkeitsprinzip zu messen.[901] Da ein Ziel, um verhältnismäßig zu sein, einen legitimen Zweck verfolgen muss, muss stets ein überörtlicher Grund für die Steuerung von raumbedeutsamen Nutzungen und Funktionen durch ein Ziel sprechen. Die Festlegung des Ziels muss zur Erreichung des Zwecks geeignet und erforderlich sowie verhältnismäßig im engeren Sinne sein.[902]

Auf der Grundlage dieser Überlegungen ist zu den oben genannten Meinungen, inwieweit bereichsscharfe Ziele zulässig sind, wie folgt Stellung zu nehmen: Nicht zugestimmt werden kann der Meinung, dass der Gemeinde eine planungsrechtliche Ersetzungsbefugnis zustehe. Dies liefe darauf hinaus, der Aussagedichte eines Zieles in räumlicher Hinsicht eine starre Grenze zu setzen. Wenn aber die überörtlichen Bedürfnisse eine raumordnungsplanerische bereichsscharfe Festlegung an einer bestimmten Stelle mit einem bestimmten sachlichen Inhalt in einem Gemeindegebiet erfordern, sie also durch überörtliche Gründe gerechtfertigt sind, ist auch ein Eingriff in das Selbstverwaltungsrecht gerechtfertigt, der dazu führt, dass die Gemeinde im Ergebnis keine eigene planerische Aussage mehr für diese Stelle treffen kann. Dies ist die Konsequenz daraus, dass das Selbstverwaltungsrecht nur im Rahmen der Gesetze gewährleistet ist, also die Wahrnehmung der Angelegenheiten der örtlichen Gemeinschaft auch beschränkt werden kann, einzelne Aufgaben sogar gänzlich entzogen werden können. Bereichs- oder parzellenscharfe Festlegungen sind immer noch geringere Eingriffe als die ebenfalls mögliche Hochzonung der gemeindlichen Zuständigkeit für die Flächennutzungsplanung.[903] Wenn aber einer Gemeinde die Flächennutzungsplanung bei Vorliegen entsprechend gewichtiger überörtlicher Gründe und Einhaltung des Verhältnismäßigkeitsprinzips sogar gänzlich entzogen werden könnte, dann ist unter diesen Voraussetzungen erst recht die strikte Bindung der Flächennutzungsplanung an einzelne Ziele der Raumordnung möglich.

Die Anforderungen, die an die für die Festlegung sprechenden Gründe zu stellen sind, steigen mit zunehmender Aussagedichte eines Ziels. Denn mit der Aussagedichte steigt auch die Beeinträchtigung der Gemeinde in der Ausübung ihres Selbstverwaltungsrechts. Je stärker in den Kompetenzbereich eines anderen Verwaltungsträger eingegriffen wird, desto mehr hat der Handelnde auf die Belange des anderen Rücksicht zu nehmen.[904] Zudem soll eine höherstufige Planung – wie schon sich aus der Logik eines Systems mehrerer Planungsebenen[905] selbst ergibt – grundsätzlich Gestaltungsraum für die niederstufigere Planung

---

[901] Siehe dazu B. IV. 1. a) bb). So auch BVerwG, Urteil vom 15.05.2003 – 4 CN 9/01, NVwZ 2003, 1263 ff.

[902] BVerwG, Urteil vom 15.05.2003 – 4 CN 9/01, NVwZ 2003, 1263 ff.; Brohm, DÖV, 1989, 429 (440); Halama, in: FS Schlichter, S. 201 (219); Paßlick, S. 73 ff.; Runkel, in: Bielenberg/Runkel/Spannowsky, K § 3, Rn. 114; Runkel, in: EZB, § 1 BauGB Rn. 56.

[903] Kilian/Müllers, VerwArch 1998, 25 (67).

[904] Brohm, DÖV 1989, 429 (438).

[905] Sieh zum System der Planungen B. II.

offen lassen, da die niederstufigere Planung sonst überflüssig würde. Damit ist um so mehr Begründungsaufwand für ein Ziel notwendig, je mehr es in die Gestaltungsmöglichkeiten der Gemeinde eingreift. Je nach dem, wie bedeutend das mit der Festlegung verfolgte Ziel ist, kann deshalb sogar eine parzellenscharfe Festlegung zulässig sein. Aus diesen unterschiedlichen Anforderungen an den Begründungsaufwand ergibt sich zwangsläufig, dass Ziele mit besonders hoher Dichte die Ausnahme bleiben.

Damit ist ein bereichs- oder gar parzellenscharfes Ziel auch zulässig, wenn der betroffenen Gemeinde kein hinreichend substantieller Konkretisierungsspielraum bleibt. Von diesem Konzept geht auch der Gesetzgeber aus, der in seiner Begründung zur Beachtenspflicht nach § 4 ROG schreibt, dass eine Konkretisierung der Ziele der Raumordnung regelmäßig zulässig sein wird,[906] eine Konkretisierungsmöglichkeit folglich ausnahmsweise auch ausgeschlossen sein kann.

(3) Die Umsetzung der Ziele der Raumordnung durch die Gemeinde

Handlungspflicht bedeutet also, dass die Gemeinde aktiv die Ziele entsprechend ihrer Aussagedichte umzusetzen hat.[907] Merkmal der Ziele der Raumordnung ist, dass sie grundsätzlich den Gemeinden in räumlicher und sachlicher Hinsicht Möglichkeit zur näheren Ausgestaltung geben. Nur in wenigen Ausnahmefällen dürfen Ziele sowohl sachlich als auch räumlich bereits so konkrete Angaben machen, dass eine weitergehende Gestaltung durch die Gemeinde auf Flächennutzungsplanebene nicht möglich und nötig ist.[908] Dann hat die Gemeinde das Ziel mit den ihr eigenen Darstellungstypen in ihren Flächennutzungsplan aufzunehmen.

In der überwiegenden Zahl der Fälle geben die Ziele der Raumordnung aber nur einen Rahmen vor, der durch die städtebauliche Planung konkretisiert wird. Der Inhalt der Ziele sämtlicher Schärfestufen lässt sich damit durch zwei Komponenten beschreiben: Zum einen durch Elemente, die strikt gelten und von der Gemeinde nicht durch Abwägung überwunden werden können, zum anderen durch Elemente, die der Gemeinde die Ausfüllung des Ziels überlassen.[909] Die Ziele der Raumordnung werden durch die Darstellungen eines Flächennutzungsplans planerisch fortentwickelt. Das grobmaschigere Konzept der Ziele der Raumordnung wird in räumlich und sachlich genauere Darstellungen umgesetzt und in das städtebauliche Konzept der Gemeinde eingefügt.

Im Rahmen der konkretisierenden Umsetzung zeigen sich Parallelen zum Entwickeln des Bebauungsplans aus dem Flächennutzungsplan: Nach dem Ent-

---

[906] BT-Drks. 13/6392, S. 81.
[907] Siehe dazu D. III. 3.
[908] Siehe dazu D. III. 2. a) bb) (2).
[909] Wahl, DÖV 1981, 597 (603); Runkel, in: Bielenberg/Runkel/Spannowsky, K § 3, Rn. 48.

wicklungsgebot konkretisiert der Bebauungsplan die Grundzüge des Flächennutzungsplans und entwickelt ihn planerisch fort. Zulässig sind Abweichungen, die sich als Folge des Übergangs in eine stärker verdeutlichende Planstufe rechtfertigen und der Grundkonzeption des Flächennutzungsplans für den engeren Bereich des Bebauungsplans nicht widersprechen.[910] Anders ausgedrückt werden die Konkretisierungsspielräume, die die Grundzügeplanung des Flächennutzungsplan dem Bebauungsplan offen lässt, durch die Festsetzungen des Bebauungsplan ausgefüllt. Nichts anderes gilt für das Verhältnis von Raumordnungsplan und Flächennutzungsplan. Folglich enthält die Beachtenspflicht grundsätzlich eine Art Gebot zur Entwicklung des Flächennutzungsplans aus den Raumordnungsplänen.

Für diese Auslegung spricht auch die Regelung des § 9 Abs. 2 Satz 1 ROG. Dort heißt es, dass Regionalpläne aus dem Raumordnungsplan für das Landesgebiet nach § 8 ROG zu entwickeln seien, § 4 Abs. 1 ROG davon unberührt bleibe. Zwar scheint diese Regelung auf den ersten Blick dagegen zu sprechen, dass die Beachtenspflicht ein Entwicklungsgebot im Verhältnis des Flächennutzungsplans zu den Raumordnungsplänen enthält, indem sie ein Entwicklungsgebot für die Regionalpläne im Verhältnis zu den Landesplänen postuliert und zugleich die Beachtenspflicht für unberührt davon erklärt.[911] Die ausdrückliche Erwähnung der Beachtenspflicht, die vom Entwicklungsgebot unberührt bleiben soll, bedeutet aber lediglich, dass die Beachtenspflicht weiter gehen kann als das Entwicklungsgebot. Während das bauleitplanerische Entwicklungsgebot zwingend einen planerischen Gestaltungsspielraum für die konkretisierende Planung vorsieht, darf im Anwendungsbereich der Beachtenspflicht ausnahmsweise ein solcher Gestaltungsspielraum entfallen, wenn entsprechend wichtige überörtliche Gründe vorliegen.

Im Ergebnis gilt damit: Soweit das Ziel eines Landesplans die Aussagedichte vergleichbar der einer flächennutzungsplanerischen Darstellung aus überörtlichen Gründen erreichen muss und daher kein Konkretisierungsspielraum bleibt, ist die Gemeinde strikt an dieses Ziel der Raumordnung gebunden. Besteht ein Konkretisierungsspielraum, wie dies regelmäßig der Fall sein wird, so ist die Beachtenspflicht mit dem Entwicklungsgebot vergleichbar.

cc) Anpassungspflicht nach § 1 Abs. 4 BauGB

Gem. § 1 Abs. 4 BauGB sind die Bauleitpläne den Zielen der Raumordnung anzupassen. Werden also neue Bauleitpläne erstellt oder bestehende Bauleitpläne abgeändert, so sind die Bauleitpläne insoweit an die Ziele der Raumordnung

---

[910] Siehe dazu C. II. 1. a).

[911] So hält Runkel (in: Bielenberg/Runkel/Spannowsky, K § 3, Rn. 150) das Entwicklungsgebot und die Beachtenspflicht für zwei wesensverschiedene Prinzipien.

anzupassen. Durch die systematische Stellung des § 1 Abs. 4 BauGB vor § 1 Abs. 5 und 6 BauGB, die sich mit der Abwägung der Gemeinde befassen, wird klargestellt, dass die Ziele gegenüber anderen Belangen in der Abwägung nicht zurückgestellt werden können.[912] Anpassen bedeutet, dass die Gemeinde darstellen darf, was mit den Zielen der Raumordnung übereinstimmt.[913] Die Anpassungspflicht umfasst die gleichen Verhaltenspflichten wie die Beachtenspflicht. Der Gemeinde obliegt eine Unterlassenspflicht mit dem Inhalt, keine zielwidrigen Darstellungen in den Flächennutzungsplan aufzunehmen.[914] Ihr kommt die Pflicht zur Rücksichtnahme zu, auch außerhalb des Geltungsbereichs des Ziels keine Darstellungen in den Flächennutzungsplan aufzunehmen, die die Zielverwirklichung beeinträchtigen oder erschweren könnten.[915] Schließlich hat die Gemeinde eine Handlungspflicht in dem Sinne, dass sie die Ziele der Raumordnung in den Darstellungen ihres Flächennutzungsplans umsetzen und integrieren muss.[916]

Die Reichweite dieser Pflichten und damit die Beschränkung der planerischer Gestaltungsfreiheit der Gemeinde hängt von der Aussagedichte der Ziele ab. Auch die Anpassungspflicht ist, soweit die Ziele Konkretisierungsspielräume bieten, dem Entwicklungsgebot vergleichbar. Es gilt das zur Beachtenspflicht Gesagte entsprechend.[917] Damit hat § 1 Abs. 4 BauGB für den Fall, dass ein Flächennutzungsplan nach der Festlegung von Zielen der Raumordnung aufgestellt oder geändert wird, neben § 4 Abs. 1 Satz 1 ROG nur klarstellende Bedeutung.

dd) Zwischenergebnis zu „Aufstellung und Änderung eines Flächennutzungsplans nach der Festlegung von Zielen der Raumordnung“

Sind Ziele der Raumordnung bereits vorhanden, wenn eine Gemeinde einen Flächennutzungsplan aufstellt oder ändert, haben Anpassungspflicht und Beachtenspflicht denselben Inhalt. Die bauplanungsrechtliche Norm des § 1 Abs. 4 BauGB ist insoweit klarstellender Natur. Je nach Aussagedichte eines Zieles kann die Einflussnahme der Raumordnungspläne auf die Bauleitpläne sehr groß sein und im äußersten Fall der Gemeinde keinen Konkretisierungsspielraum mehr lassen. Solange ein Konkretisierungsspielraum besteht, ist die Beachtens- und Anpassungspflicht mit dem Entwicklungsgebot nach § 8 Abs. 2 Satz 1 BauGB vergleichbar. Durch eine strenge Anwendung des Grundsatzes der Ver-

---

[912] BVerwG, Beschluss vom 20.08.1992 – 4 NB 20.91, BVerwGE 90, 329 (332).
[913] Schlarmann, DVBl. 1980, 275 (278).
[914] Gierke, in: Brügelmann, § 1 BauGB, Rn. 421; Runkel, in: EZB, § 1 BauGB, Rn. 67.
[915] Gierke, in: Brügelmann, § 1 BauGB, Rn. 421; Runkel, in: EZB, § 1 BauGB, Rn. 67.
[916] Gierke, in: Brügelmann, § 1 BauGB, Rn. 424; Runkel, in: EZB, § 1 BauGB, Rn. 67.
[917] Siehe D. III. 2. a) bb) (2) und (3).

hältnismäßigkeit ist dem Interesse der Gemeinde an einer eigenständigen Planung Rechnung zu tragen.

b) Zusammentreffen von bestehenden Flächennutzungsplan und Zielen der Raumordnung

Weiterhin stellt sich die Frage, ob die Ziele der Raumordnung das gemeindliche Planungsermessen über die Änderung eines vorhandenen Flächennutzungsplans zur Änderungspflicht verdichten können. Eine häufig auftretende Konstellation ist, dass nachträglich Ziele der Raumordnung aufgestellt werden oder alte Ziele durch neue Ziele der Raumordnung ersetzt werden, mit denen der bereits vorher vorhandene Flächennutzungsplan nicht übereinstimmt. Einigkeit besteht darüber, dass der Flächennutzungsplan dann nicht ipso iure unwirksam wird, da schon der Begriff des Anpassens in § 1 Abs. 4 BauGB auf die Fortgeltung der Bauleitpläne hindeutet.[918] Zu untersuchen ist daher, ob die Beachtenspflicht gem. § 4 Abs. 1 Satz 1 ROG (aa)) und die Anpassungspflicht nach § 1 Abs. 4 BauGB (bb)) eine Planänderungspflicht als besondere Form der Handlungspflicht beinhalten.

aa) Beachtenspflicht nach § 4 Abs. 1 Satz 1 ROG

Nur teilweise wird vertreten, dass § 4 Abs. 1 Satz 1 ROG keine selbständige Handlungspflicht im Sinne einer Planänderungspflicht begründe.[919] Überwiegend wird jedoch vertreten, dass eine Gemeinde auch ohne eigene Planungsbestrebungen zur Umsetzung der Ziele aufgrund des § 4 Abs. 1 Satz 1 ROG verpflichtet sei.[920] Für diese Auslegung spreche der Sinn und Zweck der Beachtenspflicht. Die Beachtenspflicht diene nämlich dazu, eine Übereinstimmung zwischen Flächennutzungsplanung und Raumordnungsplanung zu erreichen.[921] Der Raumordungsplanung fehle der Durchgriff auf die unmittelbare Bodennut-

---

[918] BayVGH, Urteil vom 16.11.1993 – 8 B 92.3559, BayVBl. 1994, 273 (274); Schroeder, UPR 2000, 52 (56); Reidt, in: Gelzer/Bracher/Reidt, Rn. 67; Gierke, in: Brügelmann, § 1 BauGB, Rn. 427.

[919] Goppel, BayVBl. 1998, 289 (290); Goppel, BayVBl. 1984, 229 (231); Cholewa/Dyong/von der Heide, Vorbem. XI. Rn. 8 (3. Auflage September 1993). Dieser Ansicht scheint auch das Bundesverwaltungsgericht zu folgen, indem es in seinem Beschluss vom 20.08.1992 – NB 20.91, BVerwGE 90, 329 (332 ff.) schreibt, es könne dahinstehen, ob der Begriff „anpassen“ denselben Bedeutungsgehalt wie der in § 5 Abs. 4 ROG benutzte Begriff „beachten“ hat *oder weiter reicht* (Hervorhebung vom Verfasser).

[920] Erbguth/Schoeneberg, Rn. 79; Gruber, DÖV 1995, 488 (489); Runkel, in: Bielenberg/Runkel/Spannowsky, K § 4, Rn. 92; Runkel, in: EZB, § 1 BauGB, Rn. 65 b, Heigl/Hosch, Art. 4 BayLplG, Rn. 29, 32.

[921] Gruber, DÖV 1995, 488 (489).

zungsordnung, sie müsse daher durch die Bauleitplanung umgesetzt werden.[922] Wenn die Umsetzung der Ziele der Raumordnung aber allein davon abhänge, ob die Gemeinden selbst eine Planung betreiben wollen, dann laufe die Beachtenspflicht leer.[923]

Der letztgenannten Ansicht ist zuzustimmen: Die Ziele der Raumordnung sind auch bei bereits bestehenden Bauleitplänen zu beachten und den Zielen widersprechende Darstellungen sind zu ändern. Dafür spricht der Wortlaut des § 4 Abs. 1 Satz 1 ROG, nach dem die Ziele der Raumordnung bei raumbedeutsamen Planungen wie der Flächennutzungsplanung zu beachten sind. Auf den ersten Blick ist damit zwar nur der Fall erfasst, dass bei Gelegenheit eines Planungsvorgangs eine Beachtung der Ziele zu erfolgen hat. Als raumbedeutsame Planungen werden aber gem. § 3 Nr. 6 ROG alle Planungen einschließlich der Raumordnungs*pläne* definiert. Dies zeigt, dass Planung i. S. v. § 3 Nr. 6 ROG auch das Planungsergebnis, nämlich den Plan erfasst. Auch die Gesetzesbegründung spricht davon, dass die raumbedeutsamen Planungen auch die Raumordnungs*pläne* erfassen.[924] Damit bezieht sich die Beachtenspflicht auch auf bereits vorhandene Pläne, wobei der Flächennutzungsplan als raumbedeutsamer Plan i. S. v. § 3 Nr. 6 BauGB[925] zu den erfassten Plänen zu zählen ist. Diese Auslegung wird durch die Formulierung des Gegenstromprinzips in § 1 Abs. 3 ROG unterstützt. Die Teilräume sollen sich in die Erfordernisse und Gegebenheiten des Gesamtraumes einfügen. Dass sich die Teilräume einfügen sollen, deutet darauf hin, dass sie auch veränderte Rahmenbedingungen aufnehmen müssen. Schließlich spricht der Sinn und Zweck des § 4 Abs. 1 Satz 1 ROG für eine Planänderungspflicht, da die Ziele oftmals leer laufen würden, wenn ihre Umsetzung vom Planänderungswillen der Gemeinde aus sonstigen Gründen abhängig wäre.

bb) Anpassungspflicht nach § 1 Abs. 4 BauGB

Nach § 1 Abs. 4 BauGB sind die Bauleitpläne den Zielen der Raumordnung anzupassen. Eine Meinung geht davon aus, dass die Pflicht zum Anpassen keine Planänderungspflicht enthalte, sondern nur im Rahmen von der Gemeinde selbst betriebener Änderungen und Planneuerstellungen gelte.[926] Die Frage, ob ein Bauleitplan aufgestellt werden müsse, bestimme sich allein nach dem Erforderlichkeitsprinzip des § 1 Abs. 3 BauGB.[927] Allerdings gelte für den Flächennutzungsplan ein generelles Anpassungsgebot aus § 1 Abs. 3 BauGB. Denn sobald

---

922 Runkel, in: Bielenberg/Runkel/Spannowsky, K § 4 Rn. 92.
923 Gruber, DÖV 1995, 488 (489); Runkel, in: Bielenberg/Runkel/Spannowsky, K § 4, Rn. 92.
924 BT-Drks. 13/6392, B. Zu Artikel 2, § 3, S. 81.
925 Siehe dazu D. III. 1. a).
926 Gierke, in: Brügelmann, § 1 BauGB, Rn. 429; Gaentzsch, WiVerw 1985, 235 (246).
927 Gaentzsch, in: BK, § 1 BauGB, Rn. 32; ders., WiVerw 1985, 235 (246).

eine Gemeinde Bebauungspläne für Bereiche aufstellen wolle, für die neue Ziele der Raumordnung gelten würden, müsse sie vorher den Flächennutzungsplan ändern, weil die Bebauungspläne sowohl aus dem Flächennutzungsplan gem. § 8 Abs. 2 Satz 1 BauGB zu entwickeln als auch in Übereinstimmung mit den Zielen gem. § 1 Abs. 4 BauGB zu erlassen seien. Damit erfordere aber die städtebauliche Entwicklung und Ordnung einer Gemeinde gem. § 1 Abs. 3 BauGB die regelmäßige Anpassung des Flächennutzungsplans an die Ziele der Raumordnung.[928] Die überwiegende Meinung hingegen leitet aus § 1 Abs. 4 BauGB eine Planänderungspflicht der Gemeinde ab.[929] Das Wort Anpassen verweise auf die Dynamik der festgelegten Pflicht, die fortlaufende Korrekturen verlange.[930]

Richtigerweise ist von einer Planänderungspflicht als Unterfall der Anpassungspflicht auszugehen. Zum einen heißt es, dass die Bauleit*pläne* anzupassen sind. Dies deutet darauf hin, dass nicht nur innerhalb eines aktuellen Planungsvorgangs die Ziele umzusetzen sind, sondern dass auch in bereits fertiggestellten Plänen neue Ziele umzusetzen sind. Zum anderen spricht hierfür der Sinn und Zweck der Norm. Wie die allgemeine Norm des § 4 Abs. 1 Satz 1 ROG dient auch § 1 Abs. 4 BauGB dazu, den raumordnerischen Zielen zur Geltung zu verhelfen. Wenn aber nur innerhalb von Planungsinitiativen der Gemeinden eine Umsetzung zu erfolgen hätte, liefe § 1 Abs. 4 BauGB in weiten Bereichen leer.

Dem kann auch nicht entgegengehalten werden, dass nur § 1 Abs. 3 BauGB die Planungspflicht definiere. § 1 Abs. 3 BauGB spricht davon, dass Bauleitpläne aufzustellen sind, sobald und soweit es für die städtebauliche Entwicklung und Ordnung erforderlich ist.[931] Diese Norm befasst sich also ausschließlich mit der Planungspflicht aus städtebaulichen Gründen. Der unmittelbar darauf folgende § 1 Abs. 4 BauGB zeigt, dass Planungsverpflichtungen auch aus raumordnungsplanerischen Gründen bestehen können. Dass die Raumordnungsplanung auf die Bauleitplanung zwingenden Einfluss haben kann, bestätigt § 205 Abs. 2 Satz 1 BauGB: Der zwangsweise Zusammenschluss der Gemeinden zu einem Planungsverband kann nicht nur aus städtebaulichen Gründen, sondern auch aus Gründen der Raumordnung erfolgen.

Schließlich geht auch der Wille des Gesetzgebers von einer Planänderungspflicht aus. In der Gesetzesbegründung zum Baugesetzbuch 1986 heißt es, dass

---

[928] Gaentzsch, in: BK, § 1 BauGB, Rn. 33.

[929] BVerwG, Beschluss vom 20.08.1992 – 4 NB 20.91, BVerwGE 90, 329 (332 ff.); BayVGH, Urteil vom 16.11.1993 – 8 B 92.3559, BayVBl. 1994, 273 (274); Schmidt-Aßmann, Fortentwicklung, S. 17 ff.; Bülter, Raumordnungspläne, S. 69; Brohm, DVBl. 1980, 653 (655); Brohm, DÖV 1989, 429 (434); Goppel, BayVBl. 1984, 229 (231); Goppel, BayVBl. 1998, 289 (290); Schlarmann, DVBl. 1980, 275 (278); Runkel, in: EZB, § 1 BauGB, Rn. 67; Krautzberger, in: B/K/L, § 1 BauGB, Rn. 32.

[930] Schmidt-Aßmann, Fortentwicklung, S. 18; Brohm, DVBl. 1980, 653 (655).

[931] Siehe dazu allgemein zur Bauleitplanung B. III. 1. b) aa). Speziell zum Flächennutzungsplan: B. III. 2. b).

§ 1 Abs. 4 BauGB eine Pflicht zur Planänderung begründe.[932] Aus dem Gesetzgebungsverfahren zum Bau- und Raumordnungsgesetz 1998 kann nichts Gegenteiliges geschlossen werden: Dort wurde zunächst diskutiert, ob eine rahmenrechtliche Norm für den Erlass eines Planungsgebots geschaffen werden sollte. Mittels dieser Norm sollten Regelungen geschaffen werden, die es den Landesplanungsbehörden erlauben, die Anpassungspflicht aufsichtsrechtlich durchzusetzen.[933] Zwar wurde diese Norm nicht in die endgültige Fassung des Gesetzes übernommen. Daraus kann aber nicht geschlossen werden, dass der Gesetzgeber eine materielle Planänderungspflicht nicht gesetzlich zulassen wollte.[934] Der Gesetzgeber verzichtete vielmehr auf die Regelung der verfahrensrechtlichen Durchsetzung dieser Pflicht, um es den Ländern zu überlassen, ob sie Planungsgebote in ihre Landesplanungsgesetze aufnehmen wollen.[935]

cc) Zwischenergebnis zu „Zusammentreffen von bestehenden Flächennutzungsplan und Zielen der Raumordnung"

Beachtenspflicht und Anpassungspflicht begründen beide eine Planänderungspflicht. § 1 Abs. 4 BauGB kommt damit im wesentlichen die Funktion zu, die Wirkung der Ziele der Raumordnung nochmals klarzustellen. Der Umfang des Konkretisierungsspielraums hängt wieder vom Inhalt der Ziele ab. Je nach Aussagedichte kann der Einfluss der Raumordnung auf die Bauleitplanung von erheblichen Umfang sein.

c) Aufstellung von Zielen der Raumordnung für Gebiete ohne Flächennutzungsplan

Heftig umstritten ist, ob § 1 Abs. 4 BauGB für die Gemeinden eine Erstplanungspflicht begründet. Damit ist der Fall gemeint, dass die Träger der Raumordnungsplanung Ziele für Gebiete erlassen, für die noch keine Bauleitpläne bestehen. Während diese Frage im Rahmen der Bebauungsplanung eine wichtige Rolle spielt, ist sie für die Flächennutzungsplanung nur von untergeordneter Be-

---

932 BT-Drks. 10/4630, S. 60.

933 So § 13 ROG des Regierungsentwurfs zum BauROG 1998 (Abgedruckt in:. BT-Drks. 13/6392, S. 25). Vgl. BT-Drks. 13/6392, S. 86.

934 So aber Gierke, in: Brügelmann, § 1 BauGB, Rn. 429.

935 BT-Drks. 13/7589, III. 2. b) cc), S. 24. Vgl. Runkel, in: Bielenberg/Runkel/Spannowsky, K § 4, Rn. 97. In Bayern hat die Landesplanungsbehörde nach Art. 25 BayLplG die verfahrensrechtliche Befugnis, die materiell-rechtliche Anpassungspflicht der Gemeinden aufsichtsrechtlich durchzusetzen.

So auch Runkel, in: Bielenberg/Runkel/Spannowsky, K § 4, Rn. 98; so wohl auch Stich, BauR 1999, 957 (963).

deutung. Denn für die Flächennutzungsplanung besteht schon nach § 1 Abs. 3 BauGB i. V. m. § 8 Abs. 2 Satz 2 BauGB eine Pflicht, für das Gemeindegebiet einen Flächennutzungsplan aufzustellen. Da der Fall eines selbständigen Bebauungsplans i. S. v. § 8 Abs. 2 Satz 2 BauGB nur selten eintritt, sind die meisten Gemeinden bereits gem. § 1 Abs. 3 BauGB i. V. m. § 8 Abs. 2 Satz 2 BauGB zur Aufstellung eines Flächennutzungsplans verpflichtet.[936] Im Rahmen der Aufstellung eines Flächennutzungsplan wiederum sind sie zur Umsetzung der Ziele der Raumordnung verpflichtet.[937] Deshalb soll nur kurz untersucht werden, ob die Gemeinden gem. § 4 Abs. 1 Satz 1 ROG (aa)) bzw. § 1 Abs. 4 BauGB (bb)) bei entsprechenden Zielen zur Erstplanung verpflichtet sind.

aa) Beachtenspflicht nach § 4 Abs. 1 Satz 1 ROG

Die Frage, ob die Beachtenspflicht auch eine Pflicht zur Erstplanung begründet, wird in der Literatur nur wenig diskutiert, da sich das Hauptaugenmerk auf die baurechtliche Regelung des § 1 Abs. 4 BauGB richtet. Teilweise wird die Beachtenspflicht generell so ausgelegt, dass sie auch zur Erstplanung verpflichtet.[938] Dies folge aus der Aufgabenstellung der Raumordnung gem. § 1 Abs. 1 ROG: Die Raumordnungspläne dienten der Abstimmung von Raumordnungsansprüchen im größeren Raum. Da ihnen aber keine unmittelbare Bindungswirkung zukomme, müssten sie durch andere Pläne zwingend umgesetzt werden können.[939] Andere verneinen eine Erstplanungspflicht mit Verweis darauf, dass auch § 1 Abs. 4 BauGB eine solche nicht enthalte.[940]

Richtigerweise kann § 4 Abs. 1 Satz 1 ROG keine Erstplanungspflicht entnommen werden. Nach dem Wortlaut des § 4 Abs. 1 Satz 1 ROG sind Ziele der Raumordnung bei raumbedeutsamen Planungen zu beachten. Das Wort „bei" weist darauf hin, dass eine Beachtung der Ziele der Raumordnung nur zu erfolgen hat, wenn Planungen gerade vorgenommen werden bzw. wenn Pläne bereits vorliegen. Auch der Gesetzesbegründung zum Bau- und Raumordnungsgesetz 1998 kann nichts Gegenteiliges entnommen werden. In der Begründung zu den bereits erwähnten[941] Planungsgeboten des Regierungsentwurfs wurden zwar verfahrensrechtliche Regelungen sowohl zur Planänderungspflicht als auch zur Erstplanungspflicht angeregt,[942] beide wurden aber nicht in die endgültige Ge-

---

936 Siehe dazu B. III. 2. b).
937 Siehe dazu D. III. 2. a).
938 Runkel, in: Bielenberg/Runkel/Spannowsky, K § 4, Rn. 92; Krautzberger, in: B/K/L, § 1 BauGB, Rn. 33.
939 Runkel, in: Bielenberg/Runkel/Spannowsky, K § 4, Rn. 92.
940 Bülter, Raumordnungspläne, S. 96; Faast, Erstplanungspflicht, S. 88.
941 Siehe D. III. a) bb).
942 BT-Drks. 13/6392, S. 86.

setzesfassung übernommen.[943] Daraus kann nun nicht geschlossen werden, dass die Beachtenspflicht eine materiell-rechtliche Erstplanungspflicht enthält. Vielmehr sollen nach der Aufgabenstellung gem. § 1 Abs. 1 ROG die Raumordnungspläne die unterschiedlichen raumbedeutsamen Planungen aufeinander abstimmen und höchstens Vorsorge für Raumfunktionen und Raumnutzungen treffen, indem sie zukünftige widersprechende Planungen verhindern. Die Aufgabe der Raumordnung wirkt also auf bestehende oder in Vorbereitung befindliche Planungen ein. Raumordnungsplanung dient nicht dazu, andere Planungsträger zur Erstaufstellung von Planungen zu zwingen. § 4 Abs. 1 Satz 1 ROG enthält daher keine Erstplanungspflicht für die Gemeinde.

bb) Anpassungspflicht nach § 1 Abs. 4 BauGB

Ob die Anpassungspflicht nach § 1 Abs. 4 BauGB eine Erstplanungspflicht beinhaltet, ist ebenfalls umstritten. Teilweise wird dies bejaht.[944] Dass der Gesetzgeber auch die Erstplanungspflicht von § 1 Abs. 4 BauGB umfasst sehen wolle, zeige sich an der Gesetzesbegründung zum Baugesetzbuch 1986: Dort verzichtete der Gesetzgeber ausdrücklich auf eine Umformulierung des § 1 Abs. 4 BauGB, da nach der gesetzgeberischen Ansicht eine erstmalige Aufstellungspflicht bereits in § 1 Abs. 4 BauGB enthalten sei.[945] Andere verneinen eine Erstplanungspflicht.[946]

Aus dem Willen des Gesetzgebers ist weder für die eine noch für die andere Meinung Eindeutiges zu entnehmen.[947] In der Begründung, die zum Zeitpunkt des Erlasses des § 1 Abs. 3 BBauG 1960 gegeben wurde, findet sich zur Frage der Erstplanungspflicht nichts Eindeutiges.[948] Der Gesetzgeber im Jahr 1976 ließ die Regelung des § 1 Abs. 3 BBauG 1960 unverändert fortgelten und verzichtete ausdrücklich darauf, eine Regelung ins Gesetz aufzunehmen, die die Gemeinde zur Aufstellung von Bauleitplänen infolge von Zielen der Raumordnung verpflichten würde.[949] Daraus kann aber nicht geschlossen werden, dass keine Erstplanungspflicht existiert. Denn eine Gesetzesbegründung, nach der eine Erstplanungspflicht nicht ins Gesetz aufgenommen wird, weil der Gesetzgeber auf eine solche Pflicht verzichten will, ändert an der fortbestehenden Rechtslage nichts –

---

[943] BT-Drks. 13/7589, S. 24.

[944] Schmidt-Aßmann, Fortentwicklung, S. 18 ff.; Goppel, BayVBl. 1998, 289 (290); Spiecker, S. 122; Krautzberger, in: B/K/L, § 1 BauGB, Rn. 32; Runkel, in: EZB, § 1 BauGB, Rn. 67.

[945] BT-Drks. 10/4630, S. 60.

[946] Bülter, Raumordnungspläne, S. 72 ff.; Faast, S. 77 ff.; Schlarmann, DVBl. 1980, 275 (278); Brohm, DÖV 1989, 429 (434); Schroeder, UPR 2000, 52 (57); Gierke, in: Brügelmann, § 1 BauGB, Rn. 435.

[947] Ähnlich Schmidt-Aßmann, Fortentwicklung, S. 19.

[948] Vgl. BT-Drks. 3/336, S. 62; BT-Drks. 3/zu 1794, S. 3.

[949] BT-Drks. BT-Drks. 7/4793, S. 9.

egal, ob diese Pflicht nun existierte oder nicht. Der Gesetzgeber hat höchstens die Anpassungspflicht fehlerhaft ausgelegt und es deshalb möglicherweise unterlassen, eine existierende Erstplanungspflicht abzuschaffen. Ebenso wenig kann die Begründung zum Baugesetzbuch 1986 eine Erstplanungspflicht dadurch begründen, dass der Gesetzgeber nun meint, eine solche Pflicht sei bereits in der Anpassungspflicht enthalten.[950] Die Norm hat seit 1960 keine Änderung im Wortlaut und damit im Sinngehalt erfahren außer, dass der Begriff der „Ziele der Raumordnung und Landesplanung" durch den der „Ziele der Raumordnung" ersetzt wurde.[951] Ein Meinungswandel des Gesetzgebers zu einer Rechtsfrage, der in verschiedenen Gesetzesbegründungen anlässlich anderer Gesetzesänderungen wiedergegeben wird, kann eine Pflicht weder begründen noch abschaffen.

Um festzustellen, ob eine Erstplanungspflicht besteht, ist auf die Auslegung des Wortlauts und auf teleologische Gesichtspunkte zurückzugreifen. Gegen die Erstplanungspflicht spricht auf den ersten Blick der Wortlaut der Norm. Nach § 1 Abs. 4 BauGB sind Bauleitpläne den Zielen anzupassen. Dies deutet darauf hin, dass nur bestehende und in Vorbereitung befindliche Bauleitpläne erfasst sind. Auch der Begriff des Anpassens setzt etwas bereits Vorhandenes voraus.[952] Andererseits spricht der Sinn und Zweck des § 1 Abs. 4 BauGB für die Erstplanungspflicht. Sinn und Zweck der Norm ist nach Vorstellung des Gesetzgebers des Bundesbaugesetzes von 1960 abzusichern, dass die Bauleitpläne die Ziele der Raumordnung nicht behindern.[953] Mit der Anpassungspflicht soll erreicht werden, dass die beiden Planungsebenen der Raumordnung und der Bauleitplanung nicht im Widerspruch zueinander stehen, aber auch, dass die Bauleitplanung die Umsetzung der Ziele der Raumordnung befördert, soweit dies nach dem Inhalt des jeweiligen Ziels vonnöten ist.[954] Deshalb ist § 1 Abs. 4 BauGB teleologisch so auszulegen, dass mit dem Begriff der Bauleitpläne allgemein die Bauleitplanung der Gemeinde gemeint ist und dass deshalb eine Pflicht zur Erstplanung besteht, wenn ein Ziel nach einer Umsetzung durch die Erstaufstellung eines Bauleitplans verlangt.

---

[950] BT-Drks. 10/4630, S. 60.

[951] Vgl. dazu BT-Drks. 13/6392, S. 42.

[952] Schlarmann, DVBl. 1980, 275 (278); Brohm, DVBl. 1980, 653 (655); Gierke, in: Brügelmann, § 1 BauGB, Rn. 435.

[953] BT-Drks. 3/zu 1794, Erster Teil, zu § 1, S. 3.

[954] Schmidt-Aßmann, Fortentwicklung, S. 19 ff.

cc) Zwischenergebnis zu „Aufstellung von Zielen der Raumordnung für Gebiete ohne Flächennutzungsplan"

Während die Beachtenspflicht des § 4 Abs. 1 Satz 1 ROG keine Erstplanungspflicht begründet, erweitert § 1 Abs. 4 BauGB gegenüber der Beachtenspflicht die Bindung der Gemeinden an die Ziele der Raumordnung. Die baurechtliche Spezialnorm enthält eine Erweiterung der Beachtenspflicht, indem sie eine Erstplanungspflicht begründet. Voraussetzung ist allerdings, dass ein Ziel nach einer Umsetzung durch die Erstaufstellung eines Bauleitplans verlangt.[955] § 1 Abs. 4 BauGB ist daher mit Blick auf die Erstplanungspflicht eine erweiternde Raumordnungsklausel i. S. v. § 4 Abs. 5 ROG. Für die Flächennutzungsplanung hat diese Pflicht aber nur eine geringe Auswirkung, da die Gemeinde bereits nach § 1 Abs. 3 BauGB i. V. m. § 8 Abs. 2 Satz 2 BauGB in der überwiegenden Zahl der Fälle zur Planung verpflichtet ist und bei Gelegenheit dieser Planung auch die Ziele zu beachten hat.

d) Pflicht zur Berücksichtigung von Grundsätzen der Raumordnung in der Flächennutzungsplanung

Neben Zielen der Raumordnung können Raumordnungspläne auch Grundsätze der Raumordnung enthalten. Gem. § 4 Abs. 2 ROG sind die Grundsätze von öffentlichen Stellen bei raumbedeutsamen Planungen und Maßnahmen nach Absatz 1 in der Abwägung oder bei der Ermessensausübung nach Maßgabe der dafür geltenden Vorschriften zu berücksichtigen. Damit besteht für die Gemeinde als öffentliche Stelle i. S. v. § 3 Nr. 5 ROG bei ihrer Flächennutzungsplanung als raumbedeutsamer Planung i. S. v. § 3 Nr. 6 ROG eine Pflicht zur Berücksichtigung der Grundsätze der Raumordnung unter den Voraussetzungen des § 4 Abs. 2 ROG. Bevor untersucht wird, welchen Einfluss die Pflicht zur Berücksichtigung der Grundsätze auf die Flächennutzungsplanung hat (bb)), soll der Begriff der Grundsätze der Raumordnung kurz erläutert werden (aa)).

aa) Grundsätze der Raumordnung

Grundsätze der Raumordnung sind gem. § 3 Nr. 3 ROG allgemeine Aussagen zur Entwicklung, Ordnung und Sicherung des Raumes in oder auf Grund von § 2 ROG als Vorgaben für nachfolgende Abwägungs- oder Ermessensentscheidungen. Grundsätze sind auf bundesrechtlicher Ebene in § 2 Abs. 2 ROG enthalten. Daneben können sie gem. § 2 Abs. 3 HS. 1 ROG in Landesgesetzen, so z.

---

[955] Runkel, in: Bielenberg/Runkel/Spannowsky, K § 4, Rn. 94.

B. in Art. 2 BayLplG, oder gem. § 2 Abs. 3 HS. 2 ROG in Raumordnungsplänen aufgestellt werden. Die Grundsätze enthalten Aussagen zur Entwicklung, Ordnung und Sicherung des Raumes. Damit nimmt § 3 Nr. 3 ROG auf die Aufgabe der Raumordnung gem. § 1 Abs. 1 ROG Bezug. Wie die Ziele der Raumordnung können die Grundsätze nur Aussagen innerhalb des Kompetenzbereichs der Raumordnung treffen.[956]

Grundsätze sind im Gegensatz zu Zielen nur allgemeine Aussagen. Sie sind weder verbindliche Vorgaben noch müssen sie sachlich und räumlich bestimmt oder bestimmbar sein. Deshalb bilden sie keine abschließend abgewogenen Festlegungen, sondern öffentliche Belange, die erst in nachfolgenden Abwägungs- und Ermessensentscheidungen konkretisiert und abschließend abgewogen werden; Grundsätze der Raumordnung sind daher Abwägungsdirektiven für nachfolgende planerische Entscheidungen.[957] Letztlich liegt ein Grundsatz der Raumordnung und kein Ziel vor, wenn die raumordnerische Aussage entweder nicht sachlich mindestens bestimmbar oder nicht räumlich mindestens bestimmbar oder nicht abschließend abgewogen ist.

Schließlich dürfen die landesgesetzlich oder raumordnungsplanerisch aufgestellten Grundsätze gem. § 2 Abs. 3 HS. 1 ROG nicht § 2 Abs. 2 ROG, also den bundesrechtlichen Grundsätzen, und § 1 ROG widersprechen. Zwar müssen Grundsätze kein widerspruchsfreies System bilden, sondern können verschiedene, auch gegensätzliche Aspekte aufzählen.[958] Trotzdem dürfen auf landesrechtlicher Grundlage ergangene Grundsätze die bundesrechtlichen oder auch die jeweiligen höherrangigeren Grundsätze nicht außer Kraft setzen. Ein Widerspruch zu höherrangigeren Grundsätzen entsteht erst dort, wo der Sinngehalt der bundesrechtlichen Grundsätze umgekehrt oder entstellt wird.[959] Im Rahmen der Aufstellung neuer Grundsätze sind die vorhandenen Grundsätze, insbesondere die aus höherrangigen Quellen, gem. § 7 Abs. 7 S. 1 ROG gegeneinander und untereinander und gem. § 7 Abs. 7 Satz 2 ROG mit sonstigen auf dieser Planungsebene erkennbaren und bedeutsamen öffentlichen und privaten Belangen abzuwägen. So können die höherrangigeren Grundsätze i. S. v. § 7 Abs. 1 Satz 1 ROG unter Berücksichtigung von Leitvorstellung und Gegenstromprinzip zu neuen Grundsätzen konkretisiert werden.[960]

---

[956] Spiecker, S. 97 ff; Runkel, in: Bielenberg/Runkel/Spannowsky, K § 3 Rn. 174.

[957] Hoppe, DVBl. 1993, 681 (683); Spiecker, S. 100 ff.; Goppel, BayVBl. 1999, 331 (332); Runkel, in: Bielenberg/Runkel/Spannowsky, K § 3 Rn. 171.

[958] Goppel, BayVBl. 1999, 331 (332); Spiecker, S. 61.

[959] Spiecker, S. 103 ff., Runkel, in: Bielenberg/Runkel/Spannowsky, K § 3, Rn. 177.

[960] Spiecker, S. 104; Runkel, WiVerw 1997, 267 (272); Runkel, in: Bielenberg/Runkel/Spannowsky, K § 3, Rn. 173; a. A. Goppel, BayVBl. 1999, 331 (334): Nach Goppel werden Grundsätze nicht auf Grund einer planerischen Abwägung geschaffen, sondern auf Grund einer Auswahlentscheidung, die einzelnen Belangen durch ihre Aufnahme in den Kanon der Grundsätze ein besonders Gewicht verleihe. Die Auswahl der Belange, denen ein besonderes Gewicht verliehen werden soll, wird aber durch eine Entscheidung gefällt, die

bb) Berücksichtigungspflicht nach § 4 Abs. 2 ROG

Die Grundsätze der Raumordnung sind gem. § 4 Abs. 2 ROG von öffentlichen Stellen bei raumbedeutsamen Planungen und Maßnahmen nach § 4 Abs. 1 ROG in der Abwägung oder bei der Ermessensausübung nach Maßgabe der dafür geltenden Vorschriften zu berücksichtigen. Berücksichtigen bedeutet, dass die öffentlichen Stellen die Grundsätze der Raumordnung als öffentliche Belange mit dem ihnen zukommenden Gewicht in ihre Abwägungs- und Ermessensentscheidung einstellen müssen; die Grundsätze können dann nach den allgemeinen Abwägungsregeln durch andere Belange überwunden werden.[961] § 4 Abs. 2 ROG knüpft die Geltung der Berücksichtigungspflicht an die für die jeweilige raumbedeutsame Planung oder Maßnahme geltenden Vorschriften. Eine Berücksichtigungspflicht besteht daher nur, soweit die öffentliche Stelle nach den maßgeblichen fachgesetzlichen Vorschriften eine Abwägungs- oder Ermessensentscheidung zu treffen hat.[962]

Da die gemeindliche Bauleitplanung eine raumbedeutsame Planung einer öffentlichen Stelle i. S. v. § 4 Abs. 1 Satz 1 ROG i. V. m. § 3 Nr. 5, Nr. 6 ROG ist und die Gemeinde gem. § 1 Abs. 6 BauGB eine Abwägungsentscheidung zu treffen hat, besteht für die Gemeinde die Berücksichtigungspflicht. In der Berücksichtigungspflicht kommt das Gegenstromprinzip[963] des § 1 Abs. 3 ROG zum Ausdruck, dass die verschiedenen Planungsebenen zur Berücksichtigung der Planungsvorstellungen der anderen verpflichtet. Da sich die Berücksichtigungspflicht i. S. v. § 4 Abs. 2 ROG nach den fachgesetzlichen Vorschriften richtet, gilt sie – anders als die Beachtenspflicht oder Anpassungspflicht – nur, wenn die Gemeinde sich freiwillig zur Neuaufstellung oder Änderung des Flächennutzungsplans entschließt. Denn das Baugesetzbuch sieht keine erneute Abwägung und Überarbeitung der Flächennutzungsplanung vor, soweit und sobald sich die einer Abwägungsentscheidung zugrundeliegenden Grundsätze der Raumordnung verändern. Vielmehr sind die Bauleitpläne nach § 1 Abs. 4 BauGB nur den Zielen der Raumordnung anzupassen.

---

verschiedene Nutzungsansprüche bewertet und überlegt, welchem Interesse dadurch ein besonders Gewicht verliehen werden soll, dass es von der Berücksichtigungspflicht des § 4 Abs. 2 ROG erfasst wird. Damit beruht die Auswahlentscheidung letztlich auf einem Abwägungsvorgang, der aber für sich keine abschließende Wirkung beansprucht, sondern gleichsam „global" vorgeht (ähnlich Spiecker, S. 101, 104).

961 Spiecker, S. 124; Runkel, in: Bielenberg/Runkel/Spannowsky, K § 4, Rn. 170.

962 Runkel, in: Bielenberg/Runkel/Spannowsky, K § 4, Rn. 174.

963 Siehe dazu D. III.

cc) Zwischenergebnis zu „Pflicht zur Berücksichtigung von Grundsätzen der Raumordnung in der Flächennutzungsplanung"

Der Einfluss, den die Grundsätze der Raumordnung auf die Flächennutzungsplanung nehmen können, ist in zweierlei Hinsicht im Vergleich zum Einfluss der Ziele der Raumordnung beschränkt. Zum einen vermögen es die Grundsätze nicht, die Flächennutzungsplanung inhaltlich zwingend zu binden, sondern sie beeinflussen lediglich das Abwägungsmaterial. Zum anderen kann die Raumordnungsplanung durch die bloße Änderung der Grundsätze keinen Einfluss auf die Flächennutzungsplanung ausüben. Vielmehr ist die Gemeinde zur Berücksichtigung nur verpflichtet, wenn sie von sich aus eine Planung in Angriff nimmt. Gegenüber den Grundsätzen der Raumordnung hat die gemeindliche Flächennutzungsplanung daher eine starke Stellung. Hingewiesen sei noch darauf, dass in Aufstellung befindliche Ziele als Erfordernisse der Raumordnung i. S. v. § 3 Nr. 4 ROG ebenfalls der Berücksichtigungspflicht des § 4 Abs. 2 ROG unterliegen.

3. Materiell-rechtlicher Einfluss des Flächennutzungsplans auf die Raumordnungspläne

Da der Flächennutzungsplan ebenso wie die Raumordnungspläne Aussagen zur Nutzung des gemeindlichen Raumes trifft, ist es für die Gemeinde wichtig, schon frühzeitig die Raumordnungsplanung nach ihren Vorstellungen zu beeinflussen. Nach § 9 Abs. 2 ROG haben die regionalen Planungsverbände ihre Regionalpläne nicht nur aus dem das ganze Landesgebiet umfassenden Plan zu entwickeln, sondern auch die Flächennutzungspläne entsprechend § 1 Abs. 3 ROG in der Abwägung nach § 7 Abs. 7 ROG zu berücksichtigen. Im Rahmen der Abwägung entscheidet der Planungsträger über die aufzustellenden Ziele und Grundsätze der Raumordnung.

Aus der Regelung des § 9 Abs. 2 ROG könnte nun geschlossen werden, dass nur im Rahmen der Regionalplanung die Flächennutzungspläne in die Abwägung einzustellen sind, nicht jedoch in die das ganze Landesgebiet erfassende Planung, da der Gesetzgeber andernfalls die Flächennutzungsplanung nicht nur für die Regionalplanung in § 9 Abs. 2 ROG für berücksichtigungsfähig erklärt hätte, sondern auch für die Landesplanung. Diese Sichtweise greift jedoch zu kurz. Für die Landesplanung gilt die allgemeine Regelung des § 7 Abs. 7 ROG. Durch die Abwägung sind gem. § 7 Abs. 1 Satz 1 ROG die Grundsätze der Raumordnung nach Maßgabe der Leitvorstellung des § 1 Abs. 2 ROG und des Gegenstromprinzips des § 1 Abs. 3 ROG zu konkretisieren. Diese Bestimmung wird gem. § 7 Abs. 7 Satz 1 ROG dadurch ergänzt, dass zur Entwicklung neuer Grundsätze und zur Aufstellung von Zielen, die Grundsätze der Raumordnung gegeneinander und untereinander abzuwägen sind. Neben den Grundsätzen der Raumordnung hat der Raumplanungsträger gem. § 7 Abs. 7 Satz 2 ROG auch sonstige öffentliche Belange sowie private Belange in der Abwägung zu berücksichtigen, soweit sie auf der jeweiligen Planungsebene erkennbar und von Bedeutung sind. Auf dem Hintergrund des Gegenstromprinzips und des gemeindlichen Selbstverwaltungsrechts ist der Flächennutzungsplan ein öffentlicher Belang i. S. v. § 7 Abs. 7 Satz 2 ROG. Der Flächennutzungsplan gibt nämlich die von der Gemeinde beabsichtigte städtebauliche Entwicklung und Ordnung und damit ihre Vorstellungen über die Bodennutzung wieder. Er ist ein für die Landesplanung erkennbarer Belang, der für sie von Bedeutung i. S. v. § 7 Abs. 7 Satz 2 ROG ist. Denn auch die Landesplanung legt Ziele der Raumordnung fest, die über § 1 Abs. 4 BauGB und § 4 Abs. 1 ROG[964] für die Gemeinde im Rahmen ihrer Flächennutzungsplanung verbindlich sind. Damit bilden die in den Raumordnungsplänen festgelegten Ziele aber Beschränkungen für die dem Recht der Selbstverwaltung zuzuordnende Flächennutzungsplanung.[965] Ein solche Begrenzung kann wiederum nur zulässig sein, wenn der Landesplanungsträger bei der Festlegung der Ziele die Belange der Gemeinde, wie sie aus dem Flächennutzungsplan zum Ausdruck kommen, berücksichtigt hat. Schließlich ist § 7 Abs. 2 Satz 2 ROG gem. § 7 Abs. 1 Satz 1 ROG im Lichte des Gegenstromprinzips auszulegen. Das Gegenstromprinzip verpflichtet die verschiedenen Gesamtplanungsebenen zur Rücksichtnahme auf die Interessen der anderen Planungsebenen. Es bezieht sich nicht nur auf das Verhältnis von Landesplanung und Regionalplanung, sondern auch auf das Verhältnis von Raumordnungsplanung und Bauleitplanung.[966] § 9 Abs. 2 Satz 2 ROG ist deshalb nur klarstellender Natur und betont die Tatsache, dass die Regionalplanung wegen ihres höheren Konkretisierungsgrades oft spürbarere Auswirkungen auf die Flächennutzungsplanung hat als die Landesplanung.

Die planerischen Vorstellungen der Gemeinde, wie sie aus dem Flächennutzungsplan zum Ausdruck kommen, sind also in die Abwägung des Landes- oder Regionalplanungsträgers einzustellen. Wegen der Bindungswirkung, die ein Ziel der Raumordnung gem. § 1 Abs. 4 BauGB, § 4 Abs. 1 ROG für die Bauleitplanung hat, können die städtebaulichen Belange aber im Wege der Abwägung nur zurückgestellt werden, wenn und soweit dies überörtliche Interessen von höherem Gewicht erfordern und der Grundsatz der Verhältnismäßigkeit eingehalten wird. Nur dann ist der Eingriff in das gemeindliche Selbstverwaltungsrecht[967] gerechtfertigt.[968]

---

[964] Siehe dazu D. III. 2. a).
[965] Siehe B. IV. 2.
[966] Erbguth/Schoeneberg, Rn. 47; Gierke, in: Brügelmann, § 1 BauGB, Rn. 389.
[967] Siehe dazu B. IV. 1. a) bb).
[968] Siehe dazu D. III. 2. a) bb) (2). Vgl. auch BVerwG, Urteil vom 15.05.2003 – 4 CN 9/01, NVwZ 2003, 1263 ff.

4. Zwischenergebnis zu „Das Verhältnis der Flächennutzungsplanung zu Planungen anderer Planungsträger“

Das Beeinflussungsverhältnis von Raumordnungsplanung und Flächennutzungsplanung hat sowohl eine formelle als auch eine materielle Seite. Für beide Aspekte formuliert das Gegenstromprinzip des § 1 Abs. 3 ROG allgemein, dass jede Planungsebene auf die Belange der anderen Rücksicht zu nehmen hat.

Die verfahrensrechtliche Beteiligung der Raumordnungsplanungsträger im flächennutzungsplanerischen Aufstellungs- oder Änderungsverfahren ist über § 4 BauGB sichergestellt. Im Bereich der Raumordnungsplanung für das gesamte Landesgebiet gilt in Bayern, dass die Interessen der Gemeinde nur durch den regionalen Planungsverband vertreten werden. Dieser gibt zu Raumordnungsplanungen Stellungnahmen ab. Mittelbar hat die Gemeinde jedoch auf die Stellungnahme als Mitgliedsgemeinde des Planungsverbandes Einfluss, da sie an dessen Willensbildung mitwirkt. Als Ausgleich für die mittelbare Beteiligung ist der regionale Planungsverband zur Abgabe einer Stellungnahme verpflichtet. Wesentlich stärker ist die verfahrensrechtliche Stellung der Gemeinde im Bereich der Regionalplanung. Hier kann sie als Mitgliedsgemeinde die Willensbildung des Verbandes beeinflussen. Darüber hinaus ist sie gesondert zu beteiligen, wenn sie unmittelbar durch die Regionalplanung betroffen sein wird.

Was die gegenseitige inhaltliche Einflussnahme der Planungen betrifft, so hat die Raumordnungsplanung im Bereich der Zielfestlegung eine starke Stellung gegenüber der gemeindlichen Planung. Der Gemeinde obliegt sowohl bei Gelegenheit einer aus eigener Initiative vorgenommenen Planänderung oder Planneuaufstellung als auch im Rahmen eines bestehenden Flächennutzungsplans eine Beachtenspflicht nach § 4 Abs. 1 Satz 1 ROG als auch eine inhaltsgleiche Anpassungspflicht nach § 1 Abs. 4 BauGB. Darüber hinaus umfasst die Anpassungspflicht nach § 1 Abs. 4 BauGB eine Erstplanungspflicht, der aber im Bereich der Flächennutzungsplanung wegen § 1 Abs. 3 BauGB i. V. m. § 8 Abs. 2 Satz 2 BauGB keine große Bedeutung zukommt. Der Umfang der Bindung der Gemeinde richtet sich nach der Aussagedichte der Ziele. Ein Ziel, das der Gemeinde auf der Flächennutzungsplanebene kaum nennenswerten eigenen planerischen Spielraum lässt, ist wegen des verfassungsrechtlichen Schutzes des gemeindlichen Selbstverwaltungsrechts gem. Art. 28 Abs. 2 Satz 1 GG zulässig, wenn die Ziele dem Grundsatz der Verhältnismäßigkeit einhalten. Deshalb sind Ziele, deren inhaltliche Schärfe der Gemeinde wenig Spielraum lässt, nur in Einzelfällen zulässig. Damit setzt die Raumordnungsplanung der Gemeinde regelmäßig nur einen Planungsrahmen und lässt ihr einen ausreichenden Konkretisierungsspielraum. Anpassungspflicht und Beachtenspflicht sind dann mit dem Entwicklungsgebot vergleichbar.

Umgekehrt hat der Träger der Raumordnungsplanung die gemeindlichen planerischen Vorstellungen wie sie sich aus der Flächennutzungsplanung ergeben, (nur) in seiner Abwägung zu berücksichtigen. Die Gemeinde sollte daher ihre Flächennutzungsplanung regelmäßig überarbeiten, um so für die Berücksichtigung ihrer aktuellen Vorstellungen im Rahmen der höherrangigeren Raumordnungsplanung zu sorgen.

Weniger Einfluss hat der Träger der Raumordnung auf die gemeindliche Planung über die Festlegung von Grundsätzen. Da diese lediglich eine Berücksichtigungspflicht begründen, kann die Gemeinde bei entsprechenden Gewicht anderer städtebaulicher Belange auch eine Planung verfolgen, die die Grundsätze nicht voll umsetzt.

E. Das Verhältnis der Flächennutzungsplanung zur Zulässigkeit von Einzelvorhaben nach den Vorschriften der §§ 29 ff. BauGB

Gegenstand des Bauplanungsrechts ist die Regelung der Bodennutzung (§ 1 Abs. 1 BauGB). Ob ein Vorhaben, durch das der Boden in einer Gemeinde in einer bestimmten Art und Weise genutzt wird, zulässig ist, entscheidet sich grundsätzlich[969] nach den Vorschriften der §§ 30 ff. BauGB. Voraussetzung ist, dass ein Vorhaben i. S. v. § 29 Abs. 1 BauGB vorliegt. Vorhaben i. S. v. § 29 Abs. 1 BauGB sind solche, die die Errichtung, Änderung oder Nutzungsänderung von baulichen Anlagen zum Inhalt haben, oder deren Gegenstand Aufschüttungen und Abgrabungen größeren Umfangs sowie Ausschachtungen, Ablagerungen einschließlich Lagerstätten sind. Nutzungen, die nicht unter den Vorhabensbegriff des § 29 Abs. 1 BauGB fallen, unterfallen nicht den Zulässigkeitsvoraussetzungen der §§ 30 ff. BauGB.

Während die Festsetzungen des Bebauungsplans, der gem. § 10 Abs. 1 BauGB als Satzung und damit als Rechtsnorm erlassen wird, gem. § 1 Abs. 2 BauGB und § 8 Abs. 1 BauGB rechtsverbindlich sind, haben die Darstellungen des Flächennutzungsplans aus sich selbst heraus keine Außenwirkung.[970] Deshalb kann der Flächennutzungsplan die Zulässigkeit eines Vorhabens nur beeinflussen, wenn dies gesetzlich angeordnet ist.[971]

Welchen Zulässigkeitsvoraussetzungen ein Vorhaben nach §§ 30 ff. BauGB unterliegt, hängt davon ab, in welchem Planbereichstyp es verwirklicht werden soll. Besteht ein qualifizierter Bebauungsplan i. S. v. § 30 Abs. 1 BauGB oder ein vorhabenbezogener Bebauungsplan i. S. v. § 30 Abs. 2 BauGB, dann richtet sich die Zulässigkeit nach den Festsetzungen des Bebauungsplans. Besteht kein derartiger Bebauungsplan, dann richtet sich die Zulässigkeit im Innenbereich nach § 34 Abs. 1 oder Abs. 2 BauGB, im Außenbereich nach § 35 BauGB. Zum Innenbereich zählen gem. § 34 Abs. 1 BauGB die im Zusammenhang bebauten Ortsteile einer Gemeinde; Außenbereich ist dagegen alles, was nicht Innenbereich i. S. v. § 34 Abs. 1 BauGB ist und nicht mit einem qualifizierten oder vorhabenbezogenen Bebauungsplan nach § 30 Abs. 1 oder Abs. 2 BauGB be-

---

[969] Eine Ausnahme besteht z. B. in den Fällen des § 38 BauGB.

[970] BVerwG, Beschluss vom 20.07.1990 – 4 N 3/88, NVwZ 1991, 262 (263); Gierke, in: Brügelmann, § 8 BauGB, Rn. 54; Löhr, in: B/K/L, § 8 BauGB, Rn. 1; Schlichter, in: Brügelmann, § 1 BauGB, Rn. 5.

[971] BVerwG, Urteil vom 06.10.1989 – 4 C 28/86, NVwZ 1991, 161; BVerwG, Beschluss vom 20.07.1990 – 4 N 3/88, NVwZ 1991, 262 (263).

plant ist.[972] In den Fällen, in denen ein Bebauungsplan besteht, der nicht die Voraussetzungen für einen qualifizierten Bebauungsplan i. S. v. § 30 Abs. 1 BauGB erfüllt, der also nicht mindestens Festsetzungen über Art und Maß der baulichen Nutzung, überbaubare Grundstücksflächen und die örtlichen Verkehrsflächen enthält, und der auch kein vorhabenbezogener Bebauungsplan i. S. v. § 30 Abs. 2 BauGB ist, ist ein Vorhaben gem. § 30 Abs. 3 BauGB zulässig, wenn es mit den Festsetzungen des Bebauungsplans vereinbar ist, und im übrigen die Voraussetzungen des § 34 BauGB oder § 35 BauGB erfüllt.

Ob die Zulässigkeit eines Vorhabens von den Darstellungen eines Flächennutzungsplans abhängt, soll zunächst für den qualifiziert und vorhabenbezogen beplanten Bereich untersucht werden (I.), dann für den unbeplanten (und einfach beplanten) Innenbereich (II.), schließlich für den unbeplanten (und einfach beplanten) Außenbereich (III.).

I. Qualifiziert beplante und vorhabenbezogen beplante Gemeindegebietsbereiche

In qualifiziert überplanten Gemeindegebietsbereichen ist ein Vorhaben i. S. v. § 29 BauGB gem. § 30 Abs. 1 BauGB zulässig, wenn es den Festsetzungen des Bebauungsplans nicht widerspricht und die Erschließung gesichert ist. Das gleiche gilt für Vorhaben im Bereich eines vorhabenbezogenen Bebauungsplan gem. § 30 Abs. 2 BauGB. Auf eine Vereinbarkeit mit den Darstellungen des Flächennutzungsplans kommt es nach diesen Normen nicht an,[973] so dass der Flächennutzungsplan mangels Verbindlichkeit nach außen im Bereich des § 30 Abs. 1 und Abs. 2 BauGB keine Rolle spielt.[974]

Anderseits ist ein Bebauungsplan nur dann wirksam, wenn seine Festsetzungen aus den Darstellungen des Flächennutzungsplans gem. § 8 Abs. 2 Satz 1 BauGB entwickelt worden sind.[975] Da ein Bebauungsplan aber wirksam fortbesteht, auch wenn die Darstellungen nach seinem Erlass geändert werden, kann der Fall eintreten, dass das Vorhaben zwar mit den Festsetzungen des Bebauungsplans vereinbar ist, nicht aber mit den Darstellungen des Flächennutzungsplans.[976]

---

[972] Bracher, in: Gelzer/Bracher/Reidt, Rn. 2389; Krautzberger, in: B/K/L, § 35 BauGB, Rn. 2; Dürr, in: Brügelmann, § 35 BauGB, Rn. 5; Jäde, in: Jäde/Dirnberger/Weiß, § 35 BauGB, Rn. 1. Vgl. insoweit auch den klarstellenden § 30 Abs. 3 BauGB.

[973] BVerwG, Urteil vom 25.10.1967 – IV C 86.66, BVerwGE 28, 148 (152); BVerwG, Urteil vom 06.12.1968 – IV C 71.67, DVBl. 1969, 256 (257); Söfker, in: EZB, § 30 BauGB, Rn. 26; Schlichter, in: BK, § 30 BauGB, Rn. 8; Löhr, in: B/K/L, § 30 BauGB, Rn. 13; Dürr, in: Brügelmann, § 30 BauGB, Rn. 12.

[974] Siehe dazu in den einführenden Worten zu E.

[975] Siehe dazu C. II.

[976] Söfker, in: EZB, § 30 BauGB, Rn. 26.

II. Unbeplanter (und einfach beplanter) Innenbereich

Im unbeplanten Innenbereich ist ein Vorhaben gem. § 34 Abs. 1 Satz 1 BauGB zulässig, wenn es sich nach Art und Maß der baulichen Nutzung, der Bauweise und der Grundstücksflächen, die überbaut werden sollen, in die Eigenart der näheren Umgebung einfügt und die Erschließung gesichert ist. Nach § 34 Abs. 2 BauGB richtet sich die Zulässigkeit des Vorhabens hinsichtlich der Art der baulichen Nutzung nach der Baunutzungsverordnung, wenn die nähere Umgebung einem der dort aufgezählten Baugebiete entspricht. Soweit ein einfacher Bebauungsplan Festsetzungen enthält, sind auch diese einzuhalten (§ 30 Abs. 3 BauGB);[977] enthält er Festsetzungen zur Art oder zum Maß der baulichen Nutzung, zur Bauweise oder zu den überbaubarer Grundstücksflächen, dann verdrängt er insoweit den Maßstab des § 34 BauGB.[978]

Maßgeblich für die Zulässigkeit eines Vorhabens nach § 34 Abs. 1 BauGB ist das Einfügen in die Eigenart der näheren Umgebung. Es kommt allein auf das vorhandene Umfeld an;[979] die Planungsvorstellungen der Gemeinde, wie sie im Flächennutzungsplan zum Ausdruck kommen, sind deshalb ohne Bedeutung.[980] Soweit ein einfacher Bebauungsplan einzelne Festsetzungen enthält, kommt

---

[977] Der gem. § 1 Abs. 2 BauGB, § 8 Abs. 1 BauGB rechtsverbindliche Bebauungsplan gilt aus sich selbst heraus. (vgl. BVerwG, Urteil vom 18.08.1964 – I C 63.62, BVerwGE 19, 164 (167)). § 30 Abs. 3 BauGB ist deshalb nur klarstellender Natur (vgl. BT-Drks. 10/4630, S. 84).

[978] BVerwG Urteil vom 03.02.1984 – 4 C 8.80, ZfBR 1984, 137 (139); Söfker, in: EZB, § 30 BauGB, Rn. 33, 34; Dürr, in: Brügelmann, § 30 BauGB, Rn. 14; Löhr, in: B/K/L, § 30 BauGB, Rn. 8.

[979] BVerwG, Urteil vom 26.05.1978 – 4 C 9.77, BVerwGE 55, 369 (380 ff.); Söfker, in: EZB, § 34 BauGB, Rn. 35; Dürr, in: Brügelmann, § 34 BauGB, Rn. 19; Löhr, in: B/K/L, § 34 BauGB, Rn. 14.

[980] Söfker, in: EZB, § 34 BauGB, Rn. 73; Dürr, in: Brügelmann, § 34 BauGB, Rn. 47; Krautzberger, in: B/K/L, § 34 BauGB, Rn. 28.Vgl. auch BVerwG, Urteil vom 03.04.1981 – 4 C 61.78, BVerwGE 62, 151 (153). Das Bundesverwaltungsgericht entschied dort zur alten Fassung des § 34 BBauG 1976 (BGBl. I 1976, 2221 ff.). Dort hieß es, dass das Vorhaben sich in die nähere Umgebung einfügen müsste und dass dem Vorhaben auch sonstige öffentliche Belange nicht entgegenstehen dürften. Das Bundesverwaltungsgericht war der Meinung, dass die Darstellungen des Flächennutzungsplans keine derartigen entgegenstehenden öffentlichen Belange bilden könnten. Die Vorschriften über die Zulässigkeit eines Vorhabens im Innenbereich bildeten eine Art Planersatz, der auf der gleichen Stufe stehe, wie die mit einem Bebauungsplan überplanten Vorschriften. Da der Flächennutzungsplan als rein vorbereitender Plan im Geltungsbereich eines Bebauungsplans die Zulässigkeit von Vorhaben nicht beeinflussen könne, könne er dies auch nicht im Bereich des Planersatzes. Der Gesetzgeber hat ausdrücklich zur Klarstellung dieser Rechtslage die Voraussetzung des Nichtentgegenstehens sonstiger Belange nicht in das Baugesetzbuch 1986 (BGBl. I 1986, 2191 ff.) übernommen (vgl. BT-Drks. 10/4630, S. 86 ff.).

dem Flächennutzungsplan wie beim qualifizierten Bebauungsplan nur im Rahmen des Entwicklungsgebotes Bedeutung zu.[981] Die Darstellungen des Flächennutzungsplans haben damit nur mittelbar Einfluss auf die Zulässigkeit eines Vorhabens im Innenbereich. Dies gilt auch für den Fall, dass die Gemeinde mittels der Innenbereichssatzungen i. S. v. § 34 Abs. 4 BauGB die Grenzen des Innenbereichs definiert. Eine konstitutive Innenbereichssatzung i. S. v. § 34 Abs. 4 Satz 1 Nr. 2 und Nr. 3 BauGB ist vom zur Zeit ihres Erlasses geltenden Flächennutzungsplan inhaltlich abhängig.[982]

III. Unbeplanter (und einfach beplanter) Außenbereich

Die bauplanungsrechtliche Zulässigkeit von Vorhaben im Außenbereich ist in § 35 BauGB geregelt. Während sich § 35 Abs. 1 BauGB mit der Zulässigkeit abschließend aufgezählter Vorhabenstypen beschäftigt, beinhaltet § 35 Abs. 2 BauGB die Zulässigkeitsvoraussetzungen für alle übrigen Vorhaben. Soweit ein einfacher Bebauungsplan besteht, sind seine Festsetzungen einzuhalten (§ 30 Abs. 3 BauGB); die Festsetzungen beeinflusst der Flächennutzungsplan wie im Rahmen eines qualifizierten Bebauungsplans über das Entwicklungsgebot.[983]

Während der Gesetzgeber die Vorhaben i. S. v. § 35 Abs. 1 BauGB im Außenbereich für grundsätzlich zulässig erachtet (sogenannte privilegierte Vorhaben), sind sonstige Vorhaben i. S. v. § 35 Abs. 2 BauGB grundsätzlich unzulässig (sogenannte nicht-privilegierte Vorhaben).[984] Die Zulässigkeit privilegierter Vorhaben hängt gem. § 35 Abs. 1 BauGB davon ab, ob ihnen öffentliche Belange entgegenstehen; nicht-privilegierte Vorhaben dürfen gem. § 35 Abs. 2 BauGB öffentliche Belange nicht beeinträchtigen. Da die Darstellungen des Flächennutzungsplans – wie oben dargestellt[985] – nur Einfluss auf Vorhaben haben, wenn dies gesetzlich angeordnet ist, haben sie auf die Zulässigkeit eines Vorhabens im Außenbereich nur Einfluss, wenn sie öffentliche Belange i. S. v. § 35 Abs. 1 bzw. Abs. 2 BauGB sind. Im folgenden wird untersucht, ob die Darstellungen des Flächennutzungsplan öffentliche Belange sein können, die ein nicht-privilegiertes Vorhaben (1.) bzw. ein privilegiertes Vorhaben verhindern (2.). § 35 Abs. 3 Satz 2 und Satz 3 BauGB machen die Zulässigkeit eines Vorhabens darüber hinaus von den Zielen der Raumordnung abhängig. Deshalb ist zu erörtern, in welchen Verhältnis die Darstellungen des Flächennutzungsplans zu Zielen der Raumordnung in diesem Fall stehen (3.). Schließlich wird untersucht,

---

[981] Vgl. oben IV. 3. c) aa).
[982] Siehe dazu C. III
[983] Vgl. oben E. I.
[984] Brohm, Öffentliches Baurecht, § 18, Rn. 6; Dürr, in: Brügelmann, § 35 BauGB, Rn. 4; Krautzberger, in: B/K/L, § 35 BauGB, Rn. 1.
[985] Siehe dazu in den einführenden Worten zu E.

wie sich eine mittelbare Wirkung des Flächennutzungsplans zum verfassungsrechtlich geschützten Recht auf Eigentum nach Art. 14 Abs. 1 GG verhält (4.).

1. Einfluss des Flächennutzungsplans auf die Zulässigkeit nicht-privilegierter Vorhaben

Gem. § 35 Abs. 2 BauGB können nicht-privilegierte Vorhaben im Einzelfall zugelassen werden, wenn ihre Ausführung oder Benutzung öffentliche Belange nicht beeinträchtigt und die Erschließung gesichert ist. Die nicht-privilegierten Vorhaben sind also gem. § 35 Abs. 2 BauGB nur im Einzelfall zulässig; der Außenbereich ist grundsätzlich von Vorhaben freizuhalten ist.[986] Trotz des Wortlauts des § 35 Abs. 2 BauGB, der im Gegensatz zu § 35 Abs. 1 BauGB nicht von „zulässig sein" sondern von „zugelassen werden können" spricht, hat der Vorhabensträger wegen Art. 14 Abs. 1 GG einen Anspruch auf Erlass einer Baugenehmigung bei Vorliegen der Tatbestandsvoraussetzungen.[987]

Eine Beeinträchtigung öffentlicher Belange liegt gem. § 35 Abs. 3 Satz 1 Nr. 1 BauGB insbesondere vor, wenn das Vorhaben den Darstellungen des Flächennutzungsplans widerspricht. Im folgenden wird untersucht, wann eine Beeinträchtigung öffentlicher Belange im allgemeinen vorliegt (a)) und wann ein Widerspruch zu den Darstellungen des Flächennutzungsplans zu einer Beeinträchtigung öffentlicher Belange führt (b)). Schließlich wird erörtert, in welchen Fällen ein Widerspruch zu den Darstellungen des Flächennutzungsplans irrelevant ist (c)).

a) Die Beeinträchtigung öffentlicher Belange nach § 35 Abs. 2 BauGB

Die Ausführung oder Benutzung des Vorhabens darf öffentliche Belange nicht beeinträchtigen. Der Begriff der öffentlichen Belange ist sehr weit gefasst; erfasst werden alle bodenrechtlich relevanten öffentlichen Belange, die für das

---

986 BVerwG, Urteil vom 29.04.1964 – I C 30.62, BVerwGE 18, 247 (249).

987 Wegen seiner das Grundrecht auf Eigentum i. S. v. Art. 14 Abs. 1 GG einschränkenden Wirkung ist § 35 Abs. 2 BauGB als gebundener Anspruch auszulegen. Die offene Formulierung des § 35 Abs. 2 BauGB, der die Zulässigkeit von der Nichtbeeinträchtigung öffentlicher Belange abhängig macht, lässt keinen Raum mehr für Ermessenserwägungen offen. Vgl. BVerwG, Urteil vom 29.04.1964 – I C 30.62, BVerwGE 18, 247 (250 ff.); Söfker, in: EZB, § 35 BauGB, Rn. 73; Taegen, in: BK, § 35 BauGB, Rn. 53; Krautzberger, in: B/K/L, § 35 BauGB, Rn. 43; a. A. mit Verweis auf den eindeutigen Wortlaut: Ortloff, NVwZ 1988, 320 (322); Dürr, in: Brügelmann, § 35 BauGB, Rn. 71.

Bauen im Außenbereich irgendwie rechtserheblich sein können.[988] Dabei sind öffentliche Belange im Rahmen des § 35 Abs. 2 BauGB nur beachtlich, wenn sie ein ähnliches Gewicht wie, wenn nicht gar stärkeres Gewicht als die Belange in der beispielhaften Aufzählung des § 35 Abs. 3 BauGB besitzen.[989] Öffentliche Belange, die nicht in § 35 Abs. 3 Satz 1 BauGB aufgezählt werden, sind damit nur beachtlich, wenn dies zu der gesetzgeberischen Wertung, wie sie aus den Regelbeispielen ersichtlich ist, nicht im Widerspruch steht.[990]

Umstritten ist, wann eine Beeinträchtigung von öffentlichen Belangen genau vorliegt. Teilweise wird vertreten, dass die Beeinträchtigung im Wege einer nachvollziehenden Abwägung festzustellen sei. Diese unterscheide sich von einer gestaltenden (planerischen) Abwägung wie der i. S. v. § 1 Abs. 6 BauGB dadurch, dass es nur ein richtiges Ergebnis gebe und eine behördliche Entscheidung über die Beeinträchtigung (gerichtlich) voll nachprüfbar sei. Im Rahmen der Abwägung seien alle öffentlichen und privaten Interessen gegeneinander abzuwägen.[991] Eine Kompensation von Vor- und Nachteilen eines Vorhabens sei aber nicht möglich. Bei der Zulässigkeitsentscheidung über ein Vorhaben, das einen einzelnen öffentlichen Belang negativ berühre, anderen Belangen aber förderlich sei, dürften die verschiedenen Belange nicht miteinander aufgerechnet werden.[992] Damit liegt aber im Ergebnis keine Abwägung mehr vor. Merkmal der Abwägung ist gerade, dass negativ berührte Belange hinter für ein Projekt sprechende Belange zurückgestellt werden können.[993] Eine Abwägung der für das nicht-privilegierte Vorhaben sprechenden Interessen mit den betroffenen öffentlichen Belangen unter Zurückstellung öffentlicher Belange ist nicht möglich, weil § 35 Abs. 2 BauGB den öffentlichen Interessen ausdrücklich einen Vorrang gegenüber den privaten Interessen an der Vorhabensverwirklichung verleiht.[994] Hierfür spricht auch § 35 Abs. 3 Satz 1 BauGB: Nach dem Wortlaut des § 35 Abs. 3 Satz 1 BauGB liegt eine Beeinträchtigung öffentlicher Belange immer dann vor, wenn einer der aufgezählten Belange von dem Vorhaben in der

---

[988] BVerwG, Urteil vom 29.04.1964 – I C 30.62, BVerwGE 18, 247 (250); BVerwG, Urteil vom 16.02.1973 – IV C 61.70, BVerwGE 42, 8 (16); Söfker, in: EZB, § 35 BauGB, Rn. 75; Taegen, in: BK, § 35 BauGB, Rn. 56; Krautzberger, in: B/K/L; § 35 BauGB, Rn. 50.

[989] BVerwG, Urteil vom 19.10.1966 – IV C 16.66, BVerwGE 25, 161 (163).

[990] BVerwG, Urteil vom 15.05.1997 – IV C 23/95, NVwZ 1998, 58 (59).

[991] BVerwG, Urteil vom 29.04.1964 – I C 30.62, BVerwGE 18, 247 (251); Manssen, in: Öffentliches Baurecht in Bayern, 4. Teil, Rn. 120; Finkelnburg/Ortloff, S. 363; Tyczewski, in: Handbuch des öffentlichen Baurechts, Kapitel A., Rn. 109; Bracher, in: Gelzer/Bracher/Reidt, Rn. 2532; Taegen, in: BK, § 35 BauGB, Rn. 57; Krautzberger, in: B/K/L, § 35 BauGB, Rn. 45.

[992] BVerwG, Urteil vom16.02.1973 – IV C 61.70, BVerwGE 42, 8 (14); im Anschluss daran: Bracher, in: Gelzer/Bracher/Reidt, Rn. 2533; Taegen, in: BK, § 35 BauGB, Rn. 59; Krautzberger, in: B/K/L, § 35 BauGB, Rn. 47.

[993] Vgl. z. B. BVerwG, Urteil vom 05.07.1974 – IV C 50.72, BVerwGE 45, 309 (315); Brohm, Öffentliches Baurecht, § 13, Rn. 19;

[994] Dürr, in: Brügelmann, § 35 BauGB, Rn. 73.

jeweils beschriebenen Weise berührt wird. Auf die Bedeutung des Vorhabens kommt es nicht an; eine Abwägung zwischen dem Gewicht des Vorhabens und dem öffentlichen Belang findet nicht statt. Müssten also öffentliche Belange zurückgestellt werden, um das Vorhaben zu verwirklichen, dann kann die Zulassung des Vorhabens nur auf Grund eines Bebauungsplan erfolgen, der nach einer Abwägung i. S. v. § 1 Abs. 6 BauGB erlassen worden ist.

Eine nachvollziehende Abwägung ist daher nicht Bestandteil des § 35 Abs. 2 BauGB. Eine Beeinträchtigung öffentlicher Belange liegt vielmehr immer dann vor, wenn der Belang nachteilig von dem Vorhaben betroffen wird.[995] Maßgeblich ist, ob im konkreten Fall eine Beeinträchtigung auf dem Hintergrund der jeweiligen tatsächlichen Verhältnisse vorliegt.[996] Es kommt also darauf an, ob das Vorhaben mit den Vorstellungen von der Bodennutzung, die mit dem jeweiligen öffentlichen Belang in der konkreten Situation verfolgt werden, kollidiert und daher mit ihnen nicht übereinstimmt.

b) Einfluss des Flächennutzungsplans auf die Zulässigkeit nicht-privilegierter Vorhaben als öffentlicher Belang i. S. v. § 35 Abs. 2 BauGB

Eine Beeinträchtigung öffentlicher Belange i. S. v. § 35 Abs. 2 BauGB liegt gem. § 35 Abs. 3 Satz 1 Nr. 1 BauGB immer dann vor, wenn das Vorhaben den Darstellungen des Flächennutzungsplans widerspricht. Damit kann die Gemeinde über ihre Darstellungen Einfluss auf die Zulässigkeit des nicht-privilegierten Vorhabens nehmen. Im folgenden ist daher zunächst zu erörtern, welche Anforderungen der Flächennutzungsplan hierfür erfüllen muss (aa)). Im Anschluss daran wird untersucht, wann ein Widerspruch zu Darstellungen des Flächennutzungsplans vorliegt (bb)) und ob die Übereinstimmung mit den Darstellungen des Flächennutzungsplans die Zulässigkeit eines Vorhabens befördern kann (cc)).

aa) Anforderungen an den Flächennutzungsplan

Die Darstellungen eines Flächennutzungsplans sind öffentliche Belange i. S. v. § 35 Abs. 3 Satz 1 Nr. 1 BauGB. Voraussetzung ist ein wirksam erlassener Flächennutzungsplan. Hierzu bedarf es der Genehmigung des Flächennutzungsplans gem. § 6 Abs. 1 BauGB und der daran anschließenden ortsüblichen Be-

---

[995] Ähnlich: Dürr, in: Brügelmann, § 35 BauGB, Rn. 73; Söfker, in: EZB, § 35 BauGB, Rn. 76.

[996] Söfker, in: EZB, § 35 BauGB, Rn. 76.

kanntmachung der Genehmigung gem. § 6 Abs. 5 Satz 2 BauGB i. V. m. § 6 Abs. 5 Satz 1 BauGB.

Ein in Aufstellung befindlicher Flächennutzungsplan ist ein öffentlicher Belang i. S. v. § 35 Abs. 2 BauGB, wenn er formell und materiell planreif entsprechend § 33 Abs. 1 BauGB ist, wenn die Planung also nach dem Stand der Planungsarbeiten so gut wie abgeschlossen ist, insbesondere das Abwägungsergebnis durch Beschluss festgestellt worden ist.[997] § 35 Abs. 3 Satz 1 Nr. 1 BauGB erfasst zwar nur die Darstellungen eines wirksam gewordenen Flächennutzungsplans; erst dann existiert der Flächennutzungsplan, wie die Regelung des § 6 Abs. 5 Satz 2 BauGB bekräftigt. Ein Flächennutzungsplanentwurf gibt aber im Stadium der formellen und materiellen Planreife die planerischen Vorstellungen ebenso wieder wie ein bereits wirksam gewordener Flächennutzungsplan. Wie oben dargelegt,[998] können auch andere als die in § 35 Abs. 3 Satz 1 BauGB aufgezählten öffentlichen Belange durch ein Vorhaben i. S. v. § 35 Abs. 2 BauGB beeinträchtigt werden, wenn dies zu der gesetzgeberischen Wertung, wie sie aus den Regelbeispielen ersichtlich ist, nicht im Widerspruch steht. Die Aufnahme der Darstellungen eines wirksamen Flächennutzungsplans in den Katalog des § 35 Abs. 3 Satz 1 BauGB spricht zwar zunächst dafür, dass der Flächennutzungsplan erst mit seinem Wirksamwerden Auswirkung auf ein Vorhaben haben soll. Andererseits waren die Darstellungen des Flächennutzungsplans nach dem Willen des Gesetzgebers in den Katalog der öffentlichen Belange aufgenommen worden, um die Außenbereichsentwicklung stärker und eindeutiger als vorher in die Flächennutzungsplanung einzuordnen.[999] Dieser Zweck wird unterstützt, wenn die Einwirkungsmöglichkeit der Gemeinde auf die Außenbereichsentwicklung nicht allein vom rein formalen Zeitpunkt des Wirksamwerdens des Flächennutzungsplans abhängt, sondern schon besteht, wenn alles Erforderliche getan ist, damit der Flächennutzungsplanentwurf genehmigt und die Genehmigung dann ortsüblich bekannt gemacht werden kann.

Schließlich kann ein aus formellen Gründen unwirksamer Flächennutzungsplan ebenfalls Grundlage für einen öffentlichen Belang i. S. v. § 35 Abs. 2 BauGB sein. Dies zeigt § 215 a BauGB, nach dem ein Flächennutzungsplan bei Verfahrens- und Formfehlern mit Rückwirkung in Kraft gesetzt werden kann. Gedanke der Regelung ist, dass ein materiell-rechtlich einwandfreier Plan nicht an ausschließlich formellen Fehlern scheitern soll. Ein solcher Plan ist deshalb ein öffentlicher Belang. Voraussetzung ist aber, dass eine Heilung des Flächen-

---

[997] BVerwG, Beschluss vom 09.08.1976 – IV B 153.75, Buchholz 406.11 § 35 Nr. 129; ebenso: Bracher, in: Gelzer/Bracher/Reidt, Rn. 2547; Dürr, in: Brügelmann, § 35 BauGB, Rn. 81; Taegen, in: BK, § 35 BauGB, Rn. 64; Söfker, in: EZB, § 35 BauGB, Rn. 80. Kritisch: Manssen, in: Becker/Heckmann/Kempen/Manssen, 4. Teil, Rn. 129.

[998] Siehe dazu E. III. 1. a).

[999] BT-Drks. 7/2496, S. 49.

nutzungsplans mit hinreichender Sicherheit zu erwarten ist, die Gemeinde also insbesondere noch an ihren Planvorstellungen festhält.[1000]

bb) Widerspruch eines Vorhabens zu den Darstellungen eines Flächennutzungsplans

Eine Beeinträchtigung der Darstellungen des Flächennutzungsplan als öffentliche Belange, die gem. § 35 Abs. 2 BauGB zur Unzulässigkeit des Vorhabens führt, setzt voraus, dass das Vorhaben den Darstellungen widerspricht. Das Bundesverwaltungsgericht ging zunächst davon aus, dass jede hinreichend konkretisierte Darstellung dazu geeignet sei, widersprechende Vorhaben zu verhindern.[1001] Ihren Einfluss verliere eine Darstellung erst dann, wenn die tatsächliche Entwicklung des Baugeschehens auf der von der Darstellung erfassten Fläche die Verwirklichung der im Plan zum Ausdruck gekommenen Absichten in gewichtigem Umfange störe oder gar zunichte mache und das entgegenstehende Baugeschehen von erheblichem Umfang und erheblicher Stärke sei.[1002] Darstellungen seien nicht wie Rechtssätze anwendbar, sondern seien immer nur als Unterstützung und einleuchtende Fortschreibung bestimmter tatsächlicher Gegebenheiten geeignet, zu einem beeinträchtigten öffentlichen Belang zu führen.[1003] Denn der Flächennutzungsplan gebe nur Grundzüge der zukünftigen Bodennutzung wieder und sei daher zur abschließenden Beurteilung eines Einzelbauvorhabens nur beschränkt geeignet.[1004]

Die Umschreibung des Bundesverwaltungsgerichts, eine Darstellung könne nur dann öffentlicher Belang sein, wenn sie Unterstützung und einleuchtende Fortschreibung bestimmter tatsächlicher Gegebenheiten sei, ist wenig hilfreich. Nimmt man sie wörtlich, so kann eine Darstellung ein nicht-privilegiertes Vorhaben nur verhindern, wenn sie die im Außenbereich bereits vorhandenen Nutzungen festlegt. Das Bundesverwaltungsgericht selbst hat seine Definition deshalb später so interpretiert, dass das Abstellen auf die tatsächlichen Gegebenheiten nicht bedeute, dass der Flächennutzungsplan nur ein beachtlicher öffentlicher Belang sei, wenn er mit der tatsächlichen Situation übereinstimme; vielmehr besage die Definition, dass ein Flächennutzungsplan dort nicht mehr maßgeblich sein könne, wo seine Darstellungen den besonderen örtlichen Verhält-

---

[1000] Dürr, in: Brügelmann, § 35 BauGB, Rn. 80; Söfker, in: EZB, § 35 BauGB, Rn. 80. Kritisch: Manssen, in: Becker/Heckmann/Kempen/Manssen, 4. Teil, Rn. 129.

[1001] BVerwG, Urteil vom 29.04.1964 – I C 30.62, BVerwGE 18, 247 (254).

[1002] BVerwG, Urteil vom 15.03.1967 – IV C 205.65, BVerwGE 26, 287 (293).

[1003] BVerwG, Urteil vom 28.02.1975 – IV C 30.73, BauR 1975, 404 (407); BVerwG, Urteil vom 20.01.1984 - IV C 43.81, BVerwGE 68, 311 (314); BVerwG, Urteil vom 22.05.1987 – IV C 57.84, BVerwGE 77, 300 (304).

[1004] BVerwG, Urteil vom 28.02.1975 – IV C 30.73, BauR 1975, 404 (407); BVerwG, Beschluss vom 13.04.1995 – IV B 70.95, Buchholz 406.11 § 35 BauGB Nr. 309, S. 47 (52).

nissen nicht mehr gerecht werde, diese also etwa durch die zwischenzeitliche Entwicklung überholt seien.[1005] Auch die Literatur interpretiert die Definition des Bundesverwaltungsgerichts so, dass damit nur die Fälle der weggefallenen Realisierbarkeit des Plans ausgeschieden werden sollen.[1006] Entfernt man sich aber soweit vom Sinngehalt einer Definition, so ist sie gleich fallen zu lassen.[1007]

Auch wenn auf die Definition von Rechtsprechung und Literatur nicht zurückgegriffen wird, so kommt man dennoch – wenn auch mit anderer Begründung – im wesentlichen zum gleichen Ergebnis. Richtigerweise sind sämtliche Darstellungen öffentliche Belange i. S. v. § 35 Abs. 3 Satz 1 Nr. 1 BauGB. Ob eine Darstellung nur den vorhandenen Nutzungsbestand wiedergibt oder neue Nutzungsmöglichkeiten anstoßen will, spielt daher keine Rolle. Auch der Grad ihrer Konkretheit beeinflusst nicht ihre Qualität als öffentlicher Belang.[1008] Dafür spricht, dass sich das Gesetz selbst in § 35 Abs. 3 Satz 1 Nr. 1 BauGB nicht auf eine bestimmte Gruppe von Darstellungen beschränkt. Mit der Bundesbaugesetzänderung von 1976[1009] wurden die Darstellungen vielmehr ausdrücklich und ohne Unterschied als öffentliche Belange in den Katalog des § 35 Abs. 3 BauGB aufgenommen. Auch dem Sinn und Zweck des § 35 Abs. 3 Satz 1 Nr. 1 BauGB kann nicht entnommen werden, dass nur den Bestand wiedergebende Darstellungen von § 35 Abs. 3 Satz 1 Nr. 1 BauGB erfasst werden. Sinn und Zweck der Aufnahme der Darstellungen in den Katalog des § 35 Abs. 3 Satz 1 BauGB war es, die Außenbereichsentwicklung stärker und eindeutiger in die Flächennutzungsplanung einzuordnen.[1010] Im Flächennutzungsplan stellt die Gemeinde gem. § 5 Abs. 1 Satz 1 BauGB die von ihr beabsichtigte städtebauliche Entwicklung und Ordnung in Grundzügen dar. Die Gemeinde kann nicht nur den im Gemeindegebiet vorhandenen Nutzungsbestand aufnehmen, sondern auch neue, noch nicht vorhandene Nutzungsmöglichkeiten.[1011] In dieses System soll die Außenbereichsentwicklung über § 35 Abs. 3 Satz 1 Nr. 1 BauGB eingeordnet werden. Auch rechtfertigt sich der Einfluss der Darstellungen auf Vorhaben im Außenbereich im wesentlichen daraus, dass sie auf einer rechtsstaatlichen Anforderungen entsprechenden Abwägung beruhen. Ob die Abwägung zur

---

[1005] BVerwG, Beschluss vom 01.04.1997 – IV B 11.97, BauR 1997, 616 (617).

[1006] Paßlick, S. 230; Bracher, in: Gelzer/Bracher/Reidt, Rn. 2542, 2543; Krautzberger, in: B/K/L; § 35 BauGB, Rn. 51; Söfker, in: EZB, § 35 BauGB, Rn. 80; Dürr, in: Brügelmann, § 35 BauGB, Rn. 78, 79.

[1007] So Hoppe, DVBl. 1991, 1277 (1283).

[1008] Anders Taegen, in: FS Schlichter, S. 247 (248), der nur Darstellungen für berücksichtigungsfähig hält, denen ein negativer Planungswille entnommen werden kann. Dies ist aber Teil der Frage, ob das Vorhaben der Darstellung widerspricht. Nur eine Darstellung mit negativen Planungswillen vermag hindernd zu wirken. Siehe dazu sogleich weiter unten.

[1009] BGBl. I 1976, S. 2221 ff.

[1010] BT-Drks. 7/2496, S. 49.

[1011] Siehe zur Aufgabe der Flächennutzungsplanung B. III. 2. a).

Festschreibung oder Weiterentwicklung der bisherigen Situation führt, spielt keine Rolle.[1012] Eine Differenzierung ist deshalb nicht angebracht.

Nicht gefolgt werden kann allerdings der Rechtsprechung und der Literatur, soweit sie im Ergebnis § 35 Abs. 3 Satz 1 Nr. 1 BauGB nicht anwenden, wenn die Darstellungen des Flächennutzungsplans „zeitlich überholt" sind, also wenn die Darstellungen den besonderen örtlichen Verhältnissen nicht mehr gerecht werden, wenn der Flächennutzungsplan nicht mehr „realisierbar" ist. Gegen diese Einschränkung des § 35 Abs. 3 Satz 1 Nr. 1 BauGB spricht sein Wortlaut, der sich unterschiedslos auf sämtliche Darstellungen bezieht. Etwas anderes könnte nur gelten, wenn sich aus der Rechtsnatur des Flächennutzungsplans ergeben würde, dass seine Darstellungen mit zeitlicher Überholung, also letztlich bei Eintritt ihrer Funktionslosigkeit, unwirksam würden. Wie bereits ausgeführt,[1013] ist die Figur der Funktionslosigkeit aber nicht auf den Flächennutzungsplan anwendbar. Gem. § 5 Abs. 1 Satz 1 BauGB enthält der Flächennutzungsplan ein Nutzungskonzept für das ganze Gemeindegebiet. Dabei basiert § 5 Abs. 1 Satz 1 BauGB zwar auf der Annahme, dass der Flächennutzungsplan nur für einen endlichen Zeitraum Bedürfnisse an Nutzungen verarbeiten kann, ein Außerkrafttreten nach einem bestimmten Zeitraum ist aber gerade nicht vorgesehen. Vielmehr ist die Gemeinde gegebenenfalls unter den Voraussetzungen des § 1 Abs. 3 BauGB i. V. m. § 2 Abs. 4 BauGB zur Überarbeitung ihres Flächennutzungsplans verpflichtet, wenn ohne die neue Planung eine geordnete städtebauliche Entwicklung nicht mehr gewährleistet werden kann und die Bodennutzung nur durch ein neue Bauleitplanung in geordnete, für den Bürger überschaubare Bahnen gelenkt werden kann, wenn die Befriedigung des Planungsbedürfnisses vernünftigerweise bereits in der Gegenwart geboten ist.[1014]

Da § 35 Abs. 3 Satz 1 Nr. 1 BauGB alle Darstellungen als öffentliche Belange ansieht, ist die maßgebliche Frage für das Vorliegen der Voraussetzungen des § 35 Abs. 2, Abs. 3 Satz 1 Nr. 1 BauGB, ob das Vorhaben der Darstellung widerspricht. Dies hängt von der Eigenart des jeweiligen Vorhabens und von dem Aussagegehalt und der Aussagedichte der betroffenen Darstellung ab. Als Teile einer Grundzügeplanung geben Darstellungen stets nur einen Nutzungsrahmen wieder. Je enger dieser gefasst ist, desto geringer ist die Variationsbreite der möglichen Vorhaben.[1015] Der planerische Wille der Gemeinde entscheidet darüber, ob die Darstellung lediglich einen bestimmten Bestand an Nutzungen protokolliert oder ob zugleich eine Entscheidung darüber getroffen wird, welche Nutzungen verboten sind, welche Nutzungen in Zukunft verhindert werden sol-

---

[1012] So zu den Zielen der Raumordnung: Paßlick, S. 229.

[1013] Siehe dazu B. III. 2. b).

[1014] Siehe zur Planungsbefugnis B. III. 1. c) und B. III. 2. b).

[1015] Ein Beispiel für die unterschiedliche Schärfe von Darstellungen ist die Möglichkeit, sowohl Baugebiete als auch Bauflächen darzustellen (vgl. § 5 Abs. 2 Nr. 1 BauGB, § 1 Abs. 1 und 2 BauNVO).

len. Eine Darstellung kann neben der Aussage, welche Nutzung auf einer bestimmten Fläche zugelassen werden soll (positive Wirkung), zugleich eine Aussage darüber treffen, dass Nutzungen, die die gewollte Nutzung erschweren oder vereiteln, auf der überplanten Fläche nicht zulässig sind (negative Wirkung).[1016] Ein Widerspruch zu den Darstellungen liegt dann vor, wenn das Vorhaben nicht mit dem vorgegebenen Nutzungsrahmen vereinbar ist. Dies ist für den jeweiligen Einzelfall zu ermitteln.

cc) Folge einer Vereinbarkeit des Vorhabens mit den Darstellungen des Flächennutzungsplans

Keine Aussage trifft § 35 Abs. 2 i. V. m. Abs. 3 Satz 1 Nr. 1 BauGB darüber, ob die Tatsache, dass ein Vorhaben mit den Darstellungen eines Flächennutzungsplans vereinbar ist, dessen Zulässigkeit positiv beeinflusst. Aus der Systematik des Gesetzes ergibt sich jedoch, dass öffentliche Belange, die grundsätzlich durch ein Vorhaben beeinträchtigt werden, nicht deshalb unbeachtlich im Rahmen von § 35 Abs. 2 BauGB sind, weil das Vorhaben mit den Darstellungen des Flächennutzungsplans übereinstimmt und die beeinträchtigten Belange bereits in den Darstellungen gem. § 1 Abs. 6 BauGB abgewogen und dabei gegenüber anderen Belangen zurückgestellt worden sind.

Dafür spricht, dass die Zulässigkeit eines Vorhabens gem. § 1 Abs. 2 BauGB i. V. m. §§ 8 Abs. 1, 30 BauGB nur durch einen (verbindlichen) Bebauungsplan begründet werden kann. Auch stellt § 35 Abs. 2 BauGB gerade nicht auf eine Abwägung ab, sondern stellt das Vorhaben jedem einzelnen einschlägigen öffentlichen Belang gegenüber.[1017] Schließlich zeigt die Systematik des § 35 Abs. 3 BauGB, dass der Abwägungsvorgang und das Abwägungsergebnis der Flächennutzungsplanung keine Auswirkung darauf haben, ob das Vorhaben andere öffentliche Belange beeinträchtigt: Im vergleichbaren Fall der Ziele der Raumordnung ist sowohl angeordnet, dass ein Vorhaben ihnen nicht widersprechen darf, als auch, dass bereits im Raumordnungsplan abgewogene Belange bestimmte Vorhaben i. S. v. § 35 Abs. 2 BauGB nicht mehr unzulässig machen können. Da dies für die Flächennutzungsplanung nicht angeordnet ist, haben im

---

[1016] Standortausweisungen wie Darstellungen von Flächen für bestimmte Vorhaben oder Baugebiete besagen in der Regel, dass nur die dargestellten Nutzungen vorgenommen werden sollen und keine anderen. Die Darstellung von Flächen für den Schutz, die Pflege und die Entwicklung von Natur und Landschaft dient meist dazu, die Fläche von jeglicher Bebauung freizuhalten. Dagegen können Flächen für die Landwirtschaft sowohl zum Ausdruck bringen, dass auf der Fläche keine Bebauung stattfinden soll, oft will die Gemeinde aber auch nur den vorhandenen Bestand wiedergeben. Vgl. Söfker, in: EZB, § 35 BauGB, Rn. 80. Siehe zum Inhalt einer Darstellung B. III. 2. c) aa).

[1017] Siehe dazu E. III. 1. a).

Umkehrschluss die Darstellungen des Flächennutzungsplans diese Wirkung nicht.[1018]

dd) Zwischenergebnis zu „Einfluss des Flächennutzungsplans auf die Zulässigkeit nicht-privilegierter Vorhaben als öffentlicher Belang i. S. v. § 35 Abs. 2 BauGB“

Die Gemeinde kann durch ihre flächennutzungsplanerischen Darstellungen Einfluss auf die Zulässigkeit sonstiger Vorhaben i. S. v. § 35 Abs. 2 BauGB nehmen. Je genauer sie ihrem planerischen Willen Ausdruck verleiht, je enger der von der Darstellung vorgegebene Nutzungsrahmen ist, um so mehr kann sie die Außenbereichsentwicklung beeinflussen. Gerade im Außenbereich kommt dem Flächennutzungsplan damit ein große Bedeutung als Steuerungsinstrument sonstiger Vorhaben zu.

c) Ausnahmen von der hindernden Wirkung widersprechender Darstellungen im Flächennutzungsplan

Über die hindernde Wirkung, die die einem Vorhaben widersprechenden Darstellungen auf dessen Zulässigkeit haben, kann die Gemeinde Einfluss auf die Zulässigkeit von nicht-privilegierten Vorhaben im Außenbereich nehmen. Da der Gesetzgeber aber manche Vorhabenstypen im Außenbereich erleichtern wollte, ohne sie zugleich in den Katalog der privilegierten Vorhaben aufzunehmen, hat er zwei Regelungen geschaffen, die den Einfluss der Darstellungen des Flächennutzungsplans begrenzen. Dazu gehört zum einen die Regelung über teil-privilegierte Vorhaben i. S. v. § 35 Abs. 4 BauGB (aa)), zum anderen die über Außenbereichssatzungen i. S. v. § 35 Abs. 6 BauGB (bb)).

aa) Teil-privilegierte Vorhaben i. S. v. § 35 Abs. 4 BauGB

Vorhaben, die in § 35 Abs. 4 Satz 1 BauGB aufgezählt sind, kann nicht entgegengehalten werden, dass sie den Darstellungen des Flächennutzungsplans oder den anderen in § 35 Abs. 4 Satz 1 BauGB aufgezählten Belangen widersprechen, soweit sie im übrigen außenbereichsverträglich im Sinne des § 35 Abs. 3 BauGB sind. Zu diesen teil-privilegierten Vorhaben zählen bei Vorliegen der in den Nummern 1 bis 6 des § 35 Abs. 4 Satz 1 BauGB genannten Voraus-

---

[1018] Söfker, in: EZB, § 35 BauGB, Rn. 81. Im Ergebnis ebenso: BVerwG, Urteil vom 10.05.1968 – IV C 18.66, DVBl. 1968, 806 (807); BVerwG, Beschluss vom 04.07.1990 – IV B 103.90, NVwZ 1990, 962; Dürr, in: Brügelmann, § 35 BauGB, Rn. 81.

setzungen die Nutzungsänderung land- oder forstwirtschaftlicher Gebäude (§ 35 Abs. 4 Satz 1 Nr. 1 BauGB), die Neuerrichtung von Wohngebäuden (§ 35 Abs. 4 Satz 1 Nr. 2 BauGB), der Wiederaufbau zerstörter Gebäude (§ 35 Abs. 4 Satz 1 Nr. 3 BauGB), die Änderung erhaltenswerter Gebäude (§ 35 Abs. 4 Satz 1 Nr. 4 BauGB), die Erweiterung von Wohngebäuden (§ 35 Abs. 4 Satz 1 Nr. 5 BauGB) und die Erweiterung gewerblicher Betriebe (§ 35 Abs. 4 Satz 1 Nr. 6 BauGB). Die Vorhaben i. S. v. § 35 Abs. 4 Satz 1 Nr. 2 und Nr. 3 BauGB sind gem. § 35 Abs. 4 Satz 2 BauGB auch dann begünstigt, wenn geringfügige Erweiterungen oder Standortabweichungen vorgenommen werden. Die Voraussetzungen in § 35 Abs. 4 Satz 1 Nr. 1 bis Nr. 6 BauGB sind umfassend formuliert und erfassen daher nur einen engen Vorhabenskreis.

Mit dieser Regelung wollte der Gesetzgeber die Bestandsschutzrechtsprechung des Bundesverwaltungsgerichts abmildern.[1019] Nach Ansicht des Bundesverwaltungsgerichts besteht nämlich grundsätzlich nur ein passiver Bestandsschutz. D. h. ein Vorhaben, das im Einklang mit dem Bauplanungsrecht errichtet worden ist, aber nach neuer Sach- und Rechtslage nicht mehr zulässig wäre, kann (nur) in dem Rahmen weiter unterhalten und benutzt werden, der damals gegolten hat.[1020] Wird das Gebäude z. B. zerstört, darf es nicht wiedererrichtet werden.

Für die Zulässigkeit eines teil-privilegierten Vorhabens spielt es keine Rolle, ob es den Darstellungen des Flächennutzungsplans widerspricht. Voraussetzung ist aber, dass es im übrigen außenbereichsverträglich ist, also keinen der in § 35 Abs. 3 Satz 1 BauGB aufgezählten Belange, die nicht in § 35 Abs. 4 BauGB aufgezählt sind, oder einen sonstigen öffentlichen Belang beeinträchtigt.[1021] Teilweise wird vertreten, dass ein teilprivilegiertes Vorhaben auch dann unzulässig sei, wenn es den öffentlichen Belangen, die nach § 35 Abs. 4 BauGB dem Vorhaben nicht als beeinträchtigt entgegengehalten werden können, i. S. v. § 35 Abs. 1 BauGB entgegenstehe. Das Vorhaben könne nämlich nicht zulässig sein, wenn selbst ein privilegiertes Vorhaben nach § 35 Abs. 1 BauGB unzulässig sei.[1022] Dagegen spricht jedoch, dass § 35 Abs. 4 BauGB sich ausdrücklich als Ausnahme vom Zulässigkeitsmaßstab des § 35 Abs. 2 BauGB sieht und davon ausgeht, dass ein teil-privilegiertes Vorhaben zulässig ist, wenn es im übrigen außenbereichsverträglich i. S. v. § 35 Abs. 2, 3 BauGB ist. Die Darstellungen des Flächennutzungsplans und des Landschaftsplans sowie die Gefahr des Entstehens oder Verfestigens einer Splittersiedlung beeinflussen die Zulässigkeit

---

[1019] Ausführlich dazu: Dürr, in: Brügelmann, § 35 BauGB, Rn. 112 ff.
[1020] BVerwG, Urteil vom 18.10.1974 – IV C 75.71, BVerwGE 47, 126 (128).
[1021] Dürr, in: Brügelmann, § 35 BauGB, Rn. 125; Söfker, in: EZB, § 35 BauGB, Rn. 134; Krautzberger, in: B/K/L, § 35 BauGB, Rn. 80.
[1022] Jäde, in: Jäde/Dirnberger/Weiß, § 35 BauGB, Rn. 229.

der teilprivilegierten Vorhaben daher überhaupt nicht.[1023] Da die teilprivilegierten Vorhaben i. S. v. § 35 Abs. 4 Satz 1 Nr. 1 bis Nr. 6 BauGB umfangreichen Voraussetzungen unterliegen, bestehen für die Gemeinden noch vielfältige Möglichkeiten zur Steuerung nicht-privilegierter Vorhaben.

bb) Vorhaben im Anwendungsbereich einer Außenbereichssatzung i. S. v. § 35 Abs. 6 BauGB

§ 35 Abs. 6 BauGB eröffnet einer Gemeinde die Möglichkeit, Gebiete im Außenbereich zu schaffen, innerhalb derer bestimmten Arten von nicht-privilegierten Vorhaben i. S. v. § 35 Abs. 2 BauGB nicht entgegengehalten werden kann, dass sie einer Darstellung im Flächennutzungsplan über Flächen für die Landwirtschaft oder Wald widersprechen oder die Entstehung oder Verfestigung einer Splittersiedlung befürchten lassen und so Belange i. S. v. § 35 Abs. 3 Satz 1 Nr. 1 bzw. Nr. 7 BauGB beeinträchtigen.[1024] Im folgenden soll zunächst kurz dargestellt werden, welche Teile des Außenbereichs Gegenstand der Außenbereichssatzung gem. § 35 Abs. 6 BauGB sein können ((1)). Danach soll erläutert werden, welche Folge die Außenbereichssatzung auf die Zulässigkeit von nicht-privilegierten Vorhaben hat ((2)) und welche sonstigen materiellen und formellen Voraussetzungen für den Erlass einer Außenbereichssatzung bestehen ((3)). Anschließend wird untersucht, in welchem Verhältnis Außenbereichssatzung und Flächennutzungsplan zueinander stehen ((4)).

(1) Gegenstand der Außenbereichssatzung gem. § 35 Abs. 6 BauGB

Gem. § 35 Abs. 6 Satz 1 BauGB kann eine Gemeinde für bebaute Bereiche im Außenbereich, die nicht überwiegend landwirtschaftlich geprägt sind und in denen eine Wohnbebauung von einigem Gewicht vorhanden ist, durch Satzung bestimmen, dass Wohnzwecken dienenden Vorhaben im Sinne des § 35 Abs. 2 BauGB die aufgezählten Belange i. S. v. § 35 Abs. 3 Satz 1 Nr. 1 BauGB und § 35 Abs. 3 Satz 1 Nr. 7 Var. 1, Var. 2 BauGB nicht entgegengehalten werden können. Bebaute Bereiche im Außenbereich[1025] sind Bereiche, die noch nicht die

---

[1023] Gaentzsch, Baugesetzbuch, § 35 BauGB, Rn. 43. Ebenso wohl auch Söfker, in: EZB, § 35 BauGB, Rn. 134; Dürr, in: Brügelmann, § 35 BauGB, Rn. 125; Krautzberger, in: B/K/L, § 35 BauGB, Rn. 80.

[1024] Zur Problematik der Außenbereichssatzung im Bereich der Plan-UP-RL siehe Bericht zur Novellierung des Baugesetzbuchs, Rn. 67.

[1025] Der Begriff der bebauten Bereiche im Außenbereich findet sich auch in § 34 Abs. 4 S. 1 Nr. 2 BauGB. Zum Begriff der bebauten Bereiche im Außenbereich vgl. Gaßner/Würfel, BayVBl. 1996, 321 (323); Söfker, in: EZB, § 34 BauGB, Rn. 101 ff.; Dürr, in: Brügelmann, § 34 BauGB, Rn. 70 ff.

Ortsteilqualität i. S. v. § 34 Abs. 1 Satz 1 BauGB erreicht haben, die aber andererseits auch nicht völlig ohne Siedlungsansätze sind. Die Siedlungsansätze müssen nicht die Stärke einer Splittersiedlung erreicht haben, wie § 35 Abs. 6 Satz 1 BauGB zeigt: Der öffentliche Belang i. S. v. § 35 Abs. 3 Satz 1 Nr. 7 Var. 1 BauGB, nämlich die Gefahr des Entstehens einer solchen Siedlung, kann einem solchen Vorhaben nicht entgegengehalten werden.[1026] Folglich ist § 35 Abs. 6 Satz 1 BauGB auch auf Bereiche anwendbar, die noch keine Splittersiedlung sind. Andererseits darf der bebaute Bereich durch die infolge der Außenbereichssatzung hinzukommende Bebauung nicht die Stärke eines Ortsteils i. S. v. § 34 Abs. 1 Satz 1 BauGB erreichen. Denn dann würden sich die Zulässigkeitskriterien nach einiger Zeit nicht mehr nach § 35 Abs. 2 BauGB richten, sondern nach § 34 Abs. 1 und 2 BauGB. Bebaute Bereiche im Außenbereich können aber nach der Systematik des Gesetzes ohne Bebauungsplan nur unter den Voraussetzungen der Entwicklungssatzung gem. § 34 Abs. 4 Satz 1 Nr. 2 BauGB zu einem Ortsteil i. S. v. § 34 Abs. 1 Satz 1 BauGB entwickelt werden.[1027]

In dem bebauten Bereich muss Wohnbebauung von einigem Gewicht vorhanden sein, d. h., die Wohnbebauung muss von städtebaulichen Gewicht sein, sie muss städtebaulich relevante Gesichtspunkte im Hinblick auf den Siedlungsansatz berühren.[1028] Außerdem darf der bebaute Bereich nicht überwiegend landwirtschaftlich geprägt sein. So soll der Produktionsraum der Landwirtschaft erhalten und geschützt werden. Maßgeblich ist, ob die Landwirtschaft auch bei Vorhandensein von Gebäuden etwa wegen der von ihr ausgehenden Emissionen und des geringen Gewichts der Wohnbebauung für die Landschaftsstruktur prägend ist.[1029]

(2) Bauplanungsrechtliche Zulässigkeit eines Vorhabens im Gebiet einer Außenbereichsatzung

Anders als im Anwendungsbereich von Entwicklungs- und Abrundungssatzung i. S. v. § 34 Abs. 4 Satz 1 Nr. 2 und Nr. 3 BauGB bleiben die Satzungsgebiete Teile des Außenbereichs.[1030] Nicht-privilegierte Vorhaben i. S. v. § 35 Abs. 2 BauGB, die Wohnzwecken dienen, sind aber unter erleichterten Umständen zulässig. Den Vorhaben kann in Abweichung zu § 35 Abs. 3 Satz 1 Nr. 1 und Nr. 7 Var. 1 und Var. 2 BauGB nicht entgegengehalten werden, dass sie ei-

---

[1026] Gaßner/Würfel, BayVBl. 1996, 321 (324); Degenhart, DVBl. 1993, 178; Schink, DVBl. 1999, 367 (374).
[1027] Dürr, in: Brügelmann, § 35 BauGB, Rn. 178.
[1028] BT-Drks. 11/6636, S. 30; Gaßner/Würfel, BayVBl. 1996, 321 (324); Schink, DVBl. 1999, 367 (373 ff.); Söfker, in: EZB, § 35 BauGB, Rn. 169; Hofherr, in: Bk, § 4 BauGB-MaßnG, Rn. 22; Hofherr, in: FS Schlichter, S. 371 (379).
[1029] Schink, DVBl. 1999, 367 (374); Degenhart, DVBl. 1993, 177 (178).
[1030] Gaßner/Würfel, BayVBl. 1996, 321 (324); Degenhart, DVBl. 1993, 177 (179).

ner Darstellung im Flächennutzungsplan über Flächen für die Landwirtschaft oder Wald widersprechen oder die Entstehung oder Verfestigung einer Splittersiedlung befürchten lassen. Im übrigen ist jedoch § 35 Abs. 2 i. V. m. Abs. 3 BauGB anwendbar. D. h., die Vorhaben dürfen sonstigen öffentlichen Belangen einschließlich der nicht in § 35 Abs. 3 BauGB aufgezählten nicht widersprechen. Nimmt die Gemeinde eine andere Darstellung als eine über eine Fläche für die Landwirtschaft oder Wald in ihren Flächennutzungsplan auf, dann darf das Vorhaben dieser Darstellung nicht widersprechen.

Wie im Rahmen des § 35 Abs. 4 BauGB[1031] wird auch hier vertreten, dass die von der Außenbereichssatzung erfassten Vorhaben den nach § 35 Abs. 6 Satz 1 BauGB ausgeschlossenen Belangen zumindest nicht i. S. v. § 35 Abs. 1 BauGB entgegenstehen dürften.[1032] Dagegen spricht aber auch hier, dass § 35 Abs. 6 Satz 1 BauGB ausdrücklich darauf Bezug nimmt, dass die aufgezählten Belange den Wohnzwecken dienenden Vorhaben i. S. v. § 35 Abs. 2 BauGB nicht entgegengehalten werden können. Daraus wird deutlich, dass das durch die Außenbereichssatzung privilegierte Vorhaben nur am Maßstab des § 35 Abs. 2 BauGB zu messen ist. Da im Ergebnis damit die Belange, die am häufigsten gegen Wohnbauvorhaben sprechen, von der Anwendung ausgeschlossen sind, ist die Zulässigkeitsschwelle erheblich herabgesenkt.[1033]

Gem. § 35 Abs. 6 Satz 2 BauGB kann die Gemeinde die Satzung neben den Wohnzwecken dienenden Vorhaben auch auf Vorhaben erstrecken, die kleineren Handwerks- und Gewerbebetrieben dienen. Der Begriff der kleineren Betriebe ist siedlungsstrukturell zu verstehen: Die Handwerks- und Gewerbebetriebe müssen gegenüber der Wohnbebauung nachrangig sein und dürfen nicht zur Entstehung diffuser Gebietsstrukturen beitragen. Daher sind nur Betriebe zulässig, die auch den Charakter eines Wohngebietes i. S. v. §§ 3 und 4 BauNVO unverändert lassen würden.[1034]

(3) Formelle und materielle Voraussetzungen für den Erlass einer Außenbereichssatzung

Das Erlassverfahren ist in § 35 Abs. 6 Satz 5 bis 6 BauGB geregelt. Bei der Aufstellung ist gem. § 35 Abs. 6 Satz 4 BauGB das vereinfachte Verfahren nach § 13 Nr. 2 und Nr. 3 BauGB entsprechend anwendbar. Die Satzung ist gem. § 35 Abs. 6 Satz 6 BauGB von der höheren Verwaltungsbehörde zu genehmigen; es

---

[1031] Siehe dazu bereits im Rahmen des § 35 Abs. 4 BauGB: E. III. 1. c) aa).

[1032] Jäde, in: Jäde/Dirnberger/Weiß, § 35 BauGB, Rn. 229.

[1033] Schink, DVBl. 1999, 367 (374); Hofherr, in: BK, § 4 BauGB-MaßnG, Rn. 24; Dürr, in: Brügelmann, § 35 BauGB, Rn. 180.

[1034] Schink, DVBl. 1999, 367 (374); Jäde, in: Jäde/Dirnberger/Weiß, § 35 BauGB, Rn. 266; Dürr, in: Brügelmann, § 35 BauGB, Rn. 181; Krautzberger, in: B/K/L, § 35 BauGB, Rn. 120.

gelten dabei die Vorschriften des § 6 Abs. 2 und 4 BauGB und des § 10 Abs. 3 BauGB entsprechend.

Die Außenbereichssatzung ist materiell-rechtlich nur zulässig, wenn die städtebauliche Situation nicht einen Bebauungsplan erfordert, also ein Planungserfordernis i. S. v. § 1 Abs. 3 BauGB vorliegt.[1035] Im übrigen liegt der Erlass einer Außenbereichssatzung im planerischen Ermessen der Gemeinde.[1036] In der Satzung legt die Gemeinde fest, welche räumlichen Bereiche von den erleichterten Zulassungsbedingungen erfasst sein sollen. Außerdem kann die Gemeinde gem. § 35 Abs. 6 Satz 3 BauGB in der Satzung nähere Bestimmungen über die Zulässigkeit der erfassten Vorhaben treffen. Aus der Tatsache, dass ein Verweis auf die Festsetzungsmöglichkeiten des § 9 Abs. 1 BauGB fehlt, wird teilweise geschlossen, dass der Festsetzungskatalog für die Gemeinde nicht eröffnet ist.[1037] Zu Recht gehen andere davon aus, dass die Gemeinde sich des Festsetzungskatalogs des § 9 Abs. 1 BauGB bedienen darf, sie aber nicht daran gebunden ist.[1038] Denn der Wortlaut des § 35 Abs. 6 Satz 3 BauGB gibt gerade keinerlei Einschränkungen vor im Gegensatz zur Regelung der Innenbereichssatzung in § 34 Abs. 4 Satz 3 HS. 2 BauGB, die nur § 9 Abs. 1, 2 und 4 BauGB ausdrücklich erwähnt.

Die Gemeinde darf durch Bestimmungen in der Satzung nicht die Zulässigkeit teil-privilegierter Wohnbauvorhaben i. S. v. § 35 Abs. 4 BauGB beschränken. Vielmehr bestimmt § 35 Abs. 6 Satz 7 BauGB, dass solche Vorhaben von den Regelungen der Satzung unberührt bleiben.[1039] Umstritten ist, ob die Satzung die Zulässigkeit eines Vorhabens i. S. v. § 35 Abs. 4 BauGB im Anwendungsbereich des § 35 Abs. 6 BauGB erweitern darf. Teilweise wird dies verneint mit Verweis auf § 35 Abs. 6 Satz 7 BauGB.[1040] Zu Recht ist jedoch davon auszugehen, dass eine Außenbereichssatzung erweiternde Bestimmungen enthalten darf.[1041] Denn § 35 Abs. 6 BauGB spricht davon, dass von der Satzung die Anwendung des Absatzes 4 unberührt bleibt. § 35 Abs. 4 BauGB regelt aber nur eine erleichterte Zulassung gegenüber den sonstigen nicht-privilegierten Vorhaben i. S. v. § 35 Abs. 2 BauGB, nicht ihre Unzulässigkeit. § 35 Abs. 4 BauGB will die Härten des § 35 Abs. 2 BauGB abmildern, nicht weitere Erleichterungen durch Satzung verhindern.[1042]

[1035] Gaßner/Würfel, BayVBl. 1996, 321 (323; 325); Degenhart, DVBl. 1993, 177 (178).

[1036] Söfker, in: EZB, § 35 BauGB, Rn. 171.

[1037] Jäde, in: Jäde/Dirnberger/Weiß, § 35 BauGB, Rn. 267.

[1038] Schink, DVBl. 1999, 367 (374 ff.); Stollmann, NVwZ 1994, 43; Söfker, in: EZB, § 35 BauGB, Rn. 173; Dürr, in: Brügelmann, § 35 BauGB, Rn. 182.

[1039] Stollmann, NVwZ 1994, 43 (44); Schink, DVBl. 1999, 367 (375); Söfker, in: EZB, § 35BauGB, Rn. 175; Hofherr, in: BK, § 4 BauGB-MaßnG, Rn. 26, 29.

[1040] Stollmann, NVwZ 1994, 43 (44); Greiving, VerwArch 199, 585 (599); Hofherr, in: BK, § 4 BauGB-MaßnG, Rn. 26.

[1041] Söfker, in: EZB, § 35 BauGB, Rn. 175; Dürr, in: Brügelmann, § 35 BauGB, Rn. 182.

[1042] Söfker, in: EZB, § 35 BauGB, Rn. 175.

Voraussetzung gem. § 35 Abs. 6 Satz 4 BauGB ist, dass die Satzung mit einer geordneten städtebaulichen Entwicklung vereinbar ist und daher auch den Anforderungen der §§ 1 Abs. 4, Abs. 5 und Abs. 6 BauGB genügt.[1043] Insbesondere müssen die Gemeinden die auftretenden Konflikte zwischen unterschiedlichen Vorhaben beachten.[1044]

(4) Das Verhältnis von Außenbereichssatzung und Flächennutzungsplan zueinander

Die Außenbereichssatzung erleichtert die Bebauung des Außenbereichs. Eine Darstellung der in die Satzung einbezogenen Flächen im Flächennutzungsplan als Bauflächen ist nicht nötig.[1045] Dies folgt aus einem Vergleich mit den Voraussetzungen der Entwicklungssatzung i. S. v. § 34 Abs. 4 Satz 1 Nr. 2 BauGB, die eine Darstellung als Baufläche ausdrücklich verlangen. Im Umkehrschluss ist die Darstellung als Baufläche für den Erlass einer Außenbereichssatzung nicht nötig.

Teilweise wird vertreten, dass eine Außenbereichssatzung, die zu einer anderen baulichen Entwicklung führt, als sie in den Darstellungen des Flächennutzungsplans vorgesehen ist, nicht mit einer geordneten städtebaulichen Entwicklung i. S. v. § 35 Abs. 6 Satz 4 BauGB vereinbar sei.[1046] Gegen diese Auslegung spricht jedoch, dass nach § 35 Abs. 6 Satz 1 und Satz 2 BauGB dem Vorhaben Darstellungen über Flächen für die Landwirtschaft oder Wald i. S. v. § 5 Abs. 2 Nr. 9 BauGB nicht entgegengehalten werden können. Folglich geht der Gesetzgeber davon aus, dass das Satzungsgebiet auch Flächen erfassen kann, die mit Darstellungen überplant sind, die die ermöglichte Bebauung gerade nicht vorsehen. Eine Bindung könnte daher höchstens angenommen werden, wenn die Gemeinde mit ihrer Satzung beabsichtigt, Vorhaben von der Beachtung der öffentlichen Belange i. S. v. § 35 Abs. 3 Satz 1 Nr. 7 Var. 1 und Var. 2 BauGB, der Entstehung oder Verfestigung einer Splittersiedlung, zu befreien, und die Fläche für eine andere Nutzung als Landwirtschaft oder Wald im Flächennutzungsplan dargestellt ist.

[1043] Degenhart, DVBl. 1993, 177 (179); Schink, DVBl. 1999, 367 (375); Söfker, in: EZB, § 35 BauGB, Rn. 170; Jäde, in: Jäde/Dirnberger/Weiß, § 35 BauGB, Rn. 272. Krautzberger (in: B/K/L, § 35 BauGB, Rn. 122) hält die Gemeinde allerdings im Rahmen der Außenbereichssatzung nicht an die Ziele der Raumordnung gebunden, sondern sieht in den Zielen lediglich abwägungserhebliche Belange. Siehe zum Begriff der städtebaulichen Entwicklung und Ordnung B. III. 1. b).

[1044] Schink, DVBl. 1999, 367 (375); Degenhart, DVBl. 1993, 177 (179); Hofherr, in: BK, § 4 BauGB-MaßnG, Rn. 27.

[1045] Schink, DVBl. 1999, 367 (375); Söfker, in: EZB, § 35 BauGB, Rn. 170.

[1046] Söfker, in: EZB, § 35 BauGB, Rn. 170.

Richtigerweise richtet sich die Zulässigkeit einer Außenbereichssatzung in begrenzten Umfang auch nach den Darstellungen des Flächennutzungsplans. Wann nämlich eine Außenbereichssatzung mit der städtebaulichen Entwicklung und Ordnung i. S. v. § 35 Abs. 6 Satz 4 BauGB vereinbar ist, entscheidet sich – wie im Bereich der Abrundungssatzung[1047] – nach den Darstellungen des Flächennutzungsplans. Im Flächennutzungsplan ist die für das gesamte Gemeindegebiet beabsichtigte geordnete städtebauliche Entwicklung in Grundzügen festgelegt. Dieses in sich stimmige Konzept darf nicht durch die Außenbereichssatzung umgegangen werden. Aus den Beachtlichkeitsvorschriften des § 214 Abs. 2 Nr. 2 und Nr. 4 BauGB, die Verstöße gegen das Entwicklungsgebot betreffen, ergibt sich der Umfang der Bindung an die Darstellungen. Nach diesen Vorschriften ist eine Verletzung des Entwicklungsgebots unbeachtlich, wenn die (sich aus dem Flächennutzungsplan ergebende) geordnete städtebauliche Entwicklung nicht beeinträchtigt wird. Eine Beeinträchtigung hängt nicht davon ab, ob der Bebauungsplan aus der für die konkrete Fläche geltenden Darstellung entwickelt wurde, sondern ob sich die ermöglichte Bebauung in das gemeindegebietsweite Konzept einfügt.[1048] In gleicher Weise ist auch der Begriff der geordneten städtebaulichen Entwicklung i. S. v. § 35 Abs. 6 Satz 4 BauGB auszulegen: Die Außenbereichssatzung ist dann mit der geordneten städtebaulichen Entwicklung vereinbar, wenn sie das gemeindegebietsweite Konzept des Flächennutzungsplans nicht konterkariert, sondern sich darin einfügt; die mit der Außenbereichssatzung erstrebte Bebauung muss aber nicht gleichsam aus der konkreten Darstellung für den engeren Bereich entsprechend § 8 Abs. 2 Satz 1 BauGB entwickelt worden sein.

Zu bedenken ist bei Erlass der Außenbereichssatzung, dass ein Vorhaben, das von der Begünstigung einer Außenbereichssatzung erfasst wird, im Bereich von Darstellungen, die weder Wald- noch Landwirtschaftsflächen festlegen, gem. § 35 Abs. 2 BauGB i. V. m. § 35 Abs. 3 Satz 1 Nr. 1 BauGB nur zulässig ist, wenn es diesen Darstellungen nicht widerspricht. Folglich macht eine Außenbereichssatzung, die bewirkt, dass dem Vorhaben im Rahmen des § 35 Abs. 2 BauGB nicht die Gefahr des Entstehens oder Verfestigens einer Splittersiedlung entgegengehalten werden kann, nur dann Sinn, wenn die von der Satzung erfassten Vorhaben mit den Darstellungen vereinbar sind. Deshalb ist der Erfolg der Satzung in diesem Fall letztlich auch von den konkret für die betroffenen Flächen geltenden Darstellungen abhängig und nicht nur von der allgemein in der Gesamtheit der Darstellungen festgelegten geordneten städtebaulichen Entwicklung.

[1047] Siehe dazu C. III. 3. b).

[1048] Siehe dazu C. II. 1. a) bb).

d) Zwischenergebnis zu „Einfluss des Flächennutzungsplans auf die Zulässigkeit nicht-privilegierter Vorhaben"

Im Außenbereich kann die Gemeinde nicht-privilegierte Vorhaben durch die Darstellungen des Flächennutzungsplans in erheblichen Maße beeinflussen, da bereits jeder Widerspruch zu den Darstellungen gem. § 35 Abs. 3 Satz 1 Nr. 1 BauGB zu einer Beeinträchtigung öffentlicher Belange führt und widersprechende Vorhaben damit gem. § 35 Abs. 2 BauGB unzulässig sind. Eine Einflussnahme durch den Flächennutzungsplan ist bereits vor dem Wirksamwerden des Flächennutzungsplans möglich. Rein formelle Fehler verhindern die Wirkung des Flächennutzungsplans nicht. Wie groß der Einfluss einer Darstellung auf die Zulässigkeit eines Vorhabens ist, hängt von ihrer Aussagedichte und damit vom planerischen Willen der Gemeinde ab. Mit dem Flächennutzungsplan kann die Gemeinde aber nur vorhabensausschließend auf Vorhaben einwirken; ein Vorhaben wird nicht dadurch zulässig, dass es mit den Darstellungen vereinbar ist. Positive Zulassungswirkung hat allein der Bebauungsplan.

Die steuernde Wirkung des Flächennutzungsplans entfällt im Bereich der teilprivilegierten Vorhaben i. S. v. § 35 Abs. 4 BauGB. Diese kann die Gemeinde über die Wahl ihrer Darstellungen nicht beeinflussen. Da unter die teilprivilegierten Vorhaben aber wenige Vorhabenstypen fallen, bleibt für die Gemeinde noch ein erheblicher Steuerungsbereich offen. Schließlich kann die Gemeinde mit Hilfe der Außenbereichssatzung gem. § 35 Abs. 6 BauGB überwiegend Wohnzwecken dienende Vorhaben und Vorhaben, die kleineren Handwerks- und Gewerbebetrieben dienen, fördern, da entsprechenden Vorhaben die Beeinträchtigung der in § 35 Abs. 6 BauGB aufgezählten Belange wie z. B. die Darstellung über Flächen für die Landwirtschaft oder Wald nicht mehr entgegengehalten werden können. Stellt die Gemeinde also die entsprechende Außenbereichsfläche im Flächennutzungsplan als Fläche für die Landwirtschaft dar, dann können Vorhaben i. S. d. § 35 Abs. 6 BauGB auch bei Beeinträchtigung dieser Darstellung errichtet werden, während andere die Darstellung beeinträchtigende nicht-privilegierte Vorhaben vom Außenbereich ferngehalten werden. Im übrigen behält der Flächennutzungsplan seine steuernde Wirkung auch im Bereich der Außenbereichssatzung, da eine Außenbereichssatzung in vielen Fällen nur Sinn macht, wenn sie mit den Darstellungen übereinstimmt, und im übrigen an die im Flächennutzungsplan dargestellte städtebauliche Entwicklung und Ordnung gebunden ist. Insgesamt hat der Flächennutzungsplan deshalb im Außenbereich eine große Bedeutung für die Zulässigkeit von nicht-privilegierten Einzelvorhaben.

2. Einfluss des Flächennutzungsplans auf die Zulässigkeit privilegierter Vorhaben

Die Zulässigkeit privilegierter Vorhaben richtet sich nach § 35 Abs. 1 BauGB. Die privilegierten Vorhaben sind in § 35 Abs. 1 Nr. 1 bis Nr. 6 BauGB abschließend aufgezählt. Sie sind im Außenbereich zulässig, wenn öffentliche Belange nicht entgegenstehen und eine ausreichende Erschließung gesichert ist. Eine besondere Regelung enthält § 35 Abs. 3 Satz 3 BauGB: Öffentliche Belange stehen privilegierten Vorhaben i. S. v. § 35 Abs. 1 Nr. 2 bis Nr. 6 BauGB in der Regel auch dann entgegen, soweit hierfür durch Darstellungen im Flächennutzungsplan eine Ausweisung an anderer Stelle erfolgt ist. Liegen die Voraussetzungen des § 35 Abs. 1 BauGB vor, so besteht ein Anspruch auf Erteilung einer Genehmigung.[1049]

Im folgenden ist zu untersuchen, wann ein Entgegenstehen öffentlicher Belange im allgemeinen vorliegt. (a)) und unter welchen Voraussetzungen im besonderen die Darstellungen des Flächennutzungsplans als öffentliche Belange einem Vorhaben i. S. v. § 35 Abs. 1 BauGB entgegenstehen können (b)). Schließlich soll das sogenannte Darstellungsprivileg des § 35 Abs. 3 Satz 3 BauGB erörtert werden (c)).

a) Das Entgegenstehen öffentlicher Belange nach § 35 Abs. 1 BauGB

Als entgegenstehende öffentliche Belange kommen dieselben wie im Bereich der nicht-privilegierten Vorhaben in Betracht, insbesondere die in § 35 Abs. 3 Satz 1 BauGB aufgezählten. Denn der Unterschied zwischen den privilegierten und den nicht-privilegierten Vorhaben besteht nicht in der Art der potentiell vorhabenhindernden öffentlichen Belange, sondern in der Bedeutung, die den Belangen gegenüber einem Vorhaben zukommen muss, um die Zulässigkeit zu verhindern.[1050] Während die privilegierten Vorhaben nämlich grundsätzlich im Außenbereich verwirklicht werden sollen, ist der Außenbereich von den nicht-privilegierten Vorhaben grundsätzlich freizuhalten.[1051] Ein nicht-privilegiertes Vorhaben ist deshalb bereits unzulässig, wenn es öffentliche Belange beeinträchtigt, wenn es diese also negativ berührt.[1052] Anders ist der Begriff des Entgegenstehens auszulegen. Der Gesetzgeber hat mit der Regelung des § 35 Abs. 1 BauGB „generell geplant", dass die privilegierten Vorhaben im Außenbereich verwirklicht werden sollen und daher grundsätzlich zulässig

---

1049 Krautzberger, in: B/K/L, § 35 BauGB, Rn. 5; Dürr, in: Brügelmann, § 35 BauGB, Rn. 8.

1050 BVerwG, Urteil vom 20.01.1984 – IV C 43.81, BVerwGE 68, 311 (313); Dürr, in: Brügelmann, § 35 BauGB, Rn. 66; Krautzberger, in: B/K/L, § 35 BauGB, Rn. 6; Söfker, in: EZB, § 35 BauGB, Rn. 60. Siehe zum Begriff des öffentlichen Belangs auch E. III. 1. a).

1051 BVerwG, Urteil vom 25.10.1967 – IV C 86.66, BVerwGE 28, 148 (151).

1052 Siehe zum Begriff der Beeinträchtigung E. III. 1. b).

verwirklicht werden sollen und daher grundsätzlich zulässig sind.[1053] Deshalb kommt den privilegierten Vorhaben gegenüber den öffentlichen Belangen ein größeres Durchsetzungsvermögen zu als den nicht-privilegierten Vorhaben.[1054] Es ist jeweils für den konkreten Fall zu untersuchen, welches Gewicht dem privilegierten Vorhaben und welches Gewicht dem öffentlichen Belang an der Stelle zukommt, an der das Vorhaben verwirklicht werden soll.[1055] Dabei ist zu beachten, dass der Gesetzgeber eine Beeinträchtigung öffentlicher Belange durch privilegierte Vorhaben grundsätzlich in Kauf nimmt. Eine höhere Gewichtigkeit des öffentlichen Belanges und damit ein Entgegenstehen liegen erst vor, wenn die Verwirklichung des privilegierten Vorhabens trotz seiner generellen Verweisung in den Außenbereich an der konkreten Stelle als unvertretbar erscheint.[1056]

Anders als bei einer gestaltenden Abwägung besteht kein planerischer Spielraum, welchem Belang der Vorzug zu geben ist. Deshalb wird oft von einer „nachvollziehenden Abwägung“ gesprochen.[1057] Genau betrachtet handelt es sich hier aber nicht um eine Abwägung, da gegen das Vorhaben sprechende Belange nicht gegenüber dafür sprechenden Belangen mittels einer planerischer Entscheidung zurückgestellt werden können, sondern um die Ermittlung der unterschiedlichen Gewichte von Vorhaben und öffentlichem Belang, die dann miteinander verglichen werden.[1058]

b) Einfluss des Flächennutzungsplans auf die Zulässigkeit privilegierter Vorhaben als öffentlicher Belang i. S. v. § 35 Abs. 1 BauGB

Ist der Flächennutzungsplan ein öffentlicher Belang i. S. v. § 35 Abs. 1 BauGB, dann kann die Gemeinde auf die Bodennutzung im Außenbereich Einfluss nehmen, ohne dass sie dafür den gesamten Außenbereich mit Bebauungsplänen überplanen müsste. Zunächst ist die Frage zu stellen, ob bzw. unter welchen Voraussetzungen die Darstellungen des Flächennutzungsplans einen öffentlichen Belang bilden können (aa)) und an Hand welcher Kriterien zu ermit-

---

[1053] BVerwG, Urteil vom 25.10.1967 – IV C 86.66, BVerwGE 28, 148 (151); BVerwG, Urteil vom 20.01.1984- IV C 43.81, BVerwGE 68, 311 (315); Dürr, in: Brügelmann, § 35 BauGB, Rn. 8; Taegen, in: BK, § 35 BauGB, Rn. 8.

[1054] BVerwG, Urteil vom 14.03.1975 – IV C 41.73, BVerwGE 48, 109 (114); BVerwG, Urteil vom 24.08.1979 – IV C 3.77, DÖV 1979, 905 (907).

[1055] Söfker, in: EZB, § 35 BauGB, Rn. 60; Dürr, in: Brügelmann, § 35 BauGB, Rn. 66.

[1056] Paßlick, S. 169.

[1057] Z. B. BVerwG, Urteil vom 22.05.1987 – IV C 57.84, BVerwGE 77, 300 (307); Jäde, in: Jäde/Dirnberger/Weiß, § 35 BauGB, Rn. 233.

[1058] BVerwG, Urteil vom 24.08.1979- IV C 3.77, DÖV 1979, 905 (907). Ähnlich Brohm (in: Öffentliches Baurecht, § 21, Rn. 18), der nicht von einer Abwägung sprechen will, sondern von einer bipolaren Gewichtung in Form einer kontextbedingten (systematischen) Tatbestandsinterpretation. Siehe auch E. III. 1. a).

teln ist, ob sich die Darstellungen des Flächennutzungsplans gegenüber einem privilegierten Vorhaben durchsetzen können (bb)). Anschließend wird untersucht, ob die Tatsache, dass ein privilegiertes Vorhaben mit den Darstellungen des Flächennutzungsplans vereinbar ist, auch zulassende Wirkung haben kann (cc)).

aa) Die Darstellungen des Flächennutzungsplans als öffentliche Belange

Ob die Darstellungen des Flächennutzungsplans öffentliche Belange sein können, die dazu geeignet sind, ein privilegiertes Vorhaben zu verhindern, ist im folgenden unter zwei Aspekten zu beleuchten. Zum einen ist zu erörtern, wann die Darstellungen zum öffentlichen Belang geeignet sind ((1)), zum anderen, ob nur Darstellungen eines wirksamen Flächennutzungsplans Belangqualität zukommt oder ob auch die Darstellungen eines Planentwurfs oder eines formell unwirksamen Plans einen öffentlichen Belang bilden können ((2)).

(1) Die Eignung der Darstellungen des Flächennutzungsplans zum öffentlichen Belang

Bevor der Gesetzgeber die Darstellungen des Flächennutzungsplans als öffentlichen Belang in den Belangkatalog des § 35 Abs. 3 Satz 1 BauGB eingefügt hatte, nahm die Rechtsprechung zunächst an, dass eine Darstellung des Flächennutzungsplans im Rahmen der Zulässigkeit privilegierter Vorhaben keinen öffentlichen Belang i. S. v. § 35 Abs. 1 BauGB bilden könne. Denn § 35 Abs. 1 BauGB bilde eine Art Planersatz, der mit § 30 BauGB vergleichbar sei. Da im Rahmen eines qualifizierten Bebauungsplans i. S. v. § 30 BauGB Darstellungen für die Zulässigkeit keine Rolle spielten, dürften sie dies auch nicht im Rahmen des § 35 Abs. 1 BauGB.[1059]

Zu Recht hat die Rechtsprechung diese Auffassung berichtigt, noch bevor die Darstellungen des Flächennutzungsplans in den Belangkatalog des § 35 Abs. 3 Satz 1 BauGB aufgenommen worden sind. Zwischen den Zulässigkeitstatbeständen des § 35 BauGB und des § 30 BauGB bzw. § 34 BauGB bestehend erhebliche Unterschiede: Die Festsetzungen eines qualifizierten Bebauungsplans bzw. die Bindung eines Vorhabens an die Eigenart der näheren Umgebung im Rahmen des § 34 BauGB bestimmen bereits selbst, an welcher Stelle welches Vorhaben zulässig ist.[1060] Dagegen bildet § 35 Abs. 1 BauGB zwar eine Art Planersatz, der die privilegierten Vorhaben dem Außenbereich zuweist. Es handelt

---

[1059] BVerwG, Urteil vom 25.10.1967 – IV C 86.66, BVerwGE 28, 148 (152).
[1060] BVerwG, Urteil vom 20.01.1984 - IV C 43.81, BVerwGE 68, 311 (314 ff.).

sich aber nur um eine generelle Planung, die keine Entscheidung über den konkreten Standort der grundsätzlich zulässigen Vorhaben im Außenbereich trifft. Wegen des Gebots größtmöglicher Schonung des Außenbereichs richtet sich der zulässige Standort danach, ob dem Vorhaben an dem jeweiligen Ort keine öffentlichen Belange entgegenstehen. So will der Gesetzgeber eine unkoordinierte Vorhabensentwicklung im Außenbereich verhindern. Um eine größtmögliche Schonung des Außenbereichs und eine harmonische Einfügung der einzelnen Nutzungen in das „Ganze" zu erreichen, dürfen die Standortinteressen einzelner nicht ausschlaggebend sein, sondern muss das öffentliche Interesse an der Nutzung des Außenbereichs beachtet werden.[1061] Der Flächennutzungsplan kann als öffentlicher Belang die konkrete Verteilung der privilegierten Vorhaben mitsteuern. Ein solcher Einfluss rechtfertigt sich daraus, dass er auf der Grundlage einer rechtsstaatlichen Anforderungen genügenden Abwägung erstellt wird und er Ausfluss der nach Art. 28 Abs. 2 GG geschützten Planungshoheit der Gemeinde[1062] ist. Dass der Gesetzgeber dem Flächennutzungsplan diese Rolle im Bereich des § 35 BauGB zukommen lassen wollte, kommt darin zum Ausdruck, dass er die Darstellungen des Flächennutzungsplans als Beispiel für öffentliche Belange in die Liste des § 35 Abs. 3 Satz 1 BauGB aufnahm, um die Außenbereichsentwicklung stärker und eindeutiger als bisher in die Flächennutzungsplanung einzuordnen,[1063] auch wenn sich § 35 Abs. 3 Satz 1 BauGB seinem Wortlaut nach nur auf § 35 Abs. 2 BauGB bezieht. Heute lässt sich die Belangqualität des Flächennutzungsplans im Bereich privilegierter Vorhaben auch aus § 35 Abs. 3 Satz 3 BauGB schließen, der die Rechtsfolge von Darstellungen in Form von Konzentrationszonen gegenüber privilegierten Vorhaben regelt.[1064]

Darstellungen des Flächennutzungsplans sind sowohl im Verhältnis zu standortgebundenen privilegierten Vorhaben als auch im Verhältnis zu standortvariablen privilegierten Vorhaben dazu geeignet, einen entgegenstehenden öffentlichen Belang zu bilden. Standortgebundene Vorhaben haben eine spezielle räumliche Affinität zu einem bestimmten Standort. Sie können nur an Stellen mit bestimmten geographischen oder geologischen Eigenarten verwirklicht werden.[1065] Standortvariable Vorhaben haben dagegen eine generelle funktionale Affinität zum Außenbereich. Sie sind zwar dem Außenbereich zugewiesen, ihr Standort ist aber nicht durch bestimmte geographisch-geologische Gegebenheiten bestimmt.[1066] Trotzdem weist § 35 Abs. 1 BauGB auch die standortgebundenen Vorhaben nicht einer bestimmten Stelle des Außenbereichs zu. Obwohl die standortgebundenen Vorhaben mit bestimmten Außenbereichsteilflächen ver-

---

1061 Paßlick, S. 221 ff.
1062 Siehe dazu B. IV. 2.
1063 BT-Drks. 7/2496, S. 49.
1064 Siehe dazu E. III. 2. c).
1065 Hoppe, DVBl. 1991, 1277 (1284).
1066 Hoppe, DVBl. 1991, 1277 (1284).

bunden sind, differenziert § 35 Abs. 1 BauGB nicht zwischen den beiden Vorhabenstypen, sondern unterwirft sie denselben Voraussetzungen. Auch sie sind nicht an allen Stellen zulässig, die für sie geeignet sind.[1067] Dieses Ergebnis bestätigt § 35 Abs. 3 Satz 3 BauGB, der die Folge der Darstellung von Konzentrationszonen für privilegierte Vorhaben im Flächennutzungsplan regelt,[1068] ohne zwischen standortgebundenen und standortvariablen Vorhaben zu unterscheiden.

Wie im Rahmen des § 35 Abs. 2 BauGB[1069] gilt auch im Rahmen des § 35 Abs. 1 BauGB, dass Darstellungen öffentliche Belange unabhängig davon sind, ob sie Bestehendes festschreiben oder neue Nutzungsmöglichkeiten eröffnen. Auf die Formel, dass öffentliche Belange nur vorliegen, wenn sie Unterstützung und einleuchtende Fortschreibung bestimmter tatsächlicher Gegebenheiten sind, kann aus den obengenannten Gründen[1070] nicht zurückgegriffen werden.[1071] Das Gesetz gibt keinen Anhaltspunkt, dass nur Darstellungen, die Bestehendes festlegen, zum öffentlichen Belang geeignet sind. Auch enthält § 35 Abs. 3 Satz 3 BauGB, der einen Spezialfall von Darstellungen, die einem privilegierten Vorhaben entgegenstehen, behandelt, keine derartige Differenzierung.

Im Ergebnis sind die Darstellungen des Flächennutzungsplans dazu geeignet, die in § 35 Abs. 1 BauGB offengelassene Frage des konkreten Standorts zu präzisieren. Durch die Darstellung von Nutzungen für die gemeindlichen Flächen können die unterschiedlichen Bedürfnisse im Außenbereich geregelt werden.

(2) Die Belangqualität eines Planentwurfs oder formell unwirksamen Plans

Die Darstellungen eines Flächennutzungsplans sind im Rahmen des § 35 Abs. 1 BauGB grundsätzlich nur dann öffentliche Belange, wenn sie wirksam erlassen worden sind. Ob auch ein formell unwirksamer Flächennutzungsplan einen öffentlichen Belang im Rahmen des § 35 Abs. 1 BauGB bilden kann bzw. ob auch ein formell und materiell planreifer Planentwurf hierzu geeignet ist, spricht

---

[1067] Paßlick, S. 223.

[1068] Siehe dazu E. III. 2. c).

[1069] Siehe dazu E. III. 2. b).

[1070] Siehe dazu E. III. 1. b).

[1071] Vgl. auch BVerwG, Urteil vom 22.05.1987 – IV C 57.84, BVerwGE 77, 300 (304). Dort sprach das Bundesverwaltungsgericht zwar von der Unterstützung und einleuchtenden Fortschreibung tatsächlicher Gegebenheiten durch die in Frage stehende Darstellung. Letztlich schrieben die Darstellungen, die Abgrabungen zugunsten anderer Nutzungen verhinderten, gerade nicht das tatsächlich Mögliche, nämlich die Abgrabung von Sand und Kies, sondern eine andere Nutzung vor (vgl. dazu Hoppe, DVBl. 1991, 1277 (1282)).

die Literatur meist nur im Rahmen des § 35 Abs. 2 BauGB an.[1072] Für den parallelen Fall der Ziele der Raumordnung hat das Bundesverwaltungsgericht nur geäußert, dass der dort in Streit stehende Entwurf der Fortschreibung eines Landesentwicklungsprogramms nicht zum öffentlichen Belang geeignet sei.[1073]

Was den formell unwirksamen Flächennutzungsplan betrifft, so kann § 215 a Abs. 2 BauGB der allgemeine Gedanke entnommen werden, dass ein Flächennutzungsplan, dessen Fehler heilbar sind und den die Gemeinde beabsichtigt, durch rückwirkendes Inkrafttreten zu heilen, inhaltlich Bedeutung haben und nicht allein an formellen Fehlern scheitern soll. Ein derartiger fehlerhafter, aber heilbarer Flächennutzungsplan ist daher geeignet, einen Belang i. S. v. § 35 Abs. 1 BauGB zu bilden.

Gleiches gilt auch für formell und materiell planreife Darstellungen, über die bereits mit einem die Abwägung abschließenden Beschluss entschieden wurde. Dem kann nicht entgegengehalten werden, dass im Rahmen des § 35 Abs. 1 BauGB die Belange ein höheres Gewicht benötigen würden, als solche im Rahmen des § 35 Abs. 2 BauGB und dass deshalb ein planreifer Entwurf nicht genüge.[1074] Denn der Unterschied zu den Darstellungen, die ein Vorhaben i. S. v. § 35 Abs. 2 BauGB verhindern, zu denen, die ein Vorhaben i. S. v. § 35 Abs. 1 BauGB verhindern, besteht nicht im Erlassverfahren, sondern im Gewicht der Darstellung. Das Gewicht ergibt sich aus dem Konkretheitsgrad der planerischen Aussage und aus dem planerischen Konzept, das die Gemeinde im Rahmen ihrer Planungshoheit nach Art. 28 Abs. 2 Satz 1 GG geschaffen hat und das die Außenbereichsentwicklung mitgestalten soll.[1075] Das kann aber auch ein formell und materiell planreifer Entwurf wiedergeben.

bb) Durchsetzungsfähigkeit der Darstellungen des Flächennutzungsplans gegenüber privilegierten Vorhaben

Grundsätzlich sind die Darstellungen eines Flächennutzungsplans also öffentliche Belange i. S. v. § 35 Abs. 1 BauGB. Um sich gegenüber einem privilegierten Vorhaben durchzusetzen, müssen die Darstellungen diesem entgegenstehen, also im konkreten Fall gewichtiger als das privilegierte Vorhaben sein. Denn § 35 Abs. 1 BauGB verweist die privilegierten Vorhaben nur generell in den Außenbereich. Nicht jeder Widerspruch zu den Darstellungen des Flächennut-

---

[1072] Siehe dazu auch E. III. 1. b) aa). Bracher (in: Gelzer/Bracher/Reidt, Rn. 2547) hält ausdrücklich auch den formell und materiell planreifen Entwurf eines Flächennutzungsplans für einen öffentlichen Belang i. S. v. § 35 Abs. 1 BauGB.

[1073] BVerwG, Urteil vom 20.01.1984 – IV C 43.81, BVerwGE 68, 311 (317).

[1074] So zum parallelen Fall der Ziele der Raumordnung: Paßlick, S. 253. Vgl. auch OVG Lüneburg, Urteil vom 18.03.1999 – 1 L 6696/96, NVwZ 1999, 1003 (1004)

[1075] Siehe dazu E. III. 1. b) aa). Zweifelnd, im Ergebnis aber offenlassend: BVerwG, Urteil vom 13.03.2003 – 4 C 3/02, ZfBR 2003, 469 ff.

zungsplans führt, anders als im Rahmen von § 35 Abs. 2, Abs. 3 Satz 1 Nr. 1 BauGB, zwingend zur Unzulässigkeit des Vorhabens.[1076] Die Rechtsprechung verlangt daher zu Recht eine räumlich und sachlich hinreichend konkrete standortbezogene Darstellung, also eine „anderweitige Verplanung“ der Stelle, eine qualifizierte Standortzuweisung. Die Gemeinde muss dem Außenbereich mittels der Darstellung eine Funktion zuweisen, die über den Regelungsgehalt des § 35 Abs. 2 BauGB, also der Freihaltung des Außenbereichs von nicht-privilegierten Vorhaben, hinausgeht.[1077] Ob eine Darstellung des Flächennutzungsplans eine qualifizierte Standortzuweisung enthält, ist durch Auslegung der Darstellung, insbesondere des Umfangs der Planaussage zu ermitteln. So kann der Darstellung einer Fläche für Landwirtschaft oder für Wald sowohl die Aufgabe zukommen, die gesetzliche Funktion des Außenbereichs zu unterstreichen als auch die Aufgabe, die Land- oder Forstwirtschaft zu fördern und zu unterstützen und alle diesem Zweck zuwiderlaufende, auch privilegierte Vorhaben auszuschließen. Damit bestimmt letztlich der planerische Wille der Gemeinde das Gewicht der Darstellung.[1078]

Aussagegehalt und Aussagedichte der Darstellung müssen durch Auslegung ermittelt werden. Der Aussagegehalt einer Darstellung bestimmt sich nach den ihr zugedachten Wirkungen. Eine Darstellung hat eine positive Wirkung, indem sie einer Fläche eine bestimmte Nutzung zuweist. Damit verbunden werden kann die negative Wirkung, dass Nutzungen, die den mit der Darstellung verfolgten Zweck erschweren oder unmöglich machen, nicht verwirklicht werden sollen.[1079] Der Aussagegehalt einer Darstellung bestimmt sich folglich danach, welche Nutzungen eine Gemeinde der verplanten Stelle mit der Darstellung zuweisen und inwieweit sie andere Nutzungen damit ausschließen wollte. Das Gewicht einer Darstellung richtet sich daher nach ihrer Stellung im städtebauliche Konzept der Gemeinde. Die Zweckbestimmung der Darstellung ist textlich oder zeichnerisch im Plan zu verankern. Zur Auslegung kann der Erläuterungsbericht herangezogen werden, da er den subjektiven Willen des Plangebers wie-

---

[1076] Siehe dazu E. III. 2. b) aa) (1).

[1077] BVerwG, Urteil vom 20.01.1984 – IV C 43.81, BVerwGE 68, 311 (315); BVerwG, Urteil vom 22.05.1987 – IV C 57.84, BVerwGE 77, 300 (301 ff.); BVerwG, Beschluss vom 03.06.1998 – IV B 6.98, NVwZ 1998, 960. Im Anschluss daran ebenso die Lehre: Bracher, in: Gelzer/Bracher/Reidt, Rn. 2536; Brohm, Öffentliches Baurecht, § 21, Rn. 19; Manssen, in: Becker/Heckmann/Kempen/Manssen, 4. Teil, Rn. 123; Jäde, in: Jäde/Dirnberger/Weiß, § 35 BauGB, Rn. 242; Söfker, in: EZB, § 35 BauGB, Rn. 64; Krautzberger, in: B/K/L, § 35 BauGB, Rn. 4, 50.

[1078] BVerwG, Urteil vom 20.01.1984 – IV C 43.81, BVerwGE 68, 311 (315); BVerwG, Urteil vom 22.05.1987 – IV C 57.84, BVerwGE 77, 300 (303); BVerwG, Urteil vom 04.05.1988 – IV C 22.87, BVerwGE 79, 318 (323); Dürr, in: Brügelmann, § 35 BauGB, Rn. 67.

[1079] Siehe dazu auch B. III. 2. c) aa).

dergibt und der Verdeutlichung der Ziele, Zwecke und wesentlichen Auswirkungen des Planes dient.[1080]

Wenn die Gemeinde einer Darstellung den Inhalt gibt, bestimmte Nutzungen zu fördern und andere, auch privilegierte Nutzungen zugunsten dieser Nutzung auszuschließen, dann kommt der Darstellung grundsätzlich ein Gewicht zu, das geeignet ist, einer privilegierten Nutzung entgegenzustehen. Da der Flächennutzungsplan auch im Rahmen des § 35 Abs. 1 BauGB nicht wie ein Rechtssatz angewendet werden kann, der die Unzulässigkeit eines Vorhabens verbindlich festlegt, ist aber stets für den Einzelfall zu ermitteln, ob dem privilegierten Vorhaben oder den berührten öffentlichen Belangen der Vorrang einzuräumen ist.[1081] Für den Aussagegehalt der Darstellung und dem damit im Zusammenhang stehenden Gewicht der Darstellung ist folgendes zu beachten: Gerade in den Randbereichen der dargestellten Fläche sind wegen der Gebietsschärfe einer Darstellung Abweichungen ebenso möglich wie im Rahmen der Entwicklung eines Bebauungsplans aus dem Flächennutzungsplan.[1082] Der Flächennutzungsplan ist nur ein grobmaschiges gemeindegebietsumfassendes Konzept, das die Grundzüge der beabsichtigten städtebaulichen Entwicklung und Ordnung wiedergibt. Dabei rechtfertigt sich die Möglichkeit der Gemeinde, mit den Darstellungen als öffentlichen Belangen auf die privilegierten Vorhaben Einfluss zu nehmen, im erheblichen Maße daraus, dass die Gemeinde Nutzungsentscheidungen auf Grund einer rechtsstaatlichen Anforderungen entsprechenden Abwägung i. S. v. § 1 Abs. 6 BauGB trifft.[1083] Das Gewicht einer Darstellung kann damit nur soweit reichen, wie die Abwägung der Gemeinde selbst reicht. Die flächennutzungsplanerische Abwägung i. S. v. § 1 Abs. 6 BauGB ist wegen des Grundzügecharakters des Flächennutzungsplans grobmaschiger als die des verbindlichen Bebauungsplans. Wenn aufgrund dieser gröberen Abwägung die Belange des konkreten privilegierten Einzelvorhabens nicht ausreichend gewürdigt werden konnten und durften, dann vermindert dies die Durchsetzungsfähigkeit der Darstellung gegenüber dem Vorhaben.

Umstritten ist, ob eine Darstellung, die schwerpunktmäßig dazu dient, eine Fläche von einer bestimmten Bebauung freizuhalten, gewichtiger als ein privilegiertes Vorhaben sein kann.[1084] Dagegen wird eingewandt, dass eine solche Dar-

---

[1080] Zur Bedeutung des Erläuterungsberichts siehe B. III. 2. d) aa).

[1081] BVerwG, Urteil vom 20.01.1984 – IV C 43.81, BVerwGE 68, 311 (314); Weyreuther, Außenbereich, S. 161; Wagner, UPR 1996, 370 (373). Siehe zum Begriff des Entgegenstehens B. III. 2. a). Im Gegensatz dazu ist ein privilegiertes Vorhaben bereits unzulässig, wenn es einem konkreten standortbezogenen Ziel der Raumordnung widerspricht; eine einzelfallbezogene Gewichtung ist nicht erforderlich (vgl. Hoppe, DVBl. 1993, 1109 (1113); Spoerr, DVBl. 2001, 90 (91)).

[1082] Siehe dazu C. II. 1. a). Ähnlich Koppitz/Schwarting/Finkeldei, Rn. 319; Paßlick, S. 261.

[1083] Ebenso zu den Zielen der Raumordnung: Paßlick, S. 229.

[1084] Zum Verhältnis solcher Freihaltedarstellungen zum Verbot der Negativplanung siehe B. III. 2. c) aa).

stellung eine konkrete standortbezogene Aussage treffen müsse. Dies setze aber voraus, dass die Gemeinde mit der Darstellung gerade die Verwirklichung der dargestellten Nutzung verfolge und nicht ein negatives Planungsziel.[1085] Andere vertreten, dass auch ein Freihaltebelang ausreichendes Gewicht im Rahmen des § 35 Abs. 1 BauGB haben könne, da auch der bewusste Wille zur Nichtveränderung Teil des planerischen Konzepts der Gemeinde sei und die Gemeinde ein erhebliches Interesse daran haben könne, bestimmte Flächen von Bebauung freizuhalten.[1086] Richtigerweise kann auch eine Darstellung, die einer Fläche zwar eine bestimmte Nutzung zuweist, schwerpunktmäßig aber nicht die Verwirklichung dieser Nutzung, sondern die Freihaltung der Fläche von bestimmten privilegierten Vorhaben verfolgt, im Einzelfall gewichtiger sein als die Verwirklichung des privilegierten Vorhabens. Wie bereits an anderer Stelle ausgeführt,[1087] ist eine Darstellung mit dem (negativen) Planungsziel der Freihaltung zulässig, wenn sie nicht gegen das Verbot der Negativplanung verstößt. Dies setzt voraus, dass die Gemeinde die Absicht hat, die dargestellte Nutzung innerhalb des Prognosezeitraums zu erhalten oder ihre Verwirklichung zu erstreben.[1088] Voraussetzung ist dabei, dass die Darstellung einer ganz bestimmten und begrenzten Fläche innerhalb des Gemeindegebietes konkret und standortbezogen eine positive Nutzung zuweist. Der alleinige Ausschluss einer Nutzung auf einer Fläche durch eine Darstellung ohne gleichzeitige Zuweisung einer positiven Nutzung ist nur unter den Voraussetzungen einer Konzentrationszone gem. § 35 Abs. 3 Satz 3 BauGB zulässig.[1089]

cc) Folge einer Vereinbarkeit des Vorhabens mit den Darstellungen des Flächennutzungsplans

§ 35 Abs. 1 BauGB enthält keine Aussage darüber, ob die Vereinbarkeit eines Vorhabens mit den Darstellungen eines Flächennutzungsplans seine Zulässigkeit positiv beeinflussen kann. Teilweise wird vertreten, dass entsprechend der Regelung in § 35 Abs. 3 Satz 2 HS. 2 BauGB öffentliche Belange nach § 35 Abs. 1 BauGB einem Vorhaben nach § 35 Abs. 1 BauGB nicht entgegenstehen können, soweit die Belange im Rahmen der Aufstellung der Darstellung des Flächennut-

---

[1085] BVerwG, Urteil vom 22.05.1987 – IV C 57.84, BVerwGE 77, 300 (302); Hoppe, DVBl. 1991, 1277 (1280); Bracher, in: Gelzer/Bracher/Reidt, Rn. 2546.
[1086] Birk, NVwZ 1989, 905 (911).
[1087] Siehe zum Verhältnis von Freihalteplanung und Verbot der Negativplanung B. III. 2. c) aa).
[1088] Siehe zum Verhältnis von Freihalteplanung und Verbot der Negativplanung B. III. 2. c) aa).
[1089] Zur Konzentrationszone siehe E. III. 2. c).

zungsplans nach § 1 Abs. 6 BauGB abgewogen und gegenüber anderen Belangen zurückgestellt worden sind.[1090]

Letztlich sprechen hiergegen jedoch die gleichen Argumente, die auch gegen eine Zulassungswirkung im Rahmen des § 35 Abs. 2 BauGB sprechen:[1091] Die Zulässigkeit eines Vorhabens gem. § 1 Abs. 2 BauGB i. V. m. §§ 8 Abs. 1, 30 BauGB wird nur durch den verbindlichen Bebauungsplan begründet. § 35 Abs. 1 BauGB enthält keine § 1 Abs. 6 BauGB vergleichbare Abwägung, sondern stellt das Vorhaben jedem einzelnen einschlägigen öffentlichen Belang gegenüber.[1092] Aus der Regelung des § 35 Abs. 3 Satz 2 HS. 1 und HS. 2 BauGB zu den Zielen der Raumordnung und der Tatsache, dass § 35 Abs. 1 BauGB allein eine Regelung enthält, wann die grundsätzlich zulässigen privilegierten Vorhaben nicht zulässig sind, lässt sich schließen, dass die Darstellungen des Flächennutzungsplans auch im Rahmen des § 35 Abs. 1 BauGB keine Zulassungswirkung haben.

dd) Zwischenergebnis zu „Einfluss des Flächennutzungsplans auf die Zulässigkeit privilegierter Vorhaben als öffentlicher Belang i. S. v. § 35 Abs. 1 BauGB“

Zwar kann die Gemeinde die Zulässigkeit eines privilegierten Vorhabens nicht in dem Sinne fördern, dass sie durch entsprechende Darstellungen sonstige entgegenstehende Belange wegwägt. Zum Instrument, das an bestimmten Stellen der Gemeinde unerwünschte privilegierte Vorhaben erschwert, sind die Darstellungen des Flächennutzungsplans aber sehr gut geeignet. Dabei macht es keinen Unterschied, ob sie sich auf die Festlegung des vorhandenen Nutzungsbestandes beschränken oder ob sie Impulse für neue Nutzungen geben. Selbst Planentwürfen oder formell unwirksamen Flächennutzungsplänen kann die Bedeutung eines öffentlichen Belangs zukommen. Darstellungen des Flächennutzungsplans sind anders als im Bereich der nicht-privilegierten Vorhaben allerdings nur durchsetzungsfähig, wenn es sich um konkrete standortbezogene Darstellungen handelt. Das Gewicht der einzelnen konkreten standortbezogenen Darstellung gegenüber privilegierter Vorhaben ist jeweils für den Einzelfall zu ermitteln. Dabei trägt die Rolle, die eine konkrete standortbezogene Darstellung nach dem Willen der Gemeinde im planerischen Gesamtkonzept einnimmt, wesentlich zu deren Gewicht bei. Der Aussagegehalt und die Aussagedichte, die die Gemeinde einer Darstellung verliehen hat, sind durch Auslegung zu ermitteln.

[1090] Gaentzsch, NVwZ 1998, 889 (895); wohl auch Wagner, UPR 1996, 370 (373); Lüers, ZfBR 1996, 297 (299).

[1091] Siehe dazu E. III. 1. b) cc).

[1092] Siehe dazu E. III. 2. a).

c) Das Darstellungsprivileg gem. § 35 Abs. 3 Satz 3 BauGB

Nach § 35 Abs. 3 Satz 3 BauGB stehen öffentliche Belange einem Vorhaben nach § 35 Abs. 1 Nr. 2 bis Nr. 6 BauGB in der Regel auch dann entgegen, soweit hierfür durch Darstellungen im Flächennutzungsplan eine Ausweisung an anderer Stelle erfolgt ist. Die Besonderheit dieses sogenannten Darstellungsprivilegs oder Planvorbehalts besteht darin, dass eine Darstellung über eine Teilfläche des Gemeindegebietes eine der Nutzungen i. S. v. § 35 Abs. 1 Nr. 2 bis Nr. 6 BauGB vorsieht und zugleich auf anderen Flächen diese Nutzung ausschließt. Im folgenden soll zunächst der Begriff des Darstellungsprivilegs näher erläutert werden (aa)). Danach wird untersucht, welche Wirkung das Darstellungsprivileg auf die Zulassung von Vorhaben im Außenbereich hat (bb)).

aa) Begriff des Darstellungsprivilegs

Darstellungsprivileg bedeutet, dass ein Planungsträger dazu ermächtigt ist, einen Standort für bestimmte Vorhaben mit der Wirkung festzulegen, dass solche Vorhaben nur innerhalb des Plangebiets und nicht auf anderen als den planerisch vorgesehenen und ausgewiesenen Flächen verwirklicht werden sollen.[1093] Die gesetzliche Regelung des § 35 Abs. 3 Satz 3 BauGB, die dazu ermächtigt, Standorte für bestimmte Nutzungen mit negativer Wirkung im übrigen Plangebiet auszuweisen, verankert die in einer Entscheidung des Bundesverwaltungsgericht[1094] für zulässig erachteten Konzentrationszonen im Baugesetzbuch.[1095] Zum besseren Verständnis soll daher zunächst kurz die Rechtsprechung des Bundesverwaltungsgerichts zu den Konzentrationszonen vor Erlass des § 35 Abs. 3 Satz 3 BauGB vorgestellt werden ((1)). Sodann wird untersucht, welche Anforderungen das Darstellungsprivileg des § 35 Abs. 3 Satz 3 BauGB an eine Konzentrationszone stellt ((2)).[1096]

[1093] Hoppe, DVBl. 1991, 1277 (1283); Paßlick, S. 267.

[1094] BVerwG, Urteil vom 22.05.1987 – IV C 57.84, BVerwGE 77, 300 ff.

[1095] BT-Drks. 13/4978, S. 7.

[1096] Im Bericht zur Novellierung des Baugesetzbuches wird vorgeschlagen, neben den Konzentrationszonen mit Ausschlussbereich die Möglichkeit zur Darstellung von Eignungsgebieten einzuräumen (vgl. dort Rn. 237 ff.) Eignungsgebiete sind nach dem Bericht parallel zu § 7 Abs. 4 S. 1 Nr. 3 ROG großflächige, für eine bestimmte Nutzung geeignete Gebiete, die mit einer außergebietlichen Ausschlusswirkung verbunden sind, innergebietlich aber keine abschließende Aussage über die Zulässigkeit eines Vorhabens am konkreten Standort treffen. Damit ist wohl gemeint, dass ein solches Eignungsgebiet innergebietlich keine Nutzungszuweisung im Sinne einer konkreten standortbezogenen Darstellung enthält. Vorteil sei – so der Bericht –, dass damit geringere Anforderungen an Ermittlung und Abgrenzung der Potential-

(1) Die Rechtsprechung des Bundesverwaltungsgerichts zur Darstellung von Konzentrationszonen im Flächennutzungsplan

Das Bundesverwaltungsgericht hatte entschieden, dass eine Darstellung über eine Fläche für die Abgrabung von Sand und Kies, die ein privilegiertes Vorhaben i. S. v. § 35 Abs. 1 Nr. 4 BauGB ist, die Wirkung haben könne, als öffentlicher Belang Abgrabungen im übrigen Plangebiet entgegenzustehen, auch wenn die Konzentrationszone für die außerhalb der Zone liegenden Flächen keine ausdrücklichen qualifizierten Standortzuweisungen über andere Nutzungen enthalte.[1097] Eine solche Konzentrationszone rechtfertige sich daraus, dass nur so eine allgemeine Verkraterung der Außenbereichslandschaft verhindert werden könne.[1098] Der Flächennutzungsplan als ein gesamträumliches Entwicklungskonzept könne seine Steuerungsaufgabe so nur erfüllen.[1099] Die Darstellung von Konzentrationszonen im Flächennutzungsplan beschränke privilegierte Vorhaben auch nicht unangemessen, weil der Flächennutzungsplan nicht rechtssatzmäßig angewendet werde, sondern zu einer nachvollziehenden Abwägung des Gewichts einer Konzentrationszone als öffentlichen Belang gegenüber dem des privilegierten Vorhabens führe.[1100] Bei der Gewichtung sei zu beachten, dass die Ausschlussflächen, die von der negativen Ausschlusswirkung der Darstellung erfasst würden, im Rahmen der Aufstellung der Darstellung einer globaleren bauleitplanerischen Abwägung unterfielen als die Fläche mit positiver Wirkung; denn die Gemeinde werde nicht für jede Fläche im Außenbereich, die Kies- und Sandvorkommen aufweise, abwägen können, ob die städtebaulichen Gründe so stark seien, um auch hier im Hinblick auf die Abgrabungskonzentration an anderer Stelle den Abbau zu verhindern.[1101] Gegen diese Rechtsprechung wurde eingewandt, für ein solches Darstellungsprivileg fehle es an einer hinreichenden

---

flächen gestellt würden als im Bereich der eng dimensionierten Konzentrationszonen. Dem Bericht ist zuzugeben, dass die neue Gestaltungsmöglichkeit durch ein Eignungsgebiet für die Gemeinde sicherlich eine interessante Darstellungsvariante wäre. Allerdings wird man angesichts des Ausschlussbereichs des Eignungsgebiets weiterhin ein schlüssiges Planungskonzept für die auszuschließende Nutzung verlangen müssen. Dabei ist zwar bei der Entwicklung des Planungskonzepts zu berücksichtigen, dass ein Großteil des für die Nutzung geeigneten Gemeindegebietes für diese offen bleibt. Andererseits müssen die Gemeinden weiterhin feststellen, welche Flächen in ihrer Gemeinde für die Nutzung geeignet sind und welche nicht. Ob die Aufnahme eines Eignungsgebiets im Flächennutzungsplans damit tatsächlich einfacher für die Gemeinde ist als eine Konzentrationszone mit Ausschlussbereich, bleibt abzuwarten.

[1097] BVerwG, Urteil vom 22.05.1987 – IV C 57.84, BVerwGE 77, 300 (303 ff.).

[1098] BVerwG, Urteil vom 22.05.1987 – IV C 57.84, BVerwGE 77, 300 (304).

[1099] BVerwG, Urteil vom 22.05.1987 – IV C 57.84, BVerwGE 77, 300 (304 ff.).

[1100] BVerwG, Urteil vom 22.05.1987 – IV C 57.84, BVerwGE 77, 300 (305; 307).

[1101] BVerwG, Urteil vom 22.05.1987 – IV C 57.84, BVerwGE 77, 300 (307).

gesetzlichen Ermächtigung;[1102] seit der Einführung des § 35 Abs. 3 Satz 3 BauGB liegt eine gesetzliche Ermächtigung vor.[1103]

(2) Die Darstellung einer Konzentrationszone nach dem Darstellungsprivileg des § 35 Abs. 3 Satz 3 BauGB

Eine Konzentrationszone steht einem Vorhaben i. S. v. § 35 Abs. 1 Nr. 2 bis Nr. 6 BauGB gem. § 35 Abs. 3 Satz 3 BauGB in der Regel als öffentlicher Belang entgegen, wenn die Darstellung einen Standort für eine im übrigen Plangebiet ausgeschlossene Nutzung ausweist. Damit kommen der Konzentrationszone drei Aussagen zu: Innergebietlich wird erstens dargestellt, dass die privilegierte Nutzung hier verwirklicht werden soll, und zweitens, dass Nutzungen, die die privilegierte Nutzung unmöglich machen oder erschweren, innergebietlich ausgeschlossen seien sollen. Drittens bestimmt die Konzentrationszone mit Ausschlusswirkung außergebietlich, dass die andernorts konzentrierte privilegierte Nutzung hier nicht verwirklicht werden soll.

Nicht ausdrücklich sagt das Gesetz, ob über die positive Darstellung von Standortausweisungen hinaus auch die Ausschlusswirkung zeichnerisch oder textlich im Flächennutzungsplan enthalten sein muss. Das Bundesverwaltungsgericht geht in seiner Entscheidung zu den Konzentrationszonen davon aus, dass die positive Darstellung der Nutzung ausreiche. Die negative Wirkung sei durch Auslegung zu ermitteln. Hierbei könne auf den Erläuterungsbericht zurückgegriffen werden. Dieser enthalte nicht nur den „historischen" Willen des Plangebers, sondern auch die Ziele, Zwecke und Auswirkungen der Darstellungen. Er sei zwar dem Plan nur beigefügt, erhalte aber besondere Bedeutung durch seine Teilhabe am Planaufstellungsverfahren.[1104] Auch ein Teil der Literatur geht davon aus, dass nur die positive Standortzuweisung im Plan dargestellt werden müsse, während die negative Wirkung im Erläuterungsbericht zum Ausdruck kommen könne.[1105] Mit Blick auf das Darstellungsprivileg wird auch vertreten, dass § 35 Abs. 3 Satz 3 BauGB die gesetzliche Regelvermutung enthalte, dass eine positive Standortausweisung in der Regel als Konzentrationszone mit negativer Wirkung im übrigen Plangebiet gemeint sei. Ob die Gemeinde ausnahmsweise keinen derartigen Willen gehabt habe, sei durch Auslegung mit Hilfe des Erläuterungsberichts zu ermitteln.[1106] Nach einer Gegenansicht genügt es nicht, wenn sich die Ausschlusswirkung allein dem Erläuterungsbericht entnehmen lässt. Dem Erläuterungsbericht komme nicht die Funktion zu, die Nutzungsmög-

---

1102 Hoppe, DVBl. 1991, 1277 (1284, 1287); Paßlick, S. 272.
1103 Zur Vereinbarkeit der Ermächtigung mit Art. 14 Abs. 1 S. 2 GG siehe E. III. 4. d).
1104 BVerwG, Urteil vom 22.05.1987 – IV C 57.84, BVerwGE 77, 300 (306).
1105 Wachs/Greiving, NWVBl. 1998, 7 (10); Wagner, UPR 1996, 370 (374).
1106 Lüers, ZfBR 1996, 297 (300); Schidlowski, NVwZ 2001, 388 (390).

lichkeiten im Plangebiet darzustellen, sondern er diene als Auslegungshilfe für die im Flächennutzungsplan enthaltenen Darstellungen.[1107]

Der zuletzt genannten Ansicht ist Recht zu geben. Eine ausdrückliche Darstellung der außergebietlichen negativen Wirkung im Flächennutzungsplan selbst ist zum einen nicht schon deshalb unnötig, weil § 35 Abs. 3 Satz 3 BauGB für Standortausweisungen privilegierter Vorhaben eine Regelvermutung aufstellt. Die Regelvermutung des § 35 Abs. 3 Satz 3 BauGB bezieht sich nämlich nicht darauf, dass eine Standortausweisung grundsätzlich Ausschlusswirkung hat, sondern darauf, dass im Ausschlussbereich – vorausgesetzt eine Standortausweisung mit Ausschlusswirkung liegt vor – dem privilegierten Vorhaben grundsätzlich öffentliche Belange entgegenstehen und das Vorhaben daher regelmäßig unzulässig ist.[1108] Die außergebietliche negative Wirkung der Standortausweisung muss sich also aus dem Flächennutzungsplan selbst ergeben; eine „Darstellung" im Erläuterungsbericht ist nicht möglich. Die planerischen Aussagen muss der Flächennutzungsplan selbst in Form von zeichnerischen oder textlichen Darstellungen enthalten. Der Erläuterungsbericht dient entsprechend der Begründung des Bebauungsplans gem. § 9 Abs. 6 Satz 2 BauGB nur dazu, die Ziele, Zwecke und wesentlichen Auswirkungen des Plans darzulegen, um die Rechtskontrolle der Darstellungen zu ermöglichen, den Planinhalt zu verdeutlichen und das Verständnis des Planinhalts zu verbessern.[1109] Er ist zwar Bestandteil des Planaufstellungsverfahren, aber nicht des Flächennutzungsplans. Diesem wird er gem. § 5 Abs. 5 BauGB lediglich beigefügt.[1110] Soll aber eine positive Darstellung im Ausschlussbereich der standortausweisenden Darstellung von deren negativen Wirkung gleichsam überlagert werden, dann muss dieser planerische Wille bereits im Flächennutzungsplan selbst durch eine entsprechende Darstellung zum Ausdruck kommen.[1111]

Dieses Ergebnis wird durch den Parallelfall der Ziele der Raumordnung bestätigt. Auch Ziele der Raumordnung können das Darstellungsprivileg des § 35 Abs. 3 Satz 3 BauGB ausfüllen. Eine Darstellung, die einer bestimmten Fläche eine bestimmte Nutzung zuweist, ist vergleichbar mit den Vorranggebieten des § 7 Abs. 4 Satz 1 Nr. 1 ROG. Wie eine Darstellung haben diese für die von ihnen überplante Fläche sowohl eine positive Wirkung für die vorrangigen Funktionen und Nutzungen als auch eine auf dieselbe Fläche bezogene negative Wirkung für gegenläufige Funktionen und Nutzungen.[1112] Eignungsgebiete verbunden mit Vorranggebieten sind gem. § 7 Abs. 4 Satz 1 Nr. 3, Satz 2 ROG Gebiete, die für eine bestimmte Stelle im Plangebiet eine positive Standortausweisung vorneh-

---

1107 Hoppe, DVBl. 1991, 1277 (1285).
1108 Siehe dazu E. III. 2. c) bb).
1109 Hoppe, DVBl. 1991, 1277 (1285); Gaentzsch, in: BK, § 5 BauGB, Rn. 40.
1110 Hoppe, DVBl. 1991, 1277 (1285); Gaentzsch, in: BK, § 5 BauGB, Rn. 40.
1111 Hoppe, in: DVBl. 1991, 1277 (1285).
1112 Zu den Vorranggebieten vgl. z. B. Spiecker, S. 228 ff.

men und an anderen Plangebietsstellen die entsprechende Nutzung oder Funktion ausschließen.[1113] Diese entsprechen damit den Konzentrationszonen mit Ausschlussbereich auf Flächennutzungsplanebene. Wird ein Eignungsgebiet im Raumordnungsplan festgelegt, so ist aus dem Plan selbst schon durch die Bezeichnung als Eignungsgebiet erkennbar, dass dem Gebiet sowohl innergebietliche als auch außergebietliche Wirkungen zukommen. Aus der Regelung der Eignungsgebiet in § 7 Abs. 4 Satz 1 Nr. 3, Satz 2 ROG tritt damit der Wille des Gesetzgebers zu Tage, dass Gebiete, die Wirkung i. S. v. § 35 Abs. 3 Satz 3 BauGB zu entfalten vermögen, als solche auch schon aus dem Plan heraus erkennbar sein sollen.

Konzentriert werden können die privilegierten Nutzungen i. S. v. § 35 Abs. 1 Nr. 2 bis Nr. 6 BauGB. Für diese Vorhaben kommen die Darstellungen über Flächen i. S. v. § 5 Abs. 2 Nr. 4 und Nr. 8 BauGB sowie Darstellungen über Sonderbauflächen oder Sonderbaugebiete gem. § 5 Abs. 2 Nr. 1 BauGB i. V. m. § 1 Abs. 1 Nr. 4 BauNVO oder § 1 Abs. 2 Nr. 10, § 11 BauNVO in Betracht. Im Flächennutzungsplan können Konzentrationszonen z. B. dadurch dargestellt werden, dass an der zur Konzentration vorgesehenen Stelle eine Fläche für die privilegierte Nutzung und textlich oder durch eine zeichnerische Ergänzung des entsprechenden Planzeichens die Zweckbestimmung als Konzentrationszone mit Ausschlusswirkung im Flächennutzungsplan dargestellt wird. Sind für eine Fläche durch überlagernde[1114] Darstellungen zwei Nutzungen vorgesehen wie z. B. eine Fläche für die Landwirtschaft als Grundnutzung und eine Fläche für Windenergienutzung, liegt eine Konzentrationszone für Windenergienutzung nur vor, wenn die Gemeinde die Vorrangigkeit der Windenergienutzung im Plan kenntlich gemacht hat.[1115]

(3) Die Anforderungen an das hinter der Konzentrationszone stehende Planungskonzept

Die Darstellung einer Konzentrationszone legt also neben der positiven Nutzung innerhalb der Standortausweisungszone für die übrigen Flächen negativ fest, dass die entsprechende Nutzung nicht außerhalb der Konzentrationszone erfolgen darf. Damit ist die Konzentrationszone für die außergebietlichen Flächen auf eine reine Negativplanung[1116] beschränkt. Welche Nutzungen die Gemeinde für die außergebietlichen Flächen vorsehen will, muss sie in weiteren einfachen oder auch konkret standortbezogenen Darstellungen festlegen. Diese

---

[1113] Zu den Eignungsgebieten vgl. z. B. Spiecker, S. 241 ff.
[1114] Zur überlagernden Darstellung siehe auch B. III. 2. c) aa).
[1115] Vgl. Wagner, UPR 1996, 370 (374); Lüers, ZfBR 1996, 297 (299); Söfker, in: EZB, § 35 BauGB, Rn. 124.
[1116] Allgemein zum Verbot der Negativplanung siehe B. III. 2. c) aa).

weiteren Darstellungen weisen dann einzelnen Flächen im Ausschlussbereich Nutzungen zu, die positiv für die dargestellte Nutzung und negativ für damit unverträgliche Nutzungen wirken, und überlagern so den dargestellten Ausschlussbereich.[1117]

Die außergebietliche reine Negativplanung der Konzentrationszone mit Ausschlussbereich, wie sie § 35 Abs. 3 Satz 3 BauGB vorsieht, darf nicht zu einer reinen Verhinderungsplanung werden. Dies bestätigt die Gesetzesbegründung zu § 35 Abs. 3 Satz 3 BauGB, die ausdrücklich betont, dass eine reine Verhinderungsplanung nicht zulässig ist.[1118] Da eine Verhinderungsplanung immer dann vorliegt, wenn die Planung durch keine städtebaulichen Belange gerechtfertigt wird,[1119] muss sowohl die innergebietliche positive und negative Wirkung als auch die außergebietliche rein negative Wirkung der Darstellung durch städtebauliche Belange gerechtfertigt sein. Die Gemeinde muss deshalb ein schlüssiges Planungskonzept über die zu konzentrierenden privilegierten Vorhaben für den gesamten Außenbereich entwickeln, das auf einer ordnungsgemäßen Abwägung i. S. v. § 1 Abs. 6 BauGB beruht.[1120] Als mögliche städtebauliche Rechtfertigungsgründe für Konzentrationszonen nennt die Gesetzesbegründung den Schutz von Landschaft, des Fremdenverkehrs oder der Anwohner.[1121]

Ein solches schlüssiges Planungskonzept setzt voraus, dass die Gemeinde zunächst den Außenbereich auf Flächen untersucht, die für die zu konzentrierende Nutzung geeignet sind, und den Bedarf an der zu konzentrierenden privilegierten Nutzung im Gemeindegebiet feststellt.[1122] Sodann muss überprüft werden, welche öffentlichen Belange auf den einzelnen Flächen für und gegen die privilegierte Nutzung sprechen und wo die Gemeinde welchen öffentlichen Belangen gegenüber der privilegierten Nutzung zum Durchbruch verhelfen möchte.[1123] Allein die geringere Eignung einer Fläche für die privilegierte Nutzung vermag die Ausschlusswirkung nicht zu rechtfertigen.[1124]

Weiterhin darf die positive Standortzuweisung der Konzentrationszone die im Ausschlussbereich ausgeschlossene Nutzung nicht auf eine Fläche abdrängen, wo letztlich eine ins Gewicht fallende Ausübung der Nutzung nicht mehr möglich wäre. Dem liegt die Überlegung zugrunde, dass der Flächennutzungsplan

---

1117 Zur überlagernden Darstellung siehe auch B. III. 2. c) aa).
1118 BT-Drks. 13/4978, S. 7.
1119 Siehe dazu B. III. 2. c) aa).
1120 BT-Drks. 13/4978, S. 7; BVerwG, Urteil vom 17.12.2002 – 4 C 15/01, NVwZ 2003, 733 ff.; BVerwG, Urteil vom 13.03.2003 – 4 C 4/02, NVwZ 2003, 738 ff.; BVerwG, Urteil vom 13.03.2003 – 4 C 3/02, ZfBR 2003, 469 ff.; Schidlowski, NVwZ 2001, 388 (390); Lüers, ZfBR 1996, 297 (300); Krautzberger, NVwZ 1996, 847 (848); Söfker, in EZB, § 35 BauGB, Rn. 125.
1121 BT-Drks. 13/4978, S. 7.
1122 Wachs/Greiving, NWVBl. 1998, 7 (11).
1123 Wachs/Greiving, NWVBl. 1998, 7 (11); Schidlowski, NVwZ 2001, 388 (390).
1124 Schidlowski, NVwZ 2001, 388 (390).

aufgrund des Verbots der Negativplanung eine Nutzung nicht gänzlich ausschließen und vom Gemeindegebiet verdrängen darf, ohne ihr an irgendeiner Stelle im Gemeindegebiet einen Standort zuzuweisen.[1125] Allein Ausschlusswirkung auf einer gemeindlichen Fläche für eine bestimmte Nutzung erzielt eine Darstellung eben nur, wenn es sich um eine Konzentrationszone mit Ausschlussbereich i. S. v. § 35 Abs. 3 Satz 3 BauGB handelt.[1126] Daraus ist zu schließen, dass auch eine Standortzuweisung, die nicht auf einem schlüssigen Planungskonzept für die andernorts auszuschließende Nutzung beruht und die nur gleichsam vorgeschoben wird, um die Ausschlusswirkung zu erreichen, nicht möglich ist, da hier nur das Verbot, eine Ausschlusswirkung des Flächennutzungsplans ohne Konzentrationszone zu schaffen, umgangen wird.[1127]

Für den Ausschlussbereich erfolgt im Rahmen der Konzentrationszonenaufstellung keine Abwägung zwischen der ausgeschlossenen privilegierten Nutzung und der stattdessen mit überlagernden Darstellungen dort vorgesehenen Nutzung.[1128] Zwar kann die Gemeinde den Ausschlussbereich der Konzentrationszonen mit weiteren Darstellungen überlagern, die dann einer bestimmten Fläche im Ausschlussbereich eine bestimmte Nutzung zuweisen.[1129] Gegenstand der Abwägung, die sich auf die Einführung einer Konzentrationszone mit Ausschlussbereich bezieht, ist aber die Wirkung, die die Konzentrationszone mit Ausschlussbereich selbst auf die von ihr erfassten Gebiete hat: Also die positive und negative Wirkung, die die positive Standortzuweisung auf die Fläche hat, auf der die Nutzung konzentriert werden soll, und die nur negative Wirkung, die der damit verbundene Ausschlussbereich auf das übrige Gebiet hat. Die Abwägung muss für den Ausschlussbereich unter Berücksichtigung der jeweiligen Situation auf den einzelnen Teilflächen erfolgen, da nur so ein schlüssiges Planungskonzept entstehen kann, das eine Ausschlusswirkung für den gesamten restlichen Außenbereich rechtfertigt.[1130] Dabei muss die Abwägung hinsichtlich des Ausschlussbereichs zwangsläufig pauschaler ausfallen, weil die Gemeinde nicht für jede Fläche parzellenscharf die städtebaulichen Hinderungsgründe dar-

---

[1125] Vgl. BVerwG, Urteil vom 17.12.2002 – 4 C 15/01, NVwZ 2003, 733 ff. Siehe dazu auch B. III. 2. c) aa). Will die Gemeinde eine Nutzung von ihrem Gemeindegebiet vollständig ausschließen, so kann sie das nur erreichen, wenn sie z. B. mit anderen Gemeinden einen gemeinsamen Flächennutzungsplan i. S. v. § 204 Abs. 1 BauGB erstellt und in diesem auf Grund eines schlüssigen Planungskonzepts Konzentrationszonen mit Ausschlussbereich schafft, die nur auf dem Gebiet der einen Gemeinden Standortausweisungen vorsehen, während die anderen Gemeinden im Ausschlussbereich liegen (vgl. auch BT-Drks. 13/4978, S. 7).

[1126] Vgl. BT-Drks. 13/4978, S. 7. Siehe auch OVG Lüneburg, Beschluss vom 20.12.2001 – 1 M A 3579/01, NVwZ-RR 2002, 332 (333); Nds. OVG, Beschluss vom 17.02.2002 – 1 L 2504/00, ZfBR 2002, 362 (363).

[1127] Nds. OVG, Beschluss vom 17.01.2002 – 1 L 2504/00, ZfBR 2002, 362 (363).

[1128] Schidlowski, NVwZ 2001, 388 (390).

[1129] Vgl. BVerwG, Beschluss vom 03.06.1998 – 4 B 6/98, NVwZ 1998, 960

[1130] Nds. OVG, Urteil vom 20.07.1999 – 1 L 5203/96, ZfBR 2000, 61 (62); Hoppe, DVBl. 1991, 1277 (1286); Schidlowski, NVwZ 2001, 388 (390).

legen kann;[1131] das Bundesverwaltungsgericht hat dies zu Recht als „globalere Abwägung“ bezeichnet.[1132]

bb) Wirkung der Konzentrationszonen auf Außenbereichsvorhaben

Gem. § 35 Abs. 3 Satz 3 BauGB stehen öffentliche Belange einem Vorhaben nach § 35 Abs. 1 Nr. 2 bis Nr. 6 BauGB in der Regel auch dann entgegen, soweit hierfür durch Darstellungen im Flächennutzungsplan eine Ausweisung an anderer Stelle erfolgt. Nicht konzentriert werden können also Vorhaben aus dem land- und forstwirtschaftlichen Bereich des § 35 Abs. 1 Nr. 1 BauGB. Während im Rahmen des § 35 Abs. 1 BauGB öffentliche Belange und privilegierte Vorhaben nach ihrem konkreten Gewicht in der jeweiligen Situation bewertet und die beiden Gewichte miteinander verglichen werden müssen, stellt § 35 Abs. 3 Satz 3 BauGB für den Fall einer Konzentrationszone die – widerlegbare – Regelvermutung auf, dass privilegierte Vorhaben außerhalb der für sie ausgewiesenen Standorte nicht zulässig sind.[1133] Nach der Rechtsprechung des Bundesverwaltungsgerichts, die vor der Einführung des § 35 Abs. 3 Satz 3 BauGB galt, unterlagen Konzentrationszonen dagegen wie alle anderen Darstellungen dem einzelfallbezogenen Gewichtungsvergleich des § 35 Abs. 1 BauGB.[1134] Die neue gesetzliche Regelung gewährt der Gemeinde also ein stärkeres Instrument zur Steuerung von privilegierten Vorhaben i. S. v. § 35 Abs. 1 Nr. 2 bis Nr. 6 BauGB. Konzentrationszonen i. S. v. § 35 Abs. 3 Satz 3 BauGB sind verglichen mit konkreten standortbezogenen Darstellungen, die bestimmte privilegierte Vorhaben nur nach einem einzelfallbezogenen Gewichtungsvergleich ausschließen können, die Darstellungen mit der größerer Ausschlusskraft.[1135]

[1131] OVG Lüneburg, Urteil vom 21.07.1999 – 1 L 5203/96, NVwZ 1999, 1358; Schidlowski, NVwZ 2001, 388 (390). Kritisch zum Begriff der Globalabwägung: Hoppe, DVBl. 2003, 1345 (1353).

[1132] BVerwG, Urteil vom 22.05.1987 – IV C 57.84, BVerwGE 77, 300 (307). Siehe dazu E. III. 3. c) aa) (1).

[1133] BVerwG, Urteil vom 17.12.2002 – 4 C 15/01, NVwZ 2003, 733 ff.; NW OVG, Urteil vom 28.10.1997 – 10 A 4574/94, ZfBR 1998, 160 (163); Gaentzsch, NVwZ 1998, 889 (895); Spoerr, DVBl. 2001, 90 (94); Wachs/Greiving, NWVBl. 1998, 7 (10); Söfker, in: EZB, § 35 BauGB, Rn. 128; Dürr, in: Brügelmann, § 35 BauGB, Rn. 107a.

[1134] BVerwG, Urteil vom 22.05.1987 – IV C 57.84, BVerwGE 77, 300 (307).

[1135] Vgl. BVerwG, Urteil vom 17.12.2002 – 4 C 15/01, NVwZ 2003, 733 ff.; BVerwG, Urteil vom 13.03.2003 – 4 C 4/02, NVwZ 2003, 738 ff. Während also Konzentrationszonen im Flächennutzungsplan gegenüber konkreten standortbezogenen Darstellungen, die privilegierten Vorhaben entgegenstehen, eine größere Durchschlagkraft haben, wirkt sich die Regelung des § 35 Abs. 3 S. 3 BauGB auf die Ziele der Raumordnung als mildernde Regelung aus. Ein Vorranggebiet, das als Ziel der Raumordnung eine bestimmte Nutzung ausweist und damit zugleich auf derselben Fläche zuwiderlaufende Nutzungen ausschließt, steht einem privilegierten Vorhaben i. S. v. § 35 Abs. 1 BauGB, das dem Ziel widerspricht, gem. § 35 Abs. 3 S.

Die Konzentrationszone steht einem privilegierten Vorhaben in ihrem Ausschlussbereich nur dann nicht entgegen, wenn ein Sonderfall vorliegt, der von der Konzentrationszone nach ihrem Sinn und Zweck nicht erfasst werden sollte, oder wenn Sonderumstände vorliegen, die wegen der grobmaschigeren Abwägung im Ausschlussbereich nicht in das flächennutzungsplanerische Konzept eingeflossen sind. Ersteres ist z. B. der Fall, wenn eine Konzentrationszone für Windenergieanlagen geschaffen wurde und das Vorhaben als Nebenanlage zu einem landwirtschaftlichen Betrieb wegen seiner Leistungskraft knapp nicht mehr als Vorhaben i. S. v. § 35 Abs. 1 Nr. 1 BauGB sondern als Vorhaben i. S. v. § 35 Abs. 1 Nr. 6 BauGB gilt.[1136] Ausnahmen wegen der grobmaschigeren Abwägung kommen dann in Betracht, wenn ein bestimmter privater Belang, der für das privilegierte Vorhaben spricht, in die Abwägung nach § 1 Abs. 6 BauGB nicht eingestellt wurde und werden durfte. Damit konnte dieser Belang nicht innerhalb der Planung berücksichtigt werden und eröffnet wieder eine einzelfallbezogene Abwägung, da sich das Darstellungsprivileg insbesondere aus der zugrundliegenden, rechtsstaatlichen Anforderungen genügenden Abwägung rechtfertigt.[1137] Gleiches gilt, wenn die Konzentrationszone mit Ausschlussbereich die Eignung der einzelnen Parzellen für die Nutzung in der Abwägung nur pauschalierend erfasst hat und daher nicht berücksichtigt hat, dass sich die einzelne Teilfläche, auf der jemand ein eigentlich ausgeschlossenes privilegiertes Vorhaben durchführen möchte, im konkreten Fall durch besondere Eignung für das Projekt auszeichnet.[1138] Je genauer die flächennutzungsplanerische Abwägung durchgeführt worden ist und je mehr in ihr die einzelnen privaten Belange berücksichtigt werden, um so genauer wird daher das hinter der Konzentrationszone stehende Planungskonzept und um so geringer werden die möglichen Ausnahmefälle.[1139]

Innerhalb der Konzentrationszone bestimmt sich die Wirkung der Darstellung nach den allgemeinen Regeln: Ein privilegiertes Vorhaben, das der Darstellung innerhalb der Konzentrationszone entspricht, ist nur dann gem. § 35 Abs. 1 BauGB zulässig, wenn ihm sonstige öffentliche Belange nicht entgegenstehen. Eine Zulassungswirkung, wie sie den Zielen der Raumordnung im Rahmen des § 35 Abs. 3 Satz 2 HS. 2 BauGB zukommt, geht vom Flächennutzungsplan nicht

---

2 BauGB stets entgegen. Eine einzelfallbezogene Gewichtung nach § 35 Abs. 1 BauGB erfolgt nicht (vgl. Runkel, DVBl. 1997, 275 (278)), während ein Eignungsgebiet gem. § 35 Abs. 3 S. 3 BauGB außergebietlich nur in der Regel privilegierte Vorhaben ausschließen kann.

[1136] Beispiel nach Runkel, DVBl. 1997, 275 (280).

[1137] So wohl auch Runkel, DVBl. 1997, 275 (280); Wachs/Greiving, NWVBl. 1998, 7 (10); Schmaltz, in: Schrödter, § 35 BauGB, Rn. 61. Auf diesem Hintergrund basiert auch das Urteil des Bundesverwaltungsgerichts vom 22.05.1987 – IV C 57.84, BVerwGE 77, 300 (307).

[1138] BayVGH, Beschluss vom 20.03.2000 – 14 ZB 99.3182, BayVBl. 2001, 149.

[1139] Schmaltz, in: Schrödter, § 35 BauGB, Rn. 61.

aus.[1140] Entspricht ein privilegiertes Vorhaben nicht der konkreten standortbezogenen Darstellung innerhalb der Konzentrationszone, ist das Vorhaben nur zulässig, wenn es ihr nicht i. S. v. § 35 Abs. 1 BauGB entgegensteht.[1141] Die Zulässigkeit nicht-privilegierter Vorhaben innerhalb der Konzentrationszone richtet sich danach, ob sie gem. § 35 Abs. 2 i. V. m. § 35 Abs. 3 Satz 1 Nr. 1 BauGB den Darstellungen des Flächennutzungsplans widersprechen.[1142]

cc) Zwischenergebnis zu „Das Darstellungsprivileg gem. § 35 Abs. 3 Satz 3 BauGB"

Das Darstellungsprivileg ermöglicht der Gemeinde eine gezielte Steuerung privilegierter Vorhaben im gesamten Plangebiet. Die Konzentrationszone besteht aus einer innergebietlich positiv (und negativ) wirkenden Standortausweisung für das zu steuernde privilegierte Vorhaben verbunden mit einer außergebietlichen rein negativen Ausschlusswirkung für das übrige Plangebiet. Der Plan selbst muss sowohl die Standortausweisung enthalten als auch die Zweckbestimmung zur Konzentrationszone wiedergeben. Der Erläuterungsbericht vermag dagegen die Ausschlusswirkung nicht zu begründen. Er ist eine bloße Auslegungshilfe. Voraussetzung ist ein schlüssiges Planungskonzept über die Nutzung des Außenbereichs durch das zu konzentrierende privilegierte Vorhaben. Dies setzt für den Ausschlussbereich eine teilflächenbezogene Abwägung der für und gegen den Ausschluss sprechenden Belange voraus.

Folge der Konzentrationszone ist die widerlegbare Regelvermutung des § 35 Abs. 3 Satz 3 BauGB. Diese stellt eine Verschärfung gegenüber der alten Rechtsprechung zu den Konzentrationszonen dar. Nur soweit ein Sonderfall vorliegt, der nach Sinn und Zweck des Planungskonzepts nicht erfasst werden sollte oder der infolge der globaleren Abwägung bei der Aufstellung der Konzentrationszone nicht berücksichtigt werden konnte, kommt eine einzelfallbezogene Gewichtung i. S. v. § 35 Abs. 1 BauGB im Ausschlussbereich der Konzentrationszone in Betracht. Innerhalb der Konzentrationszone gelten die allgemein auf standortbezogene Darstellungen anzuwendenden Regeln. Je genauer das Konzept der Gemeinde im Flächennutzungsplan ausfällt, desto besser kann sie die privilegierten Vorhaben im Außenbereich steuern. Im Bereich ihrer positiven Standortzuweisung hat die Konzentrationszone keine vorhabenzulassende Wirkung. Will die Gemeinde sicherstellen, dass privilegierte Vorhaben nicht an sonstigen entgegenstehenden Belangen scheitern, dann muss sie einen aus dem Flächennut-

---

[1140] Söfker, in: EZB, § 35 BauGB, Rn. 130; Krautzberger, in: B/K/L, § 35 BauGB, Rn. 77; Dürr, in: Brügelmann, § 35 BauGB, Rn. 107a; .a. A. Gaentzsch, NVwZ 1998, 889 (895). Siehe dazu E. III. 2. b) cc).

[1141] Siehe dazu E. III. 2. c) bb).

[1142] Siehe dazu E. III. 2. c) bb).

zungsplan zu entwickelnden Bebauungsplan aufstellen.[1143] Ein gemeindeweites Ausschlussgebiet ohne positive Standortausweisung für das betroffene privilegierte Vorhaben ist der Gemeinde nicht möglich.[1144]

d) Zwischenergebnis zu „Einfluss des Flächennutzungsplans auf die Zulässigkeit privilegierter Vorhaben"

Der Gemeinde stehen im Außenbereich eine Vielzahl von Möglichkeiten zur Verfügung, um mittels ihrer Flächennutzungsplanung Einfluss auf privilegierte Außenbereichsvorhaben zu nehmen. Mit gezielten konkreten standortbezogenen Darstellungen kann sie auf sensiblen Teilflächen unerwünschte privilegierte Vorhaben erschweren. Will sie in weiten Teilen ihres Gemeindegebietes einen bestimmten privilegierten Vorhabenstyp verhindern, kann sie ein Konzept zur Konzentrierung der Vorhaben auf einen bestimmten Außenbereichsteil entwickeln. Gem. § 5 Abs. 1 Satz 1 BauGB ist im Flächennutzungsplan für das ganze Gemeindegebiet die Bodennutzung in Grundzügen darzustellen. Daraus ergibt sich, dass die Gemeinde auf den gemeindlichen Flächen positiv Nutzungen darstellen muss.[1145] Da die Darstellung einer Konzentrationszone in ihrem Ausschlussbereich nur negative Wirkung hat, muss die Gemeinde zusätzlich weitere „den Ausschlussbereich überlagernde" Darstellungen entwickeln, die dem Ausschlussbereich positiv Nutzungen zuweisen. Die Gemeinde kann den Ausschlussbereich sowohl mit einfachen Darstellungen als auch konkreten standortbezogenen Darstellungen überlagern.

3. Das Verhältnis von Außenbereichsvorhaben beeinflussenden Zielen der Raumordnung zu Außenbereichsvorhaben beeinflussenden Darstellungen des Flächennutzungsplans

Die Ziele der Raumordnung haben auf dreierlei Weise Auswirkung auf die Zulässigkeit von Vorhaben im Außenbereich. Erstens dürfen nach der Zielbindungsklausel des § 35 Abs. 3 Satz 2 HS. 1 BauGB raumbedeutsame Vorhaben i. S. v. § 35 Abs. 1 und Abs. 2 BauGB nicht den Zielen der Raumordnung widersprechen. Für die Unzulässigkeit des Vorhabens ist mit dem Bundesverwal-

---

[1143] Vgl. dazu auch Wagner, UPR 1996, 370 (375 ff.).

[1144] Stellt sie allerdings mit anderen Gemeinden einen gemeinsamen Flächennutzungsplan i. S. v. § 204 BauGB auf, dann ist das Planungskonzept über die Konzentrationszonen für das gesamte Gemeindegebiet zu erstellen. Dabei können einzelne Gemeinden ihre Flächen für Standortausweisungen zur Verfügung stellen, während die Gebiete anderer Gemeinden vollständig in den Ausschlussbereich fallen (vgl. Krautzberger, NVwZ 1996, 847 (848); Lüers, ZfBR 1996, 297 (300); Wagner, UPR 1996, 370 (375)).

[1145] Siehe dazu B. III. 2. c) aa).

tungsgericht[1146] davon auszugehen, dass bei den Zielen der Raumordnung eine vergleichende Gewichtung im Einzelfall im Rahmen des § 35 BauGB zu erfolgen hat.[1147] Denn § 35 Abs. 3 Satz 2 HS. 1 BauGB lässt nicht erkennen, dass er die Maßstäbe der § 35 Abs. 1 und Abs. 2 BauGB beseitigen wollte.[1148] Aus dem Zusammenhang zu § 35 Abs. 3 Satz 1 BauGB, der eine beispielhafte Aufzählung von öffentlichen Belangen enthält, ist zu schließen, dass auch § 35 Abs. 3 Satz 2 HS. 1 BauGB dazu dient, einen bestimmten öffentlichen Belang aufzuzeigen. Weiterhin ist § 35 Abs. 3 Satz 2 HS. 1 BauGB eine Inhalts- und Schrankenbestimmung i. S. v. Art. 14 Abs. 1 Satz 2 GG. Da das Aufstellungsverfahren der Raumordnungspläne – anders als das der Bauleitpläne – keine Beteiligung der einzelnen Eigentümer eines Plangebiets vorsieht und die raumordnerische Abwägung regelmäßig gröber ist als die flächennutzungsplanerische, werden die Belange der Eigentümer bei der Aufstellung von Zielen nur in seltenen Fälle berücksichtigt werden. Eine Gewichtung im Einzelfall im Rahmen der Zulassungstatbestände des § 35 BauGB kann hier im Sinne des Verhältnismäßigkeitsprinzips einen Ausgleich schaffen.[1149] Nach allgemeiner Ansicht müssen die Ziele der Raumordnung außerdem wie Darstellungen eines Flächennutzungsplans qualifizierte Standortzuweisungen enthalten, um ein privilegiertes Vorhaben verhindern zu können.[1150]

Zweitens stehen öffentliche Belange nach der Abwägungsabschichtungsklausel des § 35 Abs. 3 Satz 2 HS. 2 BauGB einem raumbedeutsamen Vorhaben i. S. v. § 35 Abs. 1 BauGB nicht entgegen, soweit die Belange bei der Darstellung dieser Vorhaben als Ziele der Raumordnung im Landesplan oder Regionalplan abgewogen worden sind. Den Zielen kommt eine vorhabenzulassende Wirkung zu, nachdem potentiell entgegenstehende Belange in der raumordnungsplanerischen Abwägung zugunsten der festgelegten Raumnutzung oder Raumfunktion zurückgestellt worden sind.[1151]

Drittens stehen gem. § 35 Abs. 3 Satz 3 BauGB öffentliche Belange einem Vorhaben nach § 35 Abs. 1 Nr. 2 bis Nr. 6 BauGB in der Regel auch dann entgegen, soweit hierfür als Ziel der Raumordnung eine Ausweisung an anderer Stelle erfolgt ist. Dies erfolgt durch die Festlegung von Eignungsgebieten i. S. v. § 7 Abs. 4 Satz 1 Nr. 3 ROG, die mit der Wirkung des Ausschlussbereiches einer Konzentrationszone[1152] vergleichbar sind.

Da die Ziele der Raumordnung und die Darstellungen des Flächennutzungsplans beide Raumnutzungsentscheidungen treffen, stellt sich die Frage, wie sie

---

1146 BVerwG, Beschluss vom 19.07.2001 – 4 C 4.00, DVBl. 2001, 1855 (1858 ff).
1147 A. A. Hoppe, DVBl. 1993, 1109 (1113); Spoerr, DVBl. 2001, 90 (93).
1148 BVerwG, Beschluss vom 19.07.2001 – 4 C 4.00, DVBl. 2001, 1855 (1858).
1149 BVerwG, Beschluss vom 19.07.2001 – 4 C 4.00, DVBl. 2001, 1855 (1859).
1150 BVerwG, Urteil vom 20.01.1984 – IV C 43.81, BVerwGE 68, 311 (315); Spoerr, DVBl. 2001, 90 (93); Söfker, in: EZB, § 35 BauGB, Rn. 118.
1151 Hoppe, DVBl. 1993, 1109 (1116); Söfker, in: EZB, § 35 BauGB, Rn. 121.
1152 Siehe dazu E. III. 2. c).

sich in ihrer jeweiligen Wirkung auf ein Außenbereichsvorhaben zueinander verhalten. Dabei ist zu bedenken, dass Darstellungen des Flächennutzungsplans, die mit nachfolgend erlassenen Zielen der Raumordnung nicht vereinbar sind, gem. § 1 Abs. 4 BauGB anzupassen sind; sie werden nicht ipso iure unwirksam.[1153] Dies kann zur Folge haben, dass ein Ziel, das die eine Nutzung zulässt, auf eine Darstellung trifft, die für dieselbe Fläche eine entgegenstehende erlaubt. Im folgenden wird das Verhältnis der Ziele der Raumordnung und der Darstellungen des Flächennutzungsplans zunächst für nicht-privilegierte (a)), dann für privilegierte Vorhaben (b)) und zuletzt für den besonderen Fall der Konzentrationszonen mit Ausschlusswirkung (c)) untersucht.

a) Das Verhältnis von Zielen der Raumordnung und Darstellungen der Flächennutzungsplanung bei nicht-privilegierten Vorhaben

Handelt es sich um ein nicht-privilegiertes Vorhaben, das wegen des Ziels nicht zulässig ist, das aber mit der Darstellung vereinbar ist, ist es gem. § 35 Abs. 3 Satz 2 HS. 1 BauGB unzulässig. Die Vereinbarkeit mit einer Darstellung hat auf die Zulassung eines Vorhabens keine Auswirkung.[1154] Ist die Nutzung mit dem Ziel vereinbar, während sie die Darstellung als öffentlichen Belang gem. § 35 Abs. 3 Satz 1 Nr. 1 i. V. m. Abs. 2 BauGB beeinträchtigt, dann ist die Nutzung unzulässig. Eine Ausnahme ist auch nicht nach der Abwägungsabschichtungsklausel zulässig, da diese nur auf privilegierte Vorhaben anwendbar ist. Widerspricht ein nicht-privilegiertes Vorhaben sowohl einem Ziel als auch einer Darstellung, so ist das Vorhaben sowohl gem. § 35 Abs. 2, 3 Satz 2 HS. 1 BauGB also auch gem. § 35 Abs. 2, 3 Satz 1 Nr. 1 BauGB unzulässig.

Im Bereich der nicht-privilegierten Vorhaben behalten damit die Ziele und Darstellungen ihre Eigenständigkeit. Nachfolgende Ziele der Raumordnung können den Einfluss der bereits bestehenden Darstellungen nicht beseitigen. Erst wenn die Gemeinde mit Blick auf ihre Planänderungspflicht des § 4 Abs. 1 Satz 1 ROG und § 1 Abs. 4 BauGB[1155] die Darstellungen überarbeitet, gelangt die Vorstellung der Raumordnungsplanungsträger voll zum Durchbruch.

b) Das Verhältnis von Zielen der Raumordnung und Darstellungen der Flächennutzungsplanung bei privilegierten Vorhaben

Handelt es sich um ein privilegiertes Vorhaben, so ist es gem. § 35 Abs. 3 Satz 2 HS. 1 BauGB unzulässig, wenn es einem konkreten standortbezogenen

---

[1153] Siehe dazu D. III. b).
[1154] Siehe dazu E. III. 1. b) cc).
[1155] Siehe dazu D. III. 2. b).

Ziel entgegensteht. Eine Vereinbarkeit mit einer Darstellung des Flächennutzungsplans hat keine zulassende Wirkung.[1156] Ist das privilegierte Vorhaben dagegen mit dem konkreten standortbezogenen Ziel vereinbar, während ihm eine konkrete standortbezogene Darstellung i. S. v. § 35 Abs. 1 BauGB entgegensteht, dann schadet dies nicht, wenn das nachfolgend erlassene Ziel die Darstellung i. S. v. § 35 Abs. 3 Satz 2 HS. 2 BauGB weggewogen hat.[1157]

Damit kann die Raumordnung auch über die Planänderungspflicht der Gemeinde nach § 4 Abs. 1 Satz 1 ROG und § 1 Abs. 4 BauGB[1158] hinaus die Wirkung einer Darstellung beschränken, indem sie die Darstellung als abwägungserheblichen Belang überwindet. Der Einfluss der Flächennutzungsplanung auf Außenbereichsvorhaben ist insoweit geschmälert.

c) Das Verhältnis von Zielen der Raumordnung und Darstellungen der Flächennutzungsplanung im Bereich des Darstellungsprivilegs

Steht die Zulässigkeit eines privilegierten Vorhabens im Ausschlussbereich eines Eignungsgebietes bzw. einer Konzentrationszone in Frage, ist folgendes zu bedenken: Ist das privilegierte Vorhaben mit der Darstellung vereinbar, während es durch das Eignungsgebiet an eine andere Stelle im Außenbereich verwiesen wird, dann stehen ihm in der Regel öffentliche Belange entgegen. Die Vereinbarkeit mit der Darstellung hat keine zulassende Wirkung.[1159] Weiterhin stehen öffentliche Belange dem privilegierten Vorhaben in der Regel auch entgegen, wenn eine Darstellung eine Konzentrationszone an anderer Stelle ausweist, während ein nachfolgend erlassenes Ziel das Vorhaben zulässt. Die Darstellungen können dem Vorhaben nur dann nicht entgegengehalten werden, wenn das Ziel die Darstellung im Sinne der Abwägungsabschichtungsklausel des § 35 Abs. 3 Satz 2 HS. 2 BauGB weggewogen hat.[1160]

Im Bereich des Darstellungsprivilegs wird damit wiederum der Einfluss der Darstellungen des Flächennutzungsplans über die Planänderungspflicht nach § 4 Abs. 1 Satz 1 ROG und § 1 Abs. 4 BauGB[1161] hinaus durch die Abschichtungsabwägungsklausel vermindert.

[1156] Siehe dazu E. III. 2. b) cc).
[1157] Spoerr, DVBl. 2001, 90 (94).
[1158] Siehe dazu D. III. 2. b).
[1159] Siehe dazu E. III. 1. b) cc); E. III. 2. b) cc); E. III. 2. c) bb).
[1160] Spoerr, DVBl. 2001, 90 (94).
[1161] Siehe dazu D. III. 2. b).

4. Die Darstellungen des Flächennutzungsplans als öffentliche Belange auf dem Hintergrund des Art. 14 Abs. 1 GG

Die Darstellungen des Flächennutzungsplans beeinflussen als öffentliche Belange i. S. v. § 35 Abs. 1, Abs. 2, Abs. 3 Satz 1 Nr. 1 und Satz 3 BauGB die Nutzung des Grundeigentums. Art. 14 Abs. 1 Satz 1 GG gewährleistet das Recht auf Eigentum. Die Gewährleistung umfasst sowohl eine Institutsgarantie als auch eine Bestandsgarantie. Als Institutsgarantie verpflichtet Art. 14 Abs. 1 GG den Gesetzgeber, die Existenz und Funktionsfähigkeit privaten Eigentums mit einen Kernbestand von Normen zu ermöglichen und zu regeln, der durch die Privatnützigkeit und die Verfügungsbefugnis des Eigentümers gekennzeichnet ist.[1162] Die Bestandsgarantie dagegen schützt das konkrete Eigentum in der Hand individueller Eigentümer und bildet so ein subjektives Abwehrrecht.[1163] Zu den geschützten Eigentumspositionen gehört auch das Recht auf Nutzung des Grundeigentums.[1164]

Inhalt und Schranken des Eigentums werden gem. Art. 14 Abs. 1 Satz 2 GG durch Gesetz bestimmt. Solche gesetzlichen Inhalts- und Schrankenbestimmungen setzen generell und abstrakt die Rechte und Pflichten des Eigentümers fest.[1165] Im Gegensatz dazu entziehen Enteignungsregelungen i. S. v. Art. 14 Abs. 3 GG konkret-individuell Eigentumspositionen oder bilden die Grundlage für einen behördlichen Entzug.[1166] § 35 BauGB regelt als Gesetz in abstrakt-genereller Weise, wie das Grundeigentum im Außenbereich genutzt werden darf, und gestaltet dadurch den Begriff des Grundeigentums näher aus. Dabei

---

[1162] BVerfG, Beschluss vom 12.06.1979 – 1 BvL 19/76, BVerfGE 52, 1 (30); Bryde, in: Münch/Kunig, Art. 14 GG, Rn. 32; Badura, in: Handbuch des Verfassungsrechts, § 10, Rn. 33.

[1163] BVerfG, Beschluss vom 15.07.1981 – 1 BvL 77/78, BVerfGE 58, 300 (323).

[1164] Sogenannte Baufreiheit. Vgl. BVerfG, Beschluss vom 19.06.1973 – 1 BvL 39/69 und 14/72, BVerfGE 35, 263 (276); Grotefels, in: Hoppe/Bönker/Grotefels, § 2, Rn. 56; Reidt, in: Gelzer/Bracher/Reidt, Rn. 18; Pieroth/Schlink, Rn. 914; Manssen, Grundrechte, Rn. 654; Leisner, DVBl. 1992, 1065 (1068); Depenheuer, in: von Mangoldt, Art. 14 GG, Rn. 119; Bryde, in: Münch/Kunig, Art. 14 GG, Rn. 14; Wendt, in: Sachs, Art. 14 GG, Rn. 45, 46. Teilweise wird vertreten, dass die Baufreiheit nicht Teil des Eigentumsschutzes sei, sondern erst durch das Bauplanungsrecht staatlich verliehen werde (vgl. Breuer, Bodennutzung, S. 158 ff.). Diese Meinung übersieht jedoch, dass der Schutzbereich des Art. 14 Abs. 1 GG das Grundeigentum als privatnütziges und in der Verfügungsbefugnis des Eigentümers stehendes Recht erfasst. Dazu gehört aber auch, dass der Eigentümer das Grundeigentum nach seinen Vorstellungen nutzt. Die bauplanungsrechtlichen Inhalts- und Schrankenbestimmungen des Gesetzgeber können näher ausgestalten, wie über eine Eigentumsposition verfügt werden kann und grenzen dabei die Nutzungsmöglichkeiten ein. Siehe dazu ausführlich Leisner, DVBl. 1992, 1065 ff.

[1165] BVerfG, Beschluss vom 15.07.1981 – 1 BvL 77/78, BVerfGE 58, 300 (330).

[1166] BVerfG, Beschluss vom 02.03.1999 – 1 BvL 7/91, BVerfGE 100, 226 (240).

stellt er den Außenbereich für privilegierte Vorhaben i. S. v. § 35 Abs. 1 BauGB zur Verfügung, solange ihnen keine öffentlichen Belange entgegenstehen, während er sonstige Vorhaben gem. § 35 Abs. 2 BauGB grundsätzlich für unzulässig erklärt, es sei denn, sie beeinträchtigen keine öffentlichen Belange. Nicht sein Ziel ist es, einzelnen Eigentümern konkrete Rechtspositionen zu entziehen. Selbst wenn § 35 BauGB zu einer zu engen Begrenzung der geschützten Rechtspositionen führen würde, würde daraus keine Enteignungsregelung werden, sondern die Inhalts- und Schrankenbestimmung wäre unwirksam.[1167] Die unmittelbare Inhalts- und Schrankenbestimmung im Sinne von Art. 14 Abs. 1 Satz 2 GG ist § 35 BauGB, während der Flächennutzungsplan die Nutzbarkeit des Grundstücks nur mittelbar als öffentlicher Belang beeinflusst.[1168] Denn die Darstellungen des Flächennutzungsplans werden im Rahmen des § 35 BauGB nicht rechtssatzmäßig angewendet, sondern erhalten ihre Wirkung allein durch die gesetzliche Anordnung des § 35 BauGB.[1169]

Da § 35 BauGB die Verfügungsbefugnis des Eigentümers über sein Außenbereichsgrundstück verkürzt, stellt er einen Eingriff i. S. v. Art. 14 Abs. 1 GG dar.[1170] Die Inhalts- und Schrankenbestimmung ist verfassungsmäßig, wenn der Gesetzgeber die schutzwürdigen Interessen des Eigentümers und die Belange des Gemeinwohls in einen gerechten Ausgleich und ein ausgewogenes Verhältnis bringt.[1171] Er hat die Privatnützigkeit des Eigentums mit der Sozialpflichtigkeit des Eigentumgebrauchs nach Art. 14 Abs. 2 GG in Einklang zu bringen und insbesondere den verfassungsrechtlichen Grundsatz der Verhältnismäßigkeit und den Gleichheitssatz des Art. 3 Abs. 1 GG einzuhalten.[1172] Verhältnismäßig ist eine Regelung, die einem legitimen Zweck dient, die zur Verwirklichung des Zwecks geeignet und erforderlich ist, also insbesondere wenn keine gleich wirksame, aber mildere Regelungsmöglichkeit besteht, und die angemessen, also verhältnismäßig im engeren Sinne ist.[1173]

Legitimer Zweck des § 35 BauGB ist es, den Außenbereich möglichst von Bebauung freizuhalten. Damit soll zum einen erreicht werden, dass keine ungeordneten Ansiedlungen entstehen, die sich nur schwer in die kommunale Infrastruktur eingliedern lassen und die Gemeinden dadurch belasten.[1174] Zum anderen lässt sich aus den in § 35 Abs. 3 Satz 1 BauGB aufgezählten Belangen, die für die Zulässigkeit von privilegierten und nicht-privilegierten Vorhaben eine

---

[1167] BVerfG, Beschluss vom 30.11.1988 – 1 BvR 1301/84, BVerfGE 79, 174 (192); Beschluss vom 02.03.1999 – 1 BvL 7/91, BVerfGE 100, 226 (241).
[1168] A. A. für die Ziele der Raumordnung: Paßlick, S. 249.
[1169] BVerwG, Urteil vom 22.05.1987 – IV C 57.84, BVerwGE 77, 300 (305; 307 ff.).
[1170] Manssen, Grundrechte, Rn. 664; Pieroth/Schlink, Rn. 920.
[1171] BVerfG, Beschluss vom 02.03.1999 – 1 BvL 7/91, BVerfGE 100, 226 (240).
[1172] BVerfG, Beschluss vom 02.03.1999 – 1 BvL 7/91, BVerfGE 100, 226 (241).
[1173] Zum Verhältnismäßigkeitsprinzip statt vieler: Degenhart, Staatsrecht I, Rn. 390 ff.
[1174] Schmidt-Aßmann, Grundfragen, S. 20; Taegen, in: FS Schlichter, S. 247 (248); vgl. auch BT-Drks. 7/2496, S. 49.

Rolle spielen, ablesen, dass die Freihaltung des Außenbereichs von Bebauung z. B. der Sicherung des Freiraums als Erholungsgebiet für die Allgemeinheit, dem Schutz der Wasserwirtschaft und der Umwelt dient. Damit dient § 35 BauGB auch dazu, dass Staatsziel des Schutzes der natürlichen Lebensgrundlagen gem. Art. 20 a GG umzusetzen. Den Freihaltungsgedanken betont auch § 35 Abs. 5 Satz 1 BauGB, der Vorhaben im Außenbereich zur größtmöglichen Außenbereichsschonung verpflichtet. Die Regelung des § 35 BauGB ist zur Erreichung dieser Ziele grundsätzlich geeignet, indem sie die Nutzung des Außenbereichs strengen Anforderungen unterwirft. Eine mildere gleich wirksame Regelung ist nicht möglich: § 35 BauGB unterscheidet bereits zwischen grundsätzlich unerwünschten Vorhaben und Vorhaben, die wegen ihrer besonderen Beschaffenheit im Außenbereich verwirklicht werden sollten oder müssen; eine vollständige Überplanung des Außenbereichs mit Bebauungsplänen ist nicht praktikabel, so dass eine gesetzliche Regelung wie die des § 35 BauGB sinnvoll ist.

Mit Blick auf § 35 Abs. 1 und Abs. 2 BauGB und die unterschiedliche Rolle, die Darstellungen des Flächennutzungsplans in diesem Bereich wahrnehmen, ist im folgenden die Angemessenheit, also die Verhältnismäßigkeit im engeren Sinne, getrennt für die Regelungen des § 35 Abs. 2 BauGB (a)) und des § 35 Abs. 1 BauGB (b)) zu ermitteln. Wegen der besonderen Wirkung, die Darstellungen i. S. v. § 35 Abs. 3 Satz 3 BauGB zukommt, soll zuletzt die Verhältnismäßigkeit des Darstellungsprivilegs im engeren Sinne angesprochen werden (c)). Dabei ist die Angemessenheit oder Verhältnismäßigkeit im engeren Sinne im Rahmen einer Güterabwägung festzustellen.[1175]

a) Die Verhältnismäßigkeit des § 35 Abs. 2 BauGB im engeren Sinne

§ 35 Abs. 2 BauGB ist verhältnismäßig im engeren Sinne. Das Eigentum unterliegt dem Gebot, dem Wohle der Allgemeinheit zu dienen: Die Sicherung der Erholung der Allgemeinheit liegt im Allgemeininteresse, der hohe Wert der verfolgten Zwecke Wasserschutz und Umweltschutz für das Leben wird durch die verfassungsrechtliche Staatszielbestimmung des Art. 20 a GG unterstrichen und rechtfertigt das grundsätzliche Bauverbot zu Lasten des Individuums. Da im wesentlichen nur der Außenbereich zur Umsetzung dieser Ziele geeignet ist, sind die Grundstücke des Außenbereichs „situationsbelastet“ und können zum Wohl der Allgemeinheit Nutzungsbeschränkungen wie der des § 35 Abs. 2 BauGB unterworfen werden.[1176]

Auch die Tatsache, dass eine Darstellung des Flächennutzungsplans mittelbar die Nutzungen eines Grundstücks durch nicht-privilegierte Vorhaben beschrän-

---

[1175] Vgl. statt vieler: Degenhart, Staatsrecht I, Rn. 397 ff.

[1176] Vgl. BGH, Urteil vom 20.12.1956 - III ZR 82/55, BGHZ 23, 30 (33); BGH, Urteil vom 26.01.1984 - III ZR 179/82, BGHZ 90, 4 (15).

ken kann, macht § 35 Abs. 2 BauGB nicht zu einer unangemessenen Inhalts- und Schrankenbestimmung. Zum einen steht dem verfassungsrechtlich geschützten Eigentum hier die verfassungsrechtlich ebenfalls geschützte Planungshoheit der Gemeinde[1177] gegenüber. § 35 BauGB berücksichtigt diese durch die Nennung der Darstellungen des Flächennutzungsplans als öffentliche Belange.[1178] Auf diese Weise kann die Gemeinde die städtebauliche Entwicklung und Ordnung frühzeitig steuern. Zum anderen werden die Interessen des einzelnen im Flächennutzungsplan bei der Planaufstellung berücksichtigt. So wird der Plan in einem förmlichen Verfahren gem. §§ 3 ff. BauGB erlassen, das rechtsstaatlichen Anforderungen genügt. Insbesondere haben Eigentümer die Möglichkeit durch Einwendungen ihre Vorstellungen in das Aufstellungsverfahren einzubringen. Weiterhin werden die Darstellungen auf Grund einer rechtsstaatlichen Anforderungen genügenden Abwägung aufgestellt, die an das Verhältnismäßigkeitsprinzip und das Willkürverbot gebunden ist.[1179] Die unterschiedlichen und oftmals gegenläufigen Interessen an der Nutzung des Außenbereichs können so in Ausgleich gebracht werden. Im Rahmen dieser Abwägung sind gem. § 1 Abs. 6 BauGB gerade auch die privaten Belange mit ihren verfassungsrechtlichen Hintergrund des Art. 14 Abs. 1 Satz 1 GG hinreichend zu berücksichtigen.[1180]

Die Nutzungsmöglichkeiten eines Grundstücks richten sich im Rahmen des § 35 Abs. 2 BauGB danach, welche öffentlichen Belange im Zeitpunkt des Antrags auf Genehmigung des Vorhabens existieren. Die potentiellen Nutzungen verändern sich also unter Umständen mit der Neuaufstellung oder Änderung des Flächennutzungsplans. Zu prüfen ist damit, ob Art. 14 Abs. 1 GG dem Eigentümer eine einmal entstandene Nutzungsmöglichkeit auch nach Änderung des Flächennutzungsplans garantiert und deshalb die Regelung des § 35 Abs. 2 BauGB insoweit unangemessen ist oder verfassungskonform ausgelegt werden müsste.

Das Bundesverfassungsgericht geht davon aus, dass nur bereits ausgeübte Nutzungsbefugnisse als Rechtspositionen i. S. v. Art. 14 Abs. 1 Satz 1 GG bestehen.[1181] Hat also ein Eigentümer eine Nutzungsmöglichkeit seines Grundstücks, die vor der Änderung des Flächennutzungsplans bestand, nicht ausgeübt, dann verliert er auch kein Recht, wenn der Plan geändert wird. Nach dem Bundesverwaltungsgericht sind (bauliche) Nutzungen geschützt, wenn sie vor der Änderung der Baurechtslage zulässigerweise errichtet worden sind. Umfasst sind sowohl die Fortsetzung der Nutzung als auch Erhaltungsmaßnahmen (passiver und einfacher aktiver Bestandsschutz).[1182] Lange ging das Bundesverwal-

---

[1177] Siehe dazu B. IV.
[1178] BT-Drks. 7/2496, S. 49.
[1179] Vgl. BVerwG, Urteil vom 12.12.1969 – IV C 105.66, BVerwGE 34, 301 (309).
[1180] Ähnlich für den Fall eines Ziels der Raumordnung: Paßlick, S. 249 ff.
[1181] BVerfG, Beschluss vom 15.07.1981 – 1 BvL 77/78, BVerfGE 58, 300 (338); BVerfG, Beschluss vom 15.12. 1995 – 1 BvR 1713/92, NVwZ-RR, 1996, 483.
[1182] BVerwG, Urteil vom 18.10.1974 – IV C 75.71, BVerwGE 47, 126 (128).

tungsgericht auch davon aus, dass sowohl ein überwirkender Bestandsschutz als auch eine eigentumsrechtlich verfestigte Anspruchsposition bestehen könne. Überwirkender Bestandsschutz bestehe, wenn Teile einer Anlage zerstört worden seien, die übrigen Teile der Anlage ohne den Neuaufbau funktionslos werden würden.[1183] Eine eigentumskräftig verfestigte Anspruchsposition liege vor, wenn zu irgendeinem Zeitpunkt Bebaubarkeit bestanden habe und sich diese Bebaubarkeit nach der Verkehrsauffassung in ein Eigentumsrecht verwandelt habe.[1184] Mit Bezug auf diese Rechtsprechung hatte das Bundesverwaltungsgericht entschieden, dass eine standortbezogene Darstellung im Rahmen des § 35 Abs. 1 BauGB eine eigentumskräftig verfestigte Anspruchsposition nicht zu überwinden vermöge.[1185] Die Rechtsfiguren des überwirkenden Bestandsschutzes und der eigentumskräftig verfestigten Anspruchsposition hat das Bundesverwaltungsgericht mittlerweile ausdrücklich aufgegeben.[1186] Der Gesetzgeber habe insbesondere für den Außenbereich eine umfangreiche Regelung in § 35 Abs. 1, 2 und 4 BauGB getroffen, die abschließend sei und keine sonstigen Zulassungsansprüche auf rein verfassungsrechtlicher Basis zulasse.[1187] Teilweise wird weiterhin vertreten, dass Art. 14 Abs. 1 Satz 1 GG auf Vorhaben im Außenbereich direkt anwendbar sei.[1188]

Richtigerweise ist im Rahmen des § 35 Abs. 2 BauGB kein Raum für einen direkten verfassungsrechtlichen Zulassungsanspruch, der über den passiven und einfachen aktiven Bestandsschutz hinausgeht. Vielmehr ist die Regelung des § 35 Abs. 2 BauGB schon aus sich heraus eine angemessene Inhalts- und Schrankenbestimmung i. S. v. Art. 14 Abs. 1 Satz 2 GG. Der Gesetzgeber gestaltet in § 35 Abs. 2 BauGB das Grundeigentum so, dass ein Grundstück im Außenbereich nur genutzt werden kann, wenn die Nutzung öffentliche Belange nicht beeinträchtigt. Härtefälle regelt § 35 Abs. 4 BauGB. Wegen der besonderen Bedeutung des Außenbereichs für die Erholung der Allgemeinheit, Umweltschutz, Wasserwirtschaft und weitere öffentliche Belange ist ein grundsätzliches Verbot angemessen, da das Grundeigentum wegen Art. 14 Abs. 2 GG gerade auch in Übereinstimmung mit den Interessen der Allgemeinheit genutzt werden muss. Der Flächennutzungsplan bringt die verschiedenen Interessen an der Nutzung des Außenbereichs im Rahmen der Abwägung nach § 1 Abs. 6 BauGB in Aus-

[1183] BVerwG, Urteil vom 12.12.1975 – IV C 71.73, BVerwGE 50, 49 (58).
[1184] BVerwG, Urteil vom 27.01.1967 – IV C 33.65, BVerwGE 26, 111 (116 ff.); BVerwG, Urteil vom 18.10.1974 – IV C 75.71, BVerwGE 47, 126 (131).
[1185] BVerwG, Urteil vom 20.01.1984 – IV C 43.81, BVerwGE 68, 311 (316).
[1186] BVerwG, Urteil vom 12.03.1998 – IV C 10.97, BVerwGE 106, 228 (235 ff.); für die eigentumskräftig verfestigte Anspruchsposition bereits BVerwG, Urteil vom 10.08.1990 – IV C 3.90, BVerwGE 85, 289 (294).
[1187] BVerwG, Urteil vom 12.03.1998 – IV C 10.97, BVerwGE 106, 228 (235 ff.). Im Anschluss daran: Bracher, in: Gelzer/Bracher/Reidt, Rn 2609; Erbguth/Wagner, Rn. 46; Krautzberger, in: B/K/L, § 35 BauGB, Rn. 129.
[1188] Brohm, Öffentliches Baurecht, § 22 Rn. 4; Dürr, VBlBW 2000, 457 (458).

gleich und stärkt damit die nach Art. 28 Abs. 2 Satz 1 GG geschützte Planungshoheit. Für den Eigentümer entsteht kein schützenswertes Vertrauen auf eine bestimmte Nutzungsmöglichkeit, da § 35 Abs. 2 BauGB die Zulässigkeit von Vorhaben von vorneherein an einen sich dynamisch verändernden Maßstab knüpft, nämlich an die jeweils vorliegenden öffentlichen Belange. Wegen dieses fehlenden Vertrauens ist die Regelung des § 35 Abs. 2 BauGB auch nicht unter dem Aspekt unangemessen, dass die Entschädigungsregelungen des § 42 BauGB auf Flächennutzungsplanänderungen nicht anwendbar sind. Nach den Voraussetzungen des § 42 Abs. 1 BauGB kann der Eigentümer unter den Voraussetzungen des § 42 Abs. 2 bis 10 BauGB nur Entschädigung verlangen, wenn die zulässige Nutzung eines Grundstücks aufgehoben oder geändert wird. Eine Änderung oder Aufhebung der zulässigen Nutzung in diesem Sinne führen Veränderungen des Flächennutzungsplans aber nicht herbei, da die Nutzung des Grundstücks von Anfang an unter der gesetzlichen Einschränkung eines dynamischen Zulässigkeitsmaßstabs stand.[1189]

b) Die Verhältnismäßigkeit des § 35 Abs. 1 BauGB im engeren Sinne

Auch die Regelung des § 35 Abs. 1 BauGB ist verhältnismäßig im engeren Sinne. Zum einen sind die privilegierten Vorhaben grundsätzlich im Außenbereich zulässig und sichern damit eine privatnützige Nutzung des Eigentums. Zum anderen ist es angemessen, die Zulässigkeit privilegierter Vorhaben damit zu verknüpfen, dass ihnen öffentliche Belange nicht entgegenstehen, denn das Eigentum ist gem. Art. 14 Abs. 2 GG dem Wohle der Allgemeinheit verpflichtet. Da der Außenbereich für Wasserwirtschaft, Tier- und Pflanzenwelt sowie als Rohstoff- und Nahrungsmittelreservat für die Allgemeinheit von lebensnotwendiger Bedeutung ist, muss das Eigentum Beschränkungen in Kauf nehmen; es ist insoweit „situationsbelastet".[1190] Deshalb ist es angemessen, selbst Nutzungen wie Land- und Forstwirtschaft, Gärtnereien, Versorgungsanlagen, ortsgebundene Betriebe oder Nutzungen, die wegen ihrer besonderen Eigenarten im Außenbereich verwirklicht werden sollten, sowie (friedliche) Nutzungen im Zusammenhang mit Kernenergie und die Nutzung von Wind- und Wasserenergie daran zu knüpfen, dass sie öffentlichen Belangen nicht entgegenstehen. Die grundsätzlich durch Art. 14 Abs. 1 GG geschützte Befugnis des Eigentümers, sein Grundstück beliebig zu privaten Zwecken zu nutzen, kann durch die Gewichtung der öffentlichen Belange und der privilegierten Vorhaben im Einzelfall ausreichend im Rahmen des § 35 Abs. 1 BauGB berücksichtigt werden.

1189 Bielenberg/Runkel, in: EZB, § 42 BauGB, Rn. 54; Battis, in: B/K/L, § 42 BauGB, Rn. 5.
1190 Vgl. BGH, Urteil vom 20.12.1956 - III ZR 82/55, BGHZ 23, 30 (33); BGH, Urteil vom 26.01.1984 - III ZR 179/82, BGHZ 90, 4 (15).

Auch die Bindung an die Darstellungen des Flächennutzungsplans i. S. v. § 35 Abs. 1 BauGB ist eine angemessene Schrankenbestimmung i. S. v. Art. 14 Abs. 1 Satz 2 GG. Denn so kann die Gemeinde durch ihre Flächennutzungsplanung, die verfassungsrechtlich gem. Art. 28 Abs. 2 Satz 1 GG geschützt ist,[1191] bereits frühzeitig einen Ausgleich zwischen den verschiedenen Außenbereichsinteressen schaffen. Dem privaten Interesse kann in einem rechtsstaatlichen Anforderungen wahrenden Verfahren nach §§ 3 ff. BauGB und in der Abwägung nach § 1 Abs. 6 BauGB ausreichend Rechnung getragen werden.[1192] Insbesondere die Tatsache, dass nur konkrete standortbezogene Darstellungen Einfluss auf privilegierte Vorhaben haben können, sichert die Berücksichtigung der Eigentümerinteressen in der Abwägung der Gemeinde. Denn im Rahmen der standortbezogenen Darstellung muss sich die Gemeinde im erhöhten Maße mit den Eigentümernutzungswünschen auseinandersetzen.

Auch die Zulässigkeit der privilegierten Vorhaben beurteilt sich im Rahmen des § 35 Abs. 1 BauGB nach den öffentlichen Belangen, die im Zeitpunkt des Antrags auf Genehmigung des Vorhabens existieren. Mit der Neuaufstellung oder Änderung einer Darstellung des Flächennutzungsplans kann sich also das Nutzungsspektrum verändern. Es stellt sich auch hier die Frage, ob § 35 Abs. 1 BauGB insoweit angemessen ist bzw. verfassungskonform ausgelegt werden müsste.

Das Bundesverfassungsgericht geht auch hier davon aus, dass nur bereits ausgeübte Nutzungsbefugnisse Rechtspositionen i. S. v. Art. 14 Abs. 1 Satz 1 GG sind.[1193] Zunächst hatte das Bundesverwaltungsgericht entschieden, dass eine standortbezogene Darstellung im Rahmen des § 35 Abs. 1 BauGB eine eigentumskräftig verfestigte Anspruchsposition nicht zu überwinden vermöge.[1194] Mittlerweile hat das Bundesverwaltungsgericht die Rechtsfiguren des überwirkenden Bestandsschutzes und der eigentumskräftig verfestigten Anspruchsposition ausdrücklich auch für privilegierte Vorhaben i. S. v. § 35 Abs. 1 BauGB aufgegeben[1195] und nimmt auch im Bereich der privilegierten Vorhaben nur noch einen passiven und (einfachen) aktiven Bestandsschutz an.[1196] Der Gesetzgeber habe für den Außenbereich mit § 35 Abs. 1, 2 und 4 BauGB eine abschließende Regelung geschaffen, die für sonstige Zulassungsansprüche auf rein

---

[1191] Siehe dazu B. IV. 2.

[1192] Siehe dazu auch E. III. 4.

[1193] BVerfG, Beschluss vom 15.07.1981 – 1 BvL 77/78, BVerfGE 58, 300 (338); BVerfG, Beschluss vom 15.12. 1995 – 1 BvR 1713/92, NVwZ-RR, 1996, 483.

[1194] BVerwG, Urteil vom 20.01.1984 – IV C 43.81, BVerwGE 68, 311 (316).

[1195] BVerwG, Urteil vom 12.03.1998 – IV C 10.97, BVerwGE 106, 228 (235 ff.); für die eigentumskräftig verfestigte Anspruchsposition bereits BVerwG, Urteil vom 10.08.1990 – IV C 3.90, BVerwGE 85, 289 (294).

[1196] BVerwG, Urteil vom 18.10.1974 – IV C 75.71, BVerwGE 47, 126 (128). Siehe zu den Begrifflichkeiten E. III. 4. b).

verfassungsrechtlicher Basis keinen Raum lasse.[1197] Teilweise wird weiter vertreten, dass Art. 14 Abs. 1 Satz 1 GG auf Vorhaben im Außenbereich direkt anwendbar sein könne.[1198]

Richtigerweise existiert im Rahmen des § 35 Abs. 1 BauGB allein ein passiver und einfacher aktiver Bestandsschutz, während für einen direkten verfassungsrechtlichen Zulassungsanspruch kein Raum ist. Der Gesetzgeber gestaltet in § 35 Abs. 1 BauGB das Grundeigentum so, dass ein Grundstück im Außenbereich nur genutzt werden kann, wenn die Nutzung öffentlichen Belangen nicht entgegensteht. Die Norm verleiht also einem Außenbereichsvorhaben nicht per se eine bestimmte Benutzbarkeit. Vielmehr ist die Benutzung von dem jeweiligem Gewicht vorhandener öffentlicher Belange abhängig. Das Gewicht der öffentlichen Belange kann sich aber im Laufe der Zeit verschieben und verändern. Der Zulässigkeitsmaßstab des § 35 Abs. 1 BauGB ist damit bewusst auf Veränderung angelegt. Insoweit sind die Außenbereichsgrundstücke „situationsbelastet".[1199]

Darüber hinaus können die besonderen Umstände des geplanten Vorhabens im Rahmen des § 35 Abs. 1 BauGB in der Einzelfallgewichtung berücksichtigt werden und so das Gewicht eines Vorhabens i. S. v. § 35 Abs. 1 BauGB im Lichte des Art. 14 Abs. 1 Satz 1 GG bestimmt werden. Bei der Bewertung des privaten Interesses an einem Vorhaben kann z. B. berücksichtigt werden, dass es ohne eine Erweiterung nicht sinnvoll weiterbetrieben werden kann. So findet der Gedanke des überwirkenden Bestandsschutzes in die Gewichtung des privilegierten Vorhabens gegenüber den öffentlichen Belangen Eingang. Diese Auslegung widerspricht auch nicht der Gesetzessystematik des § 35 Abs. 1, Abs. 2 und Abs. 4 BauGB: Den Gedanken des überwirkenden Bestandsschutzes hat der Gesetzgeber nämlich nur für nicht-privilegierte Vorhaben im Gesetz geregelt; dagegen wurden für privilegierte Vorhaben keine Regelungen geschaffen. Wird ein bauliches Vorhaben durch Brand oder sonstiges außergewöhnliches Ereignis zerstört, dann kann im Rahmen der Gewichtung des privilegierten Vorhabens berücksichtigt werden, dass das bauliche Vorhaben vor der Flächennutzungsplanänderung zulässig war. In solchen Fällen nahm das Bundesverwaltungsgericht vor seiner Rechtsprechungsänderung die Möglichkeit einer eigentumskräftig verfestigten Anspruchsposition an.[1200] Dieser Gedanke wurde in der Regelung des § 35 Abs. 4 Nr. 3 BauGB, die auf nicht-privilegierte Vorhaben Anwen-

---

[1197] BVerwG, Urteil vom 12.03.1998 – IV C 10.97, BVerwGE 106, 228 (236). Im Anschluss daran: Bracher, in: Gelzer/Bracher/Reidt, Rn 2609; Erbguth/Wagner, Rn. 46; Krautzberger, in: B/K/L, § 35 BauGB, Rn. 129.

[1198] Brohm, Öffentliches Baurecht, § 22 Rn. 4; Dürr, VBlBW 2000, 457 (458). Manssen (in: Becker/Heckmann/Kempen/Manssen, 4. Teil, Rn. 125) hält weiterhin daran fest, dass im Falle einer eigentumskräftigen Verfestigung eine konkrete standortbezogene Darstellung dem Vorhaben nicht entgegenstehen könne.

[1199] Ebenso Paßlick, S. 245 ff.

[1200] Vgl. BVerwG, Urteil vom 18.10.1974 – IV C 75.71, BVerwGE 47, 126 (131).

dung findet, aufgenommen. Bei der Gewichtung des privilegierten Vorhabens ist daher zu berücksichtigen, dass selbst bestimmte nicht-privilegierte, zulässigerweise errichtete Vorhaben, die durch ein außergewöhnliches Ereignis zerstört wurden, unabhängig von der Änderung eines Flächennutzungsplans neuerrichtet werden dürfen, sofern dies alsbald nach dem Ereignis erfolgt.

Die Verknüpfung der Zulässigkeit eines privilegierten Vorhabens mit den Darstellungen des Flächennutzungsplans ist – wie oben dargelegt[1201] – auch nicht deshalb unangemessen, weil die Regelungen über Entschädigungszahlungen nach § 42 BauGB nicht anwendbar sind. Da das Eigentum von vorneherein durch die möglichen Veränderungen der zulässigen Nutzungen beschränkt ist, ist eine vermögensrechtliche Vertrauensschutzregelung nicht nötig.[1202]

c) Das Verhältnis von § 35 Abs. 3 Satz 3 BauGB zu Art. 14 GG

Schließlich ist auch die Entwicklung von Konzentrationszonen mit Ausschlusswirkung aufgrund des Darstellungsprivilegs keine unangemessene Beschränkung des Eigentumsrechts aus Art. 14 Abs. 1 GG. Dagegen wird eingewandt, dass § 35 Abs. 1 BauGB eine grundsätzliche Entscheidung für privilegierte Vorhaben im Außenbereich treffe. Deshalb könnten nur konkrete standortbezogene Darstellungen, die auf einem konkret abgegrenzten Bereich eine positiv-planerische Raumentscheidung treffen würden und innerhalb desselben Bereichs eine negative Wirkung ausübten, privilegierte Vorhaben verhindern. Durch eine räumlich ausgedehnte, auf einer globalen Abwägung beruhende negative Planung würde der eigentumssichernde Aspekt des Art. 14 Abs. 1 Satz 2 GG zu stark beengt.[1203]

Andererseits sprach bereits vor der Einführung des § 35 Abs. 3 Satz 3 BauGB für die Zulässigkeit von Konzentrationszonen, dass die Flächennutzungsplanung nur so ihrer Steuerungsaufgabe, durch ein gesamträumliches Konzept einen Ausgleich verschiedenster Interessen an der Außenbereichsnutzung herzustellen, gerecht werden kann.[1204] Spätestens seit der Einführung des § 35 Abs. 3 Satz 3 BauGB besteht auch eine Ermächtigung zum Erlass von Konzentrationszonen mit Wirkung auf privilegierte Außenbereichsvorhaben. Die grundsätzliche Entscheidung des § 35 Abs. 1 BauGB für die Zuweisung privilegierter Vorhaben in den Außenbereich ist nicht nur von vorneherein dadurch begrenzt, dass konkretstandortbezogene Darstellungen einem Vorhaben entgegenstehen können, son-

---

[1201] Siehe dazu E. III. 4. b).

[1202] A. A. wohl BVerwG, Urteil vom 20.01.1984 – IV C 43.81, BVerwGE 68, 311 (316).

[1203] Hoppe, DVBl. 1991, 1277 (1287). Für den Parallelfall der Ziele der Raumordnung: Paßlick, S. 275ff.

[1204] BVerwG, Urteil vom 22.05.1987 – IV C 57.84, BVerwGE 77, 300 (304 ff.). BVerwG, Urteil vom 17.12.2002 – 4 C 15/01, NVwZ 2003, 733 ff.

dern auch dadurch, dass die Ausweisung von Konzentrationszonen an einer Stelle im Plangebiet Ausschlusswirkung für den restlichen Bereich hat. Diese gesetzliche Beschränkung der Eigentumsnutzung ist angemessen, da privilegierte Vorhaben wie z. B. Abgrabungen von Kiesen und Sanden oder Windenergieanlagen erhebliche Wirkungen auf Natur und Landschaft aber auch auf die weitere städtebauliche Entwicklung und Ordnung der Gemeinden haben. Konzentrationszonen können dazu beitragen, dass ein gesamträumlicher Ausgleich aller Interessen am Außenbereich geschaffen wird. Bei der Erstellung eines schlüssigen Planungskonzepts zur Nutzung des Außenbereichs durch die zu konzentrierenden privilegierten Vorhaben werden die Eigentümerinteressen von der Gemeinde in ausreichendem Maße berücksichtigt. Durch die Regelvermutung können Sonderfälle, die das grobmaschige Konzept des Flächennutzungsplans nicht ausreichend zu würdigen vermag, berücksichtigt werden.

Schließlich ist es auch gerechtfertigt, dass bei der Verwirklichung eines privilegierten Vorhabens im Ausschlussbereich einer Konzentrationszone strengere Voraussetzungen eingehalten werden müssen als im Bereich der negativen Wirkung einer „einfachen" konkreten standortbezogenen Darstellung. Während das privilegierte Vorhaben im Ausschlussbereich regelmäßig unzulässig ist, schlägt die negative Wirkung der „einfachen" konkreten standortbezogenen Darstellung nur durch, wenn sie im Rahmen einer Einzelfallgewichtung überwiegt. Diese unterschiedliche Behandlung rechtfertigt sich daraus, dass eine einfache konkrete standortbezogene Darstellung nur ein Nutzungskonzept für eine Teilfläche des Gemeindegebietes enthält und sich überwiegend damit auseinandersetzt, welche Belange innerhalb dieser Teilfläche für und gegen die dargestellte Nutzung sprechen und wie die positive Darstellung sich ins Gesamtnutzungskonzept der Gemeinde einfügt. Dagegen liegt der Konzentrationszone nicht nur das Konzept einer konkreten standortbezogenen Darstellung zugrunde, sondern vielmehr hat sich die Gemeinde zusätzlich in ihrer Abwägung damit auseinandergesetzt, wo im Gemeindegebiet die betreffende Nutzung zugunsten anderer Schutzgüter nicht verwirklicht werden soll. Dieser höhere Abwägungsaufwand rechtfertigt die Unterscheidung.

5. Zwischenergebnis zu „Das Verhältnis der Flächennutzungsplanung zur Zulässigkeit von Einzelvorhaben nach den Vorschriften der §§ 29 ff. BauGB"

Die Gemeinde kann mittels ihres Flächennutzungsplans erheblichen Einfluss auf Vorhaben im Außenbereich nehmen und die Bebaubarkeit steuern, ohne den ganzen Außenbereich mit Bebauungsplänen überziehen zu müssen. Im Bereich der nicht-privilegierten Vorhaben hindern Darstellungen die Zulässigkeit des Vorhabens gem. § 35 Abs. 2 BauGB, auch wenn sie nicht konkret und standortbezogen sind. Dagegen kann die Gemeinde auf privilegierte Vorhaben im Rahmen des § 35 Abs. 1 BauGB nur mittels konkreter standortbezogener Darstellungen Einfluss nehmen. Der Einfluss des Flächennutzungsplans ist durch die gesetzliche Verankerung der Konzentrationszonen entscheidend abgesichert und verstärkt worden. Gegenläufige Ziele der Raumordnung beschränken allerdings die Wirkung der Darstellungen, soweit sie die Darstellungen im Rahmen ihrer Abwägung i. S. v. § 35 Abs. 3 Satz 2 HS. 2 BauGB weggewogen haben. Im übrigen verlieren vorhabenhindernde Darstellungen ihre Wirkung nicht, solange sie nachfolgenden Zielen der Raumordnung noch nicht gem. § 1 Abs. 4 BauGB angepasst wurden. Diese starke Stellung des Flächennutzungsplans ist mit Art. 14 GG vereinbar. § 35 BauGB stellt eine verfassungsgemäße Inhalts- und Schrankenbestimmung des Eigentums dar.

F. Der Einfluss des Flächennutzungsplans im Bereich des Vorkaufsrechts als Sicherungsmittel der Bauleitplanung

Nach § 24 Abs. 1 Satz 1 Nr. 5 BauGB steht der Gemeinde beim Kauf von Grundstücken im Geltungsbereich eines Flächennutzungsplans ein Vorkaufsrecht zu, soweit es sich um unbebaute Flächen im Außenbereich handelt, für die nach dem Flächennutzungsplan eine Nutzung als Wohnbaufläche oder Wohngebiet dargestellt ist. Nach § 24 Abs. 1 Satz 1 Nr. 5, Satz 3 BauGB kann das Vorkaufsrecht bereits ausgeübt werden, wenn die Gemeinde einen Beschluss gefasst und ortsüblich bekannt gemacht hat, einen Flächennutzungsplan aufzustellen, zu ändern oder zu ergänzen und wenn nach dem Stand der Planungsarbeiten anzunehmen ist, dass der künftige Flächennutzungsplan eine solche Nutzung darstellen wird. Die Darstellungen des Flächennutzungsplans können also im Außenbereich Einfluss auf das Vorkaufsrecht der Gemeinde haben. Im folgenden wird zunächst kurz das Vorkaufsrecht der Gemeinde nach den §§ 24 ff. BauGB im allgemeinen vorgestellt (I.). Danach soll das Vorkaufsrecht nach § 24 Abs. 1 Satz 1 Nr. 5, Satz 3 BauGB untersucht werden (II.).

I. Das Vorkaufsrecht der Gemeinde nach den §§ 24 ff. BauGB im Überblick

Das Gesetz sieht in den §§ 24 ff. BauGB zwei Typen von Vorkaufsrechten der Gemeinde vor: Das allgemeine Vorkaufsrecht nach § 24 BauGB entsteht kraft Gesetzes, während das besondere Vorkaufsrecht nach § 25 BauGB durch gemeindliche Satzung begründet wird. Die weiteren Voraussetzungen für die Ausübung des Vorkaufsrecht sind in § 24 Abs. 2 bis 3 BauGB bzw. § 25 Abs. 2 BauGB geregelt. Das Vorkaufsrecht darf insbesondere nur zum Wohle der Allgemeinheit ausgeübt werden. In den Fällen des § 26 BauGB ist das Vorkaufsrecht ausgeschlossen. Unter den Voraussetzungen des § 27 a BauGB kann das Recht auch zugunsten Dritter ausgeübt werden. Verfahren und Entschädigung sind in § 28 BauGB geregelt.

Sinn und Zweck des Vorkaufsrechts ist es, die unmittelbare Planverwirklichung vorzubereiten und abzusichern. Mit dem Vorkaufsrecht können die Gemeinde zum einen Störungen oder Beeinträchtigungen, die durch Grundstücksverkäufe entstehen können, von ihrer Bauleitplanung und sonstigen städtebaulichen Maßnahmen abwehren. Zum anderen können sie in Folge des Grunderwerbs aktiv die Umsetzung ihrer Bauleitplanung fördern.[1205] Aus diesem Grund

[1205] Vgl. die Einordnung des Vorkaufsrechts unter dem Zweiten Teil des Baugesetzbuchs „Sicherung der Bauleitplanung“. Brohm, Öffentliches Baurecht, § 25 Rn. 4; Roos, in: Brügelmann, § 24 BauGB, Rn. 1; Stock, in: EZB, § 24 BauGB, Rn. 1.

darf der Käufer des Grundstücks die Ausübung des Vorkaufsrechts auch nach § 27 Abs. 1 Satz 1 BauGB abwenden, wenn er sich verpflichtet, das Grundstück nach den Zielen und Zwecken der städtebaulichen Maßnahme bzw. nach den baurechtlichen Vorschriften zu verwenden.

II. Das gesetzliche Vorkaufsrecht nach § 24 Abs. 1 Satz 1 Nr. 5, Satz 3 BauGB

Der Gemeinde steht gem. § 24 Abs. 1 Satz 1 Nr. 5 BauGB ein Vorkaufsrecht beim Kauf von Grundstücken im Geltungsbereich eines Flächennutzungsplans zu, soweit es sich um unbebaute Flächen im Außenbereich handelt, für die nach dem Flächennutzungsplan eine Nutzung als Wohnbaufläche oder Wohngebiet dargestellt ist. § 24 Abs. 1 Satz 3 BauGB weitet dies auf Flächennutzungsplanentwürfe eines fortgeschrittenen Verfahrensstadiums aus. Sinn und Zweck dieser Regelung ist es, der Gemeinde den Zugriff auf künftiges Bauland zu einem Zeitpunkt zu erleichtern, in welchem die Bauerwartung und damit der Verkehrswert noch relativ niedrig liegen.[1206] Ist ein Flächennutzungsplan formell unwirksam und ist absehbar, dass die Gemeinde die Mängel nach § 215 a BauGB beheben wird, so ist er mit einem planungsreifen Flächennutzungsplan vergleichbar, so dass § 24 Abs. 1 Satz 1 Nr. 5 BauGB anwendbar ist.

Das Grundstück muss mit Darstellungen eines Flächennutzungsplans überplant sein, die eine Nutzung als Wohnbaufläche i. S. v. § 1 Abs. 1 Nr. 1 BauNVO oder Wohngebiete i. S. v. § 1 Abs. 2 Nr. 2 bis Nr. 4 BauNVO vorsehen.[1207] Nach § 24 Abs. 1 Satz 3 BauGB kann das Vorkaufsrecht bereits ausgeübt werden, wenn die Gemeinde gem. § 2 Abs. 1 Satz 2 BauGB einen Beschluss gefasst und ortsüblich bekannt gemacht hat, einen Flächennutzungsplan aufzustellen, zu ändern oder zu ergänzen und wenn nach dem Stand der Planungsarbeiten anzunehmen ist, dass der künftige Flächennutzungsplan eine solche Nutzung darstellen wird.[1208] Dies ist regelmäßig erst der Fall, wenn zumindest die öffentliche Auslegung nach § 3 Abs. 2 BauGB und die Trägerbeteiligung nach § 4 BauGB

[1206] BT-Drks. 12/4208, S. 7.

[1207] W. Schrödter, in: Schrödter, § 24 BauGB, Rn. 18 b; Stock, in: EZB, § 24 BauGB, Rn. 32. Stock verweist zu Recht darauf, dass zwar auch das besondere Wohngebiet i. S. v. § 1 Abs. 2 Nr. 4 BauNVO i. V. m. § 4 a BauNVO zu den von § 24 Abs. 1 S. 1 Nr. 5 BauGB erfassten Wohngebieten gehört, dass allerdings die Ausweisung als besonderes Wohngebiet voraussetzt, dass das Gebiet überwiegend bebaut ist. Dann gehört die Fläche aber regelmäßig nicht mehr zum Außenbereich. Ebenfalls erfasst werden auch diejenigen Flächen, die der infrastrukturellen Ausstattung des zu entwickelnden Wohngebiets dienen (vgl. BT-Drks. 11/6508, S. 14).

[1208] Stock, in: EZB, § 24 BauGB, Rn. 34. Vgl. zur ähnlichen Formulierung des § 8 Abs. 3 S. 2 BauGB IV. 2. b) aa) (2) (bb).

erfolgt ist.[1209] Im übrigen enthält § 24 Abs. 1 Satz 3 BauGB keine Voraussetzungen betreffend den Verfahrensstand des Entwurfs.[1210]

Das Vorkaufsrecht des § 24 Abs. 1 Satz 1 Nr. 5, Satz 3 BauGB besteht nur auf unbebauten Flächen im Außenbereich. Unbebaut ist ein Grundstück, wenn sich darauf tatsächlich weder Gebäude noch andere bauliche Anlagen i. S. d. § 29 Abs. 1 BauGB befinden.[1211] Als unbebaut gilt auch ein Grundstück, auf dem formell und materiell rechtswidrige bauliche Anlagen stehen, wenn eine Legalisierung durch künftige Planung nicht zu erwarten ist.[1212] Zu den unbebauten Grundstücken gehören nicht solche mit geringfügiger Bebauung. Dafür spricht der Wortlaut sowie der Vergleich mit den §§ 85 Abs. 1 Nr. 2 und 176 Abs. 2 BauGB. In den zuletzt genannten Normen unterscheidet der Gesetzgeber ausdrücklich zwischen unbebauten und geringfügig bebauten Grundstücken. Da er in § 24 Abs. 1 Satz 1 Nr. 5 BauGB darauf verzichtet hat, auch geringfügig bebaute Flächen aufzunehmen, ist auf diesen kein Vorkaufsrecht begründet.[1213]

In der Vorgängernorm des § 24 Abs. 1 Satz 1 Nr. 5 BauGB, dem § 3 Abs. 1 Satz 1 Var. 1 BauGB-MaßnG 1993, fehlte der Hinweis darauf, dass nur Flächen des Außenbereichs erfasst seien.[1214] Um dies klarzustellen, fügte der Gesetzgeber ausdrücklich die Begrenzung auf den Außenbereich in § 24 Abs. 1 Satz 1 Nr. 5 BauGB ein.[1215] Vom Vorkaufsrecht nach § 24 Abs. 1 Satz 1 Nr. 5, Satz 3 BauGB sind daher nur Flächen erfasst, die dem Außenbereich zuzuordnen sind. Teilweise wird vertreten, dass eine einem neuen Flächennutzungsplan entgegenstehende, aber nach einem älteren, noch nicht an den neuen Flächennutzungsplan angepassten Bebauungsplan zulässige Nutzung die Anwendbarkeit des § 24 Abs. 1 Satz 1 Nr. 5 BauGB nicht verhindere.[1216] Andere widersprechen dieser Ansicht mit dem Argument, dass vom Außenbereich nur Flächen erfasst seien,

---

[1209] Lemmel, in: Berliner Schwerpunkte-Kommentar, § 24 BauGB, Rn. 11; Stock, in: EZB, § 24 BauGB, Rn. 35; Krautzberger, in: B/K/L, § 24 BauGB, Rn. 13.

[1210] Anders die Regelung des § 33 BauGB, der besondere Zulässigkeitsvorschrift für den Fall eines formell und materiell planreifen Bebauungsplans bildet.

[1211] BVerwG, Urteil vom 24.10.1996 – 4 C 1.96, NVwZ-RR 1997, 462; Stock, in: EZB, § 24 BauGB, Rn. 36; Krautzberger, in: B/K/L, § 24 BauGB, Rn. 13.

[1212] BVerwG, Urteil vom 24.10.1996 – 4 C 1.96, NVwZ-RR 1997, 462 (463); Stock, in: EZB, § 24 BauGB, Rn. 36; Krautzberger, in: B/K/L, § 24 BauGB, Rn. 13; W. Schrödter, in: Schrödter, § 24 BauGB, Rn. 18 c.

[1213] BVerwG, Urteil vom 24.10.1996 – 4 C 1.96, NVwZ-RR 1997, 462; Krautzberger, in: B/K/L, § 24 BauGB, Rn. 13; W. Schrödter, in: Schrödter, § 24 BauGB, Rn. 18 c; a. A. Stock, in: EZB, § 24 BauGB, Rn. 37.

[1214] So hieß es in § 3 Abs. 1 S. 1 BauGB-MaßnG 1993 (BGBl. I 1993, S. 466 ff.): „Der Gemeinde steht ein Vorkaufsrecht beim Kauf von unbebauten Grundstücken zu, soweit es sich um Flächen handelt, für die nach dem Flächennutzungsplan eine Nutzung als Wohnbaufläche oder Wohngebiet dargestellt ist oder die nach den §§ 30, 33 oder 34 des Baugesetzbuchs vorwiegend mit Wohngebäuden bebaut werden können."

[1215] BT-Drks. 13/6392, S. 54.

[1216] So wohl Jäde, in: Jäde/Dirnberger/Weiß, § 24 BauGB, Rn. 18.

die weder im Geltungsbereich eines Bebauungsplans nach § 30 Abs. 1 BauGB oder innerhalb im Zusammenhang bebauter Ortsteile liegen.[1217]

Richtigerweise ist der Begriff des Außenbereichs i. S. v. § 24 Abs. 1 Satz 1 BauGB genauso auszulegen wie der im Zulässigkeitstatbestand des § 35 BauGB. Zum Außenbereich gehört demnach alles, was nicht Innenbereich i. S. v. § 34 BauGB ist oder mit einem qualifizierten oder vorhabenbezogenen Bebauungsplan beplant ist.[1218] Wie § 30 Abs. 3 BauGB verdeutlicht, gehören Flächen, die mit einfachen Bebauungsplänen beplant sind, dann zum Außenbereich, wenn es sich nicht um Innenbereichsflächen i. S. v. § 34 Abs. 1 Satz 1 BauGB handelt.[1219] Folglich ist § 24 Abs. 1 Satz 1 Nr. 5 BauGB auch auf den Fall anwendbar, dass ein mit dem Flächennutzungsplan nicht übereinstimmender einfacher Bebauungsplan existiert. Für diese Auslegung des Begriffs Außenbereich spricht, dass in einer Vorgängernorm zu § 24 Abs. 1 Satz 1 Nr. 1 BauGB, dem § 3 Abs. 1 BauGB-MaßnG 1990, der Außenbereich mit Verweis auf den damaligen § 19 Abs. 1 Nr. 3 BauGB definiert wurde.[1220] § 19 Abs. 1 Nr. 3 BauGB nahm ausdrücklich auf den Begriff des Außenbereichs i. S. v. § 35 BauGB Bezug.[1221] Es sind keine Anhaltspunkte ersichtlich, dass der Gesetzgeber den Begriff des Außenbereichs in § 24 Abs. 1 Satz 1 Nr. 5 BauGB anders als in der Vorgängernorm auslegen wollte, nachdem er den Begriff des Außenbereichs ausdrücklich wieder aufgenommen hat,[1222] zwangsläufig ohne Verweis auf § 19 Abs. 1 Nr. 3 BauGB, da diese Norm durch das Baugesetzbuch 1998[1223] abgeändert wurde. Der Begriff des Außenbereichs war in § 3 Abs. 1 Satz 1 Var. 1 BauGB-MaßnG 1993 nicht mehr enthalten gewesen, wohl weil man gedacht hatte, die Bezugnahme von § 3 Abs. 1 Satz 1 Var. 1 BauGB-MaßnG 1993 ergebe sich bereits aus dem Zusammenhang mit § 3 Abs. 1 Satz 1 Var. 2 BauGB-

---

1217 W. Schrödter, in: Schrödter, § 24 BauGB, Rn. 18 d.

1218 In gleicher Weise den Begriff des Außenbereichs i. S. v. § 24 Abs. 1 S. 1 Nr. 5 BauGB auslegend: Stock, in: EZB, § 24 BauGB, Rn. 32; Jäde, in: Jäde/Dirnberger/Weiß, § 24 Rn. 13 i. V. m. § 35 BauGB, Rn. 1 f.

1219 Siehe dazu E. III.

1220 § 3 Abs. 1 BauGB-MaßnG 1990 (BGBl. I 1993, S. 466): „Der Gemeinde steht ein Vorkaufsrecht beim Kauf von Grundstücken im Geltungsbereich eines Flächennutzungsplans zu, soweit es sich um Flächen in Gebieten nach § 19 Abs. 1 Nr. 3 des Baugesetzbuchs (Außenbereich) handelt, für die nach dem Flächennutzungsplan eine Nutzung als Wohnbaufläche oder Wohngebiet dargestellt ist.“

1221 Bis zur Änderung des Baugesetzbuchs von 1998 hieß es in § 19 Abs. 1 BauGB (vgl. BGBl. I 1979, S. 949 ff.): „(....)1. innerhalb des räumlichen Geltungsbereich eines Bebauungsplans im Sinne des § 30 Abs. 1; 2. innerhalb der im Zusammenhang bebauten Ortsteile (§ 34); 3. außerhalb der in den Nummern 1 und 2 bezeichneten Gebiete (Außenbereich, § 35), (....)“

1222 § 3 Abs. 1 S. 1 BauGB-MaßnG 1993 enthielt den Begriff des Außenbereichs vorübergehend nicht mehr ausdrücklich. Siehe dazu oben.

1223 BGBl. I 1997, S. 2141 ff.

MaßnG 1993[1224]. Letztere Regelung hatte sich auf ein Vorkaufsrecht im Bereich des § 30, 33 oder 34 BauGB bezogen, also auf Flächen des Innenbereichs und des qualifiziert beplanten Bereichs. Zur Klarstellung nahm man 1998 den Begriff des Außenbereichs ausdrücklich wieder auf, da die vormalige Regelung des § 3 Abs. 1 Satz 1 Var. 1 und Var. 2 BauGB-MaßnG 1993 nun auf zwei verschiedene Nummern der Nachfolgenorm verteilt wurde.[1225]

Allerdings ist die Tatsache, dass ein einfacher Bebauungsplan Festsetzungen enthält, die den neuen Darstellungen des Flächennutzungsplans nicht entsprechen, bei den Voraussetzungen des Vorkaufsrechts zu berücksichtigen. Gem. § 24 Abs. 3 Satz 1 BauGB darf das Vorkaufsrecht nur ausgeübt werden, wenn das Wohl der Allgemeinheit dies rechtfertigt. Das Wohl der Allgemeinheit rechtfertigt die Ausübung des Vorkaufsrechts aber nur, wenn die Gemeinde im Zeitpunkt der Rechtsausübung bereits hinreichend konkretisiert beabsichtigt, einen Bebauungsplan aufzustellen bzw. einen vorhandenen zu ändern, um die im Flächennutzungsplan vorgesehene Wohnnutzung planungsrechtlich umzusetzen.[1226] Denn Sinn und Zweck des Vorkaufsrechts bleibt es, die Umsetzung der Bauleitpläne zu sichern und zu fördern.[1227] Damit rechtfertigt sich die Ausübung des Vorkaufsrechts aber nur, wenn die Gemeinde auch beabsichtigt, die Voraussetzungen für eine Bebauung nach ihren Planungsvorstellungen zu schaffen.

III. Zwischenergebnis zu „Der Einfluss des Flächennutzungsplans im Bereich des Vorkaufsrechts als Sicherungsmittel der Bauleitplanung“

Über das Vorkaufsrecht nach § 24 Abs. 1 Satz 1 Nr. 5, Satz 3 BauGB erlangt der frühzeitig einsetzbare Flächennutzungsplan als Sicherungsmittel für Vorhaben im Außenbereich eine wertvolle Rolle für die Gemeinde. Das Vorkaufsrecht ist auch dann einschlägig, wenn ein noch gegenläufiger einfacher Bebauungsplanung existiert. Allerdings erfolgt die Ausübung des Vorkaufsrechts nur dann zum Wohl der Allgemeinheit, wenn die Gemeinde die Umsetzung der neuen Darstellungen in einem Bebauungsplan konkret beabsichtigt.

[1224] § 3 Abs. 1 S. 1 BauGB-MaßnG 1993 lautete (BGBl. I 1993, S. 466 ff.): „Der Gemeinde steht ein Vorkaufsrecht beim Kauf von unbebauten Grundstücken zu, soweit es sich um Flächen handelt, für die nach dem Flächennutzungsplan eine Nutzung als Wohnbaufläche oder Wohngebiet dargestellt ist oder die nach den §§ 30, 33 oder 34 des Baugesetzbuchs vorwiegend mit Wohngebäuden bebaut werden können.“

[1225] BT-Drks. 13/6392, S. 54.

[1226] BT-Drks. 11/6636, S. 26 ff.; Stock, in: EZB, § 24 BauGB, Rn. 77; Roos, in: Brügelmann, § 24 BauGB, Rn. 116, 116a.

[1227] Siehe oben F. I.

G. Der Flächennutzungsplan als Grundlage für ein Eingriffs- und Ausgleichsflächenkonzept der Gemeinde

Mit der Bauleitplanung entscheidet die Gemeinde darüber, wie die Flächen des Gemeindegebietes genutzt werden sollen. Die Ausweitung insbesondere baulicher Nutzungen führt zu einem zunehmenden Verlust von Freiflächen, die Lebensraum für Tier und Pflanze bieten. Damit besteht ein Spannungsverhältnis zwischen Bauleitplanung und Naturschutz. Die Neuregelungen des Baugesetzbuchs von 1998[1228] greifen diesen Konflikt auf und stärken das Gewicht des Umweltschutzes in der Bauleitplanung. Dazu wurde der Grundsatz der Nachhaltigkeit in § 1 Abs. 5 Satz 1 BauGB verankert.[1229] Neu formuliert wurde die Bodenschutzklausel in § 1 a Abs. 1 BauGB: Sie gebietet den Gemeinden, mit Grund und Boden sparsam und schonend umzugehen und Bodenversiegelungen auf das notwendige Maß zu begrenzen. § 1 Abs. 5 Satz 2 Nr. 7 BauGB betont, dass die Belange des Umweltschutzes in der Abwägung gebührend zu berücksichtigen sind. Dieses Gebot wird in § 1 a Abs. 2 BauGB nochmals konkretisiert: In der Abwägung sind neben den Umweltfachplanungen i. S. v. § 1 a Abs. 2 Nr. 1 BauGB auch die Ergebnisse einer Umweltverträglichkeitsprüfung gem. § 1 a Abs. 2 Nr. 3 BauGB und die Erhaltungsziele und Schutzzwecke der Gebiete im Zusammenhang mit der Fauna-Flora-Habitat-Richtlinie und der Vogelschutzrichtlinie gem. § 1 a Abs. 2 Nr. 4 BauGB zu berücksichtigen. Schließlich sind nach § 1 a Abs. 2 Nr. 2 BauGB die Vermeidung und der Ausgleich der zu erwartenden Eingriffe in Natur und Landschaft im Sinne der Eingriffsregelung des Bundesnaturschutzgesetzes in der Abwägung zu berücksichtigen. Mit diesen Regelungen und mit § 8 a BNatSchG, jetzt § 21 BNatSchG wurde das Verhältnis von Naturschutzrecht und Bauleitplanungsrecht überarbeitet. Ziel der Regelungen ist es, zu erwartende Eingriffe in Natur und Landschaft durch die Ausweisung von Bauflächen oder Flächen für andere belastende Nutzungen bereits im Bauleitplanverfahren möglichst schonend zu gestalten.

Es würde den Umfang dieser Arbeit sprengen, das Problemfeld von Flächennutzungsplanung und Umweltschutz umfassend zu beleuchten. Viele der Fragen stellen sich gleichermaßen auf der Ebene der Bebauungsplanung wie auf der der Flächennutzungsplanung. Im folgenden wird der Blick deshalb schwerpunktmäßig darauf gerichtet, welche neue Aufgabenstellung dem Flächennutzungsplan im Bereich der Vermeidung und des Ausgleichs zu erwartender Eingriffe in Natur und Landschaft i. S. v. § 1 a Abs. 2 Nr. 2, Abs. 3 BauGB zukommt. Um die besonderen Einsatzmöglichkeiten des Flächennutzungsplans in diesem Bereich einschätzen zu können, ist zunächst genauer zu untersuchen, wie sich die natur-

---

[1228] BauROG vom 27.08.1998, BGBl. 1997 I, S. 2141 ff., BGBl. 1998 I, S. 137 ff.
[1229] Siehe dazu B. III. 1. b).

schutzrechtlichen Eingriffs- und Ausgleichsregelungen der §§ 18 ff. BNatSchG zu den Regelungen des Bauleitplanungsrechts verhalten (I.). Anschließend sind die besonderen Einsatzmöglichkeiten des Flächennutzungsplans als Grundlage für ein Eingriffs- und Ausgleichsflächenkonzept zu analysieren (II.).

I. Das Verhältnis der Eingriffsregelung nach dem Bundesnaturschutzgesetz zum Bauleitplanverfahren

Gem. § 19 Abs. 1 BNatSchG ist der Verursacher eines Eingriffs i. S. d. § 18 Abs. 1 BNatSchG zu verpflichten, vermeidbare Beeinträchtigungen von Natur und Landschaft zu unterlassen, gem. § 19 Abs. 2 BNatSchG ist er zu verpflichten, unvermeidbare Beeinträchtigungen durch Maßnahmen des Naturschutzes und der Landschaftspflege vorrangig auszugleichen (Ausgleichsmaßnahmen) oder in sonstiger Weise zu kompensieren (Ersatzmaßnahmen). Diese Vorschriften des Bundesrahmenrechts sind von den Ländern umzusetzen.[1230]

Bauliche Vorhaben sind regelmäßig Eingriffe in Natur und Landschaft im Sinne des Naturschutzrechts. § 21 BNatSchG regelt, inwieweit bauliche Vorhaben i. S. v. § 29 Abs. 1 BauGB neben dem Bauplanungsrecht auch der naturschutzrechtlichen Eingriffsregelung unterliegen. Dabei differenziert die Norm zwischen Vorhaben im Außenbereich und sonstigen Vorhaben: Die Zulässigkeit für Vorhaben im Außenbereich richtet sich gem. § 21 Abs. 2 Satz 2 BNatSchG neben den Voraussetzungen des § 35 BauGB auch nach denen der §§ 18 und 19 BNatSchG. Vorhaben, die nach § 30 BauGB, § 33 BauGB oder § 34 BauGB zulässig sind, fallen gem. § 21 Abs. 2 Satz 1 BNatSchG nicht unter die §§ 18 und 19 BNatSchG.

Auch im Bereich der Aufstellung, Änderung, Ergänzung oder Aufhebung von Bauleitplänen ist über die Vermeidung, den Ausgleich und den Ersatz im Zusammenhang mit Eingriffen gem. § 21 Abs. 1 BNatSchG allein nach den Vorschriften des Baugesetzbuchs zu entscheiden. Nach § 1 a Abs. 2 Nr. 2 BauGB ist dementsprechend in der bauleitplanerischen Abwägung die Vermeidung und der Ausgleich der zu erwartenden Eingriffe in Natur und Landschaft zu berücksichtigen. Hinsichtlich der Begrifflichkeiten verweist § 1 a Abs. 2 Nr. 2 BauGB wiederum ausdrücklich auf die Eingriffsregelung nach dem Bundesnaturschutzgesetz. Im Ergebnis sind damit die Voraussetzungen für den Begriff des Eingriffs, der Vermeidung und des Ausgleichs naturschutzrechtlich definiert, während die Rechtsfolgen im Baugesetzbuch geregelt sind.[1231] Um die Eingriffs- und Ausgleichsregelungen richtig verstehen zu können, sind daher kurz die naturschutzrechtlichen Begrifflichkeiten zu klären. (1.). Danach wird erörtert, wel-

---

[1230] Vgl. § 11 BNatSchG.

[1231] BT-Drks. 13/7589, S. 11; Lüers, DVBl. 1998, 433 (438); Schink, DVBl. 1998, 609 (611); Bunzel, NuR 1997, 583 (587); Louis, NuR 1998, 113 (119).

chen Einfluss die Eingriffsregelung des Bundesnaturschutzgesetzes auf den gemeindlichen Abwägungsvorgang hat (2.).

1. Eingriff, Vermeidung, Ausgleich und Ersatz in der Eingriffsregelung des Bundesnaturschutzgesetzes

Gem. § 19 Abs. 1 BNatSchG ist der Verursacher eines Eingriffs zu verpflichten, vermeidbare Beeinträchtigungen von Natur und Landschaft zu unterlassen. Der Vermeidungsgrundsatz verbietet dabei nicht das Vorhaben bzw. den mit dem Vorhaben verbundenen Eingriff selbst, sondern verpflichtet den Verursacher, das Vorhaben so durchzuführen, dass Beeinträchtigungen so weit wie möglich vermieden werden; die völlige Unterbindung des Eingriffs ist erst eine Frage der naturschutzrechtlichen Abwägung i. S. v. § 19 Abs. 3 BNatSchG.[1232]

Eingriffe in Natur und Landschaft sind nach der Definition des § 18 Abs. 1 BNatSchG Veränderungen der Gestalt oder Nutzung von Grundflächen oder Veränderungen des mit der belebten Bodenschicht in Verbindung stehenden Grundwasserspiegels, die die Leistungs- und Funktionsfähigkeit des Naturhaushalts oder das Landschaftsbild erheblich beeinträchtigen können. Der Naturhaushalt umfasst dabei das Wirkungsgefüge von Boden, Wasser, Luft, Klima, Pflanzen und Tieren in seinen räumlich abgrenzbaren Teilen.[1233] Seine Leistungsfähigkeit richtet sich nach dem ökologischen Funktionieren aller biotischen und abiotischen Faktoren, die den Naturhaushalt prägen.[1234] Sie richtet sich nicht nur nach der aktuellen ökologischen Situation einer Fläche, sondern auch nach den potentiellen Funktionen und Leistungen, die auf der Fläche realisiert werden könnten.[1235] Das Landschaftsbild wird sowohl von strukturellen als auch von ästhetischen Elementen geprägt.[1236] Geschützt ist das vom Menschen wahrgenommene und als Gesamtbild empfundene Beziehungsgefüge der einzelnen Elemente der Landschaft.[1237]

Für die Beurteilung der Beeinträchtigungen, deren Bewertung anhand der Ziele und Grundsätze der §§ 1 und 2 BNatSchG erfolgt, müssen die Zustände vor

---

[1232] BVerwG, Urteil vom 07.03.1997 – IV C 10.96, BVerwGE 104, 144 (147 ff.); Louis, in: BNatSchG-Kommentar, § 8 BNatSchG, Rn. 33; Louis, NuR 1998, 113 (119); Mitschang, WiVerw 1998, 20 (31); Krautzberger, in: EZB, § 1 a BauGB, Rn. 75; Krautzberger, in: B/K/L, § 1 a BauGB, Rn. 22.

[1233] Krautzberger, in: EZB, § 1 a BauGB, Rn. 74; Krautzberger, in: B/K/L, § 1 a BauGB, Rn. 21; Mitschang, WiVerw 1998, 20 (28).

[1234] Kuschnerus, BauR 1998, 1 (3). Reidt, in: Gelzer/Bracher/Reidt, Rn. 724.

[1235] Louis, in: BNatSchG-Kommentar, § 8 BNatSchG, Rn. 11.

[1236] Krautzberger, in: EZB, § 1 a BauGB, Rn. 74; Krautzberger, in: B/K/L, § 1 a BauGB, Rn. 21.

[1237] Reidt, in: Gelzer/Bracher/Reidt, Rn. 724; Kuschnerus, BauR 1998, 1 (3).

und nach der Durchführung des Eingriffs einander gegenübergestellt werden.[1238] Gem. § 18 Abs. 1 BNatSchG müssen die Beeinträchtigungen erheblich sein. Erheblichkeit ist zu bejahen, wenn die Beeinträchtigung nachteilige Auswirkungen auf die einzelnen Faktoren des Naturhaushalts hat und folglich deren Funktionsfähigkeit wesentlich stört.[1239] Dabei reicht es gem. § 19 Abs. 1 BNatSchG aus, wenn die Beeinträchtigungen eintreten *können*. Für die Bejahung eines Eingriff genügt es also bereits, wenn erhebliche beeinträchtigende Veränderungen nicht ausgeschlossen werden können.[1240]

Soweit Beeinträchtigungen nicht zu vermeiden sind, hat der Verursacher sie gem. § 19 Abs. 2 Satz 1 BNatSchG durch Maßnahmen des Naturschutzes und der Landschaftspflege auszugleichen (Ausgleichsmaßnahmen) oder in sonstiger Weise zu kompensieren (Ersatzmaßnahmen), wobei Ausgleichsmaßnahmen vorrangig vor Ersatzmaßnahmen vorzunehmen sind. Ausgeglichen ist ein Eingriff gem. § 19 Abs. 2 Satz 2 BNatSchG, wenn und sobald die beeinträchtigten Funktionen des Naturhaushalts wiederhergestellt sind und das Landschaftsbild landschaftsgerecht wiederhergestellt oder neu gestaltet ist. Ein Ausgleich besteht regelmäßig in einer Vollkompensation der nachteiligen Eingriffsfolgen.[1241] Durch die Ausgleichsmaßnahmen soll ein Zustand geschaffen werden, der in gleicher Art, mit gleichen Funktionen und ohne Preisgabe wesentlicher Faktoren des ökologischen und optischen Beziehungsgefüges den früheren Zustand fortführt. Der Ausgleich muss also zu einer gleichartigen Kompensation führen.[1242] In sonstiger Weise kompensiert ist eine Beeinträchtigung gem. § 19 Abs. 2 Satz 3 BNatSchG, wenn und sobald die beeinträchtigten Funktionen des Naturhaushalts in gleichwertiger Weise ersetzt sind oder das Landschaftsbild landschaftsgerecht neu gestaltet ist. Ersatzmaßnahmen sind also im Gegensatz zu Ausgleichsmaßnahmen nicht auf eine gleichartige Wiederherstellung der beeinträchtigten Funktionen gerichtet, sondern auf eine gleichwertige Wiederherstellung. Es genügt also die Herstellung ähnlicher, mit den beeinträchtigten nicht identischer Funktionen.[1243] § 19 Abs. 2 BNatSchG macht im Gegensatz zu seiner Vorgängernorm, § 8 Abs. 2 BNatSchG a. F., keine Vorgaben mehr zum räumlichen und zeitlichen Zusammenhang zwischen dem Eingriff und dem Ort bzw. dem Zeitpunkt an bzw. zu dem eine Kompensation vorgenommen werden soll.

[1238] Louis, in: BNatSchG-Kommentar, § 8 BNatSchG, Rn. 19.
[1239] Louis, in: BNatSchG-Kommentar, § 8 BNatSchG, Rn. 20.
[1240] Louis, in: BNatSchG-Kommentar, § 8 BNatSchG, Rn. 22.
[1241] Stich, in: Berliner Schwerpunktekommentar, § 1 a BauGB, Rn. 31; Gassner, in: Gassner/Bendomir-Kahlo/Schmidt-Räntsch, § 19 BNatSchG, Rn. 28.
[1242] Mitschang, WiVerw 1998, 20 (33); Müller/Mahlburg, UPR 1999, 259 (260); Louis, in: BNatSchG-Kommentar, § 8 BNatSchG, Rn. 40.
[1243] Mitschang, WiVerw 1998, 20 (34); Bunzel, Flächenmanagement, S. 47; Louis, in: BNatSchG-Kommentar, § 8 BNatSchG, Rn. 212; W. Schrödter, in: Schrödter, § 200 a BauGB, Rn. 1. Ausführlich Müller/Mahlburg, UPR 1999, 259 (261 ff.).

Die nähere Ausgestaltung der Begriffe Ausgleich und Ersatz bleibt den Ländern überlassen.[1244]

Der Eingriff ist gem. § 19 Abs. 3 BNatSchG nicht zulässig, wenn die Beeinträchtigungen nicht zu vermeiden oder nicht in angemessener Frist auszugleichen oder in sonstiger Weise zu kompensieren sind und die Belange des Naturschutzes und der Landschaftspflege bei der Abwägung aller Anforderungen an Natur und Landschaft im Range vorgehen. Bei Beeinträchtigungen für besonders wertvolle Biotope setzt § 19 Abs. 3 Satz 2 BNatSchG strengere Abwägungsmaßstäbe.

2. Die Eingriffsregelung nach dem Bundesnaturschutzgesetz in der bauleitplanerischen Abwägung

Über Vermeidung, Ausgleich und Ersatz ist gem. § 21 Abs. 1 BNatSchG nach den Vorschriften des BauGB zu entscheiden, wenn ein Eingriff i. S. v. § 18 Abs. 1 BNatSchG auf Grund der Aufstellung, Änderung, Ergänzung oder Aufhebung eines Bauleitplans zu erwarten ist, wenn also die Verwirklichung der im Bauleitplan festgesetzten Bodennutzung einen Eingriff begründen würde. Nach § 1 Abs. 5 Satz 2 Nr. 7 BauGB sind Vermeidung und Ausgleich von Beeinträchtigungen durch Eingriffe i. S. d. Bundesnaturschutzgesetzes abwägungserhebliche Belange. Darüber hinaus ist auch das Interesse an der Integrität von Natur und Landschaft selbst ein abwägungserheblicher Belang, d. h. das Interesse daran, dass gar kein Eingriff erfolgt. Im folgenden wird ein Überblick darüber gegeben, wie die Belange des Naturschutzes und der Landschaftspflege Eingang in die bauleitplanerische Abwägung finden (a)) Dabei sind das Integritätsinteresse (b)), der Vermeidungsgrundsatz und der Ausgleich in ihrem bauleitplanerischen Kontext näher zu untersuchen (c)).

a) Naturschutz und Landschaftspflege in der bauleitplanerischen Abwägung

Die Abwägung der Gemeinde nach § 1 Abs. 6 BauGB umfasst grob betrachtet drei Schritte: Als erstes hat die Gemeinde das Abwägungsmaterial zu sammeln und die einzelnen berührten Belange zu ermitteln. Stellt sie dabei Belange in die Abwägung nicht ein, die nach Lage der Dinge hätten eingestellt werden müssen,

---

[1244] Stich, UPR 2002, 161 (160); Schillhorn, BauR 2002, 1800 (1805); a. A. Gassner, in: Gassner/Bendomir-Kahlo/Schmidt-Räntsch, § 19 BNatSchG, Rn. 27.

unterläuft ihr ein Abwägungsfehler.[1245] Die Belange des Umweltschutzes, insbesondere von Naturschutz und Landschaftspflege sind in Nummer 7 des § 1 Abs. 5 Satz 2 BauGB aufgeführt. Die dort beispielhaft genannten Belange konkretisieren die allgemeinen Planungsziele des § 1 Abs. 5 Satz 1 BauGB.[1246] § 1 Abs. 5 Satz 1 BauGB betont, dass die städtebauliche Entwicklung in nachhaltiger[1247] Form erfolgen soll und dass die Bauleitpläne dem Schutz und der Entwicklung der natürlichen Lebensgrundlagen dienen. Damit setzt das Gesetz die Staatszielbestimmung des Art. 20 a GG um, die dem Staat aufgibt, die natürlichen Lebensgrundlagen im Rahmen der Gesetze zu schützen.[1248] Der Gesetzgeber nennt als regelmäßig für die Abwägung bedeutsame Belange sowohl das Integritätsinteresse von Natur und Landschaft in § 1 Abs. 5 Satz 2 Nr. 7 BauGB, also das Interesse daran, dass in Natur und Landschaft nicht eingriffen wird,[1249] als auch das Kompensationsinteresse, das seinen Ausdruck in dem Verweis auf Vermeidung und Ausgleich von Beeinträchtigungen durch zu erwartende Eingriffe in Natur und Landschaft in § 1 Abs. 5 Satz 2 Nr. 7 BauGB und § 1 a Abs. 2 Nr. 2 BauGB gefunden hat. Das Kompensationsinteresse mahnt die Gemeinde an, in ihrer Bauleitplanung konzeptionell über Vermeidung und Folgenbewältigung von Beeinträchtigungen durch zu erwartende Eingriffe zu entscheiden.[1250] Die Belange von Natur und Landschaft werden dabei regelmäßig von Nutzungen berührt, die die vorgefundene Natur und Landschaftsstruktur verändern. Damit sind im Rahmen der meisten Bauleitplanungen die Belange von Natur und Landschaft in die Abwägung einzustellen.

Zweitens hat die Gemeinde die Bedeutung der betroffenen Belange in der konkreten Situation festzustellen; sie muss also deren Gewicht ermitteln. Verkennt sie deren Bedeutung, so ist die Abwägung fehlerhaft.[1251] Im Rahmen der Vorgängernormen zu § 1 Abs. 5 Satz 2 Nr. 7 BauGB und § 1 a Abs. 2 Nr. 2, Abs. 3 BauGB war umstritten, welche Rolle die Eingriffsregelung des Bundesnaturschutzgesetzes in der Bauleitplanung spielt. Teilweise wurde vertreten,

---

[1245] BVerwG, Urteil vom 12.12.1969 – IV C 105.66, BVerwGE 34, 301 (309); BVerwG, Urteil vom 05.07.1974 – IV C 50.72, BVerwGE 45, 309 (315); Finkelnburg/Ortloff, S. 36; Brohm, Öffentliches Baurecht, § 13, Rn. 17.

[1246] Mitschang, WiVerw 1999, 54 (56);

[1247] Zum Nachhaltigkeitsgrundsatz siehe B. III. 1. b).

[1248] BVerwG, Urteil vom 31.05.1997 – IV NB 27.96, BVerwGE 104, 68 (76); Mitschang, WiVerw 1998, 20 (26); Louis, in: BNatSchG-Kommentar, § 8 a BNatSchG, Rn. 25.

[1249] Vgl. Louis, in: BNatSchG-Kommentar, § 8 a BNatSchG, Rn. 30; Louis/Wolf, NuR 2002, 455 (460).

[1250] BVerwG, Urteil vom 31.05.1997 – IV NB 27.96, BVerwGE 104, 68 (73); Kuschnerus, BauR 1998, 1 (3 ff.).

[1251] BVerwG, Urteil vom 12.12.1969 – IV C 105.66, BVerwGE 34, 301 (309); BVerwG, Urteil vom 05.07.1974 – IV C 50.72, BVerwGE 45, 309 (315); Finkelnburg/Ortloff, S. 37; Brohm, Öffentliches Baurecht, § 13, Rn. 18. Speziell zur Abwägung von Umweltbelangen: BVerwG, Urteil vom 31.05.1997 – IV NB 27.96, BVerwGE 104, 68 (73); Louis, NuR 1998, 113 (120); Lüers, DVBl. 1998, 433 (437); Reidt, in: Gelzer/Bracher/Reidt, Rn. 725.

dass die Eingriffsregelung nach dem Bundesnaturschutzgesetz zwingendes Recht sei,[1252] teilweise wurde sie als Optimierungsgebot gesehen.[1253] Ein Optimierungsgebot sei ein Gebot, das eine möglichst weitgehende Beachtung bestimmter Belange erfordere.[1254] Diesen Belangen müsse gegenüber anderen Belangen die größtmögliche Umsetzung gesichert werden.[1255] Das Gebot verleihe einem Belang gegenüber anderen Belangen damit einen grundsätzlichen Geltungsvorrang, der aber im Einzelfall in der Abwägung überwunden werden könne.[1256] Das Bundesverwaltungsgericht hingegen sah in der Eingriffsregelung einen einfachen abwägungserheblichen Belang, dessen Gewicht sich aus der konkreten planerischen Situation ergebe und nicht durch das Gesetz abstrakt im Sinne eines Optimierungsgebots vorgegeben werde.[1257]

Diese Unklarheit beseitigt § 1 a Abs. 2 Nr. 2 BauGB und bestätigt die Rechtsprechung des Bundesverwaltungsgerichts. Nach § 1 a Abs. 2 Nr. 2 BauGB sind in der Abwägung ausdrücklich die Vermeidung und der Ausgleich zu erwartender Eingriffe in Natur und Landschaft als Belange zu berücksichtigen.[1258] Ihre Einordnung als einfache abwägungserhebliche Belange wird durch die Überschrift des § 1 a BauGB „Umweltschützende Belange in der Abwägung" bestätigt.[1259] Dass der Eingriffsregelung kein von vorneherein erhöhtes Gewicht im Vergleich zu anderen Belangen zukommt, zeigt § 1 Abs. 5 Satz 2 Nr. 7 BauGB: § 1 Abs. 5 Satz 2 BauGB zählt abwägungserhebliche Belange auf, ohne ihnen irgendeinen Vorrang gegenüber anderen Belangen einzuräumen. In seiner Nummer 7 verweist § 1 Abs. 5 Satz 2 BauGB ausdrücklich auf die umweltschützenden Belange des § 1 a BauGB.[1260] Darüber hinaus hat der Gesetzgeber selbst in seiner Begründung zum Bau- und Raumordnungsgesetz 1998 betont, dass § 1 a Abs. 2 Nr. 2 BauGB kein Optimierungsgebot beinhaltet.[1261] Die Eingriffsregelung nach dem Bundesnaturschutzgesetz ist deshalb ein abwägungserheblicher Belang unter anderen, dessen Gewicht sich aus der konkreten Planungssituation bestimmt. Der Gesetzgeber stellt jedoch sicher, dass die Gemeinde die Belange von Natur und Landschaft gebührend berücksichtigt, indem er ihr in § 1 a Abs. 2 Nr. 2 BauGB i. V. m. § 1 a Abs. 3 BauGB und § 1 Abs. 5

[1252] Z. B. Gassner, NuR 1993, 252 (255)

[1253] Z. B. Jannasch, DÖV 1994, 950 (953).

[1254] BVerwG, Urteil vom 22.03.1985 – IV C 73.82, BVerwGE 71, 163 (165).

[1255] Hoppe, in: Hoppe/Bönker/Grotefels, § 7, Rn. 34.

[1256] Brohm, Öffentliches Baurecht, § 13, Rn. 7.

[1257] BVerwG, Beschluss vom 31.01.1997 – IV NB 27.96, BVerwGE 104, 68 (72).

[1258] Krautzberger, in: B/K/L, § 1 a BauGB, Rn. 29; Lüers, UPR 1997, 348 (350); Schink, BauR 1998, 1163 (1166); Mitschang, WiVerw 1998, 20 (30).

[1259] Uechtritz, NVwZ 1997, 1182 (1185).

[1260] Uechtritz, NVwZ 1997, 1182 (1185).

[1261] BT-Drks. 13/7589, S. 11.

Satz 2 Nr. 7 BauGB ein Entscheidungsprogramm vorgibt, dass sie zum Nachdenken über die Belange von Natur und Landschaft zwingt.[1262]

Drittens erfolgt die Abwägung der Belange im engeren Sinne, in deren Rahmen die Gemeinde die betroffenen Belange miteinander in Ausgleich zu bringen hat und einzelne Belange zugunsten anderer zurückstellen darf. Allerdings darf der Ausgleich nicht in einer Weise vorgenommen werden, die zur objektiven Gewichtigkeit einzelner Belange außer Verhältnis steht.[1263] Dabei ist zu prüfen, ob sachgerechte, d. h. an den Planungszielen des § 1 Abs. 5 Satz 1 BauGB orientierte und hinreichend gewichtige Gründe es rechtfertigen, den einen Belang hinter den anderen zurücktreten zu lassen.[1264] Die Gemeinde hat in ihrer Abwägung zu beachten, dass der Schutz und die Entwicklung der natürlichen Lebensgrundlagen in der Bauleitplanung eine besondere Stellung durch die Vorschrift des § 1 Abs. 5 Satz 1 BauGB erhalten, deren Inhalt verfassungsrechtlich in Art. 20 a GG verankert ist.[1265] Wenn Vermeidungs- und Ausgleichsmaßnahmen möglich sind, dann sind diese, wenn sie nicht unverhältnismäßige Opfer verlangen, planerisch auszuweisen.[1266] Will die Gemeinde eine Konfliktbewältigung durch grundsätzlich mögliche Vermeidungs- oder Ausgleichskonzepte, zugunsten anderer Belange zurückstellen, dann bedarf dies einer besonderen Rechtfertigung.[1267] Dabei ist zu beachten, dass das Integritätsinteresse von Natur und Landschaft um so schwerer wiegt, je weniger Vermeidungs- oder Ausgleichsmaßnahmen vorgenommen werden.[1268]

Das Abwägungsgebot der Gemeinde bezieht sich auch auf die Prüfung von Planungsalternativen. Diese sind mit den für und gegen sie sprechenden Belangen in die Abwägung einzustellen und mit dem ihnen objektiv zukommenden Gewicht zu bewerten.[1269] Die Gemeinde hat die Planungsalternativen in eine vergleichende Prüfung einzubeziehen, wobei die Bevorzugung einer bestimmten Lösung nicht auf einer Bewertung beruhen darf, die zur objektiven Gewichtigkeit der von den möglichen Alternativen betroffenen Belangen außer Verhältnis

---

[1262] BVerwG, Beschluss vom 31.01.1997 – IV NB 27.96, BVerwGE 104, 68 (74); Stich, UPR 1998, 121 ff.

[1263] BVerwG, Urteil vom 12.12.1969 – IV C 105.66, BVerwGE 34, 301 (309); BVerwG, Urteil vom 05.07.1974 – IV C 50.72, BVerwGE 45, 309 (315); Finkelnburg/Ortloff, S. 39 ff.; Brohm, Öffentliches Baurecht, § 13, Rn. 19; Kuschnerus, BauR 1998, 1 (5); Hoppe, in: Hoppe/Bönker/Grotefels, § 7 Rn. 84.

[1264] BVerwG, Urteil vom 01.11.1974 – IV C 38.71, BVerwGE 47, 144 (148).

[1265] BVerwG, Beschluss vom 31.01.1997 – IV NB 27.96, BVerwGE 104, 68 (76).

[1266] BVerwG, Beschluss vom 31.01.1997 – IV NB 27.96, BVerwGE 104, 68 (77).

[1267] BVerwG, Beschluss vom 31.01.1997 – IV NB 27.96, BVerwGE 104, 68 (78).

[1268] BVerwG, Beschluss vom 31.01.1997 – IV NB 27.96, BVerwGE 104, 68 (76).

[1269] So zum Fachplanungsrecht: BVerwG, Beschluss vom 20.12.1988 – VII NB 2.88, BVerwGE 81, 128 (136); BVerwG, Urteil vom 25.01.1996 – IV C 5.95, BVerwGE 100, 238 (249ff).

steht.[1270] In diesem Rahmen sind die Planungsalternativen mit ihrer unterschiedlichen Eingriffsintensität und ihren unterschiedlichen Ausgleichsmöglichkeiten miteinander zu vergleichen.

b) Integritätsinteresse von Natur und Landschaft

Um festzustellen, ob die Belange von Natur und Landschaft von einer Planung berührt werden, muss die Gemeinde also zunächst ermitteln, wie die geplante Bodennutzung an der vorgesehenen Stelle Natur und Landschaft verändert und beeinträchtigt, letztlich also wie die Verwirklichung der Nutzung in Natur und Landschaft i. S. v. § 18 Abs. 1 BNatSchG eingreifen würde. § 1 Abs. 5 Satz 2 Nr. 7 BauGB macht deutlich, dass zunächst das Integritätsinteresse von Natur und Landschaft in die Abwägung einzustellen und zu prüfen ist, ob städtebauliche Belange überhaupt einen Eingriff rechtfertigen. Wie hoch die Belange von Natur und Landschaft zu bewerten sind, ergibt sich – wie dargelegt[1271] – aus der jeweiligen konkreten Situation.[1272] Hierfür hat eine Bestandsaufnahme über den aktuellen Stand von Natur und Landschaft am Eingriffsort zu erfolgen, auf deren Grundlage der vorhandene Bestand zu bewerten ist.[1273]

Die Bewertung richtet sich maßgeblich nach der Eingriffsintensität. Hilfe zur Bewertung des Integritätsinteresses bietet die Landschaftsplanung i. S. v. § 14 Abs. 1 Satz 1 BNatSchG. Stellt die Gemeinde Landschaftspläne auf, so hat sie dort gem. § 14 Abs. 1 Satz 2 Nr. 1, Nr. 3 BNatSchG den vorhandenen und zu erwartenden Zustand von Natur und Landschaft aufzunehmen und nach Maßgabe der Ziele und Grundsätze des Naturschutzes und der Landschaftspflege zu beurteilen. Auf der Grundlage dieser Daten lässt sich die Eingriffsintensität der geplanten Bodennutzungsveränderung für die bauleitplanerische Abwägung leichter ermitteln. Eine Aufgabe der Landschaftsplanung ist es deshalb, den Gemeinden für ihre Bauleitplanung das natur- und landschaftsbezogene Abwägungsmaterial zur Verfügung zu stellen.[1274]

Allerdings ist die Gemeinde an die Bewertung der Belange Naturschutz und Landschaft, wie sie in der Landschaftsplanung erfolgt, nicht zwingend gebunden. § 1 a Abs. 2 Nr. 1 BauGB stellt klar, dass die Landschaftspläne lediglich abwägungserhebliche Belange sind.[1275] Diese Regelung stellt auf die landes-

---

[1270] So zum Fachplanungsrecht: BVerwG, Beschluss vom 20.12.1988 – VII NB 2.88, BVerwGE 81, 128 (136 ff.). Vgl. Hoppe, in: Hoppe/Bönker/Grotefels, § 7, Rn. 90 ff., Reidt, in: Gelzer/Bracher/Reidt, Rn. 657.
[1271] Siehe G. I. 2. a).
[1272] BVerwG, Beschluss vom 31.01.1997 – IV NB 27.96, BVerwGE 104, 68 (74)
[1273] Bunzel/Meyer, UPR 1994, 284; Krautzberger, in: B/K/L, § 1 a BauGB, Rn. 26.
[1274] Wagner/Mitschang, DVBl. 1997, 1137 (1145); Schink, BauR 1998, 1163 (1170); Louis, in: BNatSchG-Kommentar, § 8 a BNatSchG, Rn. 29. Vgl. auch § 14 Abs. 1 Satz 1 BNatSchG.
[1275] Krautzberger, in: B/K/L, § 1 a BauGB, Rn. 13.

rechtliche Ausgestaltung der Landschaftsplanung in Form der Sekundärintegration ab.[1276] Sekundärintegration bedeutet, dass zunächst ein eigenständiger Landschaftsplan entworfen wird, der anschließend durch einen besonderen Transformationsakt in die Bauleitplanung integriert wird.[1277]

Faktisch führt das bislang in Bayern gewählte Modell der Primärintegration[1278] zum selben Ergebnis wie die Sekundärintegration. Primärintegration bedeutet, dass kein selbständiger Landschaftsplan entwickelt wird, sondern dass die landschaftspflegerischen Inhalte gleich Eingang in die bauleitplanerische Abwägung finden. Folge davon ist, dass von vorneherein nur die Aspekte der Landschaftsplanung in die Bauleitplanung integriert werden, die mit den Darstellungen des Flächennutzungsplans umgesetzt werden können. Damit werden die Inhalte der Landschaftsplanung erheblich verkürzt.[1279] Für die landschaftsplanerischen Darstellungen, die Bestandteil des Flächennutzungsplans werden, gilt die umfassende bauleitplanerische Abwägung nach § 1 Abs. 6 BauGB.[1280] Allerdings wird eine bayerische Gemeinde zur Vorbereitung der Integration der Landschaftsplanung in den Flächennutzungsplan regelmäßig ein vollständiges Landschaftsplanwerk aufstellen, in dem zu allen Aspekten der Landschaftsplanung Stellung genommen wird und das als Grundlage für die Primärintegration dient.[1281] Auf diese informelle Planung ist im Rahmen eines Bauleitplanänderungsverfahrens als abwägungserheblichen Belang i. S. v. § 1 Abs. 6 BauGB zurückzugreifen, so dass die Unterschiede zwischen den Modellen von Primär- und Sekundärintegration faktisch nicht allzu groß sind.[1282]

[1276] Wagner/Mitschang, DVBl. 1997, 1137 (1142).

[1277] Pfeifer/Wagner, DVBl. 1989, 789 (790), Runkel, DVBl. 1992, 1402 (1406); Hoppe/Bönker, DVBl. 1996, 585 (588); Hahn, S. 113, 115 ff.

[1278] Siehe dazu Art. 3 BayNatSchG. Stich (UPR 2002, 161 (164)) ist der Meinung, dass der Landschaftsplan nach den neuen rahmenrechtlichen Regelungen in §§ 13 ff. BNatSchG stets vorab als eigenständiges in sich geschlossenes Fachplanungswerk, ggf. auch als in sich geschlossene Fachbeiträge zu den genannten Programmen und Plänen zu erstellen ist. Denn nach §§ 15 und 16 BNatSchG seien die Erfordernisse und Maßnahmen des Naturschutzes und der Landschaftspflege flächendeckend darzustellen. Gegen einen (damit wohl angedeuteten) Ausschluss der Primärintegration spricht aber, dass auch § 16 Abs. 2 BNatSchG wie vormals § 6 Abs. 4 Satz 3 BNatSchG a. F., es weiterhin den Ländern überlässt, Darstellungen des Landschaftsplans in die Bauleitpläne aufzunehmen (so wohl auch Schillhorn, BauR 2002, 1800 (1801)).

[1279] Pfeifer/Wagner, DVBl. 1989, 789 (790 ff.); Hoppe/Bönker, DVBl. 1996, 585 (588); Pfeifer, S. 68 ff., Hahn, S. 113, 114 ff.

[1280] Runkel, DVBl. 1992, 1402 (1406); Engelhardt, in: Engelhardt/Brenner/Fischer-Hüftle, Art. 3 BayNatSchG, Rn. 12.

[1281] Wagner/Mitschang, DVBl. 1997, 1137 (1142); Engelhardt, in: Engelhardt/Brenner/Fischer-Hüftle, Art. 3 BayNatSchG, Rn. 12.

[1282] Wagner/Mitschang, DVBl. 1997, 1137 (1142).

c) Vermeidungsgrundsatz und Ausgleich im bauleitplanerischen Kontext

In § 1 a Abs. 2 Nr. 2, Abs. 3 BauGB verpflichtet der Gesetzgeber die Gemeinden, abwägend über ein Vermeidungs- und Folgenbewältigungsprogramm zu entscheiden.[1283] Gem. § 1 a Abs. 2 Nr. 2 BauGB hat die Gemeinde in ihrer Abwägung die Vermeidung und den Ausgleich der zu erwartenden Eingriffe in Natur und Landschaft im Sinne der Eingriffsregelung nach dem Bundesnaturschutzgesetz zu berücksichtigen. Darin kommt zum Ausdruck, dass nicht nur ein abwägungserheblicher Belang in Gestalt der Integrität von Natur- und Landschaft besteht, sondern dass, soweit ein Eingriff in Natur und Landschaft erfolgt, die Gemeinde in ihrer Abwägung berücksichtigen muss, ob Beeinträchtigungen durch den Eingriff vermieden oder kompensiert werden können.[1284] Die Gemeinde muss gem. § 1 a Abs. 2 Nr. 2 BauGB den Vermeidungsgrundsatz i. S. v. § 19 Abs. 1 BNatSchG (aa)) und Ausgleichsoptionen berücksichtigen (bb)).

aa) Vermeidungsgrundsatz

Der Vermeidungsgrundsatz gem. § 19 Abs. 1 BNatSchG besagt, dass vermeidbare Beeinträchtigungen von Natur und Landschaft zu unterlassen sind. Für das Naturschutzrecht stellt § 19 Abs. 3 Satz 1 BNatSchG klar, dass die Frage, ob der Eingriff dann gänzlich zu unterlassen ist, eine Frage der naturschutzrechtlichen Abwägung ist.[1285] Umstritten ist, wie sich der Vermeidungsgrundsatz auf der Ebene der Bauleitplanung auswirkt. Teilweise wird vertreten, dass der Vermeidungsgrundsatz nur auf das konkrete Vorhaben bezogen sei. In der Abwägung sei daher zu berücksichtigen, auf welche Weise ein Eingriff an einer bestimmten Stelle mit möglichst wenigen Beeinträchtigungen für Natur und Landschaft gestaltet werden könne. Nicht gebiete der Vermeidungsgrundsatz auf der Ebene der Flächennutzungsplanung, in die Abwägung Planungsstandortalternativen einzubeziehen, die Beeinträchtigungen im höheren Maße vermeiden.[1286] Andere hingegen beziehen den Vermeidungsgrundsatz im Rahmen des § 1 a Abs. 2 Nr. 2 BauGB sowohl auf den Umfang des konkreten zu erwartenden

---

[1283] Stich, UPR 1998, 121 ff.; Reidt, in: Gelzer/Bracher/Reidt, Rn. 726. Vgl. auch BVerwG, Beschluss vom 31.01.1997 – IV NB 27.96, BVerwGE 104, 68 (74) zur Vorgängernorm.

[1284] BVerwG, Beschluss vom 31.01.1997 – IV NB 27.96, BVerwGE 104, 68 (73).

[1285] Siehe dazu G. I. 2. a).

[1286] Louis, NuR 1998, 113 (119); derselbe, in: BNatSchG-Kommentar, § 8 a BNatSchG, Rn. 35; wohl auch Stich, UPR 1998, 121 (125); Stich, in: Berliner Schwerpunkte-Kommentar, § 1 a BauGB, Rn. 30.

Eingriffs als auch auf den Ort der Flächeninanspruchnahme, also darauf, ob eine andere Planungsalternative geringere Beeinträchtigungen nach sich zieht.[1287]

Richtigerweise ist der Vermeidungsgrundsatz in § 1 a Abs. 2 Nr. 2 BauGB jedoch im Sinne der erst genannten Ansicht auszulegen. Der Vermeidungsgrundsatz bezieht sich also nur auf den konkret zu erwartenden Eingriff, den die Gemeinde verfolgt, nicht dagegen darauf, ob ein Eingriff einer anderen Planungsalternative von geringerer Intensität ist. § 1 a Abs. 2 Nr. 2 BauGB spricht zwar davon, dass die Vermeidung des Eingriffs abwägend zu berücksichtigen ist. Damit ist jedoch gemeint, dass nach dem Vermeidungsgrundsatz die Beeinträchtigungen durch einen Eingriff möglichst vermieden werden sollen, nicht der Eingriff selbst. Der Gesetzgeber wollte mit dem Verweis auf die Eingriffsregelung nach dem Bundesnaturschutzgesetz keine Änderungen am materiellen Inhalt des naturschutzrechtlichen Vermeidungsgrundsatzes vornehmen, so dass der Vermeidungsgrundsatz im Bauleitplanungsrecht bis auf die Rechtsfolgen inhaltsgleich mit dem im Naturschutzrecht auszulegen ist.[1288] Der Vermeidungsgrundsatz im Rahmen des § 1 a Abs. 2 Nr. 2 BauGB bezieht sich daher nicht auf die Standortauswahl zwischen mehreren Planungsalternativen, da auch der Vermeidungsgrundsatz nach § 19 Abs. 1 BNatSchG sich nur darauf bezieht, dass die Beeinträchtigungen eines konkreten Eingriffs auf ein unvermeidbares Maß zu begrenzen sind, nicht darauf, ob der Eingriff nicht besser gar nicht oder an anderer Stelle durchzuführen ist.[1289]

Der Zielsetzung des Vermeidungsgebots entspricht auch die Zielsetzung der Bodenschutzklausel des § 1 a Abs. 1 BauGB. Nach § 1 a Abs. 1 HS. 1 BauGB soll mit Grund und Boden sparsam und schonend umgegangen werden. Schonender Umgang mit Grund und Boden bedeutet, dass bei der erstmaligen unvermeidbaren Inanspruchnahme noch naturhaften Bodens nach Möglichkeiten zu suchen ist, die Versiegelung gering zu halten, und dass bei der städtebaulichen Wiedernutzung einmal „verbrauchten“ Bodens alles zu unternehmen ist, den Boden, soweit auf ihm keine mit Versiegelung verbundenen Hoch- und Tiefbaumaßnahmen ausgeführt werden sollen, möglichst wieder „naturaktiv“ zu machen.[1290] Diese Aussage bekräftigt § 1 a Abs. 1 HS. 2 BauGB, der anmahnt, Bodenversiegelungen auf das notwendige Maß zu begrenzen.[1291] Damit ver-

---

1287 Bunzel, NuR 1997, 583 (587); derselbe, Flächenmanagement, S. 19; Bunzel/Meyer, UPR 1994, 284 (285); Krautzberger, in: B/K/L, § 1 a BauGB, Rn. 22; 26.

1288 BT-Drks. 13/7589, S. 11; Louis, in: BNatSchG-Kommentar, § 8 a BNatSchG, Rn. 35.

1289 Siehe dazu G. I. 1. Ob eine Planungsalternative als weniger intensiver Eingriff einer anderen vorzuziehen ist, ist keine Frage der Vermeidung, sondern eine Frage der Abwägung i. S. v. § 1 Abs. 6 BauGB (vgl. Louis, NuR 1998, 113 (119); Louis, in: BNatSchG-Kommentar, § 8 a BNatSchG, Rn. 35; Hoppe, in: Hoppe/Bönker/Grotefels, § 7 Rn. 90 ff.). Siehe dazu auch G. I. 2. a).

1290 Stich, UPR 1998, 121 (122); derselbe, in: Berliner Schwerpunkte-Kommentar, § 1 a BauGB, Rn. 6; Krautzberger, in: B/K/L, § 1 a BauGB, Rn. 10.

1291 Stick, UPR 1998, 121 (122).

pflichtet auch die Bodenschutzklausel, einen Eingriff in Natur und Landschaft so zu gestalten, dass Beeinträchtigungen auf das unvermeidbare Maß begrenzt werden.[1292]

Umstritten ist, welche Bedeutung der Bodenschutzklausel in der Abwägung zukommt. Teilweise wird sie als Optimierungsgebot[1293] ausgelegt,[1294] teilweise als einfacher abwägungserheblicher Belang.[1295] Gegen die Annahme eines Optimierungsgebots sprechen dieselben Argumente, die bereits gegen eine Einordnung der Eingriffsregelung des Bundesnaturschutzrechts als Optimierungsgebot im Bereich des Baurechts gesprochen haben. Die Bodenschutzklausel in § 1 a Abs. 1 BauGB fällt wie die Eingriffsregelung nach dem Bundesnaturschutzgesetz in § 1 a Abs. 2 Nr. 2, Abs. 3 BauGB unter die Überschrift „Umweltschützende Belange in der Abwägung". Die Überschrift deutet darauf hin, dass in § 1 a BauGB nur eine allgemeine Aufzählung von gleichwertigen Belangen erfolgt.[1296] Auch die Aufzählung des § 1 Abs. 5 Satz 2 BauGB, die den aufgezählten Belangen gerade kein besonderes Gewicht gegenüber anderen verleiht, verweist in Nummer 7 allgemein auf die Belange des Umweltschutzes des § 1 a BauGB.[1297] In der Gesetzesbegründung wurden die Bodenschutzklausel und die Eingriffsregelung des Bundesnaturschutzgesetzes gleichwertig als wesentliche Elemente eines Abwägungsvorgangs bezeichnet.[1298] Da § 1 a Abs. 2 Nr. 2 BauGB kein Optimierungsgebot enthält,[1299] stellt auch § 1 a Abs. 1 BauGB keines dar.

bb) Kompensationsmaßnahmen in Form von Ausgleichs- und Ersatzmaßnahmen

Ebenfalls in die Abwägung einzustellen ist gem. § 1 a Abs. 2 Nr. 2 BauGB, wie zu erwartende Eingriffe ausgeglichen werden können. Das Baugesetzbuch verpflichtet die Gemeinden nicht zur Vollkompensation der Eingriffe; das Ausmaß des Ausgleichs ist vielmehr der planerischen Abwägungsentscheidung der

---

1292 Stich, UPR 1998, 121 (125).

1293 Zum Begriff des Optimierungsgebots siehe oben.

1294 Hoppe, in: Hoppe/Bönker/Grotefels, § 7 Rn. 34; W. Schrödter, in: Schrödter, § 1 a BauGB, Rn. 8.

1295 Schink, BauR 1998, 1163 (1168); Brohm, Öffentliches Baurecht, § 13, Rn. 11; Stich, in: Berliner Schwerpunkte-Kommentar, § 1 a BauGB, Rn. 10.

1296 Stich, in: Berliner Schwerpunkte-Kommentar, § 1 a BauGB, Rn. 10.

1297 BVerwG, Beschluss vom 05.04.1993 – IV NB 3.91, BVerwGE 92, 231 (239 ff.); Brohm, Öffentliches Baurecht, § 13, Rn. 4; Krautzberger, in: B/K/L, § 1 BauGB, Rn. 49; Gaentzsch, in: BK, § 1 BauGB, Rn. 51.

1298 BT-Drks. 13/6392, S. 43.

1299 Siehe G. I. 2. a).

Gemeinde überlassen.[1300] Um aber den Ausgleich angemessen gewichtet in die Abwägung einstellen zu können, muss zunächst der volle Kompensationsbedarf ermittelt werden. Dafür ist die Eingriffsintensität festzustellen, sodann ist zu ermitteln, wie der Eingriff ausgeglichen werden kann. Für diese Feststellungen kann auf die Darstellungen eines Landschaftsplans zurückgegriffen werden, der eine Bestandsaufnahme und Bewertung von Natur und Landschaft enthält.[1301]

Grundsätzlich nimmt das Baurecht Bezug auf den naturschutzrechtlichen Ausgleichsbegriff. Allerdings bestimmt § 200 a BauGB, dass Ausgleichsmaßnahmen i. S. v. § 1 a Abs. 3 BauGB auch Ersatzmaßnahmen nach den Landesnaturschutzgesetzen umfassen. Diese Formulierung bezieht sich noch auf die Vorgängernorm des § 19 Abs. 2 BNatSchG, auf § 8 BNatSchG a. F., der den Ländern die Einführung von Ersatzmaßnahmen überließ. § 19 Abs. 2 BNatSchG definiert nun nicht nur Ausgleichsmaßnahmen sondern auch Ersatzmaßnahmen. Der Umfang der Ausgleichs- und Ersatzmaßnahmen bestimmt sich letztlich nach dem bundesrechtlichen Baurecht, da das Baugesetzbuch bundesweit einheitliche Voraussetzungen für die Bauleitplanung schaffen will.[1302] Die bauleitplanerische Abwägung soll nicht wegen der verschiedenen Landesnaturschutzgesetze zu unterschiedlichen Kompensationsanforderungen in den Bundesländer führen. So bestimmt § 200 a BauGB ausdrücklich, dass zwischen Eingriff und Ausgleich kein unmittelbarer räumlicher Zusammenhang erforderlich ist. Wie der Ausgleich mittels Bauleitplan organisiert werden kann, regeln schließlich § 1 a Abs. 3 BauGB und §§ 135 a bis 135 c BauGB genauer. Bei der Auslegung ist zu beachten, dass im Baugesetzbuch der Begriff des Ausgleichs sowohl als Überbegriff für Ausgleichs- und Ersatzmaßnahmen (Ausgleich im weiteren Sinne) verwendet wird als auch für den Ausgleich im Sinne von Ausgleichsmaßnahmen.

Im folgenden soll zunächst untersucht werden, wann der Ausgleich eines zu erwartenden Eingriffs erforderlich ist ((1)), was genau das Baurecht unter Ausgleich versteht ((2)) – ((4)) und welche Instrumente der Gemeinde zur Herbeiführung des Ausgleichs zur Verfügung stehen ((5)).

(1) Erforderlichkeit des Ausgleichs

Gem. § 1 a Abs. 3 Satz 4 BauGB ist ein Ausgleich nicht erforderlich, soweit die Eingriffe bereits vor der planerischen Entscheidung erfolgt sind oder zuläs-

---

[1300] Schink, DVBl. 1998, 609 (612); Mitschang, WiVerw 1998, 20 (30).

[1301] Bunzel/Meyer, UPR 1994, 284 (286); Krautzberger, in: B/K/L, § 1 a BauGB, Rn. 26. Siehe bereits oben G. I. 2. b).

[1302] Müller/Mahlburg, UPR 1999, 259 (261); Mitschang, WiVerw 1998, 20 (35); Bunzel, Flächenmanagement, S. 47; W. Schrödter, in: Schrödter, § 200 a BauGB, Rn. 2; Krautzberger, in: B/K/L, § 200 a BauGB, Rn. 4. Zum Begriff der Ersatzmaßnahme siehe oben G. I. 1.

sig waren. Gemeint ist damit der Ausgleich im weiteren Sinne, also in Form von Ausgleichs- und Ersatzmaßnahmen (§ 200 a Satz 1 BauGB). War ein Eingriff bereits vor der Neuplanung nach § 34 BauGB oder nach den Festsetzungen eines Bebauungsplans zulässig, dann ist ein Ausgleich nicht erforderlich.[1303] Auszugleichen sind daher nur Beeinträchtigungen, die über das bereits vor der planerischen Entscheidung zulässige Maß hinausgehen.[1304] Nicht erfasst werden dagegen Eingriffe, die zuvor nach § 35 BauGB zulässig waren. Denn § 35 BauGB macht das Baurecht stets davon abhängig, dass dem Vorhaben öffentliche Belange nicht entgegenstehen bzw. dass das Vorhaben öffentliche Belange nicht beeinträchtigt.[1305] Ein uneingeschränktes Baurecht wird also nicht gewährt.[1306]

Ist ein Eingriff bereits erfolgt und wird er durch die planerische Entscheidung lediglich bestätigt, dann ist ein Ausgleich erforderlich, wenn der Eingriff vorher baurechtswidrig war. Zwar beschränkt sich der Wortlaut der Norm nicht ausdrücklich auf zulässigerweise früher erfolgte Eingriffe. Da aber sonst der rechtstreue Bürger schlechter stehen würde als der Schwarzbauer, ist die Norm einschränkend auszulegen.[1307]

(2) Die zeitliche Komponente des Ausgleichsbegriffs in der Bauleitplanung

§ 135 a Abs. 2 Satz 2 BauGB präzisiert den baurechtlichen Ausgleich im weiteren Sinne gegenüber dem rahmenrechtlichen Ausgleichs- und Ersatzbegriff des Naturschutzrechts in zeitlicher Hinsicht. Gem. § 135 a Abs. 2 Satz 2 BauGB können Maßnahmen zum Ausgleich sogar vor den Baumaßnahmen und vor einer Zuordnung zu einer bestimmten Eingriffsfläche nach § 9 Abs. 1 a Satz 2 BauGB, § 5 Abs. 2 a BauGB durchgeführt werden.

(3) Die räumliche Komponente des Ausgleichsbegriffs in der Bauleitplanung

§ 200 a Satz 2 BauGB bestimmt für den baurechtlichen Ausgleichsbegriff im weiteren Sinne, dass ein unmittelbarer räumlicher Zusammenhang zwischen Eingriff und Ausgleich nicht erforderlich ist, soweit dies mit einer geordneten städtebaulichen Entwicklung und den Zielen der Raumordnung sowie des Na-

---

[1303] Louis, in: BNatSchG-Kommentar, § 8 a BNatSchG, Rn. 13.
[1304] BT-Drks. 13/7589, S. 13; Kuschnerus, BauR 1998, 1 (9); Stich, UPR 1998, 121 (125); Krautzberger, in: Bielenberg/Krautzberger/Söfker 1998, Rn. 35.
[1305] Vgl. auch IV. 3. c).
[1306] Louis, in: BNatSchG-Kommentar, § 8 a BNatSchG, Rn. 14.
[1307] Louis, NuR 1998, 113 (119); Louis, in: BNatSchG-Kommentar, § 8 a BNatSchG, Rn. 14.

turschutzes und der Landschaftspflege vereinbar ist. Derselbe Grundsatz findet sich auch in § 1 a Abs. 3 Satz 2 BauGB, wonach Darstellungen und Festsetzungen, die Ausgleichsflächen bzw. Ausgleichsmaßnahmen festlegen, auch an anderer Stelle als am Ort des Eingriffs erfolgen können, soweit dies mit einer geordneten städtebaulichen Entwicklung und den Zielen der Raumordnung sowie des Naturschutzes und der Landschaftspflege vereinbar ist. Der bauleitplanerische Ausgleichsbegriff im weiteren Sinne präzisiert also die räumliche Komponente der Kompensationsmaßnahmen und trägt damit der Tatsache Rechnung, dass eine Kompensation aus städtebaulichen Gründen am Ort der erwarteten Beeinträchtigung oder in deren Nähe oft gar nicht möglich, sondern an anderer Stelle geboten ist.[1308]

Was den Ort des Ausgleichs betrifft, stehen der Gemeinde mehrere Möglichkeiten zur Verfügung: Zum einen können Flächen und Maßnahmen zum Ausgleich im Sinne des § 1 a Abs. 3 BauGB auf den Grundstücken, auf denen der Eingriff in Natur und Landschaft zu erwarten ist, vorgesehen werden. Ausdrücklich stellt § 9 Abs. 1 a Satz 1 BauGB klar, dass derartige Festsetzungen im Bebauungsplan zulässig sind. Zur Durchführung ist gem. § 135 a Abs. 1 BauGB der Vorhabenträger verpflichtet. Zum anderen kann die Gemeinde gem. § 9 Abs. 1 a Satz 1 BauGB innerhalb des sonstigen Geltungsbereichs des Eingriffsbebauungsplans Ausgleichsflächen und -maßnahmen festsetzen.[1309] Dabei ist auch ein Bebauungsplan mit zwei oder mehr räumlich getrennten Teilgeltungsbereichen möglich.[1310] Ordnet der Bebauungsplan der Eingriffsfläche i. S. v. § 9 Abs. 1 a Satz 2 BauGB eine Ausgleichsfläche zu, dann kann die Gemeinde die Maßnahmen nach § 135 a Abs. 2 Satz 1 BauGB anstelle und auf Kosten der Vorhabenträger oder der Eigentümer der Grundstücke vornehmen. Die nähere Vorgehensweise der Gemeinde regeln die §§ 135 a bis § 135 c BauGB. Weiterhin kann die Gemeinde Ausgleichsmaßnahmen auf Flächen außerhalb des Geltungsbereichs des Eingriffsbebauungsplans vorsehen. § 1 a Abs. 3 Satz 2 BauGB, § 200 a Satz 1 BauGB sowie § 9 Abs. 1 a Satz 1 BauGB gestatten, dass ein Ausgleich auch räumlich getrennt vom Eingriff in einem eigenen Ausgleichsbebauungsplan geschaffen wird (planexterner Ausgleich). Ausgleichs- und Eingriffsbebauungsplan können durch eine Zuordnung i. S. v. § 9 Abs. 1 a BauGB miteinander verbunden werden, so dass die Gemeinde die Ausgleichsmaßnahmen anstelle und auf Kosten der Vorhabenträger oder Eigentümer der Grundstücke nach den Vorschriften der §§ 135 a bis 135 c BauGB durchführen kann. Schließlich kann die Gemeinde dem Eingriffsbebauungsplan auch Flächen gem. § 9 Abs. 1 a Satz 2 BauGB zuordnen, die sie selbst für Maßnahmen gem. § 1 a Abs. 3 Satz 2 BauGB bereitstellt.

[1308] BT-Drks. 13/6392, S. 73; Mitschang, WiVerw 1998, 20 (34).

[1309] Zur räumlichen Komponente des baurechtlichen Ausgleichsbetriffs siehe G. I. 2. c) (3).

[1310] Vgl. BVerwG, Urteil vom 09.05.1997 – IV N 1.96, BVerwGE 104, 353 (358).

Ein Ausgleich an anderer Stelle als dem Ort des Eingriffs ist gem. §§ 1 a Abs. 3 Satz 2, 200 a Satz 2 BauGB nur zulässig, soweit dies mit einer geordneten städtebaulichen Entwicklung und den Zielen der Raumordnung sowie des Naturschutzes und der Landschaftspflege vereinbar ist.

Eine Vereinbarkeit mit einer geordneten städtebaulichen Entwicklung wird gemeinhin nur angenommen, wenn die Flächen, die durch Festsetzungen eines Bebauungsplans oder durch vertragliche Vereinbarung oder sonstige geeignete Maßnahme für den Ausgleich vorgesehen werden, mit den entsprechenden Darstellungen des Flächennutzungsplans für diese Flächen im Sinne des Entwicklungsgebots gem. § 8 Abs. 2 Satz 1 BauGB vereinbar sind.[1311] Gegen diese Auffassung spricht aber, dass § 1 a Abs. 3 Satz 2 BauGB gerade nicht auf das Entwicklungsgebot Bezug nimmt, sondern auf den Begriff der geordneten städtebaulichen Entwicklung. Die von der Gemeinde beabsichtigte geordnete städtebauliche Entwicklung ist zwar gem. § 5 Abs. 1 Satz 1 BauGB in den Darstellungen des Flächennutzungsplans niedergelegt, so dass der Flächennutzungsplan Anknüpfungspunkt dafür ist, was Inhalt der städtebaulichen Entwicklung und Ordnung ist. Richtig ist damit zwar, dass die Ausweisung einer Ausgleichsfläche zumindest dann mit der geordneten städtebaulichen Entwicklung vereinbar ist, wenn sie aus einer Darstellung des Flächennutzungsplans im Sinne von § 8 Abs. 2 Satz 1 BauGB entwickelt wurde. Die Festsetzung einer Ausgleichsfläche im Bebauungsplan bzw. das Heranziehen von Ausgleichsflächen durch städtebaulichen Vertrag oder durch sonstige geeignete Maßnahmen ist aber auch dann mit einer geordneten städtebaulichen Entwicklung vereinbar, wenn die Ausgleichsfläche zwar nicht aus der Darstellung, die für den konkreten Bereich die Bodennutzung festlegt, entwickelt wurde, sie sich aber in das gemeindegebietsweite Konzept einfügt. Dafür spricht, dass nach § 214 Abs. 2 Nr. 2 BauGB eine Verletzung des Entwicklungsgebots gem. § 8 Abs. 2 Satz 1 BauGB nicht beachtlich ist, wenn die sich aus dem Flächennutzungsplan ergebende geordnete städtebauliche Entwicklung nicht beeinträchtigt wird. Eine Festsetzung kann also das Entwicklungsgebots aus § 8 Abs. 2 Satz 1 BauGB verletzen und trotzdem mit der geordneten städtebaulichen Entwicklung vereinbar sein, diese also nicht beeinträchtigen.[1312] Auch aus § 34 Abs. 5 BauGB kann geschlossen werden, dass der Gesetzgeber den Begriff der Vereinbarkeit mit der geordneten städtebaulichen Entwicklung nicht mit der Einhaltung des Entwicklungsgebots gleichstellt: Eine Abrundungssatzung muss nicht zwingend aus dem Flächennutzungsplan entwickelt sein, um mit einer geordneten städtebaulichen Entwicklung vereinbar zu sein.[1313] Da nicht ersichtlich ist, dass der Gesetzgeber mit demselben Begriff

---

[1311] Mitschang, WiVerw 1998, 20 (44); Müller/Mahlburg, DVBl. 1998, 1110 (1112); Krautzberger, in: B/K/L, § 1 a BauGB, Rn. 45; Louis, in: BNatSchG-Kommentar, § 8 a BNatSchG, Rn. 60.

[1312] Siehe dazu C. II. 1. a) aa).

[1313] Siehe dazu C. III. 3. b).

in unterschiedlichen Normen Verschiedenes meint, ist die Vereinbarkeit mit einer geordneten städtebaulichen Entwicklung wie in § 214 Abs. 2 Nr. 2 BauGB und § 34 Abs. 5 BauGB zu verstehen. Neben der Voraussetzung, dass der Ausgleich an anderer Stelle mit der geordneten städtebaulichen Entwicklung vereinbar sein muss, gilt daneben allerdings mit Blick auf das Entwicklungsgebot nach § 8 Abs. 2 Satz 1 BauGB folgendes: Werden Ausgleichsflächen im Bebauungsplan festgesetzt, dann müssen die Festsetzungen wegen § 8 Abs. 2 Satz 1 BauGB auch aus den Darstellungen des Flächennutzungsplans für den engeren Bereich entwickelt sein. Für Ausgleichsflächen, die durch vertragliche Vereinbarung oder die auf von der Gemeinde zur Verfügung gestellten Flächen bereitgestellt werden, gilt § 8 Abs. 2 Satz 1 BauGB mangels Ausgleichsbebauungsplan dagegen nicht.

Voraussetzung für eine Ausgleichsfläche an einer anderen Stelle als dem Ort des Eingriffs ist weiterhin, dass dies mit den Zielen der Raumordnung vereinbar ist. Mit den Zielen der Raumordnung ist die Darstellung einer Ausgleichsfläche im Flächennutzungsplan oder die Festsetzung einer Ausgleichsfläche im Bebauungsplan oder der Ausgleich durch eine sonstige geeignete Maßnahme immer dann vereinbar, wenn sie sich an die Ziele der Raumordnung i. S. v. § 1 Abs. 4 BauGB anpasst bzw. diese i. S. v. § 4 Abs. 1 Satz 1 ROG beachtet.[1314] Nach der rahmenrechtlichen Vorschrift des § 7 Abs. 2 Satz 1 Nr. 2 ROG sollen die Regionalpläne Festlegungen zur Freiraumstruktur enthalten. Gem. § 7 Abs. 2 Satz 2 ROG kann dabei zugleich bestimmt werden, dass in diesem Gebiet unvermeidbare Beeinträchtigungen der Leistungsfähigkeit des Naturhaushalts oder des Landschaftsbilds an anderer Stelle ausgeglichen, ersetzt oder gemindert werden können. Der Regionalplanungsträger kann in dieser Weise ein Vorranggebiet gem. § 7 Abs. 4 Satz 1 Nr. 1 ROG, dem Zielwirkung i. S. v. § 3 Nr. 2 ROG zukommt, für einen Freiraum schaffen und ihn zugleich als Ausgleichsraum vorsehen. Folge eines solchen Ziels ist allerdings nur, dass in dem überplanten Gebiet keine entgegenstehenden raumbedeutsame Nutzungen vorgesehen werden dürfen. Das Vorranggebiet hindert mangels Ausschlusswirkung außerhalb seines Gebietsbereichs die Gemeinde nicht, Ausgleichsflächen an anderen Gemeindegebietsstellen auszuweisen, wenn dies mit den dort geltenden Zielen der Raumordnung vereinbar ist.[1315]

[1314] Mitschang, WiVerw 1998, 20 (45); Louis, in: BNatSchG-Kommentar, § 8 a BNatSchG, Rn. 61; W. Schrödter, in: Schrödter, § 1 a BauGB, Rn. 74. Siehe zur Anpassungs- und Beachtenspflicht auch D. III. a) bis c).

[1315] Bunzel/Reitzig, DÖV 1998, 995 (1002); Bunzel, Flächenmanagement, S. 137; W. Schrödter, in: Schrödter, § 1 a BauGB, Rn. 74. Die Regionalplanungsträger können gem. § 13 S. 2 ROG eine freiwillige Zusammenarbeit mit den betroffenen Gemeinden anstreben und dadurch eine positive Umsetzung des Ziels fördern (Bunzel/Reitzig, DÖV 1998, 995 (1002); Bunzel, Flächenmanagement, S. 137). Dabei besteht die Möglichkeit, vertragliche Vereinbarungen zur Umsetzung der Ziele der Regionalpläne gem. § 13 S. 5 ROG zu treffen (Bunzel/Reitzig, DÖV 1998, 995 (1002); Bunzel, Flächenmanagement, S. 137).

Schließlich müssen die Ausgleichsflächen mit den Zielen von Naturschutz und Landschaftspflege vereinbar sein.[1316] Die Ziele von Naturschutz und Landschaftspflege finden sich in §§ 1 und 2 BNatSchG.[1317] Darüber hinaus konkretisieren die Landschaftspläne der Gemeinden und die Landschaftsrahmenpläne die Ziele von Naturschutz und Landschaftspflege.[1318] Teilweise wird vertreten, dass die Gemeinden an die Inhalte des Landschaftsplans gebunden seien. Wolle die Gemeinde eine bestimmte Ausgleichsmaßnahme festlegen, so müsse dies in Übereinstimmung mit den im Landschaftsplan vorgesehenen Maßnahmen erfolgen.[1319]

Zur Beantwortung dieser Frage ist zunächst zwischen zwei Konstellationen zu unterscheiden: Die erste Konstellation betrifft die landschaftsplanerischen Ziele, die in einem eigenständigen Landschaftsplan nach dem Modell der Sekundärintegration aufgestellt worden sind, die zweite die landschaftsplanerischen Ziele, wie sie infolgedessen in den Flächennutzungsplan integriert worden sind, bzw. die im Wege der Primärintegration aufgenommenen landschaftsplanerischen Darstellungen, die die Ziele des Naturschutzes und Landschaftspflege wiedergeben. Die Konstellationen bei der Primär- und der Sekundärintegration unterscheiden sich – wie oben dargestellt[1320] – dadurch, dass ihren Darstellungen Abwägungen von unterschiedlichen Umfang zugrunde liegen.

Werden im Falle der ersten Konstellation die Ziele von Naturschutz und Landschaftspflege zunächst durch einen Landschaftsplan konkretisiert, der später im Wege der Sekundärintegration[1321] Eingang in den Flächennutzungsplan finden soll, bleiben die landschaftsplanerischen Ziele abwägungserhebliche Belange; eine weitergehende Bindung entsteht nicht.

[1316] Mitschang (WiVerw 1998, 20 (45)) meint, dass die Gemeinde sogar zur Aufstellung eines Landschaftsplans verpflichtet sei, wenn der Ausgleich an anderer Stelle als am Ort des Eingriffs erfolge. Die Pflicht zur Planung entsteht gem. § 6 Abs. 1 a. E. BNatSchG, sobald und soweit dies aus Gründen des Naturschutzes und der Landschaftspflege erforderlich ist. Können die Belange von Natur und Landschaft ohne Landschaftsplanung nicht angemessen berücksichtigt werden, dann kann eine Pflicht zur Landschaftsplanung entstehen. Richtigerweise führt dies im Bauleitplanverfahren aber nicht dazu, dass die Aufstellung eines Landschaftsplans zwingende materielle Voraussetzung für die Bauleitplanung wird, sondern dazu, dass ein Abwägungsfehler vorliegt, wenn die Belange von Natur und Landschaft infolge der fehlenden Landschaftsplanung unzureichend ermittelt und gewichtet werden (vgl. Lüers, DVBl. 1998, 433 (436); Bunzel/Reitzig, DÖV 1998, 795 (796 ff.)).

[1317] Stich, in: Berliner Schwerpunkte-Kommentar, § 200 a BauGB, Rn. 4; Louis, in: BNatSchG-Kommentar, § 8 a BNatSchG, Rn. 62.

[1318] Wagner/Mitschang, DVBl. 1997, 1137 (1145); Louis, in: BNatSchG-Kommentar, § 8 a BNatSchG, Rn. 62; Stich, in: Berliner Schwerpunkte-Kommentar, § 200 a BauGB Rn. 4; W. Schrödter, in: Schrödter, § 1 a BauGB, Rn. 75.

[1319] Mitschang, WiVerw 1998, 20 (45); Louis, in: BNatSchG-Kommentar, § 8 a BNatSchG, Rn. 62.

[1320] Zur den Konstellationen bei der Primär- und Sekundärintegration siehe G. I. 2. b).

[1321] Zur Primär- und Sekundärintegration siehe bereits G. I. 2. b).

Zwar spricht das Wort „vereinbar“ gegen diese Auslegung, da dies regelmäßig bedeutet, dass etwas zu beachten ist. Auch spricht dagegen, dass der Gesetzgeber bereits in § 1 a Abs. 2 Nr. 2 BauGB die Berücksichtigung der Landschaftspläne in der Abwägung angeordnet und daher die ausdrückliche Aufnahme der Ziele von Naturschutz und Landschaftspflege in § 1 a Abs. 3 Satz 2 BauGB nur eigenständige Bedeutung hat, wenn damit die Bindungskraft der Ziele von Naturschutz und Landschaftspflege im Falle des Ausgleichs an anderer Stelle als der des Eingriffs verstärkt wird.

Dafür, dass Landschaftspläne trotzdem abwägungserhebliche Belange bleiben, spricht aber erstens, dass ausweislich der Gesetzesbegründung der angestrebte Ausgleich zwar mit den Zielen von Naturschutz und Landschaftspflege vereinbar sein muss, dass Landschaftspläne für das Vorliegen der Vereinbarkeit nach Ansicht des Gesetzgebers (trotzdem nur) Hinweise geben können.[1322] Ein Hinweis ist aber keine verbindliche Vorgabe, sondern hat lediglich empfehlenden Charakter. Zweitens unterliegen die Ziele von Naturschutz und Landschaftspflege gem. § 2 Abs. 1 BNatSchG stets einer Abwägung. Nichts anderes kann für die in Landschaftsplänen konkretisierten Ziele gelten. Die Landschaftspläne enthalten nach § 14 Abs. 1 Satz 2 Nr. 1 und Nr. 4 b BNatSchG Darstellungen des angestrebten Zustandes von Natur und Landschaft und die erforderlichen Maßnahmen, insbesondere allgemeine Schutz-, Pflege- und Entwicklungsmaßnahmen. Die landespflegerischen Maßnahmen zeigen auf, wie der Zustand von Natur und Landschaft verbessert werden kann; sie sind aber nicht mit Ausgleichsmaßnahmen identisch.[1323] Weiterhin werden Landschaftspläne, die später erst im Wege einer Sekundärintegration Eingang in einen Bauleitplan finden, auf Grund einer Abwägung erstellt, die ausschließlich nach den Zielen des Naturschutzes und der Landschaftspflege optimiert ist.[1324] Gerade auf die Landschaftsplanung im Wege der Sekundärintegration stellt § 1 a Abs. 2, Abs. 3 BauGB ab.[1325] Die bauleitplanerische Abwägung, im Rahmen derer die Landschaftspläne in den Flächennutzungsplan umgesetzt werden, erfolgt aber – wie § 1 Abs. 5 Satz 2 BauGB beispielhaft zeigt - auf Grund einer umfassenden Abwägung aller städtebaulich relevanten Belange. Es ist nicht ersichtlich, dass der Gesetzgeber die Abwägung im Falle von Ausgleichsmaßnahmen auf eine nach den Zielen des Naturschutzes und der Landschaftspflege optimierte Abwägung durch eine Bindung an den Landschaftsplan verkürzen wollte. Vereinbarkeit mit den Zielen von Naturschutz und Landschaftspflege betont also lediglich, dass

---

[1322] BT-Drks. 13/6392, S. 44.
[1323] Louis, NuR 1998, 113 (117).
[1324] Gassner, Recht der Landschaft, S. 111.
[1325] Wagner/Mitschang, DVBl. 1997, 1137 (1142).

die Inhalte des Landschaftsplans in der bauleitplanerischen Abwägung Berücksichtigung finden müssen.[1326]

Sind landschaftsplanerische Darstellungen im Falle der zweiten Konstellation mit Flächenbezug nach dem Modell der Primär- oder Sekundärintegration bereits im Flächennutzungsplan aufgenommen, gilt folgendes: Landschaftsplanerische Ziele finden sich im Flächennutzungsplan als Darstellungen über Flächen für Maßnahmen zum Schutz, zur Pflege und zur Entwicklung von Boden, Natur und Landschaft i. S. v. § 5 Abs. 2 Nr. 10 BauGB.[1327] Flächen i. S. v. § 5 Abs. 2 Nr. 10 BauGB können auf einer integrierten Landschaftsplanung beruhen – dann genügt eine Rechtfertigung der Maßnahme aus rein naturschutzrechtlichen Gründen.[1328] Sie können aber auch zugleich zur Darstellung von Ausgleichsflächen dienen. D. h., sie dienen dann der Verwirklichung des Naturschutzes und der Landschaftspflege i. S. v. § 13 Abs. 1 BNatSchG[1329] und zugleich dem Ausgleich von Eingriffen i. S. d. Baurechts – dann benötigt die Darstellung i. S. v. § 5 Abs. 2 Nr. 10 BauGB zusätzlich einen städtebaulichen inneren Rechtfertigungszusammenhang mit den anderen städtebaulichen Darstellungen des Flächennutzungsplans.[1330] Sowohl Darstellungen mit städtebaulicher und landschaftsplanerischer Zielsetzung als auch Darstellungen mit rein landschaftsplanerischer Zielsetzung haben z. B. nach Art. 3 Abs. 5 Satz 3 BayNatSchG dieselben Rechtwirkungen wie rein städtebauliche Darstellungen.[1331] Diese Darstellungen bilden eine Einheit mit sämtlichen Darstellungen des Flächennutzungsplans, so dass die Gemeinde, wenn sie eine Fläche im Flächennutzungsplan als Ausgleichsfläche darstellen und dazu den Flächennutzungsplan ändern will, eine bereits vorhandene landschaftsplanerische Darstellung für diese Fläche mit einer mit ihr verträglichen Darstellung überlagern oder auch die landschaftsplanerische Darstellung ändern muss. Denn die Einfügung einer Darstellung ist nur wirksam, wenn sie nicht zu widersprüchlichen Darstellungen für ein und dieselbe Fläche führt.

Für die Ausgangsfrage, was es bedeutet, dass die Ausgleichsflächen auch mit den Zielen des Naturschutzes und der Landschaftspflege vereinbar sein müssen, insbesondere, wenn die Ziele durch die Landschaftspläne konkretisiert wurden, gilt damit: Darstellungen des Landschaftsplans aus dem Bereich der Sekundärintegration sind abwägungserhebliche Belange bei der Aufnahme von Ausgleichsflächen in den Bauleitplan. Auch wenn diese durch Abwägung überwunden werden, ist der Plan mit den Zielen von Naturschutz und Landschaftspflege ver-

---

[1326] Im Ergebnis ebenso: W. Schrödter, in: Schrödter, § 1 a BauGB, Rn. 75; Schink, BauR 1998, 1163 (1170); Bunzel/Meyer, UPR 1994, 284 (286).

[1327] Wagner/Mitschang, DVBl. 1997, 1137 (1140); Pfeifer, S. 50 ff.; Hahn, S. 64 ff; Löhr, in: B/K/L, § 5 BauGB, Rn. 33, 35.

[1328] Pfeifer, S. 51; Löhr, in: B/K/L, § 5 BauGB, Rn. 35.

[1329] Vgl. auch Art. 3 Abs. 3 BayNatSchG

[1330] Löhr, in: B/K/L, § 5 BauGB, Rn. 35.

[1331] Hahn, S. 130; Engelhardt, in: Praxis der Gemeindeverwaltung, G10, S. 17.

einbar. Will eine Gemeinde, die rein landschaftsplanerische Darstellungen nach dem Modell der Primärintegration oder Inhalte eines Landschaftsplans nach der Sekundärintegration bereits in ihren Flächennutzungsplan aufgenommen hat, städtebauliche Darstellungen ändern oder neu aufnehmen, dann ist sie insoweit auch an die vorhandenen landschaftsplanerischen Darstellungen gebunden, als neue zu ihnen nicht im Widerspruch stehen dürfen.

(4) Die funktionale Komponente des Ausgleichsbegriffs in der Bauleitplanung

In die Abwägung nach § 1 a Abs. 2 Nr. 2 BauGB sind Kompensationsmaßnahmen in Form von Ausgleichsmaßnahmen oder Ersatzmaßnahmen einzustellen (§ 200 a BauGB).[1332] Umstritten ist, ob das Baurecht ebenso wie das Naturschutzrecht den Ausgleichsmaßnahmen Vorrang vor den Ersatzmaßnahmen einräumt. Dafür wird angeführt, dass § 200 a BauGB auf den Ersatzmaßnahmenbegriff des Naturschutzrechts abstellt.[1333] Dagegen spricht aber, dass § 200 a Satz 1 BauGB ausdrücklich anordnet, dass der Ausgleich im Sinne des § 1 a Abs. 3 BauGB auch Ersatzmaßnahmen umfasst. Das Gesetz unterwirft Ausgleichsmaßnahmen und Ersatzmaßnahmen gleichermaßen und ohne Differenzierung dem Abwägungsgebot des § 1 a Abs. 2 Nr. 2, Abs. 3 BauGB i. V. m. § 1 Abs. 6 BauGB. Der Gesetzgeber hat es ausdrücklich der gemeindlichen Abwägung überlassen, ob Ersatzmaßnahmen oder Ausgleichsmaßnahmen geschaffen werden.[1334] Im Gegensatz zur naturschutzrechtlichen Regelung besteht kein Vorrang der Ausgleichsmaßnahmen.[1335] Es liegt also im Ermessen der Gemeinde, ob sie sich für eine gleichartige oder gleichwertige Kompensation entscheidet.[1336]

Für die Kompensationsmaßnahmen an anderer Stelle als der des Eingriffs ist zu beachten, dass Voraussetzung dafür, dass ein Ausgleich an einem anderen Ort als dem des Eingriffs erfolgen kann, ist, dass die betreffende Fläche aufwertungsbedürftig und aufwertungsfähig ist. Denn ein Ausgleich für eine Fläche, die durch den Eingriff in ökologischer Hinsicht geringwertiger wird, kann nur dadurch geschaffen werden, dass eine andere Fläche in einen Zustand versetzt werden kann, der sich im Vergleich mit dem früheren als ökologisch höherwer-

---

[1332] Louis, NuR 1998, 113 (119); Schink, DVBl. 1998, 609 (611); Lüers, DVBl. 1998, 433 (439).

[1333] So Gassner, NuR 1999, 79 (80 ff.) noch zur alten Rechtslage. Vgl. auch § 19 Abs. 2 Satz 1 BNatSchG.

[1334] BT-Drks. 13/6392, S. 73.

[1335] Ebenso: Lüers, DVBl. 1998, 433 (439); Schink, DVBl. 1998, 609 (611); Stich, UPR 1998, 121 (125); Bunzel, NuR 1997, 583 (587); Mitschang, WiVerw 1998, 20 (34); Müller/Mahlburg, UPR 1999, 259 (263); Louis, in: BNatSchG-Kommentar, § 8 a BNatSchG, Rn. 37; W. Schrödter, in: Schrödter, § 1 a BauGB, Rn. 75.

[1336] Schillhorn, BauR 2002, 1800 (1804).

tig einstufen lässt, so dass die Beeinträchtigungen für Naturhaushalt und Landschaftsbild gesehen auf das gesamte Gemeindegebiet ausgeglichen werden.[1337]

(5) Die Instrumente der Gemeinde zur Herbeiführung des Ausgleichs

Der Gemeinde stehen drei verschiedene Instrumente zur Verfügung, um einen Ausgleich herbeizuführen. Erstens erfolgt der Ausgleich der zu erwartenden Eingriffe in Natur und Landschaft gem. § 1 a Abs. 3 Satz 1 BauGB durch geeignete Darstellungen nach § 5 BauGB als Flächen zum Ausgleich und Festsetzungen nach § 9 BauGB als Flächen oder Maßnahmen zum Ausgleich. Zweitens kann die Gemeinde gem. § 1 a Abs. 3 Satz 3 BauGB statt Darstellungen oder Festsetzungen auch vertragliche Vereinbarungen i. S. v. § 11 Abs. 1 Nr. 2 BauGB oder drittens sonstige geeignete Maßnahmen zum Ausgleich auf von der Gemeinde bereitgestellten Flächen treffen. Der Flächennutzungsplan bietet sich damit als Träger eines Ausgleichskonzepts besonders dann an, wenn die Gemeinde nicht nur eigene Flächen für den Ausgleich vorsieht bzw. wenn ein umfangreicheres Ausgleichsbedürfnis besteht, das gemeindegebietsweit koordiniert werden muss.

cc) Zwischenergebnis zu „Vermeidungsgrundsatz und Ausgleich im bauleitplanerischen Kontext"

Wie Kompensationsmaßnahmen in der Bauleitplanung zu berücksichtigen sind, ist in § 1 a Abs. 3 BauGB ausführlich geregelt. Ausgleichsmaßnahmen sind nach § 1 a Abs. 3 Satz 4 BauGB nur dann erforderlich, wenn der Eingriff weder bereits zulässig noch schon erfolgt ist. Der Ausgleichsbegriff wird im Baugesetzbuch gegenüber dem des Bundesnaturschutzgesetzes weiter präzisiert. Erfasst sind gem. § 200 a Satz 1 BauGB auch Ersatzmaßnahmen. Anders als im Naturschutzrecht stehen Ersatz und Ausgleich im Bauleitplanungsrecht gleichrangig nebeneinander. Es liegt im planerischen Ermessen der Gemeinde, für welche Form von Kompensation sie sich entscheidet. Voraussetzung ist, dass die Fläche aus ökologischer Sicht aufwertungsfähig und aufwertungsbedürftig ist.

Eine enge räumliche Verknüpfung zwischen Ausgleich und Eingriff ist gem. § 1 a Abs. 3 Satz 2 BauGB, § 200 a Satz 2 BauGB nicht nötig, so dass auch ein Ausgleich an anderer Stelle als dem Ort des Eingriffs erfolgen kann. Zur Herbeiführung des Ausgleichs kann die Gemeinde entweder gem. § 1 a Abs. 3 Satz 2 BauGB Ausgleichsflächen in einem Bebauungsplan schaffen oder gem. § 1 a Abs. 3 Satz 3 BauGB durch vertragliche Vereinbarung oder sonstige geeignete

---

[1337] Reidt, in: Gelzer/Bracher/Reidt, Rn. 733; Mitschang, WiVerw, 1998, 20 (37); BVerwG, Gerichtsbescheid vom 10.09.1998 – 4 A 35.97, BRS 60, Nr. 216, S. 761 (762).

Maßnahmen eigene Flächen für den Ausgleich bereitstellen. Der Ausgleich kann sowohl am Ort des Eingriffs als auch innerhalb oder außerhalb des Geltungsbereichs des Eingriffsbebauungsplans erfolgen. Der Flächennutzungsplan ist zur Entwicklung eines Ausgleichsflächenkonzepts insbesondere dann heranzuziehen, wenn anders wegen des Entwicklungsgebots keine Ausgleichsbebauungspläne aufgestellt werden können bzw. wenn der Ausgleichsbedarf so umfangreich ist, dass eine gemeindegebietsweite Konzeption zur Steuerung sinnvoll ist. Dies ist regelmäßig dann der Fall, wenn ein Ausgleich überwiegend an anderer Stelle als am Eingriffsort geschaffen wird. Das Gesetz knüpft den Ausgleich an anderer Stelle als dem Ort des Eingriffs gem. § 1 a Abs. 2 Satz 2 BauGB an die Vereinbarkeit mit einer geordneten städtebaulichen Entwicklung. Diese ist dem Flächennutzungsplan zu entnehmen, dem damit eine entscheidende Steuerungswirkung zukommt. Daneben ist der Ausgleich in Übereinstimmung mit den Zielen der Raumordnung zu schaffen. Hingegen bleiben die Ziele von Naturschutz und Landschaftspflege abwägungserhebliche Belange ohne strikte Bindungswirkung. Lediglich Ziele, die als landesplanerische Darstellungen in den Flächennutzungsplan integriert sind, nehmen an der Wirkung der übrigen Darstellungen des Flächennutzungsplans teil.

d) Zwischenergebnis zu „Die Eingriffsregelung nach dem Bundesnaturschutzgesetz in der bauleitplanerischen Abwägung"

Der Gesetzgeber verleiht den Belangen von Natur und Landschaft durch seine Neuregelungen zur Eingriffsregelung nach dem Bundesnaturschutzgesetz dadurch eine gestärkte Position, dass er der Gemeinde ein Entscheidungs- und Folgenbewältigungsprogramm an die Hand gibt. Dadurch wird sichergestellt, dass die Gemeinde dem Integritätsinteresse von Natur und Landschaft und dem Kompensationsinteresse Rechnung trägt. Das Gewicht der Belange von Natur und Landschaft entscheidet sich nach der konkreten planerischen Situation. Allerdings hat die Gemeinde das Entscheidungsprogramm in der Form abzuarbeiten, dass sie sowohl darüber entscheiden muss, ob ein Eingriff überhaupt einer Abwägung aller Belange standhält, als auch darüber, ob Ausgleich oder Ersatz geschaffen werden können. Die Zurückstellung der Belange von Natur und Landschaft einschließlich des Ausmaßes zur Kompensation eines Eingriffs bedarf einer besonderen Rechtfertigung.

II. Die Rolle des Flächennutzungsplans in einem gemeindlichen Eingriffs- und Ausgleichsflächenkonzept

Nachdem nun das Verhältnis der Eingriffsregelung des Bundesnaturschutzgesetzes zu den Vorschriften des Baugesetzbuchs geklärt worden ist, stellt sich die

Frage, welche besonderen Anwendungsmöglichkeiten sich der Gemeinde auf der Ebene der Flächennutzungsplanung bieten.[1338] § 1 a Abs. 3 Satz 2 BauGB ordnet für den Fall, dass Ausgleichsflächen an anderer Stelle als dem Ort des Eingriffs ausgewiesen werden, ausdrücklich an, dass dies mit einer geordneten städtebaulichen Entwicklung vereinbar sein muss. Wie gezeigt,[1339] bilden die Darstellungen des Flächennutzungsplans die Grundlage für die geordnete städtebauliche Entwicklung. Im folgenden soll genauer untersucht werden, wann ein Eingriffs- und Ausgleichsflächenkonzept auf Flächennutzungsplanebene erforderlich ist (1.). Danach soll aufgezeigt werden, wie Flächen für den Ausgleich im Flächennutzungsplan dargestellt werden können (2.). § 135 Abs. 2 Satz 2 BauGB lockert die zeitliche Komponente des Ausgleichsbegriffs.[1340] Damit ist die Verbesserung des Zustands der Natur bereits vor dem auszugleichenden Eingriff möglich. Zu untersuchen ist, in welcher Weise dies auf der Ebene der Flächennutzungsplanung zur besseren Koordination umweltpolitischer Ziele ausgenutzt werden kann (3.).

1. Erforderlichkeit eines Eingriffs- und Ausgleichsflächenkonzepts auf Flächennutzungsplanebene

Flächennutzungspläne, die vor den Gesetzesänderungen zu den Eingriffs- und Ausgleichsflächen aufgestellt worden sind, enthalten über den Ausgleich von Eingriffen keine Aussagen. Wird ein neuer Bebauungsplan aufgestellt, so ist auch über den Ausgleich zu erwartender Eingriffe zu entscheiden. Festsetzungen über Ausgleichsflächen sind in einem Bebauungsplan aber nur möglich, soweit sie aus den Darstellungen des Flächennutzungsplans entwickelt werden können. In diesem Zusammenhang stellt sich die Frage, ob die Gemeinde nach der Gesetzesänderung verpflichtet ist, ihre Flächennutzungspläne abzuändern und mit einem Ausgleichsflächenkonzept zu versehen.

Ob die Aufstellung, Ergänzung oder Änderung eines Flächennutzungsplans erforderlich ist, richtet sich nach § 1 Abs. 3 BauGB, § 2 Abs. 4 BauGB. Die Aufstellung[1341], Ergänzung oder Änderung eines Flächennutzungsplans hat zu erfolgen, sobald und soweit dies für die städtebauliche Entwicklung und Ordnung erforderlich ist. Grundsätzlich steht der Gemeinde ein Ermessen darüber zu, ob sie eine Planung vornimmt. Zur Planung befugt ist sie, wenn die Planung zumindest einem hinreichend gewichtigen städtebaulichen Belang dient.[1342]

1338 Zum Problemkreis gemeinsamer Ausgleichskonzepte mehrerer Gemeinden siehe Bunzel, Flächenmanagement, S. 125 ff., Bunzel/Reitzig, DÖV 1998, 995 ff.

1339 Siehe dazu G. I. 2. c) bb) (3).

1340 Siehe dazu G. I. 2. c) bb) (3).

1341 Zur Besonderheit der Planungspflicht in Bezug auf die Aufstellung eines Flächennutzungsplans vgl. II. 3. b) bb).

1342 Siehe dazu B. III. 1. c); B. III. 2. b).

Hingegen verdichtet sich das Planungsermessen zur Planungspflicht, wenn ein Planungsbedürfnis besteht, dessen Befriedigung vernünftigerweise bereits in der Gegenwart geboten ist; ein Bedürfnis besteht insbesondere, wenn nur durch die Bauleitplanung die Bodennutzung in geordnete für den Bürger überschaubare Bahnen gelenkt werden kann.[1343] Voraussetzung für die Verpflichtung der Gemeinde, einen Flächennutzungsplan aufzustellen, zu ändern oder zu ergänzen, um ein Eingriffs- und Ausgleichsflächensystem zu integrieren, ist also, dass sich das Planungsermessen in der genannten Weise verdichtet hat.[1344]

Nach der gesetzlichen Konstruktion des § 21 Abs. 1 BNatSchG ist im Rahmen der Bauleitplanung abschließend über Vermeidung, Ausgleich und Ersatz in Bezug auf Eingriffe i. S. v. § 18 Abs. 1 BNatSchG zu entscheiden, da die Eingriffsregelung des Bundesnaturschutzgesetzes auf Vorhaben im Geltungsbereich eines Bebauungsplans gem. § 21 Abs. 2 Satz 1 BNatSchG keine Anwendung findet.[1345] Zur Entscheidung über Vermeidung, Ausgleich und Ersatz kommt sowohl die Bebauungsplanebene als auch die Flächennutzungsplanebene in Betracht. Ist die Bewältigung von Eingriff und Ausgleich auf der Bebauungsplanebene möglich, kann sich die Gemeinde auf der Flächennutzungsplanebene in planerischer Zurückhaltung üben. Denn das Gebot der Konfliktbewältigung gestattet es, dass ein durch die Flächennutzungsplanung hervorgerufener Konflikt auf die nachfolgende Planungsstufe der Bebauungsplanung verschoben wird, wenn der offengelassene Interessenkonflikt dort sachgerecht gelöst werden kann.[1346] Sind für die Kompensation Maßnahmen nötig, die an einer anderen Stelle als der des Eingriffs erfolgen und die ein gemeindegebietsweites Ausgleichsflächensystem erfordern oder die größere Ausgleichsflächen für mehrere Baugebiete gemeinsam vorsehen, dann wird regelmäßig eine sachgerechte Lösung nur auf Flächennutzungsplanebene möglich sein. Nur hier ist eine gemeindegebietsweite Koordination möglich.[1347]

Eine Planungspflicht besteht regelmäßig, wenn die Neuaufstellung von Bebauungsplänen oder die Erweiterung von Eingriffen durch die Abänderung vorhandener Bebauungspläne voraussichtlich einen Umfang an Ausgleichsflächen verlangt, der aus den vorhandenen Darstellungen des Flächennutzungsplans nicht mehr i. S. v. § 8 Abs. 2 Satz 1 BauGB entwickelt werden kann.[1348] Zu beachten ist dabei, dass ein Ausgleichsflächenkonzept gem. § 1 a Abs. 3 Satz 4

[1343] Siehe dazu B. III. 1. c); B. III. 2. b).

[1344] Wagner/Mitschang, DVBl. 1997, 1137 (1145); Mitschang, WiVerw 1998, 20 (55); Bunzel/Meyer, UPR 1994, 284 (288); Müller/Mahlburg, DVBl. 1998, 1110 (1113).

[1345] Bunzel/Meyer, UPR 1994, 284 (288).

[1346] BVerwG, Urteil vom 09.03.1979 – IV C 41.75, BVerwGE 57, 297 (300); Reidt, in: Gelzer/Bracher/Reidt, Rn. 798; Brohm, Öffentliches Baurecht, § 14, Rn. 7; Bunzel/Meyer, UPR 1994, 284 (288).

[1347] So auch Bunzel/Meyer, UPR 1994, 284 (288).

[1348] Ähnlich Louis, NuR 1998, 113 (121).

BauGB[1349] von vorneherein nicht erforderlich ist, wenn die Eingriffe bereits vor der planerischen Entscheidung vorgenommen wurden oder zulässig waren. Wird also ein Gebiet i. S. v. § 34 BauGB oder ein Gebiet i. S. v. § 30 BauGB so neu überplant, dass der neue Bebauungsplan lediglich die bereits zulässige Bebauung bestätigt oder geringere Eingriffe als bislang zulässig erlaubt, ist ein Ausgleich nicht erforderlich. Damit entsteht auch keine Planungspflicht für die Gemeinde auf Flächennutzungsplanebene.

Eine Planungspflicht scheidet auch dann aus, wenn bereits absehbar ist, dass die Gemeinde den Ausgleich ohne Festsetzungen im Bebauungsplan herbeiführen kann und will. Dies ist z. B. dann der Fall, wenn die Gemeinde für den Ausgleich durch vertragliche Abreden oder durch Maßnahmen auf von ihr selbst bereitgestellten Flächen sorgen kann.[1350] Dabei ist aber zu beachten, dass eine Ausweisung auf diese Weise an einer anderen Stelle als der des Eingriffs mit einer geordneten städtebaulichen Entwicklung vereinbar sein und sich damit zumindest in das gemeindegebietsweite Flächennutzungsplankonzept einfügen muss.[1351]

2. Darstellungen über Flächen zum Ausgleich

Nach § 1 a Abs. 3 Satz 1 BauGB erfolgt der Ausgleich über geeignete Darstellungen nach § 5 BauGB als Flächen zum Ausgleich. Hierfür kommen insbesondere Darstellungen über Grünflächen (§ 5 Abs. 2 Nr. 5 BauGB), Wasserflächen (§ 5 Abs. 2 Nr. 7 BauGB), Flächen für die Landwirtschaft (§ 5 Abs. 2 Nr. 9 a BauGB), Flächen für Wald (§ 5 Abs. 2 Nr. 9 b BauGB) und Flächen für Maßnahmen zum Schutz, zur Pflege und zur Entwicklung von Natur und Landschaft (§ 5 Abs. 2 Nr. 10 BauGB) in Betracht.[1352] Werden Flächen z. B. als Bauflächen i. S. v. § 1 Abs. 1 BauNVO dargestellt, die einen Eingriff i. S. v. § 21 Abs. 1 BNatSchG erwarten lassen, so können diese Darstellungen auch durch andere überlagert[1353] werden. Insbesondere wenn auf den Eingriffsgrundstücken selbst Kompensationsmaßnahmen durchgeführt werden sollen, empfehlen sich überlagernde Darstellungen von Flächen für Maßnahmen zum Schutz, zur Pflege und zur Entwicklung von Natur und Landschaft. Dabei sind die zeichnerischen Darstellungen durch textliche zu konkretisieren, indem festgelegt wird, dass Kompensationsmaßnahmen auf den Baugrundstücken erfolgen sollen.[1354] Grünflächen sind mit einer Zweckbestimmung zu versehen, die ihre Eignung als Aus-

---

[1349] Zu § 1 a Abs. 3 S. 4 BauGB siehe G. I. 2. c) bb) (3).

[1350] Bunzel, NuR 1997, 583 (589).

[1351] Siehe dazu G. I. 2. c) bb) (3).

[1352] Vgl. Louis, NuR 1998, 113 (121); Bunzel, UPR 1997, 583 (589); Bunzel/Meyer, UPR 1994, 284 (287); W. Schrödter, in: Schrödter, § 1 a BauGB, Rn. 65.

[1353] Zur überlagernden Darstellung siehe B. III. 2. c) aa).

[1354] Bunzel/Meyer, UPR 1994, 284 (287).

gleichsfläche wiedergibt,[1355] bzw. mit einer Darstellung von Flächen für Maßnahmen zum Schutz, zur Pflege und zur Entwicklung von Natur und Landschaft zu überlagern.[1356] Auch Darstellungen von Flächen für die Landwirtschaft können durch Darstellungen von Flächen für Maßnahmen zum Schutz, zur Pflege und zur Entwicklung von Natur und Landschaft überlagert werden oder textlich dahingehend ergänzt werden, dass der Kompensationszweck zum Ausdruck kommt.[1357]

Schließlich können gem. § 5 Abs. 2 a BauGB Flächen zum Ausgleich im Sinne des § 1 a Abs. 3 BauGB im Geltungsbereich eines Flächennutzungsplans den Flächen, auf denen Eingriffe in Natur und Landschaft zu erwarten sind, ganz oder teilweise zugeordnet werden. Um Ausgleichsflächen zu schaffen, ist eine Zuordnung nach dem Wortlaut der Norm und dem Willen des Gesetzgebers[1358] auf Flächennutzungsplanebene nicht zwingend erforderlich. Durch die Zuordnung auf Flächennutzungsplanebene kann ein nachfolgendes Bebauungsplanverfahren entlastet werden.[1359] Ordnet die Gemeinde einer Eingriffsfläche allerdings eine Ausgleichsfläche zu, dann ist sie im Rahmen des Entwicklungsgebots nach § 8 Abs. 2 Satz 1 BauGB hieran auf Bebauungsplanebene gebunden.[1360] Die Zuordnung auf Flächennutzungsplanebene ist daher nur dann sinnvoll, wenn die Fläche der Gemeinde bereits zur Verfügung steht.[1361] Andernfalls besteht die Gefahr, dass die Eigentümer der dargestellten und zugeordneten Ausgleichsfläche wegen ihrer Monopolstellung hohe Preisvorstellungen durchsetzen.

3. Die Bildung eines Ausgleichflächenpools mit Hilfe des Flächennutzungsplans

Der weite Ausgleichsbegriff i. S. v. § 1 a Abs. 2 Nr. 2 BauGB, § 1 a Abs. 3 Satz 2 BauGB, § 200 a BauGB ermöglicht es, Flächen für den Ausgleich von mehreren Baugebieten oder Bauflächen räumlich getrennt von diesen Eingriffsflächen auf bestimmte Stellen in der Gemeinde zu konzentrieren; dies wird als

---

[1355] Bunzel, NuR 1997, 583 (589); Mitschang, Belange von Natur und Landschaft, S. 277; Hintzen, S. 67.

[1356] Louis, NuR 1998, 113 (121).

[1357] Bunzel/Meyer, UPR 1994, 284 (287); Hintzen, S. 73; Louis, NuR 1998, 113 (121).

[1358] BT-Drks. 13/6392, S. 47.

[1359] BT-Drks. 13/6392, Buchstabe a, S. 47.

[1360] Löhr, in: B/K/L, § 5 BauGB, Rn. 35 c.

[1361] Bunzel, NuR 1997, 583 (590). Stehen der Gemeinde die als Ausgleichsflächen in Betracht gezogenen flächen zum Zeitpunkt der Flächennutzungsplanung noch nicht zur Verfügung besteht die Gefahr, dass der Preis der zu erwerbenden Flächen ansteigt. Es wird deshalb empfohlen, den Umfang der Ausgleichsflächen auf Flächennutzungsplan ebene großzügig u bemessen, um bei Ankaufsverhandlungen Spielraum zu haben (vgl. Bunzel, NuR 1997, 583 (590); Bunzel, Flächenmanagement, S. 101; Wagner/Mitschang, DVBl. 1997, 1137 (1144)).

Ausgleichsflächenpool bezeichnet.[1362] Zudem erlaubt § 135 a Abs. 2 Satz 2 BauGB eine zeitliche Entkoppelung von Durchführung des Ausgleichs und Eingriff in Natur und Landschaft.[1363] Damit können die Gemeinden auf Flächen eines Ausgleichsflächenpools bereits Ausgleichsmaßnahmen zugunsten von Natur und Landschaft durchführen, bevor alle Eingriffe erfolgt sind. Tritt später ein Eingriffsbebauungsplan in Kraft, so können ihm nachträglich Ausgleichsflächen nach § 9 Abs. 1 a BauGB zugeordnet werden und so kann der Gemeinde die Refinanzierung nach § 135 a Abs. 3 BauGB ermöglicht werden. Die Eingriffe durch den neuen Bebauungsplan können dann mit bereits ausgeführten Ausgleichsmaßnahmen verrechnet werden und von einer Art Ökokonto der Gemeinde abgebucht werden.[1364] Die Wertigkeit der vorgezogenen Ausgleichsmaßnahmen wird dabei mit der Intensität des nachfolgenden Eingriffs verglichen.[1365] Um die Verbesserungen der Lage von Natur und Landschaft auf den Ausgleichsflächen leichter feststellen zu können, sind im Erläuterungsbericht des Flächennutzungsplans oder in den Darstellungen eines Landschaftsplans der Ausgangszustand von Natur und Landschaft festzuhalten.[1366]

Entscheidet sich die Gemeinde auf Flächennutzungsplanebene für einen Ausgleichsflächenpool verbunden mit einem Ökokonto, so kann sie dies zugleich dazu nutzen, ein gemeindeweites Biotopsystem zu entwickeln.[1367] Sie kann neben der Entwicklung und des Ausbaus von Grüngürteln als Erholungsraum für den Menschen dazu beitragen, dass das europäische Biotopverbundsystem, das mit der Fauna-Flora-Habitat-Richtlinie und der Vogelschutzrichtlinie verfolgt wird, weiter ausgebaut und geschützt wird. Sie kann z. B. Schutzgebiete im Sinne der Richtlinien durch „Trittsteine“ in Form von Ausgleichsflächen miteinander verbinden oder Pufferflächen für die Schutzgebiete ausweisen.[1368] So kann die Gemeinde auch zur Schaffung des Biotopverbundsystems, das in § 3 BNatSchG geregelt ist, beitragen.

Teilweise wird vertreten, dass die Bildung eines Flächenpools bedenklich mit Blick auf Art. 14 GG und Art. 3 Abs. 1 GG sei.[1369] Es sei nur schwer zu rechtfertigen, warum der eine Grundstücksinhaber das Recht zum Bauen erhalte, während der andere mit einer Ausgleichsfläche zugunsten des Begünstigten belastet werde.[1370] Richtig ist, dass das Eigentumsrecht des Belasteten gebührend in der Abwägung zu berücksichtigen ist. Andererseits ist das Eigentum gem.

[1362] Bunzel, NuR 1997, 583 (588); Bunzel/Meyer, UPR 1994, 284 (287).
[1363] Siehe dazu G. I. 2. c) bb) (3).
[1364] Bunzel, NuR 1997, 583 (588); Schink, DVBl. 1998, 609 (615); Erbguth/Wagner, Bauplanungsrecht, Rn. 100.
[1365] Reidt, in: Gelzer/Bracher/Reidt, Rn. 736.
[1366] Louis, NuR 1997, 113 (118); Schink, DVBl. 1998, 609 (615).
[1367] Schink, DVBl. 1998, 609 (616).
[1368] Wagner/Mitschang, DVBl. 1997, 1137 (1144); Louis, NuR 1998, 113 (118).
[1369] Zu Art. 14 GG siehe E. III. 4.
[1370] Brohm, Öffentliches Baurecht, § 6, Rn. 41.

Art. 14 Abs. 2 GG dem Wohl der Allgemeinheit verpflichtet. Es besteht ein Interesse daran, dass Bauflächen erschlossen werden, während andere Teile des Gemeindegebietes zum Schutz der Umwelt beitragen. Das Ziel, mit der Ausgleichsregelung die Belange von Natur und Landschaft zu schützen, hat gem. Art. 20 a GG verfassungsrechtlichen Rang und hat damit zum Wohl der Allgemeinheit eine besondere Durchsetzungskraft gegenüber Individualinteressen.[1371] Die Grundstücke, die zum Ausgleich geeignet sind, sind insoweit situationsbelastet, indem sie wegen ihrer tatsächlichen Beschaffenheit zur Förderung von Natur und Landschaft beitragen können. Weiterhin liegen die in Betracht kommenden Grundstücke regelmäßig im Außenbereich. Die Beschränkung der Baufreiheit im Außenbereich durch die Regelung des § 35 BauGB ist – wie bereits dargelegt[1372] – verfassungsgemäß. Es liegt mit im planerischen Ermessen der Gemeinde, welche Grundstücke sie einer Bebauung zuführt. Falls die Fläche, die zum Ausgleich herangezogen werden soll, im Bereich des § 34 BauGB bzw. eines abzuändernden Bebauungsplans liegt und das daraus abzuleitende bisherige Nutzungsrecht noch nicht ausgeübt wurde, geht dieses Nutzungsrecht erst durch einen neuen Ausgleichsbebauungsplan verloren. Da Festsetzungen, die zum Ausgleich an anderen Orten geeignet sind, solche nach § 9 Abs. 1 Nr. 10, 14, 15, 16, 18, 20 BauGB sind,[1373] können unverhältnismäßige Härten durch diese Festsetzungen über die Entschädigungsregelung des § 40 BauGB abgemildert werden.[1374]

4. Zwischenergebnis zu „Die Rolle des Flächennutzungsplans in einem gemeindlichen Eingriffs- und Ausgleichsflächenkonzept“

Ein Ausgleichs- und Eingriffsflächenkonzept wird in der Regel dann auf Flächennutzungsplanebene erforderlich, wenn Ausgleichsflächen an einem anderen Ort als dem des Eingriffs ausgewiesen werden sollen oder wenn ein großer Ausgleichsflächenbedarf besteht, der durch ein gemeindegebietsweites Konzept gesteuert werden sollte. Der Gemeinde stehen verschiedene Darstellungen zur Verfügung, um Ausgleichsflächen im Flächennutzungsplan auszuweisen. Insbesondere überlagernde Darstellungen nach § 5 Abs. 2 Nr. 10 BauGB spielen hierfür eine große Rolle. Über die Ausweisung von Darstellungen im Flächennutzungsplan kann ein Ausgleichsflächenpool geschaffen werden. Auf diese Weise können an einer Stelle im Gemeindegebiet Ausgleichsflächen für mehrere Bauge-

---

[1371] BVerwG, Beschluss vom 31.01.1997 – IV NB 27.96, BVerwGE 104, 68 (76).
[1372] Siehe dazu E. III. 4.
[1373] Mitschang, WiVerw 1998, 20 (37); Bunzel, Flächenmanagement, S. 54 ff.
[1374] Vgl. für § 9 Abs. 1 Nr. 10 BauGB: § 40 Abs. 1 Nr. 12 BauGB, für § 9 Abs. 1 Nr. 14 BauGB § 40 Abs. 1 Nr. 7 BauGB, für § 9 Abs. 1 Nr. 15 BauGB: § 40 Abs. 1 Nr. 8 BauGB, für § 9 Abs. 1 Nr. 16 BauGB § 40 Abs. 1 Nr. 13 BauGB, für § 9 Abs. 1 Nr. 20 BauGB: § 40 Abs. 1 Nr. 14 BauGB.

biete geschaffen werden. Da das Gesetz auch eine zeitliche Entkopplung von Eingriff und Ausgleich erlaubt, kann die Gemeinde ein Ökokonto einrichten. Sie kann Ausgleichsmaßnahmen durchführen, bevor ein Eingriff erfolgt, und die ökologische Aufwertung der Fläche als vorweggenommenen Ausgleich später berücksichtigen. Auf diese Weise können gemeindeweite Biotopverbundsysteme entwickelt werden, die dem Naturschutz zugute kommen. Die Ausweisung von Ausgleichsflächen zu Lasten des einen Eigentümers und zugunsten eines anderen Eigentümers verstößt dabei auch nicht gegen das Eigentumsrecht aus Art. 14 Abs. 1 GG.

III. Zwischenergebnis zu „Der Flächennutzungsplan als Grundlage für ein Eingriffs- und Ausgleichsflächenkonzept der Gemeinde"

Der Flächennutzungsplan hat im Bereich der Eingriffs- und Ausgleichsflächenkonzepte eine herausragende Bedeutung. Kommt die Gemeinde in ihrer bauleitplanerischen Abwägung zu dem Ergebnis, dass Eingriffe in Natur und Landschaft durch Kompensationsmaßnahmen an anderer Stelle als am Ort des Eingriffs durchgeführt werden sollen, dann ist regelmäßig ein Eingriffs- und Ausgleichsflächenkonzept auf Flächennutzungsplanebene zu entwickeln. Der Flächennutzungsplan ist damit ein wertvolles Instrument der Gemeinde, um ein ausgewogenes Bodennutzungskonzept zu schaffen.

H. Zusammenfassung der wichtigsten Ergebnisse

Zu B. Grundsätzliches über den Flächennutzungsplan

1. Erst seit Mitte des 19. Jahrhundert wird die Bebauung verstärkt hoheitlich geregelt. Aus den zunächst allein unter Gefahrabwehraspekten erfolgenden Regelungen entstanden nach und nach Planungen, die auf den Ausgleich der unterschiedlichen Bodennutzungsinteressen ausgerichtet waren. Daraus entwickelte sich ein zweistufiges Bauleitplansystem, dessen eine Stufe einen Plan ausmachte, der das gesamte Stadtgebiet mit einem planerischen Grobkonzept überzog. Nach und nach wurde diese zunächst staatliche Planung den Gemeinden als eigene Angelegenheit übertragen.

2. Planung ist zukunftsgerichtet, situationsbezogen und auf den Ausgleich unterschiedlicher Interessen gerichtet. Während die Fachplanung den Raum unter speziellen fachlichen Aspekten gestaltet, ist die Gesamtplanung nicht einem bestimmten fachlichen Aspekt verpflichtet. Sie dient nicht der Durchsetzung eines bestimmten fachlichen Nutzungsinteresses, sondern hat sämtliche Nutzungsinteressen zu berücksichtigen. Der Flächennutzungsplan steht im Bereich der Gesamtplanung zwischen dem Bebauungsplan und den Raumordnungsplänen.

3. Nach § 1 Abs. 1 BauGB ist es Aufgabe der Bauleitplanung, die bauliche und sonstige Nutzung in der Gemeinde vorzubereiten und zu leiten. Der Flächennutzungsplan hat sowohl vorbereitende, als auch leitende Funktion in diesem Sinne. Die Gemeinde kann sowohl vorhandene Nutzungen festschreiben als auch neue Nutzungen aufnehmen. Der Flächennutzungsplan beschränkt sich nicht auf die Regelung der baulichen Nutzung, sondern umfasst auch sonstige Nutzungen.

4. Während das Prinzip der Ordnung auf den Ausgleich der bereits vorhandenen Nutzungen und Nutzungsinteressen abzielt, stellt das Prinzip der Entwicklung darauf ab, dass die Gemeinde neue Nutzungen anregt. Städtebauliche Planung ist mit Blick auf Art. 74 Abs. 1 Nr. 1 GG bodenrechtlich veranlasste Planung. Darin spiegelt sich der örtliche Bezug der Bauleitplanung wider und zugleich die Grenze der Bauleitplanung. Zusammen ergibt sich aus den drei Elementen das Prinzip der städtebaulichen Entwicklung und Ordnung. Aus der historischen Entwicklung, die zum verfassungsrechtlichen Begriff des Bodenrechts führte, als auch aus der einfachgesetzlichen Lage und dem Begriff der Gesamtplanung lässt sich der Inhalt dieses Prinzips ableiten: Das Prinzip der städtebaulichen Entwicklung und Ordnung fordert einen umfassenden Interessenausgleich aller Belange, die einen örtlichen Bezug zur konkret zu überpla-

nenden Fläche haben, die einen Bezug zur Nutzung von Grund und Boden haben und die selbst nach einem umfassenden Interessenausgleich mit anderen Belangen verlangen. Städtebauliche Planung ist nicht auf die Verwirklichung eines einzelnen fachlichen Aspekts ausgelegt, sondern auf die Berücksichtigung aller Bodennutzungsbedürfnisse. Das Gesetz mahnt deshalb die Gemeinden in seinen generellen Planungszielen, nicht kurzfristigen Planungsbedürfnissen nachzugeben, sondern langfristige Planungen vorzunehmen. Das Prinzip der städtebaulichen Entwicklung und Ordnung gibt der Gemeinde also keine bestimmten Nutzungen vor, die sie in Bauleitplänen festzuschreiben hat, sondern nur die Methode, nach der sie die Bauleitpläne auszugestalten hat.

5. Eine Gemeinde ist immer zur Planung befugt, wenn für die Planung ein hinreichend gewichtiger städtebaulicher Belang spricht. Jeder Belang städtebaulicher Art, also jeder Belang, der einen konkreten örtlichen Bezug hat, sich auf die Nutzung von Grund und Boden bezieht und nach einem Interessenausgleich mit anderen städtebauliche Belangen verlangt, ist zur Rechtfertigung einer Planung geeignet. Die Planungsbefugnis verdichtet sich gem. § 1 Abs. 3 BauGB zur Planungspflicht, wenn die Planung für die städtebauliche Entwicklung und Ordnung erforderlich ist, d. h. wenn die städtebauliche Entwicklung und Ordnung ohne Planung nicht mehr gewährleistet werden kann.

6. Im Flächennutzungsplan legt die Gemeinde ihr Grundzügekonzept für die Bodennutzung im gesamten Gemeindegebiet fest. In dem Konzept sind alle Bodennutzungsbedürfnisse innerhalb der Gemeinde angemessen zu berücksichtigen. Das Grundzügekonzept konkretisiert die für das ganze Gemeindegebiet maßgebliche städtebauliche Entwicklung und Ordnung. Nur ausnahmsweise darf die Gemeinde Gemeindegebietsteile aus dem Flächennutzungsplan ausnehmen.

7. Während sich die Befugnis der Gemeinde zur Flächennutzungsplanung nach den allgemein für Bauleitpläne geltenden Grundsätzen richtet, legt § 8 Abs. 2 Satz 2 BauGB fest, dass die Gemeinde immer dann zur Aufstellung eines Flächennutzungsplans verpflichtet ist, wenn der Bebauungsplan nicht zur Steuerung der städtebaulichen Entwicklung und Ordnung genügt. Nur in seltenen Ausnahmefällen kann ein Bebauungsplan die Aufgaben des Flächennutzungsplans an dessen Stelle wahrnehmen. Ein einmal wirksam gewordener Flächennutzungsplan kann nicht wegen Funktionslosigkeit unwirksam werden; besteht ein Flächennutzungsplan, richtet sich die Pflicht zur Neuaufstellung danach, ob sich die Planungsbefugnis gem. § 1 Abs. 3 BauGB, § 2 Abs. 4 BauGB zur Planungspflicht verdichtet hat. Wird ein Flächennutzungsplan aufgehoben oder ist der aufgestellte Plan nichtig, dann ist die Gemeinde wieder im Rahmen des § 8 Abs. 2 Satz 2 BauGB zur Neuaufstellung verpflichtet.

8. Die Darstellungen des Flächennutzungsplans enthalten den planerischen Willen der Gemeinde. Sie weisen jeder Fläche eine bestimmte Nutzung zu. Neben dieser positiven Aussage macht eine Darstellung auch die negative Aussage, dass Nutzungen, die mit der ausgewiesenen Nutzung unverträglich sind, ausgeschlossen sind. Solange die als zulässig dargestellte Nutzung dem planerischen Willen der Gemeinde entspricht und nicht nur vorgeschoben ist, kann der Hauptzweck der Planung auch in der Verhinderung der Nutzungen liegen, die mit der ausgewiesenen unverträglich sind. Selbst eine Planung, deren Hauptzweck in der Freihaltung einer Fläche von bestimmten Nutzungen liegt, ist zulässig, wenn die positiv ausgewiesene Nutzung zumindest für den Prognosezeitraum des Flächennutzungsplans von der Gemeinde gewollt ist. Neben den Darstellungen kann ein Flächennutzungsplan auch Kennzeichnungen, nachrichtliche Übernahmen und Vermerke enthalten. Diese sind aber nicht Ausdruck des planerischen Willens der Gemeinde.

9. Der Erläuterungsbericht ist nicht Bestandteil des Flächennutzungsplans, sondern diesem nur beigefügt. Er enthält daher keine Darstellungen. Im Erläuterungsbericht hat die Gemeinde ihre Abwägungsüberlegungen offen zu legen und die mit den Darstellungen verfolgten Planungsziele im groben zu offenbaren.

10. Nur unter den Voraussetzungen, unter denen auch ein Ausnehmen von Flächen zulässig wäre, wirken sich fehlerhafte Darstellungen auf den restlichen Flächennutzungsplan nicht aus.

11. Die Flächennutzungsplanung ist eine Angelegenheit der örtlichen Gemeinschaft im Sinne des Selbstverwaltungsrechts aus Art. 28 Abs. 2 Satz 1 GG. Durch oder aufgrund von Gesetzen kann sie ausgestaltet werden, solange der Grundsatz der Verhältnismäßigkeit eingehalten wird. Andere Planungsträger, die aus eigener Kompetenz die Nutzung des Bodens regeln, müssen diese verfassungsrechtliche Stellung der Flächennutzungsplanung angemessen in ihrer Planung berücksichtigen.

12. Der Flächennutzungsplan ist ein Hoheitsakt sui generis. Er hat keine Außenwirkung, so dass er auf die Planungen und Vorhaben anderer regelmäßig nur wirkt, wenn eine gesetzliche Norm dies anordnet.

Zu C. Das Verhältnis der Flächennutzungsplanung zu anderen gemeindeeigenen Planungen

1. Den informellen Planungen kommt im Verhältnis zum Flächennutzungsplan eine ergänzende Funktion zu. Sie bereiten das Abwägungsmaterial vor und helfen Verfahrensschritte zu verkürzen. Allerdings sollten sie nicht an die Stelle

einer kontinuierlichen Fortschreibung des Flächennutzungsplans treten. Zwar ist der Flächennutzungsplan wegen seiner Bindung an ein formelles Verfahren weniger flexibel, andererseits liegt darin gerade seine Stärke. Auf diese Weise werden kurzfristige, an kurzlebigen Interessenlagen orientierte Veränderungen vermieden.

2. Das Entwicklungsgebot bindet den Bebauungsplan an den Flächennutzungsplan, wobei planerische Fortentwicklungen, die sich aus den Unterschieden beider Plantypen rechtfertigen, zulässig sind. Je genauer die Darstellungen des Flächennutzungsplans sind, desto weniger Spielraum hat die Gemeinde im Bebauungsplanverfahren. Das Grundzügekonzept des Flächennutzungsplans verhindert ein planerisches Stückwerk von Bebauungsplänen, das Freiflächen zugunsten von Bauflächen zurückdrängt. Die Beachtlichkeitsvorschriften des § 214 Abs. 2 BauGB gleichen Auslegungsschwierigkeiten im Zusammenhang mit dem Entwicklungsgebot aus. Verstöße gegen das Entwicklungsgebot in dem Sinne, dass die Festsetzungen für den engeren Bereich des Bebauungsplans nicht mit den entsprechenden Darstellungen übereinstimmen, machen den Bebauungsplan nicht nichtig, wenn sie das (materiell rechtmäßige) Grundzügekonzept des Flächennutzungsplans, das die städtebauliche Entwicklung und Ordnung für die Gemeinde konkretisiert, nicht beeinträchtigen.

3. Das Parallelverfahren lockert den zeitlichen Zusammenhang zwischen Bebauungsplan und Flächennutzungsplan, ohne Abstriche bei der materiellen Seite des Entwicklungsgebots zu machen. Die Darstellungen, die künftig für die Festsetzungen gelten werden, müssen bereits materiell teilplanreif sein; es muss also bereits im Zeitpunkt des Wirksamwerdens des Bebauungsplans sicher absehbar sein, dass die Festsetzungen aus den späteren Darstellungen entwickelt worden sind. Fehler im Parallelverfahren sind dann unbeachtlich, wenn der Bebauungsplan nicht die städtebauliche Entwicklung und Ordnung beeinträchtigt, wie sie sich – gegebenenfalls erst später – im Flächennutzungsplan manifestiert. Abzustellen ist auf das Grundzügekonzept des Flächennutzungsplans gesehen auf das ganze Gemeindegebiet, nicht auf die Darstellungen für den engeren Bereich des Bebauungsplans.

4. Ausnahmen vom Entwicklungsgebot enthalten § 8 Abs. 2 Satz 2 BauGB und § 8 Abs. 4 BauGB. Im Falle eines selbständigen Bebauungsplans i. S. v. § 8 Abs. 2 Satz 2 BauGB ist der Erlass eines Flächennutzungsplans überhaupt nicht nötig. Ein vorzeitiger Bebauungsplan i. S. v. § 8 Abs. 4 BauGB kann erlassen werden, wenn noch kein (teil-) planreifer Flächennutzungsplanentwurf vorliegt. Sonst ist das Parallelverfahren nach § 8 Abs. 3 Satz 2 BauGB zu wählen. Der vorzeitige Bebauungsplan darf der städtebaulichen Entwicklung der Gemeinde nicht entgegenstehen. Planungsabsichten, wie sie aus einem noch nicht planrei-

fen Flächennutzungsplanentwurf zum Ausdruck kommen, oder informelle Planungen geben Aufschluss über die geordnete städtebauliche Entwicklung der konkreten Gemeinde. Je weiter der Flächennutzungsplanentwurf vorangeschritten ist, desto eher wird die Durchführung eines Parallelverfahrens zumutbar sein. Werden die Voraussetzungen des § 8 Abs. 4 Satz 1 BauGB objektiv eingehalten, ist es nicht zusätzlich nötig, dass die Gemeinde sich der Vorzeitigkeit des Bebauungsplans bewusst war. Regelmäßig wird der Bebauungsplan dann aber mangels Genehmigung i. S. v. § 10 Abs. 2 Satz 1 BauGB unwirksam sein. Liegen dagegen nicht alle Voraussetzungen des § 8 Abs. 4 Satz 1 BauGB vor, dann ist ein Verstoß gegen § 8 Abs. 4 Satz 1 BauGB nach § 214 Abs. 2 Nr. 1 BauGB nur unbeachtlich, wenn sich die Gemeinde bewusst war, einen vorzeitigen Bebauungsplan zu erlassen. Im Bereich des vorzeitigen Bebauungsplans ist die steuernde Wirkung des Flächennutzungsplans erheblich verringert.

5. Unterschiedlichen Einfluss hat der Flächennutzungsplan auf die Innenbereichssatzungen. Die Klarstellungssatzung ist von den Darstellungen des Flächennutzungsplans unabhängig. Da sie überwiegend die bestehende Rechtslage klarstellt, ist eine Lenkung durch den Flächennutzungsplan nicht nötig. Dagegen ist die Entwicklungssatzung, die neue Baurechte schafft, an die Darstellungen des Flächennutzungsplans gebunden. Nur wenn die Flächen im Bebauungsplan als Bauflächen dargestellt sind und die durch die Innenbereichssatzung nach § 34 BauGB zulässige Bebauung gleichsam aus den Darstellungen des Flächennutzungsplans entwickelt ist, ist die Entwicklungssatzung zulässig. Die Abrundungssatzung schließlich muss nicht zwingend aus den Darstellungen des Flächennutzungsplans entwickelt sein. Andererseits muss sie mit einer geordneten städtebaulichen Entwicklung vereinbar sein. Die geordnete städtebauliche Entwicklung ist beeinträchtigt, wenn die Satzung negative Auswirkung auf die planerische Konzeption des Flächennutzungsplans für den größeren Raum hat.

Damit steht der Flächennutzungsplan als gemeindegebietsweites Koordinationsinstrument im Mittelpunkt der gemeindeeigenen Planungen. Selbst wenn die Darstellungen für den engeren Bereich einer gemeindlichen Planung nicht immer einzuhalten sind, so darf doch das gemeindegebietsweite Konzept als solches nicht beeinträchtigt werden.

Zu D. Das Verhältnis der Flächennutzungsplanung zu Planungen anderer Planungsträger

1. Die Flächennutzungsplanung einer Gemeinde ist mit den Bauleitplanungen anderer Gemeinden über das interkommunale Abstimmungsgebot verbunden. In formeller Hinsicht ist die Gemeinde verpflichtet, die benachbarten Gemeinden zu beteiligen und ihnen Gelegenheit zur Stellungnahme zu geben. In materieller

Hinsicht ist § 2 Abs. 2 BauGB ein Spezialfall zu § 1 Abs. 6 BauGB und verpflichtet die Gemeinde, die schützenswerten Interessen ihrer Nachbarn in der Abwägung gebührend zu berücksichtigen. Bei der Abwägung ist zu berücksichtigen, dass die Planung der einen Gemeinde Auswirkungen auf die Planungsmöglichkeiten der anderen Gemeinde haben kann. Angesichts der verfassungsrechtlich geschützten Planungshoheit einer jeden Gemeinde hat eine Gemeinde die Belange einer anderen immer dann in ihre Abwägung einzustellen, wenn unmittelbare Auswirkungen gewichtiger Art entstehen. Zwar gilt die Abstimmungspflicht nicht nur, wenn die benachbarte Gemeinde selbst bereits Planungsvorstellungen oder gar Pläne hat, ein bereits bestehender Flächennutzungsplan verleiht den Interessen der benachbarten Gemeinde aber ein erhebliches Gewicht. Schon deshalb sollte die Gemeinde ihren Flächennutzungsplan regelmäßig aktualisieren.

2. Fachplanungsträger und Gemeinden müssen sich wechselseitig formell beteiligen. Auf diese Weise erhält der jeweils Planende Kenntnis von den Planungsinteressen des anderen.

3. Legt der beteiligte Fachplanungsträger keinen Widerspruch gegen den Flächennutzungsplan ein, dann ist er nach § 7 BauGB zur Anpassung seiner nachfolgenden Fachplanung an den Flächennutzungsplan verpflichtet. Der Umfang der Anpassungspflicht entspricht dem Bindungsgrad des Entwicklungsgebots i. S. v. § 8 Abs. 2 Satz 1 BauGB.

4. Der Fachplanungsträger kann einer Flächennutzungsplanung widersprechen, wenn sie im Gegensatz zu seinen fachplanerischen Belangen steht. Voraussetzung ist, dass die Fachplanung bereits soweit gediehen ist, dass ein Ausgleich der Belange im Flächennutzungsplan geschaffen werden kann. Ein rein vorsorglicher Widerspruch in einer Phase, in der das konkrete fachplanerische Vorhaben nicht absehbar ist, ist nicht möglich.

In der gemeindlichen Abwägung sind die fachplanerischen Vorstellungen lediglich abwägungserhebliche Belange. Der Fachplanungsträger wiederum, der dem Flächennutzungsplan widersprochen hat, muss die im Flächennutzungsplan zum Ausdruck kommenden städtebaulichen Belange später lediglich in seiner Abwägung berücksichtigen. Es kann also sein, dass ein Fachplan später nach einer fehlerfreien Abwägung zu einem Vorhaben führt, das mit den flächennutzungsplanerischen Darstellungen unvereinbar ist. Der Flächennutzungsplan wird dann zwar nicht wegen Funktionslosigkeit unwirksam; jedoch kann eine Planungspflicht nach §§ 1 Abs. 3, 2 Abs. 4 BauGB entstehen.

Beeinträchtigt der Fachplan die Umsetzung der im Flächennutzungsplan dargestellten Bodennutzung, so dass der Flächennutzungsplan nachhaltig gestört wird, und überwindet der Fachplanungsträger diesen gemeindlichen Belang nicht in einer ordnungsgemäßen Abwägung, dann wird die Gemeinde in ihrer Planungshoheit verletzt. Anders als im Rahmen des interkommunalen Abstimmungsgebots sind städtebauliche Belange nur dann abwägungsrelevant, wenn sie sich in einer Planung wie der Flächennutzungsplanung konkretisiert haben. Die planerischen Vorstellungen der Gemeinde über die Bodennutzung finden also nur über den Flächennutzungsplan Eingang in die fachplanerische Abwägung. Schon deshalb empfiehlt sich ein aktualisierter Flächennutzungsplan, damit nicht veraltete Vorstellungen berücksichtigt werden, während die aktuellen gemeindlichen Vorstellungen vom Fachplanungsträger gar nicht beachtet werden.

5. Der nachträgliche Widerspruch richtet sich nach § 7 Satz 3 bis Satz 5 BauGB. Wird er rechtmäßig ausgeübt, so wird der Fachplanungsträger von der Anpassungspflicht befreit. Darüber hinaus wird der Fachplanungsträger von der Anpassungspflicht befreit, wenn die Gemeinde auf deren Einhaltung verzichtet.

6. Wird ein Flächennutzungsplan in einem Zeitpunkt aufgestellt oder geändert, in dem bereits ein Fachplan existiert, dann verpflichtet § 7 BauGB den Fachplanungsträger nicht, seinen Fachplan nachträglich an den Flächennutzungsplan anzupassen. Die Gemeinde muss die bestehenden Fachpläne in ihrer flächennutzungsplanerischen Abwägung berücksichtigen. Sie ist sogar bei ihrer Flächennutzungsplanung an die fachlichen Pläne gebunden, wenn sich deren Verbindlichkeit aus einer bundesgesetzlichen Norm herleiten lässt oder die Pläne als höherrangigere Bundesrechtsnorm im Verhältnis zu den Bauleitplänen erlassen worden sind. Insbesondere vermögen auch wirksam gewordene Planfeststellungsbeschlüsse die nachfolgenden Flächennutzungspläne zu binden.

Der Fachplanungsträger muss wiederum eine parallel zu seiner Fachplanung betriebene Flächennutzungsplanung in seiner Abwägung berücksichtigen. Die Gemeinde darf aber auf dem Hintergrund ihrer verfassungsrechtlich geschützten Planungshoheit, die auch die Flächennutzungsplanung erfasst, und auf dem Hintergrund der Besonderheiten der Rechtsnatur des Flächennutzungsplans trotz der Bindung an die Fachpläne Darstellungen in ihren nachfolgenden Flächennutzungsplan aufnehmen, die nicht mit der fachplanerischen Zweckbestimmung für die überplante Fläche kollidieren. Darüber hinaus, darf die Gemeinde auch Darstellungen aufnehmen, die gegenwärtig wegen des Fachplans nicht in einem Bebauungsplan umgesetzt werden können, wenn nicht von vorneherein ausgeschlossen ist, dass die Fläche innerhalb des Prognosezeitraums wegen Wegfalls des Fachplans der gemeindlichen Gestaltung wieder zur Verfügung stehen wird.

7. Eine Gemeinde kann in ihren Flächennutzungsplan auch Darstellungen treffen, die eine Alternative zu einer künftigen Fachplanung bieten. Der Fachplanungsträger muss diese Alternativplanung als abwägungserheblichen Belang

von einigem Gewicht in seine Abwägung einstellen und regelmäßig Belange von erheblichen Gewicht vorbringen, um einer anderen Planungsalternative den Vorzug zu geben.

8. Die wechselseitige formelle Beteiligung von Gemeinden und Raumordnungsplanungsträgern ist einfachgesetzlich umfassend geregelt. Im Verhältnis zur Landesplanung kommt der Gemeinde zwar nur eine mittelbare Beteiligung über ihre Mitgliedschaft im Regionalplanungsverband zu, diese garantiert der Gemeinde jedoch im ausreichenden Maße, ihre städtebaulichen Interessen vorzubringen.

9. Waren bereits vor Aufstellung oder Änderung eines Flächennutzungsplans Ziele der Raumordnung festgelegt, dann trifft die Gemeinde gem. § 4 Abs. 1 Satz 1 ROG eine Beachtenspflicht. Diese lässt sich in eine generelle Unterlassenspflicht, eine Rücksichtnahmepflicht und eine spezielle Handlungspflicht aufteilen. Die Bindungswirkung richtet sich nach dem Genauigkeitsgrad des Ziels. Dabei sind übergemeindliche und gemeindescharfe Ziele ebenso zulässig wie gemeindegebietsscharfe Ziele. Voraussetzung ist – auch wegen des mit dem Ziel verbundenen Eingriffs in das gemeindliche Selbstverwaltungsrecht – das Vorliegen eines hinreichend gewichtigen Grundes und die Einhaltung des Verhältnismäßigkeitsgrundsatzes. Dann ist selbst ein Ziel möglich, das der Gemeinde in seinem Regelungsbereich keinen substanziellen Konkretisierungsspielraum mehr lässt. Lässt das Ziel der Gemeinde einen eigenen Konkretisierungsspielraum offen, dann gelten für die Umsetzung des Ziels in den Darstellungen des Flächennutzungsplans die Grundsätze zum Entwicklungsgebot entsprechend. Gleiches gilt auch für die Anpassungspflicht nach § 1 Abs. 4 BauGB. Bestandteil der Beachtenspflicht wie der Anpassungspflicht ist weiterhin die gemeindliche Pflicht, bestehende Flächennutzungspläne neuen Zielen der Raumordnung anzugleichen. Eine Erstplanungspflicht ist dagegen nur Bestandteil der Anpassungspflicht, nicht der Beachtenspflicht. Regelmäßig besteht bereits gem. § 1 Abs. 3 BauGB i. V. m. § 8 Abs. 2 Satz 2 BauGB eine Erstaufstellungspflicht.

10. Die Grundsätze der Raumordnung muss die Gemeinde lediglich in ihrer Abwägungsentscheidung nach § 1 Abs. 6 BauGB berücksichtigen. Neuaufgestellte Grundsätze verpflichten die Gemeinde nicht, ihre vorher getätigten Abwägungsentscheidungen zu überprüfen.

11. Der Flächennutzungsplan ist dagegen stets (nur) ein abwägungserheblicher Belang in der raumordnerischen Abwägung.

Im Verhältnis zu Planungen anderer Gemeinden verleiht ein aktualisierter Flächennutzungsplan den Interessen der Gemeinde ein erhöhtes Gewicht.

Fachplänen und Raumordnungsplänen kommt zwar eine recht hohe Durchsetzungsfähigkeit gegenüber der Flächennutzungsplanung zu, so dass diese oftmals zurücktreten muss. Dennoch vermag die Gemeinde mit einer aktualisierten Flächennutzungsplanung einen erheblichen Einfluss auf Fach- und Raumordnungsplanungen zu gewinnen.

Zu E. Das Verhältnis der Flächennutzungsplanung zur Zulässigkeit von Einzelvorhaben nach den Vorschriften der §§ 29 ff. BauGB

1. In qualifiziert oder vorhabenbezogen überplanten Gemeindegebieten hat der Flächennutzungsplan nur mittelbare Wirkung, indem der Bebauungsplan nur in Übereinstimmung mit dem Entwicklungsgebot erlassen werden darf. Änderungen des Flächennutzungsplans nach Erlass des Bebauungsplans haben keine Wirkung auf die Zulässigkeit von Vorhaben. Auch im unbeplanten (und einfach beplanten) Innenbereich hat der Flächennutzungsplan keine unmittelbare Wirkung auf die Zulässigkeit. Soweit Festsetzungen eines einfachen Bebauungsplans gelten, ist der Flächennutzungsplan im Rahmen des Entwicklungsgebots zu beachten. Legen konstitutive Innenbereichsatzungen den im Zusammenhang bebauten Bereich fest, dann sind die Satzungen im Zeitpunkt ihres Erlasses vom Flächennutzungsplan abhängig.

2. Die Zulässigkeit eines nicht-privilegierten Vorhabens i. S. v. § 35 Abs. 2 BauGB hängt davon ab, ob es öffentliche Belange beeinträchtigt. Zu den öffentlichen Belangen zählen neben den in § 35 Abs. 3 Satz 1 BauGB genannten auch alle öffentlichen Belange, die zu der gesetzgeberischen Wertung, wie sie aus den Regelbeispielen ersichtlich ist, nicht in Widerspruch stehen. Belange sind beeinträchtigt, wenn sie die Darstellung negativ berühren. Eine nachvollziehende Abwägung ist nicht Voraussetzung.

3. Eine Beeinträchtigung öffentlicher Belange liegt gem. § 35 Abs. 3 Satz 1 Nr. 1 BauGB vor, wenn das Vorhaben den Darstellungen des Flächennutzungsplans widerspricht. Öffentlicher Belang i. S. v. § 35 Abs. 2 BauGB ist darüber hinaus auch der formell und materiell planreife Flächennutzungsplanentwurf sowie ein formell unwirksamer Flächennutzungsplan, von dessen Heilung mit hinreichender Sicherheit ausgegangen werden kann. Von § 35 Abs. 3 Satz 1 Nr. 1 BauGB werden unterschiedslos alle Darstellungen der Gemeinde erfasst. Ob das Vorhaben den Darstellungen widerspricht, richtet sich nach der Eigenart des jeweiligen Vorhabens und nach dem Nutzungsrahmen der Darstellungen. Die Darstellungen des Flächennutzungsplans können also eine vorhabenhindernde Wirkung haben. Eine vorhabenzulassende Wirkung kommt den Darstellungen dagegen nicht zu.

4. Von der vorhabenhindernden Wirkung der Darstellungen eines Flächennutzungsplans gibt es zwei Ausnahmen: Erstens können die Darstellungen eines Flächennutzungsplans einem teil-privilegierten Vorhaben i. S. v. § 35 Abs. 4 BauGB nicht entgegengehalten werden. Zu den teil-privilegierten Vorhaben gehört aber nur ein eng begrenzter Vorhabenskreis.

Erlässt die Gemeinde eine Außenbereichssatzung i. S. v. § 35 Abs. 6 BauGB, dann kann zweitens Wohnzwecken dienenden Vorhaben oder bestimmten Handwerks- und Gewerbebetrieben nicht der Widerspruch zu einer Darstellung über eine Fläche für die Landwirtschaft oder Wald oder die Gefahr der Entstehung oder Verfestigung einer Splittersiedlung entgegengehalten werden. Voraussetzung ist, dass die Satzung mit einer geordneten städtebaulichen Entwicklung vereinbar ist. Dazu muss sich die durch die Satzung ermöglichte Bebauung in das gemeindegebietsweite Konzept des Flächennutzungsplans einfügen. Außerdem darf das Vorhaben zu sonstigen Darstellungen gem. § 35 Abs. 2, Abs. 3 Satz 1 Nr. 1 BauGB nicht im Widerspruch stehen, so dass der Erlass einer Außenbereichssatzung, die die Belange der Gefahr der Entstehung oder Verfestigung einer Splittersiedlung ausschalten soll, nur Sinn macht, wenn sie mit der konkreten Darstellung des Flächennutzungsplans für das Satzungsgebiets übereinstimmt.

5. Ein öffentlicher Belang steht einem privilegierten Vorhaben entgegen, wenn das Gewicht des Vorhabens höher ist als das Gewicht des öffentlichen Belangs. Eine Darstellung des Flächennutzungsplans ist ein öffentlicher Belang i. S. v. § 35 Abs. 1 BauGB. Die Darstellungen eines formell unwirksamen Flächennutzungsplans und die Darstellungen eines formell und materiell planreifen Entwurfs enthalten ebenfalls öffentliche Belange. Allerdings müssen die Darstellungen wegen des besonderen Gewichts der privilegierten Vorhaben konkret und standortbezogen sein, um überhaupt dazu geeignet zu sein, sich gegenüber privilegierten Vorhaben durchzusetzen. Auch Darstellungen, die als negatives Planungsziel die Freihaltung der überplanten Flächen von bestimmten Nutzungen verfolgen, bilden öffentliche Belange, solange sie die Grenze zur unzulässigen Verhinderungsplanung nicht überschreiten. Solche Darstellungen sind grundsätzlich geeignet, privilegierte Vorhaben zu verhindern. Es ist aber stets zu ermitteln, ob sich die Darstellungen auch im konkreten Einzelfall gegenüber dem privilegierten Vorhaben durchsetzen. Neben dieser vorhabenhindernden Wirkung hat eine Darstellung keine vorhabenzulassende Wirkung.

6. Mit Blick auf die Rechtsprechung hat der Gesetzgeber das Darstellungsprivileg in § 35 Abs. 3 Satz 3 BauGB geschaffen. Danach kann die Gemeinde mit der Darstellung einer Konzentrationszone eine privilegierte Nutzung auf einem Teil ihres Gebietes konzentrieren und zugleich im übrigen Gebiet ausschließen.

Die Ausschlusswirkung muss im Flächennutzungsplan selbst dargestellt sein. Es genügt nicht, dass sie im Erläuterungsbericht zum Ausdruck kommt.

Sowohl die innergebietliche positive und negative Wirkung als auch die nur negative außergebietliche Wirkung der Konzentrationszone muss städtebaulich gerechtfertigt sein; die außergebietliche Ausschlusswirkung darf keine reine Verhinderungsplanung sein. Deshalb muss die Gemeinde der Konzentrationszone ein schlüssiges Planungskonzept zugrundelegen. Die dabei vorzunehmende Abwägung fällt regelmäßig für die außergebietlichen Flächen globaler aus als für die innergebietlichen. Nach § 35 Abs. 3 Satz 3 BauGB steht eine Konzentrationszone mit Ausschlusswirkung einem privilegierten Vorhaben im Ausschlussbereich daher in der Regel entgegen. Die Ausschlusswirkung verhindert ein privilegiertes Vorhaben daher nicht, wenn ein Sonderfall vorliegt, der von der Darstellung nach deren Sinn und Zweck oder wegen des globalen Charakters der Abwägung nicht erfasst wird. Die außergebietliche Ausschlusswirkung der Konzentrationszone kann durch andere Darstellungen überlagert werden. Vorhabenzulassende Wirkung kommt der Konzentrationszone nicht zu.

7. Die Darstellungen eines Flächennutzungsplans und die Ziele der Raumordnung beeinflussen beide die Zulässigkeit von privilegierten und nichtprivilegierten Vorhaben im Außenbereich. Den Zielen nachfolgende Darstellungen sind gem. § 1 Abs. 4 BauGB, § 4 Abs. 1 Satz 1 ROG in Übereinstimmung mit diesen zu erlassen. Existiert eine Darstellung vor einem Ziel, dann kann eine Darstellung ein mit einem Ziel vereinbares Vorhaben verhindern. Allerdings kann ein der Darstellung nachfolgendes Ziel im Bereich des § 35 Abs. 1 BauGB die vorhabenhindernde Wirkung einer Darstellung beseitigen, wenn die Darstellung in der raumordnungsplanerischen Abwägung zurückgestellt worden ist.

8. Die Regelungen des § 35 BauGB sind mit Art. 14 GG vereinbar. Grundstücke im Außenbereich sind dadurch vorbelastet, dass sie dem dynamischen Maßstab des § 35 BauGB unterliegen. Die öffentlichen Belange, nach denen sich die Zulässigkeit eines Vorhabens bestimmt, unterliegen einem ständigen Wandel. Insbesondere die Änderung der Darstellungen eines Flächennutzungsplans zu Lasten eines Grundstückseigentümers führen nicht zu einem fortdauernden, über den Gesetzestext hinausgehenden Anspruch auf Bebauung.

Insgesamt kann die Gemeinde damit den Flächennutzungsplan dazu einsetzen, bestimmte Vorhabenstypen im Außenbereich zu steuern, ohne den ganzen Außenbereich mit Bebauungsplänen überziehen zu müssen.

Zu F. Der Einfluss des Flächennutzungsplans im Bereich des Vorkaufsrechts als Sicherungsmittel der Bauleitplanung

Ein Flächennutzungsplan, der Wohnbauflächen oder Wohnbaugebiete im bisherigen unbebauten Außenbereich darstellt, kann zu einem gemeindlichen Vorkaufsrecht führen. Damit wird der Flächennutzungsplan zum Sicherungsmittel der gemeindlichen Planungshoheit.

Zu G. Der Flächennutzungsplan als Grundlage für ein Eingriffs- und Ausgleichsflächenkonzept der Gemeinde

1. Nach § 1 a Abs. 2 Nr. 2, Abs. 3 BauGB sind die Vermeidung und der Ausgleich der zu erwartenden Eingriffe in Natur und Landschaft in der Abwägung zu berücksichtigen. Was unter Eingriff und Ausgleich zu verstehen ist, richtet sich nach den Definitionen des Bundesnaturschutzgesetzes. Welche Rechtsfolgen ein Eingriff für die Bauleitplanung hat, insbesondere ob und wie ein Ausgleich zu erfolgen hat, richtet sich nach dem Baugesetzbuch. Nach dem Baugesetzbuch ist sowohl das Integritätsinteresse von Natur und Landschaft als auch das Kompensationsinteresse Bestandteil der gemeindlichen Abwägung. Beide sind einfache abwägungserhebliche Belange und haben gegenüber anderen Belangen kein erhöhtes Gewicht im Sinne eines Optimierungsgebots.

2. Das Integritätsinteresse wird an der Eingriffsintensität gemessen. Die Bewertung erfolgt regelmäßig mit Hilfe einer Landschaftsplanung, die der Aufbereitung von abwägungserheblichen Material für die Bauleitplanung dient. Ob die Landschaftsplanung nach dem Modell der Primärintegration oder der Sekundärintegration vorgenommen wird, wirkt sich dabei im Ergebnis nicht aus.

3. In ihrer Abwägung entscheidet die Gemeinde sowohl darüber, ob ein Eingriff überhaupt erfolgen soll, wie er im Sinne des Vermeidungsgrundsatzes begrenzt werden kann und ob und wie er ausgeglichen werden soll. Der Vermeidungsgrundsatz bezieht sich entsprechend dem naturschutzrechtlichen Vermeidungsgrundsatz i. S. v. § 19 Abs. 1 BNatSchG darauf, wie der einzelne Eingriff möglichst gering gehalten wird, nicht darauf, wie der Eingriff ganz vermieden werden kann oder welcher Alternativstandort besser wäre. Die Zielsetzung des Vermeidungsgrundsatzes entspricht der Bodenschutzklausel des § 1 a Abs. 1 BauGB.

4. Ein Ausgleich ist gem. § 1 a Abs. 3 Satz 4 BauGB erforderlich und damit in der Abwägung zu berücksichtigen, wenn ein bereits vorhandenes Vorhaben rechtswidriger Weise durchgeführt wurde oder wenn ein geplantes Vorhaben zuvor lediglich nach § 35 BauGB zulässig gewesen wäre. Der Ausgleich im

Baurecht umfasst sowohl Ausgleichsmaßnahmen als auch Ersatzmaßnahmen. Die Gemeinde entscheidet in ihrer Abwägung, ob sie Ausgleichs- oder Ersatzmaßnahmen vorsehen will; dabei kommt den Ausgleichsmaßnahmen in der Abwägungsentscheidung kein gesetzlich vorgeschriebener Vorrang zu. Den Ausgleich kann die Gemeinde sowohl durch Darstellungen eines Flächennutzungsplans und Festsetzungen eines Bebauungsplans vorbereiten als auch durch vertragliche Vereinbarungen oder durch sonstige geeignete Maßnahmen auf von der Gemeinde zur Verfügung gestellten Flächen. Der Flächennutzungsplan kann als gemeindegebietsweites Nutzungskonzept gerade in Fällen, in denen der Ausgleich nicht nur auf gemeindeeigenen Flächen erfolgt oder ein umfangreiches Ausgleichsbedürfnis besteht, Träger eines gemeindlichen Ausgleichskonzepts sein.

5. Wird der Ausgleich an anderer Stelle als dem Ort des Eingriffs vorgenommen, dann muss dies mit einer geordneten städtebaulichen Entwicklung vereinbar sein. Dies bestimmt sich nach denselben Maßstäben, wie sie auch im Rahmen des § 214 Abs. 2 Nr. 2 BauGB und § 34 Abs. 4 und 5 BauGB gelten. Die Ausgleichsfläche muss zwar nicht gleichsam aus den Darstellungen i. S. v. § 8 Abs. 2 Satz 1 BauGB entwickelt worden sein, sie muss sich aber in das gemeindegebietsweite Konzept einfügen. Dieser Voraussetzung kommt besonders im Bereich von Ausgleichsflächen, die durch vertragliche Vereinbarung oder auf von der Gemeinde zur Verfügung gestellten Flächen bereitgestellt werden, eine Bedeutung zu. Denn anders als bei Ausgleichsbebauungsplänen erfolgt bei diesen Flächen nicht bereits über das Entwicklungsgebot des § 8 Abs. 2 Satz 1 BauGB eine Bindung an die von der Gemeinde beabsichtigte städtebauliche Entwicklung und Ordnung. Wird der Ausgleich an anderer Stelle als der des Eingriffsorts vorgenommen, dann muss dies mit den Zielen der Raumordnung und den Zielen von Naturschutz und Landschaftspflege vereinbar sein. Für Landschaftspläne, die die Ziele von Naturschutz und Landschaftspflege konkretisieren, gilt, dass ihre Inhalte weiterhin nach § 1 a Abs. 2 Nr. 2 BauGB abzuwägen sind. Werden die Ziele in den Darstellungen der Flächennutzungspläne integriert oder transformiert, dann haben sie die gleichen Rechtswirkungen wie städtebauliche Darstellungen. Städtebauliche und landschaftsplanerische Darstellungen, die Bestandteile ein und desselben Plans sind, dürfen aber nicht in sich widersprüchlich sein.

6. Viele ältere gemeindliche Flächennutzungspläne enthalten noch keine Aussagen zu Ausgleichs- und Eingriffsflächenkonzepten. Macht die Neuaufstellung von Bebauungsplänen einen gemeindegebietsweiten Ausgleich erforderlich, dann wird eine sachgerechte Steuerung der Bebauung regelmäßig nur möglich sein, wenn ein gemeindegebietsweites Ausgleichskonzept im Flächennutzungsplan verankert wird.

7. Das Gesetz stellt den Gemeinden umfangreiche Möglichkeiten zur Verfügung, Ausgleichsflächen im Flächennutzungsplan darzustellen. Die Gemeinde kann bereits auf Flächennutzungsplanebene einer Eingriffsfläche eine Ausgleichsfläche zuordnen. Dies ist aber wegen der Gefahr von Grundstückspreissteigerungen nur sinnvoll, wenn die Fläche der Gemeinde bereits zur Verfügung steht. Darüber hinaus kann die Gemeinde einen Ausgleichsflächenpool verbunden mit einem Ökokonto schaffen und so die ökologische Aufwertung von Ausgleichsflächen dazu nutzen, den Schutz von Natur und Landschaft zu fördern. Diese Regelung ist mit Art. 14 Abs. 1 Satz 1 GG vereinbar.

Im Ergebnis hilft ein aktualisierter, stetig fortgeschriebener Flächennutzungsplan eigene gemeindliche Planungen zu steuern, Planungen anderer zu beeinflussen und Vorhaben im Außenbereich zu leiten. Daneben kann er als Sicherungsmittel die eigene Bauleitplanung schützen. Schließlich vermag er ein Freiflächensystem in der Gemeinde zu etablieren, das Natur und Landschaft fördert.

Das Gesetz sieht also zahlreiche Möglichkeiten für die Gemeinde vor, den Flächenverbrauch nach ihren Vorstellungen mitzusteuern. Bleibt zu hoffen, dass die Gemeinde die rechtlichen Gestaltungsmöglichkeiten, die ihr das Gesetz an die Hand gibt, annimmt und den Flächennutzungsplan in Zukunft als stets zu aktualisierenden Kern ihrer Planungsinstrumente nutzt.

Literaturverzeichnis

Albers, Gerd	Stadtplanung: eine praxisorientierte Einführung, 2. Auflage, Darmstadt 1992
Arbeitskreis für Umwelt	Stellungnahme des Arbeitskreises für Umwelt zum Baugesetzbuch in: NVwZ 1987, S. 395 – 397
Bartlsperger, Richard	Gegenstromprinzip in: Akademie für Raumforschung und Landesplanung (Hrsg.), Zur Novellierung des Landesplanungsrechts aus Anlaß des Raumordnungsgesetzes 1998, Arbeitsmaterial Nr. 266, Hannover 2000, S. 29 – 38
Battis, Ulrich	Öffentliches Baurecht und Raumordungsrecht, 4. Auflage, Stuttgart, 1999
Battis, Urich; Krautzberger, Michael; Löhr, Rolf-Peter	Baugesetzbuch – BauGB – Kommentar, 8. Auflage, München 2002 zitiert: Bearbeiter, in: B/K/L
Becker, Ulrich; Heckmann, Dirk; Kempen, Bernhard; Manssen, Gerrit	Öffentliches Recht in Bayern, 2. Auflage, München 2001 zitiert: Bearbeiter, in: Öffentliches Recht in Bayern
Benda, Ernst; Maihofer, Werner, Vogel, Hans-Jochen (Hrsg.)	Handbuch des Verfassungsrechts der Bundesrepublik Deutschland, 2. Auflage, Berlin/New York 1994 zitiert: Bearbeiter, in: Handbuch des Verfassungsrechts
Bender, Bernd	Befugnis und Pflicht zur Bauleitplanung – Zu einer Neuinterpretation des § 1 Abs. 3 BauGB in: Driehaus, Hans-Joachim; Birk, Hans-Jörg (Hrsg.); Baurecht – Aktuell: Festschrift für Felix Weyreuther, München u. a. 1993, S. 125 – 136 zitiert: Bender, in: FS Weyreuther
Berkemann, Jörg	Horizonte rechtsstaatlicher Planung in: Berkemann, Jörg; Gaentzsch, Günter; Halama, Günter; Heeren, Helga; Hien, Eckart; Lemmel, Hans-Peter (Hrsg.), Planung und Plankontrolle – Entwicklungen im Bau- und Fachplanungsrecht: Otto Schlichter zum 65. Geburtstag, Köln 1995, S. 27 – 54

zitiert: Berkemann, in: FS Schlichter

Bielenberg, Walter; Runkel, Peter; Spannowsky, Willy — Raumordnungs- und Landesplanungsrecht des Bundes und der Länder – Ergänzbarer Kommentar und systematische Sammlung der Rechts- und Verwaltungsvorschriften, Band 2, Loseblattsammlung, Stand: Juli 2002

zitiert: Bearbeiter, in: Bielenberg/Runkel/Spannowsky

Bielenberg, Walter; Krautzberger, Michael, Söfker, Wilhelm — Baugesetzbuch mit BauNVO – Leitfaden und Kommentierung -, Vergleichende Gegenüberstellung von neuem und alten Recht (Synopsen) – Ausführliche Kommentierung des neuen Rechts, 5. Auflage, München 1998

zitiert: Bearbeiter, in: Bielenberg/Krautzberger/Söfker 1998

Birk, Hans-Jörg — Die Schnittstelle zwischen kommunaler Planungshoheit und Fachplanungshoheit – dargestellt an der Frage der Geltung des Bauplanungsrechts auf Bundesbahnflächen

in: Lenz, Wolfgang (Hrsg.), Festschrift für Konrad Gelzer zum 75. Geburtstag, Düsseldorf 1991, S. 1 – 14

zitiert: Birk, in: FS Gelzer

Birk, Hans-Jörg — Kommunale Selbstverwaltungshoheit und überörtliche Planung

in: NVwZ 1989, S. 905 – 913

Blümel, Willi — Gemeinden und Kreise vor den öffentlichen Aufgaben der Gegenwart,

in: VVDStRL 36 (1978), S. 171 – 270

Blümel, Willi — Wesensgehalt und Schranken des kommunalen Selbstverwaltungsrechts

in: von Mutius, Albert (Hrsg.), Selbstverwaltung im Staat der Industriegesellschaft – Festgabe zum 70.Geburtstag von Georg Christoph von Unruh, Heidelberg 1983, S. 265 – 303

zitiert: Blümel, in: FG von Unruh

Braese, Hanns-Hendrik — Das Gegenstromverfahren in der Raumordnung – Zum Abstimmungsverfahren bei Planungen – (Schriftenreihe zur öffentlichen Verwaltung, Band 21), Köln 1982

zitiert: Braese, Das Gegenstromverfahren

Breuer, Rüdiger — Das sächsische Baurecht und die baurechtliche Entwicklung in anderen deutschen Staaten während des 19. Jahrhunderts – Vergleichende Betrachtungen

in: Bauer, Hartmut; Breuer, Rüdiger; Degenhart, Christoph; Oldiges, Martin (Hrsg.), 100 Jahre Allgemeines Baugesetz Sachsen, Stuttgart/München/Hannover/Berlin/Weimar/ Dresden 2000, S.

	209 - 241
	zitiert: Breuer, in: FS Allg. Baugesetz Sachsen
Breuer, Rüdiger	Die Bodennutzung im Konflikt zwischen Städtebau und Eigentumsgarantie, München 1976
	zitiert: Breuer, Bodennutzung
Breuer, Rüdiger	Die hoheitliche raumgestaltende Planung – Wirkungsbereich und Zusammentreffen von Planfeststellungen, fachlichen Nutzungsregelungen, Bauleitplänen und Plänen der Raumordnung, Bonn 1968
	zitiert: Breuer, Planung
Breuer, Rüdiger	Städtebauliche Planung, Umlegung und Enteignung nach dem Allgemeinen Baugesetz in Sachsen
	in: Bauer, Hartmut; Breuer, Rüdiger; Degenhart, Christoph; Oldiges, Martin (Hrsg.), 100 Jahre Allgemeines Baugesetz Sachsen, Stuttgart/München/Hannover/Berlin/Weimar/ Dresden 2000, S. 263 - 306
	zitiert: Breuer, in: FS Allg. Baugesetz Sachsen
Brohm, Winfried	Die Koordination der Raumplanungen im Spannungsverhältnis zwischen gemeindlicher Ortsplanung und überörtlicher Fachplanung
	in: Grupp, Klaus; Ronellenfitsch, Michael (Hrsg.), Planung – Recht – Rechtsschutz: Festschrift für Willi Blümel zum 70. Geburtstag am 6. Januar 1999 (Schriften zum öffentlichen Recht; Band 772), Berlin 1999, S. 79 – 95
	zitiert: Brohm, in: FS Blümel
Brohm, Winfried	Die Planung der Bodennutzung – Probleme eines Systems dezentraler Steuerung
	in: JuS 1986, S. 776 – 784
Brohm, Winfried	Gemeindliche Selbstverwaltung und staatliche Raumplanung
	in: DÖV 1989, S. 429 – 441
Brohm, Winfried	Öffentliches Baurecht, 3. Auflage, München 2002
Brohm, Winfried	Staatliche Straßenplanung und gemeindliche Bauleitplanung (Schriften zum Wirtschaftsverfassungs- und Wirtschaftsverwaltungsrecht, Band 19), Hamburg 1979
	zitiert: Brohm, Staatliche Straßenplanung
Brohm, Winfried	Subsidiäre Bauplanung? – Zur städtebaulichen Überplanung öffentlichen Betriebsgeländes am Beispiel der Bundesbahnanlagen

in: NVwZ 1985, S. 1 – 8

Brohm, Winfried — Verwirklichung überörtlicher Planungsziele durch Bauleitplanung
in: DVBl. 1980, S. 653 – 659

Brügelmann, Hermann — Baugesetzbuch – Kommentar, Band 1, Stand: September 2002,
zitiert: Bearbeiter, in: Brügelmann

Brügelmann, Hermann — Baugesetzbuch – Kommentar, Band 2, Stand: September 2002,
zitiert: Bearbeiter, in: Brügelmann

Brügelmann, Hermann — Baugesetzbuch – Kommentar, Band 5, Stand: September 2002,
zitiert: Bearbeiter, in: Brügelmann

Bundesministerium für Verkehr, Bau- und Wohnungswesen (Hrsg.) — Novellierung des Baugesetzbuchs – Bericht der Unabhängigen Expertenkommission, Berlin 2002
zitiert: Bericht zur Novellierung des Baugesetzbuchs

Bundesministerium für Raumordnung, Bauwesen und Städtebau (Hrsg.) — Zweite Konferenz der Vereinten Nationen über menschliche Siedlungen im Juni 1996 in Istanbul – Abschlußdokumente – Habitat II, Bonn 1997
zitiert: Abschlußdokumente – Habitat II

Bunzel, Arno — Anforderungen an die Flächennutzungsplanung unter veränderten Rahmenbedingungen
in: ZfBR 1997, S. 61 – 68

Bunzel, Arno — Bauleitplanung und Flächenmanagement bei Natur und Landschaft, Berlin 1999
zitiert: Bunzel, Flächenmanagement

Bunzel, Arno — Nachhaltigkeit - ein neues Leitbild für die kommunale Flächennutzungsplanung. Was bringt das novellierte Baugesetzbuch?
in: NuR 1997, S. 583 - 591

Bunzel, Arno; Meyer, Ulrike — Bedeutung der Eingriffsregelung nach § 8 a BNatSchG für die Flächennutzungsplanung
in: UPR 1994, S. 284 - 289

Bunzel, Arno; Meyer, Ulrike — Die Flächennutzungsplanung - Bestandsaufnahme und Perspektiven für die kommunale Praxis, Berlin 1996
zitiert: Flächennutzungsplanung

Bunzel, Arno; Reitzig, Frank — Bereitstellung von Flächen zum Ausgleich im übergemeindlichen Maßstab in: DÖV 1998, S. 995 - 1004

Burmeister, Joachim — Verfassungstheoretische Neukonzeption der kommunalen Selbstverwaltungsgarantie (Studien zum öffentlichen Recht und zur Verwaltungslehre, Band 19), München 1977

Bülter, Gerhard — Raumordnungspläne als hoheitliche Handlungsformen – Eine Studie zum Begriff, zur Bindungswirkung und zur Rechtsnatur der Programme und Pläne nach den Landesplanungsgesetzen (Juristische Schriftenreihe, Band 6), Münster 1987

zitiert: Bülter, Raumordnungspläne

Cholewa, Werner; Dallhammer, Wolf-Dieter; Dyong, Hartmut; von der Heide, Hans-Jürgen; Arenz, Willi — Raumordnung in Bund und Ländern, Kommentar zum Raumordnungsgesetz des Bundes und Vorschriftensammlung aus Bund und Ländern, Band 1, 4. Auflage, Stand: November 2001

zitiert: Cholewa/Dyong/von der Heide/Arenz

Clemens, Thomas — Kommunale Selbstverwaltung und institutionelle Garantie: Neue verfassungsrechtliche Vorgaben durch das BVerfG

in: NVwZ 1990, S. 834 – 843

Degenhart, Christoph — Außenbereichssatzungen nach dem Wohnungsbauerleichterungsgesetz

in: DVBl. 1993, S. 178 – 180

Degenhart, Christoph — Staatsrecht I – Staatsorganisationsrecht, 16. Auflage, Heidelberg 2000

zitiert: Degenhart, Staatsrecht I

Dolde, Klaus-Peter — Das Recht der Bauleitplanung 1984/85

in: NJW 1986, S. 815 - 826

Dolde, Klaus-Peter — Die „Heilungsvorschriften" des BauGB für Bauleitpläne

in: BauR 1990, S. 1 – 14

Dolde, Klaus-Peter; Keinath, Karl-Hans — Städtebauliche Entwicklungsplanung in der Praxis

Empirische Analyse und rechtliche Beurteilung anhand von Beispielen aus Baden-Württemberg (Veröffentlichung der Forschungsgemeinschaft Bauen und Wohnen Stuttgart, Band 122), Wiesbaden/Berlin 1981

Dörries, Andrea — Das Verhältnis der Bauleitplanung zur raumbeanspruchenden Fachplanung – Eine Untersuchung auf der Grundlage des BauROG 1998 (Schriftenreihe zum öffentlichen Recht, Band 813), Berlin 2000

Dürr, Hansjochen; König, Helmut	Baurecht Bauplanungsrecht, Bauordnungsrecht, Gerichtlicher Rechtschutz, 4. Auflage, Baden-Baden 2000 zitiert: Dürr/König
Dürr, Hansjochen	Hat Art. 14 GG für das öffentliche Baurecht noch Bedeutung? in: VBlBW 2000, S. 456 – 461
Engelhardt, Dieter	Naturschutz in Bayern in: Praxis der Gemeindeverwaltung, G 10 Bay, Stand: Oktober 2000 zitiert: Engelhardt, in: Praxis der Gemeindeverwaltung, G 10
Engelhardt, Dieter; Brenner, Walter; Fischer-Hüftle, Peter	Naturschutzrecht in Bayern mit Kommentar zum Bayerischen Naturschutzgesetz, Stand: Dezember 2002 zitiert: Bearbeiter, in: Engelhardt/Brenner/Fischer-Hüftle
Erbguth, Wilfried	Auswirkungen des Planfeststellungsverfahrens auf die Bauleitplanung in: NVwZ 1989, S. 608 – 615
Erbguth, Wilfried; Schoeneberg, Jörg	Raumordnungs- und Landesplanungsrecht, 2. Auflage, Köln/Berlin/Bonn/München 1992
Erbguth, Wilfried; Wagner, Jörg	Bauplanungsrecht, 3. Auflage, München 1998
Ernst, Werner; Zinkahn, Willy; Bielenberg, Walter	Baugesetzbuch, Band I, Kommentar, Stand: Januar 2003 zitiert: Bearbeiter, in: EZB
Ernst, Werner; Zinkahn, Willy; Bielenberg, Walter	Baugesetzbuch, Band II, Kommentar, Stand: Januar 2003 zitiert: Bearbeiter, in: EZB
Ernst, Werner; Zinkahn, Willy; Bielenberg, Walter	Baugesetzbuch, Band IV, Kommentar, Stand: Januar 2003 zitiert: Bearbeiter, in: EZB
Erichsen, Hans-Uwe	Allgemeines Verwaltungsrecht, 12. Auflage, Berlin 2002 zitiert: Bearbeiter, in: Erichsen
Ernst, Werner	Zur Geschichte des städtischen Bau- und Bodenrechts

	in: BBauBl. 1953, S. 206 - 212
Ernst, Werner; Hoppe, Werner	Das öffentliche Bau- und Bodenrecht, Raumplanungsrecht, 2. Auflage, München 1981 zitiert: Bearbeiter, in: Ernst/Hoppe
Eyermann, Erich; Fröhler, Ludwig	Verwaltungsgerichtsordnung, Kommentar, 11. Auflage, München 2000 zitiert: Bearbeiter, in: Eyermann
Faast, Gabriele	Gemeindliche Erstplanungspflicht unter besonderer Berücksichtigung des Baus von P&R-Anlagen (Nomos Universitätsschriften Recht, Band 270), Baden-Baden 1997
Fickert, Carl	Reichweite und Grenzen der Straßenplanung durch Bebauungsplan – Ein Betrag zum Verhältnis des Bebauungsplans zur straßenrechtlichen Planfeststellung in: BauR 1988, S. 678 – 693
Fickert, Hans Carl; Fieseler, Herbert	Baunutzungsverordnung, Kommentar unter besonderer Berücksichtigung des Umweltschutzes mit ergänzenden Rechts- und Verwaltungsvorschriften, 10. Auflage, Stuttgart 2002 zitiert: Fickert/Fieseler
Finkelnburg, Klaus	Das Verhältnis zwischen Bebauungsplan und Flächennutzungsplan nach § 8 Abs. 2 bis 4 BauGB in: Driehaus, Hans-Joachim; Birk, Hans-Jörg (Hrsg.); Baurecht – Aktuell: Festschrift für Felix Weyreuther, München u. a. 1993, S. 111 - 124 zitiert: Finkelnburg, in: FS Weyreuther
Finkelnburg, Klaus; Ortloff, Karsten-Michael	Öffentliches Baurecht, Band I: Bauplanungsrecht, 5. Auflage, München 1998 zitiert: Finkelnburg/Ortloff
Fischer-Heidlberger, Heinz	Die Rechtsstellung der Mitgliedsgemeinden in der Verwaltungsgemeinschaft, Köln 1983
Frenz, Walter	Der Schutz der kommunalen Organisationshoheit in: VerwArch 1995 (86), S. 378 – 397
Funke, Hans F.; Schroer, Jochen	Selbstverwaltungsgarantie und gemeindliche Zusammenarbeit bei der Bauleitplanung in: ZG 1986, S. 256 – 272
Gaentzsch, Günter	Bauleitplanung, Fachplanung, Landesplanung – Zur „Konfliktbewältigung“ zwischen verschiedenen Planungsträgern –

	in: WiVerw 1985, S. 235 – 249
Gaentzsch, Günter	Baugesetzbuch – BauGB mit BauGB-MaßnG – Kommentar, Köln 1991 zitiert: Gaentzsch, Baugesetzbuch
Gaentzsch, Günter	Rechtliche Fragen des Abbaus von Kies und Sand in: NVwZ 1998, S. 889 – 897
Gassner, Erich	Aktuelle Fragen der naturschutzrechtlichen Eingriffsregelung in: NuR 1999, S. 79 – 85
Gassner, Erich	Naturschutzrechtliche Eingriffsregelung im Bauleitplanungsrecht – Aktuelle Fragen aufgrund des Investitionserleichterungs- und Wohnbaulandgesetzes – in: NuR 1993, S. 252 – 256
Gassner, Erich	Das Recht der Landschaft - Gesamtdarstellung für Bund und Länder, Radebeul 1995 zitiert: Gassner, Recht der Landschaft
Gassner, Erich; Bendomir-Kahlo, Gabriele; Schmidt-Räntsch, Annette, Schmidt-Räntsch, Jürgen	Bundesnaturschutzgesetz – Kommentar unter Berücksichtigung der Bundesartenschutzverordnung, des Washingtoner Artenschutzübereinkommens, der EG-Artenschutzverordnungen, der EG-Vogelschutz-Richtlinie, der EG-Richtlinie „Fauna, Flora, Habitate“, 2. Auflage, München 2003 zitiert: Bearbeiter, in: Gassner/Bendomir-Kahlo/Schmidt-Räntsch
Gaßner, Otto; Würfel, Wolfgang	Die Außenbereichssatzung nach § 4 Abs. 4 BauGB-MaßnahmenG – Plädoyer für den „Kleinen Bebauungsplan“ im Außenbereich – in: BayVBl. 1996, S. 321 – 325
Gelzer, Konrad; Bracher, Christian, Dietrich; Reidt, Olaf	Bauplanungsrecht, 6. Auflage, Köln 2001 zitiert: Bearbeiter, in: Gelzer/Bracher/Reidt
Gerhards, Karl	Die Festsetzung von Bauland aufgrund von Satzungen nach § 34 Abs. 4 BauGB und einfachen Bebauungsplänen in: BauR 1990, S. 667 – 678
Giegerich, Thomas	Die Planungshoheit der Gemeinde in: JA 1988, S. 367 – 377
Goedecke, Otto	Regionaler Flächennutzungsplan in: Akademie für Raumforschung und Landesplanung (Hrsg.), Zur Novellierung des Landesplanungsrechts aus Anlaß des

	Raumordnungsgesetzes 1998, Arbeitsmaterial Nr. 266, Hannover 2000, S. 86 – 87
	zitiert: Goedecke, Regionaler Flächennutzungsplan
Goppel, Konrad	Die Rechtswirkungen des Regionalplans
	in: BayVBl. 1984, S. 229 – 232
Goppel, Konrad	Grundsätze der Raumordnung in Raumordungsplänen
	in: BayVBl. 1998, S. 331 – 336
Goppel, Konrad	Ziele der Raumordnung
	in: BayVBl. 1998, S. 289 – 292
Grafe, Walter	Das nordrhein-westfälische Gesetz über kommunale Gemeinschaftsarbeit
	in: DÖV 1961, S. 521 – 526
Greiving, Stefan	Innen- und Außenbereichssatzungen – Rechtliche Grundlage und Bewertung ihrer Rolle in der Planungspraxis -
	in: VerwArch 1998, S. 585 - 608
Grooterhorst, Johannes	Die Ziele der Raumordnung und Landesplanung – Gültigkeitsvoraussetzungen und Konkretheitsanforderungen für eine einzelentscheidungsbindende Wirkung
	in: NuR 1986, S. 276 – 284
Gruber, Meinhard	Sicherung kommunaler Planungsfreiräume durch Regionalplanung
	in: DÖV 1995, S. 488 – 495
Hahn, Klaus-Günther	Das Recht der Landschaftsplanung – Bestandsaufnahme, Würdigung und Fortentwicklung (Beiträge zum Siedlungs- und Wohnungswesen und zur Raumplanung, Band 137), Münster 1991
Halama, Günter	Durchsetzung und Abwehr von Zielen der Raumordnung und Landesplanung auf der Gemeindeebene
	in: Berkemann, Jörg; Gaentzsch, Günter; Halama, Günter; Heeren, Helga; Hien, Eckart; Lemmel, Hans-Peter (Hrsg.), Planung und Plankontrolle – Entwicklungen im Bau- und Fachplanungsrecht: Otto Schlichter zum 65. Geburtstag, Köln 1995, S. 201 – 226
	zitiert als: Halama, in: FS Schlichter
Hamann, Andreas	Die Selbstverwaltung der Gemeinden und das Bundesbaugesetz
	Marburg, 1967
Heigl, Ludwig; Hosch, Rüdiger;	Raumordnung und Landesplanung in Bayern, Kommentar und Vorschriftensammlung, Loseblattsammlung, Stand: April 2000

Höhnberg, Ulrich — Vorschriftensammlung, Loseblattsammlung, Stand: April 2000

zitiert: Heigl/Hosch

Hendler, Reinhard — Anmerkung

in: DVBl. 1985, S. 387 – 392

Hendler, Reinhard — Zur Einführung: Raumplanungsrecht

in: JuS 1979, S. 618 – 625

Hering, E. — Verwaltungsverfahren und Gerichtsverfahren nach dem Bundesbaugesetz

in: DVBl. 1961, S. 217 – 228

Hermanns, Casper David; Hönig, Dietmar — Das Verhältnis von naturschutzrechtlichen Schutzgebietsausweisungen zur kommunalen Bauleitplanung

in: NuR 2001, S. 27 – 32

Herzner, Eberhard — Die städtebauliche Ordnung, 2. Auflage, Hannover 1968

Hintzen, Ajo; u. a. — Umweltschutz in der Flächennutzungsplanung, Wiesbaden/Berlin 1995

Hofherr, Erich — Planersetzende Satzungen

in: Berkemann, Jörg; Gaentzsch, Günter; Halama, Günter; Heeren, Helga; Hien, Eckart; Lemmel, Hans-Peter (Hrsg.), Planung und Plankontrolle – Entwicklungen im Bau- und Fachplanungsrecht: Otto Schlichter zum 65. Geburtstag, Köln 1995, S. 371 – 388

zitiert: Hofherr, in: FS Schlichter

Höhnberg, Ulrich — Verhältnis von Landes- und Regionalplanung zur Bauleitplanung, insbesondere zu Umfang und Intensität der Bindungswirkung

in: ZfBR 1986, 214 – 217

Hoppe, Werner — Die rechtliche Wirkung von Zielen der Raumordnung und Landesplanung gegenüber Außenbereichsvorhaben (§ 35 Abs. 3 Satz 3 BauGB)

in: DVBl. 1993, S. 1109 – 1117

Hoppe, Werner — Die Rechtswirkungen eines Flächennutzungsplans gegenüber nach § 35 Abs. 1 BauGB privilegierten Außenbereichsvorhaben in der Rechtsprechung des Bundesverwaltungsgerichts

in: DVBl. 1993, S. 1277 – 1287

Hoppe, Werner — Kommunale Selbstverwaltung und Planung

in: von Mutius, Albert (Hrsg.), Selbstverwaltung im Staat der Industriegesellschaft – Festgabe zum 70.Geburtstag von Georg

	Christoph von Unruh, Heidelberg 1983, S. 555 – 586 zitiert: Hoppe, in: FG von Unruh
Hoppe, Werner	„Ziele der Raumordnung und Landesplanung" und „Grundsätze der Raumordnung und Landesplanung" in normtheoretischer Sicht in: DVBl. 1993, 681 – 687
Hoppe, Werner	Zur planakzessorischen Zulassung von Außenbereichsvorhaben durch Raumordnungs- und durch Flächennutzungspläne - zugleich Anmerkungen zur Rechtsprechung des Bundesverwaltungsgerichts zur raumordnungsrechtlichen Zielbindung nach § 35 Abs. 3 BauGB - in: DVBl. 2003, S. 1345 – 1355
Hoppe, Werner	Zwischengemeindliche planungsrechtliche Gemeindenachbarklagen Zum interkommunalen Abwägungsgebot (§ 1 Abs. 4 Satz 2 BBauG in: Menger, Christian-Friedrich (Hrsg.), Fortschritte des Verwaltungsrechts, Festschrift für Hans J. Wolff zum 75. Geburtstag, München 1973, S. 306 – 323 zitiert: Hoppe, in: FS Wolff
Hoppe, Werner; Bönker, Christian; Grotefels, Susan	Öffentliches Baurecht, 2. Auflage, München 2002 zitiert: Bearbeiter, in: Hoppe/Bönker/Grotefels
Hoppenberg, Michael (Hrsg.)	Handbuch des öffentlichen Baurechts; Loseblattsammlung; München 2001; Stand: Dezember 2001 zitiert: Bearbeiter, Handbuch des öffentlichen Baurechts
Horn, Inge	Das Regionale Flächennutzungskonzept - ein Beitrag zur Stärkung der räumlichen Planung in Verdichtungsräumen, Werkstattberichte, Band 28, Kaiserslautern 1998
Hufen, Friedhelm	Verwaltungsprozeßrecht, 5. Auflage, München 2003
Ipsen, Jörn	Schutzbereich der Selbstverwaltungsgarantie und Einwirkungsmöglichkeiten des Gesetzgebers in: ZG 1994, S. 194 – 212
Isensee, Josef; Kirchhof, Paul (Hrsg.)	Handbuch des Staatsrechts der Bundesrepublik Deutschland, Band III, Das Handeln des Staates, Heidelberg 1988 zitiert: Bearbeiter, in: HdStR III

Jäde, Henning; Dirnberger, Franz; Weiß, Josef — Baugesetzbuch, Baunutzungsverordnung, Kommentar, 3. Auflage, Stuttgart/München/Hannover/Berlin/Weimar/Dresden 2002

zitiert: Bearbeiter, in: Jäde/Dirnberger/Weiß

Jannasch, Alexander — Bauleitplanung und naturschutzrechtlicher Eingriff – Die Neuregelung in § 8 a BNatSchG –

in: DÖV 1994, S. 950 – 955

Jarass, Hans D.; Pieroth, Bodo — Grundgesetz für die Bundesrepublik Deutschland – Kommentar, 6. Auflage, München 2002

zitiert: Bearbeiter, in: Jarass/Pieroth

Jeand'Heur, Bernd — Gibt es Satzungen mit nur „deklaratorischem" Gehalt? – Zugleich ein Beitrag zur Auslegung von § 34 IV Nr. 1 BauGB

in: NVwZ 1995, S. 1174 - 1178

Jeserich, Kurt G. A.; Pohl, Hans; von Unruh, Georg-Christoph (Hrsg.) — Deutsche Verwaltungsgeschichte, Band 4, Das Reich als Republik und in der Zeit des Nationalsozialismus, Stuttgart 1985

zitiert: Bearbeiter, in: Deutsche Verwaltungsgeschichte IV

Kabel, Erich — Baufreiheit und Raumordnung – Die Verflechtung von Baurecht und Bauentwicklung im deutschen Städtebau, Ravensburg, 1949

Kauch, Petra; Roer, Frederike — Das Verhältnis von Bauleitplanung und Fachplanungen (Beträge zum Siedlungs- und Wohnungswesen und zur Raumplanung, Band 174), Münster 1997

Kilian, Michael; Müllers, Ernst — Möglichkeiten zur Bewältigung von Stadt-Umland-Problemen in großstädtischen Verdichtungsräumen

in: VerwArch 1998 (89), S. 25 - 69

Kirchberg, Josef-Walter; Boll, Michaela; Schütz, Peter — Der Rechtsschutz von Gemeinden in der Fachplanung

in: NVwZ 2002, S. 550 - 556

Kissel, Harald A. — Städtebauliche Rahmenplanung – Inhaltliche und methodische Hinweise zum Verfahren einer neuen Planart, schwerpunktmäßig dargestellt an Beispielen aus Klein- und Mittelstädten, Hannover 1982

Kment, Martin — Unmittelbarer Rechtsschutz Privater gegen Ziele der Raumordnung und Flächennutzungspläne im Rahmen des § 35 Abs. 3 BauGB

in: NVwZ 2003, S. 1047 – 1055

Knemeyer, Franz- — Das verfassungsrechtliche Verhältnis der Kommunen zueinander

Ludwig	und zum Staat – Überlegungen zur Grundsatzentscheidung des Bundesverwaltungsgerichts vom 4.8.1983 in Sachen Abfallbeseitigung Rastede, in: DVBl. 1984, S. 23 – 29
Knemeyer, Franz-Ludwig	Die verfassungsrechtliche Gewährleistung des Selbstverwaltungsrechts der Gemeinden und Landkreise in: von Mutius, Albert (Hrsg.), Selbstverwaltung im Staat der Industriegesellschaft – Festgabe zum 70.Geburtstag von Georg Christoph von Unruh, Heidelberg 1983, S. 209 – 226 zitiert: Knemeyer, in: FG von Unruh
Koch, Hans-Joachim	Zur Konkurrenz zwischen Fachplanung und Bauleitplanung, in: Berkemann, Jörg; Gaentzsch, Günter; Halama, Günter; Heeren, Helga; Hien, Eckart; Lemmel, Hans-Peter (Hrsg.), Planung und Plankontrolle – Entwicklungen im Bau- und Fachplanungsrecht: Otto Schlichter zum 65. Geburtstag, Köln 1995, S. 461 – 478 zitiert: Koch, in: FS Schlichter
Kodal, Kurt, Krämer, Helmut u. a.	Straßenrecht – Systematische Darstellung des Rechts der öffentlichen Straßen, Wege und Plätze in der Bundesrepublik Deutschland, 6. Auflage, München 1999 zitiert: Bearbeiter, in: Kodal/Krämer
Köstering, Heinz	Kommunale Selbstverwaltung und staatliche Planung in: DÖV 1981, S. 689 – 700
Koppitz, Hans-Joachim; Schwarting, Gunnar; Finkeldei, Jörg	Der Flächennutzungsplan in der kommunalen Praxis, 2. Auflage, Berlin 2000 zitiert: Koppitz/Schwarting/Finkeldei
Kraft, Ingo	Bauleitplanung auf Bahnflächen in: DVBl. 2000, 1326 – 1334
Kraft, Ingo	Bauleitplanung und Fachplanung in: BauR 1999, S. 829 – 841
Kraft, Ingo	Das Verfahren zur Aufstellung, Änderung und Ergänzung von Flächennutzungsplänen und die Möglichkeit ihrer gerichtlichen Überprüfung in: Spannowsky, Willy und Mitschang, Stephan, Flächennutzungsplanung im Umbruch, Köln/Berlin/Bonn/München 1999 zitiert: Kraft, in: Flächennutzungsplanung im Umbruch
Krajewski, Hans-	Flächennutzungsplanung als Aufgabe von Nachbarschaftsverbän-

Eckart	den in: DÖV 1978, S. 827 - 834
Krämer, Tim	Die Flächennutzungsplanung der Gemeinden und ihre verstärkte Bedeutung nach dem BauGB 1998 - Wissenschaftliche Fachtagung an der Universität Kaiserslautern am 22. und 23. März 1999 in: DVBl. 1999, S. 907 - 910
Krautzberger, Michael	Nachhaltige Entwicklung und Städtebaurechtsordnung - Rio, Urban 21, Baugesetzbuch – in: UPR 2001, S. 130 – 133
Krautzberger, Michael	Neuregelung der baurechtlichen Zulässigkeit von Windenergieanlagen zum 1.1.1997 in: NVwZ 1996, S. 847 - 849
Krautzberger, Michael	Städtebaulicher Rahmenplan in: BBauBl. 1986, S. 210 - 213
Krautzberger, Michael; Stemmler, Johannes	Zum Rechtsbegriff der nachhaltigen räumlichen Entwicklung, insbesondere § 1 Abs. 5 Satz 1 BauGB und § 1 Abs. 2 Satz 1 ROG in: Erbguth, Wilfried; Oebbecke, Janbernd; Rengeling, Hans-Werner; Schulte, Martin (Hrsg.), Planung – Festschrift für Werner Hoppe zum 70. Geburtstag, München 2000, S. 317 - 327 zitiert: Krautzberger/Stemmler, in: FS Hoppe
Kühling, Jürgen; Herrmann, Nikolaus	Fachplanungsrecht, 2. Auflage, Düsseldorf 2000
Kuschnerus, Ulrich	Die Belange von Natur und Landschaft in der Abwägung nach § 1 Abs. 6 BauGB in: BauR 1998, S. 1 – 14
Kuschnerus, Ulrich	Die „Nachhaltigkeit" im Abwägungsprozeß und in der gerichtlichen Überprüfung – Zur praxisgerechten Struktur des Rechts der Bauleitplanung in: ZfBR 2000, S. 15 – 21
Kuschnerus, Ulrich	Kommunale Planungshoheit und die Bahn – Zur praxisgerechten (Um-)Nutzung von Bahnanlagen – in: ZfBR 2000, 300 –307
Kuschnerus, Ul-	Zum Rechtsbegriff der nachhaltigen räumlichen Entwicklung

rich — in: Erbguth, Wilfried; Oebbecke, Janbernd; Rengeling, Hans Werner; Schulte, Martin (Hrsg.), Planung, Festschrift für Werner Hoppe zum 70 Geburtstag, S. 317 – 327

zitiert: Kuschnerus, in: FS Hoppe

Langer, Stefan — Gemeindliches Selbstgestaltungsrecht und überörtliche Raumplanung

in: VerwArch 1989, S. 352 – 380

Leisner, Walter — Baufreiheit oder staatliche Baurechtsverleihung?

in: DVBl. 1992, S. 1065 – 1072

Lissack, Gernot — Bayerisches Kommunalrecht, 2. Auflage, München 2001

Löhr, Rolf-Peter — Das neue Baugesetzbuch – Bauleitplanung

in: NVwZ 1987, S. 361 – 369

Löhr, Rolf-Peter — Die kommunale Flächennutzungsplanung

Eine Untersuchung zur Organisation und Verfahren der vorbereitenden Bauleitplanung nach dem Bundesbaugesetz, Siegburg 1977

Löhr, Rolf-Peter — Rechtstatsächliches und Rechtspolitisches zum Flächennutzungsplan

in: Berkemann, Jörg; Gaentzsch, Günter; Halama, Günter; Heeren, Helga; Hien, Eckart; Lemmel, Hans-Peter (Hrsg.), Planung und Plankontrolle – Entwicklungen im Bau- und Fachplanungsrecht: Otto Schlichter zum 65. Geburtstag, Köln 1995, S. 229 – 245

zitiert: Löhr, in: FS Schlichter

Louis, Hans Walter — Das Verhältnis zwischen Baurecht und Naturschutz unter Berücksichtigung der Neuregelung durch das BauROG

in: NuR 1998, S. 113 – 123

Louis, Hans Walter — Bundesnaturschutzgesetz, Kommentar, 1. Teil, §§ 1 bis 19 f, 2. Auflage, Braunschweig 2000

zitiert: Bearbeiter, in: BNatSchG-Kommentar

Louis, Hans Walter; Wolf, Verena — Naturschutz und Baurecht

in: NuR 2002, S. 455 – 467

Lüers, Hartwig — Der Bedeutungszuwachs für die Flächennutzungsplanung durch das Bau- und Raumordnungsgesetz 1998

in: UPR 1997, S. 348 – 353

Lüers, Hartwig — Die Bauleitplanung nach dem BauROG

	in: DVBl. 1998, S. 433 – 445
Lüers, Hartwig	Windkraftanlagen im Außenbereich – zur Änderung des § 35 BauGB – in: ZfBR 1996, S. 297 – 300
Mangoldt, Hermann von; Klein, Friedrich; Starck, Christian	Das Bonner Grundgesetz, Kommentar, Band 1: Art. Präambel, Art. 1 bis 19 GG; 4. Auflage, München 1999 zitiert: Bearbeiter, in: Mangoldt
Mangoldt, Hermann von; Klein, Friedrich; Starck, Christian	Das Bonner Grundgesetz, Kommentar, Band 2: Art. 20 bis 78 GG; 4. Auflage, München 2000 zitiert: Bearbeiter, in: Mangoldt
Manssen, Gerrit	Staatsrecht II – Grundrechte, 2. Auflage, München 2002
Manssen, Gerrit	Regelung der Baugestaltung und gemeindliche Selbstverwaltung – Ein Beitrag zur legitimierenden Funktion des Art. 28 Abs. 2 S. 1 GG beim Erlaß von örtlichen Bauvorschriften durch die Gemeinden in: Die Verwaltung 24 (1991), S. 33 – 46
Manssen, Gerrit	Stadtgestaltung durch örtliche Bauvorschriften, Berlin 1990 zitiert: Manssen, Stadtgestaltung
Martens, Uwe	Die Rechtswirkungen des Flächennutzungsplans, Hamburg 1969
Maunz, Theodor; Dürig, Günter	Grundgesetz – Kommentar, Band II, Art. 12 – 20, Stand: Oktober 2002 zitiert: Bearbeiter, in: Maunz/Dürig
Maurer, Hartmut	Allgemeines Verwaltungsrecht, 14. Auflage, München 2002
Menger, Christian-Friedrich	Zum Verhältnis von Bebauungsplan und Flächennutzungsplan in: VerwArch 71 (1980), S. 87 – 91
Menke, Rainard	Die Änderung von Planfeststellungsbeschlüssen oder Plangenehmigungen durch Bebauungsplan in: NVwZ 1999, 952 – 954
Mitschang, Stephan	Berücksichtigung der Umweltbelange bei der Aufstellung städtebaulicher Planungen in: WiVerw 1999, S. 54 – 69
Mitschang, Stephan	Der Planungsgrundsatz der Nachhaltigkeit in: DÖV 2000, S. 14 – 21
Mitschang, Ste-	Die Belange von Natur und Landschaft in der kommunalen Bauleitplanung – Rechtsgrundlagen, Planungserfordernisse, Darstel-

phan	lungs- und Festsetzungsmöglichkeiten, 2. Auflage, Berlin 1996 zitiert: Mitschang, Belange von Natur und Landschaft
Mitschang, Stephan	Die Flächennutzungsplanung als die vorbereitende Bauleitplanung und Ansätze für ihre zukunftsorientierte Weiterentwicklung in: Spannowsky, Willy, Stephan Mitschang (Hrsg.), Flächennutzungsplanung im Umbruch?, Köln/Berlin/Bonn/München 1999; S. 11 – 32. zitiert: Mitschang, in: Flächennutzungsplanung im Umbruch
Mitschang, Stephan	Die neuen Eingriffs- und Ausgleichsregelungen und ihre Bedeutung für die städtebaulichen Planungen in: WiVerw 1998, S. 20 – 56
Müller, Chris; Mahlburg, Stefan	Die Aufwertung der Flächennutzungsplanung durch das BauROG – Eingriffs-/Ausgleichskonzeptionen und die Schwierigkeiten der Flächenbeschaffung – in: DVBl. 1998, S. 1110 – 1116
Müller, Chris; Mahlburg, Stefan	Der Ausgleich nach § 200 a BauGB in: UPR 1999, S. 259 – 263
Münch, Ingo von; Kunig, Philip	Grundgesetz-Kommentar, Band 1 (Präambel bis Art. 19); 5. Auflage, München 2000 zitiert: Bearbeiter, in: Münch/Kunig
Münch, Ingo von; Kunig, Philip	Grundgesetz-Kommentar, Band 2 (Art. 20 bis Art. 69); 4./5. Auflage, München 2001 zitiert: Bearbeiter, in: Münch/Kunig
Mutius, Albert von	Örtliche Aufgabenerfüllung – Traditionelles, funktionales oder neues Selbstverwaltungsverständnis? in: von Mutius, Albert (Hrsg.), Selbstverwaltung im Staat der Industriegesellschaft – Festgabe zum 70.Geburtstag von Georg Christoph von Unruh, Heidelberg 1983, S. 227 – 263 zitiert: von Mutius, in: FG von Unruh
Niehues, Norbert	Dingliche Verwaltungsakte – Abgrenzung zwischen Rechtssatz und Einzelakt in: DÖV 1965, S. 319 – 326
Ortloff, Karsten-Michael	Ermessen in § 35 II BauGB – Hat das Gesetz doch recht? in: NVwZ 1988, S. 320 – 322
Paetow, Stefan	Zum Verhältnis von Fachplanung und Bauleitplanung in: UPR 1990, 321 – 327

Pappermann, Ernst	Die Zielrichtung der Selbstverwaltungsgarantie in: DVBl. 1976, S. 766 – 769
Pappermann, Ernst	Das zwischengemeindliche Nachbarrecht – BVerwGE 40, 323, in: JuS 1973, 689 – 697
Paßlick, Hermann	Die Ziele der Raumordnung und Landesplanung – Rechtsfragen von Begriff, Wirksamkeit insbesondere im Außenbereich gemäß § 35 Abs. 1 BBauG und Darstellungsprivileg, (Beiträge zum Siedlungs- und Wohnungswesen und zur Raumplanung – Band 105), Münster 1986
Peine, Franz-Joseph	Das neue Baugesetzbuch in: JZ 1987, 322 – 330
Peine, Franz-Joseph	Öffentliches Baurecht – Grundzüge des Bauplanungs- und Bauordnungsrechts unter Berücksichtigung des Raumordnungs- und Fachplanungsrechts, 3. Auflage, Tübingen 1997 zitiert: Peine, Öffentliches Baurecht
Peine, Franz-Joseph	Raumplanungsrecht – Grundzüge des Raumordnungs-, Stadt- und Fachplanungsrechts unter Berücksichtigung des neuen Baugesetzbuchs, Tübingen 1987 zitiert: Peine, Raumplanungsrecht
Pfeifer, Marten	Landschaftsplanung und Bauleitplanung (Beiträge zum Siedlungs- und Wohnungswesen und zur Raumplanung, Band 130), Münster 1989
Pfeifer, Marten	Regeln und Prinzipien im Bauplanungsrecht – Überlegungen zu einem inneren System der Abwägungslehre am Beispiel des Grundsatzes der Konfliktbewältigung in: DVBl. 1989, S. 337 – 344
Pfeifer, Marten; Wagner, Jörg	Landschaftsplanung – Gesamtplanung – Fachplanung – Überlegungen zur Novellierung der Vorschriften über die Landschaftsplanung im Bundesnaturschutzgesetz – in: DVBl. 1989, S. 789 – 798
Pieroth, Bodo; Schlink, Bernhard	Grundrechte – Staatsrecht II, 17. Auflage, Heidelberg 2001 zitiert: Pieroth/Schlink
Pilgrim, Manfred	Formen interkommunaler Zusammenarbeit auf dem Gebiet der Bauleitplanung, Göttingen 1970
Püttner, Günter	Handbuch der kommunalen Wissenschaft und Praxis, Band 3, Kommunale Aufgaben und Aufgabenerfüllung, 2. Auflage, Berlin/Heidelberg 1983

	zitiert: Bearbeiter, in: HdkWP, Band 3
Rauch, Bernhard	Die planungsrechtliche Gemeindenachbarklage in: BayVBl. 1980, S. 612 – 617
Reidt, Olaf	Einkaufszentren und großflächige Einzelhandelsbetriebe in der interkommunalen Abstimmung – Materieller Inhalt und Rechtsschutzmöglichkeiten in: LKV 1995, 93 – 97
Reißig, Gustav	Gemeindliche Bauleitplanung – Möglichkeiten und Beschränkungen in rechtlicher und tatsächlicher Hinsicht, Würzburg 1976
Ringler, Harald	Flächennutzungsplanung: Pflichterfüllung oder echtes kommunales Anliegen? in: BBauBl. 1982, S. 684 – 689
Rodriguez-Lores, Juan; Fehl, Gerhard (Hrsg.)	Städtebaureform 1865 – 1900, Teil 1, Von Licht, Luft und Ordnung in der Stadt der Gründerzeit, Allgemeine Beiträge und Bebauungsplanung, Hamburg 1985 zitiert: Rodriguez-Lores/Fehl
Roters, Wolfgang	Kommunale Mitwirkung an höherstufigen Entscheidungsprozessen – Zur künftigen Rolle der kommunalen Selbstverwaltung im politisch-administrativen System der Bundesrepublik Deutschland, Köln 1975
Runkel, Peter	Das Gebot der Entwicklung der Bebauungspläne aus dem Flächennutzungsplan in: ZfBR 1999, S. 298 – 303
Runkel, Peter	Das neue Raumordnungsgesetz in: WiVerw 1997, S. 267 – 297
Runkel, Peter	Naturschutz- und Landschaftsrecht bei der Bauleitplanung in: DVBl. 1992, S. 1402 – 1408
Runkel, Peter	Steuerung von Vorhaben der Windenergienutzung im Außenbereich durch Raumordnungspläne in: DVBl. 1997, S. 275 – 281
Runkel, Peter	Zur geplanten Neuregelung des Rechts der Raumordnung in: UPR 1997, S. 1 – 9
Sachs, Michael	Grundgesetz, Kommentar, 3. Auflage, München 2003 zitiert: Bearbeiter in: Sachs
Schidlowski, Frank	Standortsteuerung von Windenergieanlagen durch Flächennutzungspläne

in: NVwZ 2001, S. 388 - 391

Schillhorn, Kerrin Naturschutz in der Bauleitplanung – nach der Novelle des Bundesnaturschutzgesetzes 2002

in: BauR 2002, S. 1800 - 1810

Schimanke, Dieter Funktionen der Flächennutzungsplanung

in: DVBl. 1979, S. 616 - 621

Schink, Alexander Die Berücksichtigung von Umweltbelangen in der Bauleitplanung – Die Änderungen des Bauplanungsrechts und ihre Auswirkungen auf den Bodenschutz, die Umweltverträglichkeitsprüfung und den Naturschutz in der Bauleitplanung

in: BauR 1998, S. 1163 – 1178

Schink, Alexander Kommunale Selbstverwaltung im kreisangehörigen Raum – Verfassungsrechtliche Determinanten für die Zuständigkeitsdispositionen zwischen Kreisen und kreisangehörigen Gemeinden –

in: VerwArch 1990 (81), S. 385 – 414

Schink, Alexander Möglichkeiten und Grenzen der Schaffung von Bauland durch Innen- und Außenbereichssatzungen nach § 34 Abs. 4, 5 und § 35 Abs. 6 BauGB

in: DVBl. 1999, 367 - 375

Schink, Alexander Neuerungen zum Baurechtskompromiß – Neuregelungen des Städtebaurechts 1998 zur Berücksichtigung der naturschutzrechtlichen Eingriffsregelung in der Bauleitplanung –

in: DVBl. 1998, S. 609 – 617

Schlarmann, Hans Das Verhältnis der privilegierten Fachplanungen zur kommunalen Bauleitplanung (Beiträge zum Siedlungs- und Wohnungswesen und zur Raumplanung, Band 56), Münster 1980

Schlarmann, Hans Privilegierte Fachplanungen als Ziele der Raumordnung und Landesplanung und ihre Umsetzung in die Bauleitplanung nach § 1 Abs. 4 BBauG

in: DVBl. 1980, S. 275 – 283

Schlichter, Otto, Stich, Rudolf (Hrsg.) Berliner Schwerpunkte-Kommentar zum Baugesetzbuch 1998, Köln/Berlin/Bonn/München 1998

zitiert: Bearbeiter, in: Berliner Schwerpunkte-Kommentar

Schlichter, Otto; Stich, Rudolf (Hrsg.) Berliner Kommentar zum Baugesetzbuch, 2. Auflage, Köln/Berlin/Bonn/München 1995

zitiert: Bearbeiter, in: BK

Schmidt-Aßmann, Der Umweltschutz im Spannungsfeld zwischen Staat und Selbst-

Eberhard verwaltung

in: NVwZ 1987, S. 265 – 275

Schmidt-Aßmann, Eberhard — Die Stellung der Gemeinden in der Raumplanung - Systematik und Entwicklungstendenzen –

in: VerwArch 1980 (71), S. 117 – 139

Schmidt-Aßmann, Eberhard — Grundsätze der Bauleitplanung – Zur administrativen Funktion des neugefaßten § 1 Abs. 1, 6 und 7 BBauG

in: BauR 1978, S. 99 – 108

Schmidt-Aßmann, Eberhard — Kommunale Selbstverwaltung „nach Rastede“ – Funktion und Dogmatik des Art. 28 Abs. 2 GG in der neueren Rechtsprechung

in: Franßen, Everhardt; Redeker, Konrad; Schlichter, Otto; Wilke, Dieter (Hrsg.), Bürger – Richter – Staat, Festschrift für Horst für Horst Sendler, Präsident des Bundesverwaltungsgerichts, Zum Abschied aus seinem Amt, München 1991, S. 121 - 138

zitiert: Schmidt-Aßmann, in: FS Sendler

Schmidt-Aßmann, Eberhard — Planung als administrative Handlungsform und Rechtsinstitut

in: Berkemann, Jörg; Gaentzsch, Günter; Halama, Günter; Heeren, Helga; Hien, Eckart; Lemmel, Hans-Peter (Hrsg.), Planung und Plankontrolle – Entwicklungen im Bau- und Fachplanungsrecht: Otto Schlichter zum 65. Geburtstag, Köln 1995, S. 3 – 25

zitiert: Schmidt-Aßmann, in: FS Schlichter

Schmidt-Aßmann, Eberhard — Fortentwicklung des Rechts im Grenzbereich zwischen Raumordnung und Städtebau (Schriftenreihe „Städtebauliche Forschung“ des Bundesministers für Raumordnung, Bauwesen und Städtebau 03.055), 1977

zitiert: Schmidt-Aßmann, Fortentwicklung

Schmidt-Aßmann, Eberhard — Grundfragen des Städtebaurechts, Göttingen 1972

zitiert: Schmidt-Aßmann, Grundfragen

Schmidt-Eichstaedt, Gerd — Gemeinsame Flächennutzungsplanung nach Bundes- und Landesrecht

in: NVwZ 1997, S. 846 – 853

Schmidt-Eichstaedt, Gerd — Planfeststellung, Bauleitplanung und städtebauliche Entwicklungsmaßnahmen

in: NVwZ 2003, S. 129 - 137

Schmidt-Eichstaedt, Gerd; Reitzig, Frank — Sachsen-Anhalt auf dem Weg zu Regionalen Flächennutzungsplänen?

in: LKV 2000, S. 273 – 281

Schmidt-Jortzig, Edzard	Kommunalrecht, Stuttgart 1982 zitiert: Schmidt-Jortzig, Kommunalrecht
Schmitz, Gottfried/ von Hessler, Alexander/ Groß, Thomas	Modelle eines neuen Plantyps für Verdichtungsräume, Arbeitsmaterial/Akademie für Raumforschung und Landesplanung; Nr. 266, Hannover 1998
Schoch, Friedrich	Zur Situation der kommunalen Selbstverwaltung nach der Rastede-Entscheidung des Bundesverfassungsgerichts in: VerwArch 1990 (81), S. 18 – 54
Schoch, Friedrich; Schmidt-Aßmann, Eberhard; Pietzner, Rainer (Hrsg.)	Verwaltungsgerichtsordnung – Kommentar, Band 1, München, Stand: Januar 2002 zitiert: Bearbeiter, in: Schoch/Schmidt-Aßmann/Pietzner
Schrödter, Hans	Baugesetzbuch – Kommentar, 6. Auflage, München 1998 zitiert: Bearbeiter, in: Schrödter
Schroeder, Werner	Die Wirkung von Raumordnungszielen in: UPR 2000, S. 52 – 58
Schwind, Joachim	Anspruch einer Gemeinde auf Entwidmung nicht mehr entsprechend genutzter Bahnflächen in: DVBl. 2003, S. 839 – 845
Seewald, Otfried	Gleichzeitigkeit von Bebauungsplan und Flächennutzungsplan – Rechtmäßigkeits- und Zweckmäßigkeitserwägungen bei der Gestaltung des Parallelverfahrens nach § 8 Abs. 3 BBauG – in: DÖV 1981, S. 849 – 855
Sendler, Horst	(Un)erhebliches zur planerischen Gestaltungsfreiheit in: Berkemann, Jörg; Gaentzsch, Günter; Halama, Günter; Heeren, Helga; Hien, Eckart; Lemmel, Hans-Peter (Hrsg.), Planung und Plankontrolle – Entwicklungen im Bau- und Fachplanungsrecht: Otto Schlichter zum 65. Geburtstag, Köln 1995, S. 55 – 85 zitiert: Sendler, in: FS Schlichter
Spannowsky, Willy	Der "Regionale Flächennutzungsplan" als neues Instrument der räumlichen Ordnung des örtlichen und überörtlichen Raumes in: UPR 1999, S. 409 – 417
Spannowsky, Willy	Gewichtsverschiebungen im Verhältnis zwischen der örtlichen Bauleitplanung und der überörtlichen Landes- und Regionalplanung

in: DÖV 1997, S. 757 – 768

Spiecker, Margarete — Raumordnung und Private – Die Bindungswirkungen der Ziele und Grundsätze der Raumordnung bei Zulassungsentscheidungen über private Vorhaben – Zugleich ein Beitrag zur raumordnerischen Steuerung von Kiesabgrabungen (Schriften zum öffentlichen Recht, Band 788), Berlin, 1999

Spoerr, Wolfgang — Raumordnungsziele zum Außenbereich in der Vorhabenszulassung nach § 35 BauGB

in: DVBl. 2001, S. 90 – 95

Stern, Klaus — Das Staatsrecht der Bundesrepublik Deutschland, Band I; Grundbegriffe und Grundlagen des Staatsrechts, Strukturprinzipien der Verfassung, 2. Auflage, München 1984

zitiert: Stern, Staatsrecht I

Stich, Rudolf — Das neue Bundesnaturschutzgesetz – Bedeutsame Änderungen und Ergänzungen des Bundesnaturschutzrechts –

in: UPR 2002, S. 161 – 168

Stich, Rudolf — Die Bedeutung der Landes- und Regionalplanung für die gemeindliche Bauleitplanung nach dem ROG 1998

in: BauR 1999, S. 957 – 964

Stich, Rudolf — Rechtsprobleme bei der Umsetzung der Forderungen des Umweltschutzes nach § 1 a BauGB 1998 in die städtebaulichen Planungen und bei deren Vollzug

in: UPR 1998, S. 121 – 128

Stollmann, Frank — Die Außenbereichssatzung nach dem Maßnahmengesetz zum Baugesetzbuch

in: NVwZ 1994, S. 43 – 44

Stüer, Bernhard — Bauleitplanung und Fachplanung

in: UPR 1998, S. 408 – 414

Taegen, Erich — Die Bedeutung des Flächennutzungsplans für die Zulässigkeit von Vorhaben

in: Berkemann, Jörg; Gaentzsch, Günter; Halama, Günter; Heeren, Helga; Hien, Eckart; Lemmel, Hans-Peter (Hrsg.), Planung und Plankontrolle – Entwicklungen im Bau- und Fachplanungsrecht: Otto Schlichter zum 65. Geburtstag, Köln 1995, S. 247 – 256

zitiert: Taegen, in: FS Schlichter

Tysper, Stefan — Zur Rechtsfigur der Funktionslosigkeit von Bebauungsplänen als bauplanungsrechtliches Paradigma für die Derogation von Normen

in: BauR 2001, S. 349 – 358

Uechtritz, Michael — Die Gemeinde als Nachbar – Abwehransprüche und Rechtsschutz von Nachbargemeinden gegen Einkaufszentren, Factory-Outlets und Großkinos

in: BauR 1999, 572 – 588

Uechtritz, Michael — Die naturschutzrechtliche Eingriffsregelung in der Bauleitplanung: Klarstellungen

in: NVwZ 1997, S. 1182 - 1185

Uechtritz, Michael — Interkommunales Abstimmungsgebot und gemeindliche Nachbarklage

in: NVwZ 2003, S. 176 – 179

Umweltbundesamt (Hrsg.) — Nachhaltiges Deutschland: Wege zu einer dauerhaft umweltgerechten Entwicklung, Berlin 1997

zitiert: Nachhaltiges Deutschland

Vallendar, Willi — Rechtsschutz der Gemeinden gegen Fachplanungen

in: UPR 2003, S. 41 – 44

Wachs, Stefan; Greiving, Stefan — Planerische Steuerung gehäuft auftretender Nutzungen im Außenbereich am Beispiel der Windkraftanlagen – Neue Anforderungen an die überörtliche und örtliche Gesamtplanung am Beispiel Nordrhein-Westfalen

in: NWVBl. 1998, S. 7 – 12

Wagener, Frido — Von der Raumplanung zur Entwicklungsplanung

in: DVBl. 1970, S. 93 – 98

Wagner, Jörg — Der Entwurf der Novelle des Baugesetzbuchs

in: DVBl. 1996, S. 704 - 714

Wagner, Jörg — Privilegierung von Windkraftanlagen im Außenbereich und ihre planerische Steuerung durch die Gemeinde

in: UPR 1996, S. 370 – 376

Wagner, Jörg; Mitschang, Stephan — Novelle des BauGB 1998: Neue Aufgaben für die Bauleitplanung und die Landschaftsplanung

in: DVBl. 1997, S. 1137 - 1146

Wahl, Rainer — Aktuelle Probleme im Verhältnis der Landesplanung zu den Gemeinden

in: DÖV 1981, S. 597 - 606

Weiblen, Dieter	Gemeindliche Bauleitplanung und naturschutzrechtlicher Flächen- und Objektschutz – Zur Bewältigung der aus einem räumlichen Aufeinandertreffen von Bauleitplänen und naturschutzrechtlichen Schutzgebietsverordnungen sowie dem gesetzlichen Biotopschutz resultierenden Nutzungskonflikte (Tübinger Schriften zum Staats- und Verwaltungsrecht, Band 61), Berlin, 2001
Wesemann, Hans	Der Planungsverband nach § 4 Bundesbaugesetz, Berlin 1970
Weyreuther, Felix	Das bebauungsrechtliche Gebot der Rücksichtnahme und seine Bedeutung für den Nachbarschutz in: BauR 1975, S. 1 – 11
Weyreuther, Felix	Das Bundesbaurecht in den Jahren 1980, 1981 und 1982 – Die Entwicklung im Spiegel insbesondere der Rechtsprechung des Bundesverwaltungsgerichts – in: DÖV 1983, S. 575 - 588
Weyreuther, Felix	Über die Erforderlichkeit von Bebauungsplänen in: DVBl. 1981, S. 369 – 373
Weyreuther, Felix	Bauen im Außenbereich, Köln/Berlin/Bonn/München 1979 zitiert: Weyreuther, Außenbereich
Widera, Bernd	Zur verfassungsrechtlichen Gewährleistung gemeindlicher Planungshoheit Berlin 1985
Wolff, Hans J.; Bachof, Otto; Rolf, Stober	Verwaltungsrecht, Band 1, 11. Auflage, München 1999 zitiert: Wolff/Bachof/Stober, Verwaltungsrecht I
Wolff, Hans J.; Bachof, Otto; Rolf, Stober	Verwaltungsrecht, Band 2, 6. Auflage, München 2000 zitiert: Wolff/Bachof/Stober, Verwaltungsrecht II
Wurzel, Gabriele; Probst, Peter	Anmerkung in: DVBl. 2003, S. 197 - 201

Abkürzungsverzeichnis

a. A.	anderer Ansicht
ABl. EG	Amtsblatt der Europäischen Gemeinschaft
Abs.	Absatz
Abschlußdokumente – Habitat II	Bundesministerium für Raumordnung, Bauwesen und Städtebau (Hrsg.), Zweite Konferenz der Vereinten Nationen über menschliche Siedlungen im Juni 1996 in Istanbul – Abschlußdokumente – Habitat II, Bonn 1997
Allg.	Allgemein
Anm.	Anmerkung
Außenbereich	Weyreuther, Felix, Bauen im Außenbereich, Köln/Berlin/Bonn/München 1979
B/K/L	Battis, Urich; Krautzberger, Michael; Löhr, Rolf-Peter, Baugesetzbuch – BauGB –, 8. Auflage, München 2002
BauGB	Baugesetzbuch
BauGB-MaßnG	Baugesetzbuch-Maßnahmengesetz
BauNVO	Baunutzungsverordnung
BauR	Baurecht (Zeitschrift)
BauROG	Bau- und Raumordnungsgesetz
BayLplG	Bayerisches Landesplanungsgesetz
BayNatSchG	Bayerisches Naturschutzgesetz
BayStrWG	Bayerisches Straßen- und Wegegesetz
BayVBl.	Bayerische Verwaltungsblätter (Zeitschrift)
BayVGH	Bayerischer Verwaltungsgerichtshof
BayVwVfG	Bayerisches Verwaltungsverfahrensgesetz
BBauBl.	Bundesbaublatt (Zeitschrift)
BBauG	Bundesbaugesetz
Bericht zur Novellierung des Baugesetzbuchs	Bundesministerium für Verkehr, Bau- und Wohnungswesen (Hrsg.), Novellierung des Baugesetzbuchs – Bericht der Unabhängigen Expertenkommission, Berlin 2002
Berliner Schwerpunkte-Kommentar	Schlichter, Otto, Stich, Rudolf (Hrsg.), Berliner Schwerpunkte-Kommentar zum Baugesetzbuch 1998, Köln/Berlin/Bonn/München 1998

BGBl.	Bundesgesetzblatt
Bielen-berg/Krautzberger/Söfker 1998	Bielenberg, Walter; Krautzberger, Michael, Söfker, Wilhelm, Baugesetzbuch mit BauNVO – Leitfaden und Kommentierung -, Vergleichende Gegenüberstellung von neuem und alten Recht (Synopsen) – Ausführliche Kommentierung des neuen Rechts, 5. Auflage, München 1998
Bielen-berg/Runkel/Spannowsky	Bielenberg, Walter; Runkel, Peter; Spannowsky, Willy, Raumordnungs- und Landesplanungsrecht des Bundes und der Länder, Ergänzbarer Kommentar und systematische Sammlung der Rechts- und Verwaltungsvorschriften, Band 2, Loseblattsammlung
BImSchG	Bundesimmissionsschutzgesetz
BK	Schlichter, Otto; Stich, Rudolf (Hrsg.), Berliner Kommentar zum Baugesetzbuch, 2. Auflage, Köln/Berlin/Bonn/München 1995
B/K/L	Battis, Ulrich; Krautzberger, Michael; Löhr, Rolf-Peter, Baugesetzbuch – BauGB – Kommentar, 8. Auflage, München 2002
BNatSchG	Bundesnaturschutzgesetz
BNatSchG-Kommentar	Louis, Hans Walter, Bundesnaturschutzgesetz, Kommentar, 1. Teil, §§ 1 bis 19 f, 2. Auflage, Braunschweig 2000
Brügelmann	Brügelmann, Hermann, Baugesetzbuch – Kommentar, Band 1,2 und 5, Stand: November 2001
BT-Drks.	Bundestagsdrucksache
BVerfG	Bundesverfassungsgericht
BVerfGE	Entscheidungssammlung des Bundesverfassungsgerichts
BVerwG	Bundesverwaltungsgericht
BVerwGE	Entscheidungssammlung des Bundesverwaltungsgerichts
BVwVfG	Bundesverwaltungsverfahrensgesetz
Cholewa/Dyong/von der Heide/Arenz	Cholewa, Werner; Dallhammer, Wolf-Dieter; Dyong, Hartmut; von der Heide, Hans-Jürgen; Arenz, Willi, Raumordnung in Bund und Ländern, Kommentar zum Raumordnungsgesetz des Bundes und Vorschriftensammlung aus Bund und Ländern, Band 1, 4. Auflage, Stand: November 2001

Degenhart, Staatsrecht I	Degenhart, Christoph Staatsrecht I – Staatsorganisationsrecht, 16. Auflage, Heidelberg 2000
ders.	derselbe
DÖV	Die Öffentliche Verwaltung (Zeitschrift)
DVBl.	Deutsches Verwaltungsblatt (Zeitschrift)
Engelhardt/Brenner/Fischer-Hüftle	Engelhardt, Dieter; Brenner, Walter; Fischer-Hüftle, Peter, Naturschutzrecht in Bayern mit Kommentar zum Bayerischen Naturschutzgesetz, Stand: Oktober 2001
EZB	Ernst, Werner; Zinkahn, Willy; Bielenberg, Walter, Baugesetzbuch, Kommentar
FG von Unruh	von Mutius, Albert (Hrsg.), Selbstverwaltung im Staat der Industriegesellschaft – Festgabe zum 70.Geburtstag von Georg Christoph von Unruh, Heidelberg 1983, S. 265 – 303
Flächenmanagement	Bunzel, Arno Bauleitplanung und Flächenmanagement bei Natur und Landschaft, Berlin 1999
Flächennutzungsplanung	Bunzel, Arno; Meyer, Ulrike, Die Flächennutzungsplanung - Bestandsaufnahme und Perspektiven für die kommunale Praxis, Berlin 1996
Flächennutzungsplanung im Umbruch	Spannowsky, Willy, Stephan Mitschang (Hrsg.), Flächennutzungsplanung im Umbruch?, Köln/Berlin/Bonn/München 1999
Fortentwicklung	Schmidt-Aßmann, Eberhard, Fortentwicklung des Rechts im Grenzbereich zwischen Raumordnung und Städtebau (Schriftenreihe „Städtebauliche Forschung" des Bundesministers für Raumordnung, Bauwesen und Städtebau 03.055) , 1977
FS Allg. Baugesetz Sachsen	Bauer, Hartmut; Breuer, Rüdiger; Degenhart, Christoph; Oldiges, Martin (Hrsg.), 100 Jahre Allgemeines Baugesetz Sachsen, Stuttgart/München/Hannover/Berlin/Weimar/ Dresden 2000
FS Blümel	Grupp, Klaus; Ronellenfitsch, Michael (Hrsg.), Planung – Recht – Rechtsschutz: Festschrift für Willi Blümel zum 70. Geburtstag am 6. Januar 1999 (Schriften zum öffentlichen Recht; Band 772), Berlin 1999
FS Gelzer	Lenz, Wolfgang (Hrsg.), Festschrift für Konrad Gelzer zum 75. Geburtstag, Düsseldorf 1991

FS Hoppe	Erbguth, Wilfried; Oebbecke, Janbernd; Rengeling, Hans-Werner; Schulte, Martin (Hrsg.), Planung – Festschrift für Werner Hoppe zum 70. Geburtstag, München 2000
FS Schlichter	Berkemann, Jörg; Gaentzsch, Günter; Halama, Günter; Heeren, Helga; Hien, Eckart; Lemmel, Hans-Peter (Hrsg.), Planung und Plankontrolle – Entwicklungen im Bau- und Fachplanungsrecht: Otto Schlichter zum 65. Geburtstag, Köln 1995
FS Sendler	Franßen, Everhardt; Redeker, Konrad; Schlichter, Otto; Wilke, Dieter (Hrsg.), Bürger – Richter – Staat, Festschrift für Horst für Horst Sendler, Präsident des Bundesverwaltungsgerichts, Zum Abschied aus seinem Amt, München 1991
FS Weyreuther	Driehaus, Hans-Joachim; Birk, Hans-Jörg (Hrsg.); Baurecht – Aktuell: Festschrift für Felix Weyreuther, München 1993
FS Wolff	Menger, Christian-Friedrich (Hrsg.), Fortschritte des Verwaltungsrechts, Festschrift für Hans J. Wolff zum 75. Geburtstag, München 1973
FStrG	Fernstraßengesetz
Grundfragen	Schmidt-Aßmann, Eberhard, Grundfragen des Städtebaurechts, Göttingen 1972
Handbuch des öffentlichen Baurechts	Hoppenberg, Michael (Hrsg.), Handbuch des öffentlichen Baurechts; Loseblattsammlung; München 2001
Handbuch des Verfassungsrechts	Benda, Ernst; Maihofer, Werner, Vogel, Hans-Jochen (Hrsg.); Handbuch des Verfassungsrechts der Bundesrepublik Deutschland, 2. Auflage, Berlin/New York 1994
HdkWP	Handbuch für kommunale Wissenschaft und Praxis
HdStR III	Isensee, Josef; Kirchhof, Paul (Hrsg.), Handbuch des Staatsrechts der Bundesrepublik Deutschland, Band III, Das Handeln des Staates, Heidelberg 1988
HessVGH	Hessischer Verwaltungsgerichtshof
Hoppe/Bönker/Grotefels	Hoppe, Werner; Bönker, Christian; Grotefels, Susan Öffentliches Baurecht, 2. Auflage, München 2002
Hrsg.	Herausgeber
HS.	Halbsatz
i. d. R.	in der Regel

i. R. v.	im Rahmen von
i. R. d.	im Rahmen der/des
i. S. v.	im Sinne von
i. V. m.	in Verbindung mit
JA	Juristische Arbeitsblätter (Zeitschrift)
Jäde/Dirnberger/Weiß	Jäde, Henning; Dirnberger, Franz; Weiß, Josef, Baugesetzbuch, Baunutzungsverordnung, Kommentar, 2. Auflage, Stuttgart/München/Hannover/Berlin/Weimar/Dresden 1999
JuS	Juristische Schulung (Zeitschrift)
Kodal/Krämer	Kodal, Kurt, Krämer, Helmut u. a., Straßenrecht – Systematische Darstellung des Rechts der öffentlichen Straßen, Wege und Plätze in der Bundesrepublik Deutschland, 6. Auflage, München 1999
Koppitz/Schwarting/Finkeldei	Koppitz, Hans-Joachim; Schwarting, Gunnar; Finkeldei, Jörg, Der Flächennutzungsplan in der kommunalen Praxis, 2. Auflage, Berlin 2000
KrW-/AbfG	Kreislaufwirtschafts- und Abfallgesetz
Lit.	Litera (lateinisch: Buchstaben)
LKV	Landes- und Kommunalverwaltung (Zeitschrift)
Mangoldt	Mangoldt, Hermann von; Klein, Friedrich; Starck, Christian, Das Bonner Grundgesetz, Kommentar, Band 1: Art. Präambel, Art. 1 bis 19 GG; 4. Auflage, München 1999
	Das Bonner Grundgesetz, Kommentar, Band 2: Art. 20 bis 78 GG; 4. Auflage, München 2000
Maunz/Dürig	Maunz, Theodor; Dürig, Günter, Grundgesetz – Kommentar, Band II, Art. 12 – 20
Münch/Kunig	Münch, Ingo von; Kunig, Philip, Grundgesetz-Kommentar, Band 1 (Präambel bis Art. 19); 5. Auflage, München 2000
	Grundgesetz-Kommentar, Band 2 (Art. 20 bis Art. 69); 4./5. Auflage, München 2001
Nachhaltiges Deutschland	Umweltbundesamt (Hrsg.), Nachhaltiges Deutschland: Wege zu einer dauerhaft umweltgerechten Entwicklung, Berlin 1997
Nds. OVG	Niedersächsisches Oberverwaltungsgericht

NJW	Neue Juristische Wochenschrift (Zeitschrift)
Nr.	Nummer
NuR	Natur und Recht (Zeitschrift)
NVwZ	Neue Zeitschrift für Verwaltungsrecht (Zeitschrift)
NVwZ-RR	NVwZ-Rechtsprechungs-Report (Zeitschrift)
NWVBl.	Nordrhein-westfälische Verwaltungsblätter (Zeitschrift)
Öffentliches Recht in Bayern	Becker, Ulrich; Heckmann, Dirk; Kempen, Bernhard; Manssen, Gerrit, Öffentliches Recht in Bayern, 2. Auflage, München 2001
Plan-UP-RL	Richtlinie 2001/42/EG des Europäischen Parlaments und des Rates über die Prüfung der Umweltauswirkungen bestimmter Pläne und Programme, ABl. EG L 197/30
PlanZV	Planzeichenverordnung
Raumordnungspläne	Bülter, Gerhard, Raumordnungspläne als hoheitliche Handlungsformen – Eine Studie zum Begriff, zur Bindungswirkung und zur Rechtsnatur der Programme und Pläne nach den Landesplanungsgesetzen (Juristische Schriftenreihe, Band 6), Münster 1987
RGBl.	Reichsgesetzblatt
Rodriguez-Lores/Fehl	Rodriguez-Lores, Juan; Fehl, Gerhard (Hrsg.)j, Städtebaureform 1865 – 1900, Teil 1, Von Licht, Luft und Ordnung in der Stadt der Gründerzeit, Allgemeine Beiträge und Bebauungsplanung, Hamburg 1985
ROG	Raumordnungsgesetz
Rn.	Randnummer
S.	Seite
Sachs	Sachs, Michael, Grundgesetz, Kommentar, 3. Auflage, München 2003
Stern, Staatsrecht I	Stern, Klaus, Das Staatsrecht der Bundesrepublik Deutschland, Band I; Grundbegriffe und Grundlagen des Staatsrechts, Strukturprinzipien der Verfassung, 2. Auflage, München 1984
UPR	Umwelt- und Planungsrecht (Zeitschrift)
Var.	Variante
VBlBW	Verwaltungsblätter für Baden-Württemberg (Zeitschrift)

VerwArch	Verwaltungsarchiv (Zeitschrift)
VVDStRL	Veröffentlichungen der Vereinigung der Deutschen Staatsrechtslehrer
VwGO	Verwaltungsgerichtsordnung
VwVfG	Verwaltungsverfahrensgesetz
WaStrG	Wasserstraßengesetz
WHG	Wasserhaushaltsgesetz
WiVerw	Wirtschaft und Verwaltung (Zeitschrift)
Wolff/Bachof/Stober, Verwaltungsrecht I	Wolff, Hans J.; Bachof, Otto; Rolf, Stober, Verwaltungsrecht, Band 1, 11. Auflage, München 1999
Wolff/Bachof/Stober, Verwaltungsrecht II	Wolff, Hans J.; Bachof, Otto; Rolf, Stober, Verwaltungsrecht, Band 2, 6. Auflage, München 2000
ZfBR	Zeitschrift für internationales Baurecht
ZG	Zeitschrift für Gesetzgebung

FSC
www.fsc.org
MIX
Papier | Fördert gute Waldnutzung
FSC® C083411

Kolibri 360 GmbH
Ferdinand-Jühlke-Straße 7
99095 Erfurt, Deutschland
produktsicherheit@kolibri360.de

Druck:
CPI Druckdienstleistungen GmbH
im Auftrag der
Kolibri 360 GmbH
Ferdinand-Jühlke-Str. 7
99095 Erfurt